Neue Staatswissenschaften

herausgegeben von

Hermann-Josef Blanke, Werner Jann und Holger Mühlenkamp

11

Dimensionen des Wettbewerbs

Europäische Integration zwischen Eigendynamik
und politischer Gestaltung

Herausgegeben von

Hermann-Josef Blanke, Arno Scherzberg und
Gerhard Wegner

in Verbindung mit

Jürgen Backhaus, Hans-Friedrich Müller,
Helge Peukert, Christian Seiler und
Alexander Thumfart

Mohr Siebeck

Hermann-Josef Blanke, geboren 1957; Professor für Öffentliches Recht, Völkerrecht und Europäische Integration an der Universität Erfurt.

Arno Scherzberg, geboren 1956; Professor für Öffentliches Recht und Verwaltungswissenschaft an der Universität Erfurt.

Gerhard Wegner, geboren 1956; Professor für Institutionenökonomie und Wirtschaftspolitik an der Universität Erfurt.

Gedruckt mit Unterstützung der Fritz Thyssen Stiftung, Köln

ISBN 978-3-16-150373-3
ISSN 1860-2339 (Neue Staatswissenschaften)

Die Deutsche Nationalbibliothek verzeichnet diese Publikation in der Deutschen Nationalbibliographie; detaillierte bibliographische Daten sind im Internet über *http://dnb.d-nb.de* abrufbar.

© 2010 Mohr Siebeck Tübingen.

Das Buch wurde von Gulde-Druck in Tübingen auf alterungsbeständiges Werkdruckpapier gedruckt und gebunden.

Vorwort der Herausgeber

Die von Staatspräsident *N. Sarkozy* anlässlich der Beratungen des Reformvertrages der Europäischen Union aufgeworfene Frage „Competition as an Ideology, as a Dogma, what has it done for Europe?" kann als eine Aufforderung verstanden werden, in eine Debatte über die Grundlagen der wirtschaftlichen Prosperität Europas sowie den Zusammenhang zwischen der wirtschaftlichen Integration und dem „sozialen Fortschritt der Völker" der Union einzutreten.

Die Analyse des Wettbewerbs und seiner Eignung als Instrument der europäischen Integration war Gegenstand der Vierten Erfurter Staatswissenschaftlichen Tagung (10. bis 12. April 2008), die von der Fritz Thyssen-Stiftung gefördert wurde. Die Ergebnisse werden in diesem Band zusammengefasst und zur weiteren wissenschaftlichen Diskussion gestellt.

Das Tagungsthema erhielt auch durch die sich im Laufe der Jahre 2008/09 mit unerwarteter Intensität entwickelnde Finanzkrise besondere Aktualität. Die nachfolgend abgedruckten Beiträge – mit Stand vom März 2010 – werten die Erfahrungen aus dieser Krise bereits aus. Die durch den Lissaboner Vertrag eingetretenen Änderungen der europäischen Verträge sind gleichfalls berücksichtigt. Der Generalbericht fasst gleich zu Beginn des Bandes die wesentlichen Ergebnisse der Tagung zusammen und reflektiert sie vor dem Hintergrund der ökonomischen und politischen Theorie.

Die Herausgeber danken der Fritz Thyssen-Stiftung für die großzügige Förderung dieses fruchtbaren Gedankenaustauschs.

Erfurt, im April 2010

Herm.-J. Blanke
Arno Scherzberg
Gerhard Wegner

Inhaltsverzeichnis

AGRARPOLITIK

.

Generalbericht

Hermann-Josef Blanke / Alexander Thumfart

Entwickelte demokratische Gesellschaften bedienen sich des Wettbewerbs, um die Disposition über knappe Ressourcen zu regeln. Zwar wird Wettbewerb zumeist als ein Prinzip gesehen, das die ökonomische Sphäre einer Gesellschaft bestimmt. Indes kann Wettbewerb immer dann zum Einsatz kommen, wenn für gesellschaftliche, politische oder wissenschaftliche Aufgaben in einem offenen Verfahren nach einer leistungsfähigen Lösung gesucht wird und dabei Privilegien zugunsten von Personen, Amtsinhabern oder Organisationen ausgeschlossen werden sollen, sei es aufgrund von Herkunft, sei es mit Blick auf ihre gesellschaftliche Stellung oder wegen früherer Leistungen.[1] Mit der Eigentumsordnung des „Habens und Erwerbendürfens" eng verbunden,[2] stellt Wettbewerb ein zukunftsorientiertes Mittel zur Auslese, zur Leistungssteigerung sowie zur optimalen – weil selbstbestimmten – Lösung von gesellschaftlichen Aufgaben dar. In seinem ökonomischen Kern zielt das Konzept darauf ab, die Leistungen und die Leistungsbereitschaft der Menschen zu stimulieren und zu steigern, den volkswirtschaftlichen Wohlstand zu fördern und Wirtschaftsfreiheit zu erhalten, damit jeder Marktteilnehmer zwischen Alternativen wählen kann und auf diese Weise wirtschaftliche Macht disziplinierend begrenzt wird. Wie das Hoheitsprinzip, das eine soziale Ordnungsstruktur im Sinne einer grundsätzlichen Hierarchie bezeichnet, ist auch der Wettbewerb ein soziales Handlungs- und Organisationsprinzip.[3] Er entsteht, wenn mehrere Akteure an einer bestimmten Aufgabe, in der Regel die Herstellung von Gütern, mitwirken, und die Art oder der Umfang der Mitwirkung des einzel-

---

[1] Vgl. D.C. North/J.J. Wallis/B.R. Weingast, Violence and Social Orders. A Conceptual Framework for Interpreting Recorded Human History (2009), S. 110 ff; die Autoren führen den Begriff der Open Access Order ein, in welcher der Wettbewerb das dominierende Prinzip sowohl für die Verteilung politischer Macht als auch der Verfügungsgewalt über ökonomische Ressourcen darstellt.

[2] Vgl. *W. Fikentscher*, Recht und wirtschaftliche Freiheit, 1993, S. 132.

[3] Zur „Bedeutung von Hoheit und Wettbewerb" für den Staat vgl. *B. Grzeszick*, in: Isensee/Kirchhof (Hrsg.), Handbuch des Staatsrechts der Bundesrepublik Deutschland, Bd. IV, 3. Aufl. 2006, § 78.

nen Akteurs durch seinen Erfolg bei der Aufgabenerfüllung gegenüber den anderen Akteuren bestimmt wird.[4] Der höhere Zielerreichungsgrad eines Akteurs bedingt im kompetitiven System zunächst einen niedrigeren Zielerreichungsgrad eines anderen („Pareto-Effizienz"),[5] drängt diesen aber zugleich zur Suche nach solchen Aufgaben, zu deren Lösung er einen komparativen Vorteil gegenüber anderen Akteuren besitzt. Somit beruht Wettbewerb auf dem Kriterium einer dynamischen Effizienz und lenkt die Interaktion zwischen Akteuren, die eine Risikobereitschaft besitzen.

Niklas Luhmann sieht den Nutzen wirtschaftlicher Konkurrenz denn auch darin, dass sie Risiken strukturieren könne. Wenn ein komplexes System der Wirtschaft Intransparenz und Risiken erzeuge und zudem einen Mangel an Informationen verursache, mit dieser Situation rational zurechtzukommen, dann bleibe die Beobachtung von Konkurrenten als praktikable Möglichkeit, um mit Risiken umzugehen.[6] Hierin wird deutlich, dass Grundlage der Funktionsfähigkeit des Wettbewerbs ein möglichst hohes Maß an Informationen der Marktteilnehmer über marktrelevante Faktoren ist. Erst die Informiertheit der Marktteilnehmer ermöglicht eine an den eigenen Interessen orientierte Entscheidung über die Bedingungen der Marktteilhabe, insbesondere über das Angebot von oder die Nachfrage nach Gütern und Leistungen. Die Verfügbarkeit entsprechender Informationen dient mittelbar auch der Qualität und Vielfalt der am Markt angebotenen Produkte. Defizite in der Verfügbarkeit entscheidungserheblicher Informationsinhalte und damit in der Markttransparenz bedrohen die Selbststeuerungskraft des Marktes.[7]

Das ökonomische Konzept des Wettbewerbs (*Knieps*) geht von bestimmten Prämissen aus, die seit *Adam Smith* die Grundlagen des Verständnisses des Wohlstands der Nationen bilden.[8] Ein zentrales Axiom ist der methodologische Individualismus, der vom Individuum her individuelles sowie kollektives Handeln erklärt. Eine andere grundlegende Annahme ist die Erwartung, dass der Mensch die Maximierung seines subjektiven Nutzens erstrebt, also „homo oeconomicus" ist.[9] Die Steigerung der gesamtgesellschaftlichen Wohlfahrt („Nutzenmaximierung") soll gemäß der

---

[4] Vgl. *T. Wessels*, in: Staatslexikon, 6. Aufl., Bd. VIII, 1963, Sp. 642 f.; *L. von Wiese*, in: HdSW, Bd. XII, 1965, S. 25 ff.

[5] Vgl. *J. Berger*, Der diskrete Charme des Marktes, in: *ders.*, Der diskrete Charme des Marktes, Zur sozialen Problematik der sozialen Marktwirtschaft, S. 17 (32 ff.).

[6] Vgl. *N. Luhmann*: Die Wirtschaft der Gesellschaft, 1988, Kapitel 3, Abs. IX, S. 124.

[7] Vgl. BVerfGE 105, 252 (266 f.) – Glykol-Entscheidung.

[8] Vgl. *A. Smith*, Der Wohlstand der Nationen (1. Aufl. 1776), 11. Aufl. München 2005, S. 9, 16 ff.

[9] Vgl. *G. S. Becker*, Ökonomische Erklärung menschlichen Verhaltens, 2. Aufl. 1993, S. 4.

Devise „Eigennutz fördert Gemeinnutz" durch eine Steigerung seines subjektiven Nutzens erreicht werden. Dem Einzelnen ist daher die Möglichkeit zu eröffnen, die Befriedigung seiner Bedürfnisse zu optimieren.[10]

Sein Austragungsort ist der Markt, auf dem Anbieter und Nachfrager den Tausch von Gütern vereinbaren. Unter der Voraussetzung eigennützigen Verhaltens sowie der Knappheit der eingesetzten/erzeugten Güter führt die Freiheit der Akteure zu einer Konkurrenz untereinander. Jeder Akteur versucht, möglichst wenig eigene Güter einzusetzen und viele der erzeugten knappen Güter zu erhalten. Typisch ist das unabhängige Streben der Konkurrenten, sich durch Kostensenkungen, Produkt- und Verfahrensinnovationen gegenseitig zu überflügeln, um im Austauschprozess vor der Konkurrenz zum Zuge zu kommen.[11] Wettbewerb bestimmt die Angebots- und die Nachfragestruktur von Gütern, gibt also Antwort auf die Fragen der Produktion und der Organisation der Güterverteilung von Gütern. Grundlage des Wettbewerbs ist dabei die Freiheit der Akteure im Sinne von Selbstbestimmung und Selbstverantwortung der Betätigung als Marktteilnehmer. Damit ist Wettbewerb auch ein soziales Ausleseprinzip, das reguliert, welche Funktionen und Güter den Akteuren bei der Erfüllung einer bestimmten Aufgabe zufallen. Er führt nach Maßgabe des Erfolges des Einzelnen am Markt zu Unterschieden.[12] Auch jenseits des wirtschaftlichen Wettbewerbs zeigt sich die Anreizfunktion von Wettbewerb stets in der Rivalität mehrerer auf dem Weg zu einem von allen gleichermaßen angestrebten Ziel, das nicht alle gleichzeitig erreichen können. Wettbewerb setzt dabei stets ein legitimes Ziel voraus, welches beim Wirtschaftswettbewerb mit Blick auf die individuelle und allgemeine Prosperität offenkundig ist.

Entscheidungsträger in der marktwirtschaftlichen Ordnung sind mithin die Einzelnen, nicht ein Kollektiv wie der Staat. Die Entscheidungsgegenstände sind beliebig und deshalb notwendig unbekannt. Das Entscheidungsverfahren ist der Vertrag, die friedliche Verständigung mit Dritten innerhalb eines Systems der Privatautonomie. Um die Freiheit der Akteure zu sichern, ist diese Ordnung nicht auf konkrete Ziele ausgerichtet, sondern zeichnet sich durch einen spontanen Grundzug aus. Als Wettbewerbsordnung ist daher vor dem Hintergrund der am Markt getroffenen Entscheidungen jene spontane Ordnung genannt worden, in der Menschen ihre

---

[10] Vgl. *P. Behrens*, Die ökonomischen Grundlagen des Rechts, 1986, S. 33.

[11] Zum Wettbewerb als marktbezogene Rivalitätsbeziehung vgl. *H. Cox/H. Hübener*, in: Cox/Jens/Markert (Hrsg.), Handbuch des Wettbewerbs, 1981, S. 1 ff. (4).

[12] Vgl. *Grzeszick*, in: Isensee/Kirchhof (Hrsg.), Handbuch des Staatsrechts der Bundesrepublik Deutschland, Bd. IV, 3. Aufl. 2006, § 78., Rn. 9, 11 f.

Handlungen in Lieferung und Erhalt von Informationen durch wechselseitige Anpassung koordinieren.[13]

A. Der ökonomische Begriff des Wettbewerbs

I. Funktionen und Voraussetzungen des Wettbewerbs

Der Wettbewerb ist vor diesem Hintergrund das wichtigste Gestaltungselement der Marktwirtschaft. Hier ist wirtschaftlicher Wettbewerb das zentrale Lenkungs- und Ordnungselement. Als spezifisches Informations-, Entscheidungs-, und Motivationssystem bildet er den Steuerungs- und Kontrollmechanismus für mikroökonomische Prozesse.[14] Eine erhebliche Schwierigkeit der Wettbewerbspolitik liegt jedoch darin, dass in der Wissenschaft und in der Politik kein Konsens darüber besteht, welche konkreten Gegebenheiten als Wettbewerb zu bezeichnen sind.[15] Einigkeit besteht aber darüber, dass Wettbewerb die Verwirklichung von unionsrechtlichen Primärzielen wie Freiheit, Gerechtigkeit und Wohlstand fördert. Der Versuch, den Begriff des Wettbewerbs zu präzisieren, erfolgt vor diesem Hintergrund über die Bestimmung seiner Funktionen.[16]

Die Konkurrenz am Markt zwischen den Mitbewerbern um Geschäftsabschlüsse und Marktanteile soll eine Versorgung der Bevölkerung mit den gewünschten Gütern zu möglichst niedrigen Preisen (Steuerungsfunktion),[17] eine Beschleunigung des technischen Fortschritts (Antriebsfunktion), die Herstellung von neuen oder verbesserten Produkten (Innovationsfunktion) und damit einhergehend den Aufbau von Reputation und Goodwill sowie eine Äquivalenz von Marktwert und Leistung, aber auch eine Lenkung vorhandener Produktionsfaktoren hin zu ihrer bestmöglichen Verwendung im Produktionsprozess (Einkommens-Verteilungsfunktion und Allokationsfunktion[18]) gewährleisten. Dies führt dazu, dass nur solche Unternehmen am Markt bestehen können, die wettbewerbsfähig produzie-

---

[13] Vgl. *W. Möschel*, Die Wettbewerbsordnung als Grundelement der Sozialen Marktwirtschaft, in: FS Nörr, 2003, S. 609 (609).

[14] Vgl. *Cox/Hübener*, in: Cox/Jens/Markert (Hrsg.), Handbuch des Wettbewerbs, 1981, S. 1 ff. (4).

[15] *K. Herdzina*, Wettbewerbspolitik, 5. Aufl. 1999, S. 11.

[16] Vgl. *I. Schmidt*, Wettbewerbspolitik und Kartellrecht, 8. Aufl. 2005, S. 28 ff.

[17] Zum Preismechanismus als „unpersönlichem Regler" vgl. *J. Berger*, Der diskrete Charme des Marktes, in: *ders.*, Der diskrete Charme des Marktes, Zur sozialen Problematik der sozialen Marktwirtschaft, S. 17 (22 ff.).

[18] Zum allokationstheoretisch optimalen Gleichgewicht vgl. *K.-H. Fezer*, JZ 1990, 657 ff.

ren. Neben der Innovationsfunktion liegt der wichtigste Aspekt des Wettbewerbs in der von ihm eröffneten Wahlfreiheitsfunktion. Darunter ist die Freiheit der Befriedigung ausschließlich individuell unterschiedlicher Präferenzen zu verstehen.[19] Diese beiden Funktionen werden am besten durch den institutionellen Wettbewerb verwirklicht (III.2).

In der Gesamtheit seiner Funktionen verhindert der Wettbewerb, dass dauerhafte wirtschaftliche Macht entsteht und in den politischen Raum übergreift. Vorübergehende Machtpositionen wie die Leistungsmonopole, die die schöpferischen Unternehmen gewinnen, wenn sie einen neuen Markt begründen, mit dem Entstehen eines nachahmenden Wettbewerbs dann aber wieder verlieren, sind für den Wettbewerb unschädlich. Permanente Machtstellungen jedoch verfälschen den Wettbewerb oder heben ihn gar auf. Mit der Begrenzung von Marktmacht kommt dem Wettbewerb eine Kontrollfunktion zu, die auch einen politischen Zweck erfüllt. Denn andernfalls könnten Unternehmen durch Größenvorteile sowie durch Kooperations- und Konzentrationsprozesse nicht allein zu ökonomischer, sondern auch zu politischer Macht gelangen.[20] Im supranationalen Integrationsprozess verhindert dies auch der zwischen den Mitgliedstaaten entfachte Systemwettbewerb, der im Kern ein Regulierungswettbewerb im Zeichen der Mobilität der Produktionsfaktoren („internationale Faktorwanderungen") ist (III.2.b).

Um in einen Wettbewerb einzutreten, müssen mindestens zwei Wettbewerber vorhanden sein, die auf demselben Markt konkurrieren, also durch Einsatz eines oder mehrerer Aktionsparameter ihren Zielerreichungsgrad zu Lasten anderer Wirtschaftssubjekte verbessern wollen.[21] Der Markt darf nicht so reguliert sein, dass eine Veränderung der Marktposition durch eigenverantwortliches Handeln unmöglich ist. Zumindest ein Parameter muss also durch die Marktteilnehmer beeinflussbar sein, sei es der Preis, die Qualität oder Ähnliches. Es muss schließlich auch ein gewisses Maß an Entschließungsfreiheit herrschen, die die Grundlage für den Anreiz zur Wettbewerbsteilnahme bildet. Wettbewerb kann nur als Prozess begriffen werden, in dem die Chancen und Möglichkeiten der Teilnehmer offen bleiben.[22] Die Handlungen der Akteure richten sich auf die Zukunft, und die in

---

[19] Vgl. *E.-M. Kieninger*, Wettbewerb der Privatrechtsordnungen im Europäischen Binnenmarkt, 2002, S. 34 ff., die betont, dass es nationale Präferenzen nur als Summe individueller Präferenzen geben kann.

[20] Vgl. *H. Arndt*, Macht und Wettbewerb, in: Cox/Jens/Markert (Hrsg.), Handbuch des Wettbewerbs, 1981, S. 49 ff.; zur umstrittenen Funktion des Wettbewerbs mit Blick auf die Kontrolle staatlicher Macht vgl. *Kieninger*, Wettbewerb der Privatrechtsordnungen im Europäischen Binnenmarkt, 2002, S. 72 ff.

[21] Vgl. *Schmidt*, Wettbewerbspolitik und Kartellrecht, 8. Aufl. 2005, S. 1 f.

[22] *E. Hoppmann*, ORDO 18, 1967, 84.

der Zukunft eintretenden Ergebnisse des Marktprozesses sind grundsätzlich ungewiss. Erst die Zukunft wird die Reaktion der Marktgegenseite zeigen.

Stets besteht die Neigung der Wettbewerber, dem unbequemen Wettbewerbsdruck durch Praktizierung vielfältiger antiwettbewerblicher Verhaltensweisen auszuweichen. Dem marktwirtschaftlichen System ist daher eine Instabilität zu eigen, die ein System wettbewerbssichernder Maßnahmen in Gestalt einer Wettbewerbsrechtsordnung und staatlicher Wettbewerbspolitik erforderlich macht.[23] Die Rechtsordnung zielt auf Markttransparenz, die in ihrer Funktion für den Wettbewerb bereits hervorgehoben wurde. Dem dienen namentlich die rechtlichen Vorkehrungen zur Bekämpfung des unlauteren Wettbewerbs (UWG), die Festlegung von Werberegeln und Maßnahmen des Verbraucherschutzes. § 1 UWG schützt insbesondere die Funktionsfähigkeit des Leistungswettbewerbs vor Informationen, deren Verbreitung im geschäftlichen Verkehr gegen die guten Sitten verstößt, weil die Marktteilnehmer getäuscht werden. Dies bewertet die Rechtsordnung als wettbewerbsschädigend (§§ 2 ff. UWG). Dementsprechend wird der als Verbot vor Irreführungen verstandene Wahrheitsgrundsatz als beherrschende Leitlinie des Wettbewerbsrechts angesehen.[24]

II. Theorien des Wettbewerbs

Insbesondere die Wirtschaftstheorie hat verschiedene Konzepte hervorgebracht, die Ablauf, Ziel und Sicherung des Wettbewerbs unterschiedlich bestimmen. Die verschiedenen Überlegungen können dabei grob wie folgt skizziert werden:[25]

Die **klassische Schule der Nationalökonomie** (*Cairnes, Senior*) mit ihrem herausragenden Vertreter in Gestalt des schottischen Nationalökonomen und Moralphilosophen *Adam Smith* (1723–1790) richtete sich vor allem gegen die feudal-merkantilistischen Beschränkungen der Wirtschaftsfreiheit sowie gegen Wohlfahrtsanmaßungen politischer Herrschaftsausübung. Die klassische Schule forderte die Freiheit des Wettbewerbs unter Konkurrenten.[26] Antriebsmotor für die wettbewerbliche Selbststeuerung bildet das an eigenen Interessen orientierte Handeln der Wirtschafts-

---

[23] Vgl. hierzu, im Performance-Konzept des funktionsfähigen Wettbewerbs sowie im neoklassischen Wettbewerbskonzept, *Cox/Hübener*, in: Cox/Jens/Markert (Hrsg.), Handbuch des Wettbewerbs, 1981, S. 1 (26 ff., 33 ff.).

[24] Vgl. BVerfGE 105, 252 (267) – Glykol-Entscheidung – unter Verweis auf *Baumbach/Hefermehl*, Wettbewerbsrecht, 22. Aufl. 2001, Rn. 5 zu § 1 UWG.

[25] Vgl. hierzu grundlegend *Cox/Hübener*, in: Cox/Jens/Markert, Handbuch des Wettbewerbs, 1981, S. 1 (9 ff.).

[26] Vgl. exemplarisch *Smith*, Der Wohlstand der Nationen (1. Aufl. 1776), 11. Aufl. 2005, S. 48 ff.

subjekte, welches Anschlussmöglichkeiten für das ökonomische Handeln anderer Marktteilnehmer erzeugt und durch die „invisible hand" einen langfristigen Prozess der Wohlfahrtssteigerung in Gang setzt. Wettbewerb zwingt den Produzenten, sich konsequent auf die Verbraucherwünsche einzustellen. Die Analyse der Marktprozesse ist bei den Klassikern durch die Dichotomie von freiem Wettbewerb und Monopol gekennzeichnet. Freier Wettbewerb wird als ein dynamischer Marktprozess mit temporären Gleichgewichtslagen verstanden.[27] Er stellt sich als Integrations- und Koordinierungsprozess ohne staatliche Lenkung dar.[28] Nach *Smith* beschränkt sich die Tätigkeit des Staates auf drei Hauptaufgaben: die Pflicht, das Gemeinwesen gegen Gewalt und Invasion anderer Staaten zu schützen, eine funktionsfähige Rechtsordnung zu etablieren und die Pflicht, eine bestimmte Infrastruktur (öffentliche Einrichtungen und Anlagen) bereitzustellen, die Private mangels Gewinnchancen nicht bereitstellen würden.[29] Als Ergebnis unbeschränkter Marktprozesse ist über den Druck auf Produktionskosten und Preise wirtschaftlicher Wohlstand zu erwarten.

Die Wettbewerbstheorie verengte sich unter dem Einfluss des französischen Nationalökonomen *Antoine-Augustin Cournot* (1801–1877) im **Modell der vollständigen Konkurrenz** auf die statische Preistheorie mit der Fragestellung, wann der Wettbewerb zu einer größtmöglichen Übereinstimmung von Einzel- und Gesamtinteressen führt. Sie kommen zu dem Schluss, dass diese Interessenübereinstimmung im Zustand der vollkommenen Konkurrenz gegeben ist.[30] Die bisherige Dichotomie von Monopol und Konkurrenz wird aufgegeben. Voraussetzung der vollständigen Konkurrenz ist ein idealer Markt mit idealen Marktteilnehmern. Die Unternehmer und Verbraucher verhalten sich ökonomisch vollständig rational, es existieren keine Marktzutrittsschranken, der Markt ist frei von Friktionen wie Informationsasymmetrie und Intransparenz. An dieser Idealisierung der Marktbedingungen ist indes vor allem zu bemängeln, dass die Erreichung eines Wettbewerbsgleichgewichts die Anreizwirkung von Wettbewerb vollständig ausschaltet. Es besteht praktisch faktisch keine Wettbewerbsfreiheit, da Marktergebnis und Marktverhalten durch die Struktur des Marktes vorgegeben sind.[31]

Eine radikale Änderung der Wettbewerbstheorie vollzog *John Maurice Clark* (1884–1963) im Jahr 1939 mit seinem Vortrag „Toward a Concept of

---

[27] Vgl. *E. Heuss*, in: HdWW, 8. Bd., 1980, 681.

[28] Vgl. *Schmidt*, Wettbewerbspolitik und Kartellrecht, 8. Aufl. 2005, S. 2; *J. Berger*, Der diskrete Charme des Marktes, in: *ders.*, Der diskrete Charme des Marktes, Zur sozialen Problematik der sozialen Marktwirtschaft, S. 17 (20).

[29] Vgl. *Smith*, Der Wohlstand der Nationen (1. Aufl. 1776), 11. Aufl. 2005, S. 587 ff.

[30] Vgl. hierzu *J. Baur*, ZHR 134, 1970, 97 ff. (100 ff.).

[31] Vgl. *J. M. Clark*, American Economic Review 45, 1955, 450 ff. (456).

Workable Competition".[32] Sein Verdienst ist es, eine realistische Vorstellung über Wettbewerb als Handlungsgrundlage für die praktische Wettbewerbspolitik zu entwickeln. Clark sah Marktunvollkommenheiten als notwendige Voraussetzung für einen notwendigen Fortschritt an und stellte die Frage, welche Marktunvollkommenheiten unerwünscht sind und welche gefördert werden müssen, damit der Wettbewerb seine Funktion optimal erfüllen kann. Die sich gegenseitig kompensierenden Unvollkommenheiten sollen im Ergebnis zu einem funktionstüchtigen („workable") Wettbewerb führen. Später löste sich *Clark,* beeinflusst von den Thesen *Joseph A. Schumpeters* (1883–1950), vom Leitbild der vollkommenen Konkurrenz und betonte den dynamischen Charakter des Wettbewerbs.[33] In den Mittelpunkt der wissenschaftlichen Diskussion tritt damit der **„wirksame Wettbewerb"**. Dabei werden dem Wettbewerb im Marktgeschehen verschiedene statische und dynamische Funktionen zugeschrieben. Trotz seines dynamischen Charakters ist Wettbewerb indes kein Selbstzweck, sondern ein Instrument zur Erreichung der gesamtwirtschaftlichen Zielsetzungen. Die Überprüfung der Wirksamkeit des Wettbewerbs erfordert eine Untersuchung der Märkte. Diese Marktuntersuchungen können die Marktstruktur (etwa die Zahl der Anbieter und Nachfrager, die Markttransparenz), das Marktverhalten (etwa Preise, Rabatte, Produktqualität, Konditionen, Menge, Service) oder die Marktergebnisse (etwa Preishöhe, Gewinnniveau, Qualität, Output, technischer Fortschritt) bzw. eine Kombination der drei Ergebnisse zum Gegenstand haben.[34] Die auf Clarks Modell aufbauende Forschungsrichtung (industrial organization) der **Harvard School** (*Mason, Bain, Kahn, Stocking, Scherer*) sieht Wettbewerb dann als „workable" an, wenn er dem wirtschaftlichen Fortschritt dient. Der zu normierende Wettbewerb ist durch Abweichungen vom Gleichgewichtsmodell der Preistheorie charakterisiert, aus der sich die gegenwärtig in den USA vorherrschende Wettbewerbstheorie entwickelte. Die Harvard School befürwortet in diesem Zusammenhang grundsätzlich keine allgemeinen per se-Regeln, sondern die Anwendung einer „rule of reason", die es ermöglichen soll, einem konkreten Einzelfall mit seinen individuellen Umständen gerecht zu werden.[35]

---

[32] *J. M. Clark,* American Economic Review 30, 1940, S. 241 ff.; in Deutschland: *E. Kantzenbach,* Die Funktionsfähigkeit des Wettbewerbs, 3. Aufl. 1967, S. 16 ff., wonach sich der Wettbewerb im Rahmen weiter Oligopole am funktionsfähigsten erweist; *E. Kantzenbach/H. Kallfass,* in: Cox/Jens/Markert (Hrsg.), Handbuch des Wettbewerbs, 1981, S. 103 ff.

[33] Vgl. *J. M. Clark,* The American Economic Review, 30, 1940, 241 ff.

[34] *J. M. Clark,* Competition as a dynamic process, 1961, S. 419 ff.

[35] *Clark,* Competition as a dynamic process, 1961, S. 419 ff.

In Deutschland hielt sich die Theorie der vollkommenen Konkurrenz als wirtschaftspolitisches Ideal bis in die 60er Jahre des 20. Jhds. hinein. Die Ordoliberalen der „**Freiburger Schule**" (*Böhm, Miksch u.a.*) erkannten unter der Führung von *Walter Eucken*, der Mitte des vorigen Jahrhunderts die Grundzüge der Ordnungstheorie formulierte, Marktunvollkommenheiten als gegeben an; Ziel der Wettbewerbspolitik sollte jedoch weiterhin der Zustand einer vollständigen Konkurrenz sein. Diese vollständige Konkurrenz liegt dann vor, wenn die Marktteilnehmer davon ausgehen, den Preis nicht beeinflussen zu können und ihn als Datum akzeptieren.[36] Als fundamentale Voraussetzungen für einen funktionierenden Wettbewerb betonen die Ordoliberalen den freien Marktzugang und die Freiheit der Wirtschaftsteilnehmer. Marktmacht, auch nur vorübergehende, lehnen sie ab.[37] Das „Problem der wirtschaftlichen Macht" sehen sie als die Kehrseite des Strebens nach Freiheit an. Macht gilt es zu begrenzen, private wie staatliche: Dazu imstande ist allein, wie *Eucken* betonte, eine Wettbewerbsordnung, deren Kern ein funktionsfähiges Preissystem ist. Der Preismechanismus zeigt die relativen Knappheiten an, er lenkt die Ressourcen in ihre jeweils besten Verwendungen, er treibt an zu Effizienz und Innovation. Aus diesem Grundsatz leiten sich weitere konstituierende Ordnungsprinzipien ab. Dies gewinnt an Relevanz bei der Diskussion um den **more economic approach** (*Schmidt/Wohlgemuth, Peukert*).[38]

Die Vertreter der **Theorie der Wettbewerbsfreiheit** (*v. Hayek/ Hoppmann*) verzichten auf einen normativen Ansatz. Der Wettbewerb wird also nicht als bloßes Mittel zur Erreichung von bereits festgelegten gesamtwirtschaftlichen Zielen verstanden. Der Markt sei nicht durch ein zu erreichendes Gleichgewicht gekennzeichnet, sondern entwickle sich evolutionär und dynamisch im Sinne einer offenen und spontanen Ordnung. Demgemäß müsse die Wettbewerbspolitik nicht auf einen bestimmten Zustand ausgerichtet sein, sondern Wettbewerbsfreiheit selbst sei als das Ziel anzusehen. Weder das Ziel eines Marktes noch die wesentlichen den Wettbewerb bestimmenden Faktoren sind dieser Theorie zufolge den Akteuren bekannt. Da durch den Wettbewerb am Markt der Anreiz entsteht, neue Wege einzuschlagen und auftretende Probleme zu lösen, betrachtet ihn v. Hayek daher als ein Such- und Entdeckungsverfahren, das der „Entdeckung von Tatsachen" dient, „die ohne sein Bestehen entweder unbekannt

---

[36] *W. Eucken*, in: W. Oswalt (Hrsg.), Ordnungspolitik, 1999, S. 17 ff.

[37] *Eucken*, in: W. Oswalt (Hrsg.), Ordnungspolitik, 1999, S. 35.

[38] Vgl. ferner *A. Schmidt/St. Voigt*, Der „more economic approach" in der Missbrauchsaufsicht, WuW 2006, 1097 ff.; *J. Kersten*, Die Herstellung von Wettbewerb als Verwaltungsaufgabe, in: Gemeinwohl durch Wettbewerb, VVDStRL 69 (2010) (im Erscheinen).

bleiben oder doch zumindest nicht genutzt werden würden."[39] So wird neues Wissen entdeckt (innovatorischer Wettbewerb) und bereits existierendes Wissen verbreitet (imitatorischer Wettbewerb). In Gang gesetzt wird dieses Verfahren durch *Schumpeters* Pionierunternehmer („Bahnbrecher"), also durch den Vorstoß eines einzelnen Unternehmers und die Verfolgung seines Ansatzes durch andere Marktteilnehmer („Nachahmer"). Der dynamische Unternehmer entwickelt neue Verfahren oder Produkte, um einen Vorsprung vor seinen Konkurrenten zu erringen oder neue Märkte zu erschließen. Er muss zumindest einen temporären Vorteil durch seinen „schöpferischen Beitrag" (*H. Arndt*) erwarten können, denn andernfalls wird dynamischer Wettbewerb wie im Modell der vollständigen Konkurrenz unterbunden. Der nachströmende Wettbewerb bewirkt sodann eine Veränderung der Marktform, zugleich aber auch eine Verbreitung der Neuerung (Diffusionseffekt).[40] Hierdurch werden die Wachstumseffekte, also das Sozialprodukt, gesteigert.

Hoppmann sieht zum einen in der Abwesenheit von Zwang durch Dritte, zum anderen in der Abwesenheit von Beschränkungen des Marktes durch die Teilnehmer selber den springenden Punkt der Wettbewerbsfreiheit. Wettbewerbspolitik habe im Wesentlichen eine optimale Wettbewerbsintensität herzustellen. Im Anschluss an *v. Hayek* definiert er Wettbewerb als eine spontane Ordnung, deren Ergebnis nicht vorhersehbar ist.[41] Aufgrund seines Vorverständnisses des Wettbewerbs als bloßes Such- und Entdeckungsverfahren beraubt sich dieses Leitbild indes der Möglichkeit, Ziele zu formulieren und diese umzusetzen.[42] Es können eben nur vage Mustervoraussagen erstellt werden, die kein gestalterisches Eingreifen zulassen.

Die Vertreter der **Chicago School** (*Stigler, Brozen, Bork, Demsetz, Posner*[43]) verneinen ebenso wie die Vertreter der Wettbewerbsfreiheit einen vorhersehbaren Zusammenhang zwischen Marktstruktur, Marktverhalten und Marktergebnis. Die von der Theorie der *industrial organization* behauptete kausale Verknüpfung struktureller Marktbedingungen mit zu erwartenden oder erwünschten Marktergebnissen lehnen sie kategorisch ab. Vielmehr wird das Marktgeschehen als freies Spiel der Kräfte und ein historisch offener Prozess begriffen, in dem sich die Besten auch ohne staatliche Eingriffe durchsetzen. Als allgemeines Ziel der Wettbewerbspolitik werden jedoch allein die Förderung der Konsumentenwohlfahrt und die

---

[39] Vgl. *F. A. von Hayek*, in: ders., Freiburger Studien, 1969, S. 249 ff.

[40] Vgl. *J. Windsperger*, ORDO 37, 1986, 125 (126 ff.).

[41] *Hoppmann*, in: Neue Jahrbücher für Nationalökonomie und Statistik 179 (1966), 286 ff.; *ders.*, in: Schriften des Vereins für Socialpolitik NF 48, 1968, 9 ff. (14 ff.).

[42] Vgl. *Schmidt*, Wettbewerbspolitik und Kartellrecht, 8. Aufl. 2005, S. 18.

[43] *R.A. Posner*, The Chicago School of Antitrust Analysis, in: The University of Pennsylvania Law Review 127 (1979), S.925–948.

Steigerung der Effektivität der einzelnen Unternehmen anerkannt.[44] Wettbewerb und Konzentration stellen nach diesem Konzept indes keinen Widerspruch per se dar. Zusammenschlüsse von Unternehmen werden als legitimes Verfahren erachtet.

Die **Theorie der bestreitbaren Märkte** von *Baumol, Panzer und Willig*[45] lenkt die Aufmerksamkeit der Wettbewerbshüter nicht auf die faktische, sondern auf die potentielle Konkurrenz. Freier Marktzutritt und die Abwesenheit von Markteintritts- und Austrittskosten ist nach dieser Theorie hinreichend, um Wettbewerbsverhältnisse zu sichern, selbst wenn nur ein Anbieter auf dem Markt vorhanden ist. Bei freiem Markteintritt und -austritt muss sich der Monopolist vor möglichen hit-and-run Strategien potentieller Konkurrenten schützen und daher einen Preis setzten, der gerade seine Durchschnittskosten deckt. Da Effizienzverluste durch Monopolpreise vermieden werden, werden Argumente zum staatlichen Eingriff geschwächt. Die Theorie fußt auf zwei restriktiven Annahmen: Zum einen geht sie davon aus, dass „versunkene Kosten", wie die zur Gründung oder Liquidation von Unternehmen, nicht entstehen. Zum anderen schließt sie aus, dass der Monopolist in der Lage ist, seine Preissetzung zu revidieren, wenn Konkurrenten auf seinen Markt eindringen und ihn unterbieten. Beide Annahmen geben Anlass zur Kritik.[46] Die Theorie der bestreitbaren Märkte hat die Wettbewerbspolitik seit Ende der 70er Jahr stark beeinflusst, anfangs nur in den USA und Großbritannien während der Regierungszeit von *R. Reagan* und *M. Thatcher*, später dann in der gesamte Europäischen Union. Sie lieferte eine Begründung für Deregulierung und Privatisierung öffentlicher Unternehmen und die zunehmende Billigung von Unternehmenszusammenschlüssen.[47]

III. Gemeinsamkeiten und Unterschiede wettbewerbstheoretischer Grundansätze

Die wettbewerbstheoretischen Konzepte der Gegenwart stimmen darin überein, dass der Wettbewerb kein statischer Zustand, sondern ein dynamischer Prozess ist. Die Dynamik des Wettbewerbs wird vor allem durch den Wettbewerbsdruck ausgelöst. Die Dynamik geht indes nicht soweit, dass sie von zielgerichtetem Handeln nicht mehr beeinflussbar wäre. Die – in *begrenztem* Rahmen gegebene – Steuerbarkeit des Wettbewerbsprozesses

---

[44] Ebenda.

[45] *W. Baumol/J. C. Panzar/R. D. Willig*, Contestable Markets and the Theory of Industry Structure, San Diego: Harcourt Brace Javanovich, 1982.

[46] *M. Braulke*, Contestable Markets – Wettbewerbskonzept mit Zukunft? in: Wirtschaft und Wettbewerb, 33, 1983, S. 945–954.

[47] *G. Corneo*, Öffentliche Finanzen: Ausgabenpolitik, Tübingen: Mohr Siebeck 2003.

lässt es möglich erscheinen, ihn als Instrument zur Erreichung bestimmter Ziele einzusetzen. Nur wenn man ein gewisses Maß an Steuerbarkeit voraussetzt, kann Wettbewerb als Anreizsystem so strukturiert werden, dass er als Steuerungsmittel in verschiedenen Zusammenhängen – auch außerhalb des privatwirtschaftlichen Kontextes – zum Einsatz kommen kann.[48] Die Operationalität auch dieses Kriteriums ist indes in Zweifel gezogen worden. Von einer leistungsfähigen Wettbewerbstheorie muss in der Tat verlangt werden, dass sie in eine teleologische Form gebracht werden kann, um wirtschaftspolitisch praktikabel zu sein. Die evolutorische Eigenschaft des Wettbewerbs bringt indessen mit sich, dass der Analytiker der Wettbewerbsordnung in hohem Maße auf Erfahrungswissen angewiesen bleibt.[49] *Fr. A. v. Hayek* hat diese Eigenschaft bisweilen überpointiert, wofür seine Aussage steht, dass Theorie des Wettbewerbs „für jene Fälle, in denen sie interessant ist, nie empirisch nachgeprüft werden kann."[50]

Im Anschluss an *K. Herdzina*[51] können die wettbewerbspolitischen Konzepte in zwei „idealtypische" Grundpositionen unterteilt werden: den wohlfahrtsökonomischen und den systemtheoretischen Ansatz. Der wohlfahrtsökonomische Ansatz, dem etwa die Harvard School zuzurechnen ist, schreibt dem Wettbewerb die Allokations- und die Fortschrittsfunktion zu. Er analysiert lediglich ökonomische Zusammenhänge, wobei das Ziel der Wohlstandssteigerung im Mittelpunkt steht. Bei der Beurteilung des Wettbewerbs geht dieser Ansatz davon aus, dass die Marktstruktur über das Marktverhalten die Marktergebnisse bestimmt. Für die Wettbewerbspolitik ergibt sich damit die Aufgabe, Abweichungen der tatsächlichen Marktstruktur von der als optimal geltenden Marktstruktur festzustellen und die tatsächlichen Verhältnisse durch wettbewerbspolitische Maßnahmen den optimalen Bedingungen anzupassen.

Beim systemtheoretischen Ansatz, der als Anknüpfungspunkt für eine interdisziplinäre Forschung auf dem Gebiet des Wettbewerbs von besonderer Bedeutung ist, steht die Freiheitsfunktion im Mittelpunkt der Analyse. Der freie Wettbewerb ist ein Prozess, der im Wege einer Mustervoraussage gute ökonomische Ergebnisse erzeugen kann, die indes nicht vorhersehbar sind. Damit handelt es sich um einen offenen Ansatz. Die Wettbewerbspolitik hat die Aufgabe, Kriterien für freiheitsbeschränkende Maßnahmen aufzustellen und anhand dieser Kriterien klare Verbote zu postulieren. Marktverhaltensnormen kommen indes wegen ihres wettbewerbsbeschrän-

---

[48] Vgl. *A. Musil*, Wettbewerb in der staatlichen Verwaltung, 2005, S. 19.

[49] Vgl. *W. Möschel*, Die Wettbewerbsordnung als Grundelement der Sozialen Marktwirtschaft, in: FS Nörr, 2003, S. 609 (611).

[50] Vgl. *v. Hayek*, Der Wettbewerb als Entdeckungsverfahren, in: ders.: Freiburger Studien, 1969, S. 250.

[51] Vgl. *K. Herdzina*, Wettbewerbspolitik, 5. Aufl. 1999, S. 106 ff.

kenden Charakters per se nicht in Betracht.[52] Dieses offene Konzept der Marktwirtschaft, dem in seinen zentralen Aussagen auch das klassische Wettbewerbskonzept von *A. Smith* sowie die Chicago School zuzuordnen sind, wird gegenüber dem wohlfahrtökonomischen Ansatz der Vorzug gegeben, weil es als „angemessen und überdies theoretisch sicher fundiert" gilt.[53] Aufgabe der Wettbewerbspolitik in der Marktwirtschaft kann es demgemäß nicht sein, darauf hinzuwirken, dass spezifische Marktprozesse mit vorher festgelegten Abläufen und determinierten Ergebnissen entstehen. Ihre Aufgabe ist es allein, die Freiheit des Wettbewerbs zu sichern. Diese Einsicht scheint der in einer Wirtschaftskrise intervenierende Staat zu missachten, wenn er zur Stützung einer technologisch nicht mehr wettbewerbsfähigen Autoindustrie mit Hilfe der Einführung einer aus Steuermitteln finanzierten „Abwrackprämie"[54] die Kauflust der Bürger ankurbelt. Durch solche offenen oder versteckten Subventionen entstehen gesamtwirtschaftlich unproduktive Renten.

B. Ausdehnung: strittige und unstrittige Bereiche der Anwendung des Paradigmas „Wettbewerb"

Als allgemeines soziales Verhaltens- und Organisationsprinzip ist das Wettbewerbsprinzip nicht auf das klassische Wirtschaften mit Waren und Dienstleistungen beschränkt. Auch in anderen Bereichen kann der Grundsatz Anwendung finden, soweit die Leitidee greift, den Gesamtnutzen der Beteiligten durch eigennützige Konkurrenz zwischen den Akteuren zu steigern. Folgerichtig hat die Wirtschaftswissenschaft ihren Untersuchungsgegenstand über wirtschaftliche Güter und Märkte hinaus auch auf andere soziale Institutionen erstreckt. Die Ökonomie wandelt sich unter diesem Vorzeichen zur politischen Ökonomie bzw. zur Institutionenökonomik. Die politische Ökonomie erweitert den Bereich des Individualansatzes, indem sie hierunter alle Ziele fasst, die sich die Akteure gemäß ihren je eigenen Vorstellungen setzen. Der zu maximierende Nutzen kann damit sämtliche individuellen Interessen erfassen. An die Stelle des Marktes treten zugleich andere soziale Institutionen.

---

[52] Vgl. *Herdzina*, Wettbewerbspolitik, 5. Aufl. 1999, S. 108 ff.
[53] *Herdzina*, Wettbewerbspolitik, 5. Aufl. 1999, S. 114.
[54] Vgl. die zu §§ 23 und 44 BHO ergangene Richtlinie zur Förderung des Absatzes von Personenkraftwagen vom 20. Februar 2009 mit Änderungen der Richtlinie vom 17. März 2009, www.bafa.de/bafa/de/wirtschaftsfoerderung/umweltpraemie/dokumente/foederrichtlinie_umweltpraemie.pdf

I. Gemeinwohlwidmung versus wettbewerbliche Freiheit

Staatliche Gemeinwohlverwirklichung und freiheitlich-wettbewerbliche Bedarfsbefriedigung folgen indes unterschiedlichen Gesetzmäßigkeiten.[55] So erbringt der Staat Leistungen unabhängig von Gegenleistung und Wettbewerb immer dann, wenn es um Rechtsgewähr, Existenzsicherung oder – wie namentlich auf dem Gebiet der Sozialleistungen – um Ausgleich und Mäßigung von Verschiedenheiten geht. Er übernimmt Aufgaben im Erziehungs- und Bildungswesen, weil diese überindividuell-demokratisch definiert, legitimiert und kontrolliert werden müssen. Der Staat wird auch zum notwendigen Anbieter, wenn die Marktwirtschaft die Leistungen nicht hinreichend verlässlich oder allgemein bereitstellt, wie bei Verkehrsleistungen und anderen Leistungen der Infrastruktur. Die Unterscheidung zwischen Gemeinwohlwidmung und wettbewerblicher Freiheit durchzieht in ihren rechtlichen, wirtschaftlichen und gesellschaftspolitischen Folgen unsere gesamte Ordnung: Während der Staat freiheitsverpflichtet ist, ist die Gesellschaft freiheitsberechtigt; kraft dieser Berechtigung entfachen die in der Gesellschaft zusammengeschlossenen Individuen den Wettbewerb. Doch lässt sich das Gemeinwohl nur dann in den Formen des Wettbewerbs verwirklichen, wenn der wirtschaftliche Bedarf dadurch sachgerecht erkundet und befriedigt werden kann, wenn neue und erweiterte Wirtschaftsmärkte erschlossen werden sollen, wenn Leistungsempfänger allein der Zahlungsfähige und Zahlungsbereite sein soll und den Leistungsanbieter keine Verantwortlichkeit für eine flächendeckende, universale Versorgung trifft.

II. Der „unstrittige Sektor"

Vor diesem Hintergrund wird dann auch deutlich, dass Wettbewerb in einem Rahmen stattfindet, der selber nicht mehr der Konkurrenz unterliegen darf. Im Rekurs auf die Demokratietheorie _Ernst Fraenkels_ kann man diesen Rahmen als den unstrittigen Sektor (im Unterschied zum strittigen Sektor) der Auseinandersetzung oder des Wettbewerbs bezeichnen.[56] Unter diesem unstrittigen Sektor sind zunächst jene Wertorientierungen zu fas-

---

[55] Vgl. zu den nachfolgenden Differenzierungen _P. Kirchhof_, Das Wettbewerbsrecht als Teil einer folgerichtigen und widerspruchsfreien Gesamtrechtsordnung, in: ders. (Hrsg.), Gemeinwohl und Wettbewerb, 2005, S. 1 (4 f., 7 ff., 18); hierin sieht _J. Ph. Schaefer_, in: E. V. Towfigh u. a. (Hrsg.), Recht und Markt, 2009, S. 117 (122 ff., 125), der „Markt und Gemeinwohl ... (als) im Regelfall partiell aufeinander bezogene ... Strukturprinzipien der Rechtsordnung" ansieht.

[56] Siehe dazu _E. Fraenkel_, Die repräsentative und die plebiszitäre Komponente im demokratischen Verfassungsstaat, in: ders., Deutschland und die westlichen Demokratien, 5. Aufl. Stuttgart et al. 1973, S. 113–151.

sen, die wettbewerbliches Handeln grosso modo als von allen oder der überwiegenden Mehrheit gewolltes und erstrebenswertes Handeln gesamtgesellschaftlich ausweisen und rechtfertigen. Weiterhin müssen als kollektiv unstrittig angesehen werden all jene Institutionen und Verfahren, die dazu berechtigt sind, allgemeinverbindliche Entscheidungen zur Regelung öffentlicher Angelegenheiten zu treffen. In aller Regel sind dies die politischen Institutionen eines (National-)Staates. Hier sind die politischen Entscheidungsstrukturen im Falle einer wettbewerblichen Marktordnung nicht automatisch demokratisch (und gewaltenteilig) verfasst, obwohl dies zweifellos ausgesprochen förderlich ist.[57] Zudem muss als unstrittig anerkannt sein, dass diese politische Institutionenordnung das Monopol legitimer physischer Zwangsgewalt besitzt (*Max Weber*), also berechtigt ist, verfahrensgerecht gesetzte Regeln zu implementieren und Übertretungen zu sanktionieren. Und schließlich müssen – zumindest in Demokratien – allgemeine Regeln der Fairness oder Gerechtigkeit öffentlich akzeptiert sein, gegenüber denen etwa die Verfassung von Verteilungs- oder sogar kontingenten Wettbewerbsregeln öffentlich gemessen und beurteilt werden kann.[58]

Wettbewerb beruht damit auf Voraussetzungen, die er selber nicht schaffen kann, oder anders formuliert: die Entstehung einer wirtschaftlichen Rahmenordnung ist nicht selber ausschließlich durch Marktverhalten ökonomisch kalkulierender Akteure zu erklären. Klassischer Weise wird dies im Problem der Entstehung politischer Ordnung reflektiert. Gelingt es aus der puren Wettbewerbssituation heraus nicht, Ordnung zu generieren, wie das etwa bei *Thomas Hobbes* eindrücklich nachverfolgt werden kann, wird, wie *Emile Durkheim* nachdrücklich betont hat, Unstrittiges bereits immer schon vorausgesetzt, um nachfolgenden Wettbewerb zu ordnen, das heißt die Anarchie purer Konkurrenz zu überwinden oder zu zähmen.[59] Diese Unstrittige erfasst unabdingbare, also unabhängig von einer Zahlungsbereitschaft zu respektierende Güter, die jenseits des Wettbewerbs der

---

[57] Siehe dazu etwa *R.A. Dahl*, On Democracy, Yale University 2000, S. 166–179.

[58] Darauf hat ja nicht zuletzt John Rawls immer wieder hingewiesen: siehe *J. Rawls*, Die Grundstruktur als Gegenstand, in: ders., Die Idee des politischen Liberalismus. Aufsätze 1978–1989, Frankfurt/M. 1992, S. 45–79.

[59] Siehe zur klassischen Darstellung der neuzeitlichen Problematik, wie Ordnung überhaupt möglich sei, *Th. Hobbes*, Leviathan oder Stoff, Form und Gewalt eines kirchlichen und bürgerlichen Staates, hrsg. und eingel. von I. Fetscher, übersetzt von W. Euchner, Frankfurt/M. 1984, S. 131–135 (das berühmte 17. Kapitel); ferner *E. Durkheim*, Über soziale Arbeitsteilung, 3. Aufl. Frankfurt/M. 1999. Siehe dazu auch *S. Lütz/R. Czada*, Marktkonstitution als politische Aufgabe: Problemskizze und Überblick, in: R. Czada/S. Lütz (Hrsg.), Die politische Konstitution von Märkten, Wiesbaden 2000, S. 9–35.

Rechtsordnungen rechtlich geschützt bleiben müssen. Denn „sie haben keinen Preis, sie haben eine Würde."[60]

Demgegenüber sind die kontingent gesetzten Regeln der (mehr oder weniger) aktuellen Wettbewerbsordnung immer strittig. Welches Regelwerk für wettbewerbliches Handeln in allen denkbaren Bereichen tatsächlich in Kraft gesetzt wird, welche Regelungen im Einzelnen als sinnvoll angewandt oder überflüssig und schädlich sind, bleibt dem politischen und gesellschaftlichen Prozess selber überlassen.[61]

Offen mag an dieser Stelle bleiben, in welchen Bereich die Frage der Öffentlichkeit und öffentlichen Bekanntheit der (aktuellen) Wettbewerbsregeln fällt. In einer demokratischen Ordnung wird er sich normativ ausschließlich in der Sphäre unstrittiger Bereiche rechtfertigen lassen können. In nicht-demokratischen, etwa autoritären Regimen fällt die Forderung nach öffentlicher Bekanntheit von Regeln selber in den Bereich der strittigen Themen.

III. Der politische Wettbewerb

Gerade unter einer politikwissenschaftlichen Perspektive unterliegt der Prozess der – nun speziell demokratisch verfassten – Herstellung allgemeinverbindlicher Wettbewerbsregeln selber dem Wettbewerb. Insofern stellt der politische Streit um die besten Lösungen für öffentliche Probleme selber den ersten Anwendungsfall von Wettbewerb dar. Unter dem Paradigma der Konkurrenzdemokratie rivalisieren unterschiedliche Parteien oder Gruppierungen um die Gunst der Wählerinnen und Wähler. Ob *Anthony Downs*, *Josef A. Schumpeter*, *Robert Dahl* oder *Noberto Bobbio*, alle erkennen in dem politischen Wettbewerb um die „Stimmen des Volkes" bei der Besetzung entscheidungsbefugter Positionen durch politische Akteure das entscheidende Element demokratischer Ordnung.[62] Abgesehen davon,

---

[60] Vgl. *A. Peters*, Wettbewerb von Rechtsordnungen, in: Gemeinwohl durch Wettbewerb, VVDStRL 69 (2010) (im Erscheinen).

[61] Paradigmatisch lässt sich dies in der Rede der diversen, länderspezifischen „Gesichter des Kapitalismus" abbilden; siehe dazu etwa die vergleichende Untersuchung von *V.A. Schmidt*, Still Three Models of Capitalism? The Dynamics of Economic Adjustment in Britain, Germany, and France, in: R. Czada/S. Lütz (Hrsg.), Die politische Konstitution von Märkten, Wiesbaden 2000, S. 38–72.

[62] Die „demokratische Methode ist diejenige Ordnung der Institutionen zur Erreichung politischer Entscheidungen, bei welcher einzelne die Entscheidungsbefugnis vermittels eines Konkurrenzkampfes um die Stimmen des Volkes erwerben.": *J. A. Schumpeter*, Kapitalismus, Sozialismus, Demokratie. Einführung von E. K. Seifert, 7. erweiterte Aufl. Tübingen/Basel 1993, S. 428. Schumpeter selber vermerkt kurz darauf: „Dieser Begriff (des Konkurrenzkampfes, H.J.B./A.T.) bietet ähnliche Schwierigkeiten wie der Begriff der Konkurrenz in der wirtschaftlichen Sphäre, mit dem er nutzbringend verglichen werden kann." (ebda., S. 430). Schumpeter selber verzichtet im folgenden allerdings

dass Parteienwettbewerb im Kontext eines Parteiensystems immer auch Koordinierungsfunktion, Entdeckungsfunktion, Effizienzfunktion und unterschiedlich konnotierte Selektionsfunktionen hat (etwa auch hinsichtlich des innerparteilichen Personals), kann man mit Theoretikern wie *John Dewey* zudem davon sprechen, dass ihm eine Lernfunktion innewohnt. Im Konkurrenzdruck um die knappe Ressource der Wählerstimme werden neben Formen der Präsentation, des Agendasetting und des Umgangs auch Themen und Topoi gelernt, und sei es in der Absicht, den politischen Gegner zu entkräften oder zu überwinden. Konkurrenz und Wettbewerb beleben nicht nur das politische Geschäft, sondern initiieren auch kollektive Rationalitätssteigerung.[63]

Ohne darauf eingehen zu wollen, dass Konkurrenzdemokratie ohne konkordanzdemokratische Elemente nicht zu haben ist, sei gleichwohl – und in Aufnahme des bisher Gesagten – vermerkt, dass erstere ein hohes Maß an sozio-kultureller Homogenität, ein unstrittiges, also gemeinsam geteiltes Bewusstsein von *adversary politics*, Konflikt, Mehrheit und Repräsentation voraussetzt sowie ein starkes und souveränes Parlament mit klaren legislativen Kompetenzen.[64]

IV. Integration und Transformation

Vor diesem Hintergrund eines unstrittigen politischen Rahmens für Wettbewerb gewinnen zwei (miteinander verkoppelte) Prozesse besondere politikwissenschaftliche Relevanz: der seit den Römischen Verträgen (1957) in verschiedenen Phasen gestaltete Prozess der Europäischen Integration und die Transformationen sozialistischer Gesellschaften nach dem Ende der Blockkonfrontation (1989). Weit davon entfernt, auch nur ansatzweise der Komplexität dieser wissenschaftlich extensiv beobachteten Prozesse hier gerecht werden zu können, lassen sich doch einige Leitfragen der Diskussion zumindest benennen. Die supranational garantierte Freiheit von Waren, Arbeitnehmern und Selbständigen, Dienstleistungen sowie Kapital hat nicht nur zu einem Wettbewerb der europäischen Produktionsstandorte geführt, sondern auch zu einem Wettbewerb der politischen und kollektivvertraglichen Regelungssysteme.[65]

---

auf jene Vergleichsanalyse. Siehe weiterhin *R.A. Dahl*, Democracy, liberty, and equality, Oxford 1986, S. 232f.; *N. Bobbio*, Die Zukunft der Demokratie, Berlin 1988, S. 9–11; A. Downs, An Economic Theory of Democracy, New York 1957, S. 3–35.

[63] Siehe *J. Dewey*, Die Öffentlichkeit und ihre Probleme, Darmstadt 1996, S. 125–155.

[64] Siehe *R.O. Schultze*, Konkurrenzdemokratie, in: D. Nohlen et al. (Hrsg.), Lexikon der Politik. Band 7: Politische Begriffe, München 1998, S. 323.

[65] *F. W. Scharpf*, Einheitlicher Markt und kulturelle Vielfalt. Das Dilemma der Europäischen Politik, in: Rudolf Hrbek (Hrsg.), Die Entwicklung der EG zur Politischen Uni-

In diesem Kontext ist es eine empirisch zu untersuchende Frage, welche Funktionen, Formen, Prozessverläufe und Resultate dieser Wettbewerb von unterschiedlichen Regelungspolitiken im europäischen Binnenraum und den jeweiligen Politikfeldern annimmt und welche Akteure (jeweils) beteiligt sind (und welche nicht). Führt Wettbewerb zu einer stärkeren politischen Integration und Harmonisierung oder verfestigt er im Gegenteil nationale Differenzen? Hat eine (mögliche) europäische Harmonisierung politischer Reglementierungen eine Deregulierung zur Folge oder werden im Gegenteil gerade auf europäischer Ebene Re-Regulierungen in Gang gesetzt? Impliziert eine (mögliche) Harmonisierung eine Entwicklung hin zu geringem Regulierungsniveau oder gibt es im Gegenteil Angleichungseffekte nach oben?[66] Wie verbinden sich all diese möglichen Szenarien und Entwicklungen mit dem europäischen Grundsatz der Subsidiarität, und entstehen dadurch neue Institutionen der Konfliktaustragung und Kooperation gerade durch Wettbewerb?[67] Welchen Einfluss haben differente europäische Kulturen auf die Wettbewerbsgestaltung in unterschiedlichen Politikfeldern? Gibt es Politikfelder, die sich der Integration entziehen und dadurch den Wettbewerb zwischen Nationalstaaten (weiterhin oder zusätzlich) forcieren?[68]

Das Thema des Wettbewerbs erfährt politikwissenschaftlich damit einerseits eine sehr deutliche Aufwertung und Ausweitung auf – im Prinzip – sämtliche Politikfelder und Regelungsmaterien. Andererseits ist Wettbewerb eingelassen in komplexe Strukturen von Governance, die jene histo-

---

on und zur Wirtschafts- und Währungsunion unter der Sonde der Wissenschaft, Baden-Baden 1993, S. 99–106.

[66] Gegen ein regulatives „race to the bottom" und für eine Anhebung des Niveaus durch Wettbewerb argumentieren etwa *C.M. Radaelli*, The Puzzle of Regulatory Competition, in: Journal of Public Policy, 24/2004, S. 3–23; und *D. Vogel*, Environmental Regulation and Economic Integration. Regulatory Competition and Economic Integration, in: D.D. Esty/D. Geradin (Hrsg.), Regulatory Competition and Economic Integration, Oxford 2001, 330–347. Dagegen sehen *Genschel et al.* Klare Indizien für eine Abwärtsspirale in Bereichen des Steuerrechts, P. *Genschel/T. Rixen/S. Uhl*, Die Ursachen des europäischen Steuerwettbewerbs, in: I. Tömmel (Hrsg.), Die Europäische Union. Governance and Policy-Making, Wiesbaden 2008 (PVS-Sonderheft), S. 297–320.

[67] Siehe etwa *F. Lehner*, Grenzen der Wettbewerbsdemokratie: Der Wandel politisch-ökonomischer Konfliktstrukturen in westlichen Industriegesellschaften, in: B. Kohler-Koch (Hrsg.), Staat und Demokratie in Europa, Opladen 1992, S. 168–176.

[68] Dolata argumentiert, dass sich speziell im Feld der Technologie- und Innovationspolitik zwar eine gewisse Europäisierung in den letzten 20 Jahren nicht negieren lasse. Dennoch sind bei Politikfeldern nach wie vor und sogar in zunehmendem Maße Bereiche nationalstaatlicher Förderungs- und Steuerungskonkurrenz; siehe *U. Dolata*, Technologie- und Innovationspolitik im globalen Wettbewerb. Veränderte Rahmenbedingungen, institutionelle Transformation und politische Gestaltungsmöglichkeiten, in: Zeitschrift für Politikwissenschaft, 2/2006, S. 427–455.

risch-theoretische Einsicht wiederholen, dass Konkurrenz alleine keine ordnungsstiftende Leistung erbringen kann, sondern auf bereits existente Rahmenstrukturen und unstrittige Bereiche angewiesen ist.[69]

V. Die Lernfunktion des politischen Wettbewerbs

Bevor wir auf diese politisch-rechtlichen Rahmenstrukturen von europäischem Wettbewerb näher eingehen, soll eine Funktion von Konkurrenz Erwähnung finden, die in jüngster Zeit eine zunehmend wichtige Rolle zu spielen beginnt: die Lernfunktion politischen Wettbewerbs. Natürlich steht auch sie im Kontext der politik- und sozialwissenschaftlichen Forschung, die sich unter einer europäischen, namentlich einer OECD-Perspektive mit der Frage der Konvergenz von (nationalen) Politiken befasst. Wurde, wie schon bemerkt, Konvergenz bisher zumeist als Produkt einer europa- oder völkerrechtlichen Harmonisierung, des direkten wie indirekten politischen Zwanges und/oder eines ökonomischen Wettbewerbsdrucks verstanden, wird in Absetzung – und z. T. Ergänzung dazu – nun darauf abgestellt, ein „bislang ... nur ansatzweise ausgeschöpftes Potenzial ... in der Analyse der Interaktion der ‚weichen‘ Konvergenzmechanismen" zu erschließen.[70] Unter diesen weichen Faktoren werden vor allem jene „informelle(n) und nicht-obligatorische(n) Einflussmechanismen wie Kommunikation, Information und Lernen" verstanden.[71] Diese drei Mechanismen spielen in zwei Konzepten eine wesentliche Rolle, die sich der Frage der Politikkonvergenz widmen, einmal ein Konzept der Politikdiffusion, zum anderen im Bereich des Politiktransfers. Nimmt die Heuristik einer Politikdiffussion eine makroskopische Sicht ein und untersucht die strukturelle Verbreitung spezifischer Politiken in diversen Ländern, setzt unter einem mikroskopischen Zugang das Modell des Politiktransfers auf eine von politischen Akteuren ganz bewusst vollzogene Politikübernahme. Trotz dieser Differenzen spielt gleichwohl in beiden Modellen die Frage des Wettbewerbs oder Wettbewerbsdrucks eine wichtige Rolle. Können nämlich ökonomische und institutionelle Wettbewerbsbedingungen allein oftmals nicht die Konvergenz – oder mangelnde Konvergenz – von Politiken im europäischen Raum erklären, rücken die Fragen nach den wettbewerblichen Verfassungen der genannten „weichen" Konvergenzmechanismen in den Vorder-

---

[69] Siehe exemplarisch *M. Jachtenfuchs/B. Kohler-Koch* (Hrsg.), Europäische Integration, Opladen 1996; *I. Tömmel* (Hrsg.), Die Europäische Union. Governance und Policy-Making, Wiesbaden 2008, sowie den Beitrag von *G.F. Schuppert* in diesem Band.

[70] *K. Holzinger/H. Jörgens/Ch. Knill*, Transfer, Diffusion und Konvergenz: Konzepte und Kausalmechanismen, in: dies. (Hrsg.), Transfer, Diffusion und Konvergenz von Politiken, Wiesbaden 2007 (PVS Sonderheft 38), S. 11 (17).

[71] Ebda., S. 17.

grund der empirischen Forschung.[72] Damit wird nachdrücklich auf die Bedeutung von Lernkulturen im Prozess des Wettbewerbs abgestellt, und damit der Aspekt in das Zentrum gerückt, wie Konkurrenz und Wettbewerb die kollektive kommunikative Lösungskompetenz und Regelungsintelligenz beeinflussen.[73]

Wettbewerb hat damit endgültig seine Verortung im ökonomischen Feld weit hinter sich gelassen und ist zu einem wichtigen Untersuchungsbegriff für europäische (und letztlich auch internationale) Politikfeldforschung geworden.[74] Dieser Ausweitung des Wettbewerbsparadigmas nicht zuletzt auch in kulturelle Bereiche hinein muss und will sich dieser Band stellen.

C. Wettbewerb in der europäischen Integration

Die im Binnenbereich der Mitgliedstaaten bei den nationalen Regierungen und Parlamenten zentrierende Verantwortung für das Gemeinwohl rechtfertigt die Existenz staatlicher Gewalt. Diese Gemeinwohlkonzeption muss in der Union erweitert werden, damit solche Aufgaben, deren wirksame Erfüllung eine internationale Kooperation verlangt, in einem „vereinten Europa" (Art. 23 GG) wahrgenommen werden können, auch damit die Unionsbürger die wirtschaftsorientierten Marktfreiheiten genießen können, ohne dabei den wirksamen Schutz ihrer Grundrechte gegenüber der supranationalen Gewalt zu verlieren. Während die Charta der Grundrechte der Europäischen Union aufbauend auf der prätorischen Rechtsprechung des Luxemburger Gerichtshofs (Gerichtshof der Europäischen Union) im Kern einen Katalog an klassischen Abwehrrechten, darunter auch die für das System eines Wettbewerbs konstitutiven Garantien der Eigentums- und Berufsfreiheit, enthält, geben die Grundsätze des freien Waren-, Personen-

---

[72] Siehe ebda. S. 27–29.

[73] So sprechen etwa S. Lange und U. Schimank in ihrer Analyse der Konvergenzen im europäischen Hochschulsystem dezidiert vom „Konkurrenzdruck in und zwischen Hochschulen", der „etwa mit Hilfe von vergleichenden Evaluationen" erreicht wird, als einem von fünf essentiellen Erklärungsfaktoren. Hier handelt es sich ganz eindeutig um Konkurrenzprozesse in den ‚weichen' Faktoren: vgl. *S. Lange/U. Schimank.* Zwischen Konvergenz und Pfadabhängigkeit: New Public Management in den Hochschulsystemen fünf ausgewählter OECD-Länder, in: K. Holzinger/H. Jörgens/Ch. Knill (Hrsg.), Transfer, Diffusion und Konvergenz von Politiken, Wiesbaden 2007 (PVS Sonderheft 38), S. 525.

[74] „Die Terminologie von Markt, Konkurrenz und Wettbewerb erobert immer mehr Politikfelder, die bisher als rein staatlich bzw. öffentlich-rechtlich verfasst und reguliert angesehen wurden. Als generalisierte Form der Unterstützung eines grundlegenderen Politikwandels dient heute der Slogan ‚Mehr Wettbewerb!'." *F. Nullmeier,* ‚Mehr Wettbewerb!' Zur Marktkonstitution in der Hochschulpolitik, in: R. Czada/S. Lütz (Hrsg.), Die politische Konstitution von Märkten, Wiesbaden 2000, S. 209.

(Arbeitnehmer- und Niederlassungsfreiheit), Dienstleistungs- und Kapital- und Zahlungsverkehrs dem Marktbürger die Freiheit, am Binnenmarkt teil- zunehmen. Binnenmarkt, Hebung des Lebensstandards und Wettbewerb sind in den Verträgen als eine Ziel-Mittel-Relation definiert (Art. 3 EUV, Art. 3 AEUV). Darauf beruht der beachtliche wirtschaftliche Erfolg der europäischen Integration, der diesem Projekt noch immer eine große An- ziehungskraft verleiht.

Die die Mitgliedstaaten bindenden Prinzipien des „Binnenmarktes", der seinerseits den Rechtsbegriff des Gemeinsamen Marktes seit der Einheitli- chen Europäischen Akte (1986) ergänzt und so das Ziel der vollkommenen Verwirklichung dieser Grundsätze innerhalb eines Systems unverfälschten Wettbewerbs (so ehedem Art. 3 Abs. 1 lit g EGV) fixiert (Art. 26 AEUV), vermitteln dem Einzelnen ein subjektives Recht mit einem jedenfalls grundrechtsähnlichen Charakter,[75] zumindest aber einen Rechtsreflex („Grundfreiheiten").[76]

I. Das Wettbewerbskonzept der Europäischen Union

Der Gerichtshof der Europäischen Union verlangt einen wirksamen Wettbe- werb, durch den die grundlegenden Forderungen des Vertrags erfüllt und sei- ne Ziele – insbesondere der Binnenmarkt – erreicht werden.[77] Der leistungs- gerechte Wettbewerb ist in jeder Hinsicht geschützt: horizontal, vertikal[78] und potentiell.[79] In seinem harten Kern wird dieser Grundsatz durch das Verbot von Kartellen (Art. 101 AEUV) und des Missbrauchs von Marktmacht (Art. 102 AEUV) (*Schmidt/Wohlgemuth, Peukert*) sowie durch das generelle Bei- hilfeverbot nach Art. 107 Abs. 1 AEUV[80] geschützt. Sie bilden Bestandteile einer Metarechtsordnung, die den Wettbewerb der nachgeordneten Rechts- ordnungen – unter deren Mitwirkung (Gegenstromprinzip) – schwerpunktmä-

---

[75] Vgl. zu dieser herrschenden Meinung *Chr. Müller-Graff*, in: von der Gro- eben/Schwarze, Kommentar, Vorbem. zu den Art. 28 bis 31 EG, Rn. 3; für die Waren- verkehrsfreiheit vgl. *dens.*, in: von der Groeben/Schwarze, Kommentar, Art. 28 Rn. 1; *U. Palm*, Die Berücksichtigung von Gemeinwohlbelangen im europäischen Wettbewerbs- recht, in: P. Kirchhof (Hrsg.), Gemeinwohl und Wettbewerb, 2005, S. 101 (104); so wohl auch *V. Mehde*, Wettbewerb zwischen Staaten, 2005, S. 268: „Rechtsgewährleistungen, die ... Rechtssubjekten des Privatrechts unmittelbar zugute kommen". Diese wohl herr- schende Meinung stützt sich auf EuGH, Rs. 26/82, Slg. 1963, 5 ff. (24 f.).

[76] So *G. Nicolaysen*, Europarecht I, 2. Aufl. 2002, S. 85 f.; *ders.*, EuR 2003, 738.

[77] EuGH Rs. 26/76, Slg. 1977, 1875 Rn. 20.

[78] EuGH Rs. 56/65, Slg. 1966, 282 (302).

[79] EuGH Rs. 6/72, Slg. 1973, 215 Rn. 35 f.

[80] Vgl. hierzu *Mehde*, Wettbewerb zwischen Staaten, 2005, S. 237 ff.

ßig begrenzen, aber zugleich auch fördern.[81] Das System des unverfälschten
Wettbewerbs dient auch auf Unionsebene dem öffentlichen Interesse, daneben
dem einzelnen Unternehmen und dem Verbraucher.[82] Wettbewerb ist also
auch hier Mittel zur Gemeinwohlverwirklichung, nicht Selbstzweck.[83] Dazu
sind in erster Linie die Freiheitsberechtigten berufen, für die in den Grundsätzen des Vertrages ein Rahmen der zunächst wirtschaftlichen, seit dem Unionsvertrag von Maastricht auch politischen Freiheitsentfaltung geschaffen
wird. Demnach bestimmt sich ein wirksamer Wettbewerb danach, ob er die
grundlegenden Forderungen des Vertrages und seine Ziele verwirklicht.[84]

Vehikel des ökonomischen Wettbewerbs zwischen den Konkurrenten
sind im Binnenmarkt die Grundfreiheiten. Diese Kraft wächst ihnen aus
ihrer wirtschaftspolitischen Effizienzfunktion, ihrer gesellschaftspolitischen Legitimationsfunktion sowie ihrer integrationspolitischen Vernetzungsfunktion zu (*Müller-Graff*). Sie umfassen eine Vielzahl von Einzel-
gewährleistungen, denen gemeinsam ist, dass sie für den von ihnen um-
fassten Gegenstandsbereich einen freien Zugang zu dem Markt in dem
jeweiligen Mitgliedstaat ermöglichen, also von hemmenden nationalen
Normen – seien sie diskriminierender oder beschränkender Art (VI.1) –
freistellen. In ihrer extensiven Auslegung durch den Europäischen Gerichtshof, dessen Rechtsprechung auch hier von der Methode des „effet
utile" geprägt ist, sichern sie dem Marktbürger „wirtschaftliche Handlungsspielräume", die sie „mit den Mitteln des Privatrechts nach Maßgabe
ökonomischer Zweckmäßigkeit" ausfüllen können.[85] Vom Ansatz her ist in
den Grundfreiheiten sogar das wirtschaftpolitische Credo eines „Laisser-
faire" gesehen worden, weil sie den „unverfälschten privaten Wettbewerb
… sichern". Dabei wird auch diese Wettbewerbsfreiheit als eine Grundfreiheit gedeutet, die allerdings in erster Linie die Privaten in die Pflicht
nimmt.[86] Zwischen den Grundfreiheiten und den in Art. 101 Abs. 1 und
102 AEUV niedergelegten wettbewerbsrechtlichen Verbotstatbeständen
besteht ein Verhältnis wechselseitiger Interdependenz und Komplementari-
tät.[87]

---

[81] Vgl. *Th. Giegerich*, Wettbewerb von Rechtsordnungen, in: Gemeinwohl durch
Wettbewerb, VVDStRL 69 (2010) (im Erscheinen).

[82] EuGH, Rs. 136/79, Slg., 1980, 2033 Rn. 20.

[83] *Palm*, in: P. Kirchhof, Gemeinwohl und Wettbewerb, 2005, S. 101 (112).

[84] EuGH Rs. 6/72, Slg. 1973, 215 Rn. 9.

[85] Vgl. *Behrens*, Die Konvergenz der wirtschaftlichen Freiheiten im europäischen
Gemeinschaftsrecht, EuR 1992, S. 145 (147).

[86] Vgl. *W. Frenz*, Handbuch Europarecht, Bd. 1, 2004, Rn. 18, 21, unter Verweis auf
dens., Umweltschutz und EG-Wettbewerbsfreiheit, 1997, S. 58 ff.

[87] Vgl. *C. Nowak*, Binnenmarktziel und Wirtschaftsverfassung der Europäischen Union vor und nach dem Reformvertrag von Lissabon, EuR Beih. 1/2009, S. 129 (157).

II. Einsatz, Reichweite und Grenzen des Wettbewerbs als Integrationsstrategie

a) Wettbewerbsföderalismus

Die Idee des Wettbewerbs im Binnenbereich der Europäischen Union betrifft primär das Verhältnis von Zentralität und Dezentralität und somit die Frage, wie Integration mit Dezentralität und Vielfalt kompatibel gemacht werden kann.[88] Nach einer unter der Signatur „Wettbewerbsföderalismus" bekannten These kann sich der Wettbewerb zwischen Gebietskörperschaften – in analoger Weise wie auf Gütermärkten – positiv auf den Wohlstand der Unionsbürger auswirken und zugleich Politikinnovationen hervorbringen und verbreiten. Obwohl bereits als „konstitutives Element der europäischen Integration" angesehen, gilt nach wie vor die Aussage *W. Kerbers* aus dem Jahr 2003, „dass es bisher keine ausgearbeitete Theorie gibt, die den Wettbewerb zwischen Gebietskörperschaften systematisch in eine umfassendere Theorie des Föderalismus integriert hätte."[89]

Nach der Analyse von *Charles Tiebout*, der sein Modell auf den Wettbewerbsmarkt zwischen Gemeinden bezieht, sehen diese Gebietskörperschaften im Wettbewerb einen Anreiz, um den Individuen eine optimale Menge an öffentlichen Gütern bereitzustellen. Motor dieses Wettbewerbs sind die Wanderungen der Bürger zwischen den Gemeinden, die unterschiedliche Niveaus von öffentlichen Gütern und Steuerbelastungen gemäß den unterschiedliche Präferenzen der Bürger bereitstellen (public choice theory).[90] In der Übertragung dieses Ansatzes auf die supranationalen Strukturen der Europäischen Union wird – unter abgrenzender Betonung eines nur „hypothesenartigen, falliblen Wissens" der nationalen Regierungen[91] – eine evolutorisch-innovative Perspektive für den Standortwettbewerb zwischen den Mitgliedstaaten gesehen. Als Vorteile gelten namentlich eine gleichzeitige Verwirklichung von Mobilität und Dezentralität, ein differenzierteres Angebot bei räumlich heterogenen Präferenzen, eine effizientere Bereitstellung und Produktion öffentlicher Leistungen, Innovationen im Bereich der öffentlichen Leistungen sowie eine Eindämmung der Macht von Regierungen. Offenkundig zielt auch diese Übertragung des *Tieboutschen* Ansatzes auf eine Entfachung eines Steuerwettbe-

---

[88] Vgl. *W. Kerber*, Wettbewerbsföderalismus als Integrationskonzept für die Europäische Union, in: Perspektiven der Wirtschaftspolitik 2003 4(1), S. 43 (43).

[89] Ebda., S. 43 (46 f.).

[90] *C. M. Tiebout*, A Pure Theory of Local Expenditures, in: The Journal of Political Economy, 1956, Vol. 64, Nr. 5, S. 416.

[91] *W. Kerber*, Wettbewerbsföderalismus als Integrationskonzept für die Europäische Union, in: Perspektiven der Wirtschaftspolitik 2003 4(1), S. 43 (48).

werbs. Denn für den Anreiz- und Sanktionsmechanismus des Wettbewerbs wird es nach dem Prinzip der fiskalischen Äquivalenz als unabdingbar angesehen, dass die Gebietskörperschaften ihre öffentlichen Leistungen durch eigene Einnahmen selbst finanzieren, da andernfalls Wettbewerbsverzerrungen aufgrund mangelnder Kosteninternalisierung auftreten[92] (*Schuppert*). In jüngerer Zeit ist an dem *Tiebout*-Modell kritisiert worden, dass die gedankliche Gleichsetzung von staatlichem und privatem Wettbewerb nicht gerechtfertigt sei, weil Staaten Aktivitäten verrichten, die sich als ungeeignet für den Wettbewerb erwiesen hätten.[93] Im einzelnen geht es in dieser Kritik namentlich um mögliche Ineffizienzen eines Steuerwettbewerbs und die Gefahr eines „race to the bottom". Das Europarecht steht hier in der Gefahr, zur Verschärfung des Staatenwettbewerbs beizutragen; denn der Europäische Gerichtshof handhabt die auf den Wettbewerb zwischen Unternehmen zugeschnittenen Kompetenzausübungsschranken („Beschränkungsverbote") derart extensiv, dass sie auch nichtdiskriminierende Ausgestaltungen der nationalen Steuerhoheit erschweren und zu einem schädlichen „Steuerwettbewerb" führen. Damit wird das Prinzip, dass dort besteuert wird, wo die Wertschöpfung stattfindet, außer Kraft gesetzt (*Seiler*).

b) Rechtsföderalismus und Regulierungswettbewerb im Binnenmarkt

Eine spezielle Ausprägung findet die Idee des Wettbewerbsföderalismus im Regulierungswettbewerb, der sich als Folge des Prinzips der gegenseitigen Anerkennung im Binnenmarkt der Union beobachten lässt. Er ist Teil eines umfassenderen Systemwettbewerbs[94] und weist somit auf eine Ausdehnung des Wettbewerbsparameters in der Europäischen Union hin. Der Prozess kann erst ausgelöst werden, wenn die Individuen in die Lage versetzt werden, über die nationalen Grenzen hinaus von ihrer Handlungsfreiheit Gebrauch zu machen. Erst dann werden sie nämlich mit der Territorialität von Institutionen, insbesondere des geltenden Rechts, konfrontiert und wird ihnen die Möglichkeit eröffnet, „zwischen unterschiedlichen institutionellen Arrangements" zu wählen[95] (*Heine, Terhechte*). In der Praxis des durch die Einheitliche Europäische Akte eingeführten, im Amsterdamer Vertrag

---

[92] Vgl. ebda., S. 43 (51).

[93] *H.-W. Sinn*, Das Selektionsprinzip und der Systemwettbewerb, in: A. Oberhauser (Hrsg.), Fiskalföderalismus in Europa, 1997, S. 9 (10).

[94] Vgl. *M. Rehberg*, Spezifika des Systemwettbewerbs, in: E. V. Towfigh u.a. (Hrsg.), Recht und Markt, 2009, S. 29 ff. (33 ff.).

[95] *M. E. Streit*, Systemwettbewerb im europäischen Integrationsprozeß, in: FS Mestmäcker, 1996, S. 521 (525).

dann aber wieder als „toter Buchstabe"[96] aufgehobenen Art. 100b EWGV ist dieses Konzept der Gleichwertigkeitsanerkennung freilich kraftlos geblieben.

Die neuere ökonomische Literatur, soweit sie sich zur europäischen Rechtsangleichung und zur richtigen Aufteilung zwischen mitgliedstaatlichen und supranationalen Kompetenzen äußert, favorisiert mit dem Gedanken des Systemwettbewerbs ganz überwiegend die Pluralität der Rechtsordnungen (Regulierungswettbewerb).[97] Sie hängt damit – anders als die Mehrheit der rechtswissenschaftlichen Autoren und die klassische wirtschaftswissenschaftlich Theorie der Marktintegration – nicht mehr der Auffassung an, der Binnenmarkt solle ein Wettbewerb mit ausschließlich ökonomischen Parametern sein. Stattdessen wird gerade der Wettbewerb unter den Mitgliedstaaten mit ihren unterschiedlichen Angeboten an Rechtsordnungen empfohlen. Zu unterscheiden ist zwischen der bloßen Dezentralität der Rechtssetzung (erste Stufe), dem Ideenwettbewerb, bei dem zusätzlich ein Informationsaustausch über unterschiedliche rechtliche Lösungen stattfindet (zweite Stufe), der Wahl ausländischer Institutionen seitens der Rechtsunterworfenen entweder durch Rechtswahlfreiheit oder durch die Möglichkeit physischer Abwanderung (dritte Stufe) sowie den Reaktionen des Gesetzgebers als Anbieter von Institutionen (vierte Stufe).[98] Die Pluralität der Rechtsordnungen bietet Anreize für die Mitgliedstaaten, um – etwa durch eine geringe Regulierung[99] – Menschen, Realkapital sowie technisches know how anzuziehen und damit die Privateigentumsrechte zu stärken und die Produktionskosten gleichzeitig zu senken (*Burr/Hartmann*).

Der Systemwettbewerb wird von der Wirtschaftswissenschaft in Analogie zum Wettbewerb auf Produktmärkten verstanden.[100] Im amerikanischen System wird er unter dem Stichwort „state competition for corporate charters" diskutiert und als „Delaware-Effekt" apostrophiert. Im Kontext der Europäischen Union betrifft dieses Leitbild den Wettbewerb der mitglied-

---

[96] Vgl. *Kahl*, in: Calliess/Ruffert, EUV/EGV-Kommentar, 3. Aufl. 2007, Art. 94 Rn. 6, unter Verweis auf *C.-D. Ehlermann*, Integration 1995, S. 11 (13).

[97] Vgl. *A. Pitsoulis*, Entwicklungslinien ökonomischen Denkens über Systemwettbewerb, 2004, S. 230; *Th. Giegerich* sowie *A. Peters*, Wettbewerb von Rechtsordnungen, in: Gemeinwohl durch Wettbewerb, VVDStRL 69 (2010) (im Erscheinen).

[98] Vgl. *E.-M. Kieninger*, Wettbewerb der Privatrechtsordnungen im Europäischen Binnenmarkt, 2002, S. 8 ff.

[99] Zum Systemwettbewerb im Bereich des Steuer- und des Sozialversicherungsrechts vgl. *R. Eichenberger*, Wirkungsvoller Systemwettbewerb durch Deregulierung der Politik, in: Müller/Fromm/Hansjürgens (Hrsg.), Regeln für den europäischen Systemwettbewerb, 2001, S. 415 ff.

[100] *M. E. Streit*, Systemwettbewerb im europäischen Integrationsprozeß, in: FS Mestmäcker, 1996, S. 521 (525).

staatlichen Rechtsordnungen auf einzelnen Sachgebieten, nicht der Rechtssysteme insgesamt. Das Entstehen dieses Regulierungswettbewerbs ist dem Umstand zuzuschreiben, dass Rechtssubjekte Normen nachfragen, und die „Anbieter" dieser Normen, also der Gesetzgeber, auf die Zu- oder Abwahl ihrer legislatorischen „Produkte" durch eine Veränderung des Angebots reagieren. Dieses Angebot muss auf der Seite der nachfragenden Personen mit der Möglichkeit der Abwanderung korrelieren. Abwanderung bedeutet entweder die physische Abwanderung von mobilen Produktionsfaktoren (Arbeit, Kapital) in andere Mitgliedstaaten oder die Wahl ausländischer Produkte, womit entweder direkt das Recht eines anderen Mitgliedstaates oder indirekt die Produktregulierung eines anderen Mitgliedstaates gewählt wird.[101] In den Worten der wirtschaftswissenschaftlichen Analyse wird die „Problemlösungsqualität vorhandener institutioneller Arrangements vergleichend (geprüft)".[102] Eine solche direkte oder indirekte Wahl als Ausdruck der Handlungsfreiheit wird zum Auslöser von institutionellem Wandel. Das Konkurrenzverhältnis zwischen den Anbietern von Rechtsordnungen ist allerdings kein vertragliches Merkmal des Binnenmarktes. Doch stehen die Grundfreiheiten einem durch ihre Ausübung ausgelösten Systemwettbewerb auch nicht entgegen. Regulierungswettbewerb ist mithin angesichts des Grundsatzes der gegenseitigen Anerkennung, der in der Rechtsprechung des Europäischen Gerichtshofs zum Beschränkungsverbot der Marktfreiheiten angelegt ist, eine *mögliche Option* der Mitgliedstaaten, um den ökonomischen mit dem politischen Wettbewerb zu verknüpfen und so einen heilsamen Einfluss auf reformunwillige Regierungen auszuüben (*Schuppert, Mehde*).

Im Bereich der Warenverkehrsfreiheit begann die Geschichte des Regulierungswettbewerbs im Jahre 1974, als der Gerichtshof der Europäischen Gemeinschaften in der Entscheidung *Dassonville* feststellte, dass das Verbot von Maßnahmen gleicher Wirkung wie mengenmäßige Beschränkungen (Art. 34, 36 AEUV) nicht nur Ausländerdiskriminierungen untersagt, sondern auch die Anwendung unterschiedslos auf aus- und inländische Waren anwendbare Rechtsvorschriften, soweit sie den Handel zwischen den Mitgliedstaaten beschränken.[103] Damit beinhaltet die Warenverkehrsfrei-

---

[101] Vgl. *I. Schwartz*, EuR 2007, S. 194 ff. (195 f.).

[102] *M. E. Streit*, Systemwettbewerb im europäischen Integrationsprozeß, in: FS Mestmäcker, 1996, S. 521 (524 f.).

[103] Vgl. EuGH, Rs. 8/74, Slg. 1974, S. 837, Rn. 5 f.: „Jede Handelsregelung der Mitgliedstaaten, die geeignet ist, den innergemeinschaftlichen Handel unmittelbar oder mittelbar, tatsächlich oder potentiell zu behindern, ist als Maßnahme mit gleicher Wirkung wie eine mengenmäßige Beschränkung anzusehen [...]. Ein Mitgliedstaat (kann) Maßnahmen ergreifen, um unlautere Verhaltensweisen [...] zu unterbinden, jedoch darf er nur unter der Bedingung einschreiten, dass die getroffenen Maßnahmen sinnvoll sind und

heit nicht nur das Prinzip des Herkunftslandes, wonach allein das Recht des Ursprungs der Ware anzuwenden ist, sondern auch den Grundsatz der Anerkennung, nach dem dieses Recht des Herkunftslandes vom Bestimmungsland zu respektieren ist. Wenn somit die Warenverkehrsfreiheit dazu führt, dass ein mitgliedstaatliches Einfuhrverbot unanwendbar ist, erhöhen sich die Wahlmöglichkeit der Nachfrager in diesem Mitgliedstaat. Sie können, wie *Ernst-Joachim Mestmäcker* ausgeführt hat, „das ausländische und das durch rechtliche Regelungen davon verschiedene heimische Produkt nach ihren Präferenzen erwerben. Den heimischen Anbietern steht dagegen infolge ihrer Bindung an das fortgeltende und strengere eigene Recht keine Möglichkeit zur Verfügung, in das konkurrierende Angebot durch Änderung der Qualität ihres Produktes einzutreten. In Wettbewerb treten damit außer den Anbietern der Produkte die staatlichen Regulierungssysteme." Im Wege dieses Regulierungswettstreits („Entdeckungsverfahren") *kann* sich – mit Blick auf das Instrument der Rechtsangleichung nach Art. 114 AEUV – möglicherweise auch ohne eine zentrale Regulierung in einem marktähnlichen Anpassungsprozess eine Tendenz zur Harmonisierung ergeben,[104] und zwar ohne die negativen Begleiterscheinungen, die bei einer zentralistisch organisierten Vereinheitlichung von Standards zu befürchten sind.[105] Die hiergegen vielfach vorgetragenen Befürchtungen eines „race to the bottom" unterliegen der Gefahr, von einer Monokausalität politischen wie wirtschaftlichen Handelns auszugehen, die der praktischen Entscheidungsfindung in den verschiedenen staatlichen und gesellschaftlichen Zusammenhängen nicht gerecht wird.[106] Ausnahmen vom Prinzip der gegenseitigen Anerkennung sind allerdings insoweit erforderlich, als bestimmte öffentliche Interessen durch den Markt und den Wettbewerb nicht ausreichend geschützt werden können. Als solche zwingenden Gründe des Allgemeininteresses führt Art. 114 AEUV als zentrale Bestimmung zur Rechtsangleichung in Abs. 3 beispielhaft den Umweltschutz, den Verbraucherschutz, die Gesundheit und die öffentliche Sicherheit an.

[…] keine Behinderung des Handels zwischen den Mitgliedstaaten bewirken, mithin von allen Staatsangehörigen erbracht werden können."

[104] *R. Dehousse*, JCMS 30 (1992), 383 (393).

[105] *M. E. Streit*, Systemwettbewerb im europäischen Integrationsprozeß, in: FS Mestmäcker, S. 521 (525), weist darauf hin, dass Systemwettbewerb keinesfalls zu einer „<Harmonisierung von unten> führen (muss)".

[106] Vgl. *V. Mehde*, Wettbewerb zwischen Staaten, 2005, S. 272 f.; auch *A. Peters*, Wettbewerb von Rechtsordnungen, in: Gemeinwohl durch Wettbewerb, VVDStRL 69 (2010) (im Erscheinen), bestreitet, dass „im Wettbewerb der Rechtsordnungen … per se die Abwärtsspirale … und damit … per se eine Gefährdung sozialer (und ökologischer) Prinzipien (angelegt ist)."

Entsprechendes, wie es hier zum Regulierungswettbewerb und seinen Ausnahmen im Bereich der Warenverkehrsfreiheit ausgeführt wurde, gilt für
Dienstleistungen (*Blanke*), Kapitalprodukte, natürliche Personen und Gesellschaften. Nach dem Centros-Urteil von 1999 schließt die Niederlassungsfreiheit das Recht der Angehörigen der Mitgliedstaaten ein, eine Gesellschaft nach dem Recht des anderen Mitgliedstaates zu gründen, das
ihnen gesellschaftsrechtlich die größte Freiheit lässt (*Grunewald, Müller*).[107] In den Schlussanträgen zur Centros-Entscheidung stützt der Gene-
ralanwalt seine Interpretation der Niederlassungsfreiheit ganz wesentlich
auf die Idee eines Wettbewerbs der (Gesellschafts-) Rechtsordnungen
(„concurrence entre systèmes normatifs", „competition among rules"), dem
freier Lauf gelassen werden solle.[108] Mit dieser Rechtsprechung hat der
Gerichtshof den Gesellschaftsrecht nachfragenden Gründern von Gesellschaften grundsätzlich ein Wahlrecht zwischen den mitgliedstaatlichen
Gesellschaftsrechten eingeräumt („Rechtswahlfreiheit"). Der von der Niederlassungsfreiheit ausgehende Anerkennungszwang fremden Gesellschaftsrechts dürfte indes allein nicht ausreichen, um einen Mitgliedstaat
zu veranlassen, sein eigenes gesellschaftsrechtliches Angebot zu überprüfen oder gar anzupassen. Hierzu bedarf es eines stärkeren Anpassungsdrucks durch die gesellschaftsrechtlich strengere Behandlung der einheimischen Gesellschaften, die der sog. „umgekehrten Diskriminierung" des
nationalen Gesetzgebers unterliegen.

Der betroffene Staat muss erkennen können, inwieweit es sich eigentlich „lohnt", Anstrengungen hinsichtlich der Attraktivität der eigenen
Rechtsordnung zu unternehmen. Effekte der Rechtswahlfreiheit und damit
die Vor- und Nachteile eines dezentralisierten Rechtssystems sind mit
Blick auf den Mehrwert der gegenseitigen Anerkennung gegenüber der
Rechtsvereinheitlichung vor allem im Steuerrecht (*Seiler, Reimer*) sowie
im öffentlichen Recht im Allgemeinen bisher nicht hinreichend untersucht
worden. Insgesamt ist in jüngeren Untersuchungen noch bezweifelt worden, dass sich aus dem Wettbewerb von Rechtsordnungen ökonomische
Folgen für die beteiligten Staaten ergeben.[109] Hier zeigt sich erneut, in

---

[107] Vgl. EuGH, Rs. C–212/97, Slg. 1999, I–459 ff.; vgl. zur Entwicklung der unternehmensbezogenen Niederlassungsfreiheit seit dem Urteil des Gerichtshofs der Europäischen Union im Fall „Daily Mail" (Rs. 81/87, Slg. 1988, 5483) eingehend: *Kieninger*,
Wettbewerb der Privatrechtsordnungen im Europäischen Binnenmarkt, 2002, Teil 2, S.
105 ff.; *V. Mehde*, Wettbewerb zwischen Staaten, 2005, S. 314 ff.
[108] Vgl. Schlussanträge des Generalanwalts A. La Pergola in der Rs. C-212/97, Slg.
1999, I–1461, Rn. 20.
[109] Vgl. *E.-M. Kieninger*, in: Jahrbuch für neue politische Ökonomie, Bd. 17 (1998),
338 (350); ihm folgend *V. Mehde*, Wettbewerb zwischen Staaten, 2005, S. 328; skeptisch
gegenüber „freier' Rechtswahl ... als Instrument zum Abbau ineffizienten Rechts" äu-

welchem Maße eine Wettbewerbstheorie auf Erfahrungswissen angewiesen ist (I.3).

Die Schaffung eines „level playing field", also eines Raums, in dem nicht nur die Zollgrenzen abgebaut sind, sondern völlig gleiche rechtliche Rahmenbedingungen herrschen, wird vor diesem Hintergrund in Teilbereichen der europäischen Integration durchaus als ein Gebot ökonomischer Vernunft angesehen.[110] Je weniger die Rechtsordnungen Verzerrungen der Rahmenbedingungen des wirtschaftlichen Handelns bewirken, desto weniger lenkt hiernach von der eigentlichen Konkurrenzsituation zwischen den Unternehmen im Binnenmarkt ab (*Scherzberg*). Doch darf nicht verkannt werden, dass die Rechtsangleichung ein scharfes Instrument der Integration darstellt, jedenfalls dann, wenn sie sich nicht mit einer bloßen Festlegung unionsrechtlicher Mindeststandards begnügt (horizontale Harmonisierung). Denn bei jeder vertikalen Harmonisierung im Detail stehen die gewachsenen mitgliedstaatlichen Regulierungssysteme in der Gefahr, in ihren Besonderheiten und in ihrer Ausrichtung an nationalen Bedürfnissen dem Zwang der Uniformität weichen zu müssen. Deshalb stellt sich jedenfalls dort, wo einerseits eine horizontale Harmonisierung als unzureichend oder ineffektiv erscheint, eine vertikale Harmonisierung andererseits jedoch nicht durch einen europäischen Mehrwert gerechtfertigt ist, die Frage, ob sich nicht der Regulierungswettbewerb als die verhältnismäßigere Reaktion der Mitgliedstaaten erweist, um Marktbarrieren abzubauen (*Braband, Thumfart*). Voraussetzung hierfür ist die Anerkennung des Herkunftslandprinzips, das nicht durch den Einwand souveräner Gestaltungsmacht der Mitgliedstaaten blockiert werden dürfte. Damit verbunden ist die Frage, ob Systemwettbewerb auch jenseits der Herstellung hemmnisfreier Verkehrsbedingungen für die Produktionsfaktoren vorstellbar ist, nämlich dann, wenn es um die staatlichen Rahmenbedingungen des Wettbewerbs und damit nicht nur um die Vermarktungsbedingungen hinsichtlich der Produkte (Waren, Dienstleistungen, Kapital) geht. Das (noch) nicht harmonisierte Recht des unlauteren Wettbewerbs der Mitgliedstaaten könnte hierfür als Lackmustest dienen.

Die im Rahmen des „bloßen" Regulierungswettbewerbs geschaffene Öffnung neuer Optionen zugunsten der Unionsbürger, sei es etwa der Ver-

---

ßert sich *M. Rehberg*, Spezifika des Systemwettbewerbs, in: E. V. Towfigh u.a. (Hrsg.), Recht und Markt, 2009, S. 42 ff., 48 f.: „denkbar unnötig".

[110] Vgl. *W. Schön*, Grenzüberschreitende Unternehmenstätigkeit in Europa – Notwendigkeit und Möglichkeiten der Harmonisierung in Gesellschafts- und Steuerrecht, in: 1. Europäische Juristentag, 2002, S. 143 (146); *V. Neßler*, ZfRV 2000, 1 (2); maßvoll befürwortend auch *V. Mehde*, Wettbewerb zwischen Staaten, 2005, S. 340, der hierin „ein Mittel gegen eine wettbewerbsbedingte Absenkung der notwendigen Regulierungsstandards" sieht.

braucher im Bereich der Warenverkehrsfreiheit, der Dienstleistungsnehmer auf dem Gebiet der Dienstleistungsfreiheit oder der Unternehmen, die von Exit-Möglichkeiten Gebrauch machen, bildet schon jetzt ein wesentliches Element des Wohlfahrtsgewinns. Denn er befördert ein „Entdeckungsverfahren" im Sinne von *F. A. v. Hayek* und dient zugleich als Entmachtungsmittel,[111] weil er dazu beiträgt, den Einfluss organisierter Interessengruppen zu verringern und „wohlfahrtsstaatliche Verkrustungen" abzubauen.[112]

III. Zusammenfassung

An dieser Stelle soll der Überblick über das Thema „Wettbewerb" unter einer ökonomischen, juristischen, politikwissenschaftlichen und historischen (also insgesamt sozialwissenschaftlichen) Perspektive durch eine stichwortartige Nennung jener Punkte abgeschlossen werden, die als charakteristisch für die Kategorie „Wettbewerb" angesehen werden können. Diese Heuristik versteht sich nicht als umfassende oder gar etwa endgültige Liste. Vielmehr geht es um eine Zusammenfassung des bisher Gefundenen in dem Wissen, dass eine interdisziplinär geteilte Theorie von Wettbewerb (noch) nicht vorliegt.

a) Wettbewerb beruht auf Bedingungen, die er selber nicht schaffen kann und die dem unstrittigen Sektor zugewiesen werden. Dies sind:

    aa)   generelle, gesellschaftlich geteilte Werte über die Legitimität von Wettbewerb;

    bb)   legitime politische Institutionen und Verfahren, die Wettbewerbsregeln setzen;

    cc)   legitime physische Zwangsgewalt (Weber) zur Umsetzung und etwaigen Sanktionierung dieser Wettbewerbsregeln;

    dd)   Gerechtigkeitsstandards, die zur Beurteilung konkreter (Wettbewerbs-)Regeln dienen;

    ee)   in Demokratien: Öffentlichkeit.

b) Wettbewerb erfüllt verschiedene ökonomische und soziale Funktionen:

    aa)   Koordinationsfunktion

    bb)   Integrationsfunktion

    cc)   Entdeckungsfunktion

    dd)   Anreizfunktion

    ee)   Lernfunktion

    ff)   Selektionsfunktion

---

[111] Vgl. *F. Böhm*, Demokratie und ökonomische Macht, in: Institut für ausländisches und internationales Wirtschaftsrecht, (Hrsg.), Kartelle und Monopole im modernen Recht, 1961, S. 1 (22).

[112] Vgl. *T. Winkler*, Die gegenseitige Anerkennung – Achillesferse des Regulierungswettbewerbs, in: M. Streit/M. Wohlgemuth (Hrsg.), Systemwettbewerb als Herausforderung an Politik und Theorie, 1999, S. 103 (104), unter Verweis auf *M. Streit/W. Mussler*, Wettbewerb der Systeme und das Binnenmarktprogramm der Europäischen Union, in: L. Gerken (Hrsg.), Europa zwischen Ordnungswettbewerb und Harmonisierung, – Europäische Ordnungspolitik im Zeichen der Subsidiarität, Berlin 1995, S. 75 (79 ff.).

gg) Innovationsfunktion
hh) Differenzierungsfunktion
ii) Adaptationsfunktion
jj) Kontrollfunktion
kk) Nutzenmaximierungsfunktion
ll) Allokationsfunktion
mm) Verteilungsfunktion
nn) (Wahl-)Freiheitsfunktion (des Standortes und der Rechtsordnung)
c) Akteure des Wettbewerbs sind
  aa) Personen
  bb) Gruppen
  cc) Institutionen und Organisationen
  dd) Staaten
  ee) internationale und supranationale Organisationen
d) Felder, auf denen Wettbewerb stattfindet:
  aa) Ökonomie sowie
  bb) prinzipiell alle Politikfelder.

D. Wettbewerbskonzepte in einzelnen Politikfeldern der Union

Die Förderung der Wettbewerbsfähigkeit ist eine der zentralen Leitideen wie Aufgaben europäischer Politik – namentlich auf dem Feld des Außenhandels der Union (*Dettmer/Freytag*). Indes wurde bereits darauf hingewiesen, dass die Thematik von „Wettbewerb" den Bezug allein auf das ökonomische Feld mittlerweile weit hinter sich gelassen hat und im Prinzip mit allen Politikfeldern enge Verbindungen eingegangen ist. Dieser Ausweitung der Relevanz von Wettbewerb für alle (europäischen) Politikfelder trägt dieser Band Rechnung. Deshalb soll an dieser Stelle ein skizzenhafter Überblick über die insoweit einschlägigen Beiträge gegeben werden, die paradigmatisch den Transfer von Wettbewerb in dem jeweiligen Segment untersuchen und nach der Bedeutung von Konkurrenz fragen.

I. European Governance

Gunnar Folke Schuppert sieht im Wettbewerb einen spezifischen Modus in einer eigentümlichen Mehrebenenstruktur von European Governance. Dabei kommt neben den drei Modi von Governance durch Wissen, durch multilaterale Überwachungsarrangements und durch Reputation, der Governance durch dezentralen Wettbewerb eine besondere Bedeutung zu. In dieser Governanceform werden nämlich, so *Schuppert*, seitens der EU Rahmen vorgegeben, deren konkrete Ausfüllung wie Umsetzung dann den einzelnen Adressaten (Nationalstaaten) überlassen bleibe, wodurch Konkurrenz stimuliert und Selbstkoordination induziert werde. Aufgerufen sei

damit neben permantem benchmarking als einer Governance durch Wissen
vor allem eine wechselseitige Überwachung von Regierungen, die schließlich durch die „Angst vor der roten Laterne" im ranking auch noch die
„governance by reputation" heraufbeschwöre. Wettbewerb lasse sich deshalb ganz eindeutig als eine basale Leitidee europäischer Politik im Mehrebenensystem ausweisen.

II. Einhegung von Wettbewerb im Lichte von Gerechtigkeitsstandards

Staaten selber werden damit als Wettbewerber (auf einem Markt) angesehen. Damit sind, so *Veith Mehde* in seinem Beitrag, politische Akteure de
facto gezwungen, ihre Gerechtigkeitsstandards hinsichtlich der Auswirkungen auf die Position im Wettbewerb mit anderen Staaten zu betrachten.
Gerät damit der zuvor von uns so genannte unstrittige Sektor unter Druck,
schlägt *Mehde* vor, sich diesem Befund zu stellen und auf drei Mechanismen zu blicken, die Wettbewerb zwischenstaatlich strukturieren. Neben
Kooperationsbedarf sind dies ganz speziell die Lerneffekte im Wettbewerb
und die Generierung von Einhegungsstrategien auf supra-staatlicher Ebene. Im Wettbewerb zwischen staatlichen Regelungsstrategien würden, so
Mehde, eben jene einzelstaatlichen Regulierungen getestet und auf ihre
Tauglichkeit hin geprüft. Das eröffne die Chance, bessere, d.h. angemesse-
nere Regulierungen für alle zu finden, die durch Nachahmung schließlich
sogar zu einer neuen Harmonisierung des Wettbewerbs beitragen könnten.
Die Beispiele für jene gelungenen (Wieder-)Einhegungen von Wettbewerb
auf EU-Ebene lässt sich schließlich lesen als ein Plädoyer für eine europäische, gerechtigkeitstheoretisch neu justierte Wettbewerbsordnung, die vielleicht mehr ist, als „nur" das Recht einer politischen Ordnung sui generis.

III. Forschungs- und Innovationspolitik

Die Förderung der Wettbewerbsfähigkeit ist eine der zentralen Leitideen
wie Aufgaben europäischer Politik. Zusammen mit Solidarität und Nachhaltigkeit bildet sie diejenige Trias, zu deren Erfolg die Forschungs- und
Innovationspolitik entscheidend beitragen soll. Diese steht im Mittelpunkt
des Textes von *Arno Scherzberg*. Speziell die Kommission verfolge, so
Scherzberg, seit Jahren eine sehr breit angelegte Innovationsstrategie, zu
der neben der Gründung von hochrangigen Forschungseinrichtungen, der
Förderung zur Entwicklung umweltschonender Produkte bzw- recycling-
Verfahren, Weiterbildung, Kommunikation und verschiedenen Kohäsionsprogrammen auch die Lead-Market-Strategie gehöre. Bei aller Sympathie
ließen sich die Probleme der Forschungspolitik jedoch nicht verleugnen.
So stoße die Kommission an strukturelle Kompetenzgrenzen, sei Techno-
logieförderung auch weiterhin Aufgabe der Nationalstaaten. Zudem blende
die Kommission die globale Vernetzung von Wissensmärkten viel zu sehr

aus, als dass Forschungsförderung wirklich effizient sei, und setze fast ausschließlich auf eine Nachfrage-orientierte Innovationspolitik. Darüber hinaus sei ein deutliches Kompetenzdefizit zu konstatieren in der sinnvollen Auswahl von *lead-markets*. *Scherzbergs* Analysen formulieren deshalb die Empfehlung, von einer supranationalen Innovationspolitik eher abzulassen und den Kräften und Institutionen zu vertrauen, die in Freiheit gegenüber (supra-)staatlicher (Über-)Regulierung agieren.

Auch *Wolfgang Burr* und *Irina Hartmann* wählen die Forschungspolitik als Referenzpunkt, um ein Modell zu entwickeln, das es erlaubt, Wettbewerb und Kooperation zu verbinden. Unter einer ökonomisch-theoretischen Perspektive arbeiten sie zunächst die Vor-, vor allem aber die Nachteile heraus, die durch reinen Wettbewerb bzw. reine Kooperation für die beteiligten Akteure entstehen. Vor diesem Hintergrund plädieren die Verfasser für eine flexible Kombination beider Interaktionsmuster zur „Koopkurrenz". Mit diesem Hybrid-Modell werden im Folgenden diejenigen Strategien untersucht, die im Rahmen der Herstellung eines europäischen Forschungsraumes und der Lissabon-Strategie der EU Anwendung finden. Diese spezifischen, durch vertikale Mehrebenenkonstellationen strukturierten Forschungsverbünde generieren durch „Koopkurrenz" ein ganzes Set an Vorteilen, die allerdings in Beziehung gesetzt werden müssten zu den Kosten, die durch die Konkurrenz mit anderen Verbünden entstehen. Insgesamt sei gegenwärtig nicht eindeutig zu beantworten, ob der europäische Forschungsraum durch Wettbewerb, Kooperation oder „Koopkurrenz" geprägt sei, fänden sich doch alle drei Formen hinreichend deutlich und handlungsleitend umgesetzt. Offen sei zudem noch, wie mit den zum Teil eklatanten Differenzen in den Hochschulsystemen der einzelnen europäischen Länder umgegangen werde und welche Konsequenzen eine mögliche Durchsetzung einer neuen europäischen Forschungskultur dann haben werde.

IV. Bildung und Ausbildung nach Bologna

Zwei Autoren setzen sich mit der Frage eines von der EU-Ebene induzierten Wettbewerbs im System hochschulischer Bildung und Ausbildung auseinander. *Gangolf Braband* thematisiert die Konsequenzen der Bologna-Erklärung speziell für das Studium. Durch die Umstellung auf BA- und MA-Studiengänge solle vor allem die Wettbewerbsfähigkeit auf individueller Ebene erhöht werden, wenngleich dadurch natürlich Auswirkungen auf die Konkurrenz unter den Hochschulen nicht geleugnet werden sollen. Gleichzeitig gelte es jedoch zu bedenken, dass Bologna den einzelnen Ländern Spielraum lasse für die Umsetzung der Reformen. Insofern komme dem Wettbewerb eine sehr viel geringere Bedeutung zu, als gemeinhin angenommen. Außerdem sei durchaus offen, ob es ohne Bologna im europäischen Bildungsraum keinen Wettbewerb gebe. Demgegenüber hebt *Alexander Thumfart* hervor, dass mit dem Bologna-Prozess nicht nur das Paradigma des Wettbewerbs in die Bildung und Ausbildung an den Hochschulen einzieht, sondern dort auch eine ganz zentrale Stelle besetzt. In den einschlägigen Dokumenten bis herab zur regionalen Gesetzgebung werde die hochschulische Bildung nämlich zum einen als Voraussetzung und Instrument gesehen, um die Wettbewerbsfähigkeit Europas auch in Zukunft zu garantieren, also zu steigern. Zum anderen werde Wissenschaft und Hochschule selber dem Gedanken des Wettbewerbs unterworfen. Wissenschaft und Hochschule würden politisch ganz bewusst in eine Marktsituation versetzt, in der verschiedene Anbieter unter den Bedingung knapper Ressourcen mit ihren Produkten um eine begrenzte Anzahl von Kunden konkurrieren. Unter dieser Maßgabe müsse die Rede von der gesteigerten Autonomie der Hochschulen gelesen werden als (euphemistische) Beschreibung jenes Prozesses, in dem höhere Bildungseinrichtungen der umfassenden Unterstellung unter die Ministerialbürokratie zwar entzogen, zugleich aber den Kräften eines wettbewerblichen „Quasi-Marktes" überantwortet würden. Welche Konsequenzen diese Umstellung von Verantwortlichkeiten für Lehre und Forschung haben (werden), bleibe empirisch zu untersuchen.[113]

V. Europäische Landwirtschaftspolitik

Ein Referenzgebiet für die jahrzehntelange Aussetzung des Wettbewerbsgebots stellt die Politik der Union auf dem Gebiet der gemeinsamen Agrarpolitik (GAP - Art. 38 ff. AEUV) dar (*Backhaus*). Die gemeinsame Organisation der Agrarmärkte ist nicht nur vom Grundsatz der Einheit des Marktes, sondern auch von den Prinzipien der Unionspräferenz und der finanziellen Solidarität geprägt. Dies bedeutet, dass die Agrarprodukte der Union zum Schutz des Binnenmarktes vor Niedrigpreisprodukten aus dritten Ländern und vor Schwankungen des Weltmarktpreises bei der Vermarktung im Rahmen gemeinsamer Marktordnungen einen Preisvorteil gegenüber importierten Produkten haben; zudem werden alle Ausgaben im Rahmen der GAP vom Unionshaushalt getragen. Als bedeutende Instrumente dienen insoweit die Mindestpreise (Interventionspreise) für bestimmte Agrargüter, der Schwellenpreis, der Lieferanten aus einem Nicht-EU-Land zwingt, die Differenz zwischen dem Weltmarktpreis und diesem Schwellenpreis in Form einer „Abschöpfung" an die Union zu zahlen, sowie die Möglichkeit der Landwirte der Union, sich die Differenz zwischen

---

[113] Vgl. zum universitären Wettbewerb nach Bologna auch *M.E. Geis* sowie *Chr. Bumke*, Universitäten im Wettbewerb, in: Gemeinwohl durch Wettbewerb, VVDStRL 69 (2010) (im Erscheinen).

dem (niedrigeren) Weltmarktpreis und dem Schwellenpreis auszahlen zu lassen (Ausfuhrerstattungen). Das System der garantierten Prämie wird seit 1992 schrittweise durch Direktzahlungen an die Landwirte ersetzt (Direktzahlungen). Rund 46 % der Ausgaben der EU entfallen infolge dieser Politik auf den Sektor Landwirtschaft. [114]

Obwohl die Agenda 2000 vor allem zu einer deutlichen Absenkung der Interventionspreise und des garantierten Milchpreises geführt hat, kam es zu keiner Reduzierung der Haushaltsausgaben der Union. Die „Mid-Term-Review-Reform" vom 26. Juni 2003 hat allerdings insbesondere eine konsequente Marktorientierung sowie eine stärkere Berücksichtigung haushaltspolitischer Aspekte als Kriterien der GAP benannt. In einer „Agrarwende" wurde ein großer Teil der Agrarförderung in Form der Maßnahmen inländischer Stützung – etwa die Schlachtprämien für Rinder – in die „Green Box" des WTO-Maßnahmenkatalogs überführt, also in produktionsunabhängige Maßnahmen wie etwa Agrarforschung und ländliche Infrastruktur. Das System produktentkoppelter Zahlungen wurde durch die Einführung von Betriebsprämien, flächenbezogenen Beihilfen, Milchprämien und sonstigen Beihilfen ausgebaut. Zugleich wurde die Landwirtschaft in den Dienst der Umwelt, des Tierschutzes, der öffentlichen Gesundheit, der Tiergesundheit und einer „guten landwirtschaftlichen Ordnung" gestellt (Strukturpolitik); für diese Maßnahmen können ebenfalls Beihilfen gewährt werden. Die finanzielle Beteiligung der Union richtet sich nach den Regeln über die Strukturfonds.[115]

Eine weitere Reform der Agrarpolitik ist für die Zeit nach 2013 geplant. Wesentliche Themen in den dann anstehenden Verhandlungen bilden neben einer Senkung des Agrarhaushaltes etwa die verstärkte Förderung von Gemeingütern (bspw. Biodiversität und sauberes Wasser) durch die Landwirtschaftssubventionen sowie eine Ausweitung der sog. Ko-finanzierung, bei der sich die Mitgliedsstaaten an den Kosten der Subventionen beteiligen. Wie bereits die Reform 2003 deutlich gemacht hat, geht es stets auch darum, den Schwellen- und Entwicklungsländern im Rahmen der WTO Zugang zum Binnenmarkt der Union zu geben.

---

[114] Vgl. *K. K. Patel*, Europäisierung wider Willen: Die Bundesrepublik Deutschland in der Agrarintegration der EWG, 1955–1973, München 2009.

[115] Vgl. *U. Kluge*, Ökowende – Agrarpolitik zwischen Reform und Rinderwahnsinn, Berlin 2001.

VI. Die Lissabon-Strategie

Gerhard Wegner setzt sich mit der Lissabon-Strategie und dem dort verfolgten Ziel der Wettbewerbsfähigkeit auseinander.[116] Sie ist inzwischen durch die Strategie „Europa 2020" abgelöst worden, mit der die Union versucht, nach der Finanz- und Wirtschaftskrise ihre Wettbewerbsfähigkeit zurückzugewinnen, indem sie im Zeichen „einer stärkeren wirtschaftspolitischen Steuerung" den Prozess des Wandels „in eine intelligente, nachhaltige und integrative Wirtschaft" beschleunigt.[117] In einer ordnungspolitischen Analyse zeigt *Wegner*, dass „Wettbewerbsfähigkeit" als ein *direktes* Politikziel wenig sinnvoll ist und im Zweifel zu Verzerrungen des Wettbewerbs führt.[118] Insgesamt liegt der Lissabon-Strategie demnach eine irreführende industriepolitische Vorstellung von europäischer Wettbewerbsfähigkeit zugrunde, die suggeriert, dass sich gesamtwirtschaftliche Produktivität mit Hilfe politischer Programme steigern lasse. Der Autor zeigt, dass „Wettbewerbsfähigkeit" *indirekt* aus dem Binnenmarkt sowie einem Standortwettbewerb innerhalb der Union resultiert und die Aufmerksamkeit der Politik sich auf ihre Vervollkommnung richten sollte. Dies führe zu einem anderen Verständnis hinsichtlich der Ansatzmöglichkeiten europäischer Wirtschaftspolitik und erneuere die Bedeutung europäischer Ordnungspolitik als Quelle langfristiger Prosperität.

E. Wettbewerb in der Krise?

Die seit dem Jahr 2008 anhaltende weltweite Finanz- und Wirtschaftskrise hat Schwächen des langfristigen Regulierungsrahmens der Finanzmärkte schonungslos offen gelegt. Wesentliche Leitplanken, Verbots- und Hinweisschilder, die den marktwirtschaftlichen Ordnungsrahmen der Finanzwirtschaft hätten markieren müssen, fehlten. Bestehende Regulierungen wiesen, wie sich im Nachhinein herausstellte, in die falsche Richtung. Die Krise hat grundsätzliche Fragen zu gestaltenden Staatseingriffen in Marktprozesse und Marktstrukturen neu gestellt. Wann soll der Staat eingreifen, wann soll er auf die freien Marktkräfte vertrauen? Unsicherheit und Vertrauensverlust verstärken die Rufe nach dem starken Staat, nach Regulierung, Staatsbeteiligungen und, im Extremfall sogar Enteignung. „Gerade

---

[116] Vgl. dazu auch *H.-H. Kotz*, The Lisbon Agenda: On Getting Europe Back on Track, in: Caesar/Lammers/Scharrer (Hrsg.), Europa auf dem Weg zum wettbewerbsfähigsten und dynamischsten Wirtschaftsraum der Welt? Baden-Baden 2005.

[117] Europäische Kommission, „Europa 2020 – Eine Strategie für ein intelligentes, nachhaltiges und integratives Wachstum", KOM (2010) 2020, S. 6, 8, 10 ff.

[118] Vgl. dazu auch den Beitrag von *Arno Scherzberg* in diesem Band.

im Finanzbereich lautet die Antwort auf akute Überlebensprobleme von Unternehmen weltweit ‚Fusion' oder ‚Verstaatlichung' oder eine Kombination aus beidem."[119]

I. Regulierung versus Wettbewerb

Das Vertrauen in eine weit reichende Selbstregulierung der Finanzmärkte ist überwiegend geschwunden. Unzweifelhaft benötigt der Finanzsektor nicht zuletzt aufgrund des systemischen Risikos eine dauerhafte Regulierung. Aufgabe des Staates – auch in Zeiten einer Finanzmarkt- und Wirtschaftskrise – muss es daher sein, die richtigen Regeln und Leitplanken zu setzen. Zugleich steht in der Krise das Bemühen im Vordergrund, den Untergang von Unternehmen und den Verlust von Arbeitsplätzen zu verhindern. Bei allen Maßnahmen muss der Staat den Marktteilnehmern, wo nötig, Grenzen aufzeigen und dort versorgen, wo Märkte dieses nicht leisten. Jede staatliche Intervention in Märkten jenseits der Rahmensetzung muss – auch in Krisenzeiten – gerechtfertigt werden.[120]

Damit gerät der Widerstreit von Staatsinterventionismus und freiem Wettbewerb in den Blick. Die neue Balancierung des Verhältnisses zwischen Regulierung und Kartellrecht berührt die grundsätzliche Frage: Wie viel Staatseingriff in den Markt ist nötig – und wie viel erträgt der Markt, ohne seine zentrale Steuerungsfunktionen zu verlieren? Regelnde Eingriffe sollen wirksam und effizient sein, das absolut nötige Maß und damit die Dynamik der Märkte aber nicht überschreiten. Handlungsspielräume und ihre Grenzen müssen für die Marktakteure erkennbar und berechenbar sein.[121]

Ein grundlegendes Instrument zur Regulierung der Finanzmärkte wird vor allem in einer strafferen, besser verzahnten Finanzmarktaufsicht auf internationaler und nationaler Ebene gesehen. Der deutsche Gesetzgeber hat im „Gesetz zur Umsetzung eines Maßnahmepakets zur Stabilisierung des Finanzmarktes (Finanzmarktstabilisierungsgesetz)" vom 17. Oktober 2008 einen Fonds errichtet, der die Zahlungsfähigkeit von Finanzinstituten mit Sitz in Deutschland sichern und Liquiditätsengpässe verhindern soll.[122] Der deutsche Staat beteiligt sich damit auch selber an Finanzunternehmen, die vom Zusammenbruch bedroht sind. Dieses erlaubt sehr schnelle Ret-

---

[119] *B. Heitzer*, WuW 2009, S. 359.

[120] Vgl. zu dieser Analyse *W. Otremba*, Der schmale Grat zwischen Regulierung und Kartellrecht: Zwischen Staatseingriff und den freien Kräften des Marktes, Rede des Staatssekretärs im Bundesministerium für Wirtschaft und Technologie, Dr. Walther Otremba, anlässlich der XIV. Internationalen Kartellkonferenz (27.04.2009), www.bmwi. de/.../reden-und-statements,did=299832.html

[121] Vgl. *B. Heitzer*, WuW 2009, S. 359.

[122] BGBl. I 2008, S. 1982.

tungsmaßnahmen durch Staatsbeteiligung, bei Freistellung von der Fusionskontrolle.[123] Ein zusätzliches Gesetz zur weiteren Stabilisierung des Finanzmarktes („Finanzmarktstabilisierungsergänzungsgesetz") sah die zeitlich eng befristete Möglichkeit (30. Juni 2009) vor, zur Sicherung des öffentlichen Gutes „Finanzmarktstabilität" als *ultima ratio* Anteile an einem Unternehmen des Finanzsektors und Wertpapierportfolien gegen angemessene Entschädigung zugunsten des Bundes oder des Finanzmarktstabilisierungsfonds zu verstaatlichen.[124]

II. Die Beschlüsse der G-20 auf dem Finanzsektor

Die europäischen Mitglieder der G20-Gruppe streben zur Sicherung bzw. Wiederherstellung der Stabilität der Finanzmärkte eine umfassende Aufsicht über alle systemisch relevanten Finanzinstitute – auch über Hedgefonds und Rating-Agenturen – an. Ziel der gesetzgeberischen und politischen Maßnahmen ist es aber nicht, die Finanzmarktaufsicht zu vereinheitlichen oder gar eine Staatsbankenwirtschaft zu schaffen. Dauerhafte staatliche Unternehmeraktivitäten, auch und gerade im Finanzbereich, werden von den Führern der 20 wichtigsten Industrie- und Schwellenländer wegen des Risikos von Ineffizienz und Marktverzerrungen abgelehnt. Nach dem Willen dieser „Weltwirtschaftsregierung" im Werden sollen die Aufsichtsorgane der einzelnen Länder gemeinsame Gremien („Aufsichtsteams") gründen. Zu den in ihrem Aktionsplan festgelegten Zielen gehört ferner eine Anpassung der internationalen Bilanzierungsregeln. Für Rating Agenturen sollen Transparenzregeln aufgestellt und Banken dazu verpflichtet werden, ihr eigenes Risikomanagement zu stärken. Die Weltbank wird damit beauftragt, Programme aufzulegen, die ein anhaltendes Wachstum in den Entwicklungs- und Schwellenländern sicher stellen. Zudem soll die Arbeit des Internationalen Währungsfonds und des von der G-7 dominierten Forums für Finanzstabilität besser vernetzt werden.[125] In ihrer Abschlusserklärung anlässlich des Gipfels der G-20 in Pittsburgh haben sich die Führer der Industrie- und Schwellenländer im September 2009 erneut zu einem „transparenten Wettbewerb" als einem Kernelement eines nachhaltigen wirtschaftlichen Handelns bekannt, zugleich aber auch jene Maßnahmen benannt, die erforderlich sind, um das internationale Finanzsystem in Form einer „konsistenten und konsolidierten Überwachung und Regulierung bei hohen Standards" zu stabilisieren. Hierzu gehören namentlich Maßnahmen zur Verbesserung der Qualität und Quantität von Bankkapital (schärfere Eigenkapitalvorschriften) sowie zur Eindämmung eines prozyklischen Handelns der Finanzunternehmen, eine Reform des Systems der Zusatzvergütungen („Boni-Zahlungen") und der außerbörslichen (bilateralen) Derivate („over-the-counter-Derivate – OTC), aber auch die Entscheidung, systemrelevante Banken im Rahmen eines Risikomanagement zu international einheitlichen bank-

---

[123] Vgl. *Becker/Mock*, FMStG – Finanzmarktstabilisierungsgesetz, Kommentar, 2009; *Jaletzke/Verannemann*, Finanzmarktstabilisierungsgesetz, Kommentar, 2009; *G. Spindler*, Finanzkrise und Gesetzgeber – das Finanzmarktstabilisierungsgesetz, Deutsches Steuerrecht 47/2008, S. 2268 ff.; *Jestaedt/Wiemann*, WuW 2009, 606 (615 ff.); *B. Heitzer*, WuW 2009, S. 359.

[124] BGBl. I, 2009, S. 725.

[125] Vgl. "The Global Plan for Recovery and Refom", 2. April 2009, http://www.g20.org/Documents/final-communique.pdf.

spezifischen Notfall- und Abwicklungsplänen („contingency and resolution plans") zu verpflichten.[126]

III. Die Herausforderungen an das europäische Beihilfenrecht

Die Finanzmarktkrise stellt dabei das europäische Beihilfenrecht vor große Herausforderungen, da es sich in dieser Situation als wirksames wettbewerbsrechtliches Regulativ erweisen muss.[127] Die Beihilfenbeträge in Milliardenhöhe und der enge Zeitrahmen, innerhalb dessen die Kommission Entscheidungen von größter Tragweite treffen muss, sind beispiellos. Zu rechtlichen Behandlung der finanziellen Stützung angeschlagener Banken hat die Kommission drei Mitteilungen erlassen: die Bankenmitteilung,[128] die Rekapitalisierungsmitteilung,[129] und die Risikoaktivamitteilung.[130] Die Kommission hält die Voraussetzungen nach Art. 107 Abs. 3 lit. b) AEUV für gegeben, der die Beihilfengewährung „zur Behebung einer beträchtlichen Störung im Wirtschaftsleben eines Mitgliedstaates" zulässt. Die Beihilfenpraxis in der Finanzmarktkrise wirft Fragen auf, die die Grundfesten der Beihilfenpolitik in Europa berühren: Ist das Beihilfenrecht angesichts der Schärfe der Krise nicht bloß ein „lästiger Hemmschuh", der die Mitgliedstaaten bei ihrem beherzten Eingreifen behindert? Oder verkommt das Beihilfeverfahren zum „reinen Feigenblatt", das verdecken soll, dass der Kommission als Wettbewerbshüterin letztlich jegliche Möglichkeiten zu einem effektiven Eingreifen fehlen, da sie sich ein Scheitern eines Beihilfenempfängers wegen der unabsehbaren volkswirtschaftlichen Folgen gar nicht leisten kann und somit jede Beihilfenentscheidung der Mitgliedstaaten absegnet?[131] Die Kommission, der in der Finanzkrise der Mitgliedstaaten auch mangels privater Beschwerdeverfahren eine besondere Verantwortung als Wettbewerbshüterin zufällt, hat jedenfalls bisher noch in keinem Bankenfall eine beihilferechtliche Negativentscheidung getroffen.

---

[126] Vgl. die Abschlusserklärung des G-20-Gipfels in Pittsburgh, 24./25. September 2009, Ziff. 5 des Annexes sowie Ziff. 13 des Abschnitts über die Stärkung des Internationalen Finanzregulierungssystems, www.summitcouncil.org/category/latest-news/.

[127] Vgl. *Jestaedt/Wiemann*, Anwendung des EU-Beihilfenrechts in der Finanzmarktkrise – Wettbewerbspolitisches Regulativ, Hemmschuh oder Feigenblatt?, WuW 2009, S. 606 ff.

[128] Vgl. Mitteilung der Kommission – Die Anwendung der Vorschriften für staatliche Beihilfen auf Maßnahmen zur Stützung von Finanzinstituten im Kontext der derzeitigen globalen Finanzkrise, 13.10.2008.

[129] Vgl. Mitteilung der Kommission – Die Rekapitalisierung von Finanzinstituten in der derzeitigen Finanzkrise: Beschränkung der Hilfen auf das erforderliche Minimum und Vorkehrungen gegen unverhältnismäßige Wettbewerbsverzerrungen, 05.12.2008.

[130] Communication from the Commission on the Treatment of Impaired Assets in the Community Banking Sector, 25.02.2009.

[131] Vgl. *Jestaedt/Wiemann*, WuW 2009, S. 606.

IV. Transparenter Wettbewerb

In der Krise zeigt sich, dass Systemwettbewerb auch mit Blick auf Regulierungssysteme Früchte tragen kann. Eine bloße Zentralisierung vermag die Probleme des internationalen Finanzsektors hingegen nicht zu lösen. Die Wettbewerbsvorschriften, neben der Fusionskontrolle auch jene zu Marktbeherrschung und Kartellen, dürfen daher nicht der kurzfristigen Befriedung in der Krise untergeordnet werden, denn dies ginge zu Lasten der längerfristigen Tragfähigkeit der Marktstrukturen. Wettbewerb ist auch hier nicht Teil des Problems, sondern bildet vor allem als Ideenwettbewerb den Ausgangspunkt für seine Lösung. Weder die Turbulenzen auf den Finanzmärkten noch die weltweite wirtschaftliche Rezession rechtfertigen eine Abkehr von unternehmerischer Eigenverantwortung, von Vertragsfreiheit und freiem Wettbewerb. Doch muss die individuelle Verantwortung von Managern und die realistische Erwartung von Anlegern wieder Leitbild eines finanziellen und wirtschaftlichen Engagements werden.

Es ist Aufgabe der Ordnungspolitik, Freiheit, Verantwortung und Wettbewerb als die wesentlichen Ordnungsprinzipien der Sozialen Marktwirtschaft in den politischen und wirtschaftlichen Entscheidungsprozessen zum Tragen zu bringen.[132] Die Kompetenz der Ordnungspolitik liegt in der systematischen Klärung der Verantwortungsteilung zwischen Individuum und Staat in einer Gesellschaft der Freiheit. Einer Korrektur der wettbewerbspolitischen Grundpositionen bedarf es nicht.[133] Doch wird die seit der Mitte der 70-er Jahre anhaltende Tendenz zur Liberalisierung und Deregulierung der Finanzmärkte durch den Willen der Regierungen überwunden, die Aufgabe des Staates als „Hüter der Ordnung" zu stärken, um so „Strukturen für eine menschliche Marktwirtschaft" (*A. Merkel*), insbesondere im Zeichen von Transparenz, zu schaffen.

---

[132] Vgl. zu ihrer Rechtfertigung als Wissenschaftsdisziplin auch unter dem Eindruck der aktuellen Finanz- und Wirtschaftskrise: *M. Hüther*, Die Krise als Waterloo der Ökonomie, FAZ v. 16.03.2009; *Ch. M. Schmidt/N. aus dem Moore*, Quo vadis Ökonomik, FAZ v. 22.05.2009; *N. Goldschmidt/G. Wegner/M. Wohlgemuth/J. Zweynert*, Was ist und was kann Ordnungsökonomik?, FAZ v. 19.06.2009; vgl. ferner *R. Stürner*, Fortschritt durch Eigennutz?, FAZ v. 09.10.2008, S. 6, sowie den Aufruf von 83 Professoren der Volkswirtschaftslehre „Rettet die Wirtschaftspolitik an den Universitäten", FAZ v. 05.05.2009.

[133] Vgl. zu dieser Analyse *W. Otremba*, Der schmale Grat zwischen Regulierung und Kartellrecht: Zwischen Staatseingriff und den freien Kräften des Marktes, Rede des Staatssekretärs im Bundesministerium für Wirtschaft und Technologie, Dr. Walther Otremba, anlässlich der XIV. Internationalen Kartellkonferenz (27.04.2009), www.bmwi.de/.../reden-und-statements,did=299832.html.

F. Wettbewerb in der Kritik

Wie *Schumpeter* in durchaus kühner Diktion konstatiert hat, sind soziale Wohltaten ganz überwiegend das eher „nur nebenher" intendierte Produkt der öffentlichen Parteienkonkurrenz auf Stimmenfang.[134] Diese These relativiert nicht nur den Anspruch der Politik, die Lösung öffentlicher Probleme als vorrangige Aufgabe zu betreiben, sondern lenkt den Blick auch auf die Frage, worin denn die nicht intendierten sozialen und politischen Folgen von Konkurrenz und Wettbewerb bestehen könnten. Das zynische Diktum sah sich jüngst durch das Verdikt des französischen Staatspräsidenten *N. Sarkozy* bestätigt, der den Wettbewerb „als eine Ideologie, ein Dogma, das nichts für Europa gebracht habe", aus dem Lissaboner Vertrag tilgen wollte (*Blanke*).[135] Die Realpolitik scheint damit den hehren Anspruch des Wettbewerbsdogmas zu konterkarieren, das ja darauf zielt, das Gemeinwohl oder den Gemeinwohlertrag zu steigern, die Leistung, aber auch die Leistungsbereitschaft von Akteuren zu stimulieren, Entdeckungen im weitesten Sinne zu provozieren und die Strukturen freier Konkurrenz sowie der Auswahlfreiheit zu erhalten. Damit betreten wir ein nahezu unüberschaubares Feld, das zu gliedern hier gar nicht erst versucht wird. Ein paar Hinweise scheinen uns aber unbedingt nötig.

Das wohl prominenteste und in sich hoch differenzierte Themenfeld zur Frage der (nicht intendierten) Folgen von Wettbewerb stellen jene Positionen oder Theorien dar, die im Phänomen des Wettbewerbs eine mehr oder minder große Gefahr für den gesellschaftlichen Zusammenhang oder die soziale Integration sehen. Die Bereiche oder Sphären, in denen Wettbewerb als die – wenn nicht einzige so doch ganz wesentliche – Ursache für soziale Desintegration gesehen wird, variieren dabei natürlich, wie ebenfalls die Vorstellungen der Intensität der Desintegrationserscheinungen. So verweisen etwa Teile einer im weitesten Sinne politikwissenschaftlichen Parteiendiskussion auf jene zunächst politischen Spaltungen, die entstehen, wenn

---

[134] *J. A. Schumpeter*, Kapitalismus, Sozialismus, Demokratie, 1993, S. 448: „Aber um zu verstehen, wie die demokratische Politik diesem sozialen Ziele dient, müssen wir vom Konkurrenzkampf um Macht und Amt ausgehen und uns klar werden, dass die soziale Funktion (…) nur nebenher erfüllt wird – im gleichen Sinne wie die Produktion nur Nebenerscheinung beim Erzielen von Profiten ist."

[135] „Competition as an Ideology, a Dogma, what has it done for Europe?" (23.06.2007); zit. bei *St. Wernicke*, Der Vertrag von Lissabon und das Wettbewerbsprinzip – Status quo ante, Neugewichtung oder Unwucht? in: I. Pernice (Hrsg.), Der Vertrag von Lissabon: Reform der EU ohne Verfassung?, 2008, S. 190 ff. Vgl. hierzu *A. Heimler/R. D. Anderson*, What has competition done for Europe? An Inter-Disciplinary Answer, Außenwirtschaft, 4/2007, S. 419 ff.

Repräsentation Parteien und dem Parteienwettbewerb überlassen wird.[136] Parteien folgen in dieser Lesart unweigerlich ihrem Eigen- und folglich Partialinteresse, wodurch das Gemeinwohl unvermeidbar in den Hintergrund gedrängt werde. Damit aber drohen – so weitergehend – als Folgekosten des (Parteien-)Wettbewerbs sehr viel umfassendere soziale Separierungen und Differenzierungen, die nicht nur zu Lasten der sozialen Kooperation, Kohäsion und Integration gehen, sondern auch die politische Problemlösungskompetenz einer Gesellschaft insgesamt lädieren.[137]

Genau diese Konsequenzen sieht auch ein ökonomisches Denken, das den wirtschaftlichen Wettbewerb in das Zentrum seiner Überlegungen gestellt hat. So formuliert etwa *Smith*, dass Wettbewerb und Arbeitsteilung schließlich unweigerlich zum Ausschluss der Arbeiter aus der Sphäre der Bildung und Selbstentfaltung führen. Falls politisch nicht gegengesteuert werde, was für einen liberalen Staat nun gewiss nicht einfach sei, müsse man folglich mit einer großen Menge an ungebildeten Menschen rechnen, die dauerhaft daran gehindert würden, an den Vorteilen der Gesellschaft zu partizipieren.[138]

Die schärfste (und zugleich ambivalente) Kritik erfährt der kapitalistische Wettbewerb durch *Karl Marx* und *Friedrich Engels*. Grenzenlose Pauperisierung, die Reduktion des Menschen auf seine schiere Arbeitskraft, die Verdinglichung aller gesellschaftlichen Verhältnisse und die äußerste Polarisierung der Klassengegensätze seien die direkte Folge ökonomischer Konkurrenz, der nur mit einer gewaltsamen Umkehrung der Verhältnisse abzuhelfen sei.[139] Konkurrenz und Wettbewerb nehmen in diesem Kontext eine ebenso universale wie ambivalente Funktion ein. Sie lassen

---

[136] In dieser letztlich republikanischen Tradition stehen neben Hume und Burke natürlich auch Rousseau und die Anti-Federalists; siehe dazu *D. Hume*, Politische und ökonomische Essays, Tbd. 1, Hamburg 1988, S. 51–76.

[137] *D. Hume*, Politische und ökonomische Essays, Teilband 1, 1988, S. 51 f.: „Faktionen untergraben die Regierung, machen Gesetze wirkungslos und führen zu heftigsten Feindseligkeiten zwischen Menschen derselben Nationalität, die sich gegenseitig unterstützen und beschützen sollten. Die Gründer von Parteien sollten uns deshalb noch verhasster sein, weil solche Ansätze nur schwer wieder auszumerzen sind."

[138] *Smith*, Der Wohlstand der Nationen. Eine Untersuchung seiner Natur und seiner Ursachen, 6. Aufl. München 1993, S. 662f.

[139] Klassisch natürlich *K. Marx/F. Engels*, Manifest der Kommunistischen Partei, in: dies. Studienausgabe, Bd. III: Geschichte und Politik, Frankfurt/M. 1990, S. 59–87. Marx wendet sich gegen die nationalökonomische Vorstellung, Konkurrenz sei die einzige Hilfe gegen die „Kapitalisten" und vermerkt: „Allein die Konkurrenz ist nur dadurch möglich, dass die Kapitalien sich vermehren, und zwar in vielen Händen (...) Die Konkurrenz unter den Kapitalien vermehrt die Akkumulation unter den Kapitalien." *K. Marx, Ökonomisch-philosophische Manuskripte*, in: ders., Texte zu Methode und Praxis. Bd. II: Pariser Manuskripte 1844, Reinbek b. Hamburg 1966, S. 28.

sich nämlich einerseits als Motoren einer radikalen und allgemeinen Dichotomisierung und De-Humanisierung von Gesellschaft dechiffrieren, sind andererseits aber auch notwendige Wegbereiter zu deren Überwindung. Diese Ambivalenz (und Dialektik) von Wettbewerb im marxistisch-sozialistischen Theoriegebäude hallt nicht zuletzt wider in der Losung *Walter Ulbrichts*, die DDR werde die Bundesrepublik Deutschland politisch, sozial und ökonomisch „überholen ohne einzuholen". Rekapituliert das „Überholen" jene Bewegung des Steigerns und Übertreffens, die charakteristisch für Wettbewerb ist, sind im „ohne Einzuholen" jene Momente erinnert, die den Ausstieg oder den Überstieg in eine andere Form gesellschaftlicher Produktion verheißen.

Im Kontext eines sich globalisierenden und permanent selbst transformierenden Wettbewerbs hat in der Folge eine ganze Reihe unterschiedlichster Autoren die (himmelschreienden) Ungerechtigkeiten ins Bewusstsein gehoben, die zwischen den entwickelten Ländern und den Ländern der so genannten Dritten Welt entstanden sind. Wettbewerb firmiert in diesen Positionen neben politischem Hegemonialinteresse und kulturellem Expansionismus als eine der zentralen Ursachen für globale Exklusion, Ungerechtigkeit und Deklassierung.[140] Zu erwähnen sind an dieser Stelle selbstverständlich auch all diejenigen Debatten und Konzepte, die im Rahmen von Nachhaltigkeit und Ökologie eine Umstellung von wettbewerblichen Leitideen und Wettbewerbsordnungen (etwa in der EU, der WTO oder der NAFTA) anmahnen. Dies geschieht vor dem Hintergrund, dass – so die Kritiker – Wettbewerb in Theorie, Praxis und Recht bisher die Schädigung der Gemeingüter durch Externalisierung privatwirtschaftlicher Kosten unverantwortbar ausgeblendet hat.[141]

Neben diesen deutlich makroskopischen politikwissenschaftlichen, juristischen und/oder ökonomischen Zugangsweisen thematisieren eher mikroskopische Theorieansätze diejenigen Wettbewerbsfolgen, die auf einer sozialpsychologischen oder sozialkulturellen Ebene entstehen. Die Veränderungen in der Selbstwahrnehmung und Lebensführung von Personen durch eine immer stärkere Konzentration auf Wettbewerb als Paradigma gesellschaftlicher Selbststeuerung rücken vor allem in den Blick bei Autoren wie etwa *Richard Sennett* und *Benjamin Barber*. Im „flexiblen Men-

---

[140] Natürlich sind diese Diskussionen nicht neu, sondern Teil von Debatten, die seit Jahrzehnten im Kontext der Entwicklungspolitik, Teilung der Welt in Einflusszonen und Dritte-Welt-Politik stattfinden. Pars pro toto: *J. Stiglitz*, Die Schatten der Globalisierung, Berlin 2002; *J. Mander/E. Goldsmith* (Hrsg.), Schwarzbuch Globalisierung, München 2002; *P. Collier*, Die unterste Milliarde, München 2008; *M. Castells*, Das Informationszeitalter, 3. Bde. Opladen 2001 ff.

[141] Pars pro toto: Bund für Umwelt et al. (Hrsg.), Zukunftsfähiges Deutschland in einer globalisierten Welt, Frankfurt/M. 2008, S. 276–303.

schen" sieht *Sennett* das Produkt eines zunehmend ungeregelten kapitalistischen Wettbewerbs. In einer Konkurrenzgesellschaft sei der Einzelne orientierungslos und überflüssig geworden, verfüge kaum noch über soziale Problemlösungskompetenz und ermangele einer Selbsterkenntnis, die wesentlich nur über den sozialen Anderen gelingt. Demgegenüber stehe die radikale Anforderung, ihr/sein Leben ohne Sicherungen ständig selber zu gestalten. Zwischen Überforderung und Hilflosigkeit eingespannt, treibe der Mensch auf eine Entkernung der Person zu, die Selbstgestaltung zu einer unerreichbaren Utopie und hektische Betriebsamkeit zur Permanenz werden lasse.[142]

In ähnlicher Diktion sieht *Barber* in der gegenwärtigen politisch betriebenen Universalisierung von konkurrenzmäßig strukturierten Marktverhältnissen die Tendenz zur Infantilisierung eingeschrieben.[143] In dieser Bewegung einer Entdifferenzierung der Handlungsrationalitäten gehe kultureller Pluralismus ebenso verloren wie die Fähigkeit, als Bürger politisch zu agieren. Wird es angesichts dieser (latent totalisierenden) Diagnosen immer etwas schwierig, eine praktikable Alternative zu zeichnen, sieht Barber gleichwohl in der „Demokratisierung der Globalisierung (einen) Ausweg".[144] Die Wiedergewinnung von Politik als eigener Handlungssphäre vermag dann nicht nur den infantilisierenden Wettbewerb zu bändigen wie zu überschreiten, sondern einen Raum zu bieten, in dem die traditionsgesättigte Vielfalt von Kooperation und Integration im globalen Maßstab gelingen könne.

Mag die diagnostische wie prognostische Tiefe dieser Positionen im Einzelnen dahingestellt bleiben, so machen die kritischen Stimmen doch zweierlei deutlich. Erstens betonen sie auf die eine oder andere Weise, dass es eine unstrittige (politische) Sphäre geben muss, will eine wettbewerbliche Gesellschaft Dauer gewinnen. Und zweitens darf bei aller Betonung der positiven Seiten und erquicklichen Wirkungen von Wettbewerb die andere Seite oder das andere Gesicht von Konkurrenz nicht vergessen werden. Desintegration, Pauperisierung und Schwundstufen humaner Selbstbilder gehören zum Wettbewerb ganz offensichtlich ebenso dazu wie Freiheitsgewinne und Gemeinwohlsteigerung.

---

[142] Siehe *R. Sennett*, Der flexible Mensch. Die Kultur des neuen Kapitalismus, Berlin 1998.
[143] *B. Barber*, Consumed!, München 2007, S. 19 (siehe speziell auch S. 221–252).
[144] Ebda., S. 337.

Literatur

Arndt, Helmut (1981): Macht und Wettbewerb, in: Cox/Jens/Markert (Hrsg.), Handbuch des Wettbewerbs, S. 49 ff.

Barber, Benjamin (2007): Consumed! Wie der Markt Kinder verführt, Erwachsene infantilisiert und die Demokratie untergräbt, München.

Baumol, William J./ Panzar, John C./Willig, Robert. D. (1982): Contestable Markets and the Theory of Industry Structure, San Diego: Harcourt Brace Javanovich.

Baur, Jürgen (1970): Das Tatbestandsmerkmal Wettbewerb, ZHR 134, 97 ff.

Becker, Gary S. (1993): Ökonomische Erklärung menschlichen Verhaltens, 2. Aufl.

Behrens, Peter (1986): Die ökonomischen Grundlagen des Rechts.

– (1992): Die Konvergenz der wirtschaftlichen Freiheiten im europäischen Gemeinschaftsrecht, EuR 1992, S. 145 ff.

Berger. Johannes (2009): Der diskrete Charme des Marktes, Zur sozialen Problematik der sozialen Marktwirtschaft, Wiesbaden.

Bobbio, Norberto (1988): Die Zukunft der Demokratie, Berlin.

Böhm, Franz (1961): Demokratie und ökonomische Macht, in: Institut für ausländisches und internationales Wirtschaftsrecht (Hrsg.), Kartelle und Monopole im modernen Recht, S. 1 ff.

Braulke, Michael (1983): Contestable Markets – Wettbewerbskonzept mit Zukunft? Wirtschaft und Wettbewerb, 33, S. 945 ff.

Bumke, Christan (2010): Wettbewerb von Rechtsordnungen, in: Gemeinwohl durch Wettbewerb?, VVDStRL 69 (im Erscheinen).

Bund für Umwelt und Naturschutz Deutschland/Brot für die Welt-Evangelischer Entwicklungsdienst (Hrsg.) (2008): Zukunftsfähiges Deutschland in einer globalisierten Welt. Anstoß zur gesellschaftlichen Debatte, Frankfurt/M.

Caesar, Rolf/Lammers, Konrad/Scharrer, Hans-Eckart (Hrsg.) (2005), Europa auf dem Weg zum wettbewerbsfähigsten und dynamischsten Wirtschaftsraum der Welt?, Eine Zwischenbilanz der Lissabon-Strategie, Baden-Baden.

Castells, Manuel (2001 ff.): Das Informationszeitalter, 3. Bände, Opladen.

Clark, John Maurice (1940): Toward a Concept of Workable Competition, The American Economic Review, 30, S. 241 ff.

Collier, Paul (2008): Die unterste Milliarde. Warum die ärmsten Länder scheitern und was man dagegen tun kann, München.

Corneo, Giacomo (2003): Öffentliche Finanzen: Ausgabenpolitik, Tübingen.

Cox, Helmut/Hübener, Harald (1981): Wettbewerbstheoretische Grundlagen und Grundkonzeptionen der Wettbewerbspolitik, in: Cox/Jens/Markert, Handbuch des Wettbewerbs, S. 1 ff.

Dahl Ronald A. (1986): Democracy, liberty, and equality, Oxford.

– (2000): On Democracy, Yale University Press.

Dehousse, Renaud (1992): Integration v. Regulation? On the Dynamics of Regulation in the European Community, Journal of Common Market Studies 30, 383 ff.

Dewey, John (1996): Die Öffentlichkeit und ihre Probleme, Darmstadt.

Dolata, Ulrich (2006): Technologie- und Innovationspolitik im globalen Wettbewerb. Veränderte Rahmenbedingungen, institutionelle Transformationen und politische Gestaltungsmöglichkeiten, in: Zeitschrift für Politikwissenschaft 2/2006, S. 427–455.

Durkheim, Emile (1999): Über soziale Arbeitsteilung, 3. Aufl. Frankfurt/M.

Eichenberger, Reiner (2001): Wirkungsvoller Systemwettbewerb durch Deregulierung der Politik, in: Müller/Fromm/Hansjürgens (Hrsg.), Regeln für den europäischen Systemwettbewerb, S. 415 ff.

Eucken, Walter (1999): in: W. Oswalt (Hrsg.), Ordnungspolitik, S. 17 ff.

Fezer, Karl-Heinz (1990): Verantwortete Marktwirtschaft, JZ 1990, 657 ff.

Fraenkel, Ernst (1991): Die repräsentative und die plebiszitäre Komponente im demokratischen Verfassungsstaat, in: ders., Deutschland und die westlichen Demokratien, 5. Aufl. Stuttgart et al., S. 113 ff.

Frenz, Walter (2004): Handbuch Europarecht, Bd. 1.

– (2006): Handbuch Europarecht, Bd. 2, Europäisches Kartellrecht.

Geis, Max-Emanuel (2010): Wettbewerb von Rechtsordnungen, in: Gemeinwohl durch Wettbewerb?, VVDStRL 69 (im Erscheinen).

Genschel, Philipp/Rixen, Thomas/Uhl, Susanne (2008): Die Ursachen des europäischen Steuerwettbewerbs, in: Ingeborg Tömmel (Hrsg.), Die Europäische Union. Governance and Policy-Making (PVS Sonderheft 40), Wiesbaden, S. 297 ff.

Giegerich, Thomas (2010): Wettbewerb von Rechtsordnungen, in: Gemeinwohl durch Wettbewerb?, VVDStRL 69 (im Erscheinen).

Grzeszick, Bernd (2006): Hoheitskonzept – Wettbewerbskonzept, in: Isensee/Kirchhof (Hrsg.), Handbuch des Staatsrecht der Bundesrepublik Deutschland, Bd. IV, 3. Aufl., § 78.

Heitzer, Bernhard (2009): Ordnungspolitik in der Krise, Kommentar, WuW 2009, 359 ff.

Herdzina, Klaus (1999): Wettbewerbspolitik, 5. Aufl.

Heuß, Ernst (1980): Wettbewerb, in: Handwörterbuch der Wirtschaftswissenschaft, 8. Bd., Sp. 681 ff.

Hobbes, Thomas (1984): Leviathan oder Stoff, Form und Gewalt eines kirchlichen und bürgerlichen Staates, hrsg. und eingel. v. I. Fetscher, übersetzt v. W. Euchner, Frankfurt/M.

Holzinger, Katharina/Jörgens, Helge/Knill, Christoph (2007): Transfer, Diffusion Konvergenz. Konzepte und Kausalmechanismen, in: dies. (Hrsg.): Transfer, Diffusion und Konvergenz von Politiken (PVS Sonderheft 38), Wiesbaden, S. 11 ff.

Hoppmann, Erich (1966): Das Konzept der optimalen Wettbewerbsintensität, in: Neue Jahrbücher für Nationalökonomie und Statistik 179, S. 286 ff.

– (1967): Wettbewerb als Norm der Wettbewerbspolitik, ORDO 18, S. 84 ff.

– (1968): Grundlagen der Wettbewerbspolitik, in: Schriften des Vereins für Socialpolitik NF 48, 9 ff.

Hume, David (1888): Politische und ökonomische Essays, Teilband 2. Mit einer Einleitung hrsg. von Udo Bermbach, Hamburg.

Jachtenfuchs, Markus/Kohler-Koch, Beate (Hrsg.) (1996): Europäische Integration, Opladen.

Kantzenbach, Erhard (1967): Die Funktionsfähigkeit des Wettbewerbs, 3. Aufl., S. 16 ff.

Kantzenbach, Erhard/Kallfass, Hermann (1981): Das Konzept des funktionsfähigern Wettbewerbs – workable competition, in: Cox/Jens/Markert (Hrsg.), Handbuch des Wettbewerbs, S. 103 ff.

Kerber, Wolfgang (2003): Wettbewerbsföderalismus als Integrationskonzept für die Europäische Union, in: Perspektiven der Wirtschaftspolitik 4, 43 ff.

Kersten, Jens (2010): Die Herstellung von Wettbewerb als Verwaltungsaufgabe, in: Gemeinwohl durch Wettbewerb?, VVDStRL 69 (im Erscheinen).

Kieninger, Eva-Maria (1998): Kommentar zu Kiwit/Voigt, Grenzen des institutionellen Wettbewerbs, in: Schenk/Schmidtchen/Streit/Vanberg (Hrsg.), Jahrbuch für Neue Politische Ökonomie, Bd. 17: Globalisierung, Systemwettbewerb und nationalstaatliche Politik, S. 338 ff.

Kirchhof, Paul (2005): Das Wettbewerbsrecht als Teil einer folgerichtigen und widerspruchsfreien Gesamtrechtsordnung, in: ders. (Hrsg.), Gemeinwohl und Wettbewerb, S. 1 ff.

Lange, Stefan/Schimank, Uwe (2007): Zwischen Konvergenz und Pfadabhängigkeit. New Public Management in den Hochschulsystemen fünf ausgewählter OECD-Länder, in: Katharina Holzinger/Helge Jörgens/Christoph Knill (Hrsg.), Transfer, Diffusion und Konvergenz von Politiken (PVS Sonderheft 38), Wiesbaden, S. 522 ff.

Lehner, Frank (1992): Grenzen der Wettbewerbsdemokratie. Der Wandel politisch-ökonomischer Konfliktstrukturen in westlichen Industriegesellschaften, in: Beate Kohler-Koch (Hrsg.), Staat und Demokratie in Europa, Opladen, S. 168 ff.

Luhmann, Niklas (1988): Die Wirtschaft der Gesellschaft.

Lütz, Susanne/Roland Czada (2000): Marktkonstitution als politische Aufgabe: Problemskizze und Theorieüberblick, in: Roland Czada/Susanne Lütz (Hrsg.), Die politische Konstitution von Märkten, Wiesbaden, S. 9 ff.

Mander, Jerry/Goldsmith, Edward (Hrsg.) (2002): Schwarzbuch Globalisierung. Eine fatale Entwicklung mit vielen Verlierern und wenigen Gewinnern, München.

Marx, Karl (1966): Texte zu Methode und Praxis, Bd. II: Pariser Manuskripte 1844, Reinbek b. Hamburg.

Marx, Karl/Friedrich Engels: Manifest der Kommunistischen Partei, in: dies., Studienausgabe, Bd. III: Geschichte und Politik 1, hrsg. von Iring Fetscher, Frankfurt/M. 1990, S. 59 ff.

Mayntz, Renate/Neidhardt, Friedhelm/Weingart, Peter/Wengenroth, Ulrich (Hrsg.) (2008): Wissensproduktion und Wissenstransfer. Wissen im Spannungsfeld von Wissenschaft, Politik und Öffentlichkeit, Bielefeld.

Mehde, Veit (2005): Wettbewerb zwischen Staaten: die rechtliche Bewältigung zwischenstaatlicher Konkurrenzsituationen im Mehrebenensystem.

Möschel, Wernhard (2003): Die Wettbewerbsordnung als Grundelement der Sozialen Marktwirtschaft, in: Ascheri/Ebel/Heckel u.a. (Hrsg.), Ins Wasser geworfen und Ozeane durchquert, Festschrift für K.W. Nörr, S. 609 ff.

Musil, Andreas (2005): Wettbewerb in der staatlichen Verwaltung.

Neßler, Volker (2000): Wettbewerb der Rechtsordnungen oder Europäisierung? – Stand und Perspektiven des Europäischen Gesellschaftsrechts, ZfRV, 1 ff.

Nicolaysen, Gert (2003): Die gemeinschaftsrechtliche Begründung von Grundrechten, EuR 2003, 719 ff.

Nowak, Carsten (2009): Binnenmarktziel und Wirtschaftsverfassung der Europäischen Union vor und nach dem Reformvertrag von Lissabon, EuR Beih. 1/2009, S. 129 ff.

Nullmeier, Frank (2000): ‚Mehr Wettbewerb!' Zur Marktkonstitution in der Hochschulpolitik, in: Roland Czada/Susanne Lütz (Hrsg.), Die politische Konstitution von Märkten, Wiesbaden, S. 209 ff.

Palm, Ulrich (2005): Die Berücksichtigung von Gemeinwohlbelangen im europäischen Wettbewerbsrecht, in: P. Kirchhof, Gemeinwohl und Wettbewerb, S. 101 ff.

Peters, Anne (2010): Wettbewerb von Rechtsordnungen, in: Gemeinwohl durch Wettbewerb?, VVDStRL 69 (im Erscheinen).

Posner, Richard A. (1979): The Chicago School of Antitrust Analysis, in: The University of Pennsylvania Law Review 127, S. 925 ff.

Radaelli, C.M. (2004): The Puzzle of Regulatory Competition, in: Journal of Public Policy, 24/2004, S. 3 ff.

Rawls, John (1978-1989): Die Idee des politischen Liberalismus. Aufsätze, Frankfurt/M.

Rehberg, Markus (2009): Spezifika des Systemwettbewerbs, in: E. V. Towfigh u. a. (Hrsg.), Recht und Markt, Baden-Baden, S. 29 ff.

Schaefer, Jan Philipp (2009): „Markt" und „Gemeinwohl" als Integrationsprinzipien zweier ineinander greifender Normordnungen, in: E. V. Towfigh u. a. (Hrsg.), Recht und Markt, Baden-Baden, S. 117 ff.

Schmidt, Ingo (2005): Wettbewerbspolitik und Kartellrecht: eine interdisziplinäre Einführung, 8. Aufl.

Schmidt, Vivien A. (2000): Still Three Models of Capitalism? The Dynamics of Economic Adjustment in Britain, Germany, and France, in: Roland Czada/Susanne Lütz (Hrsg.), Die politische Konstitution von Märkten, Wiesbaden, S. 38 ff.

Schön, Wolfgang (2002): Grenzüberschreitende Unternehmenstätigkeit in Europa – Notwendigkeit und Möglichkeiten der Harmonisierung in Gesellschafts- und Steuerrecht, in: 1. Europäischer Juristentag, S. 143 ff.

Scharpf, Fritz W. (1993): Einheitlicher Markt und kulturelle Vielfalt. Das Dilemma der Europäischen Politik, in: R. Hrbek (Hrsg.), Die Entwicklung der EG zur Politischen Union und zur Wirtschafts- und Währungsunion unter der Sonde der Wissenschaft, Baden-Baden, S. 99 ff.

Schultze, Rainer O. (1998): Konkurrenzdemokratie, in: D. Nohlen et al. (Hrsg.), Lexikon der Politik, Bd. 7: Politische Begriffe, München.

Schumpeter, Josef A. (1993): Kapitalismus, Sozialismus, Demokratie. Einführung v. E.K. Seifert, 7. erweiterte Aufl. Tübingen/Basel.

Schwartz, Ivo E. (2007): Rechtsangleichung und Rechtswettbewerb im Binnenmarkt – Zum europäischen Modell, EuR 2007, 194 ff.

Sennett, Richard (1998): Der flexible Mensch. Die Kultur des neuen Kapitalismus, Berlin.

Sinn, Hans-Werner (1997): Das Selektionsprinzip und der Steuerwettbewerb, in: A. Oberhauser (Hrsg.), Fiskalföderalismus in Europa, S. 10 ff.

Smith, Adam (2005) (1776): Der Wohlstand der Nationen. Eine Untersuchung seiner Natur und seiner Ursachen, 11. Aufl.

Stiglitz, Joseph (2002): Die Schatten der Globalisierung, Berlin.

Streit, Manfred E. (1996): Systemwettbewerb im europäischen Integrationsprozess, in: Festschrift für Ernst-Joachim Mestmäcker, S. 521 ff.

Tiebout, Charles (1956): Exports and Regional Economic Growth: Rejoinder, in: The Journal of Political Economy 64, S. 416 ff.

Tömmel, Ingeborg (Hrsg.) (2008): Die Europäische Union. Governance und Policy-Making (PVS-Sonderheft 40), Wiesbaden.

Vogel, David (2001): Environmental Regulation and Economic Integration. Regulatory Competition and Economic Integration, in: Daniel D. Esty/Damien Geradin (Hrsg.), Regulatory Competition and Economic Integration, Oxford, S. 330 ff.

von Hayek, Friedrich August (1996): Der Wettbewerb als Entdeckungsverfahren, in: ders. (Hrsg.), Freiburger Studien, S. 249 ff.

Wessels, Theodor (1963): Artikel „Wettbewerb", in: Staatslexikon, 6. Aufl., Bd. VIII, Sp. 642 f.

von Wiese, Leopold (1965): Artikel „Wettbewerb (I)", in: Handwörterbuch der Sozialwissenschaften, Bd. XII, Sp. 25 ff.

Windsperger, Josef (1986): Wettbewerb als dynamischer Prozess, ORDO 37, S. 125 ff.

Winkler, Tobias (1999): Die gegenseitige Anerkennung – Achillesferse des Regulierungswettbewerbs, in: Streit/Wohlgemuth (Hrsg.), Systemwettbewerb als Herausforderung an Politik und Theorie, S. 103 ff.

1. Abschnitt:
Theoretische Grundlagen

DAS WETTBEWERBSPARADIGMA AUS SICHT DER WIRTSCHAFTSWISSENSCHAFTEN

Das Wettbewerbskonzept der EU aus Sicht der Wirtschaftswissenschaften: Wie ökonomisch ist der „more economic approach"?

André Schmidt / Michael Wohlgemuth

„Ich möchte von einem Traum erzählen ... Wenn Wissenschaft unter uns ganz und gar bestimmend würde ... wäre die Folge, dass ... alles, was wir brauchen, sachgerecht bis zur Perfektion wäre ... Dabei müsste die Wissenschaft dafür sorgen, ... die wirklichen Fachleute unter den Prognostikern als Planer der Zukunft zu Gehör bringen ... Ob wir aber, wenn wir in dieser Weise alles wissenschaftlich machten, es auch gut machten und glücklich wären, davon können wir uns trotzdem noch nicht richtig überzeugen.
– Aber kann man denn dafür, dass man etwas gut macht, überhaupt ein anderes Ideal haben als das der Wissenschaft?
– Vielleicht nicht, aber eine Kleinigkeit möchte ich noch wissen: Welche Wissenschaft meinst du?"

Plato: Charmides

A. Einführung: Was heißt hier „ökonomischer" („welche Wissenschaft meinst du")?

Der „*more economic approach*" ist dabei, sich in der europäischen Wettbewerbspolitik als neues wettbewerbspolitisches Leitbild der EU zu etablieren. Nach der Neuordnung der Vorschriften zur Anwendung der Art. 81 und 82 EGV durch die VO 1/2003 und der grundlegenden Revision der europäischen Fusionskontrolle im Jahr 2004 wurde inzwischen auch die Missbrauchsaufsicht gegenüber marktbeherrschenden Unternehmen (*Europäische Kommission* 2009) und die Beihilfenkontrolle (*Europäische Kom-*

mission 2005a, *Schwalbe* 2008, *Friederiszick* 2008) an neuen, „ökonomischeren" Prüfkriterien ausgerichtet und damit „ökonomisiert".

Es freut den Ökonomen, wenn Politiker und Juristen auch einmal etwas „ökonomischer" machen möchten. Es fragt sich nur, was damit konkret gemeint ist. „Ökonomischer" kann zum einen meinen: mehr *Ökonomie* (weniger Aufwand, mehr Ertrag); zum anderen: mehr *Ökonomik* (mehr Wirtschaftswissenschaft). Beide Bedeutungen können wiederum in vielerlei Dimensionen auftreten und verweisen zudem aufeinander, d.h.: verschiedene Ökonomiken (Disziplinen und Methoden innerhalb der Wirtschaftswissenschaften) betonen verschiedene Ökonomien (Kostenersparnisse und Wohlfahrtskriterien).

Man sollte den „more *economic* approach" vor allem als Versuch verstehen, „more *economics*" in der Wettbewerbspolitik walten zu lassen. Dabei handelt es sich freilich im Falle der Europäischen Wettbewerbspolitik um eine bestimmte Art von Ökonomik, die zunehmend Beachtung finden soll, nämlich vor allem eine moderne Industrie- und Wohlfahrtsökonomik, die es nahelegt, Wettbewerb als Instrument zur Erhöhung allokativer Effizienz und Konsumentenwohlfahrt zu betrachten. Es geht somit um prognostizierte Effizienz- und Wohlfahrtsgewinne alternativer Marktstrukturen (etwa: vor und nach einer Fusion) aufgrund komparativ-statischer Modellanalysen. Die konkret zu prüfenden Marktbedingungen und Verhaltensweisen sind freilich jeweils komplex und vielfältig, weshalb eine „ökonomischere" Beurteilung meint, den jeweiligen Besonderheiten des Einzelfalles gerecht werden zu müssen – und zu können.

Als „ökonomische" Kosten treten hierbei vor allem die bei den bereits tätigen Wettbewerbern anfallenden betrieblichen Kosten der Allokation von Ressourcen in den Vordergrund, deren Reduktion unter Wettbewerbsbedingungen eine höhere Ausbringung zu günstigeren Preisen und damit eine höhere Konsumentenrente verspricht. Derlei Kostenaspekte sind durchaus in jedem konkret zu beurteilenden Einzelfall ökonomisch relevant und einer Berücksichtigung würdig. Aus dem Blick gerät dabei aber allzu leicht, dass eine von dieser (Wohlfahrts-) Ökonomik geleitete (Wettbewerbs-) *Politik* selbst wiederum andere Arten von Kosten zu generieren geeignet ist: es sind dies vor allem Kosten der Unsicherheit und des Verfahrensaufwands. Welche industrieökonomischen Modelle welche Aspekte dynamischer Wettbewerbsprozesse wie positiv erfassen und welche wie abzuwägenden wettbewerbspolitischen Folgen hieraus normativ abgeleitet werden, ist kaum einer *ex-ante* klar definierten Daumenregel zuträglich. Infolge erhöhter regulatorischer Unsicherheit können somit bei den Wettbewerbern zusätzliche Transaktions- und Informationskosten entstehen; aufwendigere Verfahren können als „compliance-" oder Bürokratie-Kosten Unternehmen und Steuerzahler zusätzlich belasten.

Schon diese erste Gegenüberstellung verschiedener Kostenaspekte zeigt, dass ein wahrhaft „ökonomischerer" Ansatz von umfassenderen Opportunitätskostenabwägungen geprägt sein sollte. Wie wir hier aber darüber hinaus zeigen wollen, liegen den verschiedenen Kostenarten durchaus konfligierende ordnungs- und wettbewerbstheoretische Vorstellungen zugrunde, die sich nicht einfach in einem erweiterten Kosten- oder Effizienz-Kalkül schlicht aggregieren und als klares Signal wettbewerbspolitischer Eingriffskriterien definieren ließen. Es geht hier weitaus tiefer auch um grundlegende Fragen wie die nach dem Sinn des Wettbewerbs, der Aufgabe des Rechts bis hin zur Rationalität normgeleiteten menschlichen Handelns. Derlei tiefere und komplexere Phänomene hervorzuheben, ist eine ordnungsökonomische Analyse weitaus besser in Lage, als an sachlich engen Effizienzkriterien und zeitlich kurzfristigen Preis- und Mengeneffekten haftende Modelle moderner „ceteris paribus-"Ökonomik.

Ziel unseres Beitrags ist es deshalb, insbesondere aus ordnungs- und politökonomischer Sicht, grundsätzliche Überlegungen über den *„more economic approach"* anzustellen. Schließlich sind die Meinungen sowohl der Ökonomen als auch der Kartelljuristen über den neuen Ansatz in der Wettbewerbspolitik durchaus gespalten.[1] Während einerseits in ihm die Möglichkeit gesehen wird, die bisher im starren Strukturdenken „marktbeherrschender Stellungen" verhaftete „orthodoxe" Wettbewerbspolitik zugunsten einer an ökonomischen Effizienzergebnissen orientierten Wettbewerbspolitik zu überwinden[2], werden andererseits die Risiken einer wohlfahrtsökonomischen Instrumentalisierung der Wettbewerbspolitik betont[3]. Für jede dieser Meinungen gibt es eine Reihe guter Gründe; und a priori lässt es sich schwer sagen, ob die Skeptiker oder die Befürworter die besseren Argumente auf ihrer Seite haben. Viel hängt davon ab, wie nun, rechtlich wie politisch, der „ökonomischere" Ansatz seitens der Europäischen Union tatsächlich ausgestaltet und praktiziert werden wird.

Unter diesem politisch-empirischen Vorbehalt untersuchen wir hier aus ordnungsökonomischer (und damit auch ein wenig rechtswissenschaftlich informierter) Perspektive, ob der *„more economic approach"* die an ihn gestellten Erwartungen erfüllen kann. Betrachtet man sowohl die Reformen im Rahmen der Fusionskontrolle als auch im Bereich der Missbrauchsaufsicht[4] genauer, so zeichnet sich ab, dass die Europäische Kommission bei der Implementierung des ökonomischeren Ansatzes primär anstrebt, die ökonomischen Wohlfahrtseffekte des jeweils zu untersuchenden wettbewerbsbeschränkenden Verhaltens zu erfassen. Im Mittelpunkt

---

[1] Vgl. *Immenga* (2006), *Schmidtchen* (2006) oder die Beiträge in *Kooths u.a.* (2007).
[2] Vgl. *Schmidtchen* (2005: 174).
[3] Vgl. *Schmidt* (2007), *Budzinski* (2008).
[4] Vgl. *Europäische Kommission* (2005b).

steht also eine Einzelfallgerechtigkeit: die Kommission möchte in jedem einzelnen Fall die spezifischen Marktbedingungen und entsprechendes Marktverhalten überprüfen, wobei sie eine Vielzahl von Einflussgrößen berücksichtigt, um dann im Einklang mit den zugrunde liegenden industrieökonomischen Modellen die jeweiligen Entscheidungen zu treffen.

Aus ordnungsökonomischer Sicht können wir uns aber, im Sinne des oben zitierten Platon'schen Dialogs, „noch nicht richtig überzeugen", ob, „wenn wir in *dieser* Weise alles wissenschaftlich machten, es auch gut machten und glücklich wären". Vor allem sehen wir die Gefahr, dass die angestrebte Einzelfallorientierung („alles sachgerecht bis zur Perfektion zumachen") zu einer Beeinträchtigung der Rechtssicherheit führt: zu einer Erosion der Spielregeln einer universalisierbaren und damit gleichen, abstrakten, dauerhaften und verlässlichen Wettbewerbsordnung. Schließlich geht die angestrebte „ökonomischere" Einzelfallgerechtigkeit mit einer Aufwertung der *rule of reason* bei gleichzeitiger Abwertung von *per se*-Regeln einher. Deshalb ist ordnungsökonomisch zu fragen, ob die Kommission in der Absicht, die Wettbewerbspolitik stärker an einer *rule of reason* auszurichten, nicht gleichzeitig auch eine sehr kostenträchtige Entscheidung trifft. Sie verzichtet damit, wenigstens zum Teil, auf die ökonomischen Vorteile von *per se*-Regeln in Form genereller Verhaltensstabilisierung aufgrund höherer Rechtssicherheit und geringer Transaktionskosten. Aus polit-ökonomischer Sicht freilich scheint sie sich selbst dagegen einen Gefallen zu tun: im Gegensatz zur (Selbst-) Bindung an *per se*-Regeln erhöhen *rule of reason* Kriterien diskretionäre Entscheidungsspielräume europäischer Politiker – etwa auch, um im Namen der „Lissabon-Agenda" wettbewerbslenkende Industriepolitik verfolgen zu können.

Diesen Überlegungen folgend, soll das neue Wettbewerbskonzept der EU hier aus Sicht eines spezifischen (ordnungs- und politökonomischen) Teils der Wirtschaftswissenschaften diskutiert werden. Im ersten Schritt (Teil 2) wird dabei zunächst der ökonomischere Ansatz der Europäischen Kommission kurz dargestellt und in den Kontext bereits geführter Debatten um wettbewerbstheoretische Leitbilder eingeordnet. In Teil 3 wird die ordnungspolitische Bedeutung von Regeln am Beispiel von *per se-rules* und *rules of reason* in der Wettbewerbspolitik herausgestellt. Generelle Vor- und Nachteile einer stärkeren Einzelfallbeurteilung werden dann in Teil 4 gegenübergestellt. In Teil 5 wird nach den „ökonomischeren" Auswirkungen der Einzelfallbeurteilung auf die wettbewerbspolitische Entscheidungsqualität gefragt. Die politökonomische Dimension des *„more economic approach"* wird sodann in Teil 6, noch ein wenig spekulativ, thematisiert. Wir schließen mit einer Zusammenfassung der Ergebnisse und einem kurzen Ausblick.

B. Der *„more economic approach"* als neues wettbewerbspolitisches Leitbild

Wie erwähnt, geht es beim „more economic approach" vor allem um ein „Mehr" einer bestimmten Ökonomik; konkret: um die vermehrte Berücksichtigung industrieökonomischer Erkenntnisse in Form modernneoklassisch und spieltheoretischer Modelle und hieraufhin erhobener empirischer Daten. Dies allein erscheint „ökonomisch" wie „politisch", *per se*, sinnvoll: Die Berücksichtigung ökonomischer Realitäten und theoretischer Erkenntnisse sollten in der Wettbewerbspolitik selbstverständlich sein. Die Frage ist nur, in welcher Form welche ökonomischen Erkenntnisse in die Wettbewerbspolitik einfließen sollen.

Die Kommission zielt – und dies wird insbesondere in den Bereichen der horizontalen und vertikalen Absprachen sowie in der Fusionskontrolle und auch in der Missbrauchsaufsicht deutlich – auf eine, wohlwollend betrachtet, Berücksichtigung bzw., misstrauisch betrachtet, Instrumentalisierung, industrieökonomischer Theorien bei der Verwirklichung einer Einzelfallabwägung, in der die Wirkungen wettbewerbsbeschränkender Verhaltensweisen auf die Wohlfahrt und hier primär auf die Konsumentenwohlfahrt analysiert werden sollen. Überwiegen die zu erwartenden positiven Wohlfahrtseffekte, dann kann und soll die Praktizierung möglicher Wettbewerbsbeschränkungen von der Kommission erlaubt werden. Ziel dabei ist es, eine weitgehende Einzelfallgerechtigkeit zu realisieren. In der Praxis bedeutet dies nichts anderes, als dass die Kommission die *rule of reason*-Anwendung in der europäischen Wettbewerbspolitik ausdehnt.

Nun handelt es sich bei der Diskussion über den *more economic approach* auch um eine akademische Diskussion, von der man hätte glauben können, sie sei längst zu einem Ergebnis gelangt. Schließlich geht es erneut um die altbekannte Frage, ob das Ziel der Wettbewerbspolitik die Sicherung des privilegienfreien Wettbewerbs an sich, bzw. die gleiche Wettbewerbsfreiheit „per se" sein soll, oder ob Richter und Beamte Marktstrukturen und Wettbewerbshandlungen im Hinblick auf kollektive Zwecke lenken, den Wettbewerb somit instrumentalisieren können und sollen. Letzteres ist wohl vor allem die Zielsetzung des ökonomischeren Ansatzes in der europäischen Wettbewerbspolitik. Wettbewerbspolitik (jede Handlung aller politischen Autoritäten) soll der Erhöhung der Konsumentenwohlfahrt dienen – ein solches politisches Ziel ist, abstrakt gesehen, unumstritten[5]. Anders sieht es mit der scheinbar unmittelbar naheliegenden

---

[5] Aus den häufig genug undeutlichen Äußerungen seitens der Kommission wird oft nicht klar, ob wirklich allein auf die Konsumentenwohlfahrt oder nicht doch die Gesamtwohlfahrt (technisch: Konsumenten- und Produzentenrente) abgezielt wird. Die Betonung des Schutzziels der (End-) Konsumentenwohlfahrt ist sicher symbolpolitisch

Schlussfolgerung aus: Wettbewerb (jede Handlung aller Wettbewerber) soll einem kollektiven (von politischen Autoritäten konkretisierten) Zweck dienlich gemacht werden.

In Deutschland wurde diese Diskussion bereits vor vierzig Jahren zwischen *Erhard Kantzenbach* und *Erich Hoppmann* kontrovers geführt.[6] Im Kern ging es *Kantzenbach* um die Frage, welche Marktstrukturen aus wohlfahrtsökonomischer Sicht als erstrebenswert anzusehen sind, da sie eine „optimale Wettbewerbsintensität" repräsentieren. Der ökonomischere Ansatz der europäischen Wettbewerbspolitik verfolgt eine sehr ähnliche Zielsetzung. Im Vordergrund steht die wohlfahrtsökonomischere Ausrichtung der Wettbewerbspolitik. Im Unterschied zum Konzept der optimalen Wettbewerbsintensität stellt der *more economic approach* jedoch noch stärker auf eine Einzelfalluntersuchung ab, da sich die wohlfahrtsökonomischen Effekte der jeweiligen Maßnahmen stets nur unter Berücksichtigung der für diesen jeweiligen Einzelfall zugrunde liegenden Tatsachen ableiten ließen.

„Brüssel" nähert sich insofern tatsächlich eher „Chicago" als „Wien"[7]! „Wien" würde bedeuten, dass im Sinne einer „österreichischen" Sicht Wettbewerb als „spontane Ordnung" zu verstehen wäre, die unter universalisierbaren Regeln gerechten Verhaltens aller Marktteilnehmer auf deren gleicher Freiheit beruhte, womit „Wettbewerbsfreiheit" die grundlegende Norm und das eigentliche Schutzobjekt der Wettbewerbspolitik würde (*Hoppmann* 1967/2008). Zumindest „Brüssel" sieht dagegen Wettbewerb wohl zunehmend weniger als ungeplantes (und doch wohltätiges) „Ergebnis menschlichen Handelns und nicht menschlichen Entwurfs"[8], sondern eher als Instrument zur Erreichung vernunftgeleiteter kollektiver Zwecke. Dem liegt, so *Hoppmann* (1967/2008: 662ff.), die irrige Vorstellung des Marktes und des Wettbewerbs als zweckgerichtet planbarer „Organisation" zugrunde.

---

attraktiv; als alleiniges Ziel aber zumindest (traditionell-) wettbewerbspolitisch unhaltbar: Marktmacht und deren Missbrauch kann schließlich auch von der Nachfragerseite ausgehen: von Einkaufskartellen oder -monopolen auf dem Markt vorgelagerter Produkte.

[6] Vgl. *Hoppmann* (1966), *Kantzenbach* (1967/68), sowie *Hoppmann* (1967/68).

[7] Vgl. zu den Parallelen und Unterschieden zwischen einer „österreichischen" Sicht des Wettbewerbs und der aus „Chicago" noch immer relevant: *Paqué* (1985). Für einen umfassenderen Überblick wettbewerbspolitischer Leitbilder, vgl. *Peukert* (2008, in diesem Band) oder *Schmidt* (2008).

[8] Diese, auf Adam Ferguson zurückgehende, Kurzformel zur Beschreibung „spontaner Ordnung" hat vor allem *Hayek* (z.B. 1967/69) benutzt, um Phänomene regelgesteuerter Marktprozesse zu charakterisieren, in denen mehr Wissen genutzt und Wohlstand kreiert werden kann, als in An-Ordnungen, die zweckgerichteten Entwürfen folgen.

Die hierin verborgenen methodologisch-ordnungstheoretischen, ja: so-
zialphilosophischen, Grundüberzeugungen sind freilich nicht unbedingt
ausreichend, konkrete wettbewerbstheoretische Konzeptionen zu qualifizieren und ihre wettbewerbspolitische Nutzanwendung in jedem Fall kategorisch zu bestimmen.[9] Wir werden später hierauf zurückkommen, wollen
zunächst aber nüchtern „ökonomisch" hiervon abstrahieren und schlicht
feststellen, dass die von der Kommission im Rahmen des „ökonomischeren" Ansatzes angestrebte Einzelfallwürdigung eine Aufwertung der
rule of reason – und im Umkehrschluss eine Abwertung von *per se*-Regeln
bedeutet.

Dies legt aus ordnungsökonomischer Perspektive zumindest einen „trade-off" nahe, der generell zwischen „flexibler" Politik oder Rechtsspre-
chung und „verbindlichen" Regeln besteht. Auf der einen Seite weiß jeder
Ökonom und Praktiker, dass starre, tradierte, verfassungsrechtlich schwer
revidierbare Regeln zur „unökonomischen" Belastung werden können,
wenn sie allgemein wirksamen Veränderungen und/oder konkret wirksamen Besonderheiten nicht mehr „zeit-" und/oder „fallgemäß" Rechnung
tragen können. Auf der anderen Seite lässt sich Einiges zugunsten nicht
minder „ökonomischer" Vorteilhaftigkeit langfristiger „Verbindlichkeit"
ins Feld führen: Empirisch wie theoretisch hat sich eine „Faustregel" als
überaus robust erwiesen. Prosperierende Marktwirtschaften benötigen vor
allem zweierlei: ihre Teilnehmer müssen frei sein, ihr Wissen und Können
im Wettbewerb zu nutzen; und dieser Wettbewerb muss unter allgemein
anerkannten und durchgesetzten Regeln gerechten Verhaltens ablaufen,
d.h.: die Teilnehmer müssen auch auf Jahre hin wissen können, ob eine
bestimmte Handlung, Investition, Strategie, erlaubt ist oder nicht. Das gilt
nicht nur in Bezug auf die Eigenschaften der gehandelten Güter, sondern
auch in Bezug auf Vermarktungsstrategien, den Umgang mit Wettbewerbern, auf Möglichkeiten, Wettbewerber oder Transaktionspartner in vor-
oder nachgelagerten Märkten zu übernehmen und so fort.

Deshalb ist zu fragen, welche Vor- und Nachteile eine *rule of reason*-
Anwendung im Vergleich zu *per se*-Regeln besitzt. Ökonomisch sinnvoll
kann der ökonomischere Ansatz nur dann sein, wenn die Vorteile einer einzelfallbezogenen Entscheidungsfindung gegenüber einer eher an universa-
len Regeln orientierten Entscheidung überwiegen.

---

[9] Vgl. *Vanberg* (2001/2008) für eine Kritik an einer Hayekianisch-Hoppmann'schen
Verabsolutierung der Wettbewerbsfreiheit „an sich".

C. *Rule of reason* vs. *per se-rule* in der Wettbewerbspolitik

Bei der Gestaltung der Entscheidungsspielräume, die den wettbewerbspolitischen Entscheidungsträgern eingeräumt werden können, lassen sich idealtypisch zwei Extreme unterscheiden. Das erste Extrem wäre es, den Entscheidungsträgern überhaupt keine Entscheidungsspielräume einzuräumen durch sogenannte *per se*-Regeln, während das zweite Extrem einer reinen *rule of reason* den Entscheidungsträgern eine Einzelfallbeurteilung ermöglichte, bei der in jedem beliebig aufgreiffähigen Fall die Vor- und Nachteile einer privatrechtlichen Handlung gegeneinander abzuwägen wären. Politische Klugheiterwägungen[10] lassen beide Idealtypen als gleichermaßen unklug, aber auch unrealistisch erscheinen. Starre Regeln, die sich etwa ungeachtet der zunehmenden räumlichen Entgrenzung und sachlichen Verflüssigung „relevanter Märkte" auf starr tradierte, *per-se*, festgelegte Marktanteilsquoten berufen würden, wären schlicht „unvernünftig". Gleiches gilt für eine *rule of reason*, die sich anmaßte, ohne als allgemein verbindlich und glaubhaft kommunizierbare regelhafte Kriterien auszukommen, um jede Art von Wettbewerbshandlung oder -struktur als (un-) vernünftig oder (un-) gerecht beurteilen und hoheitlich ahnen zu können.

Auch wettbewerbspolitische Entscheidungsspielräume einer *rule of reason* können und müssen deshalb unter Rückgriff auf eine *rule of law* mehr oder minder eingegrenzt werden[11]. Durch verbindliche Eingrenzungen der Entscheidungsspielräume können somit verschiedene Ausprägungen diskretionärer Handlungsspielräume wettbewerbspolitischer Entscheidungsträger realisiert werden. In einem bipolaren Kontinuum diskretionärer Entscheidungsspielräume kann einer *rule of reason* mittels geeigneter rechtlicher Eingrenzung nahezu jeder Punkt auf diesem Kontinuum zugewiesen werden. Der von der EU avisierte more economic approach bedeutet dabei zunächst nur eine Bewegung hin zu mehr (intendierter) „*rule of reason*" und weg von dem bisherigen (schwer zu bestimmenden) *status quo* einer stärkeren Bindung an „*per-se*" Regeln.

---

[10] Hierzu generell: *Vanberg* (2004).

[11] Dem können seitens der Kommission erfahrungsgenährte Verordnungen und Leitlinien ebenso dienen wie ein vom Gerichtshof der Europäischen Union (weiter) wachsender Korpus an Leitentscheidungen. Freilich bleibt hierbei das Problem bestehen, dass allgemein wettbewerbswidrige Handlungsweisen (rule of law) sehr viel eher justiziabel und verallgemeinerbar sind als im Einzelfall erkannte effizienz- und wohlfahrtswidrige Tatbestände (rule of reason). „Gerichtlich zu beweisen sei letztlich kein Effizienzdefizit, sondern die Gefährdung des Wettbewerbs als Koordinationsprozess", so *Zimmer*, in: Kooths et al (2007: 721).

Abbildung 1: Per se-rule vs. rule of reason

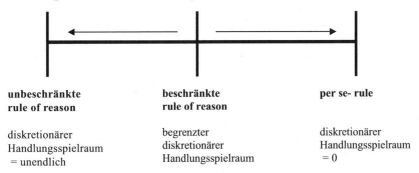

unbeschränkte rule of reason	beschränkte rule of reason	per se- rule
diskretionärer Handlungsspielraum = unendlich	begrenzter diskretionärer Handlungsspielraum	diskretionärer Handlungsspielraum = 0

Somit geht es bei der Frage *per se*-Regeln versus *rule of reason* letztlich um die Frage, inwieweit die Regeln zur Erfassung und Ahndung wettbewerbsbeeinträchtigender Strategien mehr oder weniger differenziert sein sollten. Sollten die bisher angewandten *per se*-Regeln wettbewerbsbeeinträchtigende Strategien tatsächlich zu undifferenziert erfasst haben, wäre eine zunehmende Einzelfallbetrachtung unter Abwägung der Gesamt- und Einzelumstände – und damit ein höherer Differenzierungsgrad der jeweiligen Regeln – „vernünftigerweise" gerechtfertigt. Eine mehr beachtete, aber weiterhin beschränkte, *rule of reason* im obigen Kontinuum würde dann einer realen Vielfalt intermediärer Lösungen entsprechen. Nur bleibt die Frage, ob die Vorteile an potentieller Einzelfall-„Vernünftigkeit" mögliche Nachteile an ordnungspolitischer „Klugheit" aufzuwiegen imstande sind.

Die Vorteile von *per se*-Regeln sind in erster Linie darin zu sehen, dass – jenseits einer, im Rechtsstaat anfechtbaren, Regelbeugung oder einer, in einer Demokratie legitimierbaren, Regeländerung – „*per se*" diskretionäre Handlungsspielräume auf Seiten der politischen Entscheidungsträger reduziert sind. Dies bedeutet für die Regelunterworfenen einen erheblichen Zugewinn an Rechtssicherheit bei gleichzeitig höherer Transparenz und Operationalität der Regelungen. Das führt wiederum tendenziell zu einer Reduktion der Informations- und Transaktionskosten für die betroffenen Parteien. Gleichzeitig reduzieren *per se*-Regeln, insofern sie den Entscheidungsträgern im laufenden politischen Prozess ihre Entscheidungsspielräume verbindlich einschränken, die Möglichkeiten der Beeinflussung durch Interessengruppen. Die Entscheidungsträger sind im Rahmen ihrer Entscheidung lediglich dazu verpflichtet, die *per se*-Regel rechtlich korrekt anzuwenden. Für eine Bevorzugung einzelner Interessengruppen geben *per se*-Regeln, *per se* keine Möglichkeiten.[12]

---

[12] Vgl. *Baum* (1982).

Deshalb wird in ordnungs- und politökonomischen Ansätzen immer wieder
die Notwendigkeit solcher, nicht nur für private, sondern auch kollektive
Akteure, verbindlichen Regeln betont. Aufbauend auf dem Gedankengut
des klassischen Liberalismus, der politische Macht als „government under
the law" selbst an universalisierbare Regeln gerechten Regierungshandelns
binden möchte, gelten „flexible", disponible und diskretionäre Handlungsspielräume als suspekt, da sie nur zu oft der Durchsetzung privilegierter
Sonderinteressen dienen[13]. In exakt dieser Tradition fordert etwa Hoppmann den Vorrang von *per se*-Regeln in der Wettbewerbspolitik.[14] Aufgrund konstitutionellen Wissensmangels, dem nicht nur Unternehmer, sondern notwendig auch, wenn nicht noch mehr, (Wettbewerbs-) Politiker
ausgesetzt sind, lehnt *Hoppmann* die Anwendung einer Wettbewerbsergebnisse anmaßend prognostizieren und herbeiführen zu können vorgebende
rule of reason für die Wettbewerbspolitik ab.[15] Vielmehr sollten freiheitsbeschränkende Verhaltensweisen *per se* verboten werden.[16]

Hoppmann nimmt im Rahmen der „Freiburger Lehrstuhltradition" vor
allem dadurch einen bedeutsamen Rang ein, dass er aus den wettbewerbstheoretischen Einsichten von *Hayek* (z.B. *Hayek* 1968/69) auch wettbewerbsrechtliche und wettbewerbspolitische Konsequenzen zieht, die Hayek
selbst nur angedeutet hat, und die etwa Eucken, der die sich entwickelnde
evolutorische Wettbewerbstheorie nicht mehr hat reflektieren können, so
nicht hat ziehen können. Damit wird bei Hoppmann auch ein durchaus
merklicher, spezifischer „Bruch" mit der Freiburger „ordo-liberalen" Tradition (*Eucken, Böhm, Miksch*) deutlich, die Wettbewerb durchaus als
staats- und gesellschaftspolitisches „Instrument" ansah und noch nicht bereit war, eine kantianisch-universalisierbare „Wettbewerbsfreiheit", *per se*,
als ausschließliche „Norm der Wettbewerbspolitik" (*Hoppmann*
1967/2008) anzuerkennen. Der Zweck der staatlichen „Veranstaltung"
(*Miksch* 1937: 9) von Wettbewerb war freilich für die Ordoliberalen wiederum nicht zunächst der, der dem heutigen „more economic apporach"
entspricht. Es ging den Freiburger Ordoliberalen nicht vor allem um ökonomischere Effizienz, sondern um sozialere Entmachtung. Es ging den
Freiburgern um die Lösung der „neuen sozialen Frage", die sich während
der 1930er und 1940er Jahre als Folge eines von sozialen Machtgruppen
und Kartellen dominierten, staatlich protegierten Marktes, in der Tat einer
Art „Monopolkapitalismus", stellte (vgl. *Wohlgemuth* 2008).

Diese alt-ordoliberale Frage hat noch heute ihre Bedeutung. Sie findet
freilich heute andere, politökonomischere und evolutionsökonomischere,

---

[13] *Hayek* (1971/91: 185).
[14] Vgl. *Hoppmann* (1968: 36 f.).
[15] Vgl. *Hoppmann* (1967: 181 ff.).
[16] Vgl. *Hoppmann* (1988: 324 ff.).

Antworten. Den Anfang eines „ökonomischeren Ansatzes", der noch heute seitens des aktuellen ökonomischen „mainstream" in seiner sozialökonomischen Radikalität wenig beachtet wird, bildete *Hayek*. *Hayeks* Betonung des Wissensproblems und *Euckens* (oder *Böhms*) Betonung des Machtproblems ließen beide in einigen Fällen zu unterschiedlichen wettbewerbstheoretischen und -politischen Schlußfolgerungen kommen (hierzu: *Streit/Wohlgemuth* 2000). Beide sind jedoch einer ordnungsökonomischen Sicht des Wettbewerbs zuzurechnen, die sich noch heute von einem „more economic approach" auf Basis komparativ-statischer Effizienzvergleiche grundlegend unterscheidet.

Besonders deutlich ist der wettbewerbsökonomische und -politische Ansatz von *Hoppmann* mit einer an wohlfahrtsökonomischen Ergebniskriterien orientierten Betrachtungsweise unvereinbar. *Hoppmann* fordert statt dessen eine an allgemeinen Regeln gerechten Verhaltens gebundene Wettbewerbsfreiheit. Es geht ihm um einen spontanen Koordinationsprozeß, dessen ökonomische Vorteilhaftigkeit unmittelbar aus der Freiheit erwächst, wechselseitig vorteilhafte Transaktionen vornehmen zu können: „Das Ziel der Wettbewerbspolitik ist ein Marktprozeß, der aus Wettbewerbsfreiheit herauswächst und in dem diese Freiheit zugleich erhalten bliebt" (*Hoppmann* 1967/2008: 661).

Der von *Hoppmann* gegen „Marktergebnistests" oder die Festlegung spezifischer, „effizienter" Verhaltensweisen oder Marktstrukturen ins Feld geführte konstitutionelle Wissensmangel wirkt freilich in beide Richtungen. Nicht nur, dass wettbewerbsfördernde Wirkungen nicht verlässlich prognostiziert werden können; es können auch umgekehrt nicht immer die wettbewerbsschädlichen Aspekte des Verhaltens sicher vorhergesagt werden. D.h., die Forderung nach *per se*-(Verbots-)Regeln auf Basis konstitutionellen Wissensmangels hat aus wohlfahrtsökonomischer Sicht den Preis, zu suboptimalen Ergebnissen zu führen, da man auch die freiheitsbeschränkenden Wirkungen möglicher wettbewerbsbeschränkender Verhaltensweisen in ihren Voraussetzungen und Folgen nicht hinreichend genau prognostizieren kann[17]. So kann die Verwendung von *per se*-Verboten auch die Möglichkeiten des Wettbewerbsschutzes ungebührlich einschränken.[18] Es gibt schließlich kaum Verhaltensweisen, bei denen wettbewerbspolitisch negativ zu beurteilende Wirkungen unter allen Umständen gegenüber potentiell positiven dominieren. So kann etwa durch die Realisierung eines Zusammenschlusses die Wettbewerbsfähigkeit der Unternehmen erst begründet werden, wodurch die Koordinations- und Evolutionseffizienz der

---

[17] Vgl. hierzu die Kritik an dem Ansatz der Österreichischen Schule bei *Gerber* (1998: 232 ff.); *Venit* (2005: 1157 ff.) sowie die Argumentation bei *Weizsäcker* (2003: 335 ff.).

[18] Vgl. *Bartling* (1980: 54 ff.).

Wettbewerbsprozesse insgesamt ansteigen kann. Daher kann es für die Beurteilung wettbewerblicher Verhaltensweisen durchaus sinnvoll sein, die gesamten relevanten Verhaltens- und Bedingungskonstellationen des konkreten Einzelfalls zu beurteilen.

Vorteile von *per se*-Regeln lassen andererseits wiederum aus einer *Public Choice*-Perspektive begründen. Unterstellt man, dass sich Bürokraten und Politiker nicht unvermittelt Wohlfahrts-, sondern zunächst Eigennutzmaximierend verhalten, so bieten diskretionäre Handlungsspielräume immer auch Raum zur Bedienung von Partikularinteressen. Insofern ist das Misstrauen gegenüber diskretionären Handlungsspielräumen gerechtfertigt – noch dazu auf Europäischer Ebene, wo Entscheidungen unter geringerer Aufmerksamkeit parlamentarischer oder medialer Kontrollinstanzen gefällt werden können (*Vaubel* 1994). Wir werden in Teil 6 hierauf zurück kommen.

Im Ergebnis bedeutet dies aus theoretischer Sicht, dass jedenfalls dort, wo die eindeutig schädliche wettbewerbliche Wirkung der Verhaltensweisen exakt definiert werden kann, der Einsatz von *per se*-Regeln sinnvoll erscheint. Es ist daher nicht verwunderlich, dass sich im Wettbewerbsrecht weitgehend weltweit die Verwendung der *per se*-Kriterien nur für bestimmte Absprachen bezüglich der Preise, Mengen und Gebiete durchgesetzt hat. Hier ist recht eindeutig anzunehmen, dass die negativen Wirkungen gegenüber den positiven dominieren.

Aus den genannten Gründen hat sich sowohl in der Wettbewerbspolitik als auch in der jüngeren und älteren Literatur die Anwendung einer *rule of reason* – also Einzelfallbeurteilung – durchgesetzt.[19] Von den Schwierigkeiten ausgehend, die Auswirkungen von Verhaltensweisen, die gegen das Wettbewerbsrecht verstoßen, ökonomisch präzise zu erfassen, wird von einer theoretischen Überlegenheit einer *rule of reason*-Betrachtung gegenüber der Verwendung von *per se*-Kriterien ausgegangen.[20] Dennoch bleibt Platons eingangs zitierte „Kleinigkeit": ist die Ökonomik tatsächlich in der Lage, die Folgen wettbewerblichen Handelns „sachgerecht bis zur Perfektion" zu beurteilen, und somit Wettbewerb zu einer wohlfahrtsökonomischen Veranstaltung nach Maßgabe politischer Einzelfallabwägung zu machen?

---

[19] Vgl. grundlegend *Kaysen/Turner* (1965: 241) sowie *Adams/Brock* (1990: 35).
[20] Vgl. *Sullivan/Harrison* (1994: 78 ff.) sowie *Sullivan/Hovenkamp* (1994: 486).

D. Kosten und Nutzen einer stärkeren Einzelfallbeurteilung

Vordergründig scheint vieles für den Schritt der Europäischen Kommission zu sprechen, mithilfe des ökonomischeren Ansatzes die Effizienz der europäischen Wettbewerbspolitik durch eine noch stärkere *rule of reason*-Anwendung zu erhöhen. Der Nutzen einer solchen Politik wäre eine höhere Entscheidungsqualität in Form der Reduktion der jeweiligen Entscheidungsfehler der ersten und zweiten Ordnung.[21] So könnten mithilfe des ökonomischeren Ansatzes ungerechtfertigte Freigaben (Fehlertyp 1. Ordnung) und ungerechtfertigte Untersagungen (Fehlertyp 2. Ordnung) reduziert werden. Insgesamt würde dies zu Wohlfahrtserhöhungen führen, da direkte Wohlfahrtsverluste durch wettbewerbsschädliche Verhaltensweisen vermieden und gleichzeitig potentielle Effizienzgewinne realisiert werden könnten. Aus ökonomischer Sicht sind daher die potentiellen Vorteile des ökonomischeren Ansatzes primär in der Reduktion von Fehlerkosten zu sehen.[22]

Diesen Vorteilen sind jedoch die bereits genannten, im neoklassischen Modell vernachlässigten, weiteren Opportunitätskosten gegenüberzustellen. Sie bestehen vor allem in der Form eines höheren Verfahrensaufwandes und der Gefahr einer faktischen Verringerung an Rechtssicherheit. Der höhere Verfahrensaufwand ergibt sich insbesondere daraus, dass die institutionellen und prozeduralen Gestaltungsaufgaben bei einer *rule of reason* ungleich komplexer sind als bei der Verwendung von *per se*-Standards. Der rechtliche Rahmen muss deshalb so gesetzt werden, dass eine selbst wiederum „vernünftig" *beschränkte rule of reason* in dem gezeigten Kontinuum verwirklicht wird. Die Ermessenspielräume dürfen im allgemeinen Interesse der Rechtssicherheit nicht unbegrenzt sein; es müssen immer auch rechtlich überprüfbare und von den Wettbewerbern antizipierbare Ermessensgrenzen gesetzt werden. Deshalb müssen die Entscheidungsträger Richtlinien entwickeln, die zu erkennen geben, wie sie die zur Verfügung stehenden Ermessenspielräume zu nutzen beabsichtigen. Dabei reicht eine *ex ante*-Transparenz allein nicht aus. Vielmehr muss auch nach einer ergangenen Entscheidung *ex post*-Transparenz hergestellt werden. Das heißt, die Entscheidungsträger müssen daraufhin verpflichtet werden, ihre Entscheidungen und die dort ergangene Nutzung der Ermessenspielräume offenzulegen.

Allerdings ist die Erfüllung von Transparenz nur ein Bestandteil für eine am Prinzip der Rechtssicherheit orientierte *rule of reason*-Praxis. Darüber hinaus müssen auch zahlreiche prozedurale Bedingungen erfüllt sein. Die prozeduralen Bedingungen beziehen sich insbesondere darauf, dass die zu

---

[21] Vgl. *Hildebrand* (2005: 513 ff.), *Hofer et al.* (2005: 155 ff.) und *Röller* (2004: 39).
[22] Vgl. *Christiansen* (2006: 150 ff.).

entscheidende Wettbewerbsbehörde politisch unabhängig ist. In diesem Zusammenhang ist auf die Notwendigkeit einer politikneutralen Institutionalisierung der Wettbewerbsbehörde zu verweisen. Aufgrund der bestehenden Informationsasymmetrien im Rahmen der Regulierungs- und Wettbewerbspolitik bestünde ansonsten immer ein Anreiz für die politisch handelnden Akteure, ihre Informationsvorsprünge für eine Bevorzugung privilegierter Interessen- und Machtgruppen zu nutzen (s.u.).

Aus diesen Darlegungen wird deutlich, dass die Institutionalisierung und politische Umsetzung einer *rule of reason* als solche aufwendiger, komplexer ist, und mit höheren Verfahrenskosten einhergeht als die Nutzung vorab definierter *per se*-Kriterien. Diese Kosten sind der Preis dafür, dass man stärker am Einzelfall orientierte und damit möglicherweise effizientere Entscheidung herbeiführen möchte. Derlei Kosten fallen zum einen als Kosten der Rechtsunsicherheit bei verunsicherten privaten Akteuren an, aber auch als Kosten der Absicherung einer Behörde, die sich vor Anfechtungen ihrer Entscheidung vor Gerichten zu wappnen versucht. Deshalb sind bei Einzelfallgerechtigkeits- Entscheidungen sicher auch höhere Entscheidungs- und Kontrollkosten zu erwarten. Die Qualität der zu treffenden Entscheidungen wird maßgeblich davon abhängen, inwieweit es der Wettbewerbsbehörde gelingt, die relevanten Informationen zu beschaffen und zu verarbeiten. Schon jetzt zeigt sich im Rahmen des ökonomischeren Ansatzes der Europäischen Kommission, dass der Verfahrensaufwand etwa bei der Prüfung von Fusionen beträchtlich gestiegen ist.[23] Damit sehen sich sowohl Unternehmen als auch Wettbewerbsbehörden erheblichen Zeit- und Kostenaufwendungen ausgesetzt.[24] Zudem hängt die Aussagekraft der im Rahmen der Einzelfallprüfung angewandten industrieökonomischen und ökonometrischen Modelle entscheidend von der Qualität, Aktualität und Vollständigkeit der verfügbaren Daten ab.[25] Auch diese Kosten müssen den jeweiligen Nutzen einer höheren Entscheidungsqualität gegenübergestellt werden.

Die weniger kalkulierbare und doch ordnungsökonomisch eher bedeutende volkswirtschaftliche Kostenkomponente ist mit einer zu erwartenden Reduktion der Rechtssicherheit verbunden. Die Sicherheit und Verlässlichkeit des Inhaltes und der Grenzen individueller Handlungsrechte („property rights") waren schon für den Klassiker Adam Smith die letztlich entscheidenden institutionellen Grundlagen des Wohlstands der Nationen. Dieser Aspekt wurde erst durch einige Neo-Klassiker unter den Ökonomen vernachlässigt, die versuchten, eine „reine" Ökonomik zu formulieren, die nach Maßgabe einer „institutionellen Neutralität" von Institutionen und

---

[23] Vgl. *Lingos et al.* (2004: 79 ff.)
[24] Vgl. bereits *Neven et al.* (1993: 150 f.).
[25] Vgl. *Bundeskartellamt* (2004: 6).

Eigentumsrechten abstrahierte.[26] Erst die von Coase, North oder Buchanan gestartete „neo-institutionalistische" Renaissance klassisch-ordnungsökonomischen Denkens brachte die Bedeutung klar definierter Handlungsrechte und vertrauenswürdiger Institutionen wieder ins Bewusstsein der Ökonomik. Damit wurde auch innerhalb größerer Teile des ökonomischen „mainstream" wieder bewusst, was die Klassiker der politischen Ökonomie schon immer wussten: dass Rechtssicherheit eine essentielle Voraussetzung für das effiziente Funktionieren einer jeden Wirtschaftsordnung darstellt. In den Worten *Hayeks* (1960/91: 270f): „Die Wichtigkeit, die die Gewißheit des Rechts für das glatte und wirksame Funktionieren einer freien Gesellschaft hat, kann kaum übertrieben werden. Wahrscheinlich hat kein einzelner Faktor mehr zur Prosperität des Westens beigetragen, als die verhältnismäßig große Rechtssicherheit, die dort bestand".

Empirische Unterstützung findet diese Argumentation heute zuhauf. Hingewiesen sei beispielsweise auf die im Auftrag der Weltbank 1997 durchgeführte Studie von *Brunetti/Kisunko/Weeder* (1997). Die Autoren gelangen zu dem Ergebnis, dass zwischen der subjektiv empfundenen Eigentums- und Rechtssicherheit und den gesamtwirtschaftlichen Wachstumsraten in 58 Ländern eine positive Korrelation bestand. Dies kann nicht ernsthaft überraschen. Rechtssicherheit heißt, dass Individuen einschätzen können, ob bestimmte Handlungen erlaubt oder verboten sind. Sie ist verbunden mit der Fähigkeit, Handlungen anderer – der Wettbewerber, aber auch der Vertreter des Staates – mit hinreichend hoher Verlässlichkeit zu prognostizieren und auf dieser Grundlage in langfristige Projekte zu investieren. Dazu gehört auch die Möglichkeit zügiger Klärung notwendig verbleibender Unsicherheiten: Falls Vertreter des Staates zunächst fälschlich geschlossen hatten, dass ein Individuum gegen eine Regel verstoßen habe, und wenn dann ein Gericht diese Entscheidung korrigiert, bedeutet Rechtssicherheit, dass die Erlaubnis, die zunächst verbotene Handlung auszuführen, hinreichend zügig erfolgt, so dass sie für das betroffene Individuum noch von Interesse ist.

Rechtssicherheit freilich ist zunächst „nur" eine formale Eigenschaft von Rechtssystemen; sie ist nicht an bestimmte Regelinhalte geknüpft. Dass Rechtssicherheit auch für eine effiziente Wettbewerbspolitik bzw. Fusionskontrolle eine essentielle Voraussetzung darstellt, kann ebenfalls anhand empirischer Untersuchungen belegt werden. *Shughart/Tollison* (1991) untersuchten die Bedeutung der Rechtssicherheit für die Wettbewerbspolitik. Sie interessierten sich dabei für die Auswirkungen des *Sherman* und *Clayton Acts* auf die Beschäftigung, indem sie überprüften, ob eine unvorhersehbare Verschärfung der Wettbewerbspolitik bei Unternehmen zu einem ineffizienten Einsatz der Produktionstechnologie geführt

---

[26] Vgl. zu einer Kritik hieran, etwa *Streit* (1992/95) und (1992/2008).

hat. Dabei stellten sie fest, dass die Unternehmen für den Untersuchungszeitraum von 1947 bis 1981 auf eine nicht-antizipierte restriktivere Wettbewerbspolitik mit einer Reduktion ihrer gegenwärtigen und geplanten Produktionskapazitäten reagierten. Eine restriktivere Wettbewerbspolitik führte vor allem zu einem Rückgang der angemeldeten Zusammenschlüsse und zu einer Ausweiterung an Desinvestitionsstrategien. Damit würden, so die Argumentation der Autoren, die Unternehmen von ihrer optimalen Unternehmensgröße abweichen, was mit höherer Ineffizienz und einem Anstieg der Arbeitslosigkeit einhergehe. *Shughart/Tollison* konnten dabei zeigen, dass zwischen einer unvorhersehbaren Verschärfung der Wettbewerbspolitik und der Arbeitslosigkeit ein signifikanter Zusammenhang für den Betrachtungszeitraum bestand. Diese Studie kann als ein Beleg dafür angesehen werden, dass Rechtsunsicherheit im Sinne eines nichtantizipierbaren Paradigmenwechsels in der Wettbewerbspolitik zu Anpassungskosten bspw. in Form von Arbeitslosigkeit führt.

Auch *Bittlingmayer* (2001) hat nach dem Zusammenhang zwischen Investitionstätigkeit und politischer Unsicherheit am Beispiel der Wettbewerbspolitik gefragt. Für den Untersuchungszeitraum von 1947 bis 1991 gelangte er zum Ergebnis, dass unvorhergesehene Änderungen in der Wettbewerbspolitik, insbesondere in der Fusionskontrolle, mit einem Rückgang der Investitionstätigkeit einhergehen. So ermittelte er für insgesamt 21 Industriebereiche einen Rückgang des Investitionsvolumens – hervorgerufen durch Unsicherheiten in der Wettbewerbspolitik – zwischen 34 und 110 Millionen US$.

Beide empirische Studien sind daher als Beleg dafür anzusehen, dass Rechtsunsicherheit auch in der Wettbewerbspolitik mit ökonomischen Folgekosten in Form von Arbeitslosigkeit und Investitionsrückgängen einhergeht. In Bezug auf die Wettbewerbspolitik bedeutet Rechtssicherheit, dass die Unternehmen die Reaktion der Wettbewerbsbehörden mit hinreichender Sicherheit prognostizieren können. So sind etwa im Bereich der Zusammenschlusskontrolle angekündigte, dann aber schließlich durch die Wettbewerbsbehörden untersagte Fusionen mit hohen versunkenen Kosten für die betroffenen Unternehmen verbunden. Meist sind zur Durchführung des Zusammenschlusses spezifische Investitionen notwendig, die bei einem Scheitern der Fusion unwiederbringlich verloren gehen. Darüber hinaus können gescheiterte Fusionsvorhaben mit Reputationsverlusten verbunden sein; Widerstand und Loyalitätsverlust der Belegschaft sind eine weitere Kostenkomponente. Rechtssicherheit ist auch eine Konsequenz von früheren Entscheidungen – und hat damit eine Erfahrungskomponente: Nach der Verabschiedung eines neuen Gesetzes (oder eines neuen „Ansatzes") herrscht zunächst Unsicherheit über dessen Interpretation durch die Wettbewerbsbehörden. Mit zunehmender Anwendungspraxis können die

Unternehmen auf immer mehr Erfahrungswissen zurückgreifen, so dass die Unsicherheit, eine gewisse Klarheit und Konsistenz der wettbewerbspolitischen Praxis unterstellt, im Zeitablauf abnimmt (*Voigt/Schmidt* 2005).

Fragt man nach der zeitlichen Dimension der Rechtssicherheit in der europäischen Wettbewerbspolitik, so lässt sich zunächst konstatieren, dass die Kommission in ihren Entscheidungen engen zeitlichen Restriktionen unterliegt. Im Rahmen der Fusionskontrolle ist beispielsweise eine erste Entscheidung bereits nach 25 bzw. 35 Tagen fällig. Nur wenn die Kommission ernsthafte Zweifel hegt, eröffnet sie die zweite Phase der Untersuchung, die weitere 90 – 105 Tage dauern kann. Nach etwa einem halben Jahr – hier sind noch die vier Wochen hinzugerechnet, die ein Unternehmen benötigt, um die Informationen zusammenzustellen, welche die Kommission fordert, bevor sie ein Verfahren formell eröffnet – liegt eine Entscheidung vor. Kommt es nun jedoch zu einer Untersagung, gegen die die Unternehmen vor dem Gericht Erster Instanz Rechtsmittel einlegen, so dauerte es nach Einführung des beschleunigten Verfahrens im Durchschnitt noch 12 Monate, bis das Gericht eine Entscheidung getroffen hat. Nach einer derart langen Frist dürfte für die meisten Unternehmen die Realisierung des Fusionsvorhabens bedeutungslos geworden sein. Legt die Kommission gegen die Entscheidung des Gerichts Erster Instanz beim EuGH Berufung ein, vergeht meistens noch ein weiteres Jahr.

Mit der stärkeren Anwendung von *rule of reason*-Entscheidungen ist deshalb zu befürchten, dass nicht nur die Entscheidungen selbst aufwendiger und schwieriger vorhersagbar werden, sondern zugleich die Anfechtungswahrscheinlichkeit erhöht wird, da Einzelfallentscheidungen prinzipiell mit höheren diskretionären Ermessensspielräumen einhergehen und gerade die Ausübung hoher Ermessensspielräume die Umstrittenheit einzelner Entscheidungen drastisch erhöhen kann. Gleichzeitig werden dann die entsprechenden Anfechtungsverfahren vor den Gerichten ebenfalls mit höheren prozessualen Aufwendungen verbunden sein, woraus eine weitere Reduktion der Rechtssicherheit und der ökonomischen Effizienz resultieren kann.

Zusammenfassend lässt sich konstatieren, dass die im *more economic approach* angelegte stärkere Orientierung zu *rule of reason*-Entscheidungen mit zahlreichen, dem (industrie-) ökonomischen Modell verborgene, Kosten behaftet ist. Neben den höheren Verfahrens- und Entscheidungskosten ist es vor allem der Verlust an Rechtssicherheit. Wird die wettbewerbspolitische Beurteilung unternehmerischer Verhaltensweisen von ihren konkreten Marktauswirkungen abhängig gemacht („Auswirkungsansatz"), so steht die dazu notwendige einzelfallbezogene Wettbewerbsanalyse in einem offensichtlichen Zielkonflikt mit der Notwendigkeit normativer Generalisierung und Vorhersagbarkeit des Verhaltens sowohl der Marktteilnehmer als auch der Wettbewerbsbehörden.[27] Fragt man nun nach der Ökonomik des *„more economic approach"* in der Wettbewerbspolitik, so wird seine Effizienz daher maßgeblich davon abhängen, inwieweit es mit ihm gelingt, die Entscheidungsqualität tatsächlich zu erhöhen. Denn nur dann würde er gegenüber den höheren Entscheidungs- und Informationskosten und den Wohlfahrtseinbußen aus dem Verlust an Rechtssicherheit noch einen positiven Nettonutzen generieren. Daher ist nun der Frage nachzugehen, inwieweit tatsächlich mit dem ökonomischeren Ansatz in der Wettbewerbspolitik die Entscheidungsqualität gesteigert werden kann.

E. Mehr Wissenschaft = mehr Perfektion? Bessere Entscheidungsqualität durch den *„more economic approach"*?

Wie schon erwähnt: insbesondere durch Rückgriff auf industrieökonomische Modelle und quantitative Verfahren bzw. Informationsgewinnung über die Marktprozesswirkungen, will die EU im Einzelfall eine normative Würdigung des Marktverhaltens erfolgen. Eine wettbewerbspolitische Ahndung unternehmerischen Verhaltens soll dann erfolgen, wenn mit Hilfe der Modelle und Daten der Nachweis gelingt, dass sich aus dem Verhalten negative Auswirkungen für die (Konsumenten-) Wohlfahrt ergeben. Die erhoffte Erhöhung der Entscheidungsqualität wird demnach vor allem davon abhängen, inwieweit es gelingt, mit Hilfe der industrieökonomischen Modelle robuste Ergebnisse bezüglich des zu beurteilenden Marktverhaltens bei einer gegebenen Marktstruktur abzuleiten. Es sind jedoch Zweifel erlaubt, ob dies eine Erfolg versprechende Strategie zur Erhöhung der Entscheidungsqualität ist.

Damit die quantitativen Methoden industrieökonomischer oder ökonometrischer Art eine höhere Entscheidungsqualität im Einzelfall generieren können, müssen sie im Wesentlichen zwei Voraussetzungen erfüllen: sie müssen in der Lage sein, die gegenwärtigen Wettbewerbsbedingungen auf dem zu untersuchenden Markt vollständig und konsistent abzubilden, und darüber hinaus muss sichergestellt werden, dass die mit ihrer Hilfe gewonnenen Ergebnisse in justitiable Entscheidungskriterien überführt werden können und damit auch gegebenenfalls einer gerichtlichen Überprüfung standhalten können. Zugespitzt: ökonomische Modelle müssen die Eigenschaft eines ordentlichen Beweises übernehmen können.

---

[27] Vgl. *Drexl/Gallego* (2006: 3).

Fraglich ist bereits, ob sich mithilfe industrieökonomischer Modelle Markt- und Wettbewerbsprozesse vollständig und konsistent abbilden lassen. Insbesondere ist kritisch zu hinterfragen, inwieweit sich in der industrieökonomischen Modellwelt evolutorische Markt- und Wettbewerbsprozesse mit hinreichender Genauigkeit abbilden lassen. Dagegen spricht bereits die Tatsache, dass es sich bei Wettbewerbsprozessen generell um vielschichtige und komplexe Phänomene handelt[28]. Damit ist es aus theoretischer Sicht nur schwer möglich, alle konkreten Bedingungen und Funktionsweisen sowie Wirkungen von Wettbewerbsprozessen herauszuarbeiten. Wettbewerb muss vielmehr als ein offener Prozess charakterisiert werden, dessen ökonomische Ergebnisse nicht genau vorhergesagt werden können. Der vorab- Bestimmung konkreter Wettbewerbsergebnisse sind daher, milde gesagt, enge Grenzen gesetzt.[29] Hierüber lassen sich allenfalls Mustervorhersagen treffen. Eine exakt nomologische Wettbewerbstheorie, die unter den jeweiligen Bedingungen die wohlfahrtsökonomischen Auswirkungen des jeweiligen Marktverhaltens prognostizieren könnte, gibt es nicht.[30]

Der Umstand, dass die Neue Industrieökonomik ihre Aussagen vor allem auf der Basis neuer spieltheoretischer Modelle bildet, spricht zwar für deren Aktualität innerhalb der Ökonomik, löst aber nicht das oben skizzierte methodologische Problem. Prinzipiell ist gegen den Einsatz spieltheoretischer Methoden in der Wettbewerbstheorie sicherlich nichts einzuwenden; im Gegenteil, im Sinne des wissenschaftlichen Erkenntnisfortschritts und der Methodenvielfalt ist dies zu begrüßen. Problematisch wird es jedoch dann, wenn man aus den mit Hilfe der Spieltheorie generierten Ergebnissen bestimmte Handlungsempfehlungen für die Wettbewerbspolitik ausspricht, ohne auf die modellimmanente Begrenztheit der Ergebnisse hinzuweisen. So impliziert die Annahme, dass die Akteure alle potentiellen Handlungsoptionen kennen und die Ergebnisse (pay-offs) dieser Handlungsoptionen exakt abschätzen können, dass vom Wettbewerb als „Entdeckungsverfahren" (*Hayek* 1968/69) keine Rede mehr sein kann[31]. Gegebenes Wissen über gegebene „pay-offs" gegebener alternativer Strategien mag innerhalb eines kurzfristigen Zeitraums möglicherweise noch unter-

---

[28] Vgl. *Hayek* (1972: 25 ff.).
[29] Vgl. hierzu bereits *Hoppmann* (1968: 17).
[30] Vgl. *Schmalensee* (1987: 42).
[31] Vgl. *Hayek* (1968/69: 249): „Wenn irgend tatsächlich all das wüßte, was die ökonomische Theorie als ‚Daten' bezeichnet, so wäre Wettbewerb gewiß eine höchst verschwenderische Methode zur Herbeiführung einer Anpassung an diese Tatsachen." *Hayek* (ebd.: 254) spricht deshalb von der „Absurdität des gebräuchlichen Vorgehens ...., das von einer Situation ausgeht, in der alle wesentlichen Umstände als bekannt vorausgesetzt sind ..., in dem aber für die Tätigkeit, die wir Wettbewerb nennen, keine Gelegenheit mehr besteht".

stellt werden können; es ist jedoch sehr unwahrscheinlich, dass die Akteure auch über mehrere Perioden hinweg diesbezüglich stabile Erwartungen bilden können.[32] Ist diese Annahme nicht erfüllt, so kann es bereits zu erheblichen Abweichungen zwischen spieltheoretisch prognostiziertem und tatsächlich beobachtbarem Marktverhalten kommen.

Auch ist keineswegs gesichert, dass die Anwendung spieltheoretischer Modelle zu einheitlichen Ergebnissen führt. In Abhängigkeit von den jeweils getroffenen Verhaltensannahmen ist die Prognose eines bestimmten Gleichgewichts keineswegs sichergestellt, vielmehr kann es beispielsweise in dynamischen Spielen unter unvollständiger Information neben Trennungs- und Vereinigungsgleichgewichten auch Gleichgewichte in gemischten Strategien geben. Eindrucksvolle Belege finden sich hierbei bezüglich der theoretischen Erfassung von Kampfpreisstrategien.[33] Auf diese Problematik machte bereits *Louis Phlips* (1995: 11) als prominenter Vertreter der Anwendung spieltheoretischer Modelle in der Wettbewerbstheorie aufmerksam: „…I know that much work remains to be done on practical questions, such as how a given industry can be identified as being in a Nash equilibrium, how it gets into such an equilibrium, how it gets out of it, and how it moves from one such equilibrium to another one".

Ein weiteres Problem, das die Übertragung industrieökonomischer Modelle in die wettbewerbspolitische Praxis erschwert, ist darin zu sehen, dass die in der Industrieökonomik verwandten Modelle sich hauptsächlich auf Preisbildungsprozesse und daher auf den Aktionsparameter Preis beziehen. Preisbildungsmodelle sind aber nicht in der Lage, das gesamte Spektrum von Wettbewerbsprozessen abzubilden. Vielmehr besteht der Wettbewerbsprozess aus dem komplexen Zusammenwirken mehrerer verschiedener Aktionsparameter wie zum Beispiel Kapazitäten, Qualität, Service und Innovationen. Insofern sind auch hier der Übertragbarkeit industrieökonomischer Modelle enge Grenzen gesetzt, es sei denn man reduziert die Wettbewerbspolitik auf die Aufgabe des Schutzes des Preiswettbewerbs.

All dies spricht nicht, per se, gegen die Industrieökonomik. Im Gegenteil: industrieökonomische Forschung und die aus ihr resultierenden Hypothesen sind für eine erfolgreiche Wettbewerbspolitik elementar und unverzichtbar. Fraglich ist nur, ob das Treffen politisch verbindlicher Einzelfallentscheidungen auf Basis spezifischer industrieökonomischer Modelle stets und insgesamt zu einer Erhöhung der Entscheidungsqualität führt. Die oben dargestellten Zweifel bezüglich der zuverlässigen und konsistenten Übertragbarkeit industrieökonomischer Modelle in die wettbewerbspoliti-

---

[32] Vgl. hierzu insbesondere die Kritik von *Güth* (1992: 272).

[33] Vgl. hierzu die grundlegenden Arbeiten von *Milgrom/Roberts* (1982: 443 ff.) sowie *Kreps/Wilson* (1982: 253 ff.).

sche Praxis lassen vor allem hinsichtlich der Schaffung einer klaren Justitiabilität erhebliche Zweifel aufkommen. Der Übertragbarkeit abstrakter Modelle in empirische Tests, die gerichtsverwertbare Tatsachen liefern, sind enge Grenzen gesetzt.[34] Die Ursache hierfür findet sich gerade in der Tatsache, dass bislang weder eine allgemeingültige Theorie noch eine systematische empirische Überprüfung der industrieökonomischen Konzepte existieren, so dass keine scharfe Abgrenzung des Gültigkeitsbereichs der einzelnen Modelle und des für den Einzelfall in Frage kommenden jeweils relevanten Modells möglich ist.[35]

Im Rahmen der Einzelfallentscheidungen hat dies zur Konsequenz, dass die Wettbewerbsbehörde, bzw. die Generaldirektion Wettbewerb, darüber zu entscheiden hat, welche Modelle in welcher Spezifikation für welchen Einzelfall als relevant zu erachten sind, womit sich wiederum die diskretionären Entscheidungsspielräume erhöhen würden. Kommt es dann zu einer gerichtlichen Überprüfung, so müssten die Gerichte über die Geeignetheit einzelner ökonomischer Modelle in der wettbewerbspolitischen Entscheidungspraxis urteilen. Da aber auch und gerade der Wettbewerb der Wettbewerbstheorien als Lernprozeß und „Entdeckungsverfahren" anzusehen ist, fehlen klare Kriterien, die ein Modell dauerhaft als einzig „Richtiges" festlegen könnten. Es bleibt somit die Konsequenz, dass mit der angestrebten Ökonomisierung der Wettbewerbspolitik auf der Basis von Einzelfallentscheidungen primär die Rechtssicherheit reduziert wird, während die spürbare Verbesserungen der Entscheidungsqualität aus den oben genannten Gründen nicht zu erwarten ist.[36]

F. Die politökonomische Dimension des ökonomischeren Ansatzes

Neben ordnungsökonomischen Schwächen in Bezug auf die Rechtssicherheit hat der ökonomischere Ansatz auch eine zweite, polit-ökonomische, Schwachstelle. Bereits eingangs wurde auf die Gefahr hingewiesen, dass eine stärkere Einzelfallbeurteilung stets mit höheren diskretionären Ermessensspielräumen einhergeht. Damit steigt die Gefahr, dass hieraus ein hö-

---

[34] Vgl. *Tirole* (1999: 833).

[35] Vgl. *Fisher* (1989: 113 ff.).

[36] Dies zeigt vor allem die letzte Entscheidung des Gerichts Erster Instanz im Fall Sony/BMG bzw. Impala, bei der explizit der „new economic approach" zur Anwendung kam, nur allzu deutlich. Der Versuch der Kommission, im Zuge einer Konkurrentenklage ihre Freigabeentscheidung stichhaltig zu belegen, konnte kaum gelingen, solange sich über die Interpretation ökonometrischer Preisstudien oder potentieller oligopolistischer Marktstrategien stets trefflich streiten lässt (vgl. hierzu *Schmidt/Voigt* 2007).

heres Potential zur Berücksichtigung von Sonderinteressen in der Wettbewerbspolitik resultiert.[37] Dass eine solche Gefahr insbesondere für die europäische Wettbewerbspolitik nicht von der Hand zu weisen ist, liegt insbesondere daran, dass die europäischen Wettbewerbspolitik nach wie vor nicht politikneutral institutionalisiert wurden ist und die wettbewerbspolitischen Entscheidungen von der Europäischen Kommission getroffen werden, die oftmals divergierende Ziele abzuwägen hat, was die Gefahr der Berücksichtigung außerwettbewerblicher Aspekte begründen kann. In der Vergangenheit haben sich immer wieder Belege für eine solche Politisierung der Wettbewerbspolitik finden lassen.[38] Die drohende Gefahr einer politischen Instrumentalisierung der europäischen Wettbewerbspolitik könnte nur mit Hilfe politischer Selbstbindung an universale *per se*-Regeln oder auf dem Weg der Delegation an politisch unabhängige Agenturen verhindert werden.[39]

Die materiell-rechtlichen Reformen des europäischen Wettbewerbsrechts im Zuge der Realisierung des *more economic approach* zielen dagegen in die andere Richtung einer Erhöhung diskretionär handhabbarer Entscheidungsspielräume der Kommission. Hierzu zählen nicht nur die Substitution des Kartellverbots entsprechend Art. 101 AEUV durch das System der Legalausnahmen gemäß VO 1/2003[40], sondern auch die Einführung des neuen sogenannten SIEC-Tests („Significant Impediment of Effective Competition") als Untersagungskriterium in der Fusionskontrolle und die Stärkung des „Auswirkungsprinzips" im Sinne der Betonung von Effizienzwirkungen[41]. Die Reformen der Missbrauchsaufsicht und der Beihilfenkontrolle sind ebenfalls durch eine Ausdehnung der diskretionären Ermessensspielräume gekennzeichnet.[42]

Aus Sicht der ökonomischen Theorie der Politik und der Bürokratie kann all dies nicht überraschen. Nimmt man an, dass eigeninteressierten Politikern, Richtern und Verwaltungsbeamten daran gelegen ist, ihre diskretionäre Entscheidungsmacht (damit auch: ihr Personal und ihre Budgets) zu maximieren, und daß dies bei geringer Aufmerksamkeit einer kritischen Öffentlichkeit sowie schwacher Wiederwahlrestriktion auch leichter gelingt, ist dieses Verhalten als „ökonomisch rational" erklärbar. Dies gilt besonders für die „Doppelstrategie" der konkreten Umsetzung des *more economic approach*:

---

[37] Vgl. *Baum* (1982: 912 ff.).

[38] Vgl. *Schmidt* (1999: 433).

[39] Vgl. *Voigt* (2006: 211) oder *Wohlgemuth* (2007).

[40] Vgl. *Mestmäcker* (1999: 523 ff.) und *Möschel* (2001: 63 ff.).

[41] Vgl. *Voigt/Schmidt* (2004: 580 ff.). Zum SIEC-Test auch die Erläuterung von *Peuckert* (2008, in diesem Band).

[42] Vgl. *Schmidt/Voigt* (2006).

Seine materiell-rechtliche Umsetzung bedeutet im ersten Schritt, dass die jeweiligen Aufgreifkriterien, die wettbewerbsschädliches Verhalten ahnden können, verschärft werden, so dass diese dann für eine größere Anzahl von Fällen relevant werden.[43] Im zweiten Schritt werden dann, um eine allzu restriktive Entscheidungspraxis zu vermeiden, Kriterien eingefügt, die im Rahmen einer entsprechenden Einzelfalluntersuchung eine Genehmigung des wettbewerbsschädlichen Verhaltens legitimieren können. Hierbei ist insbesondere auf die Berücksichtigung von Effizienzüberlegungen im Rahmen der Fusionskontrolle und der Missbrauchsaufsicht zu verweisen. Beide Aspekte lassen vermuten, dass die Generaldirektion Wettbewerb bzw. die Europäische Kommission mit der Umsetzung des *„more economic approach"* beabsichtigen, grundsätzlich ihre Macht innerhalb der europäischen Wettbewerbspolitik auszudehnen.

Dabei geht es ihr wohl nicht mehr nur um die Realisierung traditionell wettbewerbspolitischer Ziele, sondern zunehmend um eine generelle Aufsicht über die wettbewerblichen Strukturen innerhalb der Europäischen Union. Eine solche Ausdehnung des Anwendungsbereichs ist jedoch kritisch zu sehen. Denn hiervon wären nicht nur die sich wettbewerbswidrig verhaltenden Unternehmen betroffen, sondern auch eine Reihe von kleinen und mittleren Unternehmen oder besonders innovativen Unternehmen, die aufgrund der marktlichen Strukturen die nun abgesenkten Aufgreifkriterien erfüllen. Grundsätzlich wird befürchtet, der höhere methodische und empirische Beweisführungsaufwand könne größere Unternehmen bevorzugen, „weil kleinere Wettbewerber oft nicht über entsprechende Ressourcen verfügen bzw. ihre Aktivitäten nicht hinreichend gut koordinieren können" (*Kooths* et al 2007: 715). Auch das Instrument der „Effizienzeinrede", mit deren Hilfe Unternehmen etwa wohlfahrtssteigernde Auswirkungen einer Fusion darlegen können, dürfte größere Unternehmen bevorzugen, die über genug Mittel und Kontakte verfügen, Expertenschlachten zu schlagen. Aus ordnungsökonomischer Sicht wäre diese Entwicklung bedenklich und würde weitere Kosten des ökonomischeren Ansatzes nach sich ziehen.

Zur Reduktion dieser Kosten wäre eine grundsätzlich neue Institutionalisierung der europäischen Wettbewerbspolitik, beispielsweise durch die Schaffung eines unabhängigen Kartellamtes erforderlich.[44] Bedauerlicherweise waren jedoch weder institutionelle noch wesentliche prozedurale Aspekte Gegenstand des ökonomischeren Ansatzes in der Wettbewerbspolitik, so dass sich hier eine entsprechende Implementationslücke

---

[43] So beispielsweise die Einführung des neuen Untersagungskriteriums in der europäischen Fusionskontrolle „significant impediment to effective competition" (SIEC), die faktisch eine Verschärfung der Fusionskontrolle gegenüber dem alten Marktbeherrschungskriterium bedeutet.

[44] Vgl. *Schmidt/Voigt* (2005: 164 ff.).

ergibt. Auf der Ebene der europäischen Wettbewerbspolitik sind den materiell-rechtlichen Änderungen des ökonomischeren Ansatzes keine entsprechenden prozeduralen Änderungen gefolgt.

G. Zusammenfassung der Ergebnisse und Ausblick

Der vorliegende Beitrag ging der Frage nach, wie ökonomisch der neue ökonomischere Ansatz der europäischen Wettbewerbspolitik ist. Insbesondere aus ordnungsökonomischer Sicht ist es mehr als zweifelhaft, ob mit dem neuen Ansatz tatsächlich Fortschritte erzielt werden. Ob der „*more economc approach*" tatsächlich ökonomisch (kostengünstig) ist, ist zu bezweifeln, da der zusätzliche Nutzen in der Form besserer Entscheidungen mehr als vage ist. Demgegenüber stehen jedoch zusätzlichen Kosten in Form höherer Rechtsunsicherheit, höherer Verfahrens- und Entscheidungskosten sowie die Gefahr von Wohlfahrtsverlusten durch wachsende Möglichkeiten der Einflussnahme von Partikularinteressen und politischer Instrumentalisierung. Ökonomisch ausgedrückt besteht die Gefahr, dass die zusätzlichen Kosten den zusätzlichen Nutzen bei weitem überschreiten, was zu einer suboptimalen Ausrichtung der Wettbewerbspolitik führt. Insofern ist die ökonomische Effizienz des neuen Ansatzes mehr als fraglich.

Grundsätzlich ist gegen eine ökonomisch fundierte Entscheidungsfindung und Effizienzorientierung in der Wettbewerbspolitik nichts einzuwenden. Hauptproblem ist jedoch das Verständnis der Europäischen Kommission bezüglich des ökonomischeren Ansatzes. Nach Lesart der Kommission zielt der ökonomischere Ansatz zwar vordergründig auf eine Erhöhung der Effizienz der Entscheidungsverfahren und eine stärkere Berücksichtigung der ökonomischen Konsequenzen der jeweiligen Entscheidungen; dieses Ziel bleibt jedoch unklar definiert. Deutlicher erkennbar sind dagegen die neuen Mittel: es geht vor allem um eine erweiterte *rule of reason*-Anwendung unter Berücksichtigung ökonomischer Modelle. Unsere Kritik wendet sich primär gegen dieses Verständnis bzw. diese Umsetzung des ökonomischeren Ansatzes, nicht jedoch gegen die Intention des Ansatzes selbst.

Die Umsetzung des „*more economic approach*" sollte daher nicht bei der Regelanwendung erfolgen, sondern vielmehr bei der Regel*setzung*. Hierin ist der Konstruktionsfehler des ökonomischeren Ansatzes auf der europäischen Ebene zu sehen. In der bisherigen Anwendungspraxis zeigt sich, dass der ökonomischere Ansatz durch Einzelfallentscheidungen realisiert werden soll. Die Schwierigkeiten die eine solche Einzelfallorientierung mit sich bringen kann, wurde hier mithilfe theoretischer Argumente aufgezeigt[45]. Aus ordnungsökonomischer und politökonomischer Sicht ist gegen „mehr Ökonomik" nichts einzuwenden; ein ökonomischerer Ansatz sollte jedoch zunächst und vor allem auf der Ebene der Regelsetzung ansetzen[46]. D.h., die Erkenntnisse der ökonomischen Theorie sollten sich bereits in den Wettbewerbsregeln widerspiegeln und nicht der Regelauslegung durch die Kartellbehörden bzw. die Gerichte unterliegen. Eine Abwägung möglicher Kosten und Nutzen von „per se-"Regeln auf der einen und „rule of reason" Kriterien auf der anderen Seite lässt uns ein eher ordnungspolitisches Konzept der „rules within reason" vertreten. Auch das wäre „more economic"; die Wirtschaftswissenschaften würden sich aber eher bei der Konkretisierung durchaus differenzierter Wettbewerbsregeln nützlich machen als bei der ohnehin anmaßenden Simulierung möglicher Wettbewerbsergebnisse im Einzelfall.

Für die Ökonomen stellte sich dann die anspruchsvolle Aufgabe, ihre Erkenntnisse aus der Industrieökonomik, der Spieltheorie, aber auch der Institutionenökonomik und Public Choice Theorie auf der Ebene der Regelwahl einzubringen, d.h. Ökonomik in justitiable Regeln zu übersetzen. Diese Regeln müssen wiederum keine hundertprozentigen „per se-"Regeln sein, die zu viel verschiedene und sinnvoll unterscheidbare Umstände über einen Kamm scheren. „Rules within reason" heißt auch, dass „Vernunft" bei der Differenzierung und Anpassung der Regeln walten kann. Differenzierte und (etwa mithilfe von Experimentierklauseln) revidierbare Regeln, die dennoch eine überschaubare und konsistente Wettbewerbsordnung bilden, scheinen uns eine überlegenswerte Version eines ordnungs-„ökonomischeren" Ansatzes.

In seiner jetzigen Form ist der „*more economic approach*" alles andere als ein ökonomischerer Ansatz. Insbesondere aus ordnungsökonomischen Überlegungen sind die aktuellen Entwicklungen im Bereich der europäischen Wettbewerbspolitik mit Sorge zu beobachten. Eine Verschiebung in der sowohl wissenschaftlich als auch politisch geführten Diskussion hin zu einem stärker an den Kriterien der Rechtssicherheit orientierten ökonomischeren Ansatz ist daher als wünschenswert anzusehen.

Literatur

Adams, Walter/Brock, James W. (1990): The Sherman Act and the Economic Power Problem, in: Antitrust Bulletin 25, S. 1–45.

---

[45] Der Fall Sony/BMG zeigt, dass diese Argumente in der Realität durchaus von Relevanz sind (s. *Schmidt/Voigt* 2007; *Eberl* 2004).
[46] Vgl. *Christiansen/Kerber* (2006).

Albers, Michael (2006): Kommentar: „More economic approach" bei der Anwendung von Art. 82 EGV, in: Wirtschaft und Wettbewerb 56, S. 3.

Arthur, Thomas C. (2000): A Workable Rule of Reason: A Less Ambitious Antitrust Role for the Federal Courts, in: Antitrust Law Journal 68, S. 337–389.

Bartling, Hartwig (1980): Leitbilder der Wettbewerbspolitik, München.

Baum, Th. (1982): Per se Rule versus Rule of Reason und Kartellrechtsautonomie: Eine Hypothese auf der Basis der Public Choice Theorie, in: Wirtschaft und Wettbewerb 32, S. 912–919.

Bittlingmayer, George (2001): Regulatory Uncertainty and Investment: Evidence from Antitrust Enforcement, in: Cato Journal 20, S. 295–325.

Brunetti, Aymo/Kisunko Gregory/Weeder, Beatrice (1997): Credibility of Rules and Economic Growth, Research Working Paper 1760, The World Bank.

Budzinski, Oliver (2008): „Wettbewerbsfreiheit" und „More Economic Approach": Wohin steuert die Europäische Wettbewerbspolitik?, in: Grusevaja et al. (Hrsg.), Quo vadis Wettbewerbspolitik?, Frankfurt a.M: Lang, S. 15–28.

Bundeskartellamt (2004): Wettbewerbsschutz und Verbraucherinteressen im Lichte neuer ökonomischer Methoden, Bonn.

Christiansen, Arndt (2006): Der „more economic approach" in der EU-Fusionskontrolle, in: Zeitschrift für Wirtschaftspolitik 55, S. 150–174.

Christiansen, Arndt/Kerber, Wolfgang (2005): Competition Policy with Optimally Differentiated Rules Instead of "Per se Rules vs. Rule of Reason", in: Journal of Competition Law and Economics, Vol. 2(2), S. 215–244.

Drexl, Josef/Conde Gallego, Beatriz (2006): Geistiges Eigentum als Bestandteil der Wettbewerbsordnung, München.

Easterbrook, Frank H. (1982): Way of Criticizing the Court, in: Harvard Law Review 95, S. 802–831.

Eberl, Peter (2004): Following an in-depth Investigation the Commission approved the Creation of the Sony/BMG Music Recording Joint Venture on 19 July 2004, in: EC Competition Policy Newsletter 3, S. 7–10.

Europäische Kommission (2005a): Aktionsplan Staatliche Beihilfen: Weniger und besser ausgerichtete Beihilfen-Roadmap zur Reform des Beihilfenrechts 2005–2009, Brüssel.

Europäische Kommission (2005 b): DG Competition Discussion Paper on the Application of Article 82 of the Treaty to Exclusionary Abuses, Brüssel.

Europäische Kommission (2009): Mitteilung der Kommission: Erläuterungen zu den Prioritäten der Kommission bei der Anwendung von Artikel 82 des EG-Vertrags auf Fälle von Behinderungsmissbrauch durch marktbeherrschende Unternehmen, Brüssel.

Fisher, Franklin M. (1989): Games Economists Play: A Nomcooperative View, in: Rand Journal of Economics 20, S. 113–124.

Friederiszick, Hans W. (2008): Der „Refined Economic Approach" in der Beihilfenkontrolle, in: Oberender (Hrsg.), der 2more economic approach" in der Beihilfenkontrolle, Berlin, S. 49–62.

Gerber, David (1998): Law and Competition in Twentieth Century Europe, Oxford.

Güth, Werner (1992): Spieltheorie und Industrieökonomik – Muss Liebe weh tun?, in: IFO-Studien, 38, S. 271–316.

Hayek, Friedrich August von (1960/91): Die Verfassung der Freiheit, 3. Aufl., Tübingen.

– (1967/69): Die Ergebnisse menschlichen Handelns, aber nicht menschlichen Entwurfs, in: ders., Freiburger Studien, Tübingen, S. 97–107.

– (1968/69): Der Wettbewerb als Entdeckungsverfahren, in: ders., Freiburger Studien, Tübingen, S. 249–265.

- (1972): Die Theorie komplexer Phänomene, Tübingen.
- (1976/1986): Recht, Gesetzgebung und Freiheit, Bd. 2: Illusion der sozialen Gerechtigkeit, 2. Aufl., Landsberg.
- (1979/1986): Recht, Gesetzgebung und Freiheit, Bd. 3, Verfassung einer Gesellschaft freier Menschen, 2. Aufl., Landsberg.

Hildebrand, Doris (2005): Der „more economic approach" in der Wettbewerbspolitik, in: Wirtschaft und Wettbewerb 55, S. 513–520.

Hofer, Paul/Williams, Mark/Wu, Lawrence (2005): Empirische Methoden in der Fusionskontrolle, in: Wirtschaft und Wettbewerb 55, S. 155–162.

Hoppmann, Erich (1966): Das Konzept der optimalen Wettbewerbsintensität – Rivalität oder Freiheit des Wettbewerbs: Zum Problem eines wettbewerbspolitisch adäquaten Ansatzes der Wettbewerbstheorie, in: Jahrbücher für Nationalökonomie und Statistik 179, S. 286–323.
- (1967): Workable Competition als wettbewerbspolitisches Konzept, in: Besters (Hrsg.), Theoretische und institutionelle Grundlagen der Wirtschaftspolitik: Festschrift für Th. Wessels, Berlin, S. 145–197.
- (1967/68): Die Funktionsfähigkeit des Wettbewerbs: Bemerkungen zu Kantzenbachs Erwiderung, in: Jahrbücher für Nationalökonomie und Statistik 181, S. 251–264.
- (1967/2008): Wettbewerb als Norm der Wettbewerbspolitik, in: Goldschmidt/Wohlgemuth (Hrsg.), Grundtexte zur Freiburger Tradition der Ordnungsökonomik, Tübingen, S. 659–675.
- (1968): Zum Problem einer wirtschaftspolitisch praktikablen Definition des Wettbewerbs, in: Schneider (Hrsg.), Grundlagen der Wettbewerbspolitik, Berlin, S. 9–49.
- (1988): Volkswirtschaftliche und wirtschaftspolitische Bedeutung des Kartell- und Monopolrechts, in: ders., Wirtschaftsordnung und Wettbewerb, Baden-Baden, S. 318–332.

Immenga, Ulrich (2006): Kommentar: Der „more economic approach" als Wettbewerbspolitik, in: Wirtschaft und Wettbewerb 56, S. 463.

Kantzenbach, Erhard (1967/68): Das Konzept der optimalen Wettbewerbsintensität: Eine Erwiderung auf den gleichnamigen Besprechungsaufsatz von Erich Hoppmann, in: Jahrbücher für Nationalökonomie und Statistik 181, S. 193–241.

Kaysen, Carl/Turner, Donald (1965): Antitrust Policy: An Economic and Legal Analysis, Cambridge, MA.

Kooths, Stefan/von Schlippenbach, Vanessa/Wey, Christian (2007): Zur Praxistauglichkeit des More Economic Approach für die Wettbewerbspolitik, in: DIW Wochenbericht Nr. 47/2007, S. 715–723.

Kreps, David M./Wilson, Robert (1982): Reputation and Imperfect Information, in: Journal of Economic Theory 27, S. 253–279.

Lingos, Thalia et al. (2004): An Amended Merger Implementing for a New Merger Regime, in: EC Competition Policy Newsletter 2004 (1), S. 79–84.

Mestmäcker, Ernst-Joachim (1999): Versuch einer kartellpolitischen Wende in der EU, in: Europäische Zeitschrift für Wirtschaftsrecht 10, S. 523–529.

Miksch, Leonhard (1937): Wettbewerb als Aufgabe. Grundsätze einer Wettbewerbsordnung, Stuttgart.

Milgrom, Paul/Roberts, John (1982): Predation, Reputation and Entry Deterrence, in: Journal of Economic Theory 27, S. 280–312.

Möschel, Wernhard (2001): Ex ante-Kontrolle versus ex post-Kontrolle im Recht der Wettbewerbsbeschränkungen, in: ORDO – Jahrbuch für die Ordnung von Wirtschaft und Gesellschaft 52, S. 63–73.

Motta, Massimo (2000): EC Merger Policy and the Airtours Case, in: European Competition Law Review 21, S. 428–436.

Neven, Damien/Nuttal, Robin/Seabright, Paul (1993): Merger in Daylight: The Economics and Politics of European Merger Control, London.

Paqué, Karl-Heinz (1985): How Far is Vienna from Chicago?, in: Kyklos, 38, S. 412–434.

Phlips, Louis (1995): Competition Policy: A Game-Theoretic Perspective, Cambridge.

Röller, Lars-Hendrik (2004): Der ökonomischere Ansatz in der Wettbewerbspolitik, in: Monopolkommission (Hrsg.), Zukunftsperspektiven der Wettbewerbspolitik, Baden-Baden, S. 37–47.

Schmalensee, Richard (1987): Horizontal Merger Policy: Problems and Changes, in: Journal of Economic Perspectives 1, S. 41–54.

Schmidt, André (1999): Europäische Wettbewerbspolitik zwischen Prozeß- und Ergebnisorientierung: Zur Notwendigkeit institutioneller Reformen in der europäischen Wettbewerbspolitik, in: Jahrbücher für Nationalökonomie und Statistik, 218, S. 433–452.

– (2008): Ordnungsökonomische Wettbewerbkonzepte: Die Wettbewerbspolitik zwischen Freiheit und Effizienz, wird erscheinen, in: ORDO – Jahrbuch für die Ordnung von Wirtschat und Gesellschaft 59 (2008).

Schmidt, André/Voigt, Stefan (2005): Die prozeduralen Aspekte der Fusionskontrolle: Die vergessene Seite der Reform, in: Jahrbuch für Wirtschaftswissenschaften 56, S. 164–184.

– (2006): Der „more economic approach" in der Missbrauchsaufsicht: Einige kritische Anmerkungen zu den Vorschlägen der Generaldirektion Wettbewerb, erscheint in: Wirtschaft und Wettbewerb 56.

– (2007): Bessere Wettbewerbspolitik durch den „more economic approach"?, in: ORDO – Jahrbuch für die Ordnung von Wirtschaft und Gesellschaft 58 (2007), S. 33–50

Schmidtchen, Dieter (2005): Die Neue Wettbewerbspolitik auf dem Prüfstand, in: Oberender (Hrsg.), Effizienz und Wettbewerb, Berlin, S. 173–179.

– (2006), Der „more economic approach" in der Wettbewerbspolitik, in: Wirtschaft und Wettbewerb 56 S. 6–16.

– (2006): Kommentar: Fehlurteile über den „more economic approach" in der Wettbewerbspolitik, in: Wirtschaft und Wettbewerb 56, S. 707.

Schwalbe, Ulrich (2003): Die Airtours First-Choice-Entscheidung: Ökonomische Grundlagen und wettbewerbspolitische Konsequenzen, Diskussionsbeiträge aus dem Institut für Volkswirtschaftslehre der Universität Hohenheim, Nr. 215, Stuttgart.

– (2008): Der „more economic approach" in der Beihilfenkontrolle, in: Oberender (Hrsg.), Der „more economic approach" in der Beihilfenkontrolle, Berlin, S. 11–37.

Shughart, William/Tollison, Robert (1991): The Employment Consequences of Antitrust Enforcement, in: Journal of Institutional and Theoretical Economics 147, S. 38–52.

Streit, Manfred E. (1992/95): Wohlfahrtsökonomik, Wirtschaftsordnung und Wettbewerb, in: ders., Freiburger Beiträge zur Ordnungsökonomik, Tübingen, 3–28.

– (1992/2008): Das Wettbewerbskonzept der Ordnungstheorie, in: Goldschmidt/Wohlgemuth (Hrsg.), Grundtexte zur Freiburger Tradition der Ordnungsökonomik, Tübingen, S. 683–696.

Streit, Manfred E./Wohlgemuth, Michael (2000): Walter Eucken und Friedrich A. von Hayek: Initiatoren der Ordnungsökonomik, in: Külp/Vanberg (Hrsg.), Freiheit und wettbewerbliche Ordnung, Freiburg, S. 461–500.

Sullivan E. Thomas/Harrison, Jeffrey L. (1994): Understanding Antitrust and its Economic Implications, 2. Aufl., New York.

Sullivan, E. Thomas/Hovenkamp, Herbert (1994): Antitrust Law, Policy and Procedure, 3. Aufl., Charlottesville.

Tirole, Jean (1999): Industrieökonomik, 2. Aufl., München.

Tom, Willard K./Pak Chul (2000): Toward a Flexible rule of Reason, in: Antitrust Law Journal 68, S. 391–428.

Vanberg, Viktor J. (2001/2008): Konstitutionenökonomische Überlegungen zum Konzept der Wettbewerbsfreiheit, in: Goldschmidt/Wohlgemuth (Hrsg.), Grundtexte zur Freiburger Tradition der Ordnungsökonomik, Tübingen, S. 707–733.

– (2004): Die Zukunft der Sozialen Marktwirtschaft zwischen Prinzipien- und Klugheitsfragen, in: Goldschmidt/Wohlgemuth (Hrsg.), Die Zukunft der Sozialen Marktwirtschaft, Tübingen, S. 3–8.

Vaubel, Roland (1994): The Political Economy of Centralization and the European Community, Public Choice, 81, S. 227–249.

Venit, James S. (2005): Article 82: The Last Frontier – Fighting Fire With Fire, in: Fordham International Law Journal 28, S. 1157–1180.

Voigt, Stefan (2006): Robust Political Economy: The Case of Antitrust, in: Review of Austrian Economics 19, S. 203–215.

Voigt, Stefan/Schmidt, André (2004): Switching to Substantial Impediments of Competition (SIC) can have substantial Costs – SIC!, in: European Competition Law Review 25, S. 580–586.

– (2005): Making European Merger Policy More Predictable, Dordrecht.

Weizsäcker, Carl Christian von (2003): Hayeks Aufsätze zur Ordnungsökonomik sowie zur politischen Philosophie und Theorie: Besprechung zweier Bände aus Hayeks gesammelten Schriften, in: ORDO – Jahrbuch für die Ordnung von Wirtschaft und Gesellschaft 54, S. 335–339.

Wohlgemuth, Michael (2007): Reformdynamik durch Selbstbindung – zur Politischen Ökonomie von Meinungen, Emotionen und Interessen, in: Wirtschaftsdienst, 87 (9), S. 571–575.

– (2008): A European Social Model of State-Market Relations. The ethics of competition from a 'neo-lineral' perspective, in: Zeitschrift für Wirtschafts- und Unternehmensethik 9, S. 69–87.

Das Wettbewerbskonzept der EU aus Sicht der Wirtschaftswissenschaften

Helge Peukert

A. Leitbilder der Wettbewerbspolitik in der Volkswirtschaftslehre

In diesem Beitrag soll zunächst kurz auf den Begriff des Wettbewerbs und verschiedene wettbewerbspolitische Leitbilder eingegangen werden. In einem zweiten Abschnitt wird die EU-Wettbewerbspolitik umrissen, um im dritten Teil die Wettbewerbspolitik der EU unter staatswissenschaftlichen Gesichtspunkten kritisch zu beleuchten.

In den Wirtschaftswissenschaften vertritt man generell keine essentialistische Definition des Wettbewerbs, sondern man versucht, ihn durch Beschreibungen in verschiedenen Dimensionen zu erfassen (zum Folgenden siehe z.B. die Überblicke von *Olten* 1998, *Herdzina* 1999, *Schulz* 2003 und *Knieps* 2005). Zielt man auf die Verhaltensdimension ab, so lässt er sich durch ein versuchtes Übertreffen und Rivalität beschreiben. Strukturell kann man auf die (nötige) (Mindest)Anzahl der Akteure oder das ausreichende Vorliegen von marktvermittelten Angeboten und Nachfragen rekurrieren. Man kann Wettbewerb aber auch von den Wirkungen (den Marktergebnissen), den Zielen (Wachstum, Effizienz, Verteilung), den Voraussetzungen (Preis-Mengen-Konkurrenz) her kennzeichnen oder hinsichtlich seiner dynamischen (erwünschten) Eigenschaften, z.B. der schöpferischen Zerstörung (*Schumpeter*). Schließlich kann man Wettbewerb auch als Artefakt und Ausdruck eines institutionalisierten Regelsystems beschreiben, das notwendig ist, damit die Gesamtwohlfahrt steigernde segensreiche Wirkungen von ihm ausgehen. Die Frage der Notwendigkeit, Tiefe und Breite solcher regulatorischer Eingriffe ist *die* wirtschaftspolitische Streitfrage überhaupt.

Als idealtypischer Ausgangspunkt dient meist das Modell vollkommener Konkurrenz bzw. vollkommenen Wettbewerbs (siehe die Literaturhinweise der Beiträge in *Cox, Jens* und *Markert* (Hrsg.) 1981). Analytisch-formal gesehen setzt das Modell Annahmen voraus, die in der Realität selten gegeben sind: Eine hohe (eigentlich: unendliche) Zahl an Marktteilnehmern, vollständige Homogenität (Nichtunterschiedenheit) der Güter, vollständige Transparenz (Kenntnis und Überblick über alle relevanten Marktdaten), Teilbarkeit der Produktionsfaktoren (in beliebig kleine Einheiten), allseitige Mobilität und unendliche Reaktionsgeschwindigkeit. Allerdings gibt es Märkte, die den Bedingungen des vollkommenen Wettbewerbs nahe kommen und daher sinnvoller Weise in einigen Lehrbüchern auch als Exemplifizierung herangezogen werden. Hier können die Aktienmärkte als Beispiel dienen, auf denen für jede Aktie die Kauf- und Verkaufsorder z.B. in einem Orderbuch notiert werden. Der Gleichgewichtspreis ergibt sich als der Preis, bei dem ein Maximum an Aktien ge- und verkauft werden kann. Einzelne Akteure, die durch Angabe von Mindest- und Höchstpreisen ihrer Kauf- und Verkaufsorder noch präzisere Präferenzen einfließen lassen können, haben auf den Endkurs (in der Regel) keinen Einfluss (*Bofinger* 2007, Kapitel 2). Als generelle Regel gilt, dass das Angebot mit steigenden (sinkenden) Preisen steigt (sinkt) und die Nachfrage bei steigenden (sinkenden) Preisen sinkt (steigt).

Dies wird im Standarddiagramm der Volkswirtschaftslehre ausgedrückt, das sich im Prinzip auf viele Facetten des ökonomischen Lebens (Gütermärkte, Zinsen usw.) anwenden lässt. Kommt es zu Angebotsüberschüssen, so erfolgt im Normalfall ein Druck auf den Angebotspreis, der die Anbieter zur Senkung des Preises motiviert, der schließlich auf das Gleichgewichtsniveau sinkt. Bei administrativen Festsetzungen von Höchst- oder Mindestpreisen kommt es zu unerwünschten Spannungen, da es starke Tendenzen gibt, die Überschüsse anderweitig (z.B. durch Schwarzmärkte) abzubauen.

Wesentlich für die wettbewerbstheoretische Debatte ist des Weiteren das Konzept der Konsumenten- und Produzentenrente. Erstere ergibt sich für alle Nachfrager, die bereit wären, einen höheren als den Gleichgewichtspreis zu bezahlen, aber nur diesen tatsächlich bezahlen müssen. Alle Produzenten, die das jeweilige Produkt zu einem niedrigeren als dem Gleichgewichtspreis anbieten können, erwirtschaften einen Gewinn (Produzentenrente). Sofern nur wenige (Oligopol) oder ein Unternehmen (Monopol) auf dem Markt anbieten/anbietet, werden/wird diese(s) Unternehmen versuchen, durch höhere Preise und niedrigeres Angebot (beim Monopol z.B. durch Cournotpreisbildung) die Produzenten- zu Lasten der Konsumentenrente zu erhöhen. Neben dem Umverteilungs- kommt es auch zu einem Gesamtwohlfahrtsverlust, den Ökonomen wirtschaftspolitisch zu minimieren bemüht sind.

Das wettbewerbspolitische Leitbild der vollkommenen Konkurrenz wurde in Deutschland insbesondere von Seiten des Ordoliberalismus (u.a. Eucken, Böhm, Röpke) vertreten. Ihm liegen die Erfahrungen der Weimarer Republik zugrunde, dass ursprüngliche Wettbewerbsmärkte durch Konzentration und Vermachtung eliminiert werden können und dann meist auch starke negative Auswirkungen auf die politische Sphäre haben. So vertrat Eucken die Ansicht, dass das entscheidende wirtschaftspolitische Problem nicht in der Herstellung größtmöglicher Effizienz, sondern in der Lösung des Machtproblems liege, das sogar eine eventuelle, gewisse Verlangsamung des technischen Fortschritts rechtfertige. Für ihn sollte auf jeden Fall die Marktform der vollständigen Konkurrenz durchgesetzt bzw. erzwungen werden, deren wesentliche Charakteristik für ihn darin besteht, dass für das Einzelunternehmen der Preis ein Datum sein muss, also die Unternehmen so klein sind, dass sie keine den Preis beeinflussende Marktmacht besitzen. Um diese Struktur durchzusetzen, dachte Eucken an eine harte Monopolkontrolle, was auch gegen Oligopolbildung abschrecken sollte. Bestehende Monopole seien zu zerschlagen. Generell schwebte Eucken ein gezähmter Kapitalismus vor, was sich in seinen Forderungen weitgehend vollständiger Haftung (auch in Aktiengesellschaften), einem Primat der Währungspolitik mit einem Waren-Reserve-Standard (bei dem einer Zentralbank praktisch keine Entscheidungsspielräume zukommen) usw. ausdrückte. Eucken und anderen Ordoliberalen wurde vorgeworfen, hier ein rein statisches Leitbild mit einer Art Schlafmützenkonkurrenz zu vertreten, das zudem unrealistisch sei, zumindest angesichts der weiter oben angesprochenen vielen Voraussetzungen, die für die Effizienzannahme vorliegen müssen. Tatsächlich ist man in Deutschland (West) nach 1945 dem Euckenschen Ideal nur sehr bedingt im Wettbewerbsrecht gefolgt.

Die heutige Wirtschaftsrealität zeichnet sich durch oligopolistische Strukturen in wesentlichen Kernsektoren aus (Banken, Automobilbranche usw.) aus. Die ökonomische Theorie steht hier vor dem Problem, dass es, im Unterschied zum Monopol und zur vollkommenen Konkurrenz, keine eindeutige, optimale Lösung aus Sicht der Einzelakteure gibt, da ihnen zwei grundlegende Verhaltensstrategien: Kooperation oder Konfrontation zur Verfügung stehen, von denen sich schlecht sagen lässt, welche für sie die bessere ist, da über Erfolg oder Misserfolg die Reaktion der anderen Oligopolisten entscheidet (*Bofinger* 2007, Kapitel 8). Als beliebte Darstellung des Problems dient das so genannte Gefangenendilemma, bei dem zwei Verbrecher gefangen und in getrennten Zellen untergebracht werden. Wenn beide nicht gestehen, fahren sie am Besten, allerdings erweist sich das Gestehen als dominante Strategie für beide, sofern sie nicht miteinander kommunizieren können und es sich nicht um ein wiederholtes Spiel handelt. Die Wettbewerbspolitik zielt darauf ab, Absprachen zu verhindern, um die Unternehmen zu einer nicht-kooperativen Lösung zu veranlassen.

Die für Oligopolisten beste Strategie, die kooperative Ausbringung der Monopolmenge mit maximaler Produzentenrente muss in der Realität nicht unbedingt vorliegen, da beim Ausscheren aus der Vereinbarung der Regelbrecher einen Extragewinn einfahren kann. Es lassen sich daher keine präzisen Voraussagen treffen, welche Variante gewählt wird, ganz unterschiedliche Produktionsmengen, Renten und Preise können sich in Abhängigkeit von unterschiedlichen Strategien ergeben (*Bofinger* 2007, Kapitel 9). Diese Unbestimmtheit ist natürlich ein wesentliches Problem für die Wettbewerbspolitik, die am liebsten im Vorfeld der Marktprozesse von der Marktstruktur auf das Marktverhalten der Unternehmen und das schlussendliche Ergebnis *ex ante* schließen würde.

Als zweite Annäherung an die Realität lässt sich das in Marktwirtschaften typische Phänomen des dynamischen Wettbewerbs anführen, das wesentliche Beachtung im Werk *J.A. Schumpeters* fand und in Form des technischen Fortschritts entscheidend für tatsächliche Wohlfahrtsgewinne sein dürfte. Innovationen erfolgen aus dieser Sicht durch Prozesse von Aktion und Reaktion (oder Imitation), oft unterschieden in die vier Phasen des Experimentierens und Einführens eines Produkts, gefolgt von der Expansionsphase, der der Ausreifung und schließlich (in der Regel) der Stagnationsphase. Für den dynamischen Wettbewerb spielen Unvollkommenheiten wie eine graduelle Ungewissheit über die Zukunft, die Heterogenität der Güter und eine begrenzte Reaktionsgeschwindigkeit, die unter statischem Gesichtspunkt kritisch zu beurteilen wäre, nun eine positive Rolle, da sie Voraussetzung zur Erzielung eines Innovationsgewinns sind, der z.B. im Fall einer unendlich schnellen Reaktionsgeschwindigkeit sofort durch Nachahmer verschwinden würde. Aus dieser Sicht ist ein temporäres Leistungsmonopol (z.B. durch eine originelle Erfindung) gerechtfertigt, wenn es in eine eher frühe Marktphase (vor der Stagnation) fällt. Das für die Wettbewerbspolitik zentrale Problem besteht darin, den für Innovationen ‚optimalen‘ Grad an Unvollkommenheit zu bestimmen, was auch von den Gegebenheiten des einzelnen Falles abhängen dürfte.

Aus einer solchen dynamischen Sicht unterlag das Wettbewerbsideal der vollkommenen Konkurrenz der Kritik, als Gegenvorschlag wurde frühzeitig das Konzept der *workable competition* von kritischen Altinstitutionalisten als Alternative vorgeschlagen, das auf *J.M. Clarks* Beitrag aus dem Jahr 1939 zurückgeht. Auch ihm liegt die Annahme zugrunde, dass man von der Marktstruktur auf das Marktverhalten und von diesem auf das Marktergebnis schließen kann. Allerdings ist nach *Clark* die jeweilige Marktstruktur nur mehrdimensional zu erfassen, sie beschränkt sich also nicht auf die Zahl der Anbieter und Nachfrager, sondern berücksichtigt auch die Transparenz, den Grad der Produktdifferenzierung usw. Entscheidend ist für *Clarks* Überlegungen die so genannte Gegengiftthese. Sie besagt, dass eine Marktunvollkommenheit (z.B. wenige Anbieter) durch das Hinzukommen einer weiteren Unvollkommenheit den Wettbewerb nicht zwangsläufig noch weiter einschränkt, sondern vielmehr erhöhen kann: Wenn bspw. in einem Oligopol begrenzte Transparenz (als weitere Marktunvollkommenheit) hinzutritt, so wird abgestimmtes Verhalten im Oligopol erschwert. Er sah das grundlegende Problem, dass Pioniergewinne als Motivation für den Fortschritt unabdingbar sind, aber gleichzeitig nur bei eingeschränktem Wettbewerb auftreten, so dass man hinsichtlich der Förderung des Wettbewerbs und des Zulassens von Pioniergewinnen in einem Dilemma steckt. Für *Clark* folgte aus der mehrdimensionalen Struktur jeweiliger Einzelmärkte (er führte ursprünglich an die 20 Merkmale auf), dass *per se*-Verbote (bspw. das Verbot eines Zusammenschlusses, wenn das neue Unternehmen einen bestimmten Marktanteil überschreitet) wenig Sinn machen. Er sprach sich daher für eine *rule of reason* aus, bspw. das Verbot eines Zusammenschlusses nicht durch vorab festgelegte Kriterien, sondern ein Verbot als Ergebnis des Zusammenspiels eines Faktorenbündels mit negativen Wirkungen auf das Marktergebnis. *Clarks* Konzept erfuhr einige Kritik, Normierungs- und Messprobleme wurden hervorgehoben und das komplexe Variablenbündel ließ durch unterschiedliche Gewichtungsmöglichkeiten der einzelnen Faktoren letztlich recht beliebige Schlussfolgerungen zu.

In den 1960er Jahren wurde *Clarks* Konzept in Deutschland durch *E. Kantzenbachs* Ansatz der optimalen Wettbewerbsintensität fortgeführt und vereinfacht. Es erhielt Eingang in das deutsche Gesetz gegen Wettbewerbsbeschränkungen (GWB). Nach Kantzenbach sollte ein angemessenes Verhältnis zwischen statischen (Angebotszusammensetzung) und dynamischen Aspekten (technischer Fortschritt) vorliegen. Er sah einen solchen Kompromiss am besten durch das Leitbild des weiten (nicht sehr wenige Firmen umfassenden) Oligopols mit mäßiger Produktdifferenzierung und Markttransparenz realisiert, da hier die höchste Wettbewerbsintensität vorherrsche, definiert als Tempo des Wegschmelzens der Vorsprungsgewinne. Gegen Kantzenbach wurde das Argument vorgebracht, dass nicht von einer Marktform in genereller Weise und auf alle Märkte zutreffend auf die optimale Wettbewerbsintensität geschlossen werden könne.

Dementsprechend heben die Vertreter des Leitbildes der Wettbewerbsfreiheit (*Hayek, Hoppmann, Schmidtchen*) hervor, dass konkrete Marktergebnisse nicht antizipierbar seien, da der Markt – in der Formulierung Hayeks – wesentlich ein Entdeckungsverfahren (des Neuen) ist, das keine Vorhersagen zulässt. Folgerichtig lassen sich auch keine Strukturvorgaben oder Zielfunktionen ableiten. Wettbewerbspolitik sollte darauf abzielen, die Entschließungs- und Handlungsfreiheit der ökonomischen Akteure zu sichern. Bestenfalls ließen sich allgemeine Musteraussagen formulieren, etwa, dass Marktwirtschaften den Zentralverwaltungswirtschaften generell überlegen sind. *Hoppmann* vertritt auch eine Non-Dilemmathese zwischen Sicherung der Handlungsfreiheit (gleiche Marktchancen) und Effizienz (durch positive *economies of scale*), die allerdings in der Literatur umstritten ist. Aus dem Ansatz folgt auf jeden Fall, dass nur wesentliche *per-se*-Spielregeln festzulegen sind, bspw. die Verbote von Kartellabsprachen, Boykotten oder Liefersperren.

Dem gegenüber steht die so genannte alte Industrieökonomie (Bain, Scherer), die am Zusammenhang von Marktstruktur, -verhalten und -ergebnis festhält. Sie ist sehr stark empirisch ausgerichtet und stellt Fallstudien in den Mittelpunkt. Die Beschreibung der Marktstruktur ist mehrdimensional und berücksichtigt die Anzahl der Anbieter und Nachfrager, die Produktdifferenzierung, verschiedene Marktschranken usw. Als wesentliches Ergebnis halten sie fest: Es besteht ein statistisch gesicherter Zusammenhang zwischen der Konzentration in der Wirtschaft und der Höhe der Gewinne (gemessen als Differenz zwischen den Preisen und den Grenzkosten). Dies führt zur Forderung der Beseitigung von (nicht leistungsbedingter) Marktmacht und den daraus resultierenden Extragewinnen, was auch als Harvard-Ansatz bezeichnet wird.

Dem steht die Chicago-Schule gegenüber (*Stigler, Posner, Demsetz* u.a.), die Konzentration (meist) als Resultat von Effizienz deuten. Diese Richtung kam insbesondere wirtschaftspolitisch in den 1970er Jahren in den USA zum Zuge und wirkte nachdrücklich auf die amerikanische Antitrustgesetzgebung. Man hegt einen starken Glauben in die Selbstheilungskräfte und Fähigkeit zur Selbstregulierung der Märkte. Es wird ein *survival of the fittest*-Prinzip vertreten, d.h. nur solche Unternehmen überleben am Markt, die im Dienste der Konsumenten Güter (oder Dienstleistungen) effizient anbieten. Es werden die Aussagen der neoklassischen Preistheorie als weitgehend angemessene Approximationen an die Wirklichkeit angesehen, zumindest in längerfristiger Hinsicht (auch dann, wenn die Unternehmen sich nicht wirklich in einer Situation vollkommener Konkurrenz befinden). Als Maßstab der Wettbewerbspolitik gilt die Konsumentenwohlfahrt, wird diese erhöht (oder nicht beeinträchtigt), gilt die Marktstruktur als angemessen. Es entfallen hier demnach Kriterien der erwünschten Marktform wie bei Eucken oder Fairnesskriterien wie beim Ansatz der Wettbewerbsfreiheit.

Angesichts der Effizienzthese von Marktprozessen verwundert es nicht, dass als wirtschaftspolitische Maßnahme in erster Linie Deregulierungen angesichts von Staatsversagen gefordert und die Wohlfahrtsverluste durch Monopolisierung eher für gering gehalten werden (*Harberger*). Zwar werden horizontale Arrangements wie Preisabsprachen von Seiten der Prozenten abgelehnt, vertikale Integration (z.B. Zusammenschlüsse von Zulieferern und Endproduzenten) aber oft für berechtigt gehalten, um Informationsasymmetrien und *hold-ups* zu vermeiden, wobei auf Ergebnisse der Neuen Institutionenökonomie zurückgegriffen wird. Unter *hold-ups* versteht man u.a. die Ausbeutung eines Unternehmens durch entstehende Abhängigkeiten, etwa eines Zulieferers, der sich auf Ersatzteile für ein großes Unternehmen spezialisierte und nun wegen der entstandenen Abhängigkeit zu Preiszugeständnissen genötigt wird. Angesichts dieser Unwägbarkeiten verbieten sich auch beim Chicago-Ansatz allgemeine *per se*-Regelungen.

Hierin erfährt er Zustimmung von Seiten der Neuen Industrieökonomie, die ‚Marktmacht' auch oft als auf Leistung beruhende interpretiert, wobei Größenvorteile (positive *economies of scale*) eine Rolle spielen mögen. Vertikale Integrationen können aufgrund von vermiedenen *hold-ups* effizient sein. Auch werden vertragstheoretische Ansätze (komplexe Verträge) in die Überlegungen einbezogen. Ein wesentliches Instrument der Neuen Industrieökonomie stellen ökonometrisch-empirische Untersuchungen dar, denen oft spieltheoretische (Oligopol)Modelle zugrunde liegen. Bei der konkreten praktischen Beurteilung von Marktprozessen und -strukturen werden auch kontrafaktische Untersuchungen angestellt, etwa im hypothetischen Monopoltest (wie würde sich die Nachfrage ändern, wenn alle Anbieter den Preis um 5–10% anheben würden?) oder bei *merger simulations*. Aufgrund der Komplexität des jeweiligen Einzelfalles verbieten sich nach Ansicht der Neuen Industrieökonomie generalisierte Aussagen und Bewertungen von Marktstrukturen, die frühere Ansätze auszeichneten.

B. Die Wettbewerbspolitik der EU

Nach dieser kurzen Darstellung der wettbewerbspolitischen Leitbilder soll nunmehr die EU-Wettbewerbspolitik beschrieben und gefragt werden, welches Leitbild ihr zugrundeliegt.[1] Hierbei werden der Vergleich zur deutschen Wettbewerbsgesetzgebung, die Fragen staatlicher Beihilfen, die Marktöffnungen und Reregulierungen, das Zusammenspiel nationaler und EU-weiter Bestimmungen und Institutionen und der Einfluss des Gerichtshofs der Europäischen Union aus Platzgründen weitgehend ausgeklammert. Ihr Einbezug hätte die grundlegenden Einschätzungen nicht verändert (siehe als allgemeinen Überblick Europäische Kommission 2005 und aus unternehmerischer Sicht *Bannerman* 2002).

Die Schaffung eines europäischen Binnenmarktes und einer Wirtschaftsunion stellen zentrale Ziele der EU dar (zur allgemeinen Zielpluralität der EU siehe *Schäfer* und *Czege* (Hrsg.) 2007). Die Schaffung einer

---

[1] Siehe die detaillierten Gesamtüberblicke u.a. bei *Schröter/Thinam/*Mederer (Hrsg.) 2003, *Goyder* (Hrsg.) 2003, *Rose* (Hrsg.) 2008 und *Faull/Nikpay* (Hrsg.) 2007.

Wirtschaftsunion gemäß Artikel 3 Abs. 4 EUV impliziert den tendenziell unbeschränkten Austausch von Waren und Dienstleistungen über die Grenzen der Mitgliedsstaaten hinweg. Damit dieser Austausch effizient erfolgen kann, müssen einheitliche und unverfälschte Wettbewerbsbedingungen vorliegen. Hierfür bedarf es eines einheitlichen Rechts gegen Wettbewerbsbeschränkungen. Wie so oft wurden den Beteiligten wohl erst nach und nach die Konsequenzen dieses Erfordernisses klar (siehe hierzu die Beiträge in *Behrens, Braun* und *Nowak* (Hrsg.) 2006). Bis zum Jahr 2004 erfolgte eine weitgehende Vereinheitlichung zentraler Wettbewerbsbestimmungen in der EU (*Furse* 2006), die Anpassungen von Seiten der nationalen Wettbewerbsbehörden nach sich zog. Es folgte die auch durch die beschränkten finanziellen und personellen Mittel der Generaldirektion IV (Wettbewerb) bedingte Phase der Dezentralisierung, d.h. der administrativen Rückverlagerung auf die nationale Ebene, die sich insofern als Danaergeschenk erwies, als die nationalen Behörden nunmehr europäisches Recht anwenden mussten.

Die konstitutionelle Legitimation dieser flankierenden Maßnahmen zur Wirtschaftsunion steht außer Frage. Bereits der EWG-Vertrag aus dem Jahr 1958 enthielt die noch heute allgemein gültigen Wettbewerbsregeln. Die Einheitliche Europäische Akte aus dem Jahr 1987 kanonisierte das Projekt des Binnenmarktes, durch den eine weitergehende Vereinheitlichung des Wettbewerbsrechts dringlich wurde. Anstatt auf der Ebene des Primärrechts hierzu Näheres festzulegen, stattete man vielmehr Rat und Kommission mit größeren Befugnissen zur Schaffung von Sekundärrecht aus. Man stärkte also sowohl die wesentliche intergouvernementelle, als auch die entscheidende supranationale Institution und vermied (zunächst) definitive regulatorische Festlegungen. Der EG-Vertrag von Maastricht aus dem Jahr 1993 begründete die Europäische Union und sah in den Artikeln 2–4 u.a. eine offene Marktwirtschaft und freien Wettbewerb vor. In Art. 3 des EG-Vertrags von Maastricht wurde die Erhaltung von Wettbewerb aufgeführt[2]. So forderte Artikel 3 Abs. 1 lit. g) den Schutz unverfälschten Wettbewerbs,[3] Artikel 3 Abs. 1 lit. m) die Stärkung der Wettbewerbsfähigkeit.[4] Die zentralen, weiter unten im Einzelnen zu behandelnden, Bestimmungen fanden sich in Artikel 81–89 EG-Vertrag (nunmehr Art. 101 bis 109

---

[2] Art. 3 Abs. 1 EGV wurde durch den Vertrag von Lissabon aufgehoben und im Wesentlichen ersetzt durch die Art. 3–6 AEUV. Der Inhalt des Art. 3 Abs. 2 EGV findet sich nun in Art. 8 AEUV.

[3] Im AEUV gibt es keine wirkliche Entsprechung zu Art. 3 Abs. 1 lit. g) EGV. Angesprochen wird der Wettbewerb in Art. 3 Abs. 1 lit. b) AEUV, wonach die Union die für das Funktionieren des Binnenmarktes erforderlichen Wettbewerbsregeln festlegt.

[4] Auch zu Art. 3 Abs. 1 lit. m) EGV findet sich keine absolute Entsprechung im AEUV. Inhaltlich ähnlich ist Art. 3 Abs. 1 EUV, wonach die Union auf eine in hohem Maße wettbewerbsfähige soziale Marktwirtschaft hinwirkt.

AEUV).[5] In Art. 3 Abs. 1 lit. n) des EG-Vertrages von Maastricht wurde auf die Förderung der technischen Entwicklung hingewiesen,[6] und es stellt sich die Frage, in welcher Beziehung diese Zielsetzung zu den Wettbewerbspostulaten steht. Man kann hier im Ansatz die Forderung nach gezielter Industriepolitik herauslesen, die dem Ziel des neutralen Schiedsrichters zur Gewährleistung von (fairen) Wettbewerbsbedingungen zuwider laufen kann.

Die Frage eines eventuellen Zielkonfliktes ist auch insofern nicht einfach zu beantworten, als man vergeblich nach einer klaren und generellen Definition von ‚Wettbewerb‘ sucht. Das Fehlen einer klärenden Definition ist eines der auffälligsten Merkmale der EU-Wettbewerbspolitik, was die Orientierung erheblich erschwert. Dies mag mit dem expliziten Pragmatismus der Kommission, aber auch mit den nationalspezifischen, unterschiedlichen Ansätzen und Meinungen zur Wettbewerbspolitik an sich und zu den Querverbindungen der Politikbereiche (z.B. hinsichtlich der Industriepolitik) zusammen hängen, was eine klar umrissene Position verhindert.

Auch die Formulierung der Lissabon-Strategie und die darauf bezogenen Diskussionen haben diesbezüglich keine Klärung gebracht. So wurde im März 2000 das Ziel verkündet, die EU zum wettbewerbsfähigsten, dynamischsten und wissensbasierten Wirtschaftsraum der Welt auszugestalten. Nach dem etwas ernüchternden Halbzeitbericht Wim Koks im Jahr 2004 entwickelte die Kommission 2005 ein Aktionsprogramm, das als oberstes Ziel die Wettbewerbsfähigkeit enthält, mit dem man aber ebenso die Industrieförderung und die Produktivität beeinflussen möchte und sich hierbei ausdrücklich selektiv auf die Bereiche der KMU, Forschung und Entwicklung und die Kommunikationstechnologien konzentriert. Angesichts dieser Liste fragt es sich, ob hier eine Rangverschiebung zwischen Wettbewerbs- und Industriepolitik stattfand oder nicht. Der Vertrag von Lissabon (zur Einschätzung siehe auch BMWi 2008) enthält zumindest ein Protokoll über den Binnenmarkt und Wettbewerb, in dem festgehalten wird, „dass der Binnenmarkt, wie er in Artikel 3 des Vertrages über die EU beschrieben wird, ein System umfasst, das den Wettbewerb vor Verfälschungen schützt“.[7]

Fragt man nach einer ‚Grundphilosophie‘ der EU im Bereich Wettbewerb im letzten Jahrzehnt, so werden ihm zwei basale Eigenschaften zugeschrieben: ein Sinken der Preise und die Förderung von Innovationen. Es

---

[5] Als besonders hilfreich für das Folgende erwies sich die Habilitationsschrift von *Stopper* (2007), dessen interessante Wertungen hier aus Raumgründen nicht diskutiert werden können, siehe auch *Schmidt* (2005) und *Schmidt/Schmidt* (2006).

[6] Nunmehr wird in Art. 179 Abs. 1 AEUV auf die Stärkung der wissenschaftlichen und technologischen Grundlagen hingewiesen.

[7] Siehe http://eur-lex.europa.eu/de/treaties/dat/12007L/htm/C2007306DE.

überrascht, dass es (wie z.B. bei der Europäischen Zentralbank) keine entsprechenden theoriegeleiteten *Working Papers* oder ähnliches gibt. Nach einem ausdrücklichen Statement zum wettbewerbspolitischen Leitbild und der vorrangigen Funktion des Wettbewerbsrechts der Union (*Furse* 2006, 28–30) sucht man auch auf der Website der Generaldirektion IV vergeblich! Man kann nur indirekt aus ihren vielfältigen Aktivitäten schließen, dass sich Wettbewerbsbedingungen nicht unbedingt von selbst erhalten. Aber prinzipiell gibt es keine genaue Wettbewerbsdefinition, so dass die Begriffe dynamischer, funktionsfähiger usw. Wettbewerb wahlweise auftauchen. Eine wettbewerbstheoretische Erörterung oder ein klares Leitbild fehlen. Es bedarf daher einer Art indirekten Erschließung anhand der Richt- und Leitlinien sowie anderer Verlautbarungen.

Neelie Kroes, die Niederländische Kommissarin der Generaldirektion IV, führt aus: „Freier Wettbewerb ist kein Ziel an sich, sondern ein Mittel zum Zweck … weil wettbewerbsorientierte Märkte den Bürgern bessere Waren und bessere Dienstleistungen zu besseren Preisen bieten. Und Unternehmen bieten sie die Voraussetzungen für Innovationen und Erfolg und mehren damit den Wohlstand in Europa … Die europäischen Unternehmen müssen durch Größenvorteile und Diversifizierung Nutzen aus einem offenen Binnenmarkt ziehen können" (in Europäische Kommission 2007, 3). An anderer Stelle wird ganz allgemein festgestellt: „Competition is a basic mechanism of the market economy and encourages companies to provide consumers products that consumers want. It encourages innovation, and pushes down prices."[8]

Die gedankliche Erschließung wird nicht vereinfacht durch die verschiedenen relevanten Rechtsebenen. An erster Stelle steht das primäre Unionsrecht (Vertrag über die Arbeitsweise der Europäischen Union). Das sekundäre Unionsrecht umfasst Verordnungen und Richtlinien, nach Art. 103 AEUV schlägt die Kommission diese vor, der Rat beschließt sie. Tatsächlich erfolgt ihre Formulierung durch ein deliberatives Hin und Her zwischen den intergouvernementellen und supranationalen Organen (*Tömmel* 2008, Kapitel 4). Das tertiäre Unionsrecht wird durch die Kommission bestimmt, durch Mitteilungen und Bekanntmachungen, z.B. in Form von Leitlinien. Auf allen drei Ebenen wird (Wettbewerbs)Recht entwickelt und werden Tatsachen geschaffen. Die wettbewerbspolitische Orientierung muss daher aus den Entwicklungen aller drei Ebenen erschlossen werden. Sie ist zudem stetes, pragmatisches *work in progress*. Man kann sich fragen, auf welcher Rechtsgrundlage insbesondere das tertiäre Unionsrecht letztlich ruht, da die Kommission eigentlich ein Exekutivorgan ist, hier aber – wie sich noch zeigen wird – als wesentlicher Gestalter von Politik auftritt. Man erkennt die oft beobachtete Tendenz einer Verwischung zwi-

---

[8] http://ec.europa.eu/comm/competition/antitrust/overview_en.html, Zugriff: 9.9.2009

schen v.a. legislativen und exekutiven Funktionen der EU-Institutionen (*Tömmel* 2008, Kapitel 3).

Einen Einblick in die rudimentäre Wettbewerbsphilosophie der EU bietet u.a. die viel beachtete Fordham-Rede von *N. Kroes* in New York im Jahre 2005,[9] in der sie Überlegungen fortführt, die bereits von ihrem Vorgänger *M. Monti* angestellt wurden. Sie betont, dass Marktanteile zur Beurteilung und für eventuelle Verbote (z.B. von Fusionen) nicht ausreichen, um der Komplexität des Einzelfalles gerecht zu werden. Bei der Beurteilung von Marktmacht komme es auf das Ensemble der Effekte an, was gegen primäre *per se*-Verbote spreche, die allerdings bei horizontaler Preisfixierung im Prinzip angezeigt seien. Sie spricht sich für eine vorsichtige Haltung bei Interventionen in Marktprozesse aus, nur bei Vorliegen klarer Evidenz solle politisch eingegriffen werden. Auch aggressive, dominante Unternehmen seien zulässig und erwünscht, sofern sie die Wohlfahrt der Konsumenten erhöhen. Erwähnt wird allerdings auch die Verbesserung der Allokation, so dass offen bleibt, ob hier ein Konsumenten- oder ein Gesamtwohlfahrtsstandard (einschließlich der Produzentenrenten) verfolgt wird. Auch könnte man fragen, warum nicht z.B. die Wohlfahrt der Arbeitnehmer mit berücksichtigt wird. Die begrenzten Kapazitäten ihrer Generaldirektion mache die Erfüllung der Rolle einer umfassenden Marktpolizei unmöglich und nötige zum Setzen von Schwerpunkten. Aspekte der Fairness (z.B. der gleichen Wettbewerbsbedingungen) spielen angesichts des primär an der Konsumentenwohlfahrt orientierten Ansatzes weniger eine Rolle (verwiesen wird auf die parallele Weiterentwicklung des amerikanischen *Sherman Acts*). Immerhin wird indirekt eine eventuelle Spannung zwischen Marktabschließung und Effizienzerhöhung (z.B. durch die Realisierung von Größenvorteilen) im Sinne einer Dilemmathese angedeutet.

Die in diesen Äußerungen enthaltene Ausrichtung wird oft als *more economic approach* bezeichnet, der seit etwa 1990 v.a. im Bereich der Fusionskontrolle in den Vordergrund rückt, wenngleich keine offiziellen Verlautbarungen der Kommission diesbezüglich vorliegen (zur wissenschaftlichen Diskussion des Ansatzes siehe z.B. *Hofer, Williams* und *Wu* 2005, *Hildebrand* 2005 und *Christiansen* 2006). Der Ansatz sieht die Anwendung von seit längerem schon in den USA auch wettbewerbspolitisch umgesetzten ökonomischen Oligopolmodellen vor, die stark ökonometrisch geprägt sind und als empirische Daten z.B. verschiedene (Kreuzpreis)Elastizitäten der Anbieter und Nachfrager berücksichtigen. Ein Test zur Untersuchung von Marktmacht ist der hypothetische Monopolisten-Test, bei dem untersucht wird, wie sich die Nachfrage bei einer 5–10 prozentigen Preiserhö-

---

[9] Speech 05/ 537, http://europa.eu/rapid/pressReleasesAction.do?reference=SPEECH /05/537&format=HTML&aged=0&language=EN&guiLanguage=en, Zugriff: 9.9.2009.

hung aller Anbieter verändern würde. Hinzu kommt der Herfindahl-Hirschman-Index, der zur Untersuchung der Konzentration auf einem Markt dient und durch die Quadrierungsregel Unternehmen mit hohem Marktanteil stärker gewichtet als sonst übliche Konzentrationsmaße.

Ein Grund für die Anwendung dieser Instrumente liegt sicher in drei Entscheidungen des Europäischen Gerichts erster Instanz, das mehrere durch die Kommission erwirkte Zusammenschlussverbote von Unternehmen (u.a. Airtours) als unbegründet zurückwies. Entgegen abstrakt-regelhaften Ansätzen sollen nun eher Instrumente eingesetzt werden, die die Besonderheiten des Einzelfalles berücksichtigen. Neben der Marktbeherrschung muss nun eine erhebliche Behinderung nachgewiesen werden. Eine solche liegt nicht schon vor, wenn einer (zunehmenden) Marktbeherrschung erhebliche Effizienzvorteile (vorrangig hinsichtlich der Konsumentenwohlfahrt) gegenüber stehen. Der in Deutschland lange vorherrschende Ansatz, dass der Nachweis einer wettbewerbshinderlicheren Struktur ausreicht, wurde zugunsten des notwendigen Nachweises nachteiliger Marktfolgen fallen gelassen (siehe die kritischen Überlegungen hierzu in Bundeskartellamt 2004). Den Unternehmen wird eine so genannte Effizienzeinrede eingeräumt, in der sie darlegen können, inwiefern z.B. ein Zusammenschluss die Konsumentenwohlfahrt erhöhen wird. Die Überlegung, dass die Marktstruktur nicht zur Beurteilung ausreicht, liegt auch den Gruppenfreistellungsverordnungen zugrunde (*Liebscher* (Hrsg.) 2003).

Ein wesentliches Instrument bei der Wirkungsanalyse von Zusammenschlüssen ist der SIEC-Test, bei dem zwischen koordinierten und nichtkoordinierten Effekten unterschieden wird. Unter koordinierten Effekten versteht man die z.B. durch einen Zusammenschluss erhöhte Wahrscheinlichkeit impliziter Verhaltensabstimmungen der Unternehmen, d.h. abgestimmtes Verhalten, ohne dass eine explizite Absprache nötig wäre. Eine solche Kollusionschance hängt z.B. von der Transparenz und der Homogenität der Güter ab: Je ähnlicher und damit vergleichbarer diese sind und je leichter diesbezügliche Informationen zugänglich sind, um so eher ist abgestimmtes Verhalten bei der Preissetzung möglich. Nicht-koordinierte Effekte beschreiben den Spielraum für profitablere Preisgestaltung eines Unternehmens, der durch die Enge der Substitutionsbeziehung bestimmt wird, d.h. wie einfach es für Konsumenten ist, auf alternative Substitute zuzugreifen (in diesem Fall gilt: Je heterogener ein Produkt ist, um so wahrscheinlicher treten nicht-koordinierte Effekte auf). Dies misst die *diversion ratio* unter Einbezug von Eigen- und Kreuzpreiselastizäten, der Kapazitäten der Unternehmen und erwartbarer Konkurrentenreaktionen usw. Zur Umsetzung des Ansatzes wurde ein Industrieökonom als Chefökonom in der Generaldirektion IV ernannt, dem zehn weitere Industrieökonomen zur Seite stehen, was die frühere Dominanz der Juristen bei den Fallbeurteilungen nunmehr umkehrt. Die praktische Anwendung des *more economic approach* hat vielfältige und nach unserer Meinung berechtigte Kritik erfahren. Durch die einzelfallbezogene Beurteilung dürfte sich die Rechtssicherheit nicht unbedingt erhöht haben, durch die Effizienzeinrede wird ein *battle of the experts* provoziert, der die Kosten des Verfahrens für alle Beteiligten in die Höhe treiben kann. Auch ist fraglich, ob die Qualität der Entscheidungen steigt, da hier ein Vorauserraten von zukünftigen Marktergebnissen stattfinden soll, das mit der prinzipiellen Unvorhersehbarkeit von Marktprozessen (Entdeckung des Neuen) kaum in Einklang zu bringen ist, zumal die angewandten Modelle der Spieltheorie notwendig statisch sind. Hinzu kommt, dass die Wahl des fallgerechten spieltheoretischen Modells selten eindeutig ist (Cournot-, Bertrand- u.a. Modelle), das jeweilige Ergebnis sich aber hochsensitiv bezüglich der Wahl des Modells verhält. Ganz unterschiedliche Ergebnisse sind daher durch die Wahl des Modells bedingt möglich (*Clark*, *Hughes* und *Wirth* 2004, insbesondere Annex 1). Insofern hat man es mit einer Präzisionsillusion zu tun, deren Vieldeutigkeiten anstrengende Gerichtsprozesse und Effizienzeinreden wahrscheinlich machen.

Man kann sich auch fragen, ob diese Vieldeutigkeit nicht geradezu von der Kommission erwünscht ist, um sich im Einzelfall mehrere Entscheidungsalternativen offen zu halten. Eine weitere Frage lautet, ob durch die Plastizität der Anwendbarkeit der Modelle nicht eine Verwässerung des Wettbewerbsschutzes eingesetzt hat, gemäß der weiter oben von *N. Kroes* angedeuteten Interventionsvorsicht (was allerdings durch die bisher vorliegenden Fallentscheidungen der Kommission keine Bestätigung erfährt). Falls die Dilemmathese zutrifft (Steigerung der Konsumentenwohlfahrt versus Wettbewerbseinschränkung), spielt allerdings generell die Sicherung oder Verbesserung der Wettbewerbsbedingungen nicht mehr *die* herausragende Rolle. Aus der Perspektive von *public choice* würde sich hinsichtlich der institutionellen Ausgestaltung empfehlen, entweder die Wettbewerbssicherung in eine eigenständige, autonome Institution zu verlegen, die sich durch Reputation (Beispiel: Europäische Zentralbank) qualifizieren kann, oder aber *per se*-Regeln zu formulieren, damit der in vielfältige Entscheidungsprozesse und Politikfelder involvierten Kommission klare Vorgaben gemacht werden können (*Baum* 1982).

Artikel 81 des EG-Vertrages (nunmehr Artikel 101 AEUV) bezieht sich auf wettbewerbsbeschränkende Vereinbarungen, die auf dem Binnenmarkt spürbar werden (siehe die Wiedergabe wettbewerbsrelevanter Teile des Vertrages in *Blanco* (Hrsg.) 2006, 1023–1024). Hierzu zählen Preisabstimmungen, Marktaufteilungen und vielfältige Formen der Diskriminierung. Die Kommission kann bei Unbedenklichkeit das Verfahren einstellen, oder aber Vereinbarungen untersagen und bei Zuwiderhandlungen Geldbußen bis zu 10% des Jahresumsatzes der beteiligten Unternehmen verhängen, wogegen diese zunächst vor dem Europäischen Gericht erster Instanz klagen können. Es gibt eine Kronzeugenregelung *(leniency programs)*, nach der ein Aussteiger vollständig oder begrenzt von den Strafzahlungen ausgenommen werden kann.

Eine gewisse Neuerung trat im Jahr 2003 in Kraft, da seitdem der Kommission kein Freistellungsmonopol mehr zukommt, d.h. Vereinbarungen müssen nicht mehr vorab angemeldet werden. Nunmehr gilt die so genannte Legalausnahme: Ex post kann die Kommission (oder ein eigeninitiativer Mitwettbewerber über Klagen) feststellen, dass ein Missbrauch vorliegt und dann untersagen; es wird also ein nachträgliches Missbrauchsprinzip im Unterschied zur vorherigen *ex ante* Zulassungspraxis angewandt. Zunächst müssen jedoch die beteiligten Akteure selbst entscheiden, ob ihre Vereinbarungen erlaubt sind oder nicht. Hierzu heißt es in Artikel 101 Abs. 3 AEUV: „[Agreements are allowed] which contribute to improving the production or distribution of goods or to promoting technical or economic progress, while allowing consumers a fair share of the resulting benefit" *(Blanco* (Hrsg.) 2006, 1023). Die Vereinbarungen müssen zudem unvermeidlich zwecks Hebung der Konsumentenwohlfahrt sein und sie dürfen den Wettbewerb nicht substantiell einschränken.

Zur näheren Bestimmung hat die Kommission unter Zustimmung des Rates zwecks Präzisierung Gruppenfreistellungsverordnungen erlassen, die durch die Bestimmung von Verhaltenskorridoren materielles Kartellrecht enthalten. Artikel 103 AEUV legitimiert dieses Verfahren: „The appropriate regulations or directives to give effect to the principles set out in Articles 101 and 102 shall be laid down by the Council, on a proposal from the Commission and after consulting the European Parliament" *(Blanco* (Hrsg.) 2006, 1024). Spezielle Freistellungsverordnungen wurden bisher zur vertikalen Integration (Europäische Kommission 1999 und 2000), zum Technologietransfer, für den KfZ-Vertrieb (Europäische Kommission 2002) und in der horizontalen Dimension für Spezialisierungen betreffende Vereinbarungen, für Forschung und Entwicklung und für den Verkehrs- und Versicherungsbereich erlassen. Die Gruppenfreistellungsverordnungen (siehe den Überblick in *Liebscher* (Hrsg.) 2003) werden zumeist von interpretierenden Leitlinien begleitet. Sie gelten für einen bestimmten Zeitraum (etwa fünf Jahre) und können dann überarbeitet werden. Sie enthalten in der Regel eine Art Unbedenklichkeitsschwelle (der zulässige Marktanteil der beteiligten Unternehmen liegt meistens zwischen 20 und 30%), unterhalb derer Vereinbarungen generell für unbedenklich erklärt werden. Vor allem durch die Leitlinien zeigt sich einmal mehr der Legislativcharakter der Kommission in der Grauzone.

Artikel 102 AEUV regelt den Missbrauch einer marktbeherrschenden Stellung. Eine solche lässt sich u.a. durch den Marktanteil ermitteln. Dieses Kriterium reicht aber wiederum nicht aus, da bei Vorliegen einer schlagkräftigen Konkurrenz ein hoher Marktanteil nicht unbedingt eine deutliche Einschränkung des Wettbewerbs auf dem Gemeinsamen Markt nach sich ziehen muss. Der Missbrauch kann in zu hohen (Ausnutzung einer marktbeherrschenden Stellung) oder zu niedrigen Preisen (Unterbietungswettbewerb zwecks Verdrängung der Konkurrenten) bestehen. Er kann sich in ungleichen Vertragsbedingungen oder durch andere Formen der Behinderung äußern. Im Jahr 2006 verhängte die Kommission Strafzahlungen von insgesamt 2,1 Mrd. Euro, im Durchschnitt entfallen 0.5–1 Mrd. Euro pro Jahr auf nicht erlaubte Kartelle. Bemerkenswert ist, dass inneres Wachstum an sich keiner Kontrolle unterliegt: Unternehmen können unbegrenzt wachsen und auch hohe Marktanteile erreichen. Erst bei einer nachweisbaren Ausnutzung einer solchen Stellung greift Artikel 102 AEUV ein.

Trotz der oben erwähnten Interventionsvorsicht gab es bis in die jüngste Vergangenheit bemerkenswerte Fälle. So musste VW im Jahr 1998 wegen Behinderungen beim KfZ-Verkauf eine Geldstrafe in Höhe von 90 Mio. Euro zahlen und Nintendo für den Zeitraum von 1991–1998 für länderspezifische Preisdifferenzen von bis zu 65% 168 Mio. Euro Strafe zahlen. Im Jahr 2001 wurde das Vitaminkartell (Vitamine werden u.a. in Keksen und Getränken zugesetzt), das aus acht Unternehmen bestand (unter ihnen Roche und BASF) und 10 Jahre währte, mit einer Geldstrafe von insgesamt 800 Mio. Euro bestraft. Im Februar 2008 musste Microsoft wegen *non-compliance* (Nichterfüllung von Auflagen) 899 Mio. Euro zahlen. Im gleichen Monat erregten die Bemühungen Aufsehen, die Stromanbieter zu regulieren, was bei E.ON zum (freiwilligen, antizipierenden) Netzverkauf führte (das Unternehmen musste wegen unterstelltem Siegelbruch im Zuge von Durchsuchungen eine Strafe von rund 30 Mio. Euro zahlen).

Im Unterschied zu wettbewerbsbeschränkenden Vereinbarungen und Missbräuchen marktbeherrschender Stellungen sieht die Fusionskontrollverordnung (EG 139/2004) eine *ex ante*-Prüfung bei großen Zusammenschlüssen mit unionsweiter Bedeutung vor: Ein Zusammenschluss ist vor dem Vollzug anzumelden. Dies passierte im Jahr 2006 in 356 Fällen (siehe den detaillierten Überblick in DG Competition 2006). Von einer unionsweiten Bedeutung wird insbesondere ausgegangen, wenn die beteiligten Unternehmen gemeinsam mehr als fünf Milliarden Weltumsatz und mehr als 250 Mio. Euro Umsatz in der EU aufweisen. Die Kommission kann einem Zusammenschluss zustimmen, Auflagen erheben oder ablehnen. In über 90% der Fälle kommt nur die erste Prüfungsphase zum Zuge, bei der nach spätestens 25 Tagen grünes Licht gegeben wird. Seit 1990 erfolgten insgesamt 19 Untersagungen. Entscheidend für die Pflicht zur Anmeldung ist nicht, dass sich der Unternehmenssitz in der EU befindet, sondern es gilt das Auswirkungsprinzip, so dass auch in den USA beheimatete Großunternehmen, die einen hohen EU-Absatz aufweisen, anmeldepflichtig sind. Dies sorgte im Jahr 2001 für erhebliche Verstimmung bei der Untersagung der Fusion von General Electric und Honeywell, die von der US-Wettbewerbsbehörde bereits genehmigt war. Bei solchen Untersagungen steht immer der Verdacht im Raum, es handele sich hierbei (auch oder erstrangig?) um Industriepolitik für europäische Unternehmen.

Anmeldepflichtige Fusionen sind dann zu untersagen, wenn eine marktbeherrschende Stellung erreicht wird und erhebliche Behinderungen eintreten. Eine erhebliche Beeinträchtigung liegt *nicht* vor, wenn neue oder alte Produkte effizienter angeboten werden (können), mit der Fusion also Kostensenkungen oder eine Erweiterung der Produktionspalette für die Verbraucher eintreten (siehe die ökonomisch vertiefte ökonomische Diskussion bei *Mano* 2002). Wie zum *new economic approach* bereits ausgeführt, ist eine Vorabeinschätzung der Zukunft schwierig bis unmöglich. Auch ein *ex post-review* (nachträgliche Überprüfung, siehe den ökonomisch tiefgründigen Versuch von *Buccirossi* et al. 2006) erweist sich als problematisch, da z.B. eine Preissteigerung nicht durch erhöhte Marktmacht, sondern eine gestiegene Nachfrage, eine Erhöhung der Inputpreise, die neue Qualität der Güter usw. hervorgerufen sein mag. Auch ist zu berücksichtigen, dass langfristig die innovative gegenüber der statisch-allokativen und der produktiven (Realisierung von *economies of scale*) Effizienz für die Konsumentenwohlfahrt am bedeutsamsten ist, diese aber *ex ante* am schwersten abzuschätzen ist und sich erst in fernerer Zukunft offenbaren kann. Man müsste ferner belegen, dass nicht eine noch höhere Effizienzsteigerung ohne die Fusion erfolgt wäre.

Hierbei ist man auf *counterfactuals* (Als-ob, was wäre wenn) angewiesen, die wissenschaftlich kaum als abgesichert gelten können. Man kann auch fragen, ob nicht kurzfristige Preiserhöhungen für längerfristig vorteilhafte Innovationen in Kauf zu nehmen wären (ein *mark up* für *spillovers*), doch all diese Überlegungen ruhen auf einem unsicheren empirischen Fundament. Zieht man die Gesamtwohlfahrt in Betracht, ließe sich eine Preiserhöhung auch dann rechtfertigen, wenn sich bei eingeschränkter Konsumentenwohlfahrt gemäß dem so genannten Williamsonschen *trade-off* eine dank gesunkener Kosten eintretende Überkompensation durch die gestiegene Produzentenrente ergäben würde. Sofern Fusionen nicht erlaubt werden, spricht sich die Kommission zumeist für Auflagen aus. Im Fall Pfizer und Pharmacia mussten Parallelprodukte zu Viagra, bei der Fusion Procter und Gamble und Wella einige Haarpflegeprodukte abgegeben werden. Die Entscheidung zum französischen Brunnenwassermarkt, bei dem es durch eine geplante Fusion zu einem Marktanteil bei Nestlé/Perrier von 48% und bei BSN von 32% gekommen wäre, lautete, noch einen dritten starken Wettbewerber zu etablieren. Die Kommission lehnte in diesem Fall ein starkes Duopol ab und akzeptierte im Prinzip ein enges Oligopol.

Am Ende dieses Abschnitts soll vergleichend gefragt werden, welches implizite Leitbild der Wettbewerbspolitik der EU sich abzeichnet. Ähnlich Eucken, dessen wettbewerbspolitisches Leitbild w.o. zunächst angeführt wurde, teilt die Kommission zwar die Ansicht, dass der Wettbewerb sich selbst eliminieren kann, sie ist aber weit davon entfernt, das Leitbild der vollkommenen Konkurrenz durchsetzen zu wollen. Ging es Eucken primär um die Kontrolle von (nicht nur ökonomischer) Macht, so hat die Kommission ‚Effizienz' im Auge. Auch dem Leitbild der Wettbewerbsfreiheit (*Hoppmann* u.a.) entspricht die Kommissionspolitik nicht, da sie von der Antizipierbarkeit von Marktprozessen ausgeht und sich (neben der Fusionskontrolle) nicht an *per se*-Regeln orientiert. Auch mit der ‚alten' Industrieökonomie stimmt sie kaum überein, da zwar auf Empirie und den Einzelfall abgestellt, aber Marktmacht nicht primär als Chance zur Ausbeutung Schwächerer angesehen wird, sondern auf Leistung und Effizienzvorteilen beruhen kann. Auch lehnt die Kommission einen allgemeinen Zusammenhang von Marktstruktur-, -verhalten und -ergebnis ab.

Sie folgte dabei auch nicht dem Ansatz der *workable competition* in der Version *Kantzenbachs* dar, der statische und dynamische Aspekte berücksichtigte und Oligopolen unter Effizienzgesichtspunkten ein Existenzrecht zuerkannte. Allerdings sprach sich *Kantzenbach* für das Vorliegen weiter Oligopole aus (vergleiche oben die Entscheidung zum französischen Brunnenwassermarkt) und er meinte im Unterschied zur Kommission, von der Marktform auf die Wettbewerbsintensität schließen zu können. Das allgemeine Verständnis des Wettbewerbs als dynamischem Prozess teilt die Kommission mit J.A. Schumpeter, der allerdings keine (bzw. widersprüchliche) wettbewerbspolitische Folgerungen zog. Auch changiert die Kommission in ihren Argumentationen oft zwischen statischen und dynamischen Effizienzargumenten, weshalb sich auch wie erwähnt verschiedenste Adjektive im Zusammenhang mit dem Wettbewerbsbegriff in ihren Veröffentlichungen finden.

Am ehesten stimmt die Politik der Kommission mit dem Programm der ‚neuen' Industrieökonomen überein, die folgerichtig auch die Entscheidungen der Kommission durch den Chefökonomen und seine Mitarbeiter wesentlich bestimmen. Auch bestehen weitgehende Übereinstimmungen mit der Chicago-Schule, für beide ist die Konsumentenwohlfahrt entscheidend (bei der Kommission allerdings, wie gesehen, nicht uneingeschränkt) und beide gehen davon aus, dass die Konzentration effizienzbedingt sein kann. Sie sprechen sich für Deregulierung (allerdings finden sich bei der

Kommission Argumente für eine weitergehende Reregulierung) und gegen ‚Staatsmonopole' aus. Die ursprüngliche Chicago-Schule geht aber von der neoklassischen Preistheorie als tendenziell zutreffendem Ansatz für die ‚lange Frist' (in einem längeren Zeitraum) aus, anstelle der von der Kommission bevorzugten Einzelfallbetrachtung (und des vermehrten Einsatzes der Ökonometrie). Ein grundlegender Unterschied dürfte ferner darin gesehen werden, dass die Chicago-Schule prinzipiell von einem *survival of the fittest* auf dem Markt ausgeht, was gegen nachdrückliche Eingriffe und Vorschreibungen (etwa in Form der Gruppenfreistellungsverordnungen) spricht und mit der tendenziellen Regelinflation der EU auch im Wettbewerbsbereich nicht im Einklang steht.

C. Einige staatswissenschaftliche Überlegungen zur Wettbewerbspolitik der EU

Wie ist das institutionelle und juristische Arrangement der Wettbewerbspolitik der EU zusammenfassend zu beurteilen? Als ein Charakteristikum der Wettbewerbspolitik der EU fiel die starke Stellung der Kommission auf. Im Bereich des Wettbewerbs dürfte einer ihrer stärksten Einflussbereiche liegen. Für dieses Arrangement mag ihre Unabhängigkeit sprechen, die jenseits der nationalen und politischen Abgrenzungen eine konsistente Politik ermöglicht. Dem steht zunächst gegenüber, dass sie zwar relativ unabhängig vom Demos wirkt, andererseits aber dennoch der konzertierten Aktion der (industriellen) Interessengruppen ausgesetzt ist und auf diese reagiert (*Eising* 2001). Als Beispiel wird oft der Einfluss der *European Round Table Industrialists* auf die gesamte Binnenmarktstrategie erwähnt. Ferner bestehen prinzipielle Interessenkollisionen in der Kommission, da sie auch für die Industriepolitik zuständig ist. Einige Verbotsfälle gegenüber amerikanischen Zusammenschlussprojekten, z.B. der in den USA bereits genehmigte Zusammenschluss von General Electric und Honeywell aus dem Jahr 2001, hinterließen einen schlechten Eindruck. Dies gilt auch für den umgekehrten Fall, z.B. die Untersagung der Fusion von BOC und Air Liquide im Jahr 2000 durch die amerikanische Seite.

Aus staatswissenschaftlicher Sicht könnte man hier von einer Fehl- oder auch Unterinstitutionalisierung ausgehen. Ein Aspekt des Schmollerschen Ansatzes ([1]1884/1944) besteht in der von der Jüngeren Historischen Schule formulierten Aufgabe an die Politik, jeweils für Institutionen auf Augenhöhe mit der zunehmenden ökonomischen Internationalisierung und Globalisierung zu sorgen, eine Zielsetzung, die damals bei der Herstellung eines nationalstaatlichen Regimes angemahnt wurde und sich heute auf europäischer und internationaler Ebene neu stellt. Bekanntlich gibt es in der internationalen Wettbewerbspolitik nur eine Zusammenarbeit in Form von im

Prinzip unverbindlichen Netzwerken *(European Competition Network, International Competition Network).* Zwar wird auf europäischer Ebene durch das *One-Stop-Shop-Prinzip* (dezentralisierte Beschlussfassung auf nur einer – zumeist nationalen – Ebene) eine Vereinheitlichung durch die vorhergehende – von der Kommission vorangetriebene – Vereinheitlichung der Rechtsprechung hervorgerufen, aber die auch demokratietheoretisch fragwürdige Ansiedelung der Entscheidungsfindung bei der Kommission als einem zielpluralen Organ der EU, das eigentlich der Exekutive zuzurechnen ist, bleibt. Eine dem Problem und dem Internationalisierungsgrad angemessene Lösung bestünde trotz aller pragmatischen Einwände der im Hier und Jetzt verhafteten Realisten in der kurzfristigen Gründung einer *European Competition Agency* und ihrem längerfristigen Aufgehen in einer *World Competition Organization.*

Ein zweiter staatswissenschaftlicher Aspekt kann in die These gekleidet werden, dass es eine wie immer definierte optimale (ökonomisch objektiv, rein sachlogisch bestimmte) Wettbewerbspolitik nicht geben kann und sie daher letztlich immer auf normativen Entscheidungen ruhen muss. Der Gedanke lässt sich anhand von zwangsläufigen *trade-offs* der Wettbewerbspolitik erläutern. So stehen erwarteten *positive economies of scale* durch Fusionen eine zunehmende Marktmacht und machtbedingte Preisfestsetzungsspielräume gegenüber. Die Bedingungen und Voraussetzungen der statischen Allokationseffizienz widersprechen dilemmatisch denen der dynamischen (Innovations)Effizienz. Die Aufstellung von Regeln (Regulierung) zur Verhinderung von Vermachtung schränkt selbst wieder die Handlungsfreiheit der Wirtschaftssubjekte ein, insbesondere durch deren kumulative Beschränkungswirkungen. Die Aufhebung von klaren Vermutungstatbeständen lockert die situationsunspezifischen, allgemeinen, behindernden Aspekte des Wettbewerbsrechts auf. Die Vermutungstatbestände führen aber durch die zahlreichen Freistellungsverordnungen zu einem Verlust spontaner Regelentwicklungen und formulieren z.B. in Form der Richtlinien genaue Vorstellungen darüber, wie in der zeitlichen und räumlichen Dimension Wettbewerb auf einzelnen Märkten vor sich zu gehen hat. So verbietet die Verordnung zum KfZ-Vertrieb das vertikale Bindungsprinzip von Hersteller und Händler, aber wer weiß, ob dieses System nicht ein vom (deutschen) Kunden präferiertes Arrangement darstellt, bzw. sich ein Präferiertes aus ihm entwickelt hätte.

Hiermit ist auch das Problem eines zwangsläufig recht einfachen, rein preislichen Spotmarkt-Wettbewerbs als *benchmark* angesprochen, das nach Meinung einiger den Besonderheiten vieler Märkte nicht gerecht wird (die Buchpreisbindung stellt ein oft genanntes Beispiel dar). „Von oben" wird eine bestimmte Form des Wettbewerbs vorgeschrieben, die einen Hayekschen Wettbewerb der Regeln ausschließt, so dass eine bestimmte Form des Wettbewerbs andere Formen des Wettbewerbs ausschließt. Ein weiteres Problem kann im Antagonismus der Herstellung von Wettbewerb im Unterschied zur Förderung der Wettbewerbsfähigkeit gesehen werden, da letztere z.B. die öffentliche Zusprechung von Forschungsförderungsgeldern beinhalten kann, um im internationalen Wettbewerb besser bestehen zu können, was eine selektive Bevorzugung nach sich zieht. Auf einer fundamentalen Ebene kann man auch einen Widerspruch zwischen Recht und Freiheit im Sinne der Gewährung gleicher Startbedingungen und Ökonomie und Effizienz im Sinne vermuteter besserer Ergebnisse sehen. Schließlich kennt man aus anderen Politikbereichen den Widerspruch zwischen den Vorzügen pragmatischer Anpassungsmöglichkeiten (auf die wie gesehen weitgehend in der Wettbewerbspolitik der EU gesetzt wird), denen die mangelnde Vorhersagbarkeit der zukünftigen Regeln und aktuellen Entscheidungen gegenüber steht *(rules versus discretion)*.

Einen weiteren staatswissenschaftlichen Aspekt stellt das Problem der Idiosynkrasie vor. Hierunter ist zu verstehen, dass (wettbewerbs)theoretische Ansätze entweder weit gefasst werden können (sie treffen z.B. allgemeine Aussagen zum Verhältnis Marktstruktur, -verhalten und -ergebnis), sie aber in dieser Allgemeinheit falsch sind (z.B.: weite Oligopole oder vollkommenen Konkurrenzmärkte bringen immer die besten Marktergebnisse hervor). Oder aber die Alternative besteht in der Anwendung sehr spezifischer Ansätze (z.B. der Spieltheorie), die dem Einzelfall gerecht zu werden versuchen. Hier stellt sich aber das Problem der Auswahl des richtigen (Oligopol)Modells, leider besteht hierbei zwischen z.B. Bertrand- und Cournotmodellen ein nicht überbrückbarer dezisionistischer Spielraum und die Wahl des Modells beeinflusst wie erwähnt das Prüfergebnis entscheidend. Hinzu kommt, dass die Spieltheorie bei wiederholten Spielen (also solchen, die in der Realität meistens vorkommen) fast immer zu einer Vielzahl von Gleichgewichtsergebnissen führt (das so genannte Folk-Theorem), die mal für und mal gegen z.B. eine Fusion sprechen. Es kommt also zur Dezision der Modellwahl an sich noch eine nachgelagerte Dezision bei multiplen Lösungen hinzu.

Der ergebnisorientierte, wohlfahrtsökonomische Ansatz der Kommission steht vor weiteren Problemen, z.B. dem der Deutung von Extragewinnen: Sind diese auf Effizienz oder Kollusion zurückzuführen? Am Günstigsten für Innovationen ist eine Marktstruktur, die zwischen Wettbewerb und Monopol angesiedelt ist, aber wo genau dazwischen liegt die optimale Struktur? Zu dieser Frage hat die Volkswirtschaftslehre keine wirklich guten, allgemeinen Antworten entwickelt. Auch *ex post* lässt sich dies nicht genau sagen, denn nicht nur in der Pharmabranche stellt sich die Frage, wie eng der Zusammenhang zwischen Unternehmensgröße, Marktkonzentration und Scheininnovationen ist, abgesehen davon, dass die Unterscheidung von Innovationen und Scheininnovationen nicht leicht fällt. Nach Gewährung einer Fusion kann diese auch angesichts der resultierenden Ergebnisse später nicht rückgängig gemacht werden (außer im Falle des offenkundigen Missbrauchs). Ein ganz anderes Problem besteht in der Gewichtung der Querschnittspolitiken (Umwelt, Steuern usw.). So mag die Liberalisierung des Luftverkehrs und die Förderung des Wettbewerbs billigere Flugpreise bewirken, sie fällt aber zugleich den umweltpolitischen Zielen der EU massiv in den Rücken. Zurzeit entscheidet sich die Kommission für beides gleichzeitig, was zu ineffizienten (Schein)Lösungen führt.

Zumindest in der Frage der grundlegenden innerökonomischen Wertehierarchie hat sich die Kommission festgelegt (dies geht u.E. aber nicht zwangsläufig aus den entsprechenden Artikeln der Verträge hervor): Der Effizienzaspekt rangiert wertmäßig vor der Euckenschen Macht- und Dezentralisierungsfrage, allerdings wird dann etwas offen gelassen, ob man nun ausschließlich dem Konsumentenstandard zu folgen gedenkt, oder auch die Produzentenrente berücksichtigt. Was die Anwendung der ökonomischen Theorie betrifft, besteht das Problem darin, für fast jede Entscheidung ein plausibles Argument aus einem der ökonomischen Theorieansätze entnehmen zu können. Im Falle des KfZ-Vertriebs hätte man das frühere deutsche Bindungssystem mit den typischen Argumenten der Transaktionsökonomie zu vertikalen *hold-ups* (Ausnutzung jeweils einer Seite durch Androhung der Aufkündigung der Beziehung) legitimieren können. Das jetzt vorgeschriebene offene System lässt sich mit dem Mises/Hayekschen Argument des lokalen und dezentralen besseren Wissens (hier: der Händler) rechtfertigen (so z.B. bei *Kerber* und *Vezzoso* 2004). Beide Ansätze sind im Prinzip plausibel, aber nicht vergleichbar und sie führen zu entgegen gesetzten Politikempfehlungen.

Das Problem der sinnvollen Übersetzbarkeit von ökonomischer Theorie in wettbewerbsrechtliche Praxis ließe sich an vielen Beispielen exemplifizieren, etwa anhand der Begründungen für staatliche Beihilfen für F & E und Innovationen (Europäische Kommission 2006), die Hinweise auf positive externe Effekte, öffentliche Güter, asymmetrische Information usw. enthalten. Aus diesen allgemeinen Überlegungen lässt sich kaum ableiten, ob überhaupt (z.B. angesichts von Mitnahmeeffekten), falls ja in welchen Bereichen, mit welcher Intensität und mit welchen Koordinationsformen Beihilfen im Einzelfall gewährt werden sollten oder nicht (siehe auch den Beitrag mit den entsprechenden Literaturangaben von *Scherzberg* in diesem Band).

Hinzu kommt natürlich, dass die Vorab-Antizipation von Marktergebnissen in der Zukunft (z.B. nach einer Fusion) mit dem basalen Unsicherheitselement von Marktwirtschaften nicht vereinbar ist, setzt sie doch voraus, dass der Industrieökonom es im Zweifelsfall besser weiß als die Akteure selbst. Aufgrund des offenen Systemcharakters der Ökonomie und in Übereinstimmung mit der Theorie effizienter Märkte ist eine solche Voraussage allerdings unmöglich. Bei richtigen Modellen über Marktentwicklungen für zeitlich kürzere Prozesse (der kurzen Frist) wären die anwendenden Ökonomen schnell sehr reich (durch Aktienan- oder -verkäufe), sie sind es tatsächlich aber nicht. Wenn sie z.b. die Aktienkurse nicht vorhersehen können, wieso sollten sie dann in der Lage sein, eine (viel schwieriger zu erratende) Konsumentenrente präzise bestimmen zu können? *Ex post* wird diese Aufgabe keinesfalls leichter; bereits weiter oben im Zusammenhang mit dem *new economic approach* darauf hingewiesen wurde, dass auch in der nachträglichen Perspektive Extragewinne hinsichtlich ihrer Ursachen schwer zu deuten sind. Nicht zu vergessen ist noch, dass die ‚modernen Ökonomen' nicht nur die Zukunft der Marktergebnisse nach der angezeigten Fusion antizipieren können müssen, sondern sie müssen auch noch kontrafaktisch diese Ergebnisse mit den zu erwartenden Ergebnissen im Falle einer Nichtfusion vergleichen und bewerten können, ob also der Effizienz-Nettovorteil einer Fusion die eintretende Vermachtung überwiegt. Zu bewundern ist das Selbstbewusstsein derer, die sich eine solche Bewertung zutrauen (siehe auch die kritischen Überlegungen in Bundeskartellamt 2004 und zur deutschen Diskussionslandschaft die Beiträge in Monopolkommission (Hrsg.) 2005).

Schließlich tritt noch der Aspekt hinzu, dass sich verschiedene Marktsituationen funktional eigentlich nicht vergleichen lassen und der Effizienzvergleich im strengen Sinne unzulässig ist. Dies hängt, wie *F. Knight*, ein früher Vertreter der Chicago-Schule ganz zutreffend herausarbeitete, damit zusammen, dass bei verschiedenen Wirtschaftsstrukturen andere Bedarfe geschaffen oder befriedigt werden (können), andere Verteilungskonstellationen vorliegen usw. Wie aus der Transaktionskostenökonomie bekannt, sind solche unterschiedlichen Konstellationen eigentlich nicht vergleichbar, weshalb z.B. *Knight* eine weitgehend unregulierte Marktwirtschaft alleine unter dem Gesichtspunkt maximaler individueller Freiheit legitimierte. *Piore* und *Sabel* (1984) wiesen in einer ihrer industrieökonomischen Untersuchungen darauf hin, dass zu Beginn des 20. Jahrhunderts, als ein Bifurkationspunkt vorlag, auch ein ganz anderes (dezentral-kleinräumigeres) Wirtschaftssystem hätte entstehen können, mit völlig anderen Zielfunktionen, zwischen denen normativ zu wählen war (tatsächlich folgte man einem eher zufälligen *natural drift*).

Aus staatswissenschaftlicher Sicht folgt nach unserer Ansicht aus den vorstehenden Überlegungen eher ein Ansatz des Eintretens für faire Marktverhältnisse unabhängig von den Marktergebnissen, da diese sich sachlogisch bedingt nicht erahnen lassen und Fairnessgesichtspunkte als kulturell-institutionelle Aspekte von Marktwirtschaften unabdingbar sind. Um auf Augenhöhe mit der globalisierten Wirtschaft zu liegen, bedarf es einer internationalen Wettbewerbsinstitution, die ähnlich unabhängig wie die Europäische Zentralbank sein sollte. Fusionen, um sich hier auf diesen Aspekt aus Raumgründen zu beschränken, sollten ab einem bestimmten Konzentrationsgrad untersagt werden. Es könnte auch überlegt werden, ob nicht zum Ausgleich der bereits vorhandenen Vermachtung in multinationalen Unternehmen eine gewisse *countervailing power* (*J.K. Galbraith*) in Form einer europäischen Unternehmensmitbestimmung zugelassen werden sollte, da die kurzfristigen Verlierer der Globalisierung Menschen in ihrer Rolle als Arbeitnehmer sind. Auch über diverse Formen des Einbezugs von anderen *Stakeholdern* wäre nachzudenken.

Es leuchtet nicht ein, den Superökonomen die Beurteilung zukünftiger Konsumentenrenten alleine zu überlassen. Zivilgesellschaftliche Konsumentenorganisationen könnten durch eine Reform der Klagemöglichkeiten, den besseren Einbezug in die Entscheidungsverfahren und vor allem durch finanzielle Unterstützung (als Ausgleich zur Finanzmacht der multinationalen Konzerne, etwa aus den jährlichen Strafzahlungen bei Wettbewerbsverletzungen bezahlt) eine Stärkung erfahren (*Murray* und *Johnstone* 2005). Nicht schlecht wäre auch ein hiermit verbundener Einbezug der europäischen Öffentlichkeit, die die Deliberationsprozesse der Kommission und insbesondere der Generaldirektion IV verfolgen könnte, anstatt von den Entscheidungen in einer kurzen Zeitungsnotiz auf der Wirtschaftsseite zu erfahren. Ein Problem besteht sicher in der mangelnden demokratischen Dignität der europäischen Wettbewerbsordnung, zu der auch die Undurchsichtigkeit für den Bürger angesichts der Regelinflation gehört, die nur wenige Experten durchschauen.

Nur kurz sei darauf hingewiesen, dass die Wettbewerbspolitik der EU ziemlich genau die Grundlagen des politischen Systems der EU (*Tömmel* 2008, Kapitel 7) wieder spiegelt: Ein nicht hierarchisches, eher ‚nebengeordnetes' Verhandlungs- und Verflechtungssystem *(multi-level* bzw. *network governance)*, ein Mehrebenensystem *sui generis*, das Intergouvernementalismus (Ministerrat) und Supranationalismus (Kommission, EU-Parlament) spannungsreich vereint und mit demokratischen Akzeptanzproblemen behaftet und in gewissem Sinne ein Elitenprojekt ist (z.B. durch die Rolle der Industrieökonomen und der Kommission). Die Meinungen über die längerfristige Zielrichtung der EU gehen auseinander, eine Finalität der EU, ein großer Zukunftsentwurf ist nicht zu erkennen. Diese Nicht-Finalität zeigte sich auch in dem eher rudimentären wettbewerbspolitischen Leitbild der EU, die Zuflucht zu einem gewissen technokratischen Effizienzdenken und dem Schutzpanzer der formalen Ökonomie (als Zielersatz?) nimmt.

Abschließend lässt sich noch die Frage stellen, ob es nicht auch zu viel Wettbewerb und Deregulierung (die hier vernachlässig wurde) geben könnte? Für den EU-Bürger bestehen tatsächlich zunehmende, wettbewerbsinduzierte Optionen: Man kann/muss jenseits der Gesetzlichen Krankenversicherung die Riester- oder Rürup-Rente beantragen, den Strom-, den Kommunikationsanbieter und vieles mehr frei wählen. Doch diese Freiheiten haben ihren Preis: Sie verursachen Transaktionskosten, die vor allem in Form von Informationskosten Zeit verschlingen. Bei der Riesterrente greifen einige Anbieter in Form versteckter Kosten gut zu, für viele würde es Sinn machen, auf den staatlichen Zuschuss ganz zu verzichten, da dann keine Abgeltungssteuer anfällt, für andere wäre eine Entgeltumwandlung von Vorteil usw. Die meisten Privatanleger verschenken Rendite durch mangelnde Informationen über eine sinnvolle und kostengünstige Portfoliozusammensetzung usw. Zunehmendem Wettbewerb müsste zunehmender Verbraucherschutz und Verbraucherinformation, gerade im Bereich der Finanzprodukte, zur Seite gestellt werden, die mehr als spärliche Ausstattung der Verbraucherzentralen nicht nur in Deutschland widerspricht diesem Erfordernis.

Hinzu kommt, dass freigelassene Marktprozesse bei begrenzter Haftung zu falschen Rendite/Risikokombinationen führen können. Die Immobilien-, Finanz- und weltweite Wirtschaftskrise, vorläufig der Jahre 2008 und 2009 zeigt, dass eine von vielen Banken durch Wettbewerbsprozesse angeregte angepeilte Rendite von über 20% nur bei entsprechend höherem Risiko zu haben ist, was schlussendlich die gesamte Weltwirtschaft ins Wanken bringen kann. Die Frage, inwieweit man auf die Selbstheilungskräfte und Selbst(re) adjustierungsfähigkeit der Märkte setzen sollte, oder nicht eher in zu regelmäßigen Abständen kontraproduktiver irrationaler Überschwang vorherrscht, den man besser regulativ abmildern sollte (*Shiller* 2000), sei hier offen gelassen.

Auch wurde von Vertretern der Sozialen Marktwirtschaft oft ins Feld geführt, dass es aus Gründen der anthropologischen Gesundheit (*Röpke* 1979) marktfreie Sphären geben muss (*Habermas*' Kolonialisierung der Lebenswelt), um keiner Moralzehrung zu unterliegen und die Menschen nicht vitalpolitisch auszulaugen.

Es fragt sich ferner, ob das Prinzip des Wettbewerbs und der Binnenmarktfreiheiten es rechtfertigen, nach und nach durch die Hintertür unterschiedliche Formen nationalen Arbeitsrechts zu schleifen und das Wettbewerbsparadigma auch Bereichen überzustülpen, denen dies womöglich nicht gut bekommt (Beispiel: Bildung und Hochschulen).

Der hier ausgeklammerten Privatisierung von ehemaligen *public utilities* kommt auch eine demokratierelevante Dimension zu, da sich der Staat zunehmend Gestaltungsfelder aus der Hand nehmen lässt und keine eigenen Impulse mehr zu geben in der Lage ist (Beispiel: die Bahn als wesentlicher Träger einer modernen Infrastruktur). Da die Privatisierungen fast alle in Bereichen mit natürlichen Monopolen durch Netzwerkstrukturen oder anderen *essential facilities* liegen, erfordern sie früher oder später Nachregulierungen durch die Öffentlichkeit, die wegen bestimmter *trade-offs* nicht optimal gestaltet werden können (*Viscusi, Harrington* und *Vernon* 2005).

Zunehmender Wettbewerb sollte, um diesen Aspekt hier nur anzudeuten, schließlich nur dann zugelassen werden, wenn nicht offenkundig weitere Belastungen der Biosphäre erfolgen, deren Absorptionsfähigkeit ökonomischem Handeln den ultimativen Restriktionshorizont vorgibt. Die eigentliche Frage, die sich die Bürger der EU nach Meinung des Verfassers dieses Beitrages im Innersten zu stellen haben, lautet: Können wir uns angesichts der zunehmenden Degradation der Biosphäre wachsende Güterberge, die uns kaum glücklicher machen dürften (*Binswanger* 2006), weiterhin leisten oder ist nicht das Festhalten an der Lissabonner Wachstumsorientierung ein Fehler, der uns im Verbund mit den aufstrebenden neuen Konsumenten der Schwellenländer weiter an den Abgrund führt (*Meadows, Randers und Meadows* 2007, *Angrick* 2008)?

Literatur

Angrick, Michael (2008): Ressourcenschutz für unseren Planeten, Marburg.

Bannerman, Edward (2002): The Future of EU Competition Policy, Freshfields, Mimeo.

Baum, Thomas (1982): Per se Rule versus Rule of Reason und Kartellamtsautonomie, WuW 1982, S. 912 ff.

Behrens, Peter/Braun, Ellen/Nowak, Carsten (Hrsg.) (2006): Europäisches Wettbewerbsrecht nach der Reform, Baden-Baden.

Binswanger, Matthias (2006): Die Tretmühlen des Glücks, Freiburg.

Blanco, Luis Ortiz (Hrsg.) (2006): EU Competition Procedure, Oxford.

BMWi (Bundesministerium für Wirtschaft und Technologie) (2008): Wirtschaftspolitische Aspekte des Vertrags von Lissabon, in: BMWi (Hrsg.): Schlaglichter der Wirtschaftspolitik, 02/2008.

Bofinger, Peter (2007): Grundzüge der Volkswirtschaftslehre, 2. Aufl., München.

Buccirossi, Paolo et al. (2006): Ex-Post Review of Merger Control Decisions: A Study for the European Commission prepared by Lear, Mimeo.

Bundeskartellamt (2004): Wettbewerbsschutz und Verbraucherinteressen im Lichte neuerer ökonomischer Methoden, Diskussionspapier.

Christiansen, Arndt (2006): Der „more economic approach" in der EU-Fusionskontrolle, in: Zeitschrift für Wirtschaftspolitik, S. 150 ff.

Clark, Emily/Hughes, Mat/Wirth, David (2004): Analysis of Economic Models for the Calculation of damages, Ashurst, Brüssel, Mimeo.

Cox, Helmut/Jens, Uwe/Markert, Kurt (Hrsg.) (1981): Handbuch des Wettbewerbs, München.

DG Competition (Directorate General for Competition): Annual Activity Report 2006, Brüssel 2006.

Eising, Rainer (2001): Interessenvermittlung in der Europäischen Union, in: Reutter/Rütters (Hrsg.): Verbände und Verbandssysteme in Westeuropa, Opladen, S. 453 ff.

Europäische Kommission (2007): Bericht über die Wettbewerbspolitik 2006, Luxemburg.

– (2005): Europäische Wettbewerbspolitik und die Verbraucher, Luxemburg.

– (2006): Gemeinschaftsrahmen für Staatliche Beihilfen für Forschung, Entwicklung und Innovation, Amtsblatt der EU, 2006/C 323/01.

– (2000): Leitlinien für vertikale Beschränkungen, Amtsblatt der EU, C 291/1 vom 13.10.2000.

– (2002): Verordnung (EG) Nr. 1400/2002 der Kommission zu Gruppen von vertikalen Vereinbarungen und aufeinander abgestimmten Verhaltensweisen im Kraftfahrzeugsektor.

– (1999): Verordnung (EG) Nr. 2790/1999 zu Gruppen von vertikalen Vereinbarungen und aufgrund abgestimmten Verhaltens.

Faull, Jonathan/Nikpay, Ali (Hrsg.) (2007): The EC Law of Competition, Oxford.

Furse, Mark (2006): Competition Law of the EC and UK, Oxford.

Goyder, Daniel (Hrsg.) (2003): EC Competition Law, 4. Aufl., Oxford.

Herdzina, Klaus (1999): Wettbewerbspolitik, 5. Aufl., Stuttgart.

Hildebrand, Doris (2005): Der „more economic approach" in der Wettbewerbspolitik, WuW 2005, 513ff.

Hofer, Paul/Williams, Mark/Wu, Lawrence (2005): Empirische Methoden in der Europäischen Fusionskontrolle, WuW 2005, S. 155 ff.

Kerber, Wolfgang/Vezzoso, Simonetta (2004): EU Competition Policy, Vertical Restraints, and Innovation: An Analysis from an Evolutionary Perspective, Volkswirtschaftliche BEiträge des Fachbereichs Wirtschaftswissenschaften der Phillips-Universität Marburg, Nr. 14, Marburg.

Knieps, Günter (2005): Wettbewerbsökonomie, Berlin.

Liebscher, Christoph (Hrsg.) (2003): Handbuch der EU-Gruppenfreistellungsverordnungen, München.

Mano, Miguel de la (2002): For the Customer's Sake: The competitive effects of efficiencies in European Merger Control, Enterprise Papers No. 11 (herausgegeben von der Europäischen Kommission), Brüssel.

Meadows, Donella/Randers, Jørgen/Meadows, Dennis (2007): Grenzen des Wachstums: Das 30-Jahre-Update, 2. Aufl., Stuttgart.

Monopolkommission (Hrsg.) (2005): Zukunftsperspektiven der Wettbewerbspolitik, Baden-Baden.

Murray, Alsdair/Johnstone, Jill (2005): Consumers and EU Competition Policy, (British) National Consumer Council, Mimeo.

Olten, Rainer (1998): Wettbewerbstheorie und Wettbewerbspolitik, München.

Piore, Michael/Sabel, Charles (1984): The Second Industrial Divide, New York.

Röpke, Wilhelm (1979): Civitas Humana, 4. Aufl., Bern.

Rose, Vivien (Hrsg.) (2008): European Community Law of Competition, 6. Aufl., Oxford.

Schäfer, Wolf/Czege, Andreas (Hrsg.) (2007): Das Gemeinsame Europa – viele Wege, kein Ziel?, Baden-Baden.

Schmidt, Ingo/Schmidt, André (2006): Europäische Wettbewerbspolitik und Beihilfenkontrolle, München.

Schmidt, Ingo (2005): Wettbewerbspolitik und Kartellrecht, 8. Aufl., Stuttgart.

Schröter, Helmuth/Thinam, Jakob/Mederer, Wolfgang (Hrsg.) (2003): Kommentar zum Europäischen Wettbewerbsrecht, Baden-Baden.

Schmoller, Gustav (1944): Das Merkantilsystem in seiner historischen Bedeutung. Frankfurt 1944 ([1]1884).

Schulz, Norbert (2003): Wettbewerbspolitik, Tübingen.

Shiller, Robert J. (2000): Irrational Exuberance, Princeton.

Stopper, Martin (2007): Instrumente europäischer Wettbewerbspolitik, Baden-Baden.

Tömmel, Ingeborg (2008): Das politische System der EU, 3. Aufl., München.

Viscusi, W. Kip/Harrington, Joseph E./Vernon, John M. (2005): Economics of Regulation and Antitrust, Cambridge, MA.

Das Wettbewerbsparadigma aus Sicht der Sozialwissenschaften

Die „Wettbewerbsfähigkeit" als Selbstbeschreibung und Identitätsformel der Europäischen Union

Theresa Wobbe

A. Einleitung

Seit den Schlussfolgerungen der EU-Ratstagung von Lissabon im Jahre 2000 hat der Begriff der „Wettbewerbsfähigkeit" als EU-offizielles Konzept auch weit über die Europaforschung hinaus Beachtung gefunden. Der Lissabon-Prozess gilt als Wendepunkt zu einem programmatischen Verständnis von Wettbewerbsfähigkeit, da mit diesem Leitbild die Ideen einer dynamischen Wirtschaftsentwicklung und einer Konkurrenzfähigkeit als wissensbasierter Gesellschaft in der globalen Welt verankert werden.

In diesem Beitrag möchte ich die Frage behandeln, wie die EU die „Wettbewerbsfähigkeit" als ihr Leitbild eigentlich verwendet und welche Relevanz diese Verwendungsweisen für ihre Selbstbeschreibung und Identität haben. Welche Bedeutung hat es, wenn die EU verstärkt auf Wettbewerbsfähigkeit abhebt und welche soziale Funktion hat dieses Skript[1] für ihre Identität?

Das was heute die EU ausmacht, hat in den 1950er Jahren mit dem *market building* als Wirtschaftsgemeinschaft begonnen. Seitdem hat die EU über die Wirtschaftsverfassung hinaus als politische Union auch eine Währungs-, Sozial- und Sicherheitsverfassung verankert. Freilich bleibt sie weiterhin vor allem eine Wirtschaftsgemeinschaft, deren institutioneller Kern der Markt darstellt. Mit der Gründung der Europäischen Wirtschaftsgemeinschaft (EWG) werden in den 1950er Jahren der ‚unverfälschte'

---

[1] Mit „Skript" soll hier anknüpfend an Erving Goffman ein Komplex an Leitvorstellungen und Handlungs‚drehbüchern' bezeichnet werden.

Wettbewerb im Gemeinsamen Markt und die Wettbewerbsfähigkeit mit Drittstaaten angestrebt (vgl. *Knipping* 2004; *Münch* 2008). Das Thema der Wettbewerbsfähigkeit muss demnach nicht erst entdeckt und erfunden werden, es ist dem europäischen Integrationsprozess vielmehr von Beginn an in die Wiege gelegt.

Ich gehe daher davon aus, dass die Wettbewerbsfähigkeit ein Dauerthema der Marktbildung darstellt, das in der zeitlichen Dauer Modifikationen erfährt, die eng mit den Integrationsphasen und der Selbststabilisierung der EU in Verbindung stehen. Genauer geht es darum, dass im Zuge des Binnenmarktprojektes und der wirschaftlichen Globalisierung der 1980er Jahre dieses Thema verstärkte Relevanz für die Selbstbeschreibung der EU erhält. Darauf deutet nicht zuletzt auch die Lissabon-Strategie selbst hin, in der eine neue Herausforderung in der globalisierten Welt, nämlich ein „Quantensprung" (Lissabon 2000: 1) behauptet wird.

Der Beitrag hat drei Teile. Zunächst werden Wettbewerb und Wettbewerbsfähigkeit soziologisch als Modus der wechselseitigen Beobachtung und des Vergleichs umrissen. Im zweiten Teil wird die Umstellung vom Gemeinsamen zum Binnenmarkt auf die „Wettbewerbsfähigkeit" hin beleuchtet. Vor diesem Hintergrund soll abschließend gezeigt werden, dass die forcierte Verwendung des Leitbildes der Wettbewerbsfähigkeit die Funktion erfüllt, die Identität der EU im globalen Kontext zu profilieren.

Was im Folgenden behandelt wird, ist also eher ein *moving picture* als ein *snap shot* (vgl. *Pierson* 2000). Genese und Wandel der Thematik der Wettbewerbsfähigkeit entfalten sich historisch und sind institutionell mit verschiedenen Wendepunkten der Marktbildung verzahnt. Erst in dieser Perspektive lässt sich ermessen, wie diese seit der Lissabon-Strategie ins Rampenlicht geschobene Thematik zu gewichten ist und inwiefern sie für die Selbstbeschreibung der EU genutzt werden kann. Es geht in diesem Beitrag somit um die „Wettbewerbsfähigkeit" als ein Beobachtungsschema für die Systemstabilisierung der EU und weniger um die Frage, ob dieses Leitbild ein angemessenes Politikziel darstellt (vgl. hierzu den Beitrag von *Wegner* in diesem Band).

B. Wettbewerb als sozialer Mechanismus der wechselseitigen Beobachtung und des Vergleichs

Als Compositum ist die Wettbewerbsfähigkeit im Bedeutungsfeld von Wettbewerb, Befähigung zum Wettbewerb und Steigerung des Wettbewerbs angesiedelt. Soziologisch ist mit Wettbewerb zunächst eine soziale Beziehung des ‚friedlichen', also geregelten Kampfes gemeint, „in der eine formal friedliche Bewerbung um eigene Verfügungsgewalt über Chancen geführt wird, die auch andere begehren" (*Weber* 1972: 20). Wettbewerb stellt demnach für Weber einen Mechanismus sozialer Beziehungen dar, bei dem die Interaktion als Tausch-, Interessen-, Konkurrenz- und Preiskampf Gestalt annimmt. Während Weber auf die Austauschsituation im Wettbewerb fokussiert, in der das soziale Handeln am Konkurrenten orientiert ist, wählt Simmel eine andere Perspektive.

Für Simmel steht bei der Konkurrenz nicht die Ausrichtung am Gegner im Vordergrund. In seiner Sicht geht es nicht primär darum, etwas zu erlangen, was der andere bereits hat, sondern es geht um ein Drittes. Dass es sich dabei gewissermaßen um Dauerbeobachtung handelt, nämlich um das ständige aneinander Messen, hat Simmel um die Wende zum 20. Jahrhundert erstmals wegweisend herausgearbeitet. Im Leistungswettbewerb messen sich die Akteure stetig im Hinblick auf ein konkretes Ziel mit den Anderen.

Diese „merkwürdige Form des Kampfes" (*Simmel* 1903: 175) sei dadurch charakterisiert, dass er durch das wechselseitige Wissen um die Leistungen der Anderen enorm gesteigert werde, und zwar dergestalt, „als ob kein Gegner, sondern nur das Ziel auf der Welt wäre" (ebenda). Die Sachdimension, die von Personen und lokalen Kontexten abstrahiert, rückt somit in den Vordergrund und es ist diese Sachdimension, die die „ungeheure vergesellschaftende Wirkung" hat (*Simmel* 1903: 176; vgl. *Nullmeier* 2000: 194f.; *Rosa* 2006). Wettbewerb lässt sich daher zusammenfassend als ein spezifisches soziales Beobachtungsverhältnis bezeichnen, das unter den Bedingungen der Moderne als Leistungskonkurrenz institutionalisiert wird.

Vor diesem Hintergrund wird auch die strukturelle Verknüpfung zur modernen Gesellschaft verständlich. Im Zuge des Umbruchs von der stratifikatorischen zur funktional differenzierten Gesellschaft erhält diese Form des Wettbewerbs eine strukturelle Grundlage.[2] Die Transformation von der traditionalen zur modernen Gesellschaft zeichnet sich durch eine Umstellung der Verteilungsmuster vom Prinzip der Zuweisung und Zuschreibung (*ascription*) zu dem der Leistung (*achievement*) aus. Ressourcen und Positionen werden nicht mehr primär nach dem Herkunftskontext zugeteilt, sondern nach individuellen Leistungen erworben. Je weniger Chancen durch soziale Schichtung vorgegeben sind, desto mehr hängen sie von der „kompliziertere[n] Erscheinung der Konkurrenz" (vgl. *Simmel* 1903: 178) ab. Die Umstellung der Verteilungsmuster setzt demnach neue Dynamiken in Gang, aufgrund derer die Erlangung von Chancen in anderer Weise sozial voraussetzungsreich wird. Zugleich wird hiermit ein sozialer Mecha-

---

[2] *Nullmeier* (2000: 188, Fn. 56) verweist auf die Wortgeschichte in der deutschen Sprache, die im 19. Jahrhundert den Begriff der Konkurrenz durch den des Wettbewerbs ersetzt. Wirtschaftsgeschichtlich wird Wettbewerb auch als historisch späte Wortschöpfung betrachtet (vgl. *Polanyi* 1978: 93ff.).

nismus der Innovation und Effektivitätssteigerung freigesetzt (vgl. *Simmel* 1903: 177ff.; *Rosa* 2006).

Der Wettbewerb wird in der Wettbewerbsfähigkeit reflexiv insofern, dass auf die Voraussetzungen zum Wettbewerb, auf die gegenwärtige Stellung und auf künftige Aussichten, auf die gezielte Ermöglichung des erfolgreichen Wettbewerbs reflektiert wird. In diesem Sinne kann die Wettbewerbsfähigkeit als ein typischer moderner Beschleunigungs- und Steigerungsbegriff gelten, der die Wandelbarkeit selbst und die Steigerung des Wandels zum Maßstab erhebt (vgl. *Koselleck* 1972: XVI).

In der zweiten Hälfte des 20. Jahrhunderts wird die Wettbewerbsfähigkeit in Zusammenhang mit dem Modernisierungsgedanken weltweit institutionalisiert. Unter dem Leitbegriff der Entwicklung wird die wechselseitige Beobachtung zwischen Bezugsgesellschaften, aber auch im Rahmen der sog. Systemkonkurrenz global etabliert. Es geht um einen steigerbaren Prozess gezielten Wandels zur Erreichung eines Ziels, für welches der ständige Vergleich und die entsprechende Mobilisierung von Ressourcen erforderlich sind (vgl. *Lepsius* 1977; *Meyer* 2005). *In the long run* besteht historisch die neue Qualität des Modernisierungsparadigmas darin, dass der Wettlauf um den Wandel nun auch als Beobachtungsordnung in internationalen Organisationen mit maßgeblicher Unterstützung von Modernisierungstheorie und Sozialforschung institutionalisiert wird.

Die Montanunion und die EWG stellen in diesem Sinne Modernisierungsprojekte der Nachkriegszeit dar. Als westeuropäische Facetten des *market building* sind sie in diese institutionelle Struktur von Entwicklung und Modernisierung eingebettet. Der Wettbewerb und die Wettbewerbsfähigkeit gehören daher zum Kern ihrer Selbstbeschreibung und sind für ihre Identität von höchster Relevanz.

Die Selbstbeschreibung sozialer Systeme erfolgt mit Bezug auf ihre Innen-Außen-Differenz. Bei der EU geht es genauer darum, dass durch die Errichtung des Gemeinsamen Marktes die in den 1950er Jahren entstehende Wirtschaftsgemeinschaft eine Unterscheidung zu anderen Märkten erzeugt. Die Selbstbeschreibung als Wirtschaftsgemeinschaft wird durch die Vorstellung des unverfälschten Wettbewerbs innerhalb des neuen Marktes konkretisiert, dessen Ziel die Wohlstandssteigerung und die Angleichung der Lebensbedingungen ist. D.h. nach innen wird die Etablierung gemeinsamer Wettbewerbsbedingungen angestrebt, nach außen die Wettbewerbsfähigkeit der Union zu Drittländern im globalen Wirtschaftssystem.

Das in diesem Verhältnis von Wettbewerb und Wettbewerbsfähigkeit enthaltene Steigerungsverhältnis wird im *moving picture* der europäischen Integration zunehmend virulent. Semantisch kommt dies etwa darin zum Ausdruck, dass in der Phase des Systemaufbaus die Herstellung der neuen Marktordnung im Mittelpunkt steht. In den 1980er Jahren wird die Kohärenz dieses Marktes betont, der beschleunigte Abbau interner Hindernisse und die Verdichtung werden vorangetrieben. Komplementär dazu erhält die Schließung nach außen Bedeutung. Auf diese Innen-Außen-Unterscheidung wird im Begriff des *Binnen*marktes semantisch abgehoben und diese fließt nun verstärkt in die Selbstbezeichnung der EU ein.

Die Kommission als Beobachtungsinstanz

In der organisationalen Binnenwelt hängen die strukturelle Verankerung der Wettbewerbsfähigkeit und die Semantik der Selbstbeschreibung an der Europäischen Kommission. Bereits in der Montanunion vertritt die sog. Hohe Behörde, an die schwerindustrielle Unternehmen der Teilnahmeländer ihre Entscheidungen binden, die Interessen der Gemeinschaft. Die Hohe Behörde, die Vorläuferin der Europäischen Kommission, wird zur entscheidenden dritten Instanz, die „unparteiisch" gegenüber nationalen Interessen die Gemeinschaft vertreten (Art. 9, EGKS), die Marktentwicklung kontinuierlich untersuchen (Art. 16, 46 EGKS) und darüber wachen soll, dass die Wettbewerbsbedingungen nicht beeinträchtigt werden (Art. 68 EGKS). Wir treffen im Versuchsfeld (vgl. *Wobbe* 2009) der Montanunion bereits auf die interessante Konstruktion einer eigenen Beobachtungsinstanz, die mehr oder weniger über den Nationalstaaten schwebend als Dauerzuständigkeit für den Vergleich installiert wird. Insofern lässt sich sagen, dass im Kontext des westeuropäischen *market building* frühe Formen der Beobachtungsordnung zu erkennen sind, die seit den 1980er Jahren rasant aus dem Boden geschossen sind (vgl. hierzu *Heintz* 2008). Hierauf komme ich im Fazit zurück.

Auch in der EWG ist die Beobachtungsfunktion bei der Kommission angesiedelt. Sie hat das Funktionieren und die Entwicklung des Gemeinsamen Marktes zu gewährleisten, konkret ist sie für die Anwendung der vertraglichen Verpflichtungen zuständig, die die faktische Herstellung dieses Marktes und seiner Ziele betreffen (Art. 155 EWGV/Art. 211 EGV). Sie hat die Aufgabe, die Entscheidungen des Rates umzusetzen und für die Einhaltung der Verträge Sorge zu tragen.

Bemerkenswert ist, dass die Kommission hierbei ein weitgehendes Vorschlagsrecht erhält, dass sie nämlich die Initiativfunktion für die Beschlüsse des Rates und für die Politikgestaltung der Gemeinschaft hat: Sie stellt den organisationalen Kern dar, der die vergleichende Beobachtung durch Informationsbeschaffung, Heranziehung sachthematischer Expertise und Vorbereitung von Maßnahmen im Hinblick auf die (internen) Wettbewerbsregeln und auf die Wettbewerbsfähigkeit nach außen konzipiert. Zusammenfassend heißt dies, dass die Kommission die Beobachtungsinstanz für die Wettbewerbsfähigkeit der EU darstellt und dass sie maßgeblich das Skript für die Selbstbeschreibung der EU bestimmt.

Soziologisch stellen Wettbewerb und Wettbewerbsfähigkeit, so habe ich in diesem Teil gezeigt, spezifische Beobachtungsverhältnisse als „fortwährende Vergleichung" dar (*Simmel* 1903: 178) und bilden einen Antriebsmodus von Vergesellschaftungsprozessen. Historisch erhält die in der Moderne institutionalisierte Leistungskonkurrenz nach dem 2. Weltkrieg in den Leitideen der Entwicklung und der Modernisierung eine neue Qualität insofern, dass der Vergleich in einer Beobachtungsordnung zwischen Nationalstaaten, regionalen Märken und (politischen) Regimen institutionalisiert wird.

Die EU stellt in dieser Szenerie ein interessantes Phänomen dar. Sie betreibt ein *market building*, in dem sie eine besondere Instanz für die Wettbewerbsregeln nach innen und die Wettbewerbsfähigkeit im globalen Wirtschaftssystem etabliert. Die Kommission beobachtet, flankiert durch den Gerichtshof der Europäischen Union den fairen Wettbewerb im Gemeinsamen bzw. Binnenmarkt und sie ist von Beginn an durch das Initiativrecht mit den erforderlichen Kompetenzen ausgestattet. Vor diesem Hintergrund lässt sich zusammenfassend sagen, dass die Kommission maßgeblich für die strukturelle Konstruktion und Re-Konstruktion dieses Marktsystems zuständig ist und dass sie in dieser Funktion die Wettbewerbsfähigkeit als Selbstbeschreibungs- und Identitätsformel der EU formuliert und ausbaut.

Im nächsten Teil werden anhand der Umstellung vom Gemeinsamen Markt auf den Binnenmarkt Verschiebungen in dieser Selbstverortung und Profilbildung dargestellt.

C. Stationen von Wettbewerb und Wettbewerbsfähigkeit

I. Die Gründungskonstellation in der Nachkriegszeit

Für die Entstehung der EU ziehen wir den sog. Spaak-Bericht heran, dessen Empfehlungen etwa ein Jahr später in die Römischen Gründungsverträge eingehen (vgl. insgesamt *Küsters* 1982). Der am 21. April 1956 veröffentlichte Bericht enthält die Grundarchitektur für den Gemeinsamen Markt und die entsprechenden Ideen zum Wettbewerb und zur Wettbewerbsfähigkeit. Im Vorwort heißt es:

„Während auf die Vereinigten Staaten von Amerika allein auf fast allen Gebieten die Hälfte der Weltproduktion entfällt und die Länder, in denen ein Drittel der Weltbevölkerung in einem kollektivistischen System lebt, ihre Produktion jährlich um 10 bis 15% ausweiten, erlebt das in sich gespaltene Europa, dessen verarbeitende Industrie früher den Weltmarkt beherrschte und das erhebliche Einkünfte aus seinen überseeischen Gebieten ziehen konnte, heute eine Schwächung seiner Außenstellungen, eine Abnahme seines Einflusses, und es wird bei der Aufrechterhaltung der Teilung die weiteren wirtschaftlichen Entwicklungsmöglichkeiten aufs Spiel setzen." (Spaak-Bericht 1956: 279)

Am Beginn der Gemeinschaft steht die Verortung der westeuropäischen Wirtschaft in der internationalen Wirtschaft. Hierbei wird auf die Zäsur des 2. Weltkriegs reflektiert sowie auf den damit verbundenen irreversiblen Verlust der früheren Weltmarktposition Europas. Die Gründung der EWG soll eine Antwort auf die Relativierung des post-kolonialen und gespaltenen Europa sein, um Frieden sowie wirtschaftliches Wachstum und Wohlstand wieder zu erlangen. Aus dieser Situierung wird deutlich, wie eng der Beginn des Integrationsprozesses mit der Konstellation nach dem 2. Weltkrieg verfochten ist, aus der die strukturellen Umbrüche und die kulturellen Vorstellungen etwa über Entwicklung, Modernisierung und Wohlstand hervorgegangen sind.

Anders als nach dem ersten Weltkrieg erlebt Europa als ehemaliges Zentrum jetzt einen umfassenden Machtverlust (vgl. *Therborn* 2000: 35ff.). Merkmale hierfür sind der Zerfall militärischer und wirtschaftlicher Eigenständigkeit, die territoriale Schrumpfung und die bis Ende der 1950er Jahre weitestgehend abgeschlossene Entkolonialisierung. Der Ost-West-Konflikt, der zwei Seiten des Kontinents voneinander trennt, stellt eine weltpolitische Spaltung dar, die in Europa handgreiflich erfahrbar ist (vgl. *Judt* 2006).

Das Ziel der Wirtschaftsgemeinschaft besteht daher in der wirtschaftlichen und sozialen Modernisierung:

„Mit dem gemeinsamen Markt soll in Europa ein großer Wirtschaftsraum entstehen, in dem die Voraussetzungen für eine gemeinsame Wirtschaftspolitik geschaffen werden, die (…) eine fortlaufende wirtschaftliche Ausweitung, größere Sicherheit gegen Rückschläge, eine beschleunigte Hebung des Lebensstandards und die Entwicklung harmonischer Beziehungen zwischen den Teilnehmerstaaten zum Ziele haben wird" (Spaak-Bericht 1956: 280).

Frieden wird durch (wirtschaftliche) Kooperation angestrebt, die wiederum die Verbesserung der Lebensbedingungen und die Hebung des Wohlstandsniveaus zum Ziel hat. Angesichts der durch den Krieg verwüsteten Wirtschafts- und Sozialordnung soll auf diesem Weg eine Re-Organisation Westeuropas auf den Weg gebracht werden.

Dieser beabsichtigte Wandel kann allerdings nicht durch eine einfache Zusammenreihung, also eine klassische internationale Kooperation erreicht werden: „Bei den heutigen wirtschaftlichen Gegebenheiten genügt die Erweiterung der Märkte und des Wettbewerbs allein nicht, um die rationellste Arbeitsteilung und das günstigste Expansionstempo zu gewährleisten" (ebenda: 282). Vielmehr wird angesichts der prekären Ausgangslage der beteiligten Länder in Westeuropa und wegen der weltweiten wirtschaftlichen Kraftverlagerung auf zwei Supermächte eine Form des Zusammenschlusses angestrebt, die nationale Hindernisse abbaut.

II. Der Gemeinsame Markt

Entwickelt wird ein Modell, das über eine einfache Liberalisierung hinaus-
geht, nämlich ein Markt, in dem durch den Abbau nationaler Hürden ein
einziger gemeinsamer Wirtschaftsraum mit einheitlichen Wettbewerbsbedingungen entsteht. Diese Vorstellungen haben Eingang in den EWG-
Vertrag gefunden, der „die Errichtung eines Systems" verankert, „das den
Wettbewerb innerhalb des Gemeinsamen Marktes vor Verfälschungen
schützt" (Art. 3, f). Konkretisiert wird diese Vorgabe durch die in Art. 100-
102 EWG verankerte Angleichung der Rechtsvorschriften. Soweit die (national) bestehenden Regeln den Wettbewerb im Gemeinsamen Markt verzerren, kann die Gemeinschaft die Angleichung der Vorschriften herbeiführen. Die gemeinsame Handelspolitik zielt auf „die Steigerung der Wettbewerbsfähigkeit" (Art. 110 EWG), wobei die EWG sich insgesamt im
Welthandel verortet, zu dem sie einen Beitrag leisten will (Art. 109 EWG).

Hiermit sind die Grundzüge im Verhältnis von „Wettbewerb" und
„Wettbewerbsfähigkeit" umrissen, wie sie in die Gründungsverträge eingehen und bis heute Geltung haben, nämlich die Erzeugung gleicher Wettbewerbsbedingungen durch den Abbau nationaler Hindernisse einerseits und
die Gewährleistung sowie Steigerung der Wettbewerbsfähigkeit im globalen Wirtschaftssystem anderseits.

Durch diese Marktbildung werden die Wettbewerbsbedingungen im
entstehenden Markt allererst hergestellt. Denn Wettbewerb setzt Vergleichbarkeit voraus und damit die Festlegung von Vergleichsdimensionen und
-maßstäben, aber auch die Verfahren, in denen darüber kommuniziert wird.
Wie bereits angesprochen, kommt hierbei der Kommission eine herausragende Bedeutung zu. Sie beobachtet die Verwirklichung der neuen Wettbewerbsordnung, indem sie die Vergleichsmaßstäbe konkretisiert, die Dimensionen präzisiert und die entsprechende Expertise heranzieht.

In den 1960er Jahren ist der Markt ein System im Entstehen. Von heute
aus gesehen bietet sich das Bild eines zügig voranschreitenden Aufbaus.
Die Etablierung der Zollunion geht schneller als angenommen voran, der
Handel zwischen den sechs Ländern steigert sich bereits in vier Jahren um
das Doppelte und der Aufbau der (gemeinsamen) Außenzölle wird ebenfalls unerwartet rasch verwirklicht (vgl. *Loth* 1996; *Knipping* 2004).

Gleichwohl kann in der Sicht der Kommission nicht „von einem wirklich Gemeinsamen Markt" (Gesamtbericht 1967: 4) gesprochen werden.
Um „im Gebiet der Gemeinschaft binnenmarktähnliche Verhältnisse zu
schaffen" (ebenda: 3), bedarf es weiterer Anstrengungen:

„Die Gemeinschaft muss nämlich sowohl die Konkurrenz der technologisch fortgeschrit-
teneren Länder mit bedeutend größerer Innovationsfähigkeit als auch der einiger Länder
mit niedrigeren Löhnen begegnen, die Waren vergleichbarer Güter billiger produzieren.

Wenn die Gemeinschaft dieser Konkurrenz erfolgreich begegnen will, muss sie schleunigst eine Reihe von Strukturmaßnahmen durchführen" (ebenda: 20).

An der Wende zu den 1970er Jahren rücken mit den Erfolgen auch die neuen Aufgaben deutlicher in den Blick, so dass sich die Frage stellt, wohin die Reise gehen soll. Wie kann das Erreichte gesichert und wie soll das Künftige gestaltet werden? Als soziales System gewinnt die Gemeinschaft in dieser Zeit durch den wirtschaftlichen Erfolg, durch die erste Erweiterung, aber sie wird auch durch weltwirtschaftliche Krisen herausgefordert. In dieser Konfiguration kommt das Thema der Wettbewerbsfähigkeit in der Selbstbeschreibung stärker zum Tragen. Um im globalen Kontext bestehen zu können, dies zeichnet sich nun deutlich ab, erhält die Wettbewerbsfähigkeit erhöhte Aufmerksamkeit.

III. Vom Gemeinsamen Markt zum Binnenmarkt

Auf dem Weg zur Lissabon-Strategie stellt die institutionelle Verankerung des Binnenmarktprojekts im Kontext der Weltwirtschaft die entscheidende Wegmarke dar. Die globale Verortung ist zwar nicht neu. Seit den späten 1960er Jahren drängt die Kommission angesichts der Konkurrenz von Ländern mit größerer Innovationsfähigkeit auf die Beschleunigung von Strukturmaßnahmen, doch in der Welt der 1980er Jahre verändern sich die Vergleichsmaßstäbe. Mit der weltweit durchgreifenden Marktöffnung und dem Abbau wirtschaftlicher Restriktionen (vgl. *Berend* 2007: 192ff.), mit den rasant zunehmenden globalen und regionalen Handelsbeziehungen (vgl. *Moravcsik* 1998: 318ff.) wandeln sich die Bedingungen der Wettbewerbsfähigkeit. Der Kreis derjenigen, mit denen die EU sich messen muss, ist größer geworden. In dieser neuen Phase des *market building* sollen die bestehenden internen Hindernisse gezielt abgebaut und die Verfahren beschleunigt werden, um die Gemeinschaft innerhalb des globalen Wirtschaftssystems zu profilieren.

Auf die Veränderung des Beobachtungsschemas verweist bereits der Wechsel der Semantik vom *Gemeinsamen* zum *Binnen*markt. Hiermit wird die Innen-Außen-Unterscheidung in den Vordergrund gerückt und betont wird die Verortung des Binnenmarktes im globalen Kontext. So ist das neue Vertragswerk der „Einheitlichen Europäischen Akte" (EEA, 1985) interessanterweise nicht mit dem Namen einer europäischen Stadt versehen, sondern schlicht und einfach nach seinem Zweck, nämlich Einheitlichkeit und Kohärenz herzustellen. Die englische Bezeichnung als *Single Market* bringt diese Verdichtung zu einem einzigen Markt treffend zum Ausdruck.

„Die neue Strategie muss kohärent sein", heißt es im Weißbuch zum Binnenmarkt, „sie muss nicht nur das Ziel der Verwirklichung eines Gemeinsamen Marktes als solchen berücksichtigen, sondern auch dem Ziel der Errichtung eines expandierenden Marktes und eines flexiblen Marktes Rechnung tragen." Sie dürfe nicht nur darauf ausgerichtet sein, „die technischen Handelshemmnisse zu beseitigen, sondern muss dies in einer Weise anstreben, die zu einer Erhöhung der industriellen Leistungskraft und der Wettbewerbsfähigkeit beiträgt und damit zu einem größeren Wohlstand und zur Schaffung von Arbeitsplätzen beiträgt." (Weißbuch Binnenmarkt 1985: 18 Zf. 62).

Der in der EEA verankerte Begriff des Binnenmarktes definiert diesen als „Raum ohne Binnengrenzen, in dem der freie Verkehr von Waren, Personen, Dienstleistungen und Kapital [...] gewährleistet ist" (Art. 13 EEA).[3] Mit dem Binnenmarktprojekt ist die beschleunigte Interdependenzverdichtung (Deregulierung und Standardisierung) im Innenverhältnis intendiert. Sie wird mit einer Politik der globalen Wettbewerbsfähigkeit gekoppelt, welche auf der anderen Seite durchaus die staatliche Unterstützung und gezielte Förderung von Wirtschaftszweigen im EU-Raum einschließt.

Bestehende Beschränkungen der Mobilität werden aufgehoben, um die gemeinschaftliche Wirtschafts-, Währungs- und Außenpolitik zu verankern. Die Stichworte des Binnenmarktprojekts lauten daher Harmonisierung und Standardisierung, Beschleunigung und Effizienzsteigerung der Entscheidungsverfahren – sie sollen einen umfassenden Transformationsprozess in Gang setzen (vgl. *Münch* 2001: 207ff.).

Konkret schlägt sich dies einmal in den Entscheidungs- und Verfahrungsreformen nieder. Zur Verwirklichung des Binnenmarktes wird die Einstimmigkeitsregel des Rates geöffnet hin zum sog. qualifizierten Mehrheitsvotum, insbesondere bei der Angleichung aller Rechts- und Verwaltungsvorschriften, „die die Errichtung und das Funktionieren des Binnenmarktes" (Art. 18 EEA) betreffen. Auf diese Weise wird die Veto-Option aufgebrochen und die Kommission erhält neue Vollmachten bei der Durchführung der Beschlüsse des Rates. Außerdem werden die Befugnisse des Europäischen Parlaments ausgedehnt und durch das neue legislative Verfahren der sog. Mit-Entscheidung gestärkt. Schließlich wird auf die seit 20 Jahren erfolglos verhandelte vollständige Harmonisierung von Rechtsvorschriften, technischen Standards und Normen verzichtet und stattdessen die wechselseitige Anerkennung zwischen den Mitgliedländern eingeführt.

Zweitens manifestiert sich die Beschleunigung in dem Willen, den Binnenmarkt zügig in einem konkreten Zeitrahmen aufzubauen. Wie bei der Errichtung des Gemeinsamen Marktes sieht die EEA eine schrittweise Verwirklichung vor, und zwar bis zum 31. Dezember 1992. Hierin liegt der Kern des sog. 1992-Programms von Jacques Delors. Zusätzlich legt die EEA erstmals konkrete Fristen in den Verfahren zwischen Kommission,

---

[3] Die EEA wird zitiert nach: Bulletin der Europäischen Gemeinschaft 2/1986. Sie tritt am 1.7.1987 in Kraft.

Rat und Parlament fest. Gemeinsam mit dem Eintritt in den Binnenmarkt sollen die seit den 1970er Jahren konzipierten Gemeinschaftspolitiken auf dem Gebiet der Außen-, Sozial- und Regionalpolitik, der Forschungs-, Technologie- und Umweltpolitik umgesetzt werden.

Der „redliche Wettbewerb" und die „beständige Wirtschaftsausweitung" haben in die Präambel zum EGV Eingang gefunden, in Art. 2 wird primärrechtlich erstmals ein hoher Grad der „Wettbewerbsfähigkeit" gewährleistet. Wettbewerbsfähigkeit wird somit zu einer vertraglich verankerten Zielgröße der Gemeinschaft, die jetzt auch ihr Leitbild bestimmt. Zudem findet die „Stärkung der Wettbewerbsfähigkeit der Industrie der Gemeinschaft" (Art. 3 Abs. 1 lit. m) in den Vertrag Eingang, die nun durch eine Forschungs- und Innovationspolitik (Art. 3 Abs. 1 lit. n) wie auch durch die Errichtung transeuropäischer Netzwerke ergänzt werden soll.

Im Zuge der Umstellung vom Gemeinsamen Markt zum Binnenmarkt treten die Verortung der EU im globalen Wirtschaftssystem und die Wettbewerbsfähigkeit in den Vordergrund. Während der Gemeinsame Markt noch unter dem Schutzschirm des Ost-West-Konflikts entstand, wird der Binnenmarkt in einer politisch fragmentierteren und wirtschaftlich weniger restriktiven Welt realisiert.

IV. Die Lissabon-Strategie

In diesen Kontext ist die sog. Lissabon-Strategie eingebettet, die 2000, also vier Jahre vor dem Beitritt der neuen Länder eine programmatische Zäsur darstellt. Dieser Einschnitt wird eingangs im Dokument als die Konfrontation mit einem „Quantensprung" charakterisiert. Aus der Herausforderung „einer neuen wissensbasierten Wirtschaft" in Verbindung mit der Globalisierung erwachse „eine tiefgreifende Umgestaltung der europäischen Wirtschaft" (Lissabon 2000: 1, Zf. 1).

Die Ausgangsannahme der Lissabon-Strategie ist, dass sich die Rahmenbedingungen für die globale Wettbewerbsfähigkeit grundlegend verändert haben. Durch die Verwendung einer Metapher aus dem Wissenschaftsbereich wird die Behauptung über diesen Wandel und über dessen Ausmaß symbolisch bekräftigt und mit Wahrheitsgehalt versehen.

Zugleich wird der Rahmen vorgegeben, in dem die Veränderungen zu gestalten sind, nämlich so, dass sie „den Wertvorstellungen" der EU und „ihrem Gesellschaftsmodell entsprechen" (ebenda), aber auch die bevorstehende Erweiterung einbeziehen. In diesem Zusammenhang bildet einmal das europäische Gesellschaftsmodell, d.h. die Verbindung von Wirtschaftswachstum und Sozialmodell den zentralen Bezugsrahmen (vgl. *Platzer* 2003, 2005).

Zum anderen wird das Bild von der Wissensgesellschaft als einer unruhigen Gesellschaft gezeichnet, die sich in fortwährender Änderung befindet und die mit wachsender Geschwindigkeit rasch eintretende Veränderungen zu erkennen in der Lage sein muss. In dieser Wissensgesellschaft soll die EU die Chance ergreifen, in Wissensinfrastrukturen und insgesamt in die Innovation und Modernisierung von Wirtschaft, Sozialsystemen und Bildung zu investieren.

Auf dem Weg zu dem epochalen Ereignis der Osterweiterung soll die EU dem Pfad zu einer wettbewerbsfähigen, dynamischen und wissensbasierten Wirtschaft einschlagen (*Lissabon* 2000: 3). Es wird ein „neues strategisches Ziel" festgelegt, nämlich „die Union zum wettbewerbsfähigsten und dynamischsten wissensbasierten Wirtschaftsraum in der Welt zu machen – einem Wirtschaftsraum, der fähig ist, ein dauerhaftes Wirtschaftswachstum mit mehr und besseren Arbeitsplätzen und einem größeren sozialen Zusammenhalt zu erzielen" (ebenda: 2).

Es geht also um nichts weniger als um eine Runderneuerung, um den Einstieg in eine Entwicklung, in der die EU nicht zum Nachzügler werden darf, im Gegenteil wird der erste Rang als wettbewerbsfähiger und wissensbasierter Wirtschaftsraum angestrebt. Dieses Ziel soll vor allem durch die neue Wissenschafts- und Forschungspolitik sowie durch die neue Methode der offenen Koordinierung realisiert werden. Zugleich wird allerdings auch deutlich, das die Modernisierung des Wirtschafts- und Sozialmodells Dauerthemen der EU betrifft, insbesondere die Strukturschwächen des Beschäftigungssystems wie die im globalen Vergleich zu geringe Beschäftigungsquote bei Frauen, älteren und behinderten Arbeitnehmern. Was die Strukturprobleme des Arbeitsmarkts betrifft, so werden weiterhin die niedrige Beschäftigungsrate dieser Gruppen sowie die Langzeitarbeitslosigkeit verknüpft mit regionalen Unterschieden genannt. Das alte Ziel der Vollbeschäftigung wird hier auf neue Weise wieder aufgegriffen. Zugleich soll durch die Errichtung eines europäischen Raums der Forschung und Innovation eine regionale Strukturkomponente für die Wissensgesellschaft aufgebaut werden.

Die Lissabon-Strategie stellt einen ambitionierten Versuch dar, die Wettbewerbsfähigkeit der EU neu zu justieren. Unter den Bedingungen der Wissensgesellschaft betrifft dies einmal die Errichtung einer Wissens- und Forschungsinfrastruktur, durch die der Binnenmarkt modernisiert wird. Zum anderen steht die neue Strategie mit spezifischen Verfahren in Verbindung, nämlich mit der Vertiefung des in den 1980er Jahren von Delors initiierten sozialen Dialogs (vgl. *Ross* 1995, 1998) und mit der neuen Methode der offenen Koordinierung. Beide Verfahren werden i.W. von der Kommission umgesetzt und konkretisiert. Hierbei handelt es sich um Inklusionsmodi, durch die zunehmend mehr gesellschaftliche Akteure im Sinne der Selbststeuerung zum Bestandteil der Entscheidungskette werden.

Wettbewerbsfähig kann die EU mit dieser Strategie demnach nur bleiben, wenn sie die *terms of trade* des globalen Wettlaufs erkennt und durch den Aufbau neuer Wissenspolitiken und unter Verwendung neuer Verfahren ihre Leistungsfähigkeit steigert. Das Beobachtungsschema im Medium des Wettbewerbs ist hierfür maßgeblich, das Ziel des Wandels wird dabei immens gesteigert, um die EU jetzt zur wettbewerbsfähigsten Wirtschaft der Welt zu machen.

D. Die „Wettbewerbsfähigkeit" als Identitätsformel der EU

Wie gezeigt wurde, erfährt das Verhältnis von Wettbewerb und Wettbewerbsfähigkeit verschiedene Modifikationen, die sich in der Erweiterung von Politiken, in Vertragsänderungen, in neuen Verfahren und in der Selbstbeschreibung der EU konkretisieren. Die Umstellung zum Binnenmarkt stellt hierbei strukturell wie auch semantisch die entscheidende Wende dar: Die Kommission initiiert unter Delors eine global wettbewerbsfähige Politik der Vollbeschäftigung und eine gemeinschaftliche Sozialpolitik. Diese Koppelung von ökonomischer Liberalisierung und sozialen Grundstandards bezeichnet die Kommission programmatisch als *europäisches Sozialmodell* (vgl. *Weißbuch* 1993). Sie führt hiermit ein neues Leitbild ein (vgl. *Platzer* 2003, 2005), das als Kern der Selbstbeschreibung und Identität des europäischen *market building* gelten kann.

Anknüpfend hieran wird die EU in der Lissabon-Strategie durch das Leitbild des „europäischen Gesellschaftsmodells" mit einem distinktiven Merkmal versehen, das sie im weltweiten Kontext (wieder-)erkennbar und unterscheidbar macht. Die besondere Qualität der Lissabon-Strategie besteht darin, dass dieses Kennzeichen mit dem Rekurs auf die Wissensgesellschaft angereichert und präzisiert wird. Das europäische Gesellschaftsmodell wird in einem globalen Vergleichszusammenhang platziert und in einer entsprechenden Beobachtungsordnung gemessen. Außerdem werden zunehmend mehr Politikfelder in diesen Kontext gestellt, so dass die EU im Unterschied zu den 1960er und 1980er Jahren immer mehr politische Bereiche zum Gegenstand der Wettbewerbsfähigkeit und des Leistungsvergleichs macht. Zugleich heißt dies, dass die Kommission als die zentrale Beobachtungsinstanz Zugriff auf und Interpretationshoheit über zunehmend mehr Felder erhält, die mit ihrer Leistungsstärke zur Wirtschaftsdynamik der EU beitragen sollen.

In der Gründungsphase der 1950er Jahre zielte das Modernisierungsprojekt der Marktbildung auf die Wirtschafts- und Handelspolitik, die in den 1970er Jahren durch Sozial-, Umwelt- und Geschlechterpolitik ergänzt wurde (vgl. *Wobbe/Biermann* 2009). Seit dem Binnenmarktprojekt wird auf zunehmend mehr Bereiche ausgegriffen, die in den Sog der Wirtschafts- und Wettbewerbsdynamik gezogen werden. Mit der Lissabon-Strategie wird somit ein neues Kapitel aufgeschlagen. Unter dem Label der Wissensgesellschaft sind Investitionen ins Humankapital vorgesehen, die etwa als lebenslanges Lernen das „Liberalisierungsprogramm" (*Münch* 2008: 380) der Marktbildung direkt auf die Gesellschaftsmitglieder und ihre Selbststeuerung in die Beobachtungsordnung der Wettbewerbsfähigkeit ein beziehen.

Durch den Bezug auf die Wissensgesellschaft soll der Anschluss an die neuen Kommunikationsmedien und Wissenstechnologien hergestellt werden, zugleich sind damit auch viele verschiedene soziale Felder angesprochen, die bislang nicht in das Skript der Leistungsdynamik einbezogen waren. Schließlich verweist der Begriff der Wissensgesellschaft selbst darauf, dass das Wissen reflexiv geworden ist und die wechselseitige Beobachtung des Wissens den ständigen Leistungsvergleich erforderlich macht (vgl. *Weingart* 2003). Die Kommission nimmt hierbei als institutionalisierte Beobachtungsinstanz eine prominente Stellung ein. Denn die Informationsbeschaffung und Expertise gehören seit ihrem Bestehen zu ihrem Kerngeschäft und so liegt es nahe anzunehmen, dass das wissensbasierte Wirtschaftswachstum der EU diese Rolle der Kommission materiell und symbolisch stärken wird.

Die Ergebnisse weisen darauf hin, dass die Wettbewerbsfähigkeit keineswegs eine leere Worthülse oder lediglich ein Etikett der Kommission darstellt. Solange die EU eine wirtschaftliche Primärorientierung hat und sich nicht in eine Religionsgemeinschaft oder Kunstveranstaltung verwandelt, solange sie also die Leit- und Kernidee des dynamischen Binnenmarktes hat, hat die erfolgreiche Aufstellung dieses Wirtschaftssystems im globalen Wettbewerb höchste Relevanz. Unter diesen Voraussetzungen ist „Wettbewerbsfähigkeit" nicht verhandelbar.

Der Blick auf die gesamte Entwicklung der EU hat den Vorteil, dass wir den Maßstab für Wandel auf den institutionellen Kern des Systems zurechnen können. In diesem Referenzfeld stellt die Lissabon-Strategie eine neue Runde der Selbstbeschreibung dar, die vor allem auf die globale Konkurrenzfähigkeit in der Wissensgesellschaft in einem erweiterten Europa abhebt. Die Idee eines sinnhaften, steigerbaren Prozesses des beabsichtigten Wandels und die entsprechenden Rationalitätsimperative sind der EU von Beginn an in die Wiege gelegt. Unter dem Gesichtspunkt der zunehmenden globalen Verflechtung erfolgt laufend die Messung verschiedener Wachstumstempi durch ausgewählte Indikatoren, die zur Platzierung des Binnenmarktes auf der Skala der Wettbewerbsfähigkeit im Weltmaßstab führt.

Aus der Lissabon-Strategie wird die kulturelle Dimension der forcierten Verwendung des Leitbildes der Wettbewerbsfähigkeit deutlich. Dieses Bild des dynamischen regionalen Wirtschaftssystems verwendet die Kommission als Identitätsmerkmal der EU. Da es die EU etwa im Unterschied zu Nationalstaaten oder Unternehmen nur einmal in der Welt gibt und da sie ein merkwürdiges Hybrid von Wirtschafts- und Rechtsverfassung mit einer politischen Union darstellt, erwachsen für sie besondere Herausforderungen der Grenzbestimmung und Selbststabilisierung. Die „Wettbewerbsfähigkeit" stellt ein ausbaufähiges Angebot für die Selbststabilisierung dieses Systems dar, welches die Kernattribute dieses institutionellen Dauerexperiments für eine Identitätsformel enthält.

Hier ergeben sich verschiedene Theorieschnittstellen mit dem Neo-Institutionalismus. Inwiefern treibt die durch den Lissabon-Prozess forcierte Strategie der globalen Wettbewerbsfähigkeit Angleichungsprozesse innerhalb der EU und im globalen Rahmen voran? Wettbewerbsfähigkeit lässt sich dann als ein Legitimationsskript zur beschleunigten Herstellung von Effizienzkriterien und Rationalitätsmythen untersuchen: Inwiefern wird sie in zunehmendem Maß als *taken for granted* gleich gesetzt mit Effektivität, Wohlstandssteigerung und der selbstverständlichen Notwendigkeit weiterer institutioneller Verregelungen?

Zum anderen ergeben sich von der Wettbewerbsfähigkeit her Anschlüsse an weitere differenzierungstheoretische Fragen nach der Qualität und Stabilisierungsmöglichkeit der EU als System: Inwieweit handelt es sich bei der EU um einen Teil des globalen Wirtschaftssystems, wäre dieses als eine regionale (Binnen-)Differenzierung des Wirtschaftssystems zu kennzeichnen oder eher als Dezentrierung im Funktionssystem der Wirtschaft (vgl. *Stichweh* 2006)?

Die Vermutung Delors könnte sich für diese Fragen als anregend erweisen: „Wir können die Möglichkeit nicht ausschließen, dass in dreißig oder vierzig Jahren Europa eine Art politische fliegende Untertasse ist, ein nicht identifizierbares politisches Objekt sein wird, aber doch ein Ganzes, das jedem unserer Länder den Effekt der Dimension bietet, die es im Inneren gestattet zu prosperieren und nach außen seinen Rang zu behaupten (Jacques Delors zur Eröffnung der Regierungskonferenz vom 9.10.1985 zur Vorbereitung der EEA (vgl. *Bulletin* 2/1982: 8; *Ross* 1998: 353).

Literatur

Berend, Ivan T. (2007): Markt und Wirtschaft. Ökonomische Ordnungen und wirtschaftliche Entwicklung in Europa seit dem 18. Jahrhundert, Göttingen.
Bulletin der Europäischen Gemeinschaften, Kommission der EG, Brüssel, 1969–1993.
Einheitliche Europäische Akte (EEA) (1987): in: Abl. Nr. L 169 vom 29. Juni 1987.
http://eur-lex.europa.eu/de/treaties/index.htm#founding, letzter Zugriff, 4. Juli 2008.

Gesamtbericht über die Tätigkeit der Gemeinschaften, EGKS, EWG, EURATOM, Kommission, Brüssel/Luxemburg, 1967–1982.

Heintz, Bettina (2008): Governance by Numbers. Zum Zusammenhang von Quantifizierung und Globalisierung am Beispiel der Hochschulpolitik, in: Gunnar Folke Schuppert/Andreas Voßkuhle (Hg.), Governance von und durch Wissen, Baden-Baden, S. 110–128.

Judt, Tony (2006): Geschichte Europas von 1945 bis zur Gegenwart, München/Wien.

Knipping, Franz (2004): Rom, 25. März 1957. Die Einigung Europas, München.

Koselleck, Reinhart (1972): Einleitung, in: Otto Brunner/Werner Conze/Reinhart Koselleck (Hg.), Geschichtliche Grundbegriffe. Lexikon zur politisch-sozialen Sprache in Deutschland, Stuttgart, S. XIII–XXVII.

Küsters, Hanns Jürgen (1982): Die Gründung der Europäischen Wirtschaftsgemeinschaft, Baden-Baden.

Lepsius, M. Rainer (1977): Soziologische Theoreme über die Sozialstruktur der „Moderne" und die „Modernisierung", in: Reinhart Koselleck (Hg.), Studien zum Beginn der modernen Welt, Stuttgart, S. 10–29.

Lissabon (2000): Europäischer Rat. Schlussfolgerungen des Vorsitzes. Europäischer Rat (Lissabon) 23. und 24. März 2000, SN 100/00.

Loth, Wilfried (1996): Der Weg nach Europa. Geschichte der Europäischen Integration 1939-1957, 3. durchgesehene Aufl., Göttingen.

Meyer, John W. (2005): Die Europäische Union und die Globalisierung der Kultur, in: Ders., Weltkultur. Wie die westlichen Prinzipien die Welt durchdringen, hrsg. von G. Krücken. Frankfurt/M., S. 163–178.

Moravcsik, Andrew (1998): The Choice for Europe: Social Purpose and State Power from Messina to Maastricht, Ithaca/NY.

Münch, Richard (2001): Offene Räume. Soziale Integration diesseits und jenseits des Nationalstaats, Frankfurt/M.

– (2008): Die Konstruktion der europäischen Gesellschaft. Zur Dialektik von transnationaler Integration und nationaler Desintegration, Frankfurt/M./New York.

Nullmeier, Frank (2000): Politische Theorie des Sozialstaats, Frankfurt/M./New York.

Pierson, Paul (2000): Increasing Returns, Path Dependence, and the Study of Politics, in: American Political Science Review 94, S. 251–267.

Platzer, Hans-Wolfgang (2003): EU-Mehrebenensystem und „Europäisches Sozialmodell", in: Matthias Chardon/Ursula Göth/Martin Große Hüttmann/Christine Probst-Dobler (Hg.), Regieren unter neuen Herausforderungen: Deutschland und Europa im 21. Jahrhundert. Festschrift für Rudolf Hrbek zum 65. Geburtstag, Wiesbaden, S. 221–236.

– (2005): Europäisches Sozialmodell und Arbeitsbeziehungen in der erweiterten EU. Ein Problemaufriss, in: Alexandra Baum-Ceisig/Anne Faber (Hg.), Soziales Europa? Perspektiven des Wohlfahrtsstaates im Kontext von Europäisierung und Globalisierung. Festschrift für Klaus Busch, Wiesbaden, S. 152–182.

Polanyi, Karl (1978): The Great Transformation. Politische und Ökonomische Ursprünge von Gesellschaften und Wirtschaftssystemen, Frankfurt/M.

Rosa, Hartmut (2006): Wettbewerb als Interaktionsmodus. Kulturelle und sozialstrukturelle Konsequenzen der Konkurrenzgesellschaft, in: Leviathan 34, S. 82–104.

Ross, George (1995): Jacques Delors and European integration, Cambridge.

– (1998): Das „Soziale Europa" des Jacques Delors: Verschachtelung als politische Strategie, in: Stephan Leibfried/Paul Pierson (Hg.), Standort Europa. Sozialpolitik zwischen Nationalstaat und europäischer Integration, Frankfurt/M., S. 327–368.

Simmel, Georg (1903): Soziologie der Konkurrenz, in: ders., Schriften zur Soziologie. Eine Auswahl. Hg. und eingeleitet von Heinz-Jürgen Dahme und Otthein Rammstedt, Frankfurt/M. 1992, S. 173–192.

Spaak-Bericht (1956): Bericht der Delegationsleiter des von der Konferenz von Messina eingesetzten Regierungsausschusses an die Außenminister, 21. April 1956, in: Jürgen Schwarz, 1980, Der Aufbau Europas. Pläne und Dokumente 1945 bis 1980, Bonn, S. 277–334.

Stichweh, Rudolf (2006): Strukturbildung in der Weltgesellschaft – Die Eigenstrukturen der Weltgesellschaft und die Regionalkulturen der Welt, in: Thomas Schwinn (Hg.), Die Vielfalt und Einheit der Moderne. Kultur- und strukturvergleichende Analysen, Wiesbaden, S. 239–257.

Therborn, Göran (2000): Die Gesellschaften Europas 1945–2000. Ein soziologischer Vergleich, Frankfurt/M./New York.

Vertrag zur Gründung der Europäischen Wirtschaftsgemeinschaft (1957): http://eur-lex.europa.eu/de/treaties/dat/11957E/tif/11957E.html, letzter Zugriff, 4.7.2008

Vertrag über die Europäische Gemeinschaft (EGV) (1997): Abl. Nr. C 340 vom 10.11.1997, http://eur-lex.europa.eu/de/treaties/dat/11997E/htm/11997E.html#017301 0078, letzter Zugriff, 4. 7. 2008.

Weber, Max (1972): Wirtschaft und Gesellschaft. Grundriss der verstehenden Soziologie, 5. rev. Aufl., besorgt v. J. Winckelmann, Tübingen.

Weingart, Peter (2003): Wissenschaftssoziologie, Bielefeld.

Weißbuch KOM (85) 310 (1985): Kommission der Europäischen Gemeinschaften: Vollendung des Binnenmarktes (Weißbuch der Kommission an den Europäische Rat KOM (85) 310 endg., 14. Juni 1985.

Weißbuch KOM (93) 551. KOM (1993): Wachstum, Wettbewerbsfähigkeit, Beschäftigung – Herausforderungen der Gegenwart und Wege ins 21. Jahrhundert. Weißbuch, Luxemburg.

Wobbe, Theresa (2009): Zur Genese des supranationalen Gleichheitsskripts: Lohngleichheit im Kontext des Gemeinsamen Marktes und internationaler Sozialstandards, in: Theresa Wobbe/Ingrid Biermann: Von Rom nach Amsterdam: Die Institutionalisierung von Gleichberechtigungsnormen im supranationalen und globalen Kontext, Wiesbaden, S. 51–76.

Wobbe, Theresa/Biermann, Ingrid (2009): Von Rom nach Amsterdam: Die Institutionalisierung von Gleichberechtigungsnormen im supranationalen und globalen Kontext, Wiesbaden.

Bildung als Teil des Wettbewerbs-Paradigmas der Europäischen Union: Das Ineinandergreifen von OECD-Agenda, Lissabon-Strategie und nationaler Reformpolitik

Richard Münch

A. Einleitung:
Öffnung, Austausch und Wettbewerb als Leitlinien der europäischen Integration

Die Lissabon-Strategie der Europäischen Union kann als eine aktuelle Konkretisierung eines hegemonialen Liberalisierungsprogramms begriffen werden, dessen Weichen weltweit und europäisch nach dem Zweiten Weltkrieg gestellt worden sind. Das Projekt der europäischen Integration wurde nach dem Zweiten Weltkrieg aus der Einsicht geboren, dass Frieden und Wohlstand der Nationen in Europa nur durch Kooperation der Staaten untereinander gesichert werden können. Die Protagonisten des Integrationsprojektes haben die naheliegenden Konsequenzen aus dem Scheitern der rein nationalstaatlichen Bewältigung des Wettbewerbs um knappe Ressourcen gezogen. Nachdem die Ende des 19./Anfang des 20. Jahrhunderts weitreichende weltwirtschaftliche Verflechtung mit dem Ersten Weltkrieg zum Stillstand gekommen war und der wiedererstarkte Protektionismus die Weltwirtschaft wieder auf ein viel niedrigeres Niveau hatte schrumpfen lassen, wurden nach dem Zweiten Weltkrieg einerseits mit dem Internationalen Währungsfonds (IWF), der Weltbank und dem General Agreement on Tariffs and Trade (GATT) (ab 1994 Welthandelsorganisation) weltweit und mit der Europäischen Gemeinschaft für Kohle und Stahl (EGKS), mit der Europäischen Atomgemeinschaft (EAG), mit der Europäischen Wirtschaftsgemeinschaft (EWG) und schließlich mit der Europäischen Union (EU) starke Institutionen zur Festigung der internationalen Kooperation mit dem Ziel der Wirtschaftsintegration geschaffen. Langfristig bedeutete das, dass die Volkswirtschaften für den grenzüberschreitenden Austausch, die internationale Arbeitsteilung und den Wettbewerb geöffnet wurden.

Die Europäische Union nimmt in diesem Gefüge eine Zwischenstellung ein. Einerseits öffnet sie die Volkswirtschaften ihrer Mitgliedsländer für den Wettbewerb, andererseits will sie die Wettbewerbsfähigkeit ihres Wirtschaftsraums nach außen steigern (*Wobbe* 2005). Letzteres kann auch dadurch geschehen, dass „europäische Champions" besonders gefördert werden, um sie weltweit in Position zu bringen. Dabei können europäische Champions so stark gemacht werden, dass sie andere europäische Wettbewerber vom Markt drängen, so dass der innereuropäische Wettbewerb eingeschränkt wird. Zwischen dem Ziel der Förderung des inneren Wettbewerbs und dem Ziel der Steigerung der äußern Wettbewerbsfähigkeit besteht deshalb in der Realität in gewissem Maße ein Konflikt. Wenn auch theoretisch gelten mag, dass innerer Wettbewerb die Voraussetzung von äußerer Wettbewerbsfähigkeit ist, so ergeben sich in der Praxis jedoch mit der Liberalisierung von Märkten ohne ausreichende Wettbewerbspolitik natürliche Tendenzen der Oligopol- bzw. Monopolbildung. Im Angesicht potenter Konkurrenten auf dem Weltmarkt außerhalb Europas neigt auch die europäische Wettbewerbspolitik dazu, innereuropäisch die Herausbildung von marktbeherrschenden Champions zu dulden oder gar ausdrücklich zu unterstützen.

Marktöffnung, die Beseitigung von Marktzutrittsbarrieren und von Diskriminierung sind dem europäischen Integrationsprojekt seit der Einigung auf den Vertrag von Rom im Jahre 1957 als Leitlinien vorgegeben. Die verschiedenen Vertragserweiterungen haben diese Leitlinien nur weiter ausbuchstabiert. Die Leitlinien bestimmen den Gehalt eines Liberalisierungsprogramms, das sich als hegemonial begreifen lässt (*Gramsci* 1977; *Laclau* und *Mouffe* 2001). Das Programm ist in dem Sinne hegemonial, dass es sich weltweit ausgebreitet hat, die Regeln der Ökonomie definiert, in alle Lebensbereiche weit über die Ökonomie hinaus hineingreift und die Sprache bestimmt, in der die Gewinner des Wettbewerbs ihre Gewinne rechtfertigen und die Verlierer ihre Verluste anerkennen sowie ihre Rechte anmelden. Die hegemoniale Stellung dieses Programms ist insbesondere auch darin zu erkennen, dass der Staat nicht mehr als Gegenstruktur zur Ökonomie verstanden wird, die ihre Wirkungsmacht in die Schranken weist, sondern als eine Ermöglichungsstruktur für das Funktionieren der Ökonomie in Gestalt von Markt und Wettbewerb. In diesem Sinne verlagert sich die Macht vom Inneren des Staates weitgehend in die Ökonomie und ihre Selbstregulation im Rahmen der Marktfreiheit und des Wettbewerbs. Die Privatisierung von staatlichen Dienstleistungen, die Deregulierung von Märkten und die Ersetzung von Hierarchien und Professionen durch Märkte gehören genauso zu diesem Programm wie die Auflösung der traditionellen Formen der Gewährleistung von Solidarität und sozialer Sicherheit durch die Aktivierung des zum Lebensunternehmer gemachten

Individuums. Dabei geht die Gouvernementalisierung des Staates hin zur Überlagerung von Souveränität und Disziplinierung in Schule und Beruf durch die Regierungskunst im Sinne einer Ökonomie des Regierens Hand in Hand mit der Befreiung des Individuums aus nationalstaatlichen Traditionen und Zwängen (*Foucault* 2006). In der Offenen Methode der Koordinierung (OMK) der Europäischen Union findet sich ein weit fortgeschrittenes Stadium einer Regierungskunst jenseits der souveränen Herrschaft über ein Territorium und jenseits direkter schulischer und betrieblicher Disziplinierung. Benchmarking im institutionellen Wettbewerb sorgt quasi von selbst für die Selektion von „best practices", ganz ohne politische Debatte und demokratische Willensbildung.

Die Lissabon Strategie der Europäischen Union – auf dem Lissabonner Regierungsgipfel 2000 verabschiedet – lässt sich als gegenwärtige Phase des hegemonialen Liberalisierungsprojektes begreifen, das auf Offenheit, Austausch, Wettbewerb und individuelles Unternehmertum setzt. Im Folgenden soll das anhand des Ineinandergreifens der OECD-Agenda „Beschäftigung und Wachstum in der wissensbasierten Ökonomie", der Lissabon-Strategie der EU – die Europa bis 2010 zum dynamischsten und erfolgreichsten wissensbasierten Wirtschaftsraum der Welt machen will – und der nationalen Reformpolitik in Deutschland dargelegt werden. Dabei geht es im Allgemeinen um globale Diffusion, europäische Vermittlung und nationale Umsetzung des auf Offenheit, Austausch, Wettbewerb und individuelles Unternehmertum ausgerichteten Wettbewerbsparadigmas, im Besonderen um dessen Konkretisierung im Leitbild- und Organisationswandel der Bildung. In theoretischer Hinsicht wird dabei die an *Durkheim* (1977) anschließende Theorie des Solidaritätswandels durch internationale Arbeitsteilung, durch den neoinstitutionalistischen Weltkultur-Ansatz von *John Meyer* (2005) und durch die Feld- und Kapitaltheorie *Pierre Bourdieus* (1993, 2001) ergänzt.

B. Leitbildwandel der Gesellschaftsgestaltung im Mehrebenensystem der Politik

Es ist für die Komplexität des Zusammenhangs unangemessen, zwischen der Lissabon-Strategie der EU, vermittelt durch die Offene Methode der Koordinierung (OMK) als „intervenierende Variable" und dem nationalen Politikwandel eine kausale Beziehung anzunehmen. Die Mainstream-Forschung der Politikwissenschaft greift in dieser Hinsicht zu kurz (vgl. *Eberlein* und *Kerwer* 2004; *Bernhard* 2005; *Schäfer* 2005). Der ganze Prozess ist in eine globale Transformation von Leitideen der Gesellschaftsgestaltung und ihrer Umsetzung in Institutionen eingebettet. Die Lissabon-

Strategie arbeitet mit den Leitideen „Wachstum, Beschäftigung, Zusammenhalt und Nachhaltigkeit", für deren Verwirklichung die Forcierung von Forschung und ihrer technologischen Umsetzung in Produktinnovationen in einer „wissensbasierten" Ökonomie, die Umwandlung von Unternehmen und Verwaltungen in lernende Organisationen und das lebenslange Lernen von unternehmerischen, sich selbständig auf dem Markt behauptenden Individuen von zentraler Bedeutung sein sollen. Dabei handelt es sich um Leitbilder der Gesellschaftsgestaltung, die sich sehr weit von den Traditionsbeständen der europäischen Wohlfahrtsstaaten und ihren Leitideen (in sozialdemokratischer und konservativer Variante) entfernen. Es sind Leitbilder, die maßgeblich von den wissenschaftlichen Experten internationaler Institutionen (der Organisation für wirtschaftliche Zusammenarbeit und Entwicklung, OECD, der Weltbank, des Internationalen Währungsfonds, IWF), von den global operierenden Unternehmensberatungen, Ratingagenturen und Anwaltskanzleien, von der transnational vernetzten Wissenselite der Ökonomen und von der Managementelite der transnationalen Unternehmen getragen und im globalen Maßstab als verbindlich, da „wissenschaftlich begründet" definiert werden.

Die globalen Wissens- und Managementeliten tragen die neuen Leitbilder in den europäischen Kontext der Lissabon-Strategie, in die Verfahren der OMK und in die nationalen Arenen der Bildungs-, Inklusions- und Rentenpolitik hinein und stoßen dort zunehmend auf homologe Strukturen: Im europäischen Kontext sind die neuen Wissens- und Managementeliten gegenüber den national verwurzelten traditionellen Partei- und Verbandseliten im Vorteil der globalen Vernetzung und der Befreiung der Politikfelder aus nationalen Restriktionen der Parteien- und Verbandspolitik und damit der Ausübung von Definitionsmacht (symbolisches Kapital). Analog verändern sich die nationalen Politikarenen und -felder. Die traditionellen Eliten der Parteien und Verbände werden auch auf dieser Ebene von den nationalen und lokalen Wissens- und Managementeliten verdrängt und ihrer alten Definitionsmacht beraubt. Dieser sich homolog auf allen drei Ebenen vollziehende Wandel zur *Verwissenschaftlichung von Governance* ist der entscheidende Prozess, der das Durchgreifen des Leitbildwandels von der globalen über die europäische Ebene in die nationalen Arenen hinein ermöglicht.

Die globalen Wissens- und Managementeliten haben ihre europäischen Stellvertreter im Lissabon-Prozess, in den Verfahren der OMK und in den nationalen Arenen. Die traditionellen Partei- und Verbandseliten haben nicht nur auf der globalen Ebene keinen Einfluss und nicht nur auf der europäischen Ebene wenig Einfluss, sondern auch auf der nationalen Ebene weniger Einfluss als in der Vergangenheit des Parteien- und Verbändestaates. Dieser homologe Wandel zur Verwissenschaftlichung von Governance ist die Ursache, die auf die Umpolung der Kräfteverhältnisse im Allgemeinen und der Kräfteverhältnisse zwischen den traditionellen Parteien- und Verbandseliten hinwirkt. Was maßgeblich aus der Enttraditionalisierung und Verwissenschaftlichung von Governance resultiert, erscheint dann in traditioneller Perspektive als eine Umpolung von den konservativen und sozialdemokratischen zu den liberalen Kräften. In dieser Perspektive wird der Wandel der Leitbilder innerhalb der alten Lager verkannt. Konservative, sozialdemokratische und liberale, gewerkschaftliche, kirchliche und unternehmerische Positionen treten nur noch als Varianten ein und derselben globalen, in Europa von der Lissabon-Strategie forcierten Leitbilder der Gesellschaftsgestaltung auf, so wie z.B. New Labour in Großbritannien nichts Grundsätzliches an den liberalen Reformen von Margaret Thatcher verändert hat.

Wenn sich die Sachlage so wie beschrieben darstellt, macht das übliche Forschungsdesign, nach direkten Auswirkungen der OMK auf nationale Politiken zu suchen, überhaupt keinen Sinn. Man erfasst damit nicht den viel umfassenderen und tieferen Wandel, für den die OMK nur einen Transmissionsriemen bereitstellt. Man benötigt eine längere zeitliche Perspektive und muss in Rechnung stellen, dass keine „kausale" Beeinflussung vorliegt, sondern ein durch die Verwissenschaftlichung von Governance auf allen drei Ebenen forcierter homologer Wandel von Leitbildern und ihrer institutionellen Konkretisierung stattfindet. Als Transmissionsriemen zwischen den drei Ebenen fungiert der Machtverlust der nationalen Parteien- und Verbandseliten und der Machtgewinn der globalen Wissens- und Managementeliten. Die Lissabon-Strategie muss deshalb als Überschneidungszone von globaler und europäischer Governance verstanden werden, die OMK als Überschneidungszone von globaler, europäischer und nationaler Governance und der nationale Leitbildwandel sowie die nationale Umpolung der Kräfteverhältnisse als Überschneidungszone von nationaler, europäischer und globaler Governance.

In zeitlicher Hinsicht muss deshalb die Lissabon-Strategie als Resultat eines länger andauernden Prozesses der globalen Machtverschiebung begriffen werden, die genauso in der OMK und in den nationalen Arenen wirksam wird. Der Leitbildwandel in der OMK wird demnach von der Lissabon-Strategie nur als Teil der globalen Transformation gespeist, wie auch der nationale Leitbildwandel von der OMK nur als Teil der weiterreichenden Lissabon-Strategie und zugleich direkt als Teil der globalen Transformation beeinflusst wird. Es ist deshalb müßig, zu fragen, ob der Wandel nationaler Politiken von der OMK oder von globalen Einflüssen angestoßen wird. Beide Prozesse sind unmittelbar miteinander verwoben. Deshalb ist für die Untersuchung des nationalen Wandels eine längere zeitliche und eine weitere räumliche Perspektive erforderlich. Der Wandel ist länger angebahnt als erst durch die Lissabon-Strategie und er ist nicht nur von der OMK induziert, sondern Teil eines globalen Wandels, in den die OMK selbst verstrickt ist.

Das Ineinandergreifen des Leitbildwandels und seiner institutionellen Konkretisierung lässt sich methodisch als Überschneidung der globalen, europäischen und nationalen Ebenen in räumlicher und zeitlicher Hinsicht fassen. Dabei bildet die Agenda-Setting-Rolle der OECD den räumlichen und zeitlichen Ausgangspunkt, der sich mit der Lissabon-Strategie der EU überschneidet, die wiederum mit nationalen Reformstrategien in Überschneidung tritt. Einen entscheidenden Impuls hat die OECD in den 1990er Jahren mit der Agenda von Beschäftigung und Wachstum in der wissensbasierten Ökonomie gegeben (OECD 1996, 1999). Die aktuelle Fortführung dieser Agenda zielt auf „Innovation, Growth and Equity" (OECD 2007a, 2007b). Mit dieser Agenda ist die Bildung ins Zentrum der Reformstrategien gerückt. Sie soll sowohl Quelle des wirtschaftlichen Wachstums als auch Grundlage der sozialen Kohäsion sein.

Alle anderen Maßnahmen zur Förderung der sozialen Kohäsion und der Inklusion des Individuums in die Gesellschaft erhalten mit dieser Fokussierung der Bildung einen rein kompensatorischen Status für den Notfall, und das immer nur vorübergehend. „Lebenslanges Lernen" tritt an die Stelle der gesetzlich garantierten umfassenden sozialen Sicherheit. Das zeigt sich in der Armutspolitik genauso wie in der Rentenpolitik. Armut ist in einer von lebenslangem Lernen geprägten Gesellschaft kein Schicksal, sondern lediglich ein Risiko mit Übergangscharakter, das es nicht dauerhaft durch staatliche Fürsorge zu kompensieren, sondern nur mit Hilfe von erneutem Lernen zu bewältigen gilt. Das Alter ist nicht der „verdiente" Ruhestand und Lebensabend, der von der nachfolgenden erwerbstätigen Generation aus Dankbarkeit finanziert wird, sondern eine längere dritte Lebensphase, für deren Finanzierung und Gestaltung der Einzelne selbst zu sorgen hat, am besten durch die ständige Aktualisierung seines Humankapitals im lebenslangen Lernen.

Das Humankapital ist der gemeinsame Nenner von Bildungs-, Armuts- und Rentenpolitik. Der Bildungsprozess wird als Produktion und Erhaltung von Humankapital verstanden. Der Einzelne schützt sich am besten durch die Erhaltung seines Humankapitals mittels lebenslangem Lernen vor dem „Risiko" der Armut, und er ist durch sein Humankapital auch am besten für die Gestaltung seines dritten Lebensabschnitts gewappnet.

Damit verändert sich die Rolle des Staates: Er legt die fürsorgende Rolle ab und übernimmt die Rolle eines Trainers, der seine Bürger auf Trab hält, um sie fit für die Selbstbehauptung im globalen Wettbewerb zu machen. Der alte staatliche Paternalismus des Fürsorgestaates wird durch den Neo-Paternalismus eines Staates ersetzt, der auch noch die letzten Bildungsverweigerer auf den Pfad des lebenslangen Lernens (und der richtigen Ernährung) bringt. Es wird eine neue Stufe der Gouvernementalität erreicht (*Foucault* 2006). Erst dann, wenn sich die genetischen Grenzen des Lernens nicht mehr leugnen lassen, werden auch die Grenzen des neuen Paternalismus erkennbar. Gibt es dann kein Zurück in den alten Paternalismus der staatlichen Fürsorge, bleibt nur noch die gentechnische oder neurobiologische Bearbeitung der menschlichen Defekte oder die sichere Invitro-Fertilisation als effektive Maßnahme zur Produktion wettbewerbsfähiger Menschen übrig.

Im Zuge dieser von der globalen über die europäische auf die nationale Ebene durchgreifenden Transformation des Verständnisses von sozialer Kohäsion und Inklusion verändern wesentliche Begriffe ihre Bedeutung:

- „Wissen" verändert sich von berufsspezifischem Erfahrungswissen zu generellem, wissenschaftlich fundiertem Wissen.
- „Bildung" verändert sich vom national gebundenen Kulturgut und von der berufsständischen Tradition zum global auf dem Markt verwertbaren Humankapital.
- Der „Arbeitnehmer" wird zum Arbeitskraftunternehmer.
- „Organisation" bewegt sich von der stabilen Ordnung hin zur sich fortlaufend verändernden lernenden Organisation.
- „Armut" ist nicht länger Schicksal, sondern ein zu kontrollierendes Risiko.
- „Alter" ist nicht mehr der von den nachfolgenden Generationen aus Dankbarkeit zu finanzierende Lebensabend, sondern der selbst zu finanzierende dritte Lebensabschnitt.
- „Gerechtigkeit" ist nicht die Kompensation von Nachteilen durch Umverteilung, sondern die Entlohnung nach individueller Leistung.

Das räumliche und zeitliche Ineinandergreifen der globalen, europäischen und lokalen Ebene im Leitbildwandel der Gesellschaftspolitik lässt sich exemplarisch aufgrund der Verkopplung der OECD-Agenda zu Beschäftigung und Wachstum in der wissensbasierten Ökonomie, der Lissabon-Strategie der EU zur Entwicklung der international wettbewerbsfähigsten wissensbasierten Ökonomie und der direkt auf die Lissabon-Strategie ausgerichteten Agenda 2010 der Regierung Schröder in Deutschland darstellen. Die OECD setzt diesen Leitbildwandel in den1990er Jahren forciert auf die Agenda, die Lissabon-Strategie der EU zieht 2000 nach, die Agenda 2010 der Schröder-Regierung 2003. Die zur Umsetzung der Agenda 2010 eingerichtete „Hartz-Kommission" unterscheidet sich von den vorausgehenden Fehlsuchen der traditionellen korporatistischen Reformpolitik im „Bündnis für Arbeit" genau dadurch, dass an die Stelle der schwergewichtigen Verbandsführer, Experten der Verbände unterhalb der Verbandsführung getreten sind, so dass sich der „Expertenrat" der „neutra-

len" kulturellen Anderen (*Meyer* 2005: 170; *Drori* et al. 2003) gegen verbandliche Loyalitäten durchsetzen konnte. Daran ist genau festzumachen,
wie die Verwissenschaftlichung von Governance als Transmissionsriemen
vom globalen Agenda-Setting der OECD über die Lissabon-Strategie der
EU in nationale Reformstrategien hineinwirkt (Abb. 1).

*Abbildung 1: Drei Ebenen und drei Phasen des ineinandergreifenden
Leitbildwandels*

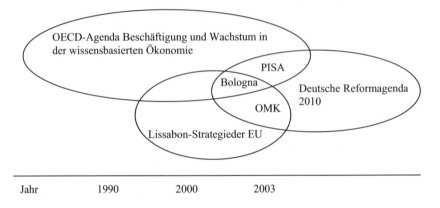

Bei der strukturellen Kopplung zwischen dem Leitbildwandel auf globaler,
europäischer und nationaler Ebene wird der intergouvernementale Charakter der „Aushandlung" von OECD-Agenden und EU-Strategien durch die
Verwissenschaftlichung von Governance überlagert und außer Kraft gesetzt. Wenn es um „rationale" Problemlösungen geht, gibt es weder etwas
zu entscheiden noch etwas zu verhandeln, vielmehr müssen Probleme erkannt und effektiv gelöst werden. Dazu braucht man Wissen, das möglichst
ungehindert durch Interessen und Macht zur Geltung kommt. Der Ausbau
der entsprechenden Expertenstäbe sorgt dafür, dass dieses Wissen generiert, global verbreitet und in Reformmaßnahmen umgesetzt wird. Die
OECD ist auf diesem Wege zu einer Denkfabrik geworden, die durch ihre
vergleichenden Statistiken und Analysen über die Foren ihrer Mitgliedstaaten erheblichen Einfluss auf die internationale politische Agenda in der
Wirtschafts-, Bildungs- und Gesellschaftspolitik ausübt. Sie prägt die Begriffe und kognitiven Strukturen globaler Reformstrategien. Dasselbe gilt
für den Expertenapparat der Europäischen Kommission. Die Experten verfügen über entscheidende Definitionsmacht und setzen den Rahmen, innerhalb dessen erst die Regierungen legitime Interessen artikulieren können. Man kann sogar noch weiter gehen und sagen, dass in den internationalen Denkfabriken die Muster entwickelt werden, die bestimmen, was

eine Regierung zu tun hat, um vor dem globalen Gericht der Wissenschaft als rationaler Akteur Anerkennung zu finden (*Meyer* 2005). Für intergouvernementales Verhandeln und nationale Sonderwege ist in diesem Kontext nur noch wenig Platz. Die OECD-Agenda, die Lissabon-Strategie und die OMK wirken auf die nationale Politik nicht durch Sanktionen, sondern durch Definitionsmacht und den davon beeinflussten Wandel der kognitiven Strukturen (vgl. *Oelkers* 2003).

C. Leitbild- und Organisationswandel der Bildung

In der Bildungspolitik sind PISA und Bologna die maßgeblichen Prozesse, in denen lokale Autoritäten und Standesorganisationen (Professoren, Hochschulverband, Lehrer, Lehrer-/Philologenverband) von globalen Experten verdrängt werden (*Martens* et al. 2007). Bildung wird nicht mehr als Kulturgut und berufsspezifisches Erfahrungswissen verstanden, sondern als Humankapital und generelles wissenschaftliches Wissen. Korrespondierend zum Wandel in der Bildungspolitik verdrängen in der Sozialpolitik die globalen Experten die lokalen Sozialpolitiker alten Stils vom Schlage eines Georg Leber oder Norbert Blüm. Der Leitbildwandel der Bildung impliziert einen Wandel der Kategorien der Klassifizierung schulischer und universitärer Leistungen. Global nachgefragte Grundkompetenzen und der Habitus des flexiblen, weltweit einsetzbaren Arbeitskraftunternehmers (*Pongratz* und *Voss* 2003) setzen die neuen Maßstäbe der Klassifizierung, die fachlich spezialisiertes und berufliches Erfahrungswissen in den Hintergrund drängen. Dementsprechend verändern sich die Erwartungen an schulische und universitäre Leistungen, die Praktiken der Klassifizierung, der Zugang zu Bildungstiteln und ihre Umsetzung in Karrieren und berufliche Positionen. Dieser Wandel geht aus heftigen Kämpfen um alte und neue Klassifizierungskategorien hervor. So verdrängen z.B. die international mobilen Manager ohne spezifische Fachkompetenz und ohne Verwurzelung in den Unternehmen die fest verwurzelten Fachspezialisten aus den Vorstandsetagen, wie auch die Hochschulabsolventen mit viel Auslandsaufenthalten ihre daheim gebliebenen, bloßem Fachwissen verhafteten Kommilitonen beim Berufseinstieg hinter sich lassen. Die Öffnung der tertiären Bildung für breite Bevölkerungsschichten entwertet die Bildungstitel und veranlasst Strategien der Schließung, die sich in der Differenzierung in tertiäre Massen- und Elitenbildung abzeichnet. Für notorische Bildungsverweigerer werden kompensatorische Erziehungsprogramme eingerichtet.

Der Leitbildwandel der Bildung geht einher mit einem grundlegenden Wandel von staatlicher Governance und Verwaltung. Zweckprogramme ersetzen Konditionalprogramme, Zielvereinbarungen die eindeutige Festlegung von Aufgaben. Während Konditionalprogramme auf Erfolgskontrolle verzichten können, verlangen Zweckprogramme und Zielvereinbarungen genau diese Kontrolle. Die Entlassung aus bürokratischen Strukturen in die Autonomie impliziert demgemäß ein enormes Wachstum an Kontrolle und Kontrollapparaten, eine Bürokratie neuen Typs. Die moderne Informations- und Kommunikationstechnologie liefert die erforderlichen Instrumente dafür. Sie erlaubt ein umfassendes Monitoring und eine detaillierte Kennziffernsteuerung.

Schulen und Universitäten werden in der sich herausbildenden Audit-Gesellschaft (*Power* 1997) in Unternehmen transformiert, die der Kontrolle durch den Wettbewerb, durch Aufsichtsräte und Akkreditierungsagenturen unterworfen werden. In der Audit-Gesellschaft werden Schulen zu Audit-Schulen, Universitäten zu Audit-Universitäten. Damit einher geht die Entprofessionalisierung von Tätigkeiten. An die Stelle des Vertrauens in Professionen (z.B. Lehrer und Professoren) tritt das generelle Misstrauen, dass sie ihren Entscheidungsspielraum zum eigenen Vorteil und zum Schaden ihrer Auftraggeber missbrauchen. Das liegt in der Logik des zunehmend zur Restrukturierung von Organisationen eingesetzten Prinzipal-Agenten-Modells der Institutionenökonomik. Es setzt sich das Paradigma des New Public Management (NPM) durch, nach dem Lehrer und Professoren als Agenten ihres Prinzipals – des Schulleiters, des Universitätspräsidenten – zu begreifen sind. Nach diesem Paradigma besteht das größte Problem darin, dass die Agenten ihre delegierte Macht nur für ihre eigenen Zwecke nutzen. Deshalb müssen sie einer Erfolgskontrolle unterworfen werden. Um diese Erfolgskontrolle überhaupt durchführen zu können und den Wettbewerb zwischen den kontrollierten Agenten gerecht ablaufen zu lassen, werden Kennziffern benötigt, anhand derer der Erfolg gemessen werden kann. Das hat ein enormes Maß der Standardisierung und der Einschränkung des Kreativitätsspielraums dieser Tätigkeiten zur Folge.

Der nach standardisierten Kennziffern durchgeführte Wettbewerb wie auch der Wettbewerb um Kunden hat eine wachsende horizontale Differenzierung durch Spezialisierung (Profilbildung) und vertikale Differenzierung durch die Akkumulation von Wettbewerbsvorteilen zur Folge. Die akkumulierten Wettbewerbsvorteile erlauben es den starken Anbietern von Dienstleistungen, Monopolrenten zu verdienen. Monopolrenten sind Einkommen (monetäres und symbolisches Kapital, Geld und Reputation), die dadurch entstehen, dass potentielle Konkurrenten vom Markt ferngehalten werden. Es handelt sich bei diesen Effekten nicht durchwegs um intendierte, sondern in erheblicher Zahl um nicht-intendierte oder gar unerwünschte Effekte. Man sieht daran, dass die Verwissenschaftlichung von Governance nicht zwangsläufig zu einer höheren Rationalität der schulischen/universitären Praxis führt. Max Weber hätte von der Paradoxie des modernen Rationalismus bzw. vom Widerspruch zwischen formaler und materialer Rationalität gesprochen. Dieser Widerspruch stellt die Politik mit der Verwissenschaftlichung von Governance vermehrt vor unlösbare Probleme, weil wissenschaftliche Erkenntnisse um so gesicherter sind, je mehr Störfaktoren unter Kontrolle gehalten wurden, in der gesellschaftlichen Praxis jedoch alle Störfaktoren ganz ungehindert gute Absichten ins Gegenteil verkehren. Traditionelle Governance in der Hand lokaler Autoritäten folgt jahrzehntelanger Erfahrung in der Praxis und ist blind für deren nicht-intendierten Effekte. Verwissenschaftlichter Governance fehlt die Einbettung des Wissens in die Praxis und die Bereitschaft, nicht-intendierte Effekte zu ignorieren. Sie wendet praxisferne wissenschaftliche Modelle an, um dann jede Menge nicht-intendierter Effekte zu erzeugen, die Anlass zur Korrektur geben. Die Korrektur von selbst erzeugten Fehlentwicklungen wird dann zum Hauptgeschäft der Politik. Das ist zunehmend auch an der Organisation von Bildungsprozessen durch NPM zu beobachten. Die Untersuchung des Wandels der Organisation von Bildungsprozessen muss diese nicht-intendierten Konsequenzen aufspüren, um ein vollständiges Bild zeichnen zu können.

Der zu beobachtende Wandel von Leitbild und Organisation der Bildung im Ineinandergreifen von OECD-Agenda-Setting, europäischer Lissabon-Strategie und nationalen Reformen in Deutschland lässt sich in fünf wesentlichen Elementen zusammenfassen:

1. Transformation des Feldes der Bildung: Alte lokale/nationale Autoritäten, Parteiorganisationen, Standesorganisationen und Verbände werden in den jeweiligen Arenen und Politikfeldern von einer globalen Wissens- und Managementelite verdrängt, und zwar in absteigendem Umfang von der globalen über die europäische zur nationalen Ebene.

2. Transformation der Leitbegriffe der Bildung: Alte Begriffe verschwinden aus dem Vokabular, oder es verändert sich ihre Bedeutung, neue Begriffe und neue Bedeutungen alter Begriffe gewinnen die Oberhand.

3. Transformation der Klassifizierung schulischer und universitärer Leistungen: Mit dem Wandel der Leitbegriffe der Bildung verändern sich die Kategorien der Klassifizierung schulischer und universitärer Leistungen, mit der Folge der Restrukturierung des Zugangs zu Bildungstiteln und des Wertes von Bildungstiteln für den Zugang zu beruflichen Positionen. Die Entwertung von Bildungstiteln durch Öffnung des Zugangs zu weiterführenden Schulen und Universitäten provoziert Strategien der erneuten Schließung durch die Differenzierung in Eliten- und Massenbildung sowie kompensatorische Erziehungsprogramme für Bildungsverweigerer, die durch die Behauptung der funktionalen Notwendigkeit der Elitenbildung für die bessere Positionierung nationaler Gesellschaften im globalen Wettbewerb legitimiert werden.

4. Transformation der Organisation von Bildungsprozessen: Alte Konditionalprogramme werden durch neue Zweckprogramme und Zielvereinbarungen verdrängt, bürokratische Aufgabenkontrolle durch manageriale Erfolgskontrolle, professionelle Autonomie durch Monitoring und Kennziffernsteuerung, offene Vielfalt von Leistungen durch standardisierte Leistungsvergleiche, segmentäre Differenzierung durch horizontale und vertikale Differenzierung, d.h. Spezialisierung und Stratifikation. Wettbewerbsvorteile werden dauerhaft in Monopolrenten umgemünzt.

5. Hybride als Ergebnis des Wandels: Aus dem Konflikt zwischen globalen Eliten und lokalen Autoritäten, neuen und alten Begriffen und Begriffsbedeutungen, neuen und alten Organisationsstrukturen resultieren Hybride, sowohl in der Semantik als auch in ihrer organisationalen Umsetzung:

a) Die Erhaltung von Kulturgut, Fachwissen und berufsspezifischem Erfahrungswissen in der Bildung als Humankapital hat die Konsequenz der mangelnden Vermittlung von Grundkompetenzen in Muttersprache, Mathematik und Naturwissenschaft in Schule und Universitätsstudium. PISA und Bologna sind als treibende Kräfte des Wandels innerhalb des Hybrids zu betrachten.

b) Die breite Inklusion in die Allgemeinbildung der Gymnasien und Universitäten innerhalb des dreigliedrigen Schulsystems und des zweigeteilten Hochschulsystems hat die Konsequenz der Erhöhung von Schulstress bzw. Studienstress und der systematischen Erzeugung von Schulversagern bzw. Studienabbrechern. PISA und Bologna sind als treibende Kräfte des Wandels innerhalb des Hybrids zu betrachten.

c) Globale Eliten und lokale Autoritäten sind im Dauerkonflikt verbunden und strukturieren den Wandel von zwei einander entgegengesetzten Seiten, mit der Konsequenz eines lange anhaltenden Schwebezustandes eines unentschiedenen Konflikts.

d) Neue Zweckprogramme werden den alten Konditionalprogrammen übergestülpt, alte Kartell-, Monopol- und Oligarchiestrukturen werden mit dem neuen Differenzierungsprogramm akzentuiert und verstetigt, alte bürokratische Kontrolle und neue Erfolgskontrolle verbinden sich zur totalen Überwachung des Bildungsprozesses. „Selektion und Unterricht" als traditionelles Programm der Schule wird durch das neue Programm der „Inklusion und Förderung" überlagert.

Abbildungen 2 und 3 fassen den Zusammenhang des Bildungswandels im Feld, im Leitbild, in der Klassifizierung, in der Organisation und in der Erzeugung institutioneller Hybride durch die Transnationalisierung der Bildungspolitik zusammen (Abb. 2 und 3).

Abbildung 2: Das Feld der Bildung vor PISA und Bologna

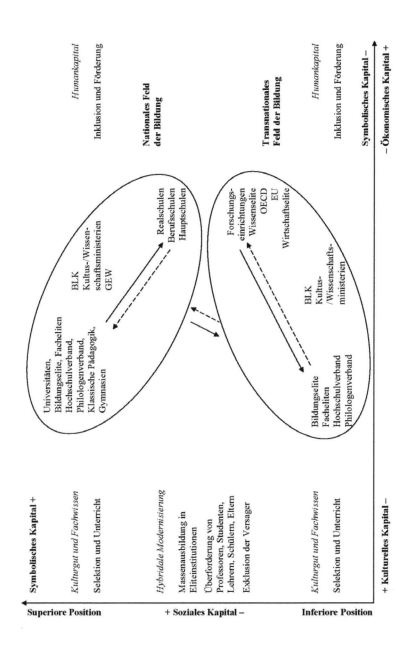

Richard Münch

Abbildung 3: Das Feld der Bildung nach PISA und Bologna

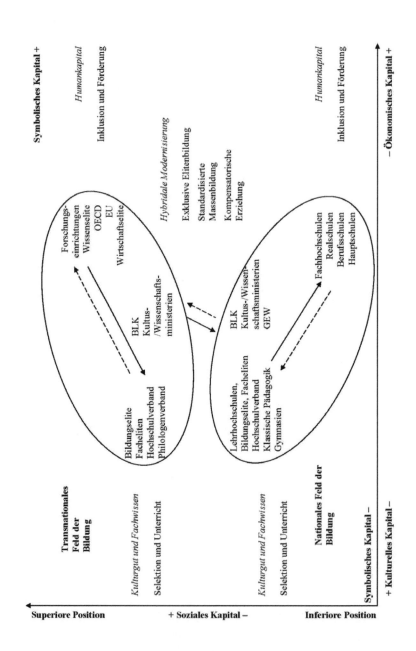

D. Diskussion und Schlussfolgerungen: Wie ist der Leitbild- und Organisationswandel der Bildung zu erklären?

Die Entscheidung für die internationale wirtschaftliche Integration nach dem Zweiten Weltkrieg hat auf lange Sicht neue Leitlinien für die politische, insbesondere sozialpolitische Integration gesetzt. Sie hat einen Solidaritätswandel auf den Weg gebracht, der dem Wettbewerbsparadigma nach und nach ein materielles Fundament verschafft: Es ergibt sich zwangsläufig eine Umstellung von der segmentären Differenzierung in Nationen, deren Zusammenhalt durch Züge der mechanischen Solidarität gewährleistet ist, auf funktionale, arbeitsteilige Differenzierung nach dem Muster von organischer Solidarität (*Durkheim* 1977; *Münch* 2001, 2008). Das hat entscheidende Konsequenzen:

- Dem nationalen Wohlfahrtsstaat brechen die materiellen Grundlagen der mechanischen Solidarität weg.
- Binnen- und Außenmoral lassen sich nicht mehr voneinander trennen.
- Zur organischen Solidarität der internationalen Arbeitsteilung passt die Idee der Leistungsgerechtigkeit unter Bedingungen der Chancengleichheit besser als die Idee der Resultatsgleichheit. Letzterer wird zunehmend der Boden entzogen.

Mit der Europäisierung der Arbeitsteilung verlagert sich die Ausübung von Definitionsmacht von der nationalen auf die europäische Ebene, von Parteien, Verbänden und Sozialpartnerschaft zu den Funktionseliten der Manager, Unternehmensberater, juristischen und wissenschaftlichen Experten. Insbesondere lösen die Ökonomen die Partei- und Verbandsfunktionäre ab. Damit wird dem Wettbewerbsparadigma weiter der Boden bereitet. Markt und Wettbewerb werden zur kaum noch in Frage gestellten neuen Doxa der Politik.

Die Übergangszeit dieses Paradigmenwechsels ist von einer Doppelstruktur der symbolischen Herrschaft geprägt. Auf der nationalen Ebene sind noch Restbestände der Herrschaft von Partei- und Verbandsfunktionären über die wissenschaftlichen Experten vorhanden, auf der transnationalen Ebene sind die Wirtschafts- und Wissenseliten in der Oberhand. Daraus folgt hybride Modernisierung, zu beobachten am Konflikt zwischen europäischer Wettbewerbsordnung und nationaler Sozialordnung.

Dieser europäisch/nationale Strukturwandel fügt sich in einen globalen Strukturwandel der Verwissenschaftlichung von Governance ein, der von den internationalen Wirtschaftsorganisationen der WTO, des IWF und der Weltbank geprägt und von der OECD mit statistischem Zahlenwerk und Agenda-Setting unterstützt wird.

Den Strukturwandel der symbolischen Herrschaft bekommt man mit einer rein neoinstitutionalistischen Perspektive (*Meyer* 2005) nicht zurei-

chend in den Griff. Der Neoinstitutionalismus beschreibt lediglich das Ergebnis eines im Detail nicht beleuchteten Strukturwandels
– der Arbeitsteilung,
– der Solidarität,
– der Gerechtigkeit,
– der Herrschaft.
Das Ergebnis ist die isomorphische Anpassung des europäischen an das
globale Skript. Der historische Institutionalismus erklärt nur die Fortentwicklung des eingeschlagenen Pfades des europäischen Wettbewerbsparadigmas, aber nicht, was zu diesem Pfad führt und wie auf diesem Pfad –
mehr als nur institutionelle Trägheit – die fortschreitende internationale
Arbeitsteilung, der Solidaritätswandel, die Rechtssetzung und Rechtsprechung und die Verwissenschaftlichung von Governance die materiellen,
institutionellen und symbolischen Voraussetzungen für die Durchsetzung
des Wettbewerbsparadigmas schaffen.

Die Durchsetzung des Wettbewerbsparadigmas greift von der Wirtschaftspolitik in alle Politikfelder hinein: so in die Sozialpolitik, die Bildungspolitik, die Forschungspolitik, die Kulturpolitik. Eine Begleiter-
scheinung der Durchsetzung des Wettbewerbsparadigmas sind Verdrängungsprozesse, die unter der Hand den Wettbewerb einschränken: die
großen Konzerne beherrschen zunehmend das Feld. Es bilden sich Oligo-
polstrukturen. Das Wettbewerbsparadigma setzt in allen Lebensbereichen
auf Markt und Wettbewerb, macht dadurch Verdrängungsprozesse, den
Kampf ums Überleben mit allen legalen und illegalen Mitteln und damit
auch Täuschung und Misstrauen zu einem universellen Phänomen. Es ersetzt die Vielfalt sozialer Formen – genossenschaftliche Hilfe, Wohlfahrts-
pflege, ärztliche Hilfe, Lehren und Lernen, Kultur, Kunst und Wissenschaft
– durch Markt und Wettbewerb. Ebenso werden ehemals staatliche Ho-
heitsaufgaben in private Dienstleistungen umgewandelt. Das geschieht
immer mit dem Argument der Effizienzsteigerung. Selten gibt es dafür empirische Beweise und erst recht fehlen die Rechnungen über den Verlust an
Sozialformen mit je eigenem Leistungsprofil. Die flächendeckende Durchsetzung des Wettbewerbsparadigmas ist deshalb nicht grundsätzlich durch
funktionale Effizienzgewinne zu erklären, sondern vielfach nur durch isomorphische Anpassung, d.h. mit Hilfe eines neoinstitutionalistischen For-
schungsansatzes. Dieser bedarf jedoch – wie gezeigt – der Untermauerung
durch einen Forschungsansatz, der sich auf die materiellen, solidarischen,
symbolischen und machtpolitischen Aspekte der internationalen Arbeitsteilung stützt.

Was sich von dem Wettbewerbsparadigma der Gründerjahre der EU bis
zum Wettbewerbsparadigma der Lissabon-Strategie verändert hat, sind
einerseits die materiellen Voraussetzungen der gewachsenen internationa-

len Arbeitsteilung und Solidarität, andererseits die institutionellen Voraussetzungen der Verwissenschaftlichung von Governance durch Transnationalisierung und die symbolischen Voraussetzungen des selbstverständlicher gewordenen Denkens in Kategorien von Märkten und Wettbewerb. Die Lissabon-Strategie wird demgemäß durch Strukturen gestützt, die aus der Umsetzung des Wettbewerbsparadigmas der Gründerjahre der EWG hervorgegangen sind.

Literatur

Bernhard, Stefan: Sozialpolitik im Mehrebenensystem. Die Bekämpfung von Armut und sozialer Ausgrenzung im Rahmen der Offenen Methode der Koordinierung, Berlin 2005.

Bourdieu, Pierre: Sozialer Sinn, Frankfurt a.M. 1993.

Bourdieu, Pierre: Das politische Feld. Zur Kritik der politischen Vernunft, Konstanz 2001.

Drori, Gili; Meyer, John W.; Ramirez, Francisco O.; Schofer, Evan: World Society and the Authority and Empowerment of Science, in: Drori, Gili, Meyer, John W., Ramirez, Francisco O., Schofer, Evan (Hrsg.): Science in the modern World Polity, Stanford 2003.

Eberlein, Burkhard und Dieter Kerwer: New Governance in the European Union: A Theoretical Perspective, Journal of Common Market Studies 2004.

Foucault, Michel: Geschichte der Gouvernementalität, 2 Bde., Frankfurt a.M. 2006.

Gramsci, Antonio: A Gramsci Reader: Selected Writings, 1916–1935, hg. David Forgcas, London 1977.

Laclau, Ernesto und Chantal Mouffe: Hegemony and Socialist Strategy, London 2001.

Martens, Kerstin, Alessandra Rusconi und Kathrin Leuze (Hrsg.): New Arenas of Education Governance – The Impact of International Organizations and Markets on Educational Policy-Making, Houndsmills, Basingstoke 2007.

Meyer, John W.: Weltkultur. Wie die westlichen Prinzipien die Welt durchdringen, Frankfurt a.M. 2005.

Münch, Richard: Offene Räume. Soziale Integration diesseits und jenseits des Nationalstaats, Frankfurt a.M. 2001.

Münch, Richard: Die Konstruktion der europäischen Gesellschaft. Zur Dialektik von transnationaler Integration und nationaler Desintegration, Frankfurt a.M./New York 2008.

Münch, Richard und Sebastian Büttner: Die europäische Teilung der Arbeit. Was können wir von Emile Durkheim lernen?, in: M. Heidenreich (Hrsg.). Die Europäisierung sozialer Ungleichheit. Zur transnationalen Klassen- und Sozialstrukturanalyse, Frankfurt und New York 2006.

Nonhoff, Martin: Politischer Diskurs und Hegemonie. Das Projekt soziale Marktwirtschaft, Bielefeld 2006.

OECD: Employment and Growth in the Knowledge-Based Economy, Paris 1996.

OECD: The Knowledge-Based Economy: A Set of Facts and Figures, Paris 1999.

OECD: Innovation and Growth: Rationale for an Innovation Strategy, Paris 2007a.

OECD: OECD Forum 2007. Innovation, Growth and Equity, May 14-15, 200, Paris 2007b.

Oelkers, Jürgen: Wie man Schule entwickelt. Eine bildungspolitische Analyse nach PI-SA, Weinsheim/Basel/Berlin 2003.

Pongratz, Hans. J. und G. Günter Voss: Arbeitskraftunternehmer. Erwerbsorientierungen in entgrenzten Arbeitsfirmen, Berlin 2003.

Power, Michael: Audit Society: Rituals of Verification, Oxford 1997.

Schäfer, Armin: Die neue Unverbindlichkeit. Wirtschaftspolitische Koordinierung in Europa, Frankfurt a.M. 2005.

Wobbe, Theresa: Die Verortung Europas in der Weltgesellschaft, in: B. Heintz, R. Münch und H. Tyrell (Hrsg.). Weltgesellschaft. Theoretische Zugänge und empirische Problemlagen. Sonderheft der Zeitschrift für Soziologie, Stuttgart 2005.

2. Abschnitt:
Die Wettbewerbsfähigkeit als Ziel europäischer Wirtschaftspolitik

Die Wettbewerbsfähigkeit der EU als Ziel europäischer Wirtschaftspolitik – eine kritische Analyse

Gerhard Wegner

A. Einleitung

Die Europäische Union hat mit dem im Jahre 2000 initiierten Lissabon-Prozess einen breit angelegten wirtschaftspolitischen Rahmenplan verabschiedet, der die EU bis zum Jahre 2010 zum wettbewerbsfähigsten und dynamischsten wissensbasierten Wirtschaftsraum der Welt entwickeln sollte.[1] Diesem ehrgeizigen Ziel ermangelte von vornherein an einer geeigneten Operationalisierung. Dazu trug zum einen der Umstand bei, dass die Wettbewerbsfähigkeit von Volkswirtschaften oder gar von Integrationsräumen bereits seit langem innerhalb der ökonomischen Diskussion in ihrer Vielschichtigkeit kritisch analysiert worden ist, ohne dass ein objektives Prüfkriterium abrufbar wäre, an welchem sich der Erfolg wirtschaftspolitischen Handelns zur Förderung der Wettbewerbsfähigkeit messen ließe.[2] Zum anderen hat der Europäische Rat im März 2000 das Ziel des „Lissabon-Prozesses" mit den Teilzielen „rate of growth and employment to underpin social cohesion and environmental sustainability" zwar zu konkretisieren versucht, dabei aber die Agenda des Lissabon-Prozesses heillos überfrachtet. Erfasst wurden immer neue Politikbereiche europäischer und vor allem mitgliedstaatlicher Handlungskompetenz, womit naturgemäß Zielkonflikte heraufbeschworen wurden, ohne dass man sich zu den jetzt notwendigen Prioritäten näher geäußert hätte. Zwar hat der Kok-Bericht aus dem Jahre 2004 auf die Ausuferung der Teilziele des Lissabon-Prozess kritisch hingewiesen und eine Eingrenzung angemahnt, die zu seiner Revision im Februar 2005 und einem neuen Aktionsprogramm geführt haben. Von einer Operationalisierung des Ziels der Wettbewerbsfähigkeit der EU kann aber immer noch kaum die Rede sein, wenn der Bericht unter

---

[1] European Commission. Directorate-General for Economic and Financial Affairs (2005, S. 3).

[2] Vgl. u.a. *Dluhosch/Freytag/Krüger* (1996); *Ohr* (1999); *v. Suntum* (1986); *Krugman* (1996; 1994); World Competitiveness Report (2006).

„Wettbewerbsfähigkeit" eine „diagnosis of the state of economic health of a country or region" versteht (Kok-Bericht, 2004, S. 44). Immerhin lässt die auf der Frühjahrstagung 2005 verabschiedete revidierte Lissabon-Strategie einen wichtigen Schritt in Richtung einer Operationalisierung erkennen, insofern die "Herbeiführung eines kräftigeren und nachhaltigen Wachstums und (die) Schaffung von mehr und besseren Arbeitsplätzen" als Hauptziel des Programms genannt werden. Allerdings werden sozial- und umweltpolitische Ziele immer noch als Elemente des Lissabon-Prozesses genannt, anstatt als gesondert zu verfolgende Ziele von der Lissabon-Strategie abgetrennt zu werden.[3]

Damit hat die Union im Grunde das Ziel der Wettbewerbsfähigkeit in Richtung eines übergeordneten Wohlstandsziels „Pro-Kopf-Einkommen" verschoben, wie sich an der definitorischen Gleichung

$$\textit{Pro-Kopf-Einkommen} = \textit{Bruttoinlandsprodukt} / \textit{Erwerbspersonen} *$$
$$\textit{Erwerbspersonen} / \textit{Einwohnerzahl}$$
$$= \quad y * E$$

(y: Arbeitsproduktivität; E: Erwerbsquote)

ersehen lässt. Das Wohlstandsziel, operationalisiert als zu steigerndes Pro-Kopf-Einkommen, ist damit als definitorisches Produkt aus Arbeitsproduktivität und Erwerbsquote aufgeschlüsselt. Während die Steigerung der Arbeitsproduktivität eine ökonomische Voraussetzung für „bessere", d.h. besser bezahlte Jobs darstellt, liefert das „kräftige und nachhaltige Wachstum" eine Voraussetzung für eine gesteigerte oder zumindest konstant gehaltene Nachfrage nach Arbeitskräften; andernfalls könnte eine steigende Arbeitsproduktivität infolge technischen Fortschritts durch eine sinkende Erwerbsquote kompensiert werden und würde den Wohlstandseffekt, gemessen als Pro-Kopf-Einkommen, aufzehren. In einem Gutachten hat die Kommission auf die notwendige Verknüpfung des „Fortschrittsziels" wachsender Arbeitsproduktivität mit dem Wachstumsziel hingewiesen, um das Pro-Kopf-Einkommen in der Union dauerhaft zu erhöhen (Directorate-General for Economic and Financial Affairs, 2005).

Ich möchte im nachfolgenden das genannte Politikziel und seine Ausformulierung kritisch erörtern und damit das ordnungspolitische Verständnis von Rat und vor allem der Kommission betrachten. Dabei sei die Lissabon-Strategie lediglich exemplarisch als aktuelles politisches Programm behandelt, welches weniger ambitionierte Programme aus früheren Jahren

---

[3] Vgl. KOM (2007) 804 final; die Ziele zur Reduzierung von Treibhausgasen sowie die Förderungen von energie- und ressourceneffizienten Technologien werden als Teilziele des revidierten Lissabon-Prozesses aufgeführt.

fortführt, jedoch aufgrund seines allgemeinen Charakters als umfassende Modernisierungsstrategie für Europa Folgeprogramme für die Zukunft erwarten lässt.[4] Letzteres allein schon deswegen, als nach vorliegenden Statistiken ein Schließen der Produktivitätslücke der Europäischen Union zu den USA nicht zu erwarten ist, selbst wenn man bei den einzubeziehenden EU-Ländern die Beitrittsländer der letzten acht Jahre außen vor lässt. In diesem Zusammenhang sind zunächst einige grundsätzliche Bemerkungen zur registrierbaren Zielverschiebung in Richtung eines allgemeinen Wohlstandsziels voranzuschicken.

Abbildung 1: Zuwachsrate der Arbeitsproduktivität
(berechnet auf die Erwerbstätigenstunde) der EU-15-Länder

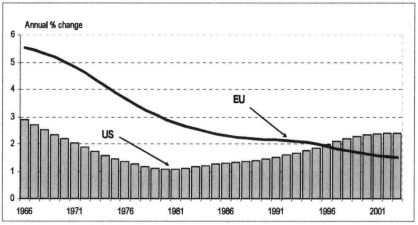

(Quelle: EU Kommission)

Vor dem Hintergrund aufstrebender und wiederaufstrebender Wirtschafträume, vor allem aber vor dem Hintergrund einer offensichtlichen technologischen Führerschaft der amerikanischen Wirtschaft in zahlreichen Sektoren wird die Europäischen Union seitens ihrer maßgeblichen Akteure (v.a. seitens der Kommission) nach wie vor in einer Rolle als „Wettbewerber" zu anderen Wirtschaftsräumen betrachtet. Die Übertragung des betriebswirtschaftlichen Begriffes der Wettbewerbsfähigkeit auf Volkswirtschaften ist verschiedentlich kritisiert worden. Vor allem *Krugman* (1996, 1994) sprach von einer „dangerous obsession", u.a. weil die Verwendung des Begriffes als Leitbild für die Wirtschaftspolitik einer neo-merkantilistischen Industriepolitik Vorschub leisten kann, was auf eine selektive Förderung von Technologien und Industrien bei gleichzeitiger Marktab-

---

[4] Vgl. den Beitrag von *Scherzberg* in diesem Band.

schottung („Festung Europa") hinausläuft. Eine solche Politik läuft Gefahr, sich an falschen Unterzielen zu orientieren, wie z.B. an Exportüberschüssen, dem Weltmarktanteil der heimischen Industrie oder dem Aufbau nationaler Spitzenindustrien, und dabei das grundlegendere Wohlstandsziel aus dem Auge zu verlieren, wenn nicht gar zu gefährden. So hat bereits v. *Suntum* (1986) früh darauf hingewiesen, dass es aus wohlfahrtstheoretischer Sicht unsinnig wäre, möglichst viele knappe Ressourcen im Inland zur Versorgung gebietsfremder Konsumenten einzusetzen, was eine auf Exportsteigerung ausgerichtete Handels- und Industriepolitik leicht übersieht. Krugman diskutiert die Möglichkeit der missbräuchlichen Ausnutzung von Erkenntnissen aus der Neuen Handelstheorie und plädiert gegen eine wirtschaftspolitische Förderung nationaler Industrien zur Erlangung von technologischer Führerschaft. Damit schließt er sich hinsichtlich der wirtschaftspolitischen Schlussfolgerung dem klassischen Liberalismus an, der stets die wechselseitigen Vorteile des internationalen Handels betonte und der wahrgenommenen Rivalität mit ökonomischer Aufklärung entgegen zu treten versuchte.[5]

Entgegen frühen Befürchtungen Krugmans im Zusammenhang mit strategischen Handelszielen der EU lässt sich aber feststellen, dass die EU von einer neo-merkantilistischen Orientierung ihrer Wirtschaftspolitik, die zu Delors Zeiten als „Fortress Europe" bekannt geworden ist, inzwischen erkennbar abgerückt ist, auch wenn sich Versatzstücke davon immer noch finden lassen. Die Hinwendung zu „more and better jobs" – also die Vereinigung des Ziels erhöhter Produktivität mit wirtschaftlichem Wachstum – schließt alle Sektoren der Volkswirtschaften ein, wobei die Papiere der Kommission auch den Service-Sektor und nicht-handelbare Dienstleistungen benennen. Internationale Vergleiche – in erster Linie mit den USA – dienen hier offenkundig keinem handelspolitischen Zweck, sondern vor allem als Informationsquelle über unausgenutzte Potentiale der Arbeitsproduktivität im Sinne eines „Benchmarking". Das Ziel der internationalen

---

[5] Vgl. dazu die Bemerkungen von *Adam Smith* (2000/1790) zur aufkommenden ökonomischen Rivalität zwischen England und Frankreich, die den Ethos des klassischen Liberalismus charakterisieren: „Frankreich und England mögen beide einigen Grund haben, die Zunahme der See- und der militärischen Macht des anderen zu fürchten; aber die innere Glückseligkeit und Wohlfahrt des anderen, die Kultivierung ihres Bodens, den Fortschritt ihrer Industrie, die Ausdehnung ihres Handels, die Sicherheit und Anzahl ihrer Häfen, ihre Tüchtigkeit in allen freien Künsten zu beneiden, das ist sicherlich unter der Würde zweier so großer Nationen. Dies alles sind wahre Fortschritte der Welt, in der wir leben. Sie nützen der Menschheit und adeln die menschliche Natur. Jede Nation sollte nicht nur bestrebt sein, sich in derartigen Fortschritten auszuzeichnen, sondern sie sollte sich aus Liebe zur Menschheit bemühen, die Vortrefflichkeit ihrer Nachbarn zu fördern, anstatt sie zu hindern. Dies alles sind schickliche Gegenstände nationalen Wetteifers, nicht aber nationalen Vorurteils oder Neids" (*Smith*, 2000/1790, S. 287).

Wettbewerbsfähigkeit wird zwar immer noch genannt und nicht – wie es Krugman gefordert hat – aus dem Zielkatalog gestrichen. Die Bezugnahme darauf lässt sich aufgrund der vorliegenden Texte aber wohl eher daraus erklären, dass die Kommission auf die nicht in Frage zu stellende Rahmenbedingung weltwirtschaftlicher Verflechtung verweisen will, unter der die Arbeitsproduktivität des europäischen Integrationsraumes zu steigern ist (European Commission, 2004). In einer etwas schlichteren Formulierung hat der Sachverständigenrat bereits in seinem Gutachten 1981/82 das Ziel der internationalen Wettbewerbsfähigkeit einer Volkswirtschaft, die mit der Weltwirtschaft freie Handelsbeziehungen unterhält, in einer industriepolitisch unbedenklichen Weise benannt und wie folgt definiert:

„Wettbewerbsfähigkeit in einer dynamischen Wirtschaft ist die Fähigkeit, neue technische Problemlösungen in einem Maße entwickeln zu können, das es gestattet, steigende Einkommen bei einem hohen Beschäftigungsstand zu erzielen, obwohl nachstoßende Wettbewerber allmählich das technische Wissen und die organisatorischen Fähigkeiten erwerben, die Produkte ebenfalls herzustellen" (SVR, 1981, Ziffer 459).[6]

Die Rahmenbedingung zunehmender weltwirtschaftlicher Verflechtung unter Einschluss von Kapitalmobilität und daraus erwachsender Standortkonkurrenz dürfte die anhaltende Bezugnahme auf den Begriff der Wettbewerbsfähigkeit erklären. Dies ist bereits in der früheren Diskussion mit Bennennung der „drei Fähigkeiten" zu umreißen versucht worden, nämlich der „ability to sell", d.h. der Fähigkeit, hochwertige und -preisige Güter auf dem Weltmarkt abzusetzen, der „ability to innovate", der Fähigkeit, solche Güter zu entwickeln sowie der „ability to attract", d.h. der Attraktivität des heimischen Standorts für Kapitalanleger aus dem In- und Ausland (*Ohr*, 1999, S. 54 – 55).

Auch wenn die von Krugman gehegten protektionistischen Bedenken in der Agenda der Lissabon-Strategie keine unmittelbare Bestätigung finden, so ergibt sich dennoch eine Reihe von Kritikpunkten. Die kritische Diagnose lässt sich thesenartig folgendermaßen zusammenfassen:

„Wettbewerbsfähigkeit" als Ziel europäischer Wirtschaftspolitik konfundiert Phänomene dynamischer Wirtschaft mit deren Ursachen. Dies leistet einer Proliferation von Politikzielen Vorschub, denen es an Steuerungswissen mangelt. Vor dem Hintergrund der offenen Methode der Koordinierung als (weicher) Durchsetzungsmethode nehmen deshalb nicht nur Rationalitätsdefizite europäischer Wirtschaftspolitik zu, sondern auch das Gewicht demokratietheoretischer Einwände gegen einen europäischen Masterplan. Dem europäischen Politikziel „Wettbewerbsfähigkeit" ermangelt es vor allem an ordnungspolitischer Durchsichtigkeit und einer sich daraus ergebender Prioritätensetzung. Bei einer klaren Beschränkung auf einen funktionsfähigen Binnenmarkt würde ein europäisches Politikziel „Wettbewerbsfähigkeit" entbehrlich, womit auch die demokratietheoretisch bedenklichen Eingriffe in die Wirtschafts- und Sozialpolitik der Mitgliedstaaten ausge-

---

[6] Zit. nach *Ohr* (1999, S. 55).

räumt werden könnten. Die Wettbewerbsfähigkeit der europäischen Wirtschaft resultiert vielmehr aus der Wettbewerbsfähigkeit ihrer Mitgliedstaaten. Mitgliedstaatliche Wettbewerbsfähigkeit wiederum bedarf lediglich der institutionellen Ausformung des Binnenmarktes sowie der Bereitstellung gemeinschaftlicher Kollektivgüter, welche auf europäischer Ebene zur Erhöhung der Wettbewerbsfähigkeit Europas beitragen, jedoch von den Mitgliedstaaten nicht oder nur in unzureichendem Maße aufgebracht werden können (Großforschungseinrichtungen, Raumfahrt, militärische Großprojekte). Prioritär ist die volle Entfaltung der wirtschaftlichen Grundfreiheiten im Binnenmarkt und eine Beschränkung entgegen gerichteter politischer Handlungen seitens der Mitgliedstaaten; zusätzlich sind die aus dem Gebrauch wirtschaftlicher Freiheitsrechte erwachsenden wirtschaftlichen Machtstellungen durch eine europäische Wettbewerbspolitik zu begrenzen. Auf diese Weise begünstigt die europäische Wirtschaftsverfassung Korrekturen der mitgliedstaatlichen Wirtschaftspolitiken in Richtung einer Liberalisierung, ohne jedoch den (möglicherweise anders gerichteten) politischen Präferenzen ihrer jeweiligen Bürger vorzugreifen. Im Unterschied dazu vermischt die Lissabon-Strategie ordnungspolitische Aufgaben der Union mit denen der Mitgliedstaaten in einer intransparenten Weise. Dabei dürfte das Motiv der europäischen Akteure eine Rolle spielen, europäische Budgets (aus Kohäsionsfonds, Strukturfonds und perspektivisch auch aus dem Agrarfonds) für Lissabon-Zwecke umzuleiten und für die Unionsebene auch künftig Ressourcen für vermeintlich notwendige Zwecke sicherzustellen.

Diese Thesen seien im Folgenden näher ausgeführt.

B. Zur Konfundierung von Erscheinungsformen wirtschaftlichen Wachstums mit ihren Ursachen

In ihren Berichten verweist die EU auf die Notwendigkeit, eine „wissensbasierte Ökonomie" mit hoher Beschäftigungsquote und hohem prozentualem F&E-Anteil am Bruttoinlandsprodukt; hier wurde die Zielmarke von 3 Prozent genannt und u.a. mit dem signifikant höheren US-Wert begründet (COM 2006, 816 final). Während die Zielmarke einer Beschäftigungsquote mit 70 Prozent in der revidierten Lissabon-Strategie nicht mehr explizit aufgeführt wird (aber der Sache nach beibehalten wurde), hält die Kommission am 3-Prozent Ziel für den Anteil von F&E-Ausgaben fest. Beschäftigungs- und das Produktivitätsziel sollen mit vielfältigen bildungs- und innovationspolitischen Anstrengungen der Mitgliedstaaten, aber auch mit sozialpolitischen Reformen bewerkstelligt werden. Letztere umfassen z.B. Anreize zur Erhöhung des Arbeitsangebotes, womit u. a. eine – in dieser Form allerdings nicht offen geforderte und mit dem Begriff der „flexicurity" verklausulierte – Rückführung generöser wohlfahrtsstaatlicher Leistungen gemeint ist, aber auch die Bereitstellung von Angeboten der Kinderbetreuung zur Erhöhung des Arbeitsangebotes von Frauen. Diese wirtschaftspolitische Forderung an die Adresse der Mitgliedstaaten folgt erkennbar einer produktionstheoretischen Vorstellung wirtschaftlichen Wachstums: um höheres wirtschaftliches Wachstum zu erzielen, müssen mehr Inputs in Form von Arbeitskräften (Frauen, Sozialhilfeempfänger, ältere Erwerbsfähige) und Investitionen in Forschung und Entwicklung verfügbar gemacht werden. Diese Auffassung diagnostiziert das Wachstumsproblem der EU-Länder in einer Inputbeschränkung: profitable Beschäftigungsmöglichkeiten für Arbeitskräfte wären demzufolge vorhanden, könnten sie für den Arbeitsmarkt mobilisiert werden, woran sie eine unzureichende Sozialpolitik der Mitgliedstaaten hindert. Dementsprechend finden sich sozialpolitische Forderungen nach einem Ausbau von Kinderbetreuung zur Erhöhung der Erwerbstätigenquote von Frauen ebenso wie – allerdings undeutlich formulierte – Forderungen nach einem anreizkompatiblen System staatlicher Unterstützungsleistungen im Falle von Erwerbslosigkeit. Das Ziel eines vorgegebenen Anteils von F&E-Ausgaben (öffentlicher und privater Art) am BIP beruht offenkundig auf der Hypothese, dass eine Erhöhung der Investitionen in Forschung und Entwicklung rentierlich wäre. Dies wirft für den Fall der privaten Investitionen die Frage nach den Gründen ausbleibender Investitionstätigkeit auf, die aber in keinem der vorliegenden Arbeitspapiere und Gutachten gestellt wird. Eine umfassende Analyse der Beschränkungen des Wachstumspotentials der Mitgliedsländer müsste unweigerlich die Anreizbedingungen für private Investitionstätigkeit in den Blick nehmen, womit u. a. die Frage nach der Staatsquote, der Steuer- und Abgabenquote, den Steuertarifen und den Anreizwirkungen der Transfersysteme zu stellen wäre, d.h. Entscheidungen, die sich die Mitgliedstaaten als nationales Souveränitätsrecht vorbehalten haben. Fehlanreize in den genannten Bereichen kumulieren sich zu einer Hemmung privater Investitionstätigkeit, was sich auch in unzureichenden Investitionen in Humankapital und F&E niederschlägt. Als Folge wird unter solchen Bedingungen die Nachfrage nach Arbeit zurückbleiben und in der Konsequenz auch die Erwerbsquote geringer ausfallen.

Das bedeutet allerdings nicht, dass wirtschaftspolitische Maßnahmen zur Erhöhung der Erwerbsquote und zur Erhöhung des Anteils von F&E einen geeigneten wirtschaftspolitischen Ansatzpunkt zur Überwindung einer Wachstumskrise darstellen würden. Eine steigende Erwerbsquote und steigende F&E-Ausgaben bilden lediglich die *Erscheinungsformen* einer prosperierenden Wirtschaft. Dies lässt sich eindrücklich an den gestiegenen Werten für F&E-Ausgaben in den beiden zurückliegenden Boomjahren 2006 und 2007 erkennen – was die Kommission als Erfolg ihrer Lissabon-Strategie und der Reaktion der Mitgliedstaaten auf die Fortschrittsberichte wertet, ohne dass in solch kurzen Zeiträumen wirtschaftspolitische Maßnahmen einen Effekt hätten gehabt haben können. Der Anstieg der Ausgaben für Forschung und Entwicklung in Deutschland auf das avisierte Ziel von 3 Prozent in 2007 bestätigt eher die These von *Oi* (1999, S. 138), dass „professional human capital appears to be a consequence of growth and not

a causal force". Dementsprechend dürften erst in einer prosperierenden
Wirtschaft mit steigender Nachfrage nach Arbeitskräften genügend An-
satzpunkte für eine Bildungspolitik mit gezielten Qualifizierungsmaßnah-
men entstehen. Diese Aussage gilt auch für die soziale Dimension der Lissabon-Strategie (social cohesion), welche auf die Partizipation aller sozialen Gruppen in den Arbeitsmarkt zielt und von den Mitgliedstaaten
Maßnahmen zur Integration von älteren Arbeitnehmern sowie Jüngeren
fordert, welche in zahlreichen Mitgliedstaaten Outsider des Arbeitsmarktes
bilden. Die ernüchternden Erfahrungen mit der kostspieligen aktiven Ar-
beitsmarktpolitik in Deutschland während der 90er Jahre begründen Zweifel, ob die Einstiegshürden in den Arbeitsmarkt gesenkt werden können,
solange die Nachfrage nach Arbeitskräften ausbleibt und ein mismatch von
nachgefragter und angebotener Qualifikation von den Bildungsanbietern
gar nicht erkannt werden kann sondern erraten werden muss. Insofern geht
das F&E-Ziel an den „bindenden Beschränkungen" für das Wachstumspo-
tential der Mitgliedstaaten vorbei und orientiert sich an einem Symptom
anstatt an den zu lockernden Fehlanreizen für private Investitionstätigkeit.
Hinsichtlich des immer wieder vorgenommenen Vergleiches der europäischen Wirtschaft mit den USA stellt sich generell die Frage, warum lediglich die Performanz von Produktivität, Pro-Kopf-Einkommen und wirtschaftlichem Wachstum beider Regionen verglichen werden, nicht aber
deren Wirtschaftspolitiken. Dabei hätte es zu denken geben müssen, dass
die USA ihren hohen Anteil von Forschungs- und Entwicklungsausgaben
im Wesentlichen nicht durch eine staatliche Förderung privater F&E-
Ausgaben erzielen, sondern sich der staatliche Beitrag in der direkten, pro-
jektorientierten Innovationsförderung beschränkt. Ein solcher Vergleich
würde freilich den industriepolitisch ausgerichteten Teil der Lissabon-
Strategie grundlegend in Frage stellen.[7]

Sobald die Kommissionsberichte und deren vorbereitende Gutachten
nach konkreten Möglichkeiten zur Hebung der Ausgaben für Forschung
und Entwicklung suchen, häufen sich fragwürdige Diagnosen und beliebig
anmutende wirtschaftspolitische Instrumente zur Behebung eines vermeint-
lichen Innovationsdefizits. So behauptet die Europäische Kommission in
ihrem Anhang zum Frühjahrsbericht eine Hebelwirkung öffentlicher Investitionen für Forschung und Entwicklung und sieht hierin den „Schlüssel für
die Steigerung privater F&E-Investitionen", ohne dass nähere Gründe für
einen solchen Effekt benannt werden, sondern vielmehr immer wieder auf
Probleme des Technologietransfers und der privaten Nutzbarmachung öffentlich geförderten Innovationswissens hingewiesen werden (Anhang zu

---

[7] Vgl. die Beiträge in *Kenney* (2000) zum Entstehungsprozess des amerikanischen Silicon Valley, welches einer interventionistischen Innovationspolitik immer noch unhin-
terfragt zum Vorbild dient.

KOM 2006, „Jetzt aufs Tempo drücken", S. 19). Die anerkennend erwähnten Innovationsförderprogramme Frankreichs, Griechenlands und Irlands zur Initiierung von regionalen Innovationspolen (Clustern) ermangeln einer Bewertung der damit erzielten Resultate und nähren den Verdacht, dass die wirtschaftspolitischen Maßnahmen als solche bereits als Erfolg gewertet werden (ebend., S. 21). Negative Erfahrungen mit der Förderung von Clustern in Deutschland, insbesondere in den Neuen Ländern, werden nicht verwertet, obwohl gerade hier die Grenzen des wirtschaftspolitischen Lenkungswissens deutlich geworden sind (*Alecke/ Untied*, 2007). Diese Erfahrungen weisen eine Parallele zu *Krugmans* (1994, 1996) Bedenken gegenüber der wirtschaftspolitischen Verwertbarkeit von Erkenntnissen aus der Strategischen Handelstheorie auf: dynamische Wirtschaftsregionen zeichnen sich durch vielfältige spill-over-Effekte und positive Externalitäten bei der Wissensproduktion von Firmen auf, aber daraus lassen sich kaum Schlüsse für eine rechtzeitige Identifikation von „Wachstumsregionen" ziehen. Bereits die hohe Zahl der in der Regel als förderungswürdig erkannten Regionen (in Frankreich wurden etwa 67 „Pôles de compétitivité" benannt) bildet ein Indiz für die Schwierigkeiten, objektive ex-ante-Kriterien für das Entwicklungspotential von Regionen aufzufinden und die Förderung entsprechend zu konzentrieren, so dass im Ergebnis die Förderung eher auf Sektoren als auf Regionen konzentriert wird.

Ansonsten fallen im industriepolitischen Teil der Lissabon-Strategie ambitionierte Ziele auf, die für die Zukunft einen ephemeren Charakter von Handlungen erwarten lassen, welche von den Mitgliedstaaten gefordert werden und seitens der Union mit Begleitprogrammen unterstützt werden. So wird etwa im „Ziel 3" der Mitteilung der Kommission (KOM, 2007, 804 final) festgehalten: „Die Gemeinschaft wird eine Regelung für kleine Unternehmen, einen ‚Small Business Act', einführen, mit deren Hilfe das Wachstumspotenzial der KMU während ihres gesamten Lebenszyklus erschlossen werden kann", um danach festzustellen:

„Die Gemeinschaft sollte bis 2010 das Potenzial von KMU für Wachstum und Beschäftigung vollständig erschließen" (ebenda, S. 8).

Da nach Auskunft der Kommission immerhin 99 % aller Unternehmen in der EU kleine und mittlere Unternehmen darstellen, schließt die selbst gestellte Aufgabe eine Prognoseleistung dar, die selbst für ein einziges, zufällig herausgegriffenes Unternehmen im Einzelfall eine Unmöglichkeit darstellen dürfte, in diesem Fall aber einen allwissenden Beobachter des ökonomischen Kosmos voraussetzt. Die avisierte Befreiung von Verwaltungsvorschriften der EU für solche Unternehmen (wie etwa Berichtspflichten) liegt zwar innerhalb der Lösungskompetenz der Union. Es fragt sich allerdings, ob dies im Umkehrschluss bedeuten kann, dass Verwaltungsvorschriften künftig nur noch für Großunternehmen erlassen werden oder Gleichheitsgrundsätze des Rechts einer solchen selektiven Anwendung entgegenstehen könnten.

Ohnedies ist fraglich, ob die Union der Bedeutung von kleineren und mittleren Unternehmen praktische Bedeutung schenken wird oder vielmehr die industriepolitische Förderung von „national champions" erneut die Agenda dominieren wird. Im Gegensatz zur Mitteilung der Kommission für eine revidierte Lissabon-Strategie wendet sich etwa die „Independent Expert Group on R&D and Innovation" („Aho-Report") gegen eine Förderung von kleinen und mittleren Unternehmen und fordert stattdessen: „Policy measures should recognise that large firms are essential for the innovation system".[8] Bei der angenommenen Vorreiterrolle von Großunternehmen übergeht der Bericht freilich eine Erörterung der enttäuschenden Performanz der französischen Industriepolitik, welche trotz Förderung von Großunternehmen zu einer immer wieder beklagten „Mittelstandswüste" der französischen Wirtschaft und zu einer defizitären Handelsbilanz geführt hat. Nimmt man die Feststellungen des Aho-Reports und die Empfehlungen der Kommission zusammen, ergibt sich ein weiter Handlungsspielraum für künftige industriepolitische Taten, ohne dass noch irgendwelche Prioritäten gesetzt zu werden bräuchten. Es ist zu befürchten, dass die Lissabon-Strategie zu einer Legitimation für jeglichen Aktivismus der Wirtschafts-, Sozial- und Bildungspolitik degenerieren kann und insbesondere auch solche Politikfelder erfasst, die vom Ziel der „more and better jobs" in einer kaum nachweisbaren Kausalbeziehung stehen.[9]

---

[8] Vgl. http://europa.eu.int/invest-in-research, S. 17.

[9] Dies könnte etwa der Bildungspolitik drohen. So erwartet die Lissabon-Strategie von den nationalen Reformplänen (NRP) etwa die Vermittlung von unternehmerischen Kenntnissen auch in Curricula der allgemeinbildenden Schulen und lobt die Politik Spaniens: „Ein interessantes Beispiel bietet Spanien, wo die neuen nationalen Lehrpläne vorsehen, dass Schülern und Studierenden auf allen Ebenen nicht nur betriebswirtschaftliche Kenntnisse, sondern auch der Wert unternehmerischen Scheiterns vermittelt wird" (Anhang zu KOM (2006), „Jetzt aufs Tempo drücken", S. 31. Solche Sätze bestätigen Krugmans Warnung vor der Wettbewerbsfähigkeit als einer „dangerous obsession", welche eine rationale Diskussion wirtschaftsferner Politikbereiche in ebenso rührender wie bizarrer Weise desorientiert, als ob der internationale Wettbewerb Schulcurricula vorgeben würde!

C. Die Lissabon-Strategie als Beispiel intransparenter Ordnungspolitik

Die Lissabon-Strategie und die mit ihr ins Leben gerufene offene Methode der Koordinierung (OMK; wohl besser: Methode der offenen Koordinierung) schließt wirtschaftspolitische Handlungsfelder ein, die in der Kompetenz der Mitgliedstaaten liegen. Es ist deshalb eine Diskussion über die Frage entstanden, ob die OMK den Anfang einer weiteren Kompetenzausweitung der Union setzen wird und damit den Mitgliedstaaten mehr und mehr wirtschaftspolitische Kompetenzen entziehen wird. Zumindest die Rechenschaftspflicht der Mitgliedstaaten könnte als Ausgangspunkt künftiger Zentralisierung („Harmonisierung") der Wirtschaftspolitik gewertet werden.

Dieser Sachverhalt weckt naturgemäß demokratietheoretische Einwände; denn die Kommission kann von den Mitgliedstaaten wirtschaftspolitische Handlungen fordern, ohne selbst im Wählerauftrag zu handeln oder sich in Wahlen rechtfertigen zu müssen. Das Demokratiedefizit der OMK wiegt umso schwerer, als (1) die Maßnahmen nicht nur auf Unionsziele rekurrieren, (2) das vereinbarte Lissabon-Ziel vielfältige Operationalisierungen zulässt und (3) für jede denkbare Operationalisierung wiederum unterschiedliche wirtschaftspolitische Antworten möglich bleiben. Wenn wirtschaftspolitische Antworten auf ein abstraktes Ziel notwendigerweise mehrdeutig ausfallen und nur durch Versuch und Irrtum gefunden werden können, wird die Delegation von Kompetenzen auf die Unionsebene bei tendenzieller Abtretung mitgliedstaatlicher Entscheidungskompetenz demokratietheoretisch fragwürdig. Denn sie kann nicht mehr als rationale Selbstbindung des Souveräns begründet werden, wie dies etwa im Falle der Ausgabenbeschränkung durch die Maastrichtregel gilt wie auch bei der Einrichtung einer unabhängigen Notenbank oder allgemein bei der Errichtung eines Binnenmarktes als europäischem Kollektivgut. In solchen Fällen können die Mitgliedstaaten die kollektive Rationalität verfehlen, um sich auf Kosten der jeweils Anderen Vorteile zu verschaffen. Würde etwa der deutsche Gesetzgeber in einer Phase der Unterbeschäftigung Bildungsabschlüsse aus anderen Mitgliedstaaten einseitig anerkennen, so öffnet er damit den Arbeitsmarkt für Arbeitnehmer aus der EU. Damit intensiviert sich Wettbewerb auf dem heimischen Arbeitsmarkt und kann zu einer Verfestigung der Unterbeschäftigung beitragen – mit entsprechend negativen Folgen für die Lohneinkommen. Wegen einer solchen Wirkung werden die Anreize der politischen Akteure gering sein, einseitig Bildungsabschlüsse anderer Mitgliedstaaten anzuerkennen. Befinden sich die anderen Mitgliedstaaten in einer vergleichbaren Ausgangslage, unterbleibt die Anerkennung von Bildungs- und Berufsabschlüssen innerhalb der Union und damit auch die Schaffung eines gemeinsamen Arbeitsmarktes in der EU. Solche Anreizstrukturen, welche der positiven Protektionismustheorie hinlänglich bekannt sind, sprechen für eine Übertragung mitgliedstaatlicher Kompetenzen auf die Unionsebene, um das hier vorliegende Gefangenendilemma zu durchbrechen. In der Vergangenheit konnten auf diese Weise zahlreiche Elemente eines Binnenmarktes durchgesetzt werden, denen es bei einseitiger Handlung eines einzelnen Mitgliedstaates an politischer Unterstützung ermangelt hätte. Dies gilt u.a. für die Öffnung monopolartiger Betriebe in Staatsbesitz (Telekommunikation, Bahn, Post) für den Wettbewerb. Die wettbewerbliche Öffnung ist zwar immer noch unvollkommen, wäre aber ohne eine Politik der Union kaum denkbar gewesen, da ein einzelner Mitgliedstaat durch einen Vorstoß einseitige Kosten zu tragen gehabt hätte, während die anderen Staaten der EU einen Vorteil gezogen hätten.

Für die Übertragung mitgliedstaatlicher Kompetenzen auf die Unionsebene bedarf es demnach folgender Voraussetzungen:

– die Mitgliedstaaten haben sich grundsätzlich auf die Einrichtung eines Binnenmarktes als Ziel der Union verständigt, womit die Europäischen Organe demokratisch legitimiert sind,
– die ordnungspolitischen Einzelmaßnahmen sind klar umrissen und enthalten möglichst geringe und vorab zu benennende Abwägungselemente gegenüber anderen Zielen.

Unter diesen Voraussetzungen kann der Entzug mitgliedstaatlicher Entscheidungskompetenz idealerweise als rationale Selbstbindung gedeutet werden: da bei ordnungspolitischen Einzelschritten zur Etablierung eines Binnenmarktes immer wieder kurzfristige mitgliedstaatliche Interessen berührt sein können, die zu Verzögerungen oder gar politischen Blockaden Anlass geben, befördert die Handlungskompetenz der europäischen Organe das europäische Kollektivgut „Binnenmarkt" und hält „defektierendes" Verhalten der Mitgliedstaaten und ihrer Regierungen in Schranken. Dass eine konsequente Selbstbegrenzung des Regierungshandelns in solchen Fällen rational wäre, konnte u. a. bei der Dienstleistungsrichtlinie (Bolkestein-Entwurf) studiert werden. Obwohl der ursprüngliche Entwurf lediglich das schon im Warenverkehr etablierte Herkunftslandprinzip auf Dienstleistungen anwendet und die in den Vertragstexten vereinbarte Dienstleistungsfreiheit (Art. 49–55 EGV, nunmehr Art. 56–62 AEUV) umsetzt, hat die – seinerzeit Wahlkampf führende – deutsche Regierung das Vorhaben torpediert und kurzfristigen Vorteilen im Wettbewerb um Wählerstimmen geopfert (wobei diese Vorteile dann allerdings ebenfalls ausgeblieben sind).[10] Versuchungen solcher Art sind bei ordnungspolitischen

---

[10] Angesprochen sind die Landtagswahlen 2005 in Schleswig-Holstein und Nordrhein-Westfalen. Bei der Auseinandersetzung um die Dienstleistungsrichtlinie rückte das

Handlungen häufig zu erwarten, da die Öffnung eines Marktes für Unionsbürger in der Regel mit Anpassungserfordernissen und kurzfristigen Kosten für Gruppen verbunden sind, bis die Vorteile des Binnenmarktes sich realisieren.[11]

Da sich die Mitgliedstaaten auf den Binnenmarkt verständigt haben, folgt eine Kompetenzübertragung bei den hierfür erforderlichen ordnungs- politischen Maßnahmen dem langfristigen Interesse des Souveräns der Mitgliedstaaten und stellt keine illegitime Einschränkung seiner Rechte dar. Dies gilt jedoch gerade nicht für das Ziel der Lissabon-Strategie, die Wettbewerbsfähigkeit der europäischen Union auf Weltniveau zu heben. Auch in der modifizierten Variante von „more and better jobs" handelt es sich zum einen um ein demokratietheoretisch fragwürdiges Überstülpen von Unionszielen auf die Wirtschaftspolitik der Mitgliedstaaten, zum anderen aber auch um eine unnötige Überfrachtung der Unionsebene mit Politikzielen. Die Wettbewerbsfähigkeit der Union resultiert vielmehr als unbeabsichtigte Nebenfolge eines Binnenmarktes. Sie stellt sich, wie jetzt darzulegen ist, in dem Maße ein, wie die institutionellen Bausteine eines Binnenmarktes zu einer konsistenten europäischen Wirtschaftsordnung zusammen gefügt werden. In diesem Maße setzt der Binnenmarkt die Wirtschaftspolitiken der Mitgliedstaaten einem wechselseitigen Beobachtungsverhältnis und Wettbewerb aus, ohne den Entscheidungen des Souveräns der Demokratie vorzugreifen.

Bei näherer Betrachtung widmet sich der größere Teil der revidierten Lissabon-Strategie durchaus der Schaffung eines Binnenmarktes, versetzt dieses Ziel allerdings unnötigerweise mit innovations-, industriepolitischen und auch bildungspolitischen Maßnahmen; insbesondere die offiziellen Kommentare zu den Fortschrittsberichten, welche sich auf die ursprüngliche Lissabon-Strategie beziehen, vermitteln einen Eindruck vom umfassenden Anspruch der Lissabon-Strategie als Modernisierung Europas, welcher in Folgeprogrammen in neuen Dimensionen wiederzukehren droht. Dabei wagt die Kommission keine Fokussierung auf die ordnungspoliti-

---

sonst wenig beachtete Gruppeninteresse des Fleischerhandwerks kurzfristig in den Mittelpunkt von Politik und Öffentlichkeit. Attac, Ver.di und SPD kämpften gegen das Herkunftslandprinzip, welches sie mit einer impliziten Verelendungstheorie verbanden, weil ein „Race-to-the-bottom" hinsichtlich Produktqualität und Lohnniveau zwangsläufige Folge sei. Diese Theorie blieb unangefochten von der Tatsache, dass der – ebenfalls auf dem Herkunftslandprinzip beruhende – Binnenmarkt im Warenverkehr jahrzehntelang europäische Einkommen und Produktqualität auf weltwirtschaftliche Höchstniveaus angehoben hat. Da Politiker das Demagogiepotential solcher kontrafaktischen Einwendungen schnell erkannt hatten, wurde der Binnenmarkt für Dienstleistungen zumindest vorübergehend nicht etabliert (Näheres hierzu im Beitrag von Blanke in diesem Band).

[11] Ein Beispiel bietet der Strukturwandel, wenn monopolartige öffentliche Betriebe dem Wettbewerb ausgesetzt werden.

schen Teilziele und der durch sie ausgelösten Impulse für die Produktivitätsentwicklung der europäischen Wirtschaft, sondern erweitert diese Teilziele um industrie-, innovations-, und bildungspolitische Beigaben ebenso wie um allfällige Klima- und Nachhaltigkeitsziele.

Den ordnungspolitischen Anteil der revidierten Lissabon-Strategie repräsentieren u. a. folgende Teilziele:

- die Vollendung eines einheitlichen europäischen Zahlungsraumes (SEPA) sowie die Beseitigung von Hindernissen des Wettbewerbs bei Finanzdienstleistungen für Privatkunden;
- die Konsolidierung eines einheitlichen Rahmens für den grenzüberschreitenden Wertpapierhandel (Clearing);
- die Förderung eines EU-weiten Marktes für Wagniskapital;
- Schritte zur Vollendung des Binnenmarktes für Strom und Erdgas;
- Öffnung des europäischen Binnenmarktes gegenüber anderen wichtigen Handelspartnern, u.a. durch Ausschöpfung des Potenzials des Transatlantischen Wirtschaftsrates und der Überwindung regulativer Handelshemmnisse;
- Stärkung der Transparenz und Vergleichbarkeit von beruflichen Qualifikationen und ihrer Anerkennung; Verbesserung der Übertragbarkeit von Rentenansprüchen.

Diese Ziele gelten der Verwirklichung des Binnenmarktes und fördern den Transfer von Ressourcen innerhalb der Union. Im Unterschied zu früheren Schritten zur Schaffung des Binnenmarktes werden jetzt die immer noch vorhandenen Schranken für den Kapitaltransfer beseitigt sowie Hemmnisse bei der Arbeitsaufnahme von Unionsbürgern in anderen Mitgliedstaaten erleichtert. Auf diese Weise erfährt der Standortwettbewerb *innerhalb* der Union eine Stärkung und schafft damit die Voraussetzungen für eine produktivitätserhöhende Wirtschaftspolitik, ohne dass die Unionsebene tätig zu werden braucht. Die Union nähert sich nämlich immer mehr dem von *Weingast* (1995) bezeichneten „market preserving federalism" an, der die institutionelle Voraussetzung für wirtschaftliche Prosperität unter der allfälligen Bedingung unvollkommenen Regierungshandelns bildet. Die Voraussetzungen bestehen

- in der wirtschafts- und sozialpolitischen Entscheidungsautonomie der Mitgliedstaaten,
- dem Vorhandensein eines Binnenmarktes sowie
- dem Vorhandensein „harter Budgetbeschränkungen" der Mitgliedstaaten (wie der Existenz einer auf Geldwertstabilität verpflichteten unabhängigen Notenbank) und der Unmöglichkeit eines „bail out", d.h. andere Mitgliedstaaten für Haushaltsdefizite haften zu lassen.

Ergänzende, von *Weingast* nicht genannte Voraussetzungen bilden

- eine Umweltpolitik innerhalb der Union zur Abwehr grenzüberschreitender externer Effekte,
- eine Wettbewerbspolitik innerhalb der Union sowie
- die Bereitstellung von Kollektivgütern auf Unionsebene, welche die Zahlungsbereitschaft einzelner Mitgliedstaaten übersteigt (europäische Forschungszentren, europäische Raumfahrt, europäische Verteidigungspolitik).

Der Binnenmarkt und insbesondere die Möglichkeit einer (nicht mehr auf Kapital beschränkten) Faktorwanderung innerhalb der Union bildet für die nationale Wirtschaftspolitik eine Informationsquelle über die Qualität ihrer Wirtschafts- und Sozialpolitik. Die Koexistenz prosperierender Volkswirtschaften innerhalb der Union und deren registrierbare „ability to attract" auf der einen Seite sowie entwicklungsschwacher Volkswirtschaften auf der anderen Seite, die mit Unterbeschäftigung und Abwanderung zu kämpfen haben, setzt hohe Anreize für eine Überprüfung des wirtschaftspolitischen Handelns. Auch ohne einen Binnenmarkt würden die Folgen etwa einer überbordenden Regulierung oder hohen Abgabenbelastung für Bürger und Unternehmen zu negativen Beschäftigungsfolgen führen. Insofern wäre es irrig zu glauben, dass die Möglichkeit der Standortverlagerung wirtschaftspolitisches Handeln mit Kosten belegt, die in einem geschlossenen ökonomischen System nicht vorhanden wären, ein Umstand, der in der Globalisierungsdiskussion häufig übersehen wird. Der Binnenmarkt beschleunigt jedoch die Rückkopplung zwischen wirtschaftspolitischem Handeln und volkswirtschaftlicher Performanz und begünstigt auf diese Weise wirtschaftspolitische Anpassungsprozesse und das Sammeln von wirtschaftspolitischen Erfahrungen.

Die Union kann solche Lernprozesse ihrerseits strukturieren und begleiten, ohne dass sie allerdings selbst wirtschaftspolitisch handeln bräuchte oder sollte. Hier erzeugen die Fortschrittsberichte über die sogenannten Nationalen Reformpläne (NRP) ein irreführendes und bisweilen bizarres Bild über die tatsächlichen Antriebsmomente wirtschaftspolitischer Reformen. So wird etwa die deutsche Reformpolitik der Agenda 2010 in den Jahren 2003 bis 2005 der Lissabon-Strategie zugeschrieben, welche einen Nationalen Reformplan erforderlich gemacht hätte. Der wirtschaftspolitische Reformwille wurde jedoch bekanntermaßen durch einen Reformdruck erzeugt, der von gravierenden Haushaltsdefiziten, defizitären Sozialkassen und einer hohen Arbeitslosigkeit (von phasenweise über 5 Millionen Arbeitslosen) und einer anhaltenden wirtschaftlichen Stagnation geprägt war, während Nachbarländer wie etwa Dänemark, Schweden oder die Niederlande wirtschaftliches Wachstum, Vollbeschäftigung und Haushaltsüberschüsse aufwiesen. Zur Initiierung eines Reformwillens bedurfte es keiner Lissabon-Strategie – diese spielte im wirtschaftspolitischen Willensbildungsprozess keinerlei Rolle – sondern der von Weingast genannten Bedingungen eines „market preserving federalism". Diese versperrten den wirtschaftspolitischen Akteuren den Ausweg von weiteren Haushaltsdefiziten aufgrund der (allerdings gedehnten) Maastricht-Regel, nahmen ihnen jeden Einfluss auf die Geldpolitik (wovon zahlreiche Mitgliedstaaten in der Vergangenheit reichlich Gebrauch gemacht hatten) und verschärften den innenpolitischen Reformdruck, die Investitionsbedingungen für privates Kapital im Inland entscheidend zu verbessern.

Erfolgreiche wirtschaftspolitische Reformen beinhalten typischerweise eine Überprüfung staatlicher Ausgaben einschließlich Sozialtransfers und Subventionen sowie Renten, betreffen aber auch die Steuerpolitik. Obwohl die Reformen in der umverteilenden Staatstätigkeit im Mittelpunkt öffentlicher Aufmerksamkeit gestanden haben, ist ein radikaler Abbau des Wohlfahrtsstaates in Europa allerdings nicht zu verzeichnen gewesen, was als Indiz für die Verschiedenheit möglicher wirtschaftspolitischer Antworten auf eine wirtschaftliche Krise gewertet werden mag.[12] Insofern wäre ein Souveränitätsverzicht oder gar eine Übertragung wirtschaftspolitischer Kompetenzen auf die Union nicht zu rechtfertigen. Vielmehr haben die Gesellschaften der Mitgliedstaaten zu beantworten, ob und in welchem Ausmaß sie wohlfahrtsstaatliche Leistungen bei verbesserter Wirksamkeit zurückführen wollen, in welcher Weise sie effizientere wohlfahrtsstaatliche Leistungen mit einer Verbesserung privater Investitionschancen zu kombinieren beabsichtigen oder welcher Anteil der Lohneinkommen in Form öffentlicher Leistungen anstatt verfügbarer Einkommens verteilt werden soll. Schließlich könnten Gesellschaften aber auch auf umfangreiche wirtschaftspolitische Reformen verzichten. In diesem Fall muss man die Wachstums- und Einkommensschwäche als Preis interpretieren, den eine Gesellschaft für ihre mehrheitlichen politischen Präferenzen zu zahlen bereit ist. Auch wenn eine solche implizite Entscheidung aus ökonomischer Sicht unerwünscht erscheinen mag und a fortiori dem ursprünglichen Ziel der Lissabon-Strategie zuwider läuft, muss sie aus der Perspektive eines (normativen) methodologischen Individualismus und jeder darauf aufbauenden Liberalismuskonzeption als Entscheidung des Souveräns der Demokratie akzeptiert werden.[13] Eine europäische Ordnungspolitik hat hier we-

---

[12] Vgl. die vergleichende Analyse zu den Veränderungen des Wohlfahrtsstaates in den OECD-Ländern bei *Castles* (2004, insbes. Kap. 3.). Dort wird zwar eine Veränderung bei einigen Ländern hinsichtlich der Prioritäten umverteilender Ausgabenpolitik festgestellt, aber kein allgemeiner Abbau wohlfahrtsstaatlicher Leistungen, wobei, Castles zufolge, diese Aussage selbst für die Wirtschaftspolitik Thatchers gilt. Insgesamt hält er fest: „There is no sign that Western welfare states are in marching in tune to the beat of a single drummer" (ebenda, S. 57).

[13] Für eine umfassende Diskussion vgl. *Wegner* (2008). Auch die Kommission bezieht die Relevanz unterschiedlicher politischer Präferenz in Demokratien ein, wenn sie

nig mehr zu tun als die institutionellen Voraussetzungen dafür zu sichern, dass eine Gesellschaft aufgrund des immer besser funktionierenden Binnenmarktes ihre politische Präferenzenbildung durch erhöhtes „Kostenbewusstsein" auf eine möglichst rationale Grundlage stellt und auf die Wirkungen des Standortwettbewerbs innerhalb der Union abstimmt. Darüber hinaus aber hat sie dafür zu sorgen, dass die Opportunitätskosten politischer Präferenzen nicht auf andere Mitgliedstaaten ausgelagert werden. Dies könnte u. a. dadurch geschehen, dass die Europäische Notenbank in ihrer Unabhängigkeit bedrängt wird oder andere Mitgliedstaaten an den Kosten der heimischen Wirtschaftspolitik beteiligt werden, etwa wenn man sich hausgemachte Struktur- und Anpassungsprobleme durch europäische Fonds (Kohäsionsfonds, Globalisierungsfonds und nicht zuletzt der Agrarfonds) von anderen Mitgliedstaaten bezahlen lässt. Vor allem aber hat die europäische Ordnungspolitik dafür zu sorgen, dass sie nicht ihrerseits zu einer Quelle von Anpassungs- und Strukturproblemen wird und damit der europäischen Wirtschaft Kosten aufbürdet, ohne dafür politische Verantwortung tragen zu müssen. Immerhin diagnostizieren vergleichende Studien über die Regulierungspolitik Europas und der USA ein schlechtes Nutzen-Kostenverhältnis und ein Missverhältnis von angestrebten Regulierungszielen, insbesondere in der Verbraucherpolitik, und den dabei entstehenden Kosten für die Unternehmen (*Hahn/Tetlock*, 2008). Eine europäische Initiative zur Vermeidung der seinerzeit von Herbert Giersch befürchteten „Eurosklerose" lässt sich nur mit gutem Willen aus den vorliegenden EU-Dokumenten herauslesen. Die Befunde bestätigen die von *Weingast* (1995) genannte Bedingung eines „market preserving federalism", derzufolge die zentrale politische Entscheidungsinstanz kein Übergewicht genüber den Gliedstaaten erhalten darf und deren Autonomie sukzessive beschneidet.

D. Resümee

Eine ordnungspolitische Transparenz in der hier nur skizzierten Art und Weise lässt die Lissabon-Strategie vermissen. Obwohl sie sich durchaus der Förderung des Standortwettbewerbs innerhalb der Union widmet und

---

in den Produktivitätsvergleichen auf den geringeren Abstand der europäischen Wirtschaft zu den USA verweist. Die vermeintliche Produktivitätslücke wirft Fragen hinsichtlich unterschiedlicher Präferenzen auf, wenn man die Wirtschaftsleistung pro Arbeitsstunde anstatt pro Erwerbstätigen zugrunde legt. Da die Produktivitätsdifferenz im ersten Fall geringer ausfällt und der geringeren Arbeitszeit zuzurechnen ist, kann man eine Präferenz für geringere Arbeitszeit und höhere Freizeit (Urlaubstage) vermuten und muss entsprechend zurückhaltend bei der Diagnose eines technologischen Rückstandes sein.

den Binnenmarkt auch zunehmend für Arbeitnehmer zu öffnen beabsichtigt, weckt sie eine irreführende Vorstellung über den Prozess zur Hebung von Einkommen und Produktivität in der Union. Damit leistet sie einer Vermischung von wirtschaftspolitischer Verantwortung auf mitgliedstaatlicher und europäischer Ebene Vorschub, aus der in Zukunft Rationalitätsdefizite und Wohlstandseinbußen erwachsen können, falls eine Gegensteuerung unterbleibt. Resümierend bleibt festzustellen: „Wettbewerbsfähigkeit" stellt kein sinnvolles Politikziel für die Europäische Union dar. Auch in der modifizierten Variante von „more and better jobs", verbunden mit einem ehrgeizigen Produktivitätsziel, hat „Wettbewerbsfähigkeit" als Politikziel auf der europäischen Ebene nichts zu suchen. Wettbewerbsfähigkeit stellt sich vielmehr als Resultante eines komplexen Prozesses dar, in welchem ökonomische Anpassungsprozesse der Marktteilnehmer und wirtschaftspolitischen Antworten der Mitgliedstaaten auf die Folgen des Binnenmarktes ineinander greifen. Vor allem seit der Aufnahme der mittel- und osteuropäischen Staaten hat die europäische Wirtschaft in der jüngeren Vergangenheit einen erheblichen Strukturwandel bewältigt und eine beachtliche neue Wohlstandsquelle erschlossen, zugleich aber auch die sozialen Folgen des Strukturwandels weitgehend gemeistert, worin sie sich von anderen Wachstumsregionen der Welt gravierend unterscheidet. Der oben skizzierte wirtschaftspolitische Anpassungsprozess wirkt bereits, obwohl er die Gesellschaften der Mitgliedstaaten bisweilen beträchtlichen politischen Spannungen aussetzt. An der gegenwärtigen wirtschaftspolitischen Kompetenzverteilung hat sich auch durch die Lissabon-Strategie, trotz der vorgetragenen Bedenken, allerdings nichts Grundsätzliches verändert. Ebenso bleibt zuzugestehen, dass das Ziel der europäischen Wettbewerbsfähigkeit lediglich eine Formel darstellt, um den Konsens zur Etablierung eines Binnenmarktes sicherzustellen. Insofern bestehen gute Aussichten für die wirtschaftliche Prosperität Europas, welches seine politische und kulturelle Vielfalt immer besser ökonomisch zu nutzen versteht.

Literatur

Alecke, Björn; Untiedt, Gerhard (2007): Clusterförderung und Wirtschaftspolitik – ‚Heilsbringer' oder ‚Wolf im Schafspelz' ? in: List Forum 33(2) , S. 89–105.

Aho-Report (2006): Creating an Innovative Europe. Report of the Independent Expert Group on R&D and Innovation appointed following the Hampton Court Summit; http://europa.eu.int/invest-in-research.

Castles, Francis G. (2004): The Future of the Welfare State: Crisis Myths and Crisis Realities, New York: Oxford University Press.

COM (2007) 804 final, Mitteilung der Kommission an das Europäische Parlament, den Rat, den Europäischen Wirtschafts- und Sozialausschuss und den Ausschuss der Regionen. Vorschlag für ein Lissabon-Programm der Gemeinschaft 2008–2010.

COM (2006): 816 final, Part I, Communication From The Commission To The Spring European Council. Implementing The Renewed Lisbon Strategy For Growth And Jobs ("A year of delivery").

COM (2006) 30 endgültig, Anhang zur Mitteilung der Kommission zur Frühjahrstagung des Europäischen Rates. Jetzt aufs Tempo Drücken.

COM (2006) 30 endgültig, Part II to COM (2006) Time to Move Up A Gear, Country Chapters.

Dluhosch, Barbara/Freytag, Andreas/Krüger, Malte (Hrsg.) (1996): International Competitiveness and the Balance of Payments. Do Current Account Deficits and Surpluses Matter?, Cheltenham.

European Commission, Directorate-General for Economic and Financial Affairs (2005): The economic costs of non-Lisbon. A survey on the literature on the eonomic impact of Lisbon-type reforms, Occasional Papers No 16; siehe auch: http://europa.eu.int/comm/economy_finance/index_en.htm.

European Communities (2004): Facing the challenge. The Lisbon Strategy for Growth and Employment, High Level Group chaired by Wim Koks, s.: http://europa.eu.int/comm/lisbon_strategy/index_en.html.

Hahn, Robert W.; Tetlock, Paul C. (2008): Has Economic Analysis Improved Regulatory Decisions?, in: Journal of Economic Perspectives, 22, S. 67–84.

Kenney, Martin (2000): Understanding Silicon Valley. The Atonomy of an Entrepreneurial Region, Stanford.

Krugman, Paul (1996): Making Sense of the Competitiveness Debate, in: Oxford Review of Economic Policy, Vol. 12 (3), S. 17–25.

– (1994): Competitiveness: A Dangerous Obsession, in: Foreign Affairs, 73 (2), S. 28–44.

Ohr, Renate (1999): Internationale Wettbewerbsfähigkeit einer Volkswirtschaft: Zur Aussagefähigkeit ausgewählter Indikatoren, in: Berg, H. (Hrsg.): Globalisierung der Wirtschaft: Ursachen – Formen – Konsequenzen. Schriften des Vereins für Socialpolitik, Berlin, S. 51–67.

Oi, Walter Y. (1999): The Hearty and Cheery State, in: Contemporary Economic Policy, 17 (1), 138–146.

Smith, Adam (1790/2000): Theorie der ethischen Gefühle, oder: Versuch einer Analyse der Grundveranlagungen, mit deren Hilfe die Menschen natürlicherweise das Verhalten und den Charakter zunächst ihrer Mitmenschen und sodann ihrer selbst beurteilen. Bearbeitet nach der letzten Auflage von H.G. Schachtschabel, Frankfurt (Schauer).

Suntum, Ulrich van (1986): Internationale Wettbewerbsfähigkeit einer Volkswirtschaft – Ein sinnvolles wirtschaftspolitisches Ziel?, in: Zeitschrift für Wirtschafts- und Sozialwissenschaften (ZWS), S. 495–507.

Wegner, Gerhard (2008): Political Failure by Agreement – Learning Liberalism and the Welfare State, Cheltenham.

Weingast, Barry (1995): The Economic Role of Political Institutions: Market-Preserving Federalism and Economic Development, in: Journal of Law, Economics, and Organization, Vol. 7 (1), S. 1–31.

World Economic Forum (2006): The Lisbon Review 2006. Measuring Europe's Progress in Reform, Cologne/Geneva.

Ist Chinas Aufstieg wirklich Europas Abstieg? Anmerkungen zur Wettbewerbsfähigkeit der Europäischen Union

Bianka Dettmer / Andreas Freytag

A. Einleitung

Auch wenn das innere Zusammenwachsen der Europäischen Union als einheitlicher Wirtschaftsraum noch längst nicht abgeschlossen ist, so ist es doch angemessen, eine übergreifende Perspektive einzunehmen und die Europäische Union im internationalen Vergleich zu betrachten. Ein Thema, das an Bedeutung gewinnt, ist das Verhältnis der Europäischen Union zur Volksrepublik China. Aus dieser Perspektive sind die Europäische Union, als Gesamtzahl ihrer Mitgliedsländer, und China als Konkurrenten auf dem Weltmarkt anzusehen. Die Bedeutung dieser Konstellation zeigt sich nicht nur anhand der aktuellen Handelsdaten und der krisenhaften Entwicklung auf den Weltmärkten. Während in Europa die Wirtschaft auch vor dem Herbst 2008 nur langsam gewachsen ist, glänzte die Volksrepublik China schon seit circa einem Jahrzehnt Jahr für Jahr mit nahezu zweistelligen Wachstumsraten, die allerdings abrupt einbrachen.

Wenn man die Krise für einen Moment ausblendet, zeigt die Analyse folgendes: Auf der einen Seite birgt dieser rasante Wirtschaftsaufschwung Chinas für die Europäische Union wirtschaftliche Chancen, deren Nutzung sich jedoch zum Teil aufgrund restriktiver Bestimmungen schwierig gestaltet.[1] Politisch strebt China an, die eigene sich gerade entwickelnde Wirtschaft zu schützen und zu stärken. Hierbei kommen zum Teil auch Instrumentarien zum Einsatz, die den Grundprinzipien des freien Handels entgegenstehen. Auf der anderen Seite nutzt China vermehrt den weitgehend offenen europäischen Markt im Rahmen eines steigenden Exportgeschäfts.

---

[1] Vgl. *Sally* (2007), *Messerlin/Wang* (2008).

Es erscheint somit nur folgerichtig, dass die Europäische Union seit geraumer Zeit ein Leistungsbilanzdefizit gegenüber der Volksrepublik China aufweist. Dabei ist jedoch fraglich und wirtschaftspolitisch höchst umstritten, welche Auswirkungen dieses bilaterale Leistungsbilanzdefizit für die zukünftige wirtschaftliche Entwicklung der Europäischen Union haben wird. Die von Beobachtern aufgespannten Szenarien reichen von Horrorversionen, die als Folge dieses Ungleichgewichts ein gänzliches Zusammenbrechen des EU-Binnenmarktes prophezeien, bis hin zu Aussagen, die dem Leistungsbilanzdefizit überhaupt keine oder nur geringe Bedeutung beimessen. Obwohl der Eintritt der Volksrepublik China in die internationale Arbeitsteilung für beide Wirtschaftsräume insgesamt als vorteilhaft bewertet wird, stellt der steigende Handel der Europäischen Union mit der Volksrepublik China aufgrund des hohen Leistungsbilanzdefizits eine politisch sensible Angelegenheit dar. Der Europäische Handelskommissar Peter Mandelson hat China kürzlich als Dampfwalze (Juggernaut) bezeichnet, Nicolas Sarkozy sprach von einer Zeitbombe.[2] Damit ist die politische Dimension einer ökonomischen Kennzahl, der der bilateralen Leistungsbilanz nämlich, sehr deutlich geworden.

Der Saldo der Leistungsbilanz spielt unter dem Aspekt der internationalen Wettbewerbsfähigkeit in der öffentlichen Diskussion generell eine prominente Rolle. Ein Überschuss der Exporte über die Importe wird oftmals als Zeichen nationaler Leistungsfähigkeit gewertet. Im Umkehrschluss allerdings wird ein steigendes bilaterales Leistungsbilanzdefizit selten als Beleg für ausländische Wettbewerbsfähigkeit gewertet, sondern auf einen unfairen Wettbewerb zurückgeführt.

So wird behauptet, dass die rasante Entwicklung des unausgeglichenen bilateralen Saldos der Europäischen Union im Handel mit der Volksrepublik China seitens der chinesischen Regierung als Folge ihrer Währungspolitik zumindest billigend in Kauf genommen wird. Die Abwertung der chinesischen Währung, des Renminbi, gegenüber dem Euro und die gleichzeitige Aufwertung des Euros gegenüber dem US-Dollar scheinen die Sorge bezüglich des Ungleichgewichts in der bilateralen Leistungsbilanz noch weiter zu schüren. Diese Konstellation wird als ein Präzedenzfall für die Wirtschaftspolitik einer Volkswirtschaft ausgelegt, die durch exzessive geldpolitische Maßnahmen versucht, ihre Wettbewerbsfähigkeit auf Kosten anderer Volkswirtschaften zu steigern. In diesem Zusammenhang wird der anscheinend sinkenden Wettbewerbsfähigkeit der Europäischen Union im Handel mit der Volksrepublik China mit der Forderung nach wirtschaftspolitischen Eingriffen begegnet.

---

[2] *Freytag* (2008). Es ist allerdings zu konstatieren, dass seit Mitte 2008 derartige Äußerungen unterblieben sind.

Diese Sichtweise lässt allerdings auf mangelnde Kenntnisse der makroökonomischen und außenhandelstheoretischen Zusammenhänge schließen, da es zum einen die Zahlungsbilanztheorie außen vor lässt und zum anderen den Blick in die Entwicklung der Handelsmuster verwehrt. Im Rahmen des vorliegenden Beitrags sollen die volkswirtschaftlichen Auswirkungen und die wirtschaftspolitische Bedeutung dieses Leistungsbilanzdefizits theoriebezogen analysiert werden. Daher folgt, nach einer kurzen Skizzierung der aktuellen Entwicklung der volkswirtschaftlich relevanten Kennzahlen in Kapitel zwei, im dritten Kapitel eine Erläuterung der allgemeinen makroökonomischen Zusammenhänge zwischen einem Leistungsbilanzdefizit und einer unterbewerteten Währung. Aufbauend auf diesen theoretischen Grundlagen werden die Leistungsbilanzsalden und die Währungspolitik der Volksrepublik China aus einer intertemporalen Sicht bewertet. Im vierten Teil wird dargelegt, inwiefern eine Einschränkung der Wettbewerbsfähigkeit und damit einhergehend der wirtschaftlichen Entwicklung der Europäischen Union zu beobachten ist. Insbesondere wird die Außenhandelsstruktur der Europäischen Union im Handel mit der Volksrepublik China durchleuchtet und vor dem Hintergrund der Produktzyklushypothese bewertet. Dieser Aufsatz schließt mit aus der Analyse abgeleiteten wirtschaftspolitischen Implikationen.

B. Entwicklung der Determinanten der Leistungsbilanz

I. Entwicklung der Handelsdaten und der Leistungsbilanz

Der Handel der Europäischen Union mit der Volksrepublik China wächst seit zwei Jahrzehnten auf hohem Niveau, dieses Wachstum hat in den letzten Jahren zudem eine überwältigende Geschwindigkeit erreicht (vgl. Abbildung 1).

Abbildung 1: Entwicklung des Außenhandels der EU-27 mit der VR China

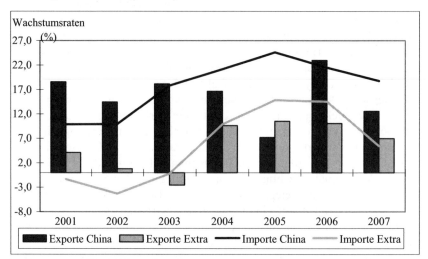

Quelle: Eurostat (2008), eigene Berechnung.

Ein Blick in die Außenhandelsstatistiken zeigt, dass der europäische Binnenmarkt ein Hauptziel chinesischer Exporte ist. Auf der anderen Seite stellt auch für europäische Exporteure die Volksrepublik China, nicht zuletzt aufgrund der hohen Einwohnerzahl, einen potentiellen Absatzmarkt dar. Bereits am aktuellen Rand befindet sich China auf Rang vier und damit am oberen Ende der Top Ten der europäischen Exportmärkte (vgl. Tabelle 1).

Tabelle 1: Hauptexport- und -importmärkte der EU-27 (Außenhandel in %)

Export				Import			
EU-27 Außenhandel	Mill. Euro	683	1240,1	EU-27 Außenhandel	Mill. Euro	743,3	1425,5

Rang 2007	**Partner**	Rang 1999	in % Außenhandel		**Partner**	Rang 1999	in % Außenhandel
1	USA	1	27,4	21,1	VR China	4	7,1	16,2
2	Schweiz	2	9,3	7,5	USA	1	22,3	12,7
3	Russische Föderation	8	2,5	7,2	Russische Föderation	5	4,8	10,1
4	VR China	6	2,9	5,8	Japan	2	10,1	5,5
5	Türkei	5	3,2	4,2	Schweiz	3	7,4	5,4
6	Japan	3	5,2	3,5	Norwegen	6	4,1	5,4
7	Norwegen	4	3,5	3,5	Türkei	9	2,1	3,3
8	Indien	16	1,6	2,4	Südkorea	8	2,8	2,8
9	VAE	19	1,4	2,2	Brasilien	10	1,9	2,3
10	Kanada	7	2,5	2,1	Libyen	24	0,9	1,9

Quelle: Eurostat (2008), eigene Berechnungen.

Insgesamt wird jedoch deutlich, dass der Wert des Imports aus China den Wert des europäischen Exports in diese Region um ein Vielfaches übertrifft, so dass im Ergebnis daraus ein passiver Leistungsbilanzsaldo im Handel mit China resultiert.

Tabelle 2: Handelsbilanzdefizit der EU im Handel mit der VR China (in Mio. Euro)

	2003	2004	2005	2006	2007
Handelsbilanzdefizit	-64.747	-80.316	-108.502	-131.046	-160.680
Handelsvolumen	147.693	177.068	212.152	258.615	304.492

Quelle: Eurostat (2009), eigene Berechnungen.

Wie Tabelle 2 zu entnehmen ist, hat sich das bilaterale europäische Leistungsbilanzdefizit im Zeitraum von 2002 bis zum Jahr 2007 mehr als verdoppelt und beträgt am aktuellen Rand 160 Milliarden Euro. Die rasante Entwicklung wird innerhalb der europäischen Union als kritisch bewertet, da bezogen auf die enorme Höhe (und die zunehmende Dynamik) des chinesischen Exportüberschusses häufig ein Vergleich mit der Entwicklung des US-amerikanischen Leistungsbilanzdefizits unternommen wird. Dieses verzeichnet im Handel mit der Volksrepublik China während der letzten zehn Jahre ebenfalls einen beschleunigenden Auftrieb, was zu einer Forderung nach Importbeschränkung chinesischer Produkte seitens der US Regierung führt.

Inwiefern diese Analogie für die Europäische Union relevant ist, zeigt eine etwas differenzierte Betrachtung der Leistungsbilanzsalden beider Wirtschaftsräume. Im Handel mit der Volksrepublik China fährt die Europäische Union zwar ein enormes Defizit, im Gegensatz zu den Vereinigten Staaten ist ihr Leistungsbilanzsaldo gemessen am Bruttoinlandsprodukt insgesamt allerdings relativ gering und wechselt regelmäßig das Vorzeichen (vgl. Tabelle 3).

Tabelle 3: Handelsbilanzsalden (in % des BIP): EU, VR China und USA

	2001	2002	2003	2004	2005	2006	2007
EU	-0,3	0,2	0,2	0,5	-0,1	-0,4	-0,7
China	1,3	2,4	2,8	3,6	7,2	9,4	11,3
USA	-3,8	-4,4	-4,8	-5,4	-5,9	-6,0	-5,3

Quelle: IMF (2009).

Die Vereinigten Staaten weisen seit geraumer Zeit ein bemerkenswertes Defizit in Höhe von fünf bis sechs Prozent gemessen am Bruttoinlandsprodukt auf. In diesem Zusammenhang dürfte das bilaterale Defizit mit einem Handelspartner wie der Volksrepublik China aus weltwirtschaftlicher Perspektive als weniger bedenkenswert für die Europäische Union einzustufen sein (als es für die Vereinigten Staaten der Fall ist). Bestehende bilaterale Überschüsse im Handel mit anderen Handelspartnern gleichen dieses Defizit zu einem großen Teil wieder aus, wie Tabelle 4 zu entnehmen ist. Im dargestellten Zeitraum von 1999 bis 2007, in dem sich das bilaterale Defizit im Handel mit China mehr als vervierfacht hat, sind die Defizite im Handel mit anderen wichtigen Volkswirtschaften gesunken. Im Handel mit der Russischen Föderation hat sich das bestehende bilaterale Handelsbilanzdefizit der Europäischen Union in Höhe von nahezu 12 Milliarden Euro im Jahr 2000 über die vergangenen Jahre nicht nur abgebaut, es ist sogar zu einem Überschuss in Höhe von 28 Mill. Euro im Jahr 2007 angewachsen.[3]

---

[3] Der Handelsbilanzsaldo wurde für alle betrachteten Volkswirtschaften um den Handel mit Erdöl und Erdölprodukten bereinigt.

Tabelle 4: Handelsbilanzsalden der EU-27 mit aufstrebenden Volkswirtschaften*

	1999	2000	2001	2003	2005	2006	2007
VR China	-33,1	-48,9,	-51,4	-64,8	-108,5	-131,1	-160,7
Hongkong	4,9	8,8	11,1	8,4	9,7	9,3	9,9
Indien	0,1	0,4	-0,4	0,6	3,0	2,6	4,3
Japan	-39,7	-46,6	-35,6	-31,5	-30,1	-32,3	-34,4
Mexiko	6,4	8,5	9,1	9,1	9,7	9,4	9,4
Russische Föderation	-4,7	-12,4	-4,7	0,8	9,4	13,6	28,0
Singapur	-1,3	-1,8	-0,1	-0,7	-1,1	0,2	1,8
Südafrika	-1,1	-2,9	-3,8	-1,5	1,1	0,9	-0,8

*im Warenhandel (in Mill. Euro). Der Handel mit Erdöl und Erdölprodukten (SITC 33) ist nicht enthalten.

Quelle: Eurostat (2009); eigene Berechnungen.

Aus dieser Perspektive betrachtet, entwickeln sich die bilateralen Handelsbilanzsalden im Handel mit Japan, Indien, Hongkong, Singapur und Südafrika ebenfalls in eine für die EU „positive" Richtung. Auch ein Blick auf den europäischen Binnenmarkt relativiert das bestehende Leistungsbilanzdefizit der Europäischen Union im Handel mit China: Im Jahr 2007 fallen die bilateralen Leistungsbilanzsalden einzelner europäischer Mitgliedsländer mit der Europäischen Union weit höher aus (vgl. Tabelle 5). Dieses gilt insbesondere für die neuen EU-Mitgliedsstaaten Bulgarien, Estland, Litauen und Rumänien. An dieser Stelle zeigt sich zudem, welche Rolle die Alt-EU-Mitgliedsstaaten im Integrationsprozess der neuen Beitrittsländer einnimmt.[4]

Tabelle 5: Handelsbilanzdefizite ausgewählter EU-Mitgliedsländer im Jahr 2007

	Defizit im Handel mit der EU-27 (Mio. Euro)	in % des BIP	Defizit im Handel mit China (Mio. Euro)	in % des BIP
Bulgarien	4.559	15,8%	534	1,8%
Estland	3.337	21,9%	235	1,5%
Frankreich	50.095	2,6%	9.131	0,5%
Großbritannien	62.459	3,0%	27.719	1,4%
Litauen	4.072	14,3%	483	1,7%
Rumänien	15.314	12,4%	1.511	1,2%

Quelle: Eurostat (2009); eigene Berechnungen.

Um überhaupt ein Urteil fällen zu können, soll diskutiert werden, inwiefern ein mit einem einzigen Handelspartner bestehendes bilaterales Leistungsbilanzdefizit die Wettbewerbsfähigkeit der Europäischen Union ge-

---

[4] Zu den Integrationserfolgen der neuen Mitgliedsstaaten siehe vor allem: *Laaser/Schrader* (2005), *Schrader/Laaser/Heid* (2007).

fährdet. Für eine aussagekräftige Bewertung der Wettbewerbsfähigkeit werden bilateralen Leistungsbilanzdefiziten weniger Gewicht beigemessen und die weit reichenden außenwirtschaftlichen Verflechtungen der Europäischen Union einbezogen. Insbesondere die Wechselkursentwicklung, die als eine Determinante die Entwicklung der Leistungsbilanz beeinflusst, ist zu betrachten, um zu überprüfen, inwiefern das chinesische Exportwachstum (zumindest durch einen bedeutenden Teil) auf eine unterbewertete Währung zurückgeführt werden kann.

II. Entwicklung der Währungen

Eine prominente These zu den Ursachen der langjährigen bilateralen Leistungsbilanzdefizite mit China basiert auf der Vorstellung, dass die Volksrepublik China ihre Währung unterbewertet und somit exportunterstützende Maßnahmen ergreift. Als Konsequenz hat das Land Währungsreserve in einem überwältigenden Umfang aufgebaut. Die Beantwortung der Frage, ob die europäische Wettbewerbsfähigkeit durch ein derartiges Ungleichgewicht in der Leistungsbilanz beeinflusst wird, erfordert zudem eine Betrachtung der Wechselkursentwicklung, die als Determinante des Leistungsbilanzsaldos europäische Wertschöpfung verdrängt haben müsste.

Abbildung 2: Entwicklung des nominalen und realen Wechselkurses (USD/Renminbi)

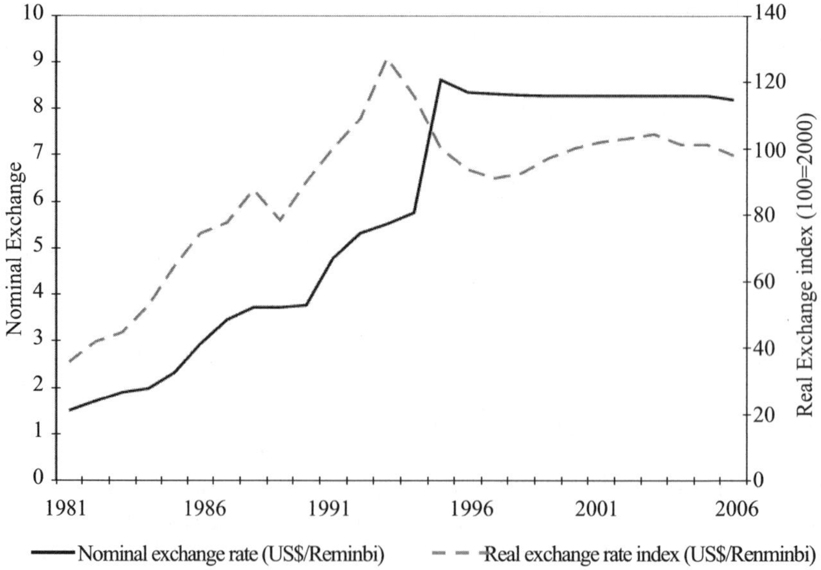

Quelle: Freytag (2008).

In Abbildung 2 ist die Entwicklung des nominalen und realen Wechselkurses der chinesischen Währung gegenüber dem US Dollar seit dem Jahr 1980 dargestellt. Der Renminbi wertete bis 1994 permanent ab und insbesondere im Jahr 1994 ist eine starke Abwertung sowohl des nominalen als auch des realen Wechselkurses zu verzeichnen. Die anschließende Aufwertungsphase des realen Wechselkurses, die bis zum Jahr 2000 anhielt, wird von einer weiteren Abwertungsphase bis zum Jahr 2004 abgelöst. Während für den nominalen Wechselkurs seit fast einem Jahrzehnt eine unveränderliche Entwicklung konstatiert werden kann, ist die Entwicklung des realen Wechselkurses seit dem Jahr 2005 durch eine erneute Aufwertungsperiode gekennzeichnet. Die Anbindung der chinesischen Währung an den US Dollar wurde im Juli 2005 durch eine Anbindung an einen Währungskorb ersetzt. Dieser Wechsel wurde von einer verhaltenen sukzessiven Aufwertung des Renminbi begleitet.

Sowohl aus theoretischer als auch aus empirischer Sicht ist es schwierig, den „korrekten" Wechselkurs, der z.B. zu einer ausgeglichenen Leistungsbilanz beitragen könnte, zu bestimmen. Eine theoretische Betrachtung dieses Zusammenhangs basiert auf der Annahme, dass eine Auf- bzw. Abwertung der heimischen Währung einen Einfluss auf die Entwicklung der Handelsströme ausübt. Besteht ein Ungleichgewicht in den Teilbilanzen der Zahlungsbilanz, kann ein fixierter Wechselkurs für die Regierung als ein Korrekturparameter ausgelegt werden. Die Effizienz einer derartigen wirtschaftspolitischen Maßnahme ist allerdings abhängig von den Preiselastizitäten der gehandelten Ex- und Importgüter.[5] Daher wird von einigen Autoren geschätzt, dass die Unterbewertung der chinesischen Währung gegenüber dem US-Dollar in einem Bereich von 25 bis 40 Prozent liegt.[6] So argumentieren *Goldstein* und *Lardy* (2006), dass der chinesische Leistungsbilanzüberschuss sich bei einem weit geringeren Niveau befinden sollte und somit auch zu einem gewissen Teil auf diese Unterbewertung zurückgeführt werden kann.

Viele Studien fokussieren ihre Analyse auf die Wechselkursmanipulation seitens der Volksrepublik Chinas unter Betrachtung der Anbindung des Renmimbi an den US-Dollar. Neben dieser Entwicklung sollte der Verlauf

---

[5] Vgl. *Borchert* (1975): Gerade bei fixierten Wechselkursen und insbesondere bei einer angestrebten Wechselkurskorrektur ist die Kenntnis über die Einflussfaktoren auf Devisenangebot und -nachfrage und deren Wirkungsweise wichtig. Bei einem bestehenden Zahlungsbilanzungleichgewicht wird über eine Wechselkurskorrektur versucht, ein neues Gleichgewicht zu schaffen. Dabei spielen die Nachfrageelastizitäten der gehandelten Güter (Export- und Importgüter) eine entscheidende Rolle. Vor allem beim Handel zwischen den westlichen Industrievolkswirtschaften handelt es sich um hochwertige Halb- und Fertigfabrikate mit einer Preiselastizität größer als 1, bei dem die Marshall-Lerner-Bedingung stets erfüllt ist.

[6] Vgl. *Goldstein* (2007), *Frankel* (2006).

des Euros betrachtet werden, um ein umfassendes Bild der Determinanten der Wettbewerbsfähigkeit der Europäischen Union abzubilden. Aufgrund der Anbindung des Renminbi an einen Währungskorb, der überwiegend den US-Dollar beinhaltet, führt die starke Abwertung des US-Dollar gegenüber dem Euro in den letzten Monaten daher automatisch zu einer Abwertung des Renminbi gegenüber dem Euro. Daher sollte diese Entwicklung nicht als eine Währungsmanipulation seitens der chinesischen Regierung zur Schädigung der Wettbewerbsfähigkeit der Europäischen Union ausgelegt werden.

Abbildung 3: Entwicklung des Euro/Renminbi und USD/Renminbi Wechselkurses

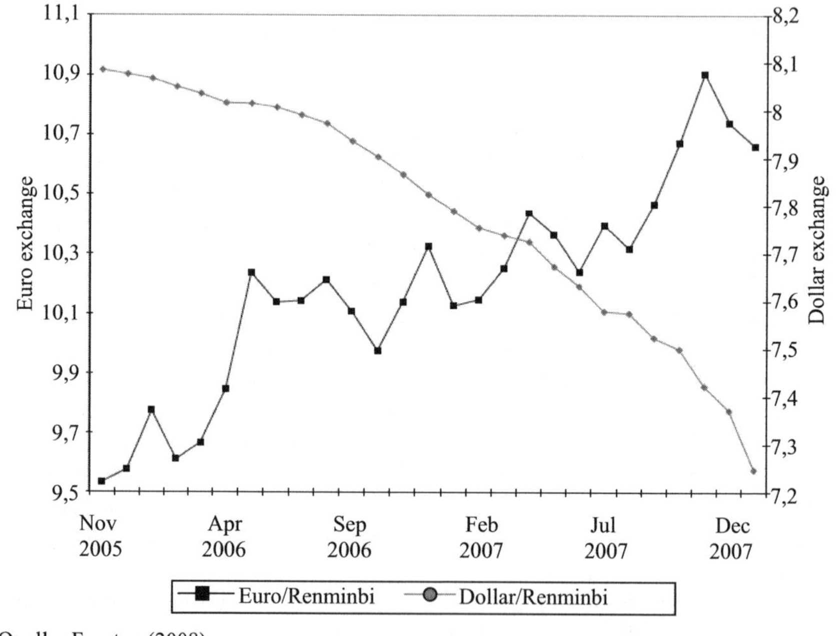

Quelle: Freytag (2008).

Abbildung 3 zeigt, wie sich die Entwicklungen des nominalen Euro-Renminbi und des US-Dollar-Renminbi Wechselkurses im Zeitraum von November 2005 bis Dezember 2007 im Vergleich vollziehen. Es ist deutlich zu erkennen, dass die Aufwertung der chinesischen Währung gegenüber dem US-Dollar mit einer Abwertung gegenüber dem Euro einhergeht. Diese gegenläufige Entwicklung der Wechselkurse lässt sich offenbar durch einem signifikanten Anteil auf die hohen US-Dollar Bestände im Währungskorb, an den der Renminbi gebunden ist, erklären. Eine kurze Skizzierung des Zusammenhangs zwischen der Leistungsbilanz und der

Währungsreserve schließt an dieser Stelle an, bevor die Bedeutung des Leistungsbilanzsaldos als Wettbewerbsindikator einer intertemporalen Betrachtung unterzogen wird.

C. Leistungsbilanz und Wettbewerbsfähigkeit: Die Theorie

I. Zusammenhang zwischen Leistungsbilanzsaldo und Währungsreserve

Ob die Leistungsbilanzungleichgewichte als dauerhaft schädlich für die Wettbewerbsfähigkeit von Wirtschaftsräumen angesehen werden können, kann ohne eine Betrachtung der außenwirtschaftlichen Verflechtungen einer Volkswirtschaft nicht analysiert werden. Der Leistungsbilanzsaldo kann zu einem Zeitpunkt t aus zwei unterschiedlichen Perspektiven betrachtet werden. Die aus der Volkswirtschaftlichen Gesamtrechnung bekannte Verwendungsgleichung des Bruttosozialprodukts in einer offenen Volkswirtschaft bildet den Ausgangspunkt der nachfolgenden theoretischen Herleitung des intertemporalen Zusammenhangs.[7] Das Bruttosozialprodukt einer Volkswirtschaft setzt sich aus der inländischen Absorption (Gesamtkonsum C und Gesamtinvestition I) und dem Außenhandelssaldo, das heißt der Differenz zwischen Exporten X und Importen M, zusammen.

$$BIP = C + I + X - M \qquad (1)$$

Das in einer Volkswirtschaft entstehende Realeinkommen kann dementsprechend konsumiert, investiert oder exportiert werden. Übersteigen Gesamtkonsum, Gesamtinvestition und Exporte (Wirtschaftsleistung des Inlands) das im Inland erzeugte Realeinkommen, wird die Differenz durch Importe (Wirtschaftsleistung des Auslands) gedeckt. Das Volkseinkommen und die Absorption stimmen nur dann überein, wenn die Exporte den Importen entsprechen.

$$BIP - C - I = X - M \qquad (2)$$

Infolge dessen absorbieren die Inländer mehr Leistungen als die eigene Volkswirtschaft hervorgebracht hat, wenn die Importe einer Volkswirtschaft deren Exporte übersteigen. Aus der Verteilungsrechnung des Bruttoinlandsproduktes geht hervor, dass Gesamtinvestition und Gesamtersparnis in einer Volkswirtschaft übereinstimmen. Unter Berücksichtigung internationaler Transaktionen ergibt sich die Aufteilung des Volkseinkommens in Gesamtkonsum, Ersparnis und den laufenden Transferzahlungen an das Ausland wie folgt:

$$BIP = C + S + lTr. \qquad (3)$$

---

[7] Vgl. *Rose/Sauernheimer* (2006), S. 23 f.

Der nicht verbrauchte Teil des Einkommens kann dementsprechend gespart oder dem Ausland zur Verfügung gestellt werden. Durch eine Zusammenführung der Verwendungs- und Verteilungsrechnung des Bruttoinlandsproduktes wird der Leistungsbilanzsaldo, also die Differenz zwischen Außenbeitrag und den laufenden Transferzahlungen an das Ausland, mit der Differenz zwischen inländischer Ersparnis und inländischer Investition gleichgesetzt,

$$S - I = (X - M - lTr).$$ (4)

Die Ersparnis ist um den Wert eines Leistungsbilanzüberschuss $(LB = X - M - lTr)$ höher oder um den Wert eines Leistungsbilanzdefizits geringer als die inländische Gesamtinvestition I. Ein Leistungsbilanzsaldo zeigt, ob eine Volkswirtschaft im Aggregat mehr einnimmt als sie ausgibt. Definitionsgemäß entspricht der Leistungsbilanzsaldo (inklusive der Vermögensübertragungen VTr an das Ausland) einem gleich hohen Saldo der Kapitalbilanz.

$$LB = -KB$$ (5)

Folglich wird ein Überschuss der Exporte über die Summe aus Importen und laufenden Transferzahlungen an das Ausland (abzüglich der Vermögensübertragungen an das Ausland) durch einen Überschuss der Kapitalexporte (KX) über die Kapitalimporte (KM), also der im Ausland getätigten Investition ($I^A = KX - KM$), ausgeglichen.

$$S - VTr = I + (KX - KM)$$ (6)

Eine alternative Betrachtungsweise geht aus der Identität des Leistungsbilanzsaldos mit dem Saldo der Kapitalbilanz hervor. Der Leistungsbilanzsaldo kann mit der Veränderung des Nettogeldvermögens einer Volkswirtschaft gleichgesetzt werden, wobei anhaltende Leistungsbilanzüberschüsse somit gleichbedeutend mit einer Zunahme des Nettogeldvermögens einer Volkswirtschaft sind, demgegenüber stellen Leistungsbilanzdefizite eine Abnahme des Nettogeldvermögens einer Volkswirtschaft dar. Durch die Spartätigkeit in einer Periode entsteht dementsprechend zusätzliches Vermögen, welches sich aus dem Sachvermögenszuwachs im Inland, also der Investition als dem nicht verbrauchten Teil der Produktion, und der Veränderung des Netto-Auslandsvermögens zusammensetzt. Die Veränderung der Währungsreserven einer Volkswirtschaft wird durch die Zusammenführung von Leistungsbilanz- und Kapitalbilanzsaldo bestimmt:

$$LB = -KB + \Delta R$$ (7)

Eine Zunahme der Währungsreserven kann daher wesentlich höher ausfallen als der Überschuss in der Leistungsbilanz einer Volkswirtschaft, wenn

Nettokapitalzuflüsse in das Inland fließen und die Notenbank am Devisenmarkt interveniert. Die Zahlungsbilanz eines Landes, die sich aus der Leistungsbilanz, der Kapitalbilanz und der Devisenbilanz, also den Veränderungen der gehaltenen Währungsreserven, zusammensetzt, gilt als ausgeglichen definiert. Dementsprechend sollten die in den einzelnen Teilbilanzen bestehenden Salden nicht notwendigerweise als Ungleichgewichte interpretiert werden. Insbesondere die Berücksichtigung internationaler Kapitalflüsse lässt darauf schließen, dass es zu einer effizienten Allokation des internationalen Kapitals kommt.

II. Der intertemporale Ansatz zur Betrachtung der Leistungsbilanz

Die Interpretation der Leistungsbilanzsalden als Indikator für Wettbewerbfähigkeit resultiert aus der Vorstellung, dass die Wettbewerbsfähigkeit einer Volkswirtschaft mit der Wettbewerbsposition eines einzelnen Unternehmens gleichgesetzt wird. Auf Basis des Wettbewerbsfähigkeitsansatzes wird die Fähigkeit eines inländischen Unternehmens verstanden, Produkte erfolgreich auf den Weltmärkten abzusetzen. Aus der Absatzfähigkeit (*„ability to sell"*) der inländischen Unternehmen wird gefolgert, dass eine steigende Wettbewerbsfähigkeit unter sonst gleichen Bedingungen zu einem Leistungsbilanzüberschuss führt, da ein größerer Teil der ausländischen Nachfrage durch den Export inländischer Produkte befriedigt wird.[8]

Der Zusammenhang zwischen einem Leistungsbilanzdefizit und einer unterbewerteten Währung erfordert, wie schon im vorherigen Abschnitt gezeigt, die Berücksichtigung der in der Kapitalbilanz erfassten internationalen Kapitalflüsse. Wie aus Gleichung (6) unter Berücksichtigung von Gleichung (7) hervorgeht, können die Ersparnisse eines Landes für Investitionen im Inland (I), im Ausland (in Form von ausländischen Direktinvestitionen) (I^A) und für die Anhäufung von Währungsreserven (ΔR) verwendet werden. Aus einer intertemporalen Perspektive betrachtet, resultieren die Leistungsbilanzungleichgewichte aus dem Zusammenhang zwischen gesamtwirtschaftlicher Investition und Ersparnis einer Volkswirtschaft. Dieser Zusammenhang kann als ein Ergebnis aus dem Optimierungskalkül einzelner Wirtschaftssubjekte hervorgehen, welches auf dem Konzept einer intertemporalen Nutzenmaximierung fußt.[9]

---

[8] Gemäß diesem Ansatz ergibt sich aufgrund der Betrachtung des Leistungsbilanzsaldos die Wettbewerbsfähigkeit einer Volkswirtschaft aus der Aggregation der Absatzfähigkeiten der einzelnen Unternehmen bzw. Branchen. Der Vergleich der Wettbewerbsfähigkeit eines einzelnen Unternehmens mit der eines ganzen Wirtschaftsraumes sollte kritisch hinterfragt werden (vgl. *Krugman* 1994).

[9] Vgl. *Corden* (2007), *Obstfeld/Rogoff* (1994) und *Dluhosch/ Freytag/ Krüger* (1992).

Während die Ersparnis eine Verlagerung von Konsummöglichkeiten in die Zukunft darstellt, spiegeln Investitionen demzufolge zukünftige Produktionsmöglichkeiten wieder. Folglich hat ein Wirtschaftssubjekt die Wahl, sein laufendes Einkommen entweder in der Gegenwart oder über mehrere Perioden verteilt zu konsumieren und Gegenwartseinkommen zu sparen, um es in der Zukunft zu konsumieren. Übersteigt der Nutzen aus der Ersparnisbildung den Nutzen aus dem vollständigen Konsum, so wird gespart. Wie schon gesamtwirtschaftlich gezeigt, können diese Ersparnisse von einem Marktteilnehmer auf zwei Arten verwendet werden: zum einen für die Finanzierung von inländischen Investitionen und zum anderen können sie als Kreditgewährung an Dritte zur Verfügung gestellt werden.[10] Ökonomische Rationalität und Opportunitätskosten, insbesondere die Höhe des Marktzinses im Vergleich zur Verzinsung der selbst vorgenommenen Investitionen, bestimmen die Investitionsentscheidungen.

Aus dem intertemporalen Ansatz ergibt sich ein alternativer Begriff der Wettbewerbsfähigkeit. Ein Leistungsbilanzdefizit zeigt danach an, dass ein Land im Wettbewerb um international knappe Faktoren, hier Kapital, besonders erfolgreich ist. Es gelingt diesem Land, Kapital zu attrahieren, die Standortqualität ist hoch, man ist im Standortwettbewerb erfolgreich. Für eine normative Bewertung dieses Erfolges ist dann noch die Verwendung der Nettokapitalimporte von Belang. Werden die Mittel investiert und erzielen eine langfristig angemessene Rendite, so kann man das Leistungsbilanzdefizit nur gutheißen, weil es nachhaltig ist.

D. Außenhandelsstruktur, Leistungsbilanz und Wettbewerbsfähigkeit: Das empirische Bild

I. Entwicklung der Außenhandelsstruktur

Wie bereits gezeigt wurde, kann auf Basis der Entwicklung der bilateralen Handelsbilanzsalden der Europäischen Union mit ausgewählten Volkswirtschaften argumentiert werden, dass chinesische Exporte zum Teil den Export anderer Volkswirtschaften in die Europäische Union ersetzt haben. Insgesamt ist aber auch zu bemerken, dass sich die außenwirtschaftlichen Verflechtungen der Europäischen Union[11] in Bezug auf ihre Handelspartner im Zeitablauf verändert. Wie Tabelle 1 zu entnehmen ist, ist China nicht nur auf der Importseite mittlerweile der wichtigste Handelspartner,

---

[10] Der Transfer von Ersparnissen an andere Wirtschaftssubjekte bzw. die Kreditaufnahme wird in der Kapitalbilanz verbucht, während ein Güterverzicht bzw. Mehrkonsum in der Leistungsbilanz erfasst wird. Bei einem Kapitaltransfer werden beide Teilbilanzen der Zahlungsbilanz angesprochen.

[11] Der Handel innerhalb der EU ist nicht Gegenstand der Analyse.

auch unter den Hauptabsatzmärkten der Europäischen Union gewinnt die Volksrepublik China an Gewicht und befindet sich aktuell auf Rang 4. Der enorme Anstieg der chinesischen Exporte in die Europäische Union (und auch in die USA) deutet zudem auf den globalen Strukturwandel hin. Die Volksrepublik China hat ihre Wettbewerbsvorteile erfolgreich zu optimieren versucht. Dies kann auch gezeigt werden, wenn eine sektorale Aufgliederung der Handelsströme der Europäischen Union in die bzw. aus der Volksrepublik China vorgenommen wird.

Tabelle 6: Handelsbilanzsalden der EU-27 mit China nach Produktgruppen*

SITC Warengruppen	1999	2001	2003	2005	2006	2007
2 Rohstoffe (ausgenommen Nahrungsm. u. mineral. Brennstoffe	-181	-247	165	900	2.939	2.525
5 Chem. Erzeugnisse a.n.g.	-536	-409	-69	2	-171	-192
6 Bearb. Waren vorw. nach Beschaffenh. geglied.	-4.175	-6.070	-5.773	-11.956	-17.571	-27.578
7 Maschinenbau u. elektrotechn. Erzeug u. Fahrzeuge	-4.261	-11.974	-21.985	-44.062	-55.940	-63.501
8 Versch. Fertigwaren	-22.953	-30.814	-35.896	-51.828	-.58.213	-68.467
Total	**-32.938**	**-51.335**	**-64.747**	**-108.486**	**-131.051**	**-159.621**

* in Mio. Euro.

Quelle: Eurostat (2008); eigene Berechnungen.

Wie die Entwicklung der bilateralen Handelsbilanzsalden der Europäischen Union auf Einstellerebene der internationalen Handelsklassifizierung SITC nach Produktklassen in Tabelle 6 zeigt, hat sich die Volksrepublik China im Handel mit der EU zu einem Nettoimporteur von Rohstoffen entwickelt,[12] die Europäische Union weist in SITC-Klasse 2 einen steigenden bilateralen Handelsbilanzüberschuss auf. Hingegen ist in den einstelligen SITC-Produktkategorien, die einen höheren Verarbeitungsgrad erfordern,[13] ein bilaterales Handelsbilanzdefizit auf Seiten der EU zu verzeichnen, welches in diesem Zeitraum insbesondere für den Bereich „Maschinenbau, elektrotechnische Erzeugnisse und Fahrzeuge" (SITC 7) rasant angewachsen ist. Übertreffen die chinesischen Exporte in die Europäische Union deren Exporte nach China, so stellt sich die Frage, inwiefern dies aus einer Verlagerung von Produktionsstätten resultiert und als Konsequenz das chinesische Exportwachstum die Wettbewerbsfähigkeit der Europäischen Union schmälert.

---

[12] Ausgenommen aus SITC 2 sind mineralische Brennstoffe.
[13] Die Produktklassen umfassen SITC 6, 7 und 8.

Tabelle 7: Die Außenhandelsstruktur der EU im Handel mit der VR China*

EU-27 Handel mit VR China	2007				1999		
	Handels-bilanzsaldo	Export (%)	Import (%)	RCA	Export (%)	Import (%)	RCA
6 Bearb. Waren vorw. nach							
Beschaffenheit gegliedert	**-27.578**	**12,6**	**15,8**	**-0,23**	**10,7**	**11,9**	**0,11**
61 Leder, Lederwaren	-8	0,6	0,2	1,15	0,5	0,2	0,89
62 Andere Kautschukwaren	-1.058	0,5	0,6	-0,19	0,2	0,3	-0,24
63 Kork- und Holzwaren	-1.793	0,1	0,8	-1,85	0,5	0,7	0,39
64 Papier und Pappe	-569	0,8	0,5	0,48	1,5	0,5	1,07
65 Garne, Gewebe	-4.722	1,0	2,3	-0,87	1,1	2,9	-0,94
66 Waren aus nichtmetall. Stoffen	-3.946	1,5	2,2	-0,35	1,9	1,9	-0,02
67 Eisen und Stahl	-6.026	3,5	3,7	-0,06	1,8	0,4	1,39
68 NE-Metalle	-572	2,5	1,0	0,89	1,1	0,7	0,36
69 Andere Metallwaren	-8.901	2,1	4,5	-0,77	1,9	1,9	-0,81
7 Maschinenbau u. elektro-							
techn. Erzeugn. u. Fahrzeuge	**-63.501**	**59,5**	**45,9**	**0,26**	**65,9**	**32,5**	**0,71**
71 Kraftmaschinen u. -ausrüstung.	1.673	5,3	0,9	1,75	5,3	1,1	1,54
72 Arbeitsmasch. für besondere							
Zwecke	4.618	9,3	0,9	2,34	10,8	0,4	3,26
73 Metallbearbeitungsmaschinen	1.836	3,2	0,2	2,73	2,7	0,2	2,68
74 Maschinen, Apparate usw. für							
verschiedene Zwecke	-969	10,4	3,6	1,05	8,8	2,0	1,47
75 Büromaschinen, automat.	-31.120	1,5	13,9	2,24	1,9	10,2	1,70
76 Geräte f. Nachrichtentechnik usw.	-31.285	2,6	14,3	1,71	13,7	7,2	0,65
77 Andere elektr. Maschinen, Appa-							
rate, Geräte	-15.107	10,8	9,9	0,09	8,9	10,0	-0,11
78 Straßenfahrzeuge (einschl. Luft-							
kissenfahrzeuge)	3.034	8,4	1,3	1,87	4,8	0,6	2,01
79 Andere Beförderungsmittel	3.143	6,9	0,8	2,17	6,1	0,7	2,15
8 Verschiedene Fertigwaren	**-68.467**	**6,2**	**31,5**	**-1,62**	**5,3**	**45,6**	**-2,15**
81 Vorgefertigte Gebäude, sanitäre							
Anlagen usw.	-3.176	0,2	1,4	2,23	0,3	1,8	-1,91
82 Möbel u. Teile, Bettausstattg. usw.	-6.534	0,4	2,9	2,01	0,3	1,6	-1,74
83 Reiseartikel, Handtaschen usw.	-4.404	0,1	1,9	-3,60	0,0	4,3	-5,81
84 Bekleidung u. Bekleidungszube-							
hör	-23.398	0,3	10,2	-3,59	0,2	14,6	-4,09
85 Schuhe	-5.693	0,1	2,5	-3,35	0,1	2,9	-3,84
87 Andere Mess-, Prüfinstrumente	249	3,5	1,0	1,28	2,4	1,1	0,78
88 Fotografische Apparate usw.;							
Uhrmacherwaren	-2.249	0,3	1,1	-1,33	0,5	2,9	-1,74
89 Verschiedene bearbeitete Waren	-23.266	1,5	10,5	-1,96	1,5	16,5	-2,40
Summe SITC 6, 7, 8	**-159.547**	**78,3**	**93,2**	**-0,17**	**81,9**	**90,0**	**-0,09**

* Nachrichtlich: Anteile in % beziehen sich auf den jeweiligen Handelsstrom mit der VR China insgesamt (davon ausgenommen sind Erdöl und Erdölerzeugnisse (SITC 33)). Wert der europäischen Exporte in die VR China im Jahr 2007: 71,7 Mill. Euro (1999: 19,4 Mill. Euro). Wert der europäischen Importe aus der VR China im Jahr 2007: 231,3 Mill. Euro ((1999: 52,6 Mill. Euro). Die RCA-Werte für die jeweiligen Gütergruppen wurden nach der folgenden Formel berechnet: $RCA_i = Ln\ [(Ex_i/\mathrm{Im}_i)\ /\ (\sum_i Ex_i\ /\ \sum_i \mathrm{Im}_i)]$, wobei ein $RCA > 0$ einen komparativen Vorteil, und ein $RCA < 0$ einen komparativen Nachteil darstellt.

Ein Blick in die sektorale Außenhandelsstruktur der EU im Handel mit China soll Aufschluss über die Entwicklung der europäischen Wettbewerbsfähigkeit geben. Wie in Tabelle 7 deutlich zu erkennen ist, konzentriert sich der europäische Handel mit China überwiegend auf die Produktgruppen „Bearbeitete Waren" (SITC 6), „Maschinenbau, elektrotechnische Erzeugnisse und Fahrzeuge" (SITC 7) sowie „Verschiedene Fertigwaren" (SITC 8). Diese drei Produktklassen decken dabei nahezu 80 % des gesamten Exports nach und über 90 % des gesamten Imports aus China. Wie nicht anders zu erwarten, dominiert mit 60 % des Exports nach China nach wie vor der Bereich „Maschinenbau, elektrotechnische Erzeugnisse und Fahrzeuge" (SITC 7).[14] Nicht nur der überwiegende Teil des europäischen Exports findet in dieser Produktkategorie statt. Wie bereits dargelegt, ist auch das bilaterale Handelsbilanzdefizit in dieser SITC-Gruppe am stärksten angestiegen. Der Exportanteil ist gegenüber dem Jahr 1999 zwar nur ein wenig geschrumpft, interessanterweise zeigt sich auf der Importseite ein enormer Bedeutungszuwachs für die EU, was einen Erklärungsansatz für die defizitäre Leistungsbilanzentwicklung liefert. Während der europäische Import aus China im Jahr 1999 überwiegend aus Fertigwaren (SITC 8) bestand und Maschinen der SITC 7 etwa einem Drittel des gesamten Imports entsprachen, können am aktuellen Rand nahezu 46% des Gesamtimports dem Bereich Maschinenbau zugeordnet werden. Der importierte Wert an Fertigwaren ist hingegen auf einen Anteil von 31,5% am Gesamtimport geschrumpft, so dass eine Verschiebung in der Importstruktur zu konstatieren ist.

Eine nähere Betrachtung der Außenhandelsstruktur auf SITC-Zweistellerebene verrät, dass insbesondere europäische „Maschinen und Apparate" (SITC 74 und SITC 77) auf dem chinesischen Markt hohen Absatz finden, während Europa überwiegend in China gefertigte Produkte der SITC 75 („Büromaschinen, Datenverarbeitungsmaschinen") und SITC 76 („Geräte für Nachrichtentechnik") bevorzugt. Auch wenn sich im Vergleich zum Jahr 1999 die innerhalb der SITC 7 geprägte interindustrielle Außenhandelsstruktur insgesamt nur wenig verändert hat, fällt jedoch insbesondere die Umkehr der Netto-Handelsströme in SITC 76 („Geräte für Nachrichtentechnik") auf: Gegenüber dem Jahr 1999 hat sich der Importanteil nahezu verdoppelt und liegt aktuell bei 14%, während der Exportanteil von knapp 14% auf 2,6% im Jahr 2007 gesunken ist. Der Importzuwachs im

---

[14] Die Relevanz dieses Sektors für die Wettbewerbsfähigkeit der EU im Handel mit China zeigt ein Vergleich zum Exportanteil im Außenhandel der EU mit dem Rest der Welt; dieser liegt im Jahr 2007 bei 46%.

Bereich der Nachrichtentechnik geht einher mit einem rückläufigen Importanteil der Bekleidungsindustrie (SITC 84) und der in SITC 89 erfassten „sonstigen bearbeiteten Waren". Ein Blick in den Gesamthandel der Europäischen Union zeigt zudem, dass der Stellenwert der Nachrichtentechnik hingegen im europäischen Außenhandel mit einem aktuellen Export- bzw. Importanteil von 3% bzw. 6% weniger schwergewichtig wirkt.

Auch im Jahr 1999, vor der strukturellen Veränderung im Handel mit China, nahm dieser Sektor im europäischen Gesamthandel einen Anteil von etwas über 4% ein. Aufgrund seiner geringen Bedeutung kann dieses Ergebnis kein ausreichendes Argument für die mit Sorge betrachtete negative Entwicklung des bilateralen Handelsbilanzdefizits mit China liefern.[15] Dass diesem Bereich in der europäischen Öffentlichkeit dennoch so großer Raum zugestanden wird, kann möglicherweise mit einem konkreten Fall zusammenhängen, namentlich der Übernahme und kurz darauf folgenden Schließung der Mobiltelefon-Werke von Siemens durch die chinesische BenQ.

Um von der Entwicklung der Leistungsbilanz und der Außenhandelsströme auf die Entwicklung der Wettbewerbsfähigkeit der Europäischen Union im Handel mit China schließen zu können, findet an dieser Stelle eine Analyse der Spezialisierungsvorteile Anwendung. Mithilfe des von *Balassa* (1965) entwickelten Messkonzeptes der *Revealed Comparative Advantages* (RCA) können komparative Vor- und Nachteile eines Landes in der internationalen Arbeitsteilung identifiziert werden.[16] Dieses Konzept beruht auf der Hypothese, dass sich Länder in der Produktion der Güter spezialisieren (und diese überdurchschnittlich exportieren), in denen sie aufgrund ihrer Faktorausstattung über komparative Vorteile verfügen. Wie ebenfalls in Tabelle 7 abgebildet, weist die Mehrzahl der in SITC 7 gehandelten Gütergruppen im europäischen Handel mit China positive RCA-Werte auf.[17] Der Handel im Bereich der Fertigwaren (SITC 8, insbesondere Textilien) kennzeichnet für die Europäische Union nach wie vor komparative Nachteile.

---

[15] Vgl. hierzu Tabelle 8.

[16] Vgl. *Balassa* (1965). Der RCA-Index setzt das Export-Import-Verhältnis einer Gütergruppe in Relation zum Gesamt-Export-Import-Verhältnis und weist dementsprechend ein positives Vorzeichen auf, wenn ein relativer Exportüberschuss (bzw. ein unterdurchschnittlicher Importüberschuss im Fall einer defizitären Handelsbilanz) einen Spezialisierungsvorteil widerspiegelt.

[17] Bemerkenswerterweise besteht trotz einem Handelsbilanzdefizit in SITC 74 („Maschinen und Apparate") ein starker Spezialisierungsvorteil, der durch einen positiven RCA-Wert von über eins in dieser Gütergruppe belegt wird.

Abbildung 4: Die europäische Wettbewerbsfähigkeit im Handel mit China*

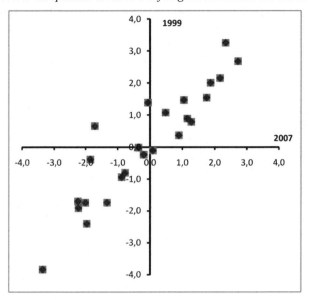

* Der Darstellung der RCA-Werte der zweistelligen Gütergruppen der SITC 6–8 im Jahr 1999 und 2007 liegt Tabelle 7 zugrunde. Gemäß Tabelle 8 sind im oberen rechten Quadranten überwiegend immobile Schumpeter Industrien vertreten, während sich arbeitsintensive und zum Teil mobile Schumpeter Güter im unteren linken Quadranten befinden. Die Nachrichtentechnik, für die sich ein Wettbewerbsnachteil ergeben hat, liegt im oberen linken Quadranten.
Quelle: Eurostat (2008), eigene Berechnungen.

Anhand der Abbildung 4 lässt sich veranschaulichen, dass sich die Europäische Union auf dem chinesischen Markt in den Gütergruppen behaupten konnte, in denen sie bereits im Jahr 1999 einen Spezialisierungsvorteil hatte. Gleichzeitig ist auch zu erkennen, dass in den SITC-Produktgruppen, die am aktuellen Rand auf komparative Nachteile der EU schließen lassen, ihre Spezialisierungsnachteile bereits im Jahr 1999 bestanden. Ausnahme bildet, wie bereits erwähnt, die Nachrichtentechnik, die allerdings im Jahr 1999 einen im Gesamthandel relativ geringen Stellenwert eingenommen hat und auch im Handel mit China durch einen schwachen Spezialisierungsvorteil gekennzeichnet war.[18] Für die Bewertung der europäischen

---

[18] Ein schwacher Spezialisierungsvorteil wird bei einem RCA-Wert zwischen null und eins angenommen. Aus Mangel an Signifikanz werden im Folgenden diese Industrien außer Acht gelassen und insbesondere ein Augenmerk auf überdurchschnittliche Exportüberschüsse gelegt, die einen eindeutigen Wettbewerbsvorteil kennzeichnen, um eine angemessene Bewertung der europäischen Wettbewerbsfähigkeit sicherzustellen. Analog dazu sind auch Wettbewerbsnachteile zu beurteilen.

Wettbewerbsfähigkeit sollten die Spezialisierungsvorteile im Handel mit
China Beachtung finden, ohne jedoch die Relevanz der Hauptgütergruppen
im Gesamthandel außer Acht zu lassen, insbesondere unter dem Aspekt,
dass der europäische Export nach China einen Anteil von lediglich 6% am
gesamten Export der EU im Außenhandel einnimmt.[19]

II. Die Produktzyklushypothese

Viele Studien bestätigen, dass die Volksrepublik China komparative Vorteile in der Herstellung von gering technologisierten Produkten aufweist.[20]
Diese Spezialisierungsvorteile Chinas in der internationalen Arbeitsteilung
sollten sich auch im Handel mit der Europäischen Union widerspiegeln
und entsprechende Wettbewerbsnachteile der EU offen legen. Einen Einblick in die qualitative Entwicklung des europäischen Außenhandels mit
China soll eine Analyse auf Basis einer faktorspezifischen Klassifikation
der Handelsströme geben. Gemäß der Produktlebenszyklushypothese wird
die Herstellung von Produkten mit Eintritt in die Standardisierungsphase
zunehmend arbeitsintensiver. Eine Auslagerung derartiger Produktionsvor-
gänge kann für eine hochentwickelte Region wie die Europäische Union
nur effizient sein, wenn sie ihre verfügbaren Ressourcen, insbesondere das
Humankapital, optimal im Entwicklungsprozess eines Produktes einsetzen
kann. Die aus der Produktzyklushypothese abgeleitet Klassifikation der
Güter besagt dementsprechend, dass sich hochentwickelte Wirtschaftsräume in der Produktion forschungsintensiver Güter („Schumpeter-Güter")
spezialisieren, während weniger entwickelte Länder komparative Vorteile
in der Produktion rohstoffintensiver Güter („Ricardo-Güter") und arbeits-
und kapitalintensiver Güter („Heckscher-Ohlin-Güter") haben.[21] Zudem
kann eine Differenzierung der „Schumpeter-Güter" in mobile und immobile Güter anhand der räumlichen Trennung von Forschung und Produktion
unternommen werden. Während bei immobilen Gütern aufgrund des Ausmaßes von Komplementaritäten diese Trennung nur schwer möglich ist,
besteht bei mobilen Gütern ein relativ leichter Wissenstransfer, so dass
diese in der Konsequenz als leichter imitierbar gelten.[22]

---

[19] Vgl. Tabelle 1 zu den Haupthandelspartnern der Europäischen Union.
[20] Vgl. *Amiti/Freund* (2007) und *Feenstra/Hong* (2007).
[21] Vgl. *Vernon* (1966).
[22] Vgl. Klodt (1987); Heitger et al. (1992).

Abbildung 5: Faktorintensität des europäischen Außenhandels im Jahr 2007 und 1999*

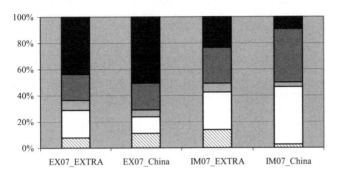

Faktorintensität des europäischen Außenhandels im Jahr 2007

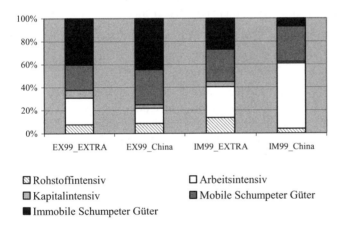

Faktorintensität des europäischen Außenhandels im Jahr 1999

⊠ Rohstoffintensiv	☐ Arbeitsintensiv
☐ Kapitalintensiv	▦ Mobile Schumpeter Güter
■ Immobile Schumpeter Güter	

*Anmerkung: Die Außenhandelsstruktur ist um den Handel in SITC 3 „Mineralische Brennstoffen, Schmiermittel u.a." bereinigt.
Quelle: Eurostat (2008), eigene Berechnungen.

Abbildung 5 veranschaulicht den Faktorgehalt des europäischen Außenhandels. Der nach dem Faktorintensitätskonzept ermittelten Außenhandelsstruktur für das Jahr 2007 ist, um die qualitative Entwicklung hervorzuheben, das Jahr 1999 gegenübergestellt. Im Vergleich zum Außenhandel insgesamt lassen sich im europäischen Außenhandel mit China für das Jahr 2007 interessante Schwergewichte zeichnen: Mit über 70% der Exporte in den Schumpeter Industrien spielt die Europäische Union ihren Wettbewerbsvorsprung gegenüber China im Jahr 2007 in einem hohen Maße aus. Dabei haben immobile „Schumpeter-Güter" mit 50 % der Gesamtexporte das größere Gewicht gegenüber den leichter zu imitierenden mobilen „Schumpeter-Gütern".[23] Der Technologiegehalt der europäischen Exporte nach China liegt damit anteilsmäßig weit über dem Niveau im Außenhandel der EU mit dem Rest der Welt. Umso erfreulicher sind die stark ausgeprägten Spezialisierungsvorteile in diesen Industrien zu bewerten; die berechneten RCA-Werte nehmen in allen Gütergruppen einen weit über eins liegenden Wert ein (vgl. Tabelle 8). Im Gesamthandel hingegen sind die Wettbewerbsvorteile der Europäischen Union eher schwach ausgeprägt.

Dementsprechend zeichnet sich auch das Bild der Wettbewerbsnachteile der Europäischen Union ab. Diese sind im Handel mit China punktuell auffälliger als im europäischen Gesamthandel. Insbesondere der negative RCA-Wert der arbeitsintensiven Industrien unterstreicht, wie zu erwarten war, den unterdurchschnittlichen Exportanteil: Verglichen mit dem Außenhandel insgesamt ist der Anteil von über 40% des europäischen Imports aus China in diesen Industrien beinahe doppelt so hoch.[24] Auffallender jedoch ist der Import forschungsintensiver Güter aus China, der inzwischen einen weit höheren Anteil am Gesamtimport einnimmt; mobile Schumpeter Güter bilden daher mit 40% ein weiteres Schwergewicht des europäischen Imports aus dieser, zu den aufstrebenden Volkswirtschaften zählenden Region.

Dieses Ergebnis scheint die Relevanz des mit Sorge betrachteten ansteigenden bilateralen Handelsbilanzdefizits mit China noch weiter zu schüren. Auch im Außenhandel der Europäischen Union dominiert der Import von Forschungsgütern: Beide Schumpeter-Industrien nehmen allerdings ein ähnlich hohes Gewicht im Gesamthandel ein.

---

[23] Vgl. Tabelle 8. Insbesondere tritt der Export von „Maschinen und Apparate" (SITC 74) und „Arbeitsmaschinen für besondere Zwecke" (SITC 72) unter den immobilen Schumpeter Industrien hervor. Unter den mobilen Schumpeter Industrien fällt der Export von „Andere elektrische Maschinen und Apparate" der SITC 77 ins Auge. Hingegen zählen „Büromaschinen, automatische Datenverarbeitungsmaschinen" (SITC 75) und „Geräte für Nachrichtentechnik" (SITC 76) auf der Importseite mit fast 30% zum Hauptanteil, der den mobilen Schumpeter Industrien zuzuordnen ist.

[24] Im Außenhandel insgesamt nimmt der Import arbeitsintensiver Güter lediglich einen Anteil von 22 % am Gesamtimport ein.

Tabelle 8: Die Außenhandelsstruktur der EU nach Faktorintensitäten im Jahr 2007*

	EU-27 Handel mit China			EU-27 Extrahandel		
	Export (%)	Import (%)	RCA	Export (%)	Import (%)	RCA
Rohstoffintensive Industrien	**11,24**	**2,89**	**1,36**	**12,62**	**34,32**	**-1,00**
Arbeitsintensive Industrien	**12,66**	**43,86**	**-1,24**	**20,01**	**21,89**	**-0,09**
26 Spinnstoffe und Spinstoffabfälle	0,45	0,20	0,79	0,21	0,20	0,05
6o.62 Bearb. Waren vorw. nach Beschaffenheit gegliedert	6,31	10,57	-0,52	9,17	6,52	0,34
67 Eisen und Stahl	3,58	3,70	-0,03	3,17	3,02	0,05
68 NE-Metalle	2,58	1,03	0,92	1,66	3,39	-0,72
8o.87 Verschieden Fertigwaren	2,82	30,73	-2,39	8,21	11,96	-0,38
Kapitalintensive Industrien	**5,31**	**3,42**	**0,44**	**7,16**	**5,16**	**0,33**
Mobile Schumpeter Industrien	**20,40**	**40,56**	**-0,69**	**18,67**	**20,83**	**-0,11**
51 Organische chem. Erzeugnisse	2,53	1,18	0,76	3,15	2,47	0,24
52 Anorganische chem. Erzeugnisse	0,35	0,42	-0,20	0,73	0,84	-0,14
58 Kunststoffe in and. Form als Primärform	0,66	0,22	1,12	0,82	0,37	0,78
59 Andere chem. Erzeugnisse und Waren	1,48	0,40	1,31	1,60	0,75	0,76
75 Büromaschinen, autom. Datenverarbeitungsmaschinen	1,53	13,99	-2,22	2,28	4,98	-0,78
76 Geräte für Nachrichtentechnik usw.	2,67	14,41	1,69	3,24	5,71	-0,57
77 Andere elektr. Maschinen, Apparate, Geräte	11,18	9,94	0,12	6,85	5,70	0,18
Immobile Schumpeter Industrien	**50,39**	**9,27**	**1,69**	**41,54**	**17,79**	**0,85**
54 Medizinische und pharmazeutische Erzeugnisse	1,66	0,47	1,26	6,10	2,57	0,86
71 Kraftmaschinen u. -ausrüstungen	5,49	0,93	1,78	4,34	2,30	0,63
72 Arbeitsmaschinen für besondere Zwecke	9,66	0,91	2,37	6,08	1,53	1,38
73 Metallbearbeitungsmaschinen	3,35	0,21	2,75	1,13	0,51	0,80
74 Maschinen, Apparate usw. für versch. Zwecke	10,77	3,67	1,08	7,18	2,68	0,99
78 Straßenfahrzeuge (einschl. Luftkissenfahrzeuge)	8,67	1,30	1,90	9,90	4,28	0,84
79 Andere Beförderungsmittel	7,18	0,80	2,20	3,91	2,02	0,66
87 Andere Mess-, Prüfinstrumente	3,62	0,98	1,30	2,89	1,90	0,42
Insgesamt (Mill. Euro)	**69,4**	**230,0**		**1.203,1**	**1.393,8**	

* Nachrichtlich: Anteile in % beziehen sich auf den jeweiligen Handelsstrom der EU mit der VR China insgesamt bzw. dem Rest der Welt. Die RCA-Werte für die Gütergruppen wurden nach der folgenden Formel berechnet: $RCA_i = Ln\ [(Ex_i/\mathrm{Im}_i)\ /\ (\sum_i Ex_i\ /\ \sum_i \mathrm{Im}_i)]$, wobei ein $RCA > 0$ eine komparativen Vorteil, und ein $RCA < 0$ einen komparativen Nachteil darstellt.

Zunächst illustriert Abbildung 5 sehr gut, dass der Import von Forschungsgütern und insbesondere der Import der mobilen Variante seit 1999 so stark zugenommen hat, dass der Anteil arbeitsintensiver Produkte am aktuellen Import strukturell noch ein wenig mehr in den Hintergrund tritt. Im Kon-

Bianka Dettmer / Andreas Freytag

trast dazu scheint sich die Import- sowie auch die Exportstruktur des europäischen Außenhandels nicht im Geringsten verändert zu haben.

Tabelle 9: Die Außenhandelsstruktur der EU nach Faktorintensitäten im Jahr 1999*

	EU-27 Handel mit China			EU-27 Extrahandel		
	Export (%)	Import (%)	RCA	Export (%)	Import (%)	RCA
Rohstoffintensive Industrien	**9,7**	**4,6**	**0,8**	**9,9**	**23,7**	**-0,9**
Arbeitsintensive Industrien	**13,0**	**56,5**	**-1,5**	**22,5**	**23,6**	**0,0**
26 Spinnstoffe und Spinstoffabfälle	0,5	0,7	-0,2	0,2	0,5	-0,8
60.62 Bearb. Waren vorw. nach Beschaffenheit gegliedert	7,9	10,5	-0,3	10,8	7,9	0,3
67 Eisen und Stahl	1,8	0,4	1,4	2,1	1,2	0,6
68 NE-Metalle	1,1	0,7	0,4	1,1	2,2	-0,7
80.87 Verschieden Fertigwaren	3,0	44,8	-2,7	9,8	13,4	-0,3
Kapitalintensive Industrien	**3,1**	**1,4**	**0,8**	**6,6**	**3,9**	**0,5**
Mobile Schumpeter Industrien	**30,2**	**30,4**	**0,0**	**21,6**	**25,0**	**-0,1**
51 Organische chem. Erzeugnisse	2,5	1,5	0,5	3,7	2,3	0,5
52 Anorganische chem. Erzeugnisse	0,4	0,6	-0,5	0,6	0,6	0,0
58 Kunststoffe in and. Form als Primärform	0,4	0,1	1,1	0,7	0,4	0,5
59 Andere chem. Erzeugnisse und Waren	1,5	0,7	0,8	1,7	0,9	0,7
75 Büromaschinen, autom. Datenverarbeitungsmaschinen	1,9	10,3	-1,7	3,3	8,4	-0,9
76 Geräte für Nachrichtentechnik usw.	14,3	7,2	0,7	4,1	4,3	-0,1
77 Andere elektr. Maschinen, Apparate, Geräte	9,3	10,0	-0,1	7,4	8,0	-0,1
Immobile Schumpeter Industrien	**44,0**	**7,1**	**1,8**	**39,4**	**23,8**	**0,5**
54 Medizinische und pharmazeutische Erzeugnisse	1,5	0,8	0,6	4,3	2,2	0,7
71 Kraftmaschinen u. -ausrüstungen	5,5	1,1	1,6	4,5	3,4	0,3
72 Arbeitsmaschinen für besondere Zwecke	11,3	0,4	3,3	5,5	1,9	1,1
73 Metallbearbeitungsmaschinen	2,8	0,2	2,7	1,1	0,8	0,4
74 Maschinen, Apparate usw. für versch. Zwecke	9,2	2,0	1,5	6,0	3,0	0,7
78 Straßenfahrzeuge (einschl. Luftkissenfahrzeuge)	5,0	0,6	2,0	8,9	5,0	0,6
79 Andere Beförderungsmittel	6,3	0,7	2,2	6,2	5,2	0,2
87 Andere Mess-, Prüfinstrumente	2,5	1,1	0,8	2,8	2,5	0,1
Insgesamt (Mill. Euro)	**18,7**	**52,3**		**662,8**	**720,4**	

* Nachrichtlich: Anteile in % beziehen sich auf den jeweiligen Handelsstrom der EU mit der VR China insgesamt bzw. dem Rest der Welt. Die RCA-Werte für die Gütergruppen wurden nach der folgenden Formel berechnet: $RCA_i = Ln\ [(Ex_i/Im_i)\ /\ (\sum_i Ex_i\ /\ \sum_i Im_i)]$, wobei ein $RCA > 0$ einen komparativen Vorteil, und ein $RCA < 0$ einen komparativen Nachteil darstellt.

Die strukturellen Außenhandelsdaten für das Jahr 1999 in Tabelle 9 belegen diese Entwicklung. Allerdings legen sie auch offen, wie sich die Wettbewerbsvorteile der Europäischen Union im Handel mit China im Zeitablauf marginal verschoben haben. Während sich unter den mobilen Schumpeter Industrien die Veränderung der Handelsströme in SITC 75 und 76 („Büromaschinen, autom. Datenverarbeitungsmaschinen" und „Geräte für Nachrichtentechnik") in negativen RCA-Werten niederschlägt, zeigt sich ein gemischtes Bild in den Produktgruppen, die den immobilen Forschungsgütern zugezählt werden können. Die Europäische Union scheint ihre Spezialisierungsvorteile im Handel mit China auf wenige wichtige Industriezweige zu konzentrieren, so dass sich Wettbewerbsvorteile punktuell sogar noch verbessert haben.[25] Zum Vergleich zeigt ein Blick in die Außenhandelsstruktur der EU, dass sich in der Exportstruktur in der Tat nur marginale Veränderungen ergeben haben. An dieser Stelle fällt gerade der hohe Importanteil der rohstoffintensiven Produkte – mit aktuell über einem Drittel des gesamten Importwertes – ins Auge. Im Vergleich zum Jahr 1999 sollte der enorme Anteil am Gesamthandel der Europäischen Union unter Berücksichtigung der steigenden Rohstoffpreise beurteilt werden. Im Handel mit China hingegen nimmt der rohstoffintensive Sektor eine etwas andere Bedeutung ein.[26] Daher ist es nahe liegend, dass eine Bereinigung des europäischen Außenhandels um die zu den rohstoffintensiven Industrien zugehörige Gütergruppe „Mineralischen Brennstoffen, Schmiermittel u.a." (SITC 3) eine geeignetere Vergleichsbasis zur Beurteilung der europäischen Importstruktur im Handel mit China schafft. Im Blickpunkt steht dabei nicht nur ein Vergleich der Außenhandelsstrukturen, sondern vielmehr auch der im Handel mit China bestehende Handelsbilanzüberschuss in SITC 2 (Rohstoffe, ausgenommen Nahrungsmittel und Brennstoffe).

---

[25] Vgl. Tabelle 8 und 9. Darunter sind insbesondere die „Chemischen Erzeugnisse und Waren" (SITC 59), die „Medizinischen und pharmazeutischen Erzeugnisse" (SITC 54) sowie die „Kraftmaschinen und Ausrüstungen" (SITC 71) und die „Meß- und Prüfinstrumente" (SITC 87) zu erwähnen. Umso weniger erfreulich scheint hingegen eine marginale Einbuße an Wettbewerbsvorteilen in den Kategorien, die ihren Hauptexport darstellen.

[26] Zu den rohstoffintensiven Industrien zählen die Produkte der SITC 1-4 und SITC 56 und 57. Während im europäischen Handel mit China insbesondere SITC 2 („Rohstoffe, ausgenommen Nahrungsmittel und Brennstoffe") mit etwas über 7% den Export in dieser Industrie dominiert, macht hingegen ein zusätzlicher Blick in die europäische Außenhandelsstatistik die Rohstoffabhängigkeit der EU von „Mineralische Brennstoffe, Schmiermittel" (SITC 3), die nahezu 24% des gesamten Imports darstellen, sichtbar. Im Handel mit China ist dieser verschwindend gering.

Tabelle 10: Bereinigte Außenhandelsstruktur der EU nach Faktorintensitäten*

	Import 2007			
	EU 27_EXTRA		EU 27_China	
	bereinigt		bereinigt	
Rohstoffintensiv	13,8	34,32	2,6	2,89
Arbeitsintensiv	28,7	21,89	44,0	43,86
Kapitalintensiv	6,8	5,16	3,4	3,42
Mobile Schumpeter Güter	27,3	20,83	40,7	40,56
Immobile Schumpeter Güter	23,3	17,79	9,3	9,27

	Export 2007			
	EU 27_EXTRA		EU 27_China	
	bereinigt		bereinigt	
Rohstoffintensiv	7,8	12,62	11,1	11,24
Arbeitsintensiv	21,1	20,01	12,7	12,66
Kapitalintensiv	7,6	7,16	5,3	5,31
Mobile Schumpeter Güter	19,7	18,67	20,4	20,40
Immobile Schumpeter Güter	43,8	41,54	50,5	50,39

	Handelsbilanzdefizit 2007			
	EU 27_EXTRA		EU 27_China	
	bereinigt		bereinigt	
Rohstoffintensiv	-57,363	-326,523	1,679	1,162
Arbeitsintensiv	-64,432		-92,095	
Kapitalintensiv	14,254		-4,179	
Mobile Schumpeter Güter	-65,767		-79,139	
Immobile Schumpeter Güter	251,763		13,647	
Insgesamt	81,575	-185,45	-159,411	-159,621

* Die Außenhandelsdaten wurden bereinigt um „Mineralische Brennstoffe, Schmierstoffe u.a." (SITC 3).
Quelle: Eurostat (2008), eigene Berechnungen.

Eine Gegenüberstellung der bereinigten Außenhandelsdaten in Tabelle 10 hat für den rohstoffintensiven Sektor eine positive bilaterale Handelsbilanz im Handel mit China im Ergebnis.[27] Im europäischen Außenhandel hingegen reduziert sich der stark negative Handelsbilanzsaldo (nicht nur für den rohstoffintensiven Sektor) um ein Vielfaches. Auch wenn durch die Bereinigung der Außenhandelsströme, die primär auf der Importseite im europäischen Außenhandel zu einer Gewichtsverlagerung führt, tendenziell eine Konvergenz in Richtung der Handelsstruktur im Chinahandel zu erkennen ist, bleiben die beiden Schwergewichte – der arbeitsintensive Sektor und die mobilen Schumpeter Industrien – beachtenswert. Die Spezialisierungsmuster im Handel mit China bleiben auch erhalten, wenn der Außenhandel der alten (EU15) Mitgliedsstaaten Betrachtung findet und damit der

---

[27] Auch im Handel mit China ist die Europäische Union ein Nettoimporteur von mineralischen Brennstoffen, dementsprechend steigt nach der Bereinigung der Außenhandelsströme um diese SITC Gruppe der Handelsbilanzsaldo an.

noch nicht abgeschlossene Integrationsprozess der neuen Mitgliedsstaaten berücksichtigt wird. Dieses Bild bestätigt daher auch insgesamt den Eindruck, dass China in der technologischen Hierarchie der internationalen Arbeitsteilung und insbesondere im Handel mit der Europäischen Union aufgestiegen ist und zu einem nicht zu vernachlässigenden Handelspartner heranwächst. Dieser Strukturwandel ist nicht als eine außergewöhnliche, sondern vielmehr als eine exemplarische Entwicklung einer sich in die internationale Arbeitsteilung integrierenden Volkswirtschaft auszulegen. Unter diesen Gesichtspunkten sollte auch nicht erstaunen, dass Chinas Außenhandelsmuster sich seit den letzten zwanzig Jahren grundlegend zu verändern scheint: Der zunehmende Export in Produktklassen höherer Fertigungstiefe, der insbesondere mit rückläufigen Anteilen der arbeitsintensiver Industrien einhergeht, erfordert zudem für die Produktion einen bedeutenden Anteil an Zwischenprodukten, die vermehrt aus dem Ausland importiert werden. Dieser als Weiterverarbeitungs- oder Veredelungsverkehr benannte Teil des Außenhandels eines Landes wird für die Volksrepublik China eine verstärkte Bedeutung einnehmen. Nur ein geringer Teil des chinesischen Exports kann auf eine gänzlich in China stattfindenden Wertschöpfung zurückgeführt werden, vielmehr scheint China sich zu einem Fertigungszentrum zu entwickeln.

III. Zur intertemporalen Rationalität der europäisch-chinesischen Beziehungen

Der intertemporale Ansatz sieht die Zahlungsbilanz als das Ergebnis eines aggregierten individuellen intertemporalen Optimierungskalküls der Individuen bzw. der Wirtschaftspolitik eines Landes. Diese Überlegungen beziehen sich natürlich auf gesamtwirtschaftliche Salden und können nicht für bilaterale Salden gelten. Die Überlegungen der letzten beiden Abschnitte haben deutlich gemacht, dass sich im Zuwachs des Handelsbilanzdefizits gegenüber China strukturelle Veränderungen verbergen. Die Wettbewerbsfähigkeit der europäischen Unternehmen ist keineswegs gefährdet; der Außenhandel (auch der mit China) entspricht komparativen Kostenvorteilen.

Deshalb macht es wenig Sinn, sich mit der EU und ihrem bilateralen Defizit zu befassen. Allerdings ist es sehr plausibel, die chinesische Seite zu analysieren. Grundsätzlich kann es für ein Land rational sein, Leistungsbilanzüberschüsse zu erzielen, d.h. Kapital netto ins Ausland zu exportieren oder Reserven aufzubauen. Anreize der einzelnen Staaten, so zu handeln, könnten in der Demographie begründet sein:[28] Für Deutschland und Japan als alternde Gesellschaften ist ein Leistungsbilanzüberschuss vorteilhafter, weil im Ausland investiert wird, um die geringere Wirt-

---

[28] Vgl. *Cooper* (2007).

schaftskraft auszugleichen. Nun ist China keine alternde Gesellschaft, und im Übrigen besteht ein hoher Kapitalbedarf im Land, so dass man sich grundsätzlich bessere Anlagen für die hohen chinesischen Ersparnisse vorstellen könnte als US-amerikanische Staatsanleihen.

Die Zunahme chinesischen Netto-Auslandsvermögen könnte zum einen in der Schwäche des chinesischen Kapitalmarktes begründet sein. *Max Corden* (2007) argumentiert, dass die chinesische Regierung heimische Ersparnisse im Ausland parkt, solange die Bedingungen auf dem heimischen Finanzmarkt so wenig vorteilhaft sind. Ein weiteres Argument lautet, dass die Schwäche des chinesischen Finanzmarktes in Verbindung mit einer sektorspezifischen Industriepolitik die chinesische Regierung aus Risikoerwägungen heraus veranlasst, hohe Währungsreserven aufzubauen. So könnte einer Währungskrise mit globalen Folgen entgegen gewirkt werden.

Aus dieser intertemporalen Perspektive lässt sich eine wichtige Implikation ableiten. Da die Ungleichgewichte in der Leistungsbilanz Ausdruck eines (intertemporalen) Optimierungskalküls der Wirtschaftssubjekte sein können, sollte allein die bloße Existenz der Ungleichgewichte nicht sofortigen wirtschaftspolitischen Korrekturbedarf hervorrufen. Durch den Zugang zu internationalen Güter- und Kapitalmärkten besteht für eine Volkswirtschaft die Möglichkeit die (nicht konsumierte und investierte) Überschussproduktion am Weltmarkt gegen Zinstitel zu verkaufen. Die in der Gegenwart erworbenen Zinstitel können am Weltmarkt an einem Zeitpunkt in der Zukunft gegen Konsumgüter oder Investitionen zuhause eingetauscht werden. Ob die chinesische Regierung gut beraten ist, weitere Leistungsbilanzdefizite anzustreben, ist allerdings zweifelhaft.[29]

E. Wirtschaftspolitische Schlussfolgerungen

Aus Sicht der Europäischen Union und der Wettbewerbsfähigkeit ihrer Unternehmen stellt das bilaterale Handelsbilanzdefizit mit China in keiner Weise ein Problem dar. China erzielt einen hohen Leistungsbilanzüberschuss aus binnenwirtschaftlichen Gründen, nämlich einer extrem hohen Sparneigung bei geringer Investitionstätigkeit im Lande selbst. Die EU kann nur geringe Teile dieser überschüssigen Ersparnis attrahieren, wie der nur sehr geringe Saldo der Leistungsbilanz der EU als Ganzes anzeigt. Einige Mitgliedsländer weisen hohe Defizite, andere hohe Überschüsse in der Leistungsbilanz auf. Dahinter stehen jeweils andere Kalküle und Ausgangspositionen, die mit dem bilateralen Handel mit China nichts zu tun haben.

---

[29] Siehe *Freytag* (2008).

Es wäre fatal, wenn die Europäische Union eine eigentlich irrelevante Kennzahl – einen bilateralen Saldo nämlich – zum Anlass nähme, Handelsbarrieren zu erhöhen oder neue zu errichten bzw. die Offenheit der EU zu gefährden. Es war ja gerade das Binnenmarktprogramm, das konsequent durchgeführt zu den enormen Wohlstandzuwächsen in der Union geführt hat (*Wegner* 2009). Dieses Programm darf auf keinen Fall in Frage gestellt werden.

Literatur

Amiti, Mary/Freund, Caroline (2007): An anatomy of China's export growth, in: Feenstra, Robert/Wei, Shang-Jin (Hrsg.), China's Growing Role in World Trade, Cambridge, MA.

Balassa, Bela (1965): Trade Liberalization and "Revealed" Comparative Advantage, The Manchester School of Economic and Social Studies 30 (2): 99–123.

Borchert, Manfred (1975): Die Marshall-Lerner-Bedingung, Wirtschaftswissenschaftliches Studium (WiSt), 4. Jg., Heft 8 (August 1975), S. 391–393. http://www.wiwi.uni-muenster.de/ecochron/ec-top.htm?bp_marshall_lerner1.htm, Zugang am 06.07.2008.

Cooper, Richard N. (2007), Why a large US deficit is likely to persist?, CESifo Forum, Vol. 8, No. 4, S. 6–11.

Corden, Max (2007): Exchange rate policies and the global imbalances: on China and the IMF, Papier präsentiert auf der James Meade Centenary Conference, London: Bank of England and National Institute of Economic and Social Research, July 2007, revised September 2007.

Dluhosch, Barbara/Freytag, Andreas/Krüger, Malte (1992): Leistungsbilanzsalden und internationale Wettbewerbsfähigkeit, Untersuchungen zur Wirtschaftspolitik, 89, Köln.

Eurostat (laufende Jg.), COMEXT Datenbank, Zugriff im März 2009, Juli 2008.

Europäische Kommission (2007): Economic and Trade relations, Brüssel, http://ec.europa.eu/external_relations/china/intro/economic_trade.htm, Zugriff am 21. Dezember 2007.

Feenstra, Robert/Hong, Chang (2007): China's exports and employment, Cambridge, MA: National Bureau of Economic Research (Working Paper 13552).

Frankel, Jeffrey (2006): On the Yuan: the choice between adjustment under a fixed exchange rate, in: Illing (Hrsg.), Understanding the Chinese Economy, München: CESifo Economic Studies, S. 246–275.

Freytag, Andreas (2008): That Chinese „juggernaut" – should Europe really worry about its trade deficit with China?, ECIPE Policy Briefs No. 02/2008.

Goldstein, Morris; Lardy, Nicholas (2006): Chinas exchange rate policy dilemma, American Economic Review Vol. 96, No. 2, S. 422–426.

Goldstein, Morris (2007): A lack of progress report on China's exchange rate policies, Washington, DC: Peterson Institute (Working paper 07–5).

Heitger, Bernhard/Schrader, Klaus/Bode, Eckhardt (1992): Die mittel- und osteuropäischen Länder als Unternehmensstandort, Kieler Studien 250, Tübingen.

IMF (2009): IMF World economic outlook database, Oktober 2008, Internet Zugang am 20. März 2009.

Klodt, Henning (1987): Wettlauf um die Zukunft: Technologiepolitik im internationalen Vergleich, Tübingen.

Krugman, Paul R. (1994): Competitiveness: A Dangerous Obsession, Foreign Affairs, Vol. 73, Nr. 2.

Laaser, Claus-Friedrich/Schrader, Klaus (2005): Baltic Trade with Europe: Back to the Roots?, Baltic Journal of Economics, 5 (2), 15–37.

Messerlin, Patrick/Wang, Jinghui (2008): Redesigning the European Union's trade policy strategy towards China, ECIPE Working Paper No. 04/2008.

Obstfeld, Maurice/Rogoff, Kenneth (1994): The intertemporal approach to the current account, Cambridge, MA: National Bureau of Economic Research (NBER Working Paper 4893).

Rose, Klaus/Sauernheimer, Karlheinz (2006): Theorie der Außenwirtschaft, 14. überarbeitete Auflage, Vahlens Handbücher der Wirtschafts- und Sozialwissenschaften, München.

Sally, Razeen (2007): Looking East: The European Union's new FTA Negotiations in Asia, ECIPE Policy Essays No. 03/2007.

Schrader, Klaus/Laaser, Claus-Friedrich/Heid, Benedikt (2007): Die Visegrad-Staaten in der erweiterten EU: Aufsteiger in der europäischen Arbeitsteilung?, Osteuropa-Wirtschaft, 52 (3), 197–220.

Vernon, Raymond (1966): International Investment and international Trade in the Product Cycle, The Quarterly Journal of Economics, Vol. 80 (2), 190–207.

Wegner, Gerhard (2009): Die Wettbewerbsfähigkeit der EU als Ziel europäischer Wirtschaftspolitik – eine kritische Analyse, in: Scherzberg (Hrsg.) in diesem Band.

3. Abschnitt:
Zwischenstaatlicher Wettbewerb

WETTBEWERB ALS ELEMENT EUROPÄISCHER GOVERNANCE

Wettbewerb als Instrument von European Governance

Gunnar Folke Schuppert

Was wir in diesem Beitrag tun wollen, ist, einen Blick auf den Stellenwert und die Wirkungsweise von Wettbewerb als Governanceinstrument „Europäischen Regierens" zu werfen. Dies setzt zweierlei voraus: einmal das Verständnis von Wettbewerb als eigenständigem Governancemodus, und zwar vor allem in Mehrebenensystemen; damit werden wir beginnen. Zum anderen die Auffassung, dass es sich bei „European Governance" um eine ebenenspezifische Form von Governance handelt (siehe dazu *Börzel* 2006), die sich von anderen Governanceebenen wie Regional, Metropolitan oder Global Governance unterscheiden lässt; dieser Punkt wird in unserem Beitrag nicht als eigener Gliederungspunkt thematisiert werden (näher dazu *Schuppert* 2007), ist ihm aber als ständige Grundmelodie unterlegt.

Vor diesem Hintergrund wollen wir das Thema der Tagung mit vier governancespezifischen Scheinwerfern auszuleuchten versuchen, wobei jeder dieser Scheinwerfer eine spezifische Perspektive auf das Problemfeld markiert; diese vier Scheinwerfer nennen wir

– dezentraler Wettbewerb als Governancemodus in Mehrebenensystemen
– Governance durch Wissen
– Governance durch multilaterale Überwachungsarrangements und
– Governance by Reputation.

Beginnen wir also mit Wettbewerb als Governancemodus.

A. Dezentraler Wettbewerb als Governancemodus in Mehrebenensystemen

I. Wettbewerb als Governancemodus

Bei Governance geht es um Koordination und zwar um die Koordination von Handlungen unterschiedlicher Akteure – staatlicher und nicht-staatlicher – mit unterschiedlichen Handlungslogiken zur Verfolgung gemeinsamer Ziele und zur Regelung kollektiver Sachverhalte. Wollte man Governance-Beiträge daraufhin durchgehen, welcher Begriff in ihnen am häufigsten vorkommt, halten wir den Begriff der Koordination für einen Spitzenkandidaten. Es kann daher auch nicht überraschen, dass die Governance-Forschung versucht, die verschiedenen in Betracht kommenden Koordinationsmodi zu systematisieren, wie dies etwa von *Arthur Benz* in der folgenden Weise getan worden ist (2006b, S. 35):

Abbildung 1: Vier Grundformen als elementare Governanceformen der Verwaltung

	Hierarchie	**Netzwerk**	**Verhandlung**	**Wettbewerb**
Koordinations-mechanismus	wechselseitige Anpassung	wechselseitiger Einfluss	wechselseitiger Einfluss	wechselseitige Anpassung
Struktur	asymmetrische Verteilung von Macht und Informationen	variable Verteilung von Einflussbeziehungen	gleiche Veto-macht, variable Verteilung von Informationen und Tauschpoten-tialen (Ressourcen)	formale Gleich-heit, variable Wettbewerbs-fähigkeit
Stabilisierung	formale Regeln	Interdependenz, Vertrauen	individuelle und gemeinsame Interessen	komparative Orientierung, individuelle Interessen
Austrittskosten	sehr hoch	relativ hoch	relativ gering	gering

Wettbewerb bezeichnet zunächst ganz allgemein einen Mechanismus der Handlungskoordinierung, mit dem Akteure zu wechselseitiger Anpassung ihrer Chancen veranlasst werden. Damit Koordination im Wettbewerb gelingt, müssen alle Beteiligten – so erklärt es uns *Arthur Benz* – „die Grundlage akzeptieren, dass der oder die ‚Leistungsfähigere' gewinnt. Diese Regel verlangt einen Vergleich von Leistungen von anerkannten und eindeutigen Normen. Wettbewerb setzt also gemeinsame Vergleichsmaßstäbe und komparative Handlungsorientierungen voraus" (ebenda, S. 34): Damit die Akteure dieses Spiel auch mitspielen, bedarf es naturgemäß bestimmter

Anreize; wie dies funktioniert, erläutert uns Benz am Beispiel des *Wettbewerbs von Verwaltungen* wie folgt (S. 34):

„...gibt es zwei Mechanismen, die Institutionen zum Leistungsvergleich und zur wechselseitigen Anpassung an Leistungsstandards veranlassen können: zum einen die Aussicht auf Zugewinn an Ressourcen, zum anderen die Chance auf Zustimmung durch Mitglieder, Wähler, Kooperationspartner oder Klienten. Verwaltungen können im Leistungswettbewerb entweder damit rechnen, dass sie leistungsabhängige Zuweisungen erhalten oder sie können durch Reputation bzw. Zustimmung seitens der Parlamente oder der Klienten belohnt werden."

Auf diesen zentralen Gesichtspunkt des Leistungsvergleichs werden wir gleich noch einmal ausführlicher zurückkommen.

II. Zur Rolle des Governancemodus Wettbewerb in Mehrebenensystemen

In sog. Mehrebenensystemen, also politischen Entscheidungssystemen, die nicht nur eine Unterscheidung von zentralstaatlicher und gliedstaatlicher Ebene kennen, sondern – und das ist das eigentlich Charakteristische – in denen die genannten Ebenen „in Beziehung zueinander treten, weil eine Trennung der Aufgaben nicht möglich ist und in denen daher Entscheidungen zwischen Ebenen koordiniert werden müssen" (*Benz* 2006a, S. 96; sog. Mehrebenenverflechtung), spielen von den oben genannten vier Governancemodi zwei eine besonders prominente Rolle, nämlich *Verhandlungen* und *dezentraler Politikwettbewerb*; da Verhandlungssysteme auf dieser Tagung nicht unser Thema sind, werfen wir einen kurzen Blick auf den Politikwettbewerb.

Dieser Politikwettbewerb begegnet uns in dem Mehrebenensystem der Europäischen Union vor allem in zwei Varianten, nämlich als Regulierungswettbewerb und als Leistungswettbewerb. Da insbesondere der Regulierungswettbewerb auf dieser Tagung intensiv behandelt worden ist (namentlich in den Beiträgen von *Klaus Heine* und *Philipp Terhechte*) und in Gestalt des Wettbewerbs der Gesellschaftsrechte in der Literatur große Aufmerksamkeit gefunden hat (*Eidenmüller* 2002; *Heine/Kerber* 2002; *Heine* 2003), beschränken wir uns auf einige Worte zum Leistungswettbewerb sowie auf eine zusammenfassende Würdigung beider Wettbewerbsvarianten.

Was zunächst die Funktionslogik des Leistungswettbewerbs angeht, so wird sie uns von *Arthur Benz* (2006a, S. 107) wie folgt erklärt:

„Governance durch Leistungswettbewerb findet in der EU unter der Bezeichnung der ‚offenen Methode der Koordinierung' statt, vor allem in den Bereichen der Wirtschafts-, Beschäftigungs-, Sozial- und Umweltpolitik. Die Steuerung der europäischen Ebene gegenüber den Mitgliedstaaten funktioniert, indem die Europäische Kommission Ziele und Standards definiert und den Mitgliedstaaten die Umsetzung einschließlich der Wahl der Instrumente überlässt. Anreize für die Mitgliedstaaten, die Ziele und Standards zu erfüllen, resultieren aus dem Leistungsvergleich (‚benchmarking'), den Experten der Mit-

gliedsstaaten und der Kommission durchführen. Durch Publikation von ‚best practices'
sollen Lernprozesse induziert werden und durch öffentliche Kritik von schlechten Praktiken die betreffenden Staaten angehalten werden, ihre Politik zu ändern und den Erfordernissen der europäischen Standards anzupassen."

Auf diese beiden wichtigen Stichworte „Offene Methode der Koordinierung" und „Benchmarking" kommen wir gleich noch einmal ausführlicher
zurück.

Zusammenfassend kann man die Eigenarten der beiden Wettbewerbsvarianten mit *Arthur Benz* in sehr eingängiger Weise wie folgt darstellen
(ebenda, S. 108):

*Abbildung 2: Koordination regulativer Politik durch gegenseitige
Anerkennung und Koordination durch Leistungswettbewerb*

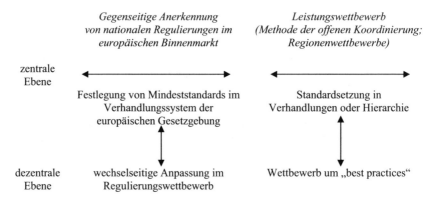

*III. The German Case oder zu Aufstieg und Fall des Konzepts
des Wettbewerbsföderalismus*

Aufstieg und Fall von Konzept und Begriff des Wettbewerbsföderalismus
(dazu *Klatt*, 1982; *Arndt* 1998) zu verfolgen, ist schlichtweg faszinierend
(dazu *Schuppert* 2008a). Noch bei der Vorbereitung des vorerst letzten An-
griffs der wohlhabenden Zahlerländer Bayern, Baden-Württemberg und
Hessen auf das System des Länderfinanzausgleichs mit seiner – wie geltend gemacht wurde – Übernivellierung und Gleichmacherei sowie der
ungerechtfertigten Bevorzugung der Stadtstaaten spielte der Argumentati-
onstopos des Wettbewerbsföderalismus – wohl fundiert durch die ökonomische Plausibilität des Wettbewerbsgedankens – in den Schriftsätzen der
Antragsteller eine zentrale Rolle. Aber schon in der von Paul Kirchhof
dominierten mündlichen Verhandlung hatte dieses bisherige Zentralargu-
ment so gut wie keine Bedeutung mehr und auch in dem das Maßstäbegesetz kreierenden Urteil selbst (BVerfGE 101, 158 – Maßstäbegesetz) hat es

mit Entscheidungsergebnis und Entscheidungsbegründung nichts zu tun. Wie lässt sich ein solch tiefer Fall erklären?

Mit den unterschiedlichen Interessenlagen der Länder, lautet die realistische Antwort. Die wettbewerbsgeneigten Länder, die insbesondere für eine Stärkung der Einnahmeautonomie der Gliedstaaten und eine Reduzierung des Ausgleichsniveaus plädierten, waren mehr oder weniger allein auf weiter Flur, da die sog. neuen Bundesländer sich strukturell nicht wettbewerbsfähig fühlten und die doch zahlreichen struktur- und daher finanzschwachen alten Bundesländer den Wettbewerb scheuten; unter diesen nicht verfassungsrechtlichen, sondern interessenbestimmten Rahmenbedingungen konnte dem Konzept des Wettbewerbsföderalismus kein Erfolg beschieden sein. *Fritz W. Scharpf* (2006, S. 9/10) hat diesen Befund mit großer Klarheit und Eindringlichkeit wie folgt zusammengefasst:

„Dass dafür die Unterstützung aller Länder nicht zu gewinnen war, lag auf der Hand – insbesondere da die publizistische Unterstützung durch die FDP und engagierte Ökonomen auch keinen Zweifel daran ließ, dass mit der Durchsetzung des Konzeptes auch das Versprechen ‚einheitlicher‘ oder wenigstens ‚gleichwertiger Lebensverhältnisse im Bundesgebiet‘ (Art. 106 Ab. 3 Ziff. 2 GG, Art. 72 Abs. 2 GG) aufgekündigt werden sollte. Solche Argumente waren (jedenfalls damals) nicht nur in Ostdeutschland politisch nicht zu vermitteln. Auch das Verfassungsgericht ließ sich von den ökonomischen Argumenten nicht beeindrucken und betonte in seinem Urteil sogar noch stärker als zuvor die Bedeutung des ‚bundesstaatlichen Gedankens der Solidargemeinschaft‘. Im Ergebnis hat die Assoziation mit dem Vorstoß der reichen süd- und westdeutschen Länder gegen den Finanzausgleich den ‚Wettbewerbsföderalismus‘ zum ‚politischen Streitbegriff‘ werden lassen, der trotz (oder wegen) der fortdauernden publizistischen Unterstützung durch liberale Ökonomen im politischen Prozeß mehr Widerstand als Zustimmung mobilisierte. In der späteren Föderalismuskommission wurde er geradezu als ‚Unwort‘ behandelt, von dem sich zu distanzieren ein Gebot der political correctness gerade für jene war, die auch auf die positiven Seiten eines politischen Wettbewerbs zwischen den Ländern hinweisen wollten.“

Aber ein weiteres Argument kommt hinzu, nämlich dass das Konzept des Wettbewerbsföderalismus selbst oder, soll man sagen, gerade aus ökonomischer Perspektive einen gravierenden Konstruktionsfehler aufweist: denn wie soll ein Wettbewerb funktionieren, wenn keiner der Teilnehmer wirklich vom Ausscheiden bedroht ist? Die entsprechende Argumentationskette ist von *Rüdiger Pohl* (2005) – bei den Ökonomen gewiss kein „nobody“ – wie folgt formuliert worden:

„Der Grundgedanke des Wettbewerbsföderalismus leuchtet jedem Ökonomen ein: Wettbewerb ist besser als kein Wettbewerb. Eine simple Übertragung des Wettbewerbsmodells des Marktes auf Gemeinwesen rechtfertigt das trotzdem nicht. Wettbewerb hat auch eine destruktive Seite: wer nicht mithält, scheidet aus. Das kann man sich bei einer Brotfabrik ohne weiteres vorstellen. Bei einem Land ist Liquidation ausgeschlossen; eine Übernahme durch den Bund auch. Das setzt dem Wettbewerbsmodell für Gemeinwesen Grenzen.

Am Markt werden sich bisher konkurrierende Unternehmen zusammenschließen, um gemeinsam im Wettbewerb mit Dritten zu bestehen, d.h. es entstehen im Wettbewerb selbst wettbewerbsfähige Einheiten. Nicht so im föderalen Staat: Anzahl und Zuschnitt der Länder sind historisch entstanden, ohne dass die wirtschaftliche Wettbewerbsfähigkeit dabei eine Rolle gespielt hätte. Da Länderfusionen an den bekannten Hürden scheitern, würde Wettbewerbsföderalismus Wettbewerb zwischen Gemeinwesen organisieren, die dafür teilweise ungeeignet sind."

Nachdem wir nunmehr einen Blick auf die Funktionsweise des Governancemodus Wettbewerb in Mehrebenensystemen geworfen haben, wollen wir jetzt den zweiten Scheinwerfer anschalten und uns mit Governance durch Wissen beschäftigen.

B. Governance durch Wissen

Den Governancescheinwerfer „Governance von und durch Wissen" (siehe dazu die Beiträge in *Schuppert/Voßkuhle* 2008) einzuschalten, scheint uns aus zwei Gründen hilfreich zu sein. Erstens kann mit ihm die Brücke geschlagen werden zur sog. Wissensgesellschaft (vgl. dazu mit näheren Nachweisen *Weingart* 2003) sowie zur Rolle des Staates in einer solchen von der Ressource Wissen bestimmten Gesellschaft (*Steinbicker* 2004); zum anderen kann – was wir besonders wichtig finden – die Diskussion über die Open Method of Coordination (OMC) und das sog. Benchmarking in den allgemeineren Diskussionszusammenhang über „Governance durch Wissen" (dazu *Schuppert* 2008b) eingebettet werden, was nicht nur hilfreich ist, sondern uns auch aus Gründen des Sachzusammenhangs erforderlich zu sein scheint. Beginnen wir mit dem Phänomen des Benchmarking.

I. Von „Bismark to Benchmark"

Mit dieser hübschen Formulierung, die ich an sich gerne für mich reklamieren würde, in Tat und Wahrheit aber einem Gespräch mit Werner Jann verdanke, wird die die Geschichte der Staats- und Verwaltungsreform schon länger begleitende Tendenz auf den Begriff gebracht, alles und jeden „zu benchmarken"; was es damit auf sich hat, erklärt uns *Holger Straßheim* (2001, S. 4) anschaulich wie folgt:

„In einer deliberativen Sicht ist Benchmarking ein Instrument, ein tool politischen Performanzmanagements. Es verwandelt Wohlfahrtsstaaten in Laboratorien. Benchmarking ermöglicht den Wissens- und Informationsaustausch in einem globalen Experimentierfeld. Kosten werden dabei insofern gesenkt, als das aufwendige zeitliche Nacheinander der Erfahrungsbildung in ein räumliches Nebeneinander transformiert wird. Die Ablösung des Learning by Doing durch das Learning by Seeing stellt dabei allerdings neue Anforderungen an die politische Präferenzbildung: statt der Rücksichtnahme auf Interessenkonstellationen und ideologische Positionen ist nun die Fähigkeit gefordert, durch kontinuierlichen Vergleich eine Kultur des Lernens zu etablieren."

Benchmarking hört sich als „ein kontrollierter Prozess des Lernens aus Leistungsvergleichen" (*Nullmeier* 2005, 108) nicht nur gut an, es ist auch eine international äußerst erfolgreiche Strategie. Benchmarking ist Teil eines international verbreiteten „komparativen und kompetitiven Politikstils, dem der Hinweis auf die Best Practice in anderen Ländern als Rechtfertigung [...] dient" (*Straßheim* 2001: 19), um Veränderungen im eigenen Lande durchzusetzen und politische Widerstände durch den Hinweis auf die internationale Wettbewerbsfähigkeit auszuhebeln. Es mag an dieser Stelle, an der wir eine gründliche Diskussion über dieses Instrument von „governance by competitive comparison" nicht führen können, nur darauf hingewiesen werden, dass man den Sirenenklängen des Benchmarking nicht allzu unkritisch folgen sollte; so macht auch Holger Straßheim geltend, Benchmarking fördere zwar Lern- und Veränderungsprozesse, zugleich aber auch eine Ausblendung von Folgewirkungen und Randbedingungen. Nach unseren Erfahrungen mit dem Export des rule of law-Konzepts in Gegenden prekärer Staatlichkeit von einer andersartigen politischen und Rechtskultur (*Schuppert* 2008c) sowie der Übertragbarkeit von Rechtsinstituten (*Duss* u. a. 2006) sind wir geneigt, diese Skepsis zu teilen und den Aspekt der „cultural embeddedness" von Institutionen und Normen für besonders wichtig zu halten. Aber dieser Aspekt kann hier nicht vertieft werden.

II. Open Method of Coordination

Die Open Method of Coordination (OMC), deren Funktionslogik hier nicht näher erklärt werden muss, da sie bereits im Beitrag von *Veit Mehde* (in diesem Bande) behandelt worden ist, ist deswegen ein für uns so interessantes Phänomen, weil sie in einem untrennbaren Zusammenhang mit der Entwicklung zur „knowledge society" steht und der wohl wichtigste „new mode of governance" ist (*Borrás/Jacobson* 2004), um die Europäische Union zur „most competitive and dynamic knowledge-based economy" der Welt zu machen (Erklärung von Lissabon; siehe dazu *Laffan* 2002). *Claudio M. Radaelli* bezeichnet daher in diesem argumentativen Zusammenhang die Open Method of Coordination als „a method embedded in the master discourse of competitiveness".

Angesichts der vielfachen Ausrufung der OMC als neue, fortschrittliche Governanceform und angesichts der damit verbundenen hohen Erwartungen scheint uns doch eine kritische Nachfrage unverzichtbar zu sein. Wir bedienen uns dazu des von uns als besonders informativ und abgewogen empfundenen Beitrages von *Claudio M. Radaelli* (2003), der die Erwartungen an die Open Method of Coordination mit ersten empirischen Befunden eindrucksvoll kontrastiert:

Was zunächst die positiven Erwartungen angeht, so hebt *Radaelli* (2003: 26 ff.) drei wissensrelevante Aspekte besonders hervor, nämlich:

– Erstens sei die Open Method of Coordination „a new way to produce usuable knowledge. The OMC is supposed to work like a network looking for usuable knowledge at all levels."

– Zweitens beförderte die Open Method of Coordination „policy learning. The greatest advantage of the open method is that it has considerable potential for policy learning. By learning from local knowledge and by generating trans-national diffusion, policy-makers can improve at their own pace."

– Drittens schließlich funktioniere die Open Method of Coordination wie ein Radargerät, das unermüdlich auch in den letzten Winkeln verborgenes Wissen zum Vorschein bringe: „In its ideal-typical form, the OMC has considerable potential for learning in at least two directions. The emphasis on participation and local knowledge should provide a platform for bottom-up learning, whereas peer review and benchmarking – if properly used – can generate cross-national policy diffusion and learning. Turning to the metaphor of the method as a radar, the idea is that the network structure of the OMC enables policy-makers to detect innovative solutions – wherever they are produced at the local level."

Was die Schattenseiten der Open Method of Coordination angeht, so hat Radaelli davon einige ausgemacht, von denen wir aber nur zwei herausgreifen wollen, die daran zweifeln lassen, ob mit ihr wirklich das bewirkt wird, was den Charme des Wettbewerbs ausmacht, nämlich eine Vielzahl von neuen Ideen hervorzubringen; vielmehr sprechen die empirischen Ergebnisse eher dafür, dass die OMC Konformität bzw. Imitation begünstigt und die Neigung befördert, es sich auf dem Sofa gemeinsamen Nichtwissens bequem zu machen und die Schwierigkeiten eines Politik- und Wissenstransfers zu unterschätzen:

– Die Erfolgserwartungen an die OMC seien in der Regel überzogen, da benchmarking häufig nur Nachahmungseffekte produziere, die unverzichtbare Heterogenität von Lösungsansätzen hingegen vernachlässige: „Instruments such as benchmarking have been adopted enthusiastically. Benchmarking in a political context may act as an obstacle to learning, however. It may reduce diversity and heterogeneity – two essential properties of evolutionary learning systems. [...] By focusing on success, benchmarking may not reflect enough on the lessons provided by failures (the so-called negative lessons). If based on best practice, benchmarking may ignore the simple fact that in the public sector the definition of success is problematic. Benchmarking may encourage imitation, but successful competitive strategies are more based on distinctive and unique aspects."

– Zweitens schließlich verführen benchmarking und OMC dazu, den institutionellen und kulturellen Rahmen von Lernen und Wissen nicht genügend zu berücksichtigen: „Finally, benchmarking may hinder learning by bracketing the institutional context. A number of political and institutional circumstances are often neglected in benchmarking exercises in the public sector because of the assumption of total fungibility of best practice. However, in all processes of policy innovation there are elements that cannot be transferred from one country to another without taking into account institutional legacies, state traditions, and the dominant legal culture."

Auch hier also – so können wir zusammenfassen – versprechen die Sirenen mehr als sie einlösen können.

III. Zwischenbilanz

Wie wir gesehen haben, spielt der Politikwettbewerb zwischen den Mitgliedstaaten – als Regulierungswettbewerb oder als Leistungswettbewerb – im Mehrebenensystem der Europäischen Union eine zentrale Rolle. Damit ein solcher Wettbewerb funktionieren kann, bedarf es zunächst einmal bestimmter Spielregeln, die den Wettbewerb zu organisieren helfen und ihm zugleich einen Rahmen setzen: dies ließe sich etwa am Beispiel des in Deutschland lange und intensiv diskutierten Modells des Wettbewerbsföderalismus besonders gut veranschaulichen. Zweitens bedarf es eines Leistungsvergleichs, was wiederum voraussetzt, dass man über konsentierte Leistungsindikatoren und Leistungsmaßstäbe verfügt, die den Wettbewerbserfolg oder Misserfolg messbar machen. Auch dafür bedarf es – wie die Stichworte Benchmarking und Open Method of Coordination in Erinnerung rufen – bestimmter Verfahren, die diese komplexen Prozesse zugleich ermöglichen wie kanalisieren.

Von diesem Befund her ist es nur ein kurzer Weg zu unserem nächsten Punkt, in dem es um institutionalisierte Beobachtungsstrukturen geht und in dem zugleich gezeigt werden kann, dass es sich bei der gezielten Beobachtung der Performanz von Staaten/Mitgliedstaaten nicht um ein EU-spezifisches, sondern um ein allgemeines Phänomen handelt.

C. Zur Institutionalisierung multilateraler Beobachtungs- und Überwachungsstrukturen

I. Governance als institutionalisierte Beobachtungsstruktur

Was damit gemeint ist, erläutert *Christoph Möllers* (2008) am Beispiel der Weltbank, die zu den großen internationalen Playern gehört und in einer Vielzahl von Zusammenhängen die ökonomische Performance von Staaten beurteilt. Verallgemeinert man diese Situation – eine Organisation beobachtet und bewertet als Bestandteil ihres eigenen Organisationszwecks eine andere, dritte Organisation – so haben wir es – so *Möllers* – mit einer spezifischen Governancestruktur zu tun, vergleichbar den von *Michael Zürn* (2002) so getauften „autoritätszuweisenden Organisationen (AZO)", die das Verhalten von Nationalstaaten aus unterschiedlichsten Perspektiven beobachten und zensieren. Den modus operandi einer solchen Governancestruktur erklärt uns *Christoph Möllers* (2008: 12) so:

„Diese Beobachtungsleistung enthält zugleich eine sehr spezifische Form der vergleichenden Bewertung der beobachteten Phänomene. Diese Bewertung stellt sich aber nicht als Konsequenz einer politischen Wertentscheidung dar, sie ist kein weiterer von der Governance-Institution zu verantwortender Schritt, sondern sie folgt aus der Art und Weise der Beobachtung selbst: denn in der institutionenökonomisch inspirierten Output-Perspektive fallen Beobachtung und Bewertung zusammen: Sind das Medium der Beobachtung Kennziffern, dann ist das Beobachtungsergebnis zugleich ein Bewertungsergebnis, dessen Bewertungsmaßstäbe sich namentlich aus dem Vergleich mit anderen beobachteten Staaten ergeben. Eine erste sehr abstrakte politische Bewertung der Performance der betroffenen Staaten ist schon mit dem Beginn der Beobachtung selbst getroffen worden: die Beobachtung, dass die zu beobachtenden Staaten äußerer Hilfe bedürftig sind. Dies betrifft die Entscheidung, ob eine Governance-Konstellation einzurichten ist. Diese Entscheidung muss wegen der Informalität des Regimes im formellen Konsens zwischen Staat und Organisation fallen, auch wenn sich bereits hier Machtungleichgewichte zwischen den beiden Institutionen bemerkbar machen können. Bewertungen innerhalb einer Governance-Struktur stellen sich dann als Ergebnisse eines quantifizierenden Vergleichs dar, der sich seinem eigenen expertokratischen Selbstverständnis nach gerade nicht als Ergebnis einer bewertenden Entscheidung, sondern als Konsequenz der Anwendung eines objektiven Regelwerks darstellt."

Da wir eine solche institutionalisierte Beobachtungsstruktur nun nicht nur bei der Weltbank finden, sondern auch beim Internationalen Währungsfonds, der OECD, die dies besonders professionell betreibt und eben auch im Rahmen der Europäischen Union, kann man versuchen, aus diesen beobachtbaren institutionalisierten Beobachtungsstrukturen so etwas wie ein Modell zu gewinnen; da *Armin Schäfer* (2005) dies unlängst versucht hat, sollten wir einen kurzen Blick auf sein Modell werfen.

II. Ein Modell multilateraler Überwachung

Multilaterale Überwachung beruht – wie Schäfer näher und u.E. vollkommen zutreffend ausführt – auf einer systematischen Überprüfung und Bewertung der Leistungen einer Regierung durch andere Regierungen oder internationale Organisationen. Sie soll die Beteiligten dazu bringen, gemeinsam vereinbarte Ziele umzusetzen, gemeinsame Standards zu entwickeln und Politikempfehlungen aus dem systematischen Vergleich zu gewinnen (best practices). Weil keine direkten Druckmittel zur Verfügung stehen, soll Einfluss auf das Mitgliedsland dadurch ausgeübt werden, dass seine Politik anhand gemeinsam verabschiedeter Maßstäbe bewertet wird, was wiederum im Ergebnis das jeweilige, insbesondere das schlecht benotete Land unter Rechtfertigungszwang setzt. Unter Bezugnahme auf einen Beitrag von *Fabrizio Pagani* (2002) über die Verfahrenspraxis der OECD erläutert uns Schäfer die Funktionslogik der multilateralen Überwachung wie folgt (S. 139):

„Die Effektivität wechselseitiger Überwachung hängt vom ausgeübten Gruppendruck (peer pressure) ab. Pagani nennt drei Elemente wechselseitiger Überwachung, die Gruppendruck erzeugen:

1. eine Mischung aus formalen Empfehlungen und informellem Austausch;
2. die Kombination aus öffentlicher Prüfung, systematischen Vergleichen sowie einem Ranking der Staaten;
3. der Einfluss der ersten beiden Elemente auf die öffentliche Meinung, nationale Verwaltung und Entscheidungsträger. Keine Regierung möchte gern in einem Bericht die ‚Rote Laterne‘ des Leistungsschwächsten zugeschrieben bekommen.“

Aufgrund der von ihm vorgenommenen vergleichenden Analyse der vier von ihm untersuchten institutionalisierten Beobachtungsstrukturen hat *Armin Schäfer* sechs gemeinsame Merkmale ausgemacht, die sich einander wie folgt zuordnen lassen (S. 139):

Abbildung 3: Sechs Merkmale multilateraler Überwachung

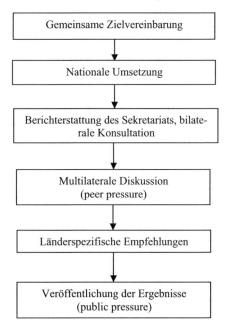

Es erscheint naheliegend zu sein, *Armin Schäfer* auch um eine knappe Erläuterung der sechs Merkmale zu bitten (S. 140–142):

- Alle vier Verfahren beginnen mit der Festlegung gemeinsamer Ziele.
  Diese können entweder im Gründungsvertrag der Organisationen allgemein festgelegt werden und sich dann organisch aus der Praxis wei-
  terentwickeln – das ist beim IWF und der OECD der Fall, wobei letztere mit der Jobs Study für eine gewisse Zeit zusätzliche arbeitsmarktpolitische Ziele einführte, deren Umsetzung in den Economic Surveys
  bewertet wurde. Ziele können aber auch regelmäßig als Teil des Verfahrens neu vereinbart werden.

- Die Umsetzung der gemeinsamen Ziele liegt in allen hier betrachteten
  Verfahren ausschließlich in der Verantwortung der Mitgliedstaaten.
  Während der Währungsfonds und die OECD als klassische internationale Organisationen ohnehin Staaten adressieren, gilt dies mit Einschränkung auch für die beiden EU-Verfahren. Wie stark die Sozialpartner in die Beschäftigungsstrategie eingebunden werden, hängt von
  der Bereitschaft der Regierung ab.

- Gerade weil diese Verfahren das Prärogativ nationaler Zuständigkeit
  nicht antasten, berichtet das Sekretariat über die Politikentwicklung in
  den Einzelstaaten. Als Teil der wechselseitigen Überwachung sind die
  Sekretariatsmitarbeiter der jeweiligen Organisation dafür verantwortlich, eine aktuelle Darstellung der wirtschaftlichen Lage sowie ergriffe-
  ner Maßnahmen bereitzustellen, auf deren Grundlage eine multilaterale
  Diskussion zwischen den Mitgliedstaaten stattfinden kann. Im Rahmen
  multilateraler Überwachung übernimmt die Organisation eine Service-
  funktion für die Mitgliedstaaten.

- Im Rahmen der Berichterstattung des Sekretariats finden in allen vier
  Fällen bilaterale Konsultationen zwischen ihm und den Mitgliedstaaten
  statt. Am stärksten ausgeprägt ist dies bei der Arbeit der OECD, die in
  Vorbereitung eines Länderberichts zwei Missionen in einem Mitglieds-
  land durchführt. Der IWF nimmt jährlich eine Mission mit ähnlichem
  Ablauf vor. In der EU gab es anfangs im Rahmen der EBS ebenfalls
  Kommissionsbesuche des Mitgliedslandes, aber inzwischen finden die
  Gespräche vorwiegend in Brüssel statt.

- Während die Berichterstattung der Organisation Teil der Überwachung
  ist, findet die eigentliche multilaterale Diskussion zwischen den Mitgliedstaaten statt. In der EU geschieht dies in den verschiedenen Aus-
  schüssen, die die Arbeit des Rates vorbereiten. Bei den Grundzügen der
  Wirtschaftspolitik ist dieses Element, begründet in ihrem Charakter als
  übergeordneter Rahmen weiterer Prozesse, weniger formalisiert, da
  Teilbereiche wie strukturpolitische Reformen oder die Beschäftigungs-
  politik bereits an anderer Stelle, im Rahmen des Cardiff- und des Lu-

xemburg-Prozesses, diskutiert werden. Dennoch wird auf dem Weg zur Verabschiedung der Grundzüge durch den Rat ein mehrstufiges Beratungsverfahren durchlaufen, bei dem die länderspezifischen Empfehlungen sowie die Ausrichtung der Wirtschaftspolitik in der Union und den einzelnen Mitgliedstaaten multilateral besprochen werden.

– Ein letztes gemeinsames Merkmal der vier betrachteten Verfahren ist ihr Versuch, den Gruppendruck der multilateralen Diskussion um öffentlichen Druck zu ergänzen, indem sie die Länderberichte veröffentlichen. In der EU kann dabei das indirekte Ranking der Mitgliedstaaten, falls es von den Medien aufgegriffen wird, den Druck auf eine Regierung erhöhen. Die OECD verleiht ihren Berichten Aufmerksamkeit, indem sie diese auf einer Pressekonferenz im Mitgliedsland vorstellt und durch die Zusammenfassung auf den ersten Seiten, die einen leichten Zugang zum Text ermöglicht.

III. Zwischenbilanz

Wie wir gesehen haben, praktizieren die Weltbank, der Internationale Währungsfonds, die OECD und die Europäische Union Verfahren zur Beobachtung und Bewertung der Performanz ihrer Mitgliedstaaten. Diese institutionalisierten Beobachtungsstrukturen kann man als eine besondere Governancestruktur verstehen. Was die Funktionsweise dieses Governancemodus angeht, so hat Pagani das eingängige Bild der Roten Laterne gebraucht, ein Requisit, das nicht nur in der Bundesliga niemand haben will, sondern das auch im internationalen Vergleichsgeschäft des Rating und Ranking unbeliebt ist, weil es der Reputation des jeweiligen Mitgliedsstaates schadet. Damit sind wir bei einem ebenso interessanten wie wirkmächtigen Governancemodus angelangt, dem wir uns jetzt zuwenden wollen.

D. Governance by Reputation

I. Funktionsweise von Governance by Reputation

Um die Funktionsweise dieses Governancemodus zu erklären, haben wir zwei Beispiele ausgesucht, die ganz bewusst nicht dem naheliegenden Bereich des Wissenschafts- oder Universitätsrankings entstammen (dazu *Matthies/Simon* 2008), sondern auf die wir mehr oder weniger zufällig gestoßen sind und die uns zu belegen scheinen, wie ubiquitär dieser Governancemodus eigentlich ist.

Das erste Beispiel ist das der New Yorker jüdischen Diamantenhändler, die im New Yorker Diamond Dealers Club (DDC) zusammengeschlossen sind und die ihren geschäftlichen Transaktionen selbstgesetzte Regeln zugrundelegen, über deren Einhaltung der Club wacht, indem er über das

Geschäftsgebaren seiner Mitglieder regelmäßig informiert, dadurch über deren Reputation mitentscheidet und – bei andauerndem und signifikantem Reputationsverlust – letztlich eine Ausschlussdrohung ausspricht. *Barak D. Richmann* spricht anschaulich von einem „reputation-based enforcement" (2004, S. 2328) der selbstgesetzten Regeln, eine Formulierung, die uns dazu veranlasst, in mehr genereller Weise von einem Anwendungsfall von „governance by reputation" zu sprechen. Ein solcher Governancemodus setzt – wenn wir das Ergebnis der Fallstudie vereinfachend zusammenfassen dürfen – offenbar zwei Dinge voraus: einmal einen funktionierenden Informationsaustausch über das Geschäftsgebaren bestimmter Personen (meistens Kaufleute) und zweitens die Existenz einer sozialen Gruppe oder eines sozialen Netzwerkes, für die die Reputation ihrer Mitglieder wichtig ist; solche sozialen Gruppen wollen wir in eigenmächtiger Begriffswahl Reputationsgemeinschaften nennen.

Das zweite Beispiel entnehmen wir einer Fallstudie von Lothar Rieth und *Melanie Zimmer* (2004) über das Verhalten von transnationalen Unternehmen in Krisengebieten – SHELL in Nigeria und BP in Kolumbien – und ihren jeweiligen Beitrag zur Konfliktprävention. Die Fallstudie kommt zum Ergebnis, dass Verhaltensänderungen dort beobachtbar sind, wo der von NGOs ausgehende Öffentlichkeitsdruck so groß ist, dass den Unternehmen aufgrund ihrer Reputationsempfindlichkeit eine Änderung ihres Verhaltens im Sinne einer Übernahme von „Corporates Security Responsibility" (*Wolf/Deitelhoff/Engert* 2007) rätlich erscheint; wie dieser Reputationsmechanismus funktioniert, erläutern uns Rieth und Zimmer wie folgt (S. 94/95):

> „Ein Faktor, der den Grad des Drucks von NGOs auf das Verhalten von Unternehmen mitbestimmen könnte, ist die Reputation eines Unternehmens. Oft wird die Reputation eines Unternehmens auf den Markennamen reduziert oder damit gleichgesetzt. Jedoch handelt es sich bei der Reputation um ein umfassenderes, relationales Konzept, welches auf die Beziehung zwischen einem Unternehmen und verschiedenen Gruppen, die so genannten Stakeholder, verweist. Stakeholder eines Unternehmens sind seine Kunden, Beschäftigte, Investoren, Geschäftspartner, Regierungen, Internationale Organisationen, lokale Gemeinschaften, aber auch NGOs. Ein Unternehmen ist bestrebt, den Stakeholdern mittels seiner Reputation seine Verlässlichkeit beziehungsweise Berechenbarkeit als Interaktionspartner zu demonstrieren. Ein Unternehmen ist also ständig gefordert, in seinen eigenen Handlungen dem jeweiligen Stakeholder ein Bild zu vermitteln, das dessen Erwartungen an das Unternehmen und seinen Vorstellungen von ihm entspricht, um letztlich eine positive Reputation zu erhalten oder diese zu verbessern. Eine positive Reputation erleichtert die Interaktionen zwischen einem Unternehmen und seinen Stakeholdern."

Nach diesen Vorüberlegungen wollen wir uns nunmehr Europa oder genauer gesagt: der OECD-Welt als Reputationsgemeinschaft zuwenden.

II. PISA als Schockerlebnis und als Trojanisches Pferd

Ein wunderschönes Beispiel, an dem man den Wirkungsmodus von Governance by Reputation studieren kann, ist das unter dem Namen PISA bekannt gewordene und viel diskutierte Ranking nationaler Bildungssysteme, ein Vorgang, der in Deutschland – wie erinnerlich – als „PISA-Schock" erlebt wurde und zu einem bisher ungeahnten Bildungstourismus nach Finnland – der unbestrittenen Nummer 1 – führte. Dies alles ist hinlänglich bekannt und soll hier nicht noch einmal ausgebreitet werden.

Was aber darüber hinaus interessant und bemerkenswert ist, ist der bei PISA beobachtbare Effekt der Verselbständigung solcher Rankingsysteme durch die dominant werdende und so nicht mehr rückholbare Rolle der einmal eingesetzten Experten, was zu einer von Martens und Wolf (2008) geschilderten unintendierten Internationalisierung und Entstaatlichung der nationalen Bildungspolitik führte. Denn die „ganze Sache" ging – wie Martens und Wolf berichten – damit los, dass die Regierungen der USA und Frankreichs an die OECD herantraten und sie drängten, international vergleichbare Bildungsindikatoren zu entwickeln. Sie erhofften sich von der strategischen Inanspruchnahme der OECD innenpolitische Widerstände gegen ihre bildungspolitischen Reformen durch Druckausübung von außen überwinden zu können; was damit „losgetreten" wurde, schildern uns *Martens/Wolf* (2008: 16 f.) wie folgt:

„Niemand konnte zu diesem Zeitpunkt vorhersehen, dass damit ein Prozess in Gang gesetzt worden war, der nicht nur in eine regelmäßige Leistungsbeurteilung der nationalen Bildungssysteme einmünden würde. Vielmehr läutete der Bedeutungsgewinn der durch die OECD eingeführten Bildungsindikatoren, standardisierten Leistungsmessungen und Rankings den Niedergang der traditionellen Regulierungsmodi in der Bildungspolitik aus, die sich idealtypisch als Input-gesteuerte, hierarchische staatliche Steuerung beschreiben lassen. Diese wird verdrängt durch Governance-Formen, bei denen das Gewicht demokratisch legitimierter staatlicher Autoritäten gegenüber der fachlichen Autorität einer Experten-Organisation ebenso in den Hintergrund tritt wie horizontale, marktorientierte und Output-orientierte Regelungsformen an die Stelle effektiver staatlicher Steuerung treten. Aufgrund der nahezu unantastbaren Reputation der von der OECD eingesetzten Experten, deren Ausrichtung auf quantitative Methoden der Datenaufarbeitung immer mehr den Diskurs bestimmte, entglitten sowohl die Entwicklung der Bildungsindikatoren als auch deren Zielrichtung zunehmend der Kontrolle der ursprünglichen staatlichen Auftraggeber."

Wegen dieses „Entgleitungseffekts" kann man in der Tat mit Martens und Wolf von PISA als einem trojanischen Pferd sprechen; da diese Sprengkraft nicht nur PISA eigen zu sein scheint, sondern Benchmarking-Prozessen allgemein, sollen noch einmal Martens und Wolf zu Worte kommen, die das, was das trojanische Pferd PISA „angerichtet" hat, wie folgt beschreiben:

„Der Versuch einer gezielten strategischen Instrumentalisierung der internationalen Ebene durch staatliche Regierungen, die auf diese Weise innenpolitische Hindernisse zu
überwinden versuchten, resultierte in der Emanzipation einer internationalen Organisation von den Zielen und Interessen ihrer nationalen Auftraggeber, zu einem Wandel der
bildungspolitischen Akteurskonstellation, in dessen Verlauf die staatlichen Akteure immer stärker in die Defensive gerieten und sich mit neuen Governance-Formen konfrontiert sahen, in deren Kontext ihre exklusive Kompetenz rechtsverbindlicher Normsetzung
an Bedeutung verlor. Was in den Vereinigten Staaten als ein strategischer Schachzug
begann, um die Bildungspolitik zu einer nationalen Angelegenheit zu machen, und in
Frankreich als eine Strategie zur Umgehung von Blockaden gegen eine angestrebte Bil-
dungsreform, mündete in eine doppelte Entstaatlichung der Bildungspolitik: zum einen
durch die Einführung neuer, weicher Formen von Governance über Ratings und Rankings, und zum anderen durch den damit verbundenen Bedeutungszuwachs neuer, nicht-
staatlicher Akteure wie der OECD-Bürokratie und Rating-Agenturen."

E. Einige abschließende Bemerkungen

Wie wir mit Hilfe unserer vier Governance-Scheinwerfer haben zeigen
können, spielt der Governancemodus Wettbewerb im Bereich von „European Governance" eine zentrale Rolle; unsere diesbezüglichen Beobachtungen lassen sich wie folgt zusammenfassen:
– Der Governancemodus dezentralen Politikwettbewerbs ist ein charakteristisches Merkmal von Governance in Mehrebenensystemen. Dies gilt
  als Methode der indirekten Steuerung in besonderem Maße für das
  Mehrebenensystem der Europäischen Union wie für das bisher nur diskutierte Modell des deutschen Wettbewerbsföderalismus.
– Die Organisation eines dezentralen Wettbewerbs setzt klare Spielregeln
  voraus, die darüber Auskunft geben, wer mitspielt, wie das Spiel funktioniert und welche Konsequenzen mit Sieg oder Niederlage verbunden
  sind. Am Beispiel Wettbewerbsföderalismus erläutert, wäre es Aufgabe
  der grundgesetzlichen Finanzverfassung, diese „rules of the game" zu
  formulieren, etwa das Maß der Einnahmeautonomie, den Verschuldens-
  spielraum sowie die Sanktionen bei Verletzung der Spielregeln zu definieren.
– Wettbewerb setzt Vergleichbarkeit voraus. Dies erfordert insbesondere
  eine Vorabfestlegung oder Verständigung über die Vergleichsmaßstäbe
  und damit in der Regel die Festlegung eines Verfahrens, in dem die Verständigung darüber erfolgen soll.
– Das angestrebte Lernen durch Vergleichen erfordert oder begünstigt die
  Herausbildung institutionalisierter Beobachtungsstrukturen, wie dies
  etwa beim Internationalen Währungsfonds, bei der OECD und der Europäischen Union zu beobachten ist. Diesen institutionellen Beobach-

tern wohnt offenbar eine Tendenz inne, sich zu verselbständigen und eine nicht immer intendierte Eigendynamik zu entfalten.

– Ein wichtiger Wirkungsmechanismus bei Governance durch organisiertes Vergleichen (benchmarking) ist die Reputation der verglichenen Länder. Insoweit könnte man die Europäische Union auch als Reputationsgemeinschaft bezeichnen.

Literatur

Arndt, Hans-Wolfgang (1998): Finanzverfassungsrechtlicher Reformbedarf – vom unitarischen Föderalismus zum Wettbewerbsföderalismus, in: Wirtschaftsdienst 2/1998, S. 76–80.

Benz, Arthur (2006a): Governance in Mehrebenensystemen, in: Schuppert (Hrsg.), Governance-Forschung. Vergewisserung über Stand und Entwicklungslinien, Baden-Baden, 2. Aufl., S. 95–120.

– (2006b): Eigendynamik von Governance in der Verwaltung, in: Bogumil/Jann/ Nullmeier (Hrsg.), Politik und Verwaltung, PVS-Snderheft 37, S. 29–49.

Börzel, Tanja A. (2006): European Governance – nicht neu, aber anders, in: Schuppert (Hrsg.), Governance-Forschung. Vergewisserung über Stand und Entwicklungslinien, Baden-Baden, 2. Aufl., S. 72–94.

Borrás, Susana/Jacobson, Kerstin (2004): The open method of co-ordination and new governance patterns in the EU, in: Journal of European Public Policy 11: 185–208.

Duss, Vanessa/Linder, Nikolaus/Kastl, Katrin/Börner, Christina/Hirt, Fabienne/Züsli, Felix (Hrsg.) (2006): Rechtstransfer in der Geschichte, München.

Eidenmüller, Horst (2002): Wettbewerb der Gesellschaftsrechte in Europa, ZIP (Zeitschrift für Wirtschaftsrecht), S. 2233–2245.

Heine, Klaus/Kerber, Wolfgang (2002): European Corporate Laws, Regulatory Competition and Path Dependence, in: European Journal of Law and Economics 13: 47–71.

Heine, Klaus (2003): Regulierungswettbewerb im Gesellschaftsrecht. Zur Funktionsfähigkeit eines Wettbewerbs der Rechtsordnungen im Europäischen Gesellschaftsrecht, Berlin.

Klatt, Hartmut (1982): Parlamentarisches System und bundesstaatliche Ordnung. Konkurrenzföderalismus als Alternative zum kooperativen Bundesstaat, in: Aus Politik und Zeitgeschichte B 31.

Laffan, Brigid (2002): Lisbon Europe: Experimental arrangements and new modes of governance. Paper prepared for the EU Presidency conference on "Politics, institutions, and citizens in the knowledge society", Barcelona, 6-6 May 2002.

Martens, Kerstin/Wolf, Klaus-Dieter (2008): PISA als trojanisches Pferd: die Internationalisierung der Bildungspolitik in der OECD, in: Botzem/Hofmann/Quack/Straßheim (Hrsg.), Governance als Prozess. Baden-Baden (i.E.).

Matthies, Hildegard/Simon, Dagmar (Hrsg.) (2008): Wissenschaft unter Beobachtung. Effekte und Defekte von Evaluationen. Leviathan-Sonderheft 24.

Möllers, Christoph (2008): Die Governance-Konstellation: Transnationale Beobachtung durch öffentliches Recht, in: Schuppert/ Zürn (Hrsg.), Governance in einer sich wandelnden Welt, PVS-Sonderheft 41, S. 238–256.

Nullmeier, Frank (2005): Wettbewerb und Konkurrenz, in: Blanke/Bandemer/Nullmeier/ Wewer (Hrsg.), Handbuch zur Verwaltungsreform. 3. Aufl., Wiesbaden, 108–120.

Pagani, Fabrizio (2002): Peer Review. A Tool for Co-operation and Change. An analysis of an OECD Working Method, Paris: OECD.

Pohl, Rüdiger (2005): Die Reform der föderalen Finanzverfassung: Wünsche und Wirklichkeit, in: Wirtschaftsdienst, S. 85–92.

Radaelli, Claudio M. (2003): The Open Method of Coordination: A new governance architecture for the European Union?, Swedish Institute for European Policy Studies.

Richmann, Barak D. (2006): How Community Institutions Create Economic Advantage: Jewish Diamond Merchants in New York, im Internet abrufbar: http://papers.ssm.com/sol3/papers.cfm?abstract_id=349040.

Rieth, Lothar/Zimmer, Melanie (2004): Unternehmen der Rohstoffindustrie. Möglichkeiten und Grenzen der Konfliktprävention, in: Die Friedens-Warte. Journal of International Peace and Organization, Bd. 79, S. 75–101.

Schäfer, Armin (2005): Die neue Unverbindlichkeit. Wirtschaftspolitische Koordinierung in Europa, Frankfurt a.M.

Scharpf, Fritz W. (2006): Recht und Politik in der Reform des deutschen Föderalismus, Working Paper 05/6 des Max-Planck-Instituts für Gesellschaftsforschung, Köln, Juni 2005, wieder abgedruckt in: Michael Becker/Ruth Zimmerling (Hrsg.), Politik und Recht, PVS-Sonderheft 36/2006, Wiesbaden 2006, S. 306–332.

Schuppert, Gunnar Folke (2007): Governance as Communication. Das Beispiel von European Governance, in: Otfried Jarren/Dominic Lachenmeier/Adrian Steiner (Hrsg.), Entgrenzte Demokratie? Herausforderungen für die politische Interessenvermittlung. Baden-Baden, 287–308.

– (2008a), Die bundesstaatliche Finanzverfassung zwischen Pfadabhängigkeit und Wandel, in: Hufen (Hrsg.), Verfassungen. Zwischen Recht und Politik. Festschrift zum 70. Geburtstag für Hans-Peter Schneider, Baden-Baden, S. 285–301.

– (2008b), Governance durch Wissen. Überlegungen zum Verhältnis von Macht und Wissen aus governancetheoretischer Perspektive, in: derselbe/Voßkuhle (Hrsg.), Governance von und durch Wissen, Baden-Baden, S. 260–303.

– (2008c), Politische Kultur, Baden-Baden.

Schuppert, Gunnar Folke/Voßkuhle, Andreas (Hrsg.) (2008): Governance von und durch Wissen, Baden-Baden.

Steinbicker, Jochen (2004): Der Staat der Wissensgesellschaft. Zur Konzeption des Staats in den Theorien der Wissensgesellschaft, in: Collin/Horstmann (Hrsg.), Das Wissen des Staates. Geschichte, Theorie und Praxis, Baden-Baden, S. 90–122.

Straßheim, Holger (2001): Der Ruf der Sirenen – Zur Dynamik politischen Benchmarkings. Eine Analyse der US-Sozialreform. WZB-Discussion-Paper FS II, 01–201.

Weingart, Peter (2003): Wissenschaftssoziologie, Bielefeld.

Wolf, Klaus-Dieter/Deitelhoff, Nicole/Engert, Stefan (2007): Corporate Security Responsibility. Towards a Conceptual Framework for a Comparative Research Agenda, in: Cooperation and Conflict: Journal of the Nordic International Studies Association, Vol. 42: 294–320.

Zürn, Michael (2002): Zu den Merkmalen postnationaler Politik, in: Knodt/Jachtenfuchs (Hrsg.), Regieren in internationalen Organisationen, Opladen, S. 215–235.

Der zwischenstaatliche Wettbewerb als Instrument Europäischer Governance

Veith Mehde

Der zwischen Staaten bestehende Wettbewerb ist ein Phänomen, das erst in jüngerer Zeit eine etwas intensivere Aufmerksamkeit in der rechtswissenschaftlichen Staatslehre bzw. der Staatsrechtswissenschaft gefunden hat. Diese im Vergleich zu anderen Wissenschaften späte Entwicklung mag mit der großen Differenz zu herkömmlichen rechtswissenschaftlichen Prämissen zum Charakter von Staatlichkeit zu tun haben. Diese klassische Wahrnehmung sieht den Staat als eine mit hoheitlichen Befugnissen ausgestattete Körperschaft, die eine einseitige Regulierung der verschiedenen privaten Akteure vornimmt. Diese Akteure haben aufgrund unterschiedlicher, insbesondere auch wirtschaftlicher Freiheitsrechte die als völlig legitim angesehene Möglichkeit, sich im Wettbewerb zu positionieren und dabei ihr Eigeninteresse zu fördern. Der Staat gibt für diesen durchaus produktiven Wettbewerb verbindliche Regeln vor, die von den privaten Wettbewerbern zu beachten sind. Gleichzeitig bemüht er sich im Sinne des Sozialstaatsprinzips um eine sozialverträgliche „Abfederung" bestimmter negativer Konsequenzen. Dabei ist eine Abwägung durchzuführen, welche Kriterien der Verteilungsgerechtigkeit bei der Entscheidung dominieren sollen, wem also letztlich genommen und wem gegeben wird.

Vor dem Hintergrund solcher idealistisch anmutender Prämissen, die nach wie vor praktisch wie theoretisch eine erhebliche Wirksamkeit entfalten, muss die Wahrnehmung von Staaten als Wettbewerber, die sich also auch auf einem Markt bewegen, geradezu als ein Tabubruch erscheinen. Letztlich ergibt sich daraus nämlich auch die Konsequenz, dass der mit dem Monopol legitimer Gewaltausübung ausgestattete Staat zwar weiterhin rechtlich die Möglichkeit hat, die in einem komplexen demokratischen Prozess hergeleiteten Vorstellungen zur Verteilungsgerechtigkeit zu regeln, diese in der Praxis aber nicht mehr unbedingt wirksam werden lassen kann. Dies folgt insbesondere aus der Tatsache, dass sich bestimmte Gewaltunterworfene dieser Gewalt durch bloße Abwanderung entziehen und auf diese Weise den Regulierer in erhebliche Schwierigkeiten bringen, ja in

Gestalt negativer wirtschaftlicher Konsequenzen regelrecht „bestrafen"
können. Politische Akteure sind praktisch gezwungen, ihre Vorstellungen
von Gerechtigkeit kritisch hinsichtlich der Auswirkungen auf die Position
des jeweiligen Staates im Wettbewerb mit anderen Staaten zu überprüfen.
Sofern diese Prüfung negativ ausfällt, führt dies unter Umständen zu Modifikationen, die den Vorstellungen des „eigentlich Richtigen" widersprechen bzw. in einem erheblichen Spannungsverhältnis dazu stehen. Der
Diskurs über die Gerechtigkeit wird somit überlagert von einem über die
Machbarkeit. Das Streben nach einer guten Positionierung im Wettbewerb
verdrängt dabei unter Umständen sogar die Überlegungen zur Notwendigkeit der Förderung bestimmter anderer Zwecke.[1]

Der auf diese Weise die rechtswissenschaftlichen Prämissen von Staatlichkeit herausfordernde zwischenstaatliche Wettbewerb wird im Rahmen
des Europäischen Vertragswerkes auf unterschiedliche Weise rechtlich
strukturiert. In der Implementation dominiert dabei der Gesichtspunkt der
rechtlichen Einhegung. Die Wettbewerber sind bei der Positionierung in
diesem Wettbewerb durch die Vorgaben von EUV und AEUV gebunden
und dürfen folglich auf eine Reihe von Instrumenten nicht zurückgreifen,
die man ohne eine solche Bindungswirkung in diesem Sinne einsetzen
könnte und vermutlich auch einsetzen würde. Daraus lässt sich aber nicht
schließen, dass zwischenstaatlicher Wettbewerb von der europäischen
Rechtsordnung als etwas grundsätzlich Schädliches angesehen würde. Dagegen spricht schon die Tatsache, dass weiterhin ein großer Spielraum für
eine entsprechende Positionierung bleibt. Außerdem wird dieser Wettbewerb auch im Rahmen des europäischen Rechtsrahmens als Mechanismus
eingesetzt und so zu einem Bestandteil der konkreten Ausprägung einer
Europäischen Governance. Schließlich wird dieser Wettbewerb in der Weise abgebildet, dass daraus ein Kooperationsbedarf hergeleitet und durch
das entsprechende rechtliche Instrumentarium ermöglicht wird. Die folgenden Ausführungen knüpfen an diese drei Aspekte – Einhegung, Mechanismus und Kooperationsbedarf – in umgekehrter Reihenfolge an.

---

[1] Entsprechende Überlegungen lassen sich etwa hinsichtlich der Unternehmenssteuern
anstellen. So heißt es etwa im offiziellen Internet-Auftritt der Bundesregierung mit der
Überschrift „Unternehmenssteuerreform 2008: Gut für den Standort Deutschland",
Deutschland werde „damit für alle Unternehmen attraktiver, die hier investieren und
Arbeitsplätze schaffen wollen" (gefunden auf der folgenden Internet-Seite:
http://www.bundesregierung.de/Content/DE/Artikel/2007/07/2007-07-06-unternehmens-
steuerreform.html); die zitierten Seiten aus dem Internet sind zuletzt am 9.9.2009 besucht
worden.

A. Kooperationsbedarf und Kompetenzübertragung

Ausgangspunkt für die rechtliche Abbildung des Kooperationsbedarfs ist die Tatsache, dass die Europäische Union wie ihre Mitgliedstaaten nicht nur den zwischenstaatlichen Wettbewerb untereinander regeln, sondern diesem auf internationaler Ebene unverändert und weitgehend uneingeschränkt ausgesetzt sind. Insofern folgt die rechtliche Strukturierung nicht nur dem Bedürfnis nach Einhegung im Verhältnis der Mitgliedstaaten untereinander, sondern auch den Erfordernissen einer Positionierung im globalen Maßstab. Der EU als einem globalen Akteur kommt eine faktische Machtposition zu, die jener der einzelnen Mitgliedstaaten – auch der großen – bei weitem überlegen ist. Dies folgt in erster Linie aus der wirtschaftlichen Bedeutung des europäischen Binnenmarktes. Inwieweit daneben auch ein davon zu trennender politischer Einfluss besteht, bedarf hier keiner eigenen Untersuchung. Es kann aber kein Zweifel geben, dass die plakative Formel „Märkte machen Recht"[2] einen zentralen Zusammenhang zum Ausdruck bringt, nämlich jenen zwischen dem von einer politischen Organisation zu regelnden Markt und den ihr zur Verfügung stehenden Regulierungsoptionen.

Diese Regulierungsoptionen werden von der EU in verschiedenen Formen genutzt, wobei das Recht für diese Wahrnehmung die entscheidenden Impulse bereitstellt. Besonders bemerkenswert ist in diesem Zusammenhang das Verhandlungsmandat der EU im Rahmen der Welthandelsrunden.[3] Die Repräsentanz obliegt vollständig dem Handelskommissar der EU. Dies folgt zweifellos auf der einen Seite aus den entsprechenden Kompetenzen im Zusammenhang mit dem Binnenmarkt. Eine Außenkompetenz der Mitgliedstaaten im Zusammenhang mit der Weiterentwicklung der WTO ist schon deshalb nicht denkbar, weil die gegenwärtigen wie die in der Verhandlung neu hinzukommenden Gegenstände längst von den Mitgliedstaaten auf die EU übertragen worden sind, sodass nur die EU in diesem Zusammenhang über eigene Kompetenzen verhandeln kann. Auf der anderen Seite folgt die Verhandlungsführerschaft des Handelskommissars aber auch der Logik des größeren Marktes. Nur eine für die EU als Ganzes sprechende Stimme hat das Gewicht, das einem der größten Wirtschaftsräume der Welt zukommen kann.

Weniger deutlich durch die Regulierungszuständigkeit geprägt sind denn auch andere Bereiche, in denen die EU als politische Einheit auftritt. Zu nennen ist hier insbesondere die Position zu den Verhandlungen für ein

---

[2] Unter Berufung auf Fikentscher: *Großfeld*, FS Fikentscher, S. 864 ff.
[3] *Mehde*, in: FS Stober, S. 783 ff.

Nachfolgeabkommen zum Kyoto-Protokoll.[4] Hier hat die EU ausdrücklich ein Reduzierungsziel für den Ausstoß von klimaschädlichen Stoffen öffentlich angeboten. Dabei findet sich zudem der interessante Nebenaspekt, dass dieser Reduzierung eindeutig die Vorstellung von einer wirtschaftlichen Herausforderung und sogar eines potenziell ökonomisch schädlichen Impulses zugrunde liegt. Folglich weist die Selbstverpflichtung, die man sich auferlegt hat, ein deutlich bescheideneres Reduktionsziel auf als die Verpflichtung, die man im Kontext einer globalen Vereinbarung einzugehen bereit wäre.[5] Es findet sich hier also die Logik, die auch in den später noch darzustellenden Ordnungen des zwischenstaatlichen Wettbewerbs nachzuweisen ist, dass nämlich bestimmte Nachteile hinsichtlich der Positionierung in Kauf genommen werden, solange dies im Wege der Gleichordnung geschieht und somit ein wettbewerbliches „level playing field" entsteht. Je mehr derartige Situation geschaffen werden können, desto wahrscheinlicher ist eine rechtsverbindliche Strukturierung des zwischenstaatlichen Wettbewerbs auf internationaler Ebene.

Es wäre allerdings eine Verkürzung, wollte man den Effekt eines rechtlich eingebundenen Kooperationsbedarfs auf die Konstellation internationaler Verhandlung beschränken. Vielmehr folgt dies auch dem Mechanismus der Orientierung am größeren Markt seitens der Anbieter von Produkten. Während also bestimmte Standards, die von einzelnen Staaten innerhalb ihrer Jurisdiktion gesetzt werden, sich oftmals in erster Linie als Marktzutrittshemmnisse bzw. Mittel zur Abschottung erweisen werden, dürfte im Fall der EU im Allgemeinen ein tatsächlich wirksamer Standard entstehen. Beispielhaft sind Regelungen im Bereich des Umwelt- und Verbraucherschutzes zu nennen. Die Notwendigkeit, die Produkte auf diesem großen Markt verkaufen zu können, verleitet im Zweifel dazu, diese den Anforderungen anzupassen, während bei kleineren Märkten die Kosten der Anpassung durchaus größer sein können, als die damit potenziell zu erzielenden Profite. Dabei ist zu berücksichtigen, dass das Auferlegen von Standards grundsätzlich Kosten verursacht, welche die Unternehmen im Interesse ihrer Wettbewerbsfähigkeit möglichst niedrig halten müssen.

---

[4] Das ursprüngliche Protokoll ist durch Entscheidung des Rates vom 25. April 2002 über die Genehmigung des Protokolls von Kyoto zum Rahmenübereinkommen der Vereinten Nationen über Klimaänderungen im Namen der Europäischen Gemeinschaft sowie die gemeinsame Erfüllung der daraus erwachsenden Verpflichtungen (2002/358/EG), ABl. Nr. L 130 vom 15/05/2002 S. 1 genehmigt worden.

[5] Schlussfolgerungen der Präsidentschaft zur Sitzung des Europäischen Rates am 8./9.3.2007, Rat der Europäischen Gemeinschaften 7224/1/07 REV 1, (im Internet unter http://www.consilium.europa.eu/ueDocs/cms_Data/docs/pressData/en/ec/93135.pdf), Ziffer 31 f.

Der hier dargestellte Mechanismus basiert also nicht auf den rechtlichen Einschränkungen bei der Formulierung von Standards, sondern den faktischen Möglichkeiten, ihre Wirksamkeit zu garantieren, ohne damit den Handel und damit das Angebot an Waren im eigenen Staatsgebiet wesentlich zu beschneiden bzw. den ihnen unterworfenen Unternehmen eine schlechtere Position im Wettbewerb zuzumuten. Insofern ist die Wirksamkeit von Regulierungsstrategien auch vom rechtlich strukturierten Zusammenwirken abhängig, das sich im europäischen Vertragswerk verwirklicht sieht. Die Übertragung von Kompetenzen auf die EU folgt in diesem Punkt also der Logik, dass man zwar rechtlich Kompetenzen nicht mehr allein ausüben, sondern nur noch über den Rat an ihrer Ausgestaltung mitwirken kann, dafür aber faktisch Regulierungsoptionen gewinnt, die man als einzelner Mitgliedstaat aufgrund fehlender wirtschaftlicher Macht nicht hätte.

B. Instrument

Der zwischenstaatliche Wettbewerb wird darüber hinaus in der europäischen Rechtsordnung als ein systematisch einzusetzendes Instrument erfahrbar. Man folgt damit den positiven Wirkungen, die dem Wettbewerb hinsichtlich der Generierung von Wissen und der Förderung von Innovationen zugeschrieben werden. Schlagwortartig ist dies etwa mit der Formulierung vom Wettbewerb als Entdeckungsverfahren in der Diktion Friedrich von Hayeks[6] zu charakterisieren. Die Konkurrenz zwischen den Mitgliedstaaten, die durch verschiedene Bindungswirkungen des europäischen Rechts vor einem Abdriften in den unlauteren Wettbewerb bewahrt werden soll, wird hier nicht als zu zähmendes, sondern vielmehr als ein produktiv zu nutzendes Element erfahrbar. Zu den Gegenständen eines solchen Entdeckungsverfahrens gehören auch Regulierungsstrategien. Der erwünschte Erkenntnisfortschritt betrifft die Optionen, die den Gesetzgebern zur Verfügung stehen, um bestimmte Ziele zu erreichen. Indem die Erfahrungen aus anderen Mitgliedstaaten berichtet und analytisch aufbereitet werden, ergibt sich eine fundiertere Möglichkeit, die mutmaßlichen Wirkungen des Gebrauchs bestimmter Strategien einzuschätzen.

I. Beispiele im AEUV

In diesem Sinne lässt es sich etwa deuten, wenn den Mitgliedstaaten bewusst Spielräume gelassen werden, die diese ausfüllen können, obwohl eigentlich der EU die Kompetenz zur Regelung dieses Gegenstands zukommt. Das Musterbeispiel für diesen Mechanismus bildet die Rechtsform

---

[6] Vgl. *von Hayek*, in ders. Freiburger Studien, S. 249 ff.

der Richtlinie. Gemäß Art. 288 Abs. 3 AEUV ist die Richtlinie „für jeden Mitgliedstaat, an den sie gerichtet wird, hinsichtlich des zu erreichenden Ziels verbindlich, überlässt jedoch den innerstaatlichen Stellen die Wahl der Form und der Mittel". Diese Konzeption, insbesondere die grundsätzlich fehlende unmittelbare Anwendbarkeit, führt zur Notwendigkeit, durch nationale Gesetze Umsetzungsmöglichkeiten auszuprobieren und gleichzeitig eine Vergleichbarkeit zwischen den verschiedenen Arten der Ausfüllung der bestehenden Spielräume zu gewährleisten. Auf diese Weise lassen sich aus fachlicher Sicht unterschiedliche Herangehensweisen nachvollziehen. In diesem Sinne erweist sich die Umsetzungsnotwendigkeit nicht nur als souveränitätsschonend, sondern auch als eine Möglichkeit, Vereinheitlichung mit den positiven Wirkungen eines Ideenwettbewerbs zu verknüpfen.

Zu nennen ist auch die Vorschrift aus der Umweltschutzkompetenz der Union. Art. 193 S. 1 AEUV regelt ausdrücklich, dass die „Schutzmaßnahmen, die aufgrund des Art. 192 getroffen werden, (...) die einzelnen Mitgliedstaaten nicht daran" hindern, „verstärkte Schutzmaßnahmen beizubehalten oder zu ergreifen". Art. 192 AEUV normiert dabei die Rechtsetzungskompetenz der Union zur Erreichung der wiederum in Art. 191 AEUV genannten Umweltschutzziele. Die Mitgliedstaaten sollen folglich die Möglichkeit haben, ein höheres Schutzniveau auszuprobieren und auf diese Weise Erkenntnisse über mögliche negative Folgewirkungen zu erlangen. Gleichzeitig spricht aus der Vorschrift erneut die Überlegung, dass mit Umweltauflagen Kosten verbunden sind, welche die Wettbewerbssituation des Landes bzw. der darin beheimateten Unternehmen nicht etwa fördern, sondern im Gegenteil verschlechtern. Da im Allgemeinen auch im zwischenstaatlichen Wettbewerb kein Wettbewerber ein Interesse daran hat, eine Schlechterstellung seiner Konkurrenten zu verhindern, sind zusätzliche Kosten kein Problem, dessen sich das Vertragswerk annehmen müsste.

II. Offene Methode der Koordinierung

Eine Fortentwicklung dieses Ansatzes bildet die sogenannte „Offene Methode der Koordinierung".[7] Hinter diesem Mechanismus steht die Idee, dass auch außerhalb des Rahmens der formellen Kompetenzen der EU der institutionelle Zuschnitt der Union Raum bietet für ein strukturiertes Verfahren des Erkenntnisgewinns. Die Breite der Anwendungsbereiche geht zurück auf die Lissabon-Strategie, in deren Rahmen sie als ein Mittel anzusehen ist, die dynamische Entwicklung des Wirtschaftsraums auch in den

---

[7] Zu den historischen Hintergründen vgl. *Hodson/Maher*, JCMS 39 (2001), 719 (723 f.); *de la Porte*, European Trade Union Yearbook 2001, 339 (341 ff.).

Bereichen voranzutreiben, wo die Kompetenzen der Union an ihre Grenzen stoßen.[8] Ein rechtlicher Anknüpfungspunkt findet sich in den die Sozialpolitik regelnden Art. 151 ff. AEUV. Aus diesen Vorschriften ergibt sich jedoch keine vollständige Rechtsvereinheitlichung in den genannten Bereichen. Die Union hat also keine Kompetenz, den Mitgliedstaaten eine bestimmte Struktur und Ausgestaltung ihrer Sozialsysteme vorzugeben. Wohl aber ist hier eine Koordinierung vorgesehen, die man als die Keimzelle der Methode der offenen Koordinierung ansehen kann. Gemäß Art. 153 Abs. 1 AEUV „unterstützt und ergänzt die Union die Tätigkeit der Mitgliedstaaten" in bestimmten Gebieten der Arbeits- und Sozialpolitik. Der Kommission kommt gemäß Art. 156 AEUV die Rolle zu, die Zusammenarbeit zwischen den Mitgliedstaaten zu fördern und „die Abstimmung ihres Vorgehens in allen unter dieses Kapitel fallenden Bereichen der Sozialpolitik" zu erleichtern. Damit ist klargestellt, dass die originäre Kompetenz der Kommission sich bei dieser Methode auf eine moderierende beschränkt und die Mitgliedstaaten in dem Sinne die eigentlichen Akteure zu bleiben haben, als keinerlei Einschränkungen ihrer Kompetenzen erfolgen. Vor dem Hintergrund dieses souveränitätsschonenden Charakters der Koordinierung ist auch die Ausdehnung dieser Herangehensweise auf solche Bereiche kein Problem, für die dies im AEUV nicht ausdrücklich vorgesehen ist.

Es handelt sich also um ein institutionalisiertes Benchmarkingverfahren ohne hierarchische Steuerung.[9] Die Einflussnahmemöglichkeit durch eine zentrale Stelle – in diesem Fall die Kommission – beschränkt sich auf die Koordinierung des von den Mitgliedstaaten in konkrete politische Vorhaben umzusetzenden Prozesses.[10] Der Vergleich der Lösungsansätze in den verschiedenen Mitgliedstaaten bietet die Möglichkeit, die Übertragbarkeit auf die eigene Rechtsordnung zu prüfen und gegebenenfalls die so gewonnene Inspiration in konkrete politische Vorhaben einfließen zu lassen. Die zeitweise sehr lebhafte akademische Diskussion über diesen Mechanismus scheint allerdings in der Zwischenzeit etwas abgeflaut zu sein. Inwieweit in der Praxis Wirkungen erzielt werden, lässt sich kaum belastbar sagen, sind doch empirische Untersuchungen zur Frage der Kausalität einzelner Gründe für die Wahl von politischen Strategien nur äußerst schwer aussagekräftig durchzuführen. Von uneingeschränkt ermutigenden Erfahrungen kann aber wohl nicht die Rede sein.[11]

---

[8] Vgl. *Bauer/Knöll*, APUZ B 1-2/2003, 33 (36 f.).

[9] Siehe zu diesem verwaltungspolitischen Kontext *Bauer/Knöll*, APUZ B 1-2/2003, 33 (34 ff.).

[10] Zu den einzelnen Stufen des Prozesses vgl. *Mavrommati/Papathanassiou*, EBLR 2006, 1637 (1639 f.).

[11] Vgl. *Huiskamp/Vos*, The International Journal of Comparative Labour Law and Industrial Relations 23/4 (2007), 587 (590 f.).

III. Cassis-Rechtsprechung

Aus der Rechtsprechung lässt sich die Entscheidung in der Sache „Cassis de Dijon"[12] als zentraler Ansatzpunkt in Sinne des instrumentellen Umgangs mit dem zwischenstaatlichen Wettbewerb beschreiben. Mit der Entscheidung ist die wesentliche Voraussetzung für eine wirksame Implementierung der Warenverkehrsfreiheit geschaffen worden, ohne dass dabei der Preis einer flächendeckenden Vereinheitlichung der rechtlichen Vorgaben gezahlt werden müsste. Als Kernaussage der Entscheidung lässt sich die Verpflichtung der Mitgliedstaaten auf eine wechselseitige Anerkennung von Standards verstehen.[13] Da Produkte, die in einem Mitgliedstaat rechtmäßig in den Verkehr gebracht wurden, in den anderen Mitgliedstaaten – von wenigen, engen Ausnahmen abgesehen – als marktgängig anzusehen sind, wird auf diese Weise vor allem eine Umgehungsmöglichkeit bei der Umsetzung der Warenverkehrsfreiheit ausgeschlossen.

Für die Überlegungen zum zwischenstaatlichen Wettbewerb bildet die Entscheidung darüber hinaus den zentralen Baustein einer dezentralen Marktorganisation, die auf nichthierarchische Steuerung und die „Entdeckung" innovativer Regulierungsansätze ausgerichtet ist.[14] Da infolge der Entscheidung aus der Verfolgung eines bestimmten Ansatzes keine negativen Konsequenzen hinsichtlich des Marktzugangs der in Anwendung der Standards produzierten Waren gezogen werden dürfen, eröffnen sich für die Mitgliedstaaten breite Regulierungsmöglichkeiten. Die entsprechenden Vorschriften gelten allerdings nur für die in ihren Grenzen produzierenden Unternehmen. Gleichzeitig erhalten die Mitgliedstaaten eindeutige Rückmeldungen über den „Erfolg" ihrer konkreten Regulierungsstrategie. Einerseits können sich die Verbraucher für den Kauf von Produkten entscheiden, die einem bestimmten Regime folgen. Andererseits können sich die Unternehmen bei einer für sie unbefriedigenden Regulierungslage dazu entscheiden, sich durch eine Verlagerung ihrer Produktionsstätte diesem Regime zu entziehen, ohne dass sie dabei fürchten müssten, keinen erneuten Zugang zu dem Markt zu erhalten.

Infolge dieser – für sie unter Umständen äußerst unerfreulichen – „Rückmeldung" müssen die Gesetzgeber stets ihre eigenen Regelungsansätze überprüfen. Eine Neuregelung kann sich durchaus an der Strategie orientieren, die auch in anderen, in dieser Hinsicht augenscheinlich erfolgreicheren Systemen verfolgt wird. Dies führt zu dem auf den ersten Blick überraschenden Ergebnis, dass auch und gerade der Verzicht auf eine hie-

---

[12] EuGH, Rs. 120/78, Slg. 1979, 649 – Rewe/Bundesmonopolverwaltung für Branntwein.

[13] *Blaurock*, JZ 1994, 270 (273).

[14] *Mehde*, Wettbewerb zwischen Staaten, S. 595 f.

rarchische Steuerung zu einer Rechtsvereinheitlichung führen kann.[15] Ausgerechnet der Systemwettbewerb bildet also nach diesem durchaus plausiblen Szenario den Grund für Harmonisierung. Der Wettbewerb führt demnach möglicherweise zu einer Situation, in der eine Nachahmung einsetzt, die bestehende Unterschiede beseitigt. Da man sich dabei tendenziell an den „besten" Strategien orientieren wird, kann man hier den Ansatzpunkt für die Annahme eines „race to the top" sehen. Auf der anderen Seite besteht die Befürchtung, dass der Kostendruck, der auf Unternehmen lastet, von diesen als Grund für die Abwanderung angesehen wird. Staaten, die eine solche Abwanderung vermeiden wollen, sehen sich daher möglicherweise gezwungen, durch Abbau von Standards – insbesondere im Bereich von Umwelt- und Verbraucherschutz – zu reagieren. In dieser Perspektive liegt die Annahme eines „race to the bottom", also des Abbaus kostspieliger, aber Verbraucher und Umwelt schützender Standards besonders nahe. Welche dieser Überlegungen in der Praxis am wahrscheinlichsten ist, hängt allerdings von einer so großen Vielzahl unterschiedlicher Aspekte der jeweiligen Wirtschaftsstruktur ab, dass eine abstrakte, für alle Fälle gleichermaßen gültige Aussage kaum zu treffen ist.

C. Einhegung

Die dritte Kategorie der Verarbeitung von Wettbewerbslagen zwischen Staaten betrifft in der EU die schon mehrfach angedeutete Einhegung wettbewerblicher Situationen. Die zwischenstaatliche Konkurrenz der EU-Mitgliedstaaten ist eine in vielerlei Hinsicht rechtlich strukturierte. Viele der Regelungen weisen das europäische Vertragswerk als eine Wettbewerbsordnung aus. Die folgenden Überlegungen sollen die zentralen Gründe für diese Annahme herausarbeiten.

I. Grundlagen

Wenn man von Wettbewerbsrecht spricht, so meint man damit im deutschen Recht das Gesetz gegen den unlauteren Wettbewerb (UWG) und das schlagwortartig als Kartellrecht bezeichnete Gesetz gegen Wettbewerbsbeschränkungen (GWB). Die gesetzlichen Regelungen begründen eine Wettbewerbsordnung. Gewährleistet wird nicht nur, dass der Wettbewerb überhaupt stattfindet, Unternehmen also nicht durch Zusammenschlüsse eine

---

[15] In diesem Sinne *Leisner*, FS Vogel, S. 593 (608 f.); *Walter*, FS Röhrich, S. 179 (180); siehe aber auch *Mussler/Wohlgemuth*, in: Oberender/Streit (Hrsg.), Europas Arbeitsmärkte im Integrationsprozess, S. 9 (17 ff.); *Streit/Mussler*, in: Gerken (Hrsg.) Europa zwischen Ordnungswettbewerb und Harmonisierung, S. 75 (79).

Stellung erhalten, die Marktmechanismen effektiv ausschließt, sondern auch dass das Verhalten auf diesem Markt bestimmten Anforderungen genügt, also keine unlauteren Methoden bei der Positionierung in diesem Wettbewerb angewendet werden. Im AEUV trägt Kapitel 1 von Titel VII die Überschrift „Wettbewerbsregeln". Darunter findet sich ein Abschnitt zum Thema „Vorschriften für Unternehmen" (Art. 101 ff. AEUV) und einer zum Thema „Staatliche Beihilfen" (Art. 107 ff. AEUV). Insbesondere letzterer Aspekt stellt, wie gleich noch zu zeigen sein wird, ein zentrales Element der Ordnung des zwischenstaatlichen Wettbewerbs dar, wie sie im AEUV vorzufinden ist.

Den genannten Regeln des AEUV ist gemein, dass sie entweder schon vom Wortlaut her ausschließlich den Wettbewerb im privaten Sektor betreffen oder aber in diesem Sinne interpretiert werden. Keine Rolle spielt – jedenfalls in den ausdrücklichen Erwägungen der Gerichte – die Frage, inwieweit die Mitgliedstaaten selbst in ihrer wettbewerblichen Positionierung berührt sind. Dabei kann kein Zweifel bestehen, dass AEUV und EUV so gedeutet werden müssen, dass sich darin die Mitgliedstaaten verpflichtet haben, auf die Anwendung bestimmter Mittel im Rahmen ihrer Ausrichtung auf die Konkurrenz mit anderen Staaten zu verzichten. Beispiele für den rechtlichen Ausschluss bestimmter Maßnahmen werden im folgenden Abschnitt aufgeführt. Wie GWB und UWG den Wettbewerb zwischen Unternehmen strukturieren, geschieht dies für die Mitgliedstaaten durch das europäische Vertragswerk.

Ein in diesem Zusammenhang zu nennender Unterschied zwischen den Wettbewerbsordnungen liegt in der Tatsache, dass jene für den zwischenstaatlichen Wettbewerb von den Wettbewerbern selbst ins Leben gerufen wurde. Es handelt sich in diesem Sinne nicht um eine von außen vorgegebene Ordnung. Vor diesen Hintergrund scheint eher die Parallele zur Kartellabsprache zwischen Wettbewerbern nahe zu liegen.[16] In der Tat ist der oben angesprochene Aspekt der Bündelung wirtschaftlicher Macht im Sinne der faktischen Erschließung von Regulierungsoptionen zu deuten. Diese Parallelität mit der Kartellabsprache schließt aber die Deutung als Wettbewerbsordnung nicht aus. Sie ist eine zwangsläufige Folge der völkerrechtlichen Natur sämtlicher Rechtsordnungen, an die Staaten gebunden sind. Auch die EU ist völkerrechtlichen Ursprungs,[17] selbst wenn sie sich in einer für das Völkerrecht beispiellosen Weise in Richtung einer immer intensiveren Integration weiterentwickelt hat.[18] Entscheidend ist bei dieser Charakterisierung als Wettbewerbsordnung, dass es sich bei EUV und EGB um

---

[16] Vgl. *Mehde*, Wettbewerb zwischen Staaten, S. 233 ff.
[17] BVerfGE 89, 155 (200).
[18] Vgl. etwa *Calliess*, in: ders./Ruffert (Hrsg.), Art. 1 EUV, Rn. 22.

eine zwischenstaatliche Übereinkunft handelt, deren rechtliche Wirksamkeit sich vom unmittelbaren Parteiwillen entfernt hat, worauf gleich noch zurückzukommen sein wird.

II. Unlauterer Wettbewerb: Beihilfeverbot und Grundfreiheiten

Der zentrale Funktionsmodus der von EUV und insbesondere AEUV aufgestellten Wettbewerbsordnung ist das Verbot des unlauteren Wettbewerbs. Den Mitgliedstaaten stehen bestimmte Instrumente der Positionierung im zwischenstaatlichen Wettbewerb nicht mehr zur Verfügung, die auf diese Weise als unlauter definiert werden. Die als akzeptabel angesehenen Instrumente zur Verbesserung der eigenen wettbewerblichen Situation werden entsprechend weniger. Im Zusammenhang mit der die Rechtsetzung bewirkenden Übereinkunft der Mitgliedstaaten ist es demnach zu einer Verständigung darüber gekommen, was zukünftig nicht mehr als ein legitimes Mittel angesehen werden soll, um sich Vorteile gegenüber den Konkurrenten zu verschaffen.

Zu nennen ist in dieser Hinsicht zuvörderst das Beihilfeverbot. Art. 107 Abs. 1 AEUV verbietet „staatliche oder aus staatlichen Mitteln gewährte Beihilfen gleich welcher Art, die durch die Begünstigung bestimmter Unternehmen oder Produktionszweige den Wettbewerb verfälschen oder zu verfälschen drohen (...), soweit sie den Handel zwischen Mitgliedstaaten beeinträchtigen". Adressaten des Verbots sind hier also die Mitgliedstaaten, die grundsätzlich nicht auf dieses Mittel zurückgreifen dürfen. Bemerkenswerter Weise wird bei der Interpretation dieser Norm in der Rechtsprechung jedenfalls ausdrücklich nur an den grenzüberschreitenden Wettbewerb der Unternehmen angeknüpft, nicht aber an jenen zwischen Staaten. Dennoch mag man hinter manchen dieser Entscheidungen durchaus einen Bezug zur zwischenstaatlichen Konkurrenz erkennen.[19] Umso mehr dürfte aber eine gewisse Offenheit – also insbesondere die Aufnahme dieses Aspekts in die gerichtlichen Entscheidungsgründe – in dieser Hinsicht die Rationalität der Diskussion über die rechtlichen Anforderungen erhöhen.

Ähnliche Überlegungen lassen sich hinsichtlich verschiedener anderer Aspekte der Wirtschaftsverfassung der EU anstellen. Vorauszuschicken ist dabei der Gedanke, dass durch die Knappheit entscheidender Ressourcen, um die folglich auch Staaten konkurrieren, eine besondere Nähebeziehung zwischen den jeweiligen verantwortlichen staatlichen Einheiten und den in ihren Grenzen operierenden Wirtschaftssubjekten entsteht. Die Verknüpfung zwischen Staat und „eigenen" Unternehmen erfolgt dabei in erster Linie über das von letzteren geleistete Angebot an Arbeitsplätzen, wirt-

---

[19] *Mehde*, Wettbewerb zwischen Staaten, S. 254 f.

schaftlicher Entwicklung und Steuereinnahmen. Insofern bedeutet letztlich die Unterbindung jedes protektionistischen Impulses in der Politik und jede Einschränkung der Möglichkeiten, die Wirtschaftssubjekte gegenüber ausländischen Konkurrenten besserzustellen, eine Einschränkung einer eigentlich naheliegenden staatlichen Reaktion zum Schutz der heimischen Unternehmen. Insbesondere die Grundfreiheiten verhindern in unterschiedlich wirksamer Weise die Privilegierung eigener und die Diskriminierung ausländischer Wirtschaftssubjekte.

Die Art 45 ff. AEUV kreieren ein ausgefeiltes und in der Praxis stets weiterentwickeltes System der Arbeitnehmerfreizügigkeit. Den Mitgliedstaaten ist dadurch die Besserstellung der eigenen Staatsbürger – und den politischen Akteuren damit auch ihrer Wähler – im Arbeitsleben untersagt. Der einzige verbleibende Reservatsbereich betrifft gemäß Art. 51 AEUV die Ausübung hoheitlicher Gewalt.[20] Eine ähnliche Entwicklung ist in Art. 56 ff. AEUV in Bezug auf die Dienstleistungsfreiheit angelegt. Hier haben allerdings bislang verschiedene Hemmnisse eine vergleichbare Wirksamkeit der primärrechtlichen Garantie verhindert. Nicht umsonst knüpft vor diesem Hintergrund die Europäische Dienstleistungsrichtlinie[21] in erster Linie bei dem Verwaltungsvollzug an und schreibt den Mitgliedstaaten die Einrichtung eines einheitlichen Ansprechpartners[22] vor, an den sich der jeweilige ausländische Dienstleister mit allen Anträgen richten können muss. Art und Ausmaß des Eingriffs in den mitgliedstaatlichen Verwaltungsvollzug[23] stellen zweifellos ein Novum in der europäischen Rechtsentwicklung dar,[24] das nur vor dem Hintergrund als gerechtfertigt angesehen kann, dass die Mitgliedstaaten bislang die Position der heimischen Dienstleister durch solche – nunmehr eindeutig als unlauter diskreditierten Maßnahmen – zu schützen unternommen haben.

III. Niederlassungsfreiheit als Ursache eines Wettbewerbs der Rechtsordnungen

Eine wohl weniger wirtschaftlich, dafür aber umso mehr in rechtlicher Hinsicht einschneidende Entwicklung ergibt sich im Zusammenhang mit

---

[20] Vgl. dazu EuGH, Rs. 66/85, Slg. 1986, 2121 – Lawrie-Blum/Land Baden-Württemberg.

[21] Richtlinie 2006/123/EG des Europäischen Parlaments und des Rates vom 12.12.2006 über Dienstleistungen im Binnenmarkt ABl. L 376 vom 27.12.2006, S. 36.

[22] Dazu *Neidert*, in: Schliesky (Hrsg.), Die Umsetzung der EU-Dienstleistungsrichtlinie in der deutschen Verwaltung, S. 117 ff.

[23] Vgl. dazu etwa *Saxe*, VM 2008, 79 ff.

[24] Nicht umsonst fragt daher *Schliesky* (in: ders. [Hrsg.], Die Umsetzung der EU-Dienstleistungsrichtlinie in der deutschen Verwaltung, S. 1 ff.), ob es sich um „Das Ende der deutschen Verwaltung?" handele.

der Niederlassungsfreiheit (Art. 49 ff. AEUV). Hier hat der EuGH durch
eine Kette von Entscheidungen den Mitgliedstaaten effektiv die Möglichkeit genommen, die Wahl der Rechtform eines Unternehmens von Bedingungen wie der hauptsächlichen Ausübung der Geschäftstätigkeit abhängig
zu machen.[25] Diese Weichenstellung lässt einen effektiven Wettbewerb der
Rechtsordnungen entstehen. Die Mitgliedstaaten können im Ergebnis nicht
mehr verhindern, dass Unternehmen, die ihre Geschäftstätigkeit überwiegend oder sogar ausschließlich im Hoheitsgebiet dieses Mitgliedstaats ausüben, eine ausländische Rechtsform wählen.[26] Die im jeweiligen nationalen Recht vorgesehenen Gesellschaftsformen verlieren damit ihren Charakter als numerus clausus der zur Verfügung stehenden Rechtsformangebote.
Vielmehr ergibt sich für jeden, der ein Unternehmen gründen will, die
Möglichkeit, aus sämtlichen Angeboten aller Mitgliedstaaten auszuwählen.
Praktische Erwägungen mögen dabei nach wie vor für den Rückgriff auf
das jeweilige nationale Recht sprechen – zumal es den Mitgliedstaaten
unbenommen ist, ihre Rechtsordnung durchzusetzen, soweit es eben die
Niederlassungsfreiheit zulässt. Es ergibt sich aber kein rechtlicher Zwang
zugunsten der jeweiligen nationalen Gesellschaftsformen.

Die Mitgliedstaaten sehen sich daher zu einer erheblichen Verschiebung
ihrer Rolle gezwungen. Statt wie bislang eine verbindliche Vorgabe für den
in ihrem Hoheitsgebiet anwendbaren Rechtsrahmen zu geben, müssen sie
sich als Anbieter einer Rechtsform verstehen, welche die Adressaten wählen können, aber nicht müssen. In Deutschland ist daher diese Rechtsentwicklung ein wichtiger Anlass für die durch das Gesetz zur Modernisierung des GmbH-Rechts und zur Bekämpfung von Missbräuchen (Mo-
MiG)[27] erfolgte Neugestaltung des GmbH-Rechts gewesen.[28] In der Tat
muss sich nunmehr jeder Gesetzgeber kritisch prüfen, ob er die entsprechenden Regelungen attraktiv genug ausgestaltet hat, um sich in dieser
Konkurrenz zu behaupten, oder ob er Anpassungen entsprechend den Bedürfnissen der Nachfrager vornehmen sollte. Im schlimmsten Fall kann
dies dazu führen, dass er sich zwischen Anpassung und weitgehender Wir-
kungslosigkeit des eigenen Rechtsrahmens entscheiden muss. Hinzu
kommt das Bemühen, Unternehmen, welche die in den nationalen Geset-

---

[25] EuGH, Rs. C-212/97, Slg. 1999, I-1459 – Centros; Rs. C-208/00, Slg. 2002, I-9919
– Überseering; Rs. C. 167/01, Slg. 2003, I-10155 – Inspire Art.

[26] Vgl. etwa *Bayer*, BB 2003, 2357 ff.; *Behrens*, IPRax 2003, 193 ff.;

[27] Gesetz vom 23.10.2008, BGBl. I 2026.

[28] Vgl. etwa die Ausführungen bei *Bundesministerium der Justiz*, Schwerpunkte, S. 4:
„Durch ein Bündel von Maßnahmen wird die Attraktivität der GmbH nicht nur in der
Gründung, sondern auch als ‚werbendes‘, also am Markt tätiges Unternehmen erhöht und
werden Nachteile der deutschen GmbH im Wettbewerb der Rechtsformen ausgeglichen.
(…)".

zen angebotene Rechtsform haben, dadurch im Vergleich zu anderen, ausländischen Rechtsformen keine Nachteile erleiden zu lassen. Auch unterhalb der Schwelle der konkreten Befürchtung einer Abwanderung ergibt
sich somit ein faktischer Anpassungsdruck auf die Gesetzgeber.[29]

Die wirtschaftlichen Konsequenzen eines Abwanderns aus der Rechtsform, das nicht mit einer entsprechenden Abwanderung des Unternehmens
selbst einher geht, mögen begrenzt sein. Signifikant ist demgegenüber aber
die fehlende Möglichkeit, eine vorhandene Ordnungsvorstellung, die im
nationalen Recht Ausdruck findet, auch nur den im eigenen Hoheitsgebiet
ansässigen Akteuren aufzuzwingen. In diesem Punkt wäre die europäische
Rechtsordnung also als eine die im zwischenstaatlichen Wettbewerb einsetzbaren Mittel beschränkende nur unzureichend beschrieben. Vielmehr
hat der EuGH mit den genannten Entscheidungen ein Feld für den Wettbewerb geöffnet, das bis dahin die Mitgliedstaaten frei von einem Konkurrenzdruck durch andere Staaten ausgestalten konnten. In dieser Hinsicht
können durchaus auch die Grundfreiheiten dazu führen, dass nicht nur bestimmte Mittel der Positionierung im zwischenstaatlichen Wettbewerb für
unlauter erklärt werden, sondern der Wettbewerb überhaupt erst seine volle
Wirkungskraft entfaltet.

IV. Kartellverbot

Neben der eben schon beschriebenen Definition des unlauteren Wettbewerbs ergibt sich im europäischen Vertragswerk auch ein Ansatzpunkt für
die Annahme eines Kartellverbotstatbestands für den zwischenstaatlichen
Wettbewerb. In den Art. 20 EUV, Art. 326 ff. AEUV finden sich Regeln für
eine verstärkte Zusammenarbeit zwischen einzelnen Mitgliedstaaten.[30] Im
Sinne eines größtmöglichen Fortschritts bei der Integration könnte man
überlegen, ob nicht eine vertiefte Zusammenarbeit eine selbstverständliche
Option oder sogar ausdrücklich erwünscht sein sollte. Stattdessen sieht der
EUV in den genannten Regelungen aber eine Beschränkung der entsprechenden Möglichkeiten vor. Gemäß Art. 329 Abs. 1 AEUV müssen die
Mitgliedstaaten, die eine solche Zusammenarbeit beabsichtigen, einen entsprechenden Antrag an die Kommission richten, im Rahmen der GASP an
den Rat (Art. 329 Abs. 2 AEUV). Im Art. 20 Abs. 2 AEUV ist sogar eine

---

[29] Vgl. dazu auch *Bundesministerium der Justiz*, Schwerpunkte, S. 4: „Als ein Wettbewerbsnachteil wurde bisher angesehen, dass EU-Auslandsgesellschaften nach der
Rechtsprechung des EuGH in den Urteilen *Überseering* und *Inspire Art* ihren Verwaltungssitz in einem anderen Staat – also auch in Deutschland – wählen können. Diese
Auslandsgesellschaften sind in Deutschland als solche anzuerkennen. Umgekehrt hatten
deutsche Gesellschaften diese Möglichkeit bislang nicht.".

[30] Zu den historischen Hintergründen siehe *Ruffert*, in: Calliess/Ruffert (Hrsg.), Art.
43 EUV, Rn. 1.

klare materielle Voraussetzung für diese Möglichkeit der Zusammenarbeit geregelt. Danach kann eine verstärkte Zusammenarbeit nur als letztes Mittel aufgenommen werden, wenn der Rat zu dem Schluss gelangt ist, „dass die mit dieser Zusammenarbeit angestrebten Ziele von der Union in ihrer Gesamtheit nicht innerhalb eines vertretbaren Zeitraums verwirklicht werden können".

Somit ergibt sich die zunächst paradox anmutende Situation, dass die Förderung der Integration und die dafür eingesetzte Vorreiterrolle einzelner Mitgliedstaaten vom EUV durch Hindernisse erschwert und grundsätzlich von der Zustimmung anderer Mitgliedstaaten abhängig gemacht wird, die zu einer verstärkten Zusammenarbeit ihrerseits nicht bereit sind. Dies erklärt sich ganz offenbar aus der Tatsache, dass die nicht teilnehmenden Länder damit eine Verschiebung im von AEUV und EUV konzipierten Machtgleichgewicht befürchten. Da es sich um einen Wettbewerbsvorteil kraft Zusammenarbeit und damit möglicherweise kraft Ausschluss einer bestimmten Art der Konkurrenz für diesen Fall handelt, liegt die Parallele zur Kartellabsprache nahe. Letztlich handelt es sich um eine Beschränkung der Aktionsmöglichkeiten im zwischenstaatlichen Wettbewerb. Sie beruht auf der Annahme, dass eine Gefährdung der wettbewerblichen Situation der Mitgliedstaaten gerade dann droht, wenn sich andere für eine verstärkte Kooperation entscheiden. Darüber hinaus ist auch das kraftvolle Auftreten gegebenenfalls in Gefahr: „Es darf nicht zu einer Zersplitterung der Union kommen, soll doch ihre Identität als kohärente Kraft auf internationaler Ebene (...) behauptet werden".[31]

V. Überwachung

Um von einer echten Wettbewerbsordnung sprechen zu können, muss schließlich die Anwendung dieser Ordnung vom unmittelbaren Parteiwillen abgehoben sein. Insofern darf weder die konkrete Anwendung des Vertragswerks noch die Einleitung von Verfahren bei Verstößen gegen dasselbe ausschließlich vom Parteiwillen – in diesem Fall also der Mitgliedstaaten – abhängig sein. In der EU hat man in diesem Sinne geradezu mustergültige, über die regelmäßigen Aufgaben von durch Völkerrecht eingerichteten Instanzen weit hinausgehende Kompetenzen für die Kommission und den Gerichtshof der Europäischen Union geschaffen. Konsequenterweise kann die Kommission die Einhaltung des Vertragswerks durch die Mitgliedstaaten überprüfen und in einem Vertragsverletzungsverfahren mögliche Verstöße geltend machen (Art. 258 AEUV). Die Kommission als „Hüterin des Gemeinschaftsrechts"[32] bzw. nunmehr des Unions-

---

[31] *Cremer*, in: Calliess/Ruffert (Hrsg.), Art. 27a EUV, Rn. 1.
[32] *Schmitt von Sydow*, in: von der Groeben (Hrsg.), EUV/EGV, Art. 155, EGV, Rn. 3.

rechts ist dem Unionsinteresse verpflichtet und kann in dieser Eigenschaft neutral agieren. Für die Annahme einer solchen Neutralität spricht im Übrigen auch die Festlegung auf eine Kollegialentscheidung, die die Kommission in diesem Verfahren zu treffen hat.

Ein nicht minder unabhängiges, originär der Union verpflichtetes Organ ist auch der Gerichtshof der Europäischen Union, der die Entscheidung über Europarechtswidrigkeit oder -konformität letztlich zu treffen hat. Die Mitgliedstaaten können die Verletzung des Vertragswerks durch andere Mitgliedstaaten nicht selbst zum Anlass für Gegenmaßnahmen wählen, sondern müssen gemäß Art. 259 AEUV ebenfalls zunächst die Kommission einschalten, um dann gegebenenfalls eine Entscheidung des Gerichtshofs der Europäischen Union herbeizuführen. Auch in dieser Hinsicht erweist sich der AEUV also als eine hochentwickelte Wettbewerbsordnung, die den Mitgliedstaaten klare Vorgaben macht, welche Arten der Positionierung im zwischenstaatlichen Wettbewerb als unlauter und damit als von AEUV und EUV verboten angesehen werden müssen.

Literatur

Bayer, Walter (2003): Die EuGH-Entscheidung „Inspire Art" und die deutsche GmbH im Wettbewerb der europäischen Rechtsordnungen, BB 2003, S. 2357 ff.

Bauer, Michael W./Knöll, Ralf (2003): Die Methode der offenen Koordinierung: Zukunft europäischer Politikgestaltung oder schleichende Zentralisierung?, APUZ B 1-2/2003, S. 33 ff.

Behrens, Peter (2003): Das Internationale Gesellschaftsrecht nach dem Überseering-Urteil des EuGH und den Schlussanträgen zu Inspire Art, IPRax 2003, S. 193 ff.

Blaurock, Uwe (1994): Europäisches Privatrecht, JZ 1994, S. 270 ff.

Bundesministeriums der Justiz (2008): Schwerpunkte des Gesetzes zur Modernisierung des GmbH-Rechts und zur Bekämpfung von Missbräuchen (MoMiG), 26.6.2008, (http://www.bmj.bund.de/files/-/3181/MoMiG_Schwerpunkte_260608.pdf).

Calliess, Christian/Ruffert, Matthias (Hrsg.) (2007): Das Verfassungsrecht der Europäischen Union mit Europäischer Grundrechtecharta: Kommentar, 3. Aufl. München.

Groeben, Hans Von der (Hrsg.) (2003): Kommentar zum Vertrag über die Europäische Union und zur Gründung der Europäischen Gemeinschaft, 6. Aufl., Baden-Baden.

Großfeld, Bernhard (1998): Internationalisierung des Unternehmensrechts, in: Großfeld u.a. (Hrsg.), Festschrift für Wolfgang Fikentscher zum 70. Geburtstag, Tübingen, S. 864 ff.

Hayek, Friedrich von (1969): Der Wettbewerb als Entdeckungsverfahren, in: ders., Freiburger Studien: gesammelte Aufsätze, Tübingen, S. 249 ff.

Hodson, Dermot/Maher, Imelda (2001): The Open Method as a New Mode of Governance: The Case of Soft Economic Policy Co-ordination, JCMS 39, S. 719 ff.

Huiskamp, Rien/Vos, Keen J. (2007): Flexibilization, Modernization and the Lisbon Strategy, The International Journal of Comparative Labour Law and Industrial Relations 23/4, S. 587 ff.

Leisner, Anna (2000): Europa als Wettbewerbsgemeinschaft von Staaten, Kompetitiver Föderalismus und europäische Integration, in: Kirchhof, Paul/Lehner, Moris/Raupach, Arndt/Rodi, Michael (Hrsg.), Staaten und Steuern, Festschrift für Klaus Vogel zum 70. Geburtstag, Heidelberg, S. 593 ff.

Mavrommati, Sandy/Papathanassiou, Chryssa (2006): A Modified Open Method of Coordination in Corporate Governance, EBLR 2006, S. 1637 ff.

Mehde, Veith (2005): Wettbewerb zwischen Staaten: Die rechtliche Bewältigung zwischenstaatlicher Konkurrenzsituationen im Mehrebenensystem, Baden-Baden.

– (2008): Die dritte Dimension der Politikverflechtung: Mitgliedstaaten, EG und die Weiterentwicklung der WTO, in: Kluth/Müller/Peilert (Hrsg.): Wirtschaft – Verwaltung – Recht: Festschrift für Rolf Stober zum 65. Geburtstag, Köln, S. 783 ff.

Mussler, Werner/Wohlgemuth, Michael (1995): Institutionen im Wettbewerb – Ordnungstheoretische Anmerkungen zum Systemwettbewerb in Europa, in: Oberender, Peter/Streit, Manfred E. (Hrsg.), Europas Arbeitsmärkte im Integrationsprozeß, Baden-Baden, S. 9 ff.

Neidert, Anne (2008): Einheitlicher Ansprechpartner: Umsetzungsmodell zum Ablauf des Verwaltungsverfahrens, in: Schliesky (Hrsg.), Die Umsetzung der EU-Dienstleistungsrichtlinie in der deutschen Verwaltung, Teil 1: Grundlagen, Kiel, S. 117 ff.

Porte, Caroline De la (2002): The soft open method of co-ordination in social protection, European Trade Union Yearbook 2001, Brüssel, S. 339 ff.

Saxe, Sebastian (2008): Herausforderung Verwaltungsmodernisierung im Kontext der EU-Dienstleistungsrichtlinie, VM 2008, S. 79 ff.

Schliesky, Utz (2008): Das Ende der deutschen Verwaltung?, Die Europäische Dienstleistungsrichtlinie – Anstoß zur Verwaltungsmodernisierung und Zwang zur Verwaltungsreform, in: ders. (Hrsg.), Die Umsetzung der EU-Dienstleistungsrichtlinie in der deutschen Verwaltung, Teil 1: Grundlagen, Kiel, S. 1 ff.

Streit, Manfred E./Mussler, Werner (1995): Wettbewerb der Systeme und das Binnenmarktprogramm der Europäischen Union, in: Gerken, Lüder (Hrsg.), Europa zwischen Ordnungswettbewerb und Harmonisierung: europäische Ordnungspolitik im Zeichen der Subsidiarität, Berlin u.a., S. 75 ff.

Walter, Norbert (2000): Globalisierte Kapitalmärkte – Ende nationaler Wirtschaftspolitik?, in: Lutz, Dieter S. (Hrsg.), Globalisierung und nationale Souveränität, Festschrift für Wilfried Röhrich, Baden-Baden, S. 179 ff.

WETTBEWERB DER REGULIERUNGEN

Wettbewerb der Regulierungen als Integrationsstrategie

Klaus Heine

A. Einleitung

Ob Wettbewerb von Regulierungen als Strategie zur Integration von Wirtschaftsräumen geeignet erscheint, hängt ganz wesentlich von der Beantwortung von drei Fragenkomplexen ab: Erstens, was versteht man unter wirtschaftlicher Integration und warum ist Integration normativ für die Bürger eines Wirtschaftsraumes wünschenswert? Zweitens, welches Verständnis von Wettbewerb legt man der Betrachtung zugrunde und inwieweit führen die hieraus abgeleiteten Wettbewerbsprozesse zum Erreichen des Integrationsziels? Schließlich kann man noch einen dritten Fragenkomplex hinzunehmen und den Gegenstandsbereich von Regulierungen thematisieren.

Entscheidend ist, dass die Fragenkomplexe ganz unterschiedlich beantwortet, mit Inhalt gefüllt und abgegrenzt werden können. Entsprechend kann das Urteil über die Geeignetheit von Regulierungswettbewerb als Integrationsstrategie positiv oder negativ ausfallen. Diese theoretisch-konzeptionelle Unsicherheit kann auch nur bedingt durch empirische Erfahrung wettgemacht werden. Denn der empirische Test von Hypothesen über die Geeignetheit von Regulierungswettbewerb zur Integration von Wirtschaftsräumen kann sich bloß auf einzelne spezielle Regulierungen unter bestimmten Nebenbedingungen beziehen. Zudem sind empirische Studien notwendigerweise räumlich und zeitlich begrenzt, weshalb Verallgemeinerungen über die Zweckdienlichkeit von Regulierungswettbewerb zur Erreichung von Integrationszielen letztlich nur eingeschränkt möglich sind.

Diese eher pessimistische Einleitung in die Thematik soll freilich nicht ignorieren, dass in der Vergangenheit sowohl wichtige theoretisch-konzeptionelle Fortschritte auf dem Forschungsgebiet des Regulierungs-wettbewerbs gemacht wurden als auch empirische Studien zur Klärung wichtiger Sachverhalte beitrugen. Es soll jedoch der Eindruck vermieden werden, dass es aus ökonomischer Sicht zu der hier vorliegenden Frage einen gesicherten Kanon an Erkenntnissen gebe.

Im Folgenden soll in einem ersten Schritt die Frage diskutiert werden, was unter wirtschaftlicher Integration üblicherweise verstanden wird, mit welchen ökonomischen Ansätzen man sie untersuchen kann und warum Bürger ein Interesse an Integration haben sollten. Anschließend wird der Frage nachgegangen, was Wettbewerb von Regulierungen bedeutet und wie Wettbewerbsprozesse zwischen Regulierungen ablaufen. Im dritten Schritt wird schließlich untersucht, unter welchen Wettbewerbsregeln Regulierungswettbewerb als Integrationsstrategie erfolgreich sein kann.

B. Wirtschaftliche Integration

I. Integrationsstufen

Unter wirtschaftlicher Integration wird das Zusammenwachsen von Wirtschaftsräumen zu einer einheitlichen Wirtschaftszone verstanden, in der jegliche tarifären und nicht-tarifären Handelshemmnisse abgebaut werden und Struktur und Volumen des Handels zwischen Ländern allein von den komparativen Kostenvorteilen aus natürlichen Standortunterschieden herrühren.

In Anlehnung an *Balassa* (1962) wird meist zwischen vier Formen wirtschaftlicher Integration unterschieden (siehe Tabelle 1). Dabei verläuft die wirtschaftliche Integration von der untersten Stufe der Freihandelszone, über die Zollunion und die Schaffung eines gemeinsamen Marktes bis zur höchsten Stufe, der Wirtschaftsunion. Dabei werden mit höherer Integrationsstufe immer mehr Kompetenzen von den einzelnen Ländern abgelöst und entweder von einer den Ländern übergeordneten Instanz ausgeübt (wie beispielsweise der EU-Kommission) oder die Länder vereinbaren vertraglich, bestimmte Kompetenzen nur gemeinsam auszuüben (den EU-Ministerrat könnte man in dieser Weise interpretieren). In beiden Fällen ist das Ziel, einen ungehinderten Wettbewerb von Gütern und Faktoren zwischen den Ländern auf dem integrierten Markt zu sichern bzw. durch den Übergang von Protektion zu Freihandel immer mehr Handelshemmnisse abzubauen (in diesem Sinne ist das Wettbewerbsprinzip und das Binnenmarktziel des AEUV zu verstehen). Am Ende der Kette von Integrationsmaßnahmen steht schließlich ein Einheitsstaat, der keinerlei institutionelle

Unterschiede in seinem Wirtschaftsraum mehr aufweist (*Blank/Clausen/Wacker* 1998, S. 34; *Pelkmans* 2001, S. 9).

Eine solche Integrationsstrategie wird als „negative Integration" bezeichnet, weil sich die Integrationsbemühungen auf die Beseitigung von Handelshemmnissen innerhalb des angestrebten integrierten Wirtschaftsraums beziehen. Eine positive Bestimmung, welche Institutionen die regulativ vereinheitlichte Integrationszone besitzen soll, findet hingegen nicht statt (*Tinbergen* 1965; *Blank/Clausen/Wacker* 1998, S. 41). Damit bleibt jedoch ein wichtiger Teil der integrationspolitischen Fragestellung unbeantwortet. Offen bleibt nämlich die Frage, wie der integrierte Wirtschaftsraum im Einzelnen institutionell ausgestaltet werden sollte. Der Abbau von Handelshemmnissen und die Ermöglichung von Faktormobilität lassen lediglich implizit den Schluss zu, dass Deregulierung und Liberalisierung von Märkten korrespondierende institutionelle Merkmale von negativer Integration sind.

Tabelle 1: *Grundformen ökonomischer Integration*

Merkmal Form	Freihandel zwischen Mitgliedsländern	Gemeinsamer Zolltarif gegenüber Drittländern	Freie Mobilität der Produktionsfaktoren	Harmonisierung oder Vereinigung der Wirtschaftspolitiken
Freihandelszone	•			
Zollunion	•	•		
Gemeinsamer Markt	•	•	•	
Wirtschaftsunion	•	•	•	•

(nach: Blank/Clausen/Wacker 1998, S. 35)

Demgegenüber verlangt „positive Integration", dass eine inhaltliche Bestimmung der institutionellen Ordnung eines Wirtschaftsraumes erfolgt (*Trebilcock/Howse* 1998). Damit sind solch grundlegende Institutionen wie das Privateigentum und die Vertragsfreiheit gemeint als auch spezifischere Ausgestaltungen der Wirtschaftsordnung wie zum Beispiel der Verbraucherschutz. Von der Ausgestaltung des Privateigentums und der Vertragsfreiheit hängt es beispielsweise ab, ob und inwiefern Unternehmen in einem Wirtschaftsraum ihren Sitz wählen können und damit auch tatsächlich über das Handlungsrecht verfügen, eine Standortentscheidung nach wirtschaftlichen Gegebenheiten zu fällen.[1]

---

[1] Vgl. *Trachtman* (2000) sowie *Heine* (2003a) mit weiterer Literatur.

Im Bereich der positiven Integration von Wirtschaftsräumen sind somit politische Entscheidungen darüber zu treffen, wie die wirtschaftliche Integration im Konkreten gestaltet werden soll. Hierfür bedarf es politischer Institutionen in Form von Regelwerken (z.b. der AEUV) und Gremien (z.b. die EU-Kommission oder der EU-Ministerrat), die für bestimmte wirtschaftliche Maßnahmen eine supranationale Aufgabenwahrnehmung vorsehen. Dabei mag sich die Politik von ökonomischen Vorteilskalkülen leiten lassen, zwingend ist dies jedoch keinesfalls. Denn bezüglich der europäischen Integration sind neben ökonomischen Kalkülen rechts- und sicherheitspolitische Überlegungen wenigstens von gleicher Bedeutung für die Gestaltung des Einigungsprozesses. Die starke Verankerung des Verbraucherschutzes im AEUV ist beispielsweise nicht allein mit einem informationsökonomischen Marktversagen auf Seiten der Verbraucher in der Europäischen Union zu erklären, sondern vor allem auch mit dem politischen Ziel, einheitliche Lebensbedingungen für die Bürger der Europäischen Union zu schaffen.[2]

Festzuhalten bleibt an dieser Stelle, dass die Integration von Wirtschaftsräumen ein mehrstufiger Prozess ist, der zum einen mit einem Abbau von Handelshemmnissen verbunden ist (negative Integration) und zum anderen eines Ordnungsrahmens bedarf, der inhaltlich gefüllt werden muss (positive Integration).

II. Ordnungsaspekte

Neben der Frage, wie die Integration eines Wirtschaftsraumes im Einzelnen institutionell gestaltet werden kann, ist eine zentrale Frage, warum Bürger überhaupt ein Interesse an wirtschaftlicher Integration haben sollten. Die Vorteile, die aus wirtschaftlicher Integration erwachsen, sind dabei nicht ausschließlich ökonomischer Natur. So ist die wirtschaftliche Verflechtung zwischen Staaten ein wichtiges Instrument zur Friedenssicherung und zur politischen Stabilisierung demokratischer Rechtsstaaten (*Vaubel* 2007). Dieses Argument spielte in jüngster Zeit bei der Osterweiterung der Europäischen Union eine herausragende Rolle.[3]

Im Folgenden sollen jedoch die ökonomischen Ordnungsaspekte wirtschaftlicher Integration ganz in den Vordergrund der Betrachtung gerückt werden. Die Beantwortung der Frage nach der Vorteilhaftigkeit wirtschaftlicher Integration durch Regulierungswettbewerb hängt dabei in starkem Maße von der bei der Betrachtung zugrunde gelegten theoretischen Perspektive ab. Hier sollen kurz die Herangehensweisen der Außenhandels-

---

[2] Vgl. Art. 12, 114 Abs. 3, 169 AEUV.

[3] Siehe beispielsweise aus politikwissenschaftlicher Sicht *Brusis* (2003), der den EU-Beitritt mittel- und osteuropäischer Staaten besonders unter dem Gesichtspunkt nationaler Identitäten diskutiert und ökonomische mit friedenspolitischen Argumenten verbindet.

theorie, der mikroökonomischen Analyse des Rechts und der ökonomischen Theorie des Rechts skizziert werden, da diese Ansätze einen ersten Eindruck davon vermitteln, warum Regulierungswettbewerb als Instrument zur Integration von Wirtschaftsräumen wissenschaftlich derart umstritten ist.

Die Vorteilhaftigkeit wirtschaftlicher Integration lässt sich zunächst anhand der Wohlfahrtswirkungen aufzeigen, wie sie die traditionelle Außenhandelstheorie beschreibt. Die Außenhandelstheorie baut auf der neoklassischen Wohlfahrtsökonomik auf und besitzt mit dem Pareto-Kriterium eine klare normative Basis zur Beurteilung von Integrationsmaßnahmen. Mittels des Theorems komparativer Kostenvorteile kann gezeigt werden, dass durch den Abbau von Zöllen und nicht-tarifären Handelshemmnissen Spezialisierungsvorteile von Ländern genutzt und Wohlfahrtsgewinne erzielt werden können (*Gandolfo* 1994). Diese Überlegungen liegen den umfangreichen Harmonisierungs- und Rechtsvereinheitlichungsprojekten der Europäischen Union in den meisten Fällen zugrunde.[4]

Die Problematik dieses Ansatzes wird deutlich, wenn man seine integrationspolitischen Implikationen zu Ende denkt. Denn letztlich ist jeder nicht-natürliche Standortunterschied aus Sicht der Theorie des Außenhandels ein nicht-tarifäres Handelshemmnis, das den Warenverkehr oder die Faktorallokation behindert (*Heine/Kerber* 2003, S. 110). Da selbst bei weitestgehender gegenseitiger Anerkennung von nationalen Regulierungen noch Behinderungen im Warenverkehr auftreten, führt der Ansatz der traditionellen Außenhandelstheorie am Ende zu der Forderung, einen institutionell-rechtlich vollständig vereinheitlichten Wirtschaftsraum zu schaffen. Einen Wettbewerb zwischen Regulierungen kann es in einem solchen Fall nicht mehr geben – aus wohlfahrtsökonomischer Sicht wäre ein solcher auch nicht wünschenswert.

Man wird jedoch realistischerweise davon ausgehen müssen, dass man einen Wirtschaftsraum mit historisch gewachsenen Rechtsunterschieden, unterschiedlichen Regulierungskulturen und lokal verschiedenen Bürgerpräferenzen nicht von einem Tag auf den anderen in einen homogenen Rechtsraum transformieren kann (*Kirchner* 1998, S. 677). Deshalb kann das Ziel der völligen Rechtsvereinheitlichung höchstens sehr langfristig die ökonomisch vorteilhafteste Lösung zur Ordnung eines Wirtschaftsraumes sein. Im Status quo stellt sich vielmehr die Frage, wie mit Unterschieden in den lokalen Präferenzen und den gewachsenen Strukturen von Staaten und Gebietskörperschaften umzugehen ist und wie eine Mischung aus Rechtseinheitlichkeit und Rechtsvielfalt erzeugt werden kann, die für die

---

[4] Zu den potentiellen Wachstumswirkungen in der EU durch die Beseitigung von Handelshemmnissen siehe vor allem *Cecchini* (1988) sowie mit einem Überblick zu den positiven Wohlfahrtswirkungen des EU-Binnenmarktes *Virgo/Virgo* (1990).

Bürger die größtmöglichen Vorteile aufweist. Das Problem hierbei ist allerdings, dass die traditionelle Außenhandelstheorie bislang keinen ausgebauten theoretischen Zweig hat, mit dem sich der optimale Grad der Vereinheitlichung von Recht und Regulierungen angeben ließe.[5]

Ebenso wie die traditionelle Außenhandelstheorie untersucht die mikroökonomische Analyse des Rechts die Problematik wirtschaftlicher Integration aus dem Blickwinkel der neoklassischen Wohlfahrtsökonomik. Dabei wird ausgehend von einer mikroökonomischen Betrachtung untersucht, inwiefern vereinheitlichtes Recht bezüglich einer spezifischen Transaktion, eines Produkts, einer Dienstleistung oder eines Sektors wohlfahrtssteigernd ist. Diese Effizienanalyse kann mit einer entsprechenden Politikempfehlung verbunden werden (*Kirchner* 1998, S. 697). Besser als in der aggregierten Betrachtungsweise der Außenhandelstheorie können in der mikroökonomischen Analyse des Rechts Nebenbedingungen, wie Transaktionskosten oder spezifische Präferenzen, in die Analyse miteinbezogen werden. Aussagen über die Vorteilhaftigkeit der Vereinheitlichung von Regulierungen können so auf den spezifischen Regulierungstatbestand abgestimmt werden. Der Preis hierfür ist jedoch, dass im Prinzip für jede im Wirtschaftsraum stattfindende Transaktion bzw. für jedes gehandelte Gut eine spezifische Effizienanalyse angestellt werden muss, um zu bestimmen, welches das optimale Regulierungsregime ist. Wettbewerb zwischen Regulierungen stellt dabei nur eine Möglichkeit neben anderen dar, um das Integrationsziel zu erreichen.[6]

Aus rechtswissenschaftlicher Sicht könnte an der mikroökonomischen Analyse des Rechts vor allem kritisiert werden, dass ökonomische Effizienz für die Rechtswissenschaft kein normativer Maßstab sei bzw. lediglich ein normativer Ansatz neben anderen. Diese Kritik trifft die mikroökonomische Analyse des Rechts jedoch nicht, weil aus Sicht des effizienzorientierten Ansatzes die Vorschläge, die zur Gestaltung der wirtschaftlichen Integration gemacht werden, lediglich den Anspruch erheben, wohldurchdachte Argumente auf der Basis des Effizienzziels zu sein.[7]

---

[5] Aus einer transaktionkostentheoretischen Sicht siehe aber die in diesem Zusammenhang wichtigen Beiträge von *Schmidt-Trenz* (1990); *Schmidt-Trenz/Schmidtchen* (1994) sowie *Trachtman* (1997).

[6] Für eine Analyse der Effizienzwirkungen von Regulierungswettbewerb bei verschiedenen Regulierungsgegenständen siehe *Demougin/Witt* (2002). Die eher pessimistische Einschätzung der Autoren bezüglich der Effizienzwirkungen von Regulierungswettbewerb wird in dem Kommentar von *Kirchner* (2002) kritisch reflektiert.

[7] Vgl. *Kirchner* (1997) sowie *Röpke/Heine* (2005). Für eine konsequente Anwendung des mikroökonomischen Instrumentariums auf rechtliche Fragestellungen siehe vor allem das Lehrbuch „Economic Analysis of Law" von *Posner* (1998). Für eine kritische Diskussion dieses Ansatzes und zur Frage der Übertragbarkeit des ökonomischen Effizienz-

Man kann das Effizienzziel ablehnen, muss dann aber erklären, warum man auf die Implementation effizienter Politikmaßnahmen zugunsten eines anderen normativen Standards verzichtet. Die Kritik an der mikroökonomischen Analyse des Rechts muss daher an anderer Stelle ansetzen, nämlich an den Annahmen und der Methode der Neoklassik.

Als besonders kritische Annahme muss die Unterstellung vollkommener Rationalität von Personen angesehen werden. Die Kritik an der Rationalitätsannahme bezieht sich nicht nur darauf, dass Personen Informationen nur unvollständig aufnehmen, sondern auch darauf, dass sie aufgrund kognitiver Beschränkungen die falschen Schlüsse aus ihnen ziehen können.[8] Es kann daher nicht ohne weiteres davon ausgegangen werden, dass mit der mikroökonomischen Analyse des Rechts entworfene Regulierungen auch tatsächlich zu dem gewünschten Verhalten der Rechtsadressaten führen. Die Steuerungswirkungen von Recht dürften häufig sehr viel komplexer sein. Ebenso die Einschätzungen des Gesetzgebers darüber, welche rechtlichen Maßnahmen geeignet sind, um das Verhalten von Personen in der gewünschten Weise zu beeinflussen. Die anhaltende Debatte über Regulierungen des Verbraucherschutzes in der EU ist hierfür ein gutes Beispiel: So wird in Deutschland ein Verbraucherleitbild vertreten, das einen eher kognitiv beschränkten Konsumenten annimmt, der durch paternalistische Verbraucherschutzregulierungen vor sich selbst geschützt werden muss. In Großbritannien wird hingegen von einem Verbrauchertypus ausgegangen, der mit hoher Rationalität seine Konsumentscheidungen zu treffen in der Lage ist. Entsprechend beschränkt sich dort der Verbraucherschutz im Wesentlichen darauf, dass den Konsumenten hinreichende Informationen bereitgestellt werden, damit sie ihre Wahl optimal treffen können (*Heine/Janal* 2008; *Grundmann/Hoernig* 2007).

Zudem kann an der komparativ-statischen Methode der Neoklassik Kritik geübt werden. Denn die komparativ-statische Analyse berücksichtigt nicht, dass der Übergang von einer rechtlichen Ausgestaltung zu einer anderen mit einem Transformationsprozess verbunden ist, in dem sich die Verhaltensweise der Akteure sowie komplementäre rechtliche Regelungen an die neuen rechtlichen Begebenheiten anpassen. Dabei ist Unsicherheit ein prägendes Merkmal dieses Transformationsprozesses, und erst im Transformationsprozess selbst kann herausgefunden werden, ob die hypothetischen Steuerungswirkungen einer Rechtsänderung tatsächlich zutreffend sind. Der Transformationsprozess ist somit hoch informativ und bietet

---

ziels auf rechtswissenschaftliche Fragen siehe insbesondere den Beitrag von *Polinsky* (1974).

[8] Die Herausforderung der ökonomischen Analyse des Rechts durch empirische Erkenntnisse der Verhaltensforschung wird insbesondere hervorgehoben von *Korobkin/Ulen* (2000) sowie Ulen (2001).

Gelegenheit, rechtliche Regeln auf das Regelungsziel hin anzupassen (*Kirchner* 1998; *Schwartzstein* 1994). Insofern sind mit Rechtsänderungen immer auch Lernprozesse verbunden (*Vanberg/Kerber* 1994).

Für Fragen der wirtschaftlichen Integration ist der Ansatz der mikroökonomischen Analyse des Rechts daher nützlich, wenn es um ein gut isolierbares und wenig komplexes Regulierungsproblem geht. Er ist aber nur von eingeschränktem Nutzen, wenn es um die Beurteilung der Vorteilhaftigkeit ganzer Regulierungsregime geht oder die Wirkungen von Regulierungen aufgrund komplexer Wirkungsketten nicht mit hinreichender Genauigkeit bekannt sind. Der Ansatz ist deshalb auch nur bedingt geeignet, um Regulierungswettbewerb als Instrument wirtschaftlicher Integration umfassend untersuchen und einschätzen zu können (*Trachtman* 1997).

Die Schwächen der mikroökonomischen Analyse des Rechts werden von der ökonomischen Theorie des Rechts zu überwinden versucht,[9] indem sie von einem reichhaltigeren Handlungsmodell des Menschen ausgeht und Lernprozesse systematisch in die Analyse mit einbezogen werden. Anstelle des wohlfahrtsökonomischen Referenzsystems, das die Legitimität von Politikmaßnahmen von der Optimierung gegebener Nutzen- und Produktionsfunktionen abhängig macht und mit der Fiktion eines wohlmeinenden weisen Diktators arbeitet,[10] tritt das Konsens-Paradigma. Eine Politikmaßnahme, wie die gegenseitige Anerkennung von Regulierungen zwischen Staaten, ist dann legitim, wenn die Bürger einstimmig dem zustimmen (*Buchanan/Tullock* 1962; *Buchanan* 1987; *Vanberg* 1994). Damit wird der methodologische Individualismus der Wohlfahrtsökonomik um den normativen Individualismus der Konstitutionenökonomik erweitert. Dabei ist es unstreitig, dass eine mikroökonomische Analyse des Rechts wichtige Hinweise darüber liefern kann, ob eine Regulierung aufgrund ihrer Wirkungen voraussichtlich Zustimmung erhalten wird.

Der „Mehrwert" des konstitutionenökonomischen Ansatzes besteht darin, dass er mit der Differenzierung von konstitutioneller und postkonstitutioneller Ebene der Regelsetzung eine Unterscheidung einführt, die dem Problem der Unsicherheit besonders Rechnung trägt. Wenn nämlich die Wirkungen einer spezifischen rechtlichen Regelung unsicher sind, kann der konstitutionenökonomische Ansatz auf der konstitutionellen Ebene Meta-Regeln vorschlagen und legitimieren, mit denen eine Korrektur bzw. Anpassung der Regeln auf post-konstitutioneller Ebene möglich wird. Da-

---

[9] Zum Ansatz der ökonomischen Theorie des Rechts siehe *Kirchner* (1998; 2000); *Eidenmüller* (1995); *Trachtman* (1997); *Behrens* (1986) sowie zum Verhältnis von Rechtswissenschaft und Ökonomik den grundlegenden Beitrag von *Buchanan* (1971).

[10] Beispielsweise legt *Sinn* (1995, S. 11) die Annahme des weisen Diktators in seiner Betrachtung des Systemwettbewerbs offen, wenn er schreibt: „Es wird im Sinne dieser Sichtweise auch angenommen, dass der Staat ein rationaler Akteur ist, der seine Entscheidungen fehlerfrei im Sinne des Interesses seiner Bürger trifft."

mit können die oben im Zusammenhang mit der komparativ-statischen Analyse beschriebenen Transformationsprobleme vermieden werden, indem graduelle Lern- und Anpassungsprozesse ermöglicht werden (*Kirchner* 1998, S. 683 ff.; *Trachtman* 1997, S. 507).

Mit der Vereinbarung von Regulierungswettbewerb zwischen Staaten zur Integration eines Wirtschaftsraumes wird eine Institution auf konstitutioneller Ebene geschaffen, die sowohl das Unsicherheitsproblem als auch das Legitimationsproblem löst: Legitimation erhält eine einzelne Regulierung – anders als durch ein Optimierungskalkül in der mikroökonomischen Analyse des Rechts – durch den freiwilligen Wahlakt der Regulierungsadressaten auf post-konstitutioneller Ebene einerseits und durch Zustimmung zum Verfahren des Regulierungswettbewerbs auf konstitutioneller Ebene andererseits.[11] Das Unsicherheitsproblem wird gelöst, weil durch das parallele Angebot von Regulierungen mehr Wissen über die tatsächliche Wirkungsweise von Regulierungen generiert wird. Dieses Wissen kann wiederum von den Anbietern von Regulierungen dazu benutzt werden Regulierungen zu verbessern.

Der Ansatz der ökonomischen Theorie des Rechts geht damit über die statischen Betrachtungen der traditionellen Außenhandelstheorie und der mikroökonomischen Analyse des Rechts hinaus, ohne sich allerdings als fundamentaler Gegenentwurf zu verstehen. Vielmehr integriert er Erkenntnisse der beiden Ansätze. So bleiben die Wohlfahrtswirkungen gemäß dem Theorem komparativer Kostenvorteile das wichtigste Argument, um das Ziel wirtschaftlicher Integration anzustreben, und die mikroökonomische Analyse des Rechts liefert wichtige Hinweise zur Fortentwicklung einzelner Regulierungen.

C. Regulierungswettbewerb als Integrationsinstrument

I. Integration als Aufgabe

Nach dem Gesagten ist Regulierungswettbewerb als ein Prozess zu verstehen, in dem Unsicherheit über die Wirkung von Regulierungen systematisch abgebaut wird und Regulierungen an die Präferenzen der Regulierungsadressaten angepasst werden. Insofern kommt die Idee des Wettbewerbs als ein Entdeckungsverfahren (*Hayek* 1968) auch bei Regulierungen zum Zuge. Der Wettbewerb von Regulierungen kann jedoch nur in differenzierter und reflektierter Weise in Analogie zum Wettbewerb auf Güter-

---

[11] Zur Legitimation von Regulierungswettbewerb siehe *Heine* (2006, S. 33f.).

märkten und dem dort stattfindenden Entdeckungsverfahren verstanden werden.

Ein entscheidender Punkt zum Verständnis des Regulierungswettbewerbs ist, dass er sehr viel stärker als der Wettbewerb auf Gütermärkten der Ordnung bedarf und sein Zweck ökonomisch besonders zu begründen ist. Denn Regulierungswettbewerb ist nur dann wünschenswert, wenn er besser als andere Instrumente (Deregulierung oder Rechtsvereinheitlichung) den Regelungsadressaten in einem Wirtschaftsraum die Erzielung von Tauschgewinnen ermöglicht. Nicht aus dem Regulierungswettbewerb selbst resultiert nämlich der Tauschgewinn, der die Nutzenposition der Regelungsadressaten erhöht, sondern erst aus den Transaktionen auf den Gütermärkten, die der Regulierungswettbewerb durch Schaffung von Rechtswahlmöglichkeiten zusätzlich schafft.

Soll Wettbewerb zwischen Regulierungen als Strategie zur Integration von Wirtschaftsräumen dienen, bedarf er der Ordnung, genauso wie der Wettbewerb auf Gütermärkten auch nur unter der Voraussetzung vertrags- und wettbewerbsrechtlicher Regeln funktioniert (*Kerber/Heine* 2002; *Kerber* 1998). Allerdings ist die Aufgabe, eine Ordnung für den Regulierungswettbewerb zu schaffen, ungleich schwieriger und vielfältiger als die Aufgabe eine Ordnung für den Güterwettbewerb zu gestalten.

Auf Gütermärkten geht man bei der Konzeption einer Wettbewerbsordnung von Gütern aus, für die sich Eigentumsrechte problemlos spezifizieren lassen und sich aufgrund der Produktionstechnologie wettbewerbliche Marktstrukturen herausbilden können. Um den wettbewerblichen Tausch von Gütern abzusichern, wird zusätzlich ein Vertragsrecht zur Durchsetzung von Ansprüchen benötigt und ein Kartellrecht, das gegen monopolistische Verhaltensweisen vorgeht (*Eucken* [1952] 1975).

Eine Ordnung für den Regulierungswettbewerb muss ähnlich wie eine Ordnung für die Gütermärkte die Durchsetzung von Ansprüchen regeln – fremdes Gesellschaftsrecht muss beispielsweise im Inland als rechtsgültig anerkannt und durchgesetzt werden. Ebenso muss eine Monopolisierung verhindert werden, bei der eine Regulierung andere Regulierungen verdrängt, ohne dass dies auf überlegener Leistungsfähigkeit der betreffenden Regulierung beruhen würde. Das schließt ein, dass verhindert werden muss, dass sich Staaten als Anbieter von Regulierungen kartellartig zum Schaden der Regulierungsadressaten zusammenschließen.[12]

Eine Ordnung für den Regulierungswettbewerb muss darüber hinaus berücksichtigen, dass Regulierungen in der Regel den Versuch darstellen, Marktunvollkommenheiten mittels eines staatlichen Eingriffs zu beheben oder wenigstens zu verringern. Aufgabe von Regulierungen ist es somit, die Wahl- und Gestaltungsmöglichkeiten auf Güter- und Faktormärkten

---

[12] Vgl. *Mussler* (1999); *Kerber* (1998); *Vaubel* (2007).

einzuschränken. Regulierungswettbewerb *erweitert* hingegen die Wahl-
und Gestaltungsmöglichkeiten, unter denen ein Tausch auf Güter- und Faktormärkten stattfindet. Damit stellt sich die Frage, ob es grundsätzlich
möglich ist, auf Ebene von Güter- und Faktormärkten den Wettbewerb
durch Regulierungen einzuschränken und ihn gleichzeitig auf Ebene der
Regulierungen wieder zu eröffnen (*Sinn* 1995, 1997). Um diese Frage wird
heftig gestritten, wobei sich bislang nicht ausmachen lässt, welches Lager
die Oberhand gewinnen wird: Die Anhänger eines sog. „race to the bottom" oder die Anhänger der These eines „race to the top", also die Vertreter der Ansicht eines Wettlaufs der Gesetzgeber um qualitativ immer
schlechtere oder um qualitativ immer bessere Regulierungen? Für beide
Ansichten gibt es sowohl gute theoretische Gründe als auch empirische
Belege.

Des Weiteren steht eine Ordnung für den Wettbewerb zwischen Regulie-
rungen vor der Aufgabe, in differenzierter Weise unterschiedlichen Regu-
lierungsgegenständen gerecht zu werden. Ein Regulierungswettbewerb im
Bereich der europäischen Energieversorgung ist aufgrund des natürlichen
Monopols der Netzinfrastruktur anderen Spielregeln zu unterwerfen als ein
Wettbewerb zwischen Gesellschaftsrechten, in dem es um den Schutz von
Anleger- und Gläubigerschutzinteressen vor dem Hintergrund von Infor-
mationsasymmetrien geht.

Regulierungswettbewerb muss damit, um bessere Wohlfahrtseffekte als
andere Integrationsstrategien zu erzielen, in einen Ordnungsrahmen eingebunden werden, der zwar einerseits Anreize zum Wettbewerb zwischen
Regulierungen setzt, der aber andererseits die spezifischen Eigenheiten der
jeweiligen Regulierungsgegenstände berücksichtigt und das Problem ernst
nimmt, dass Regulierungswettbewerb auch zu einer systematischen Ver-
schlechterung der Qualität von Regulierungen führen kann. Im Folgenden
sollen diese beiden Probleme für die Konzeption von Regulierungswettbewerb als Integrationsstrategie noch etwas genauer betrachtet werden.

II. Wettbewerb nach „oben" oder „unten"?

Wettbewerb der Regulierungen als Integrationsstrategie setzt voraus, dass
Wirtschaftssubjekte die Wahl zwischen verschiedenen Regulierungen haben. Dies wird am besten erreicht, wenn sich die Staaten eines Wirtschaftsraumes auf die gegenseitige Anerkennung von Regulierungen verständigen
und sowohl Konsumenten als auch Unternehmen zwischen den verschiedenen Regulierungen innerhalb eines Wirtschaftsraumes wählen können. In
einem solchen Fall stellen die nationalen Regulierungen kein nicht-
tarifäres Handelshemmnis mehr dar und es können Wohlfahrtsgewinne aus
dem vermehrten Außenhandel realisiert werden.

Ob das Prinzip der gegenseitigen Anerkennung und die freie Wahl zwischen Regulierungen zu einem funktionsfähigen Regulierungswettbewerb führen, ist in der Wissenschaft jedoch umstritten.[13] Dabei geht es meist um die Frage, ob die Wahlmöglichkeit zwischen verschiedenen Regulierungen zu einem „race to the bottom" oder einem „race to the top" der Regulierungsstandards führt. In diesem Zusammenhang hat in den letzten Jahrzehnten die Diskussion um die Funktionsfähigkeit des Wettbewerbs zwischen Gesellschaftsrechten in den Vereinigten Staaten besondere Beachtung gefunden. Diese Diskussion hat jüngst auch auf Europa übergegriffen, da der EuGH mit dem Centros-Urteil und in einer Reihe weiterer Urteile[14] die sog. Gründungstheorie als einzige mit dem EG-Vertrag kompatible gesellschaftsrechtliche Kollisionsnorm qualifiziert hat und damit im Prinzip die gegenseitige Anerkennung von Gesellschaftsrechten in der EU durchgesetzt hat. Das eröffnet nicht nur den Wettbewerb der Regelsetzer im europäischen Gesellschaftsrecht, sondern hat auch die Diskussion darüber angeregt, ob dieser Regulierungswettbewerb zu einem „race to the bottom" oder „race to the top" in der Europäischen Union führt. Im Folgenden soll anhand des US-amerikanischen Gesellschaftsrechts diese Diskussion exemplarisch nachgezeichnet werden und ein Eindruck von den grundsätzlichen Problemen vermittelt werden, mit denen ein Wettbewerb zwischen Regulierungen behaftet sein kann.[15]

In den Vereinigten Staaten wird das Gesellschaftsrecht von den einzelnen Bundesstaaten geschaffen, so dass es in den Vereinigten Staaten fünfzig von einander unabhängige Gesellschaftsrechte gibt. Zwischen diesen Gesellschaftsrechten kann innerhalb der Vereinigten Staaten bei der Inkorporation oder Reinkorporation frei gewählt werden, unabhängig davon, wo in den Vereinigten Staaten das Management zusammenkommt und seine unternehmerischen Entscheidungen trifft. Satzungs- und Verwaltungssitz von Gesellschaften können somit auseinanderfallen. Für die Verwendung einer Rechtsform verlangen die Staaten eine jeweils eigene Rechtsformsteuer (franchise tax). Damit sind die Bedingungen für das Entstehen eines Regulierungswettbewerbs quasi idealtypisch gegeben: Rechtsnachfrager können zwischen den Regulierungen verschiedener Rechtsanbieter wählen, wobei die erworbenen Rechtsprodukte im gesamten Wirtschaftsraum Anwendung finden. Die Rechtsanbieter bekommen für ihre Leistung eine Entlohnung in Form einer Steuer, wodurch sie den Anreiz erhalten, eine Regu-

---

[13] Mit einem Überblick siehe jüngst *Kerber/Van den Bergh* (2008).
[14] Centros (C-212/97); Überseering (C-208/00); Inspire-Art (C-167/01). Zur ökonomischen Analyse dieser Urteile siehe *Heine/Kerber* (2002) sowie *Heine* (2003b,c).
[15] Für eine monographische Behandlung des Themas mit weiteren Literaturhinweisen siehe *Kieninger* (2002) sowie *Heine* (2003a).

lierung anzubieten, die von möglichst vielen Regulierungsnachfragern erworben wird.

Dass dies die Bedingungen für das Entstehen eines Wettbewerbs zwischen Gesellschaftsrechten sind, wird weder von seinen Anhängern noch seinen Gegnern bezweifelt, jedoch werden ganz unterschiedliche Ergebnisse aus den sich entfaltenden Wettbewerbsprozessen prognostiziert.

Die Kritiker des gesellschaftsrechtlichen Wettbewerbs argumentieren, dass zwar ein Wettbewerb zwischen den US-Bundesstaaten um Inkorporationen von Unternehmen herrschen mag, dieser Wettbewerb sei jedoch ein „race to the bottom" (*Cary* 1974; *Bebchuk* 1992). Bei dem Versuch, Unternehmen zur Inkorporation in das eigene Gesellschaftsrecht zu bewegen, würden die Bundesstaaten nämlich ihr Gesellschaftsrecht mit der Zeit immer laxer gestalten. Das mag zwar im Interesse von Management und Mehrheitsaktionären sein, die wesentlichen Einfluss auf die Inkorporationsentscheidung haben, dies gehe jedoch in Form negativer externer Effekte zu Lasten von Minderheitsaktionären, Gläubigern und anderen Stakeholdern, die ebenso zum Vertragsnetzwerk des Unternehmens gehören. Mit anderen Worten, gesellschaftsrechtlicher Wettbewerb und Rechtswahlfreiheit deformieren die angebotenen Gesellschaftsrechte derart, dass es zu erheblichen allokativen Ineffizienzen in der Governance von Unternehmen kommt. Empirisch festgemacht werden diese Überlegungen meist am Gesellschaftsrecht des kleinen Bundesstaates Delaware, in dem fast die Hälfte der größten US-amerikanischen Unternehmen inkorporiert ist und der regelmäßig über 20% seines Staatsbudgets aus der Rechtsformsteuer speist (*Romano* 1999).

Die Kritiker eines Wettbewerbs zwischen Gesellschaftsrechten fordern vor dem Hintergrund der geschilderten Probleme, dass die Produktion von Gesellschaftsrecht nicht auf Ebene der einzelnen Bundesstaaten bleiben, sondern auf zentralstaatlicher Ebene angesiedelt werden sollte, da Delaware ein fiskalisches Interesse an einem besonders laxen Gesellschaftsrecht habe (*Cary* 1974; *Bebchuk* 1992).

Demgegenüber gibt es eine wachsende Zahl von Rechtswissenschaftlern und Ökonomen, die die wettbewerbliche Struktur des US-amerikanischen Gesellschaftsrechts positiv beurteilen.[16] Diese Autoren argumentieren, dass die Präferenzen von Unternehmen bezüglich des Gesellschaftsrechts so heterogen seien, dass selbst die fünfzig Gesellschaftsrechte der Vereinigten Staaten im Prinzip noch zu wenige seien, um allen Unternehmen gerecht zu werden (*Easterbrook/Fischel* 1996, S. 216). Auch das Problem externer Effekte – wenn überhaupt vorhanden – sei nicht so gravierend, dass das Gesellschaftsrecht vereinheitlicht werden müsste, sondern es reiche gegebenenfalls aus, gewisse Bereiche zu vereinheitlichen, wie beispielsweise

---

[16] Vgl. *Winter* (1977); *Easterbrook/Fischel* (1996); *Romano* (1999).

die Regeln zur Unternehmensübernahme (*Easterbrook/Fischel* 1996, S. 226; *Romano* 1999, S. 52). Die Dominanz von Delaware wird damit erklärt, dass dieser Bundesstaat institutionelle Vorkehrungen geschaffen habe, die in besonderem Maße dafür sorgen, dass gesellschaftsrechtliche Innovationen hervorgebracht werden, die an den Bedürfnissen der Rechtsnachfrager orientiert sind. Zudem würden gesellschaftsrechtliche Streitigkeiten in Delaware für die Parteien auf besonders schnelle und vorteilhafte Weise gelöst. Es komme daher zu einem „race to the top", in dem die Regulierungsnachfrage durch immer bessere Regulierungsprodukte befriedigt würde (*Easterbrook* 1994; *Heine* 2003a). Aus politökonomischer Perspektive wird schließlich argumentiert, dass die Einnahmen aus der Rechtsformsteuer Politiker zwinge, Recht effizient fortzuentwickeln. Unternehmen mit ineffizientem Gesellschaftsrecht hätten nämlich Finanzierungsschwierigkeiten am Kapitalmarkt, was Manager letztlich zur Inkorporation in effizientes Gesellschaftsrecht zwinge (*Eaterbrook/Fischel* 1996, S. 218).

Entscheidende Unterstützung haben die Befürworter eines Wettbewerbs der Gesellschaftsrechte durch eine empirische Studie erhalten, in der gezeigt werden konnte, dass der Unternehmenswert von in Delaware inkorporierten Unternehmen signifikant höher ist als der Unternehmenswert von Unternehmen, die in anderen Bundesstaaten inkorporiert sind (*Daines* 2001). Die Studie behauptet dabei nicht, dass das Gesellschaftsrecht aus Delaware bereits „optimal" ist, sondern dass der Wettbewerb zwischen Gesellschaftsrechten offensichtlich zu gesellschaftsrechtlichen Verbesserungen führt: „Delaware law might not be optimal, but it appears to improve value relative to other jurisdictions" (*Daines* 2001, S. 539). Doch auch die Skeptiker eines funktionsfähigen Wettbewerbs zwischen Gesellschaftsrechten haben empirische Studien über die Veränderung des Unternehmenswerts von in Delaware inkorporierten Unternehmen angestellt und den Nachweis zu führen versucht, dass in Delaware inkorporierte Unternehmen ihren Unternehmenswert nicht steigern konnten. Im Gegenteil, sie fanden Unterstützung für die „race to the bottom"-These: „… Delaware's trajectory of the past 12 years is more consistent with the predictions of the race to the bottom view" (*Subramanian* 2004, S. 57).

Ob Regulierungswettbewerb als Integrationsstrategie zu wünschenswerten Ergebnissen führt, lässt sich demnach auch an einem so intensiv erforschten Gegenstand, wie dem Wettbewerb zwischen den US-amerikanischen Gesellschaftsrechten, weder theoretisch noch empirisch abschließend klären. Dies unterstreicht nochmals, dass Wettbewerb zwischen Regulierungen große Unsicherheiten bezüglich der zu erwartenden Wettbewerbsergebnisse aufweist.

Akzeptiert man die Unsicherheit von Ergebnissen des Regulierungswettbewerbs, stellt sich die Frage, ob die ökonomische Theorie des Rechts zusätzliche Argumente bereit hält, um einen Wettbewerb zwischen Regulierungen zu empfehlen. Noch zugespitzter ist zu fragen, ob Wettbewerb zwischen Regulierungen auch dann eine empfehlenswerte Integrationsstrategie ist, wenn das Argument akzeptiert wird, dass Regulierungen ein Marktversagen korrigieren sollen und es nicht möglich ist, den auf diese Weise ausgeschalteten Wettbewerb auf Ebene der Regulierungen wieder zu eröffnen (*Sinn* 1995, 1997). Können auch dann noch die positiven Wohlfahrtswirkungen des Regulierungswettbewerbs überwiegen?

Aus Sicht der ökonomischen Theorie des Rechts ist zunächst auf das bereits weiter oben präsentierte Argument zu verweisen, dass Regulierungswettbewerb in einem hayekianischen Sinne als Verfahren verstanden werden kann, um Informationen über die effiziente Ausgestaltung von Regulierungen zu erhalten (*Vanberg/Kerber* 1994; *Kerber* 1998). Danach kann erst im Regulierungswettbewerb selbst festgestellt werden, ob bestimmte Regulierungen einem Wettbewerb unterworfen werden können und welcher institutionellen Einbettung er bedarf. Im US-amerikanischen Wettbewerb zwischen Gesellschaftsrechten hat sich beispielsweise als Muster herausgebildet, dass das Innenrecht von Gesellschaften in der Gestaltungshoheit der Bundesstaaten verbleibt, während das kapitalmarktrechtlich relevante Außenrecht größtenteils zentral von der Bundesebene reguliert wird. Eingefasst wird der Wettbewerb zwischen Gesellschaftsrechten zudem von staatlichen Institutionen wie der Securities and Exchange Commission und privaten Institutionen wie dem American Law Institute, das Modellgesetze entwickelt, die häufig als Folie bei der Rechtsentwicklung durch die Bundesstaaten dienen.

Weitere Argumente für einen Wettbewerb zwischen Regulierungen ergeben sich, wenn politökonomische Überlegungen in die Betrachtung miteinbezogen werden und ein Vergleich der Situation mit und ohne Regulierungswettbewerb angestellt wird. Dabei muss den möglichen allokativen Ineffizienzen bei Regulierungswettbewerb der Effizienzgewinn gegengerechnet werden, der dadurch entsteht, dass Renten aus dem staatlichen Regulierungsmonopol abgeschmolzen werden (*Ogus* 1995, S. 105). Der US-Bundesstaat Delaware kann die Bemessungsgrundlage und den Tarif seiner Rechtsformsteuer beispielsweise nicht anheben, ohne befürchten zu müssen, dass Unternehmen als Nachfrager von Gesellschaftsrecht das preisgünstigere Gesellschaftsrecht anderer Bundesstaaten wählen. Der Regulierungswettbewerb begrenzt somit das Potenzial monopolistischer Ausbeutung. Umgekehrt schließt Harmonisierung und Rechtsvereinheitlichung zwar Regulierungswettbewerb nach „unten" aus, aber nicht, dass das vereinheitlichte Recht aufgrund der Bedienung von Sonderinteressen zu allo-

kativen Ineffizienzen führt und einer monopolistischen Preissetzung durch
staatliche Stellen unterliegt. Es ist daher selbst im Falle von Wettbewerbsprozessen nach „unten" abzuwägen, welche der beiden Wirkungen größeres Gewicht hat: Die allokativen Ineffizienzen durch einen Regulierungswettbewerb nach „unten" oder das Abschmelzen staatlicher Monopolrenten
beim wettbewerblichen Angebot von Regulierungen? Auch wenn es im
Einzelfall schwer sein dürfte, die beiden Effekte empirisch zu messen, so
macht die Überlegung doch darauf aufmerksam, dass die Möglichkeit eines
„race to the bottom" keineswegs automatisch dazu führt, Regulierungswettbewerb als Integrationsstrategie zu verwerfen.

Schließlich ist aus politökonomischer Sicht noch ein weiterer wichtiger
Aspekt zu beachten, der die Unterscheidung zwischen einem Regulierungswettbewerb nach „oben" und „unten" problematisiert. Verwirft man
die Vorstellung eines benevolenten und weisen Diktators und unterstellt
den mit der Gestaltung und Durchsetzung von Regulierungen betrauten
Politikern und Bürokraten eigennützige Motive,[17] dann kann nicht davon
ausgegangen werden, dass nur beim Vorliegen von Marktversagen Regulierungen geschaffen werden. Vielmehr ist davon auszugehen, dass Regulierungen häufig allein dazu geschaffen werden, um den Wettbewerb zugunsten einzelner Anbieter zu verzerren oder bestimmten Gruppen Sondervorteile zu verschaffen. Wird eine solche Regulierung dem Wettbewerb
ausgesetzt und kommt es zu einem „race to the bottom", an dessen Ende
eine Regulierung mit geringem Schutzniveau steht, die den Tauschpartnern
die vertragliche Gestaltung wieder weitestgehend selbst überlässt, dann ist
offensichtlich eine Effizienzverbesserung eingetreten. Mit anderen Worten,
der Regulierungswettbewerb nach „unten" kann in diesem Fall zu einer
Effizienz steigernden Deregulierung führen.

Dass Regulierungswettbewerb zu einer die Effizienz steigernden Deregulierung führen kann, wird von den wohlfahrtsökonomisch orientierten
Kritikern des Regulierungswettbewerbs meist nur indirekt angesprochen,
indem der − empirisch häufig anzutreffende − Fall nicht gerechtfertigter
Regulierung von der Betrachtung ausgeschlossen wird. Dazu wird darauf
verwiesen, dass der Staat ohnehin nur in Bereichen, die durch ein Marktversagen gekennzeichnet seien, regulierend tätig werden solle.[18] Und somit
stellt sich die Frage der Wirkungen eines Regulierungswettbewerbs auf
Bereiche ungerechtfertigter Regulierung erst gar nicht. Eine solche Be-

---

[17] Für einen umfassenden Überblick über den Ansatz der Public Choice, der die Ei-
gennutzannahme konsequent auf den Bereich politischer Prozesse überträgt, siehe *Mueller* (2003).

[18] „Das Selektionsprinzip besagt, dass Staaten nur das tun, was nicht von Privaten erledigt werden kann, und wegen dieses Prinzips kann der staatliche Wettbewerb nicht
funktionieren" (*Sinn* 1995, S. 10).

trachtungsweise ist, trotz ihrer impliziten wirtschaftspolitischen Aufforderung, Bereiche ohne Marktversagen zu deregulieren und zu privatisieren, problematisch, weil sie nicht die Wirkungen eines Wettbewerbs der Regulierungen vor dem Hintergrund des realen Handelns von Politikern und Bürokraten analysiert, sondern lediglich vor dem Hintergrund der Annahmen der neoklassischen Wohlfahrtsökonomik.[19]

III. Regulierungsgegenstände und Föderalisierung von Recht

Im letzten Abschnitt wurden die möglichen Ergebnisse eines Wettbewerbs der Regulierungen als Integrationsstrategie thematisiert, wobei deutlich wurde, dass die Einschätzungen über die Wirkungen des Regulierungswettbewerbs weit auseinander gehen können. Auch eine optimistische Sichtweise des Regulierungswettbewerbs wird davon ausgehen müssen, dass es zu einem Versagen des Regulierungswettbewerbs kommen kann. Zustimmung zum Verfahren des Regulierungswettbewerbs als Integrationsstrategie wird von den Bürgern daher nur dann eingeholt werden können, wenn Regulierungswettbewerb in einen Ordnungsrahmen eingebettet wird, der die positiven Wirkungen dieser Integrationsstrategie ermöglicht und die negativen Wirkungen verhindert.

Praktisch heißt das, dass die Regulierungskompetenzen für einzelne Regulierungsgegenstände auf unterschiedlichen Jurisdiktionsebenen angesiedelt und entsprechend des zu regulierenden Gegenstandes die Wettbewerbsbedingungen festgelegt werden müssen. Dies kann man als Föderalisierung von Recht bezeichnen.

Die vertikale Zuordnung von Regulierungskompetenzen auf Jurisdiktionsebenen muss verschiedene Gesichtspunkte berücksichtigen.[20] Ein Aspekt ist dabei von besonderer Bedeutung: Die Vermeidung von Externalitäten.[21] Das heißt, dass die Kompetenz zur rechtlichen Regulierung eines Tatbestandes mit der Reichweite des regulierungsbedürftigen Problems zur Deckung gebracht wird. Dieses in der Finanzwissenschaft unter dem Namen „fiskalische Äquivalenz" (*Olson* 1969) bekannte Prinzip stellt sicher, dass es zu keinen externen Effekten kommt und keine an der Regulierungswahl unbeteiligten Dritten von der Wahl einer Regulierung negativ betroffen werden.

---

[19] Aber selbst wenn man den axiomatischen Rahmen der allgemeinen Gleichgewichtstheorie nicht verlässt, ist es keineswegs sicher, dass interjurisdiktioneller Wettbewerb zu einer ineffizienten Allokation führt. So hat *Wooders* (1999) gezeigt, dass es in einer „Tiebout-Welt" nicht zwangsläufig zu einem „race to the bottom" kommen muss, wie beispielsweise von *Bewley* (1981) behauptet. Damit sind „first-best" Lösungen bei interjurisdiktionellem Wettbewerb möglich, ohne spezielle Modellrestriktionen einführen zu müssen.

[20] Siehe hierzu ausführlich *Kerber/Heine* (2002) sowie *Heine* (2003c).

[21] Vgl. *Sykes* (2000); *Van den Bergh* (2000); *Trebilcock/Howse* (1998).

Die föderale Zuordnung von Regulierungskompetenzen und die Regeln, unter denen ein von negativen Externalitäten freier Wettbewerb von Regulierungen entsteht, sind jeweils stark abhängig vom betrachteten Regulierungsgegenstand. Wie eine Föderalisierung von Recht und die Nutzung von Regulierungswettbewerb als Integrationsstrategie umgesetzt werden kann, soll deshalb kurz anhand einiger Beispiele skizziert werden:

Umweltschutz: Umweltregulierungen erscheinen zunächst als ein Bereich, der Regulierungswettbewerb nicht zugänglich ist. Könnten Konsumenten und Unternehmen vollkommen frei zwischen verschiedenen Umweltstandards wählen, so wäre eine Erosion des Umweltschutzes zu erwarten. Die kostengünstigste und laxeste Umweltregulierung würde sich durchsetzen. Daher liegt es nahe, Wettbewerb zwischen Umweltregulierungen durch eine zentrale Regulierung zu unterbinden. Tatsächlich sind jedoch auch im Umweltbereich funktionsfähige Formen des Regulierungswettbewerbs denkbar. So können beispielsweise für die Herstellung bestimmter Güter auf zentraler Ebene Emissionsgrenzwerte festgelegt werden, während es den einzelnen Jurisdiktionen überlassen bleibt, zur Einhaltung der Grenzwerte entsprechende Regulierungen zu entwickeln (*Sykes* 2000). Gegebenenfalls sind ergänzend noch Immissionsgrenzwerte zentral oder bilateral zwischen Jurisdiktionen zu definieren, damit das Umweltschutzziel nicht durch einen Mengeneffekt konterkariert wird. Denn es wäre denkbar, dass zwar die Emissionsgrenzwerte von Unternehmen eingehalten werden, aber die hohe Anzahl von Unternehmen in einer Region zu einem Verschmutzungsgrad führt, der für die von den Immissionen Betroffenen nicht hinnehmbar ist. Wird unter diesen Bedingungen das Prinzip der gegenseitigen Anerkennung angewendet und die Regelungsadressaten können zwischen den Regulierungen eines Wirtschaftsraumes wählen, dann wird den Jurisdiktionen rückgekoppelt, welche Regulierung präferiert wird. Beispielsweise könnten bestimmte Regulierungen besonders transaktionskostengünstig sein und Herstellern damit einen Wettbewerbsvorteil auf dem Binnenmarkt verschaffen.

Eine andere Möglichkeit der Regulierung im Bereich des Umweltschutzes besteht darin, dass zentral ein Mindeststandard definiert wird, die Jurisdiktionen jedoch frei darin sind, einen höheren Regulierungsstandard festzulegen (*Sykes* 2000). Jurisdiktionen werden einen höheren Regulierungsstandard anbieten, wenn ein solcher von Herstellern nachgefragt wird, weil Konsumenten Produkte mit höherem Regulierungsstandard vermehrt kaufen. Die Nachfrage nach Produkten mit Öko-Siegel ist ein bekanntes Beispiel dafür, dass sich auch im Bereich des Umweltschutzes ein Regulierungswettbewerb mit wohlfahrtserhöhender Wirkung prinzipiell in Gang setzen lässt.

Verbraucherschutz: Verbraucherschutz ist ein Politikbereich mit sehr unterschiedlichen Regulierungsgegenständen. Er reicht von Lebensmittelregulierungen über Garantien für technische Geräte bis zum Bürgschaftsrecht (*Heine/Janal* 2008). Neben dem Umweltschutz ist er derjenige Bereich, der immer wieder genannt wird, in dem ein funktionsfähiger Regulierungswettbewerb für nicht möglich gehalten wird (*Sinn* 1995, 1997). Für die Forderung nach Verbraucherschutzregulierung ist grundlegend, dass angenommen wird, dass Verbraucher eine Informationsasymmetrie bezüglich der Qualität bestimmter Produkte haben und es ohne Regulierung zum Problem adverser Selektion komme. Das heißt, Verbraucher erwerben systematisch Produkte niedriger Qualität, obwohl sie eine Präferenz für Produkte höherer Qualität hätten. Die nationalstaatlichen Regulierungen sind genau eine Antwort auf dieses Problem, weil ein Qualitätsstandard definiert wird, der von allen Produzenten eingehalten werden muss.

Kritiker des Regulierungswettbewerbs argumentieren, dass die gegenseitige Anerkennung von Verbraucherschutzregulierungen das Problem adverser Selektion quasi durch die Hintertür erneut auftauchen lasse. Zwar würden nationale Verbraucherschutzregulierungen durchaus bestehen, die Qualitätsunkenntnis der Verbraucher würde nun aber gegenüber dem Schutzstandard bestehen, den die jeweilige nationale Regulierung gewährt. Verbraucher würden systematisch Produkte erwerben, die unter einer Regulierung mit niedrigem Verbraucherschutzniveau hergestellt oder vertrieben werden. Folglich sei eine zentrale und vereinheitlichte Verbraucherschutzregulierung vorzugswürdig, um die ökonomischen Vorteile eines integrierten Binnenmarktes realisieren zu können (*Sinn* 1995, 1997).

Die Verhinderung von adverser Selektion ist in der Tat der Dreh- und Angelpunkt der Verbraucherschutzregulierung, nur ist fraglich, ob die Ausschaltung des Regulierungswettbewerbs die einzige Möglichkeit zum Umgang mit diesem Problem ist.[22] Zunächst kann bezweifelt werden, dass Verbraucher das Schutzniveau einzelner Verbraucherschutzregulierungen genauso schlecht einschätzen können, wie die Produktqualität selbst. Ebenso können sich spontan intermediäre Institutionen herausbilden, die Verbrauchern in verlässlicher Weise die für einen Kauf nötigen Informationen bereitstellen. Verbraucherschutzvereinigungen und Zertifizierungen sind nur zwei Beispiele für solche intermediäre Institutionen. Jurisdiktionen erwerben zudem eine Reputation für die Qualität ihrer Verbraucherschutzregulierungen (*Haucap/Wey/Barmbold* 1997).

Neben den spontan entstehenden Institutionen, die der adversen Selektion entgegenwirken, hängt es von der Ausgestaltung adäquater Wettbewerbsregeln ab, damit Verbraucherschutzregulierungen in einen funktionsfähigen Wettbewerb miteinander treten können. Dies kann am Beispiel der

---

[22] Vgl. *Sykes* (2000); *Kirchner* (2002); *Heine/Röpke* (2007).

Gewährleistung des Verkäufers für das einwandfreie Funktionieren von Produkten verdeutlicht werden: Je höher die Gewährleistungsansprüche eines Käufers sind, desto teurer wird das Produkt, weil der Verkäufer etwaige Reparaturaufwendungen in den Produktpreis einkalkulieren muss. Nicht alle Käufer werden aber möglicherweise dieses Schutzniveau präferieren. Manche Verbraucher werden ein geringeres Schutzniveau und einen niedrigeren Produktpreis bevorzugen, während andere Verbraucher ein noch höheres Schutzniveau wünschen und dafür einen höheren Preis zu zahlen bereit sind. Bei einer vereinheitlichten Regulierung ist eine solche Differenzierung – zumindest nach „unten" – nicht möglich. Bei der Wahlmöglichkeit zwischen Produkten mit unterschiedlichen Gewährleistungsansprüchen ist eine Differenzierung zwar möglich, aber das Problem adverser Selektion ist nicht auszuschließen. Um einerseits den Schutzbedürfnissen von Verbrauchern nachzukommen und andererseits Regulierungswettbewerb zu ermöglichen, könnte deshalb folgende Wettbewerbsregel eingeführt werden: Es gilt das vereinheitlichte Gewährleistungsrecht des Binnenmarktes, Verbraucher können jedoch für ein anderes Gewährleistungsrecht freiwillig optieren.[23] Der Vorteil einer solchen Regel besteht darin, dass Verbraucher nicht gezwungen werden können, einen niedrigeren Schutzstandard zu akzeptieren, gleichwohl können gut informierte Verbraucher, mit einer niedrigeren Präferenz für Verbraucherschutz, preisgünstigere Produkte erwerben. Dabei ist davon auszugehen, dass die preislichen Unterschiede, die mit der Wahl des Verbraucherschutzregimes verbunden sind, die Wirkung haben, dass sich Käufer auch über die zur Auswahl stehenden Verbraucherschutzrechte besser informieren.

Regulierung von Energiemärkten: Der Regulierungsbedarf auf Energiemärkten ergibt sich aufgrund der Wettbewerbsresistenz des natürlichen Monopols der Netzinfrastruktur. Da die Netzinfrastruktur lokal gebunden ist, ist auch deren Regulierung an den Ort des Netzes gebunden. Das „Mitkaufen" einer Regulierung, wie unter dem Prinzip der gegenseitigen Anerkennung bei beweglichen Gütern, ist somit nicht möglich und die Herstellung von Regulierungswettbewerb gestaltet sich schwieriger.

Für den Verbraucher ergibt sich der von ihm zu zahlende Energiepreis aufgrund des Wettbewerbs der Energieanbieter auf der Erzeugungs- und Absatzstufe sowie der Durchleitungsentgelte für den Netzbetrieb auf der Verteilungsstufe. Eine Jurisdiktion nimmt mit Regulierungen in vielfältiger Weise Einfluss auf Wettbewerb und Preisbildung der verschiedenen Wertschöpfungsstufen. Stichwortartig seien nur genannt: Anreizregulierung, Yardstick-Regulierung, Ownership Unbundling, Legal Unbundling und Versorgungssicherheit. Bislang ist nicht klar, welches dieser Regulierungs-

---

[23] Zu diesem Vorschlag siehe ausführlicher *Kirchner* (2002) sowie *Heine/Röpke* (2007).

regime und welche Kombination aus ihnen für den Verbraucher das beste Ergebnis erzeugt.[24] Insofern käme dem Wettbewerb als Entdeckungsverfahren und Anreizmechanismus zur Implementation der für den Verbraucher günstigsten Regulierung eine große Bedeutung zu.

Ein wichtiges Element zur wirtschaftlichen Integration sowie zur Schaffung von Regulierungswettbewerb im Energiebereich ist der grenzüberschreitende Handel von Energie. Verbraucher erhalten dadurch die Möglichkeit, Energie aus derjenigen Jurisdiktion zu beziehen, die das von ihnen präferierte Preis-Leistungsverhältnis bietet. Um einen Regulierungswettbewerb im Bereich der Energieregulierung zu ermöglichen, reicht es jedoch nicht aus, den grenzüberschreitenden Handel von Energie formal zu erlauben. Ein Grund hierfür liegt in der historisch gewachsenen Geografie der Verteilungsnetze: Damit ein grenzüberschreitender Handel mit Energie nämlich stattfinden kann, müssen entsprechende grenzüberschreitende Netzkapazitäten in Form von Übertragungsnetzen vorhanden sein. Strom muss beispielsweise an einem Ort des zu integrierenden Wirtschaftsraumes eingespeist werden und an einem anderen Ort abrufbar sein. Eine Ordnung für den Regulierungswettbewerb auf Energiemärkten muss somit Regeln zum Ausbau transnationaler Energienetze beinhalten bzw. Anreize zu transnationalen Netzinfrastrukturinvestitionen setzen.

Der Ausbau des physischen Netzes ist zwar eine notwendige, aber noch keine hinreichende Bedingung, um einen Wettbewerb der Regulierungen auf Energiemärkten in Gang zu setzen. So bestimmt die Regulierung des Energiemarktes nicht nur die Kosten der Energieerzeugung, z.B. in Form der Förderung bestimmter Technologien oder durch staatliche Beteiligung an Energieversorgungsunternehmen mit entsprechender politischer Einflussnahme, sondern die Regulierung des Energiemarktes umfasst auch den Netzzugang und die zu entrichtenden Durchleitungsentgelte.

Während der Netzzugang bei entsprechenden Netzkapazitäten noch relativ leicht durchgesetzt werden kann, muss die Regulierung der Durchleitungsentgelte in der Weise erfolgen, dass einerseits ein wirtschaftlicher Betrieb der Netze möglich ist, dass sie aber andererseits nicht als Hindernis für den Markteintritt von Wettbewerbern missbraucht wird. Bislang ist umstritten, welche Regulierung diese Ziele am besten verwirklicht, so dass das Entdeckungsverfahren des Wettbewerbs in diesem Bereich besonders bedeutsam wäre.

---

[24] In der EU gibt es eine anhaltende Diskussion darüber, wie die Energiemärkte am besten zu regulieren seien, um einen Binnenmarkt für Energie zu schaffen. Wie verwickelt dabei die Probleme im Einzelnen sein können, zeigt sich beispielsweise im Entwurf des Berichtes der Bundesnetzagentur zur Anreizregulierung von 2006. Mit besonderem Bezug zum Verhältnis von Regulierung und Corporate Governance von Unternehmen auf Energiemärkten siehe *Heine* (2007).

Da es bislang keine Vorschläge gibt, wie ein Wettbewerb zwischen Regulierungen von Durchleitungsentgelten konkret gestaltet werden könnte, kann hier nur angedeutet werden, wie der Regulierungsrahmen in Richtung von mehr Wettbewerb ausgerichtet werden könnte. Auf zentraler Ebene müsste als Regel der wechselseitige Netzzugang für alle Energieanbieter verankert werden, damit transnationale Energielieferungen möglich werden. Dezentral müssten jedoch die einzelnen Jurisdiktionen die Kompetenz haben, die Regulierung der Durchleitungsentgelte zu bestimmen. Damit jedoch ein Anreiz zur Fortentwicklung der Regulierung von Durchleitungsentgelten entsteht, müsste des Weiteren beim grenzüberschreitenden Energietransport die Berechnung der Durchleitungsentgelte entsprechend der Regulierung derjenigen Jurisdiktion erfolgen, in der die Energieerzeugung stattgefunden hat. Nicht die Regulierung der Durchleitungsentgelte der Energie importierenden Jurisdiktion würde somit Anwendung finden, sondern das Recht der Energie exportierenden Jurisdiktion. Ansonsten wäre das nationale Regulierungsmonopol bei Durchleitungsentgelten nicht bestreitbar.

Um strategisches Verhalten der Jurisdiktionen beim Design der Regulierungen der Durchleitungsentgelte mit der Folge ruinöser Konkurrenz und die Überwälzung von Regulierungskosten auf andere Jurisdiktionen zu verhindern (*Maloney/McCormick/Tollison* 1984), müssten freilich flankierende Regelungen auf zentraler Ebene vereinbart werden, die sicherstellen, dass notwendige Netzinfrastrukturinvestitionen getätigt und eine Insolvenz der Betreiber der Netze verhindert wird. Die Folge solcher zusätzlichen Differenzierungen der Regulierungen ist, dass sich ein weniger kraftvoller Wettbewerb zwischen den Regulierungen von Durchleitungsentgelten entfaltet und Jurisdiktionen einen Einflusskanal erhalten, um die einheimischen Betreiber der Netze vor Wettbewerb zu schützen. Dennoch würde diese Form des Regulierungswettbewerbs stärkere Anreize zur Fortentwicklung und Verbesserung der Regulierungen von Durchleitungsentgelten setzen als dies gegenwärtig in der EU der Fall ist.

Die drei Beispiele aus unterschiedlichen regulierungsbedürftigen Bereichen sind hier sehr holzschnittartig dargestellt worden. Sie sollten aber auch gar keine fertigen Lösungen für die mit ihnen jeweils verbundenen Probleme liefern, sondern lediglich verdeutlichen, dass Wettbewerb von Regulierungen und die Integration von Wirtschaftsräumen kein Widerspruch sein muss. Dabei zeigt sich, dass auf zentraler Ebene (Meta-) Regeln anzusiedeln sind, die den Regulierungswettbewerb auf dezentraler Ebene steuern. Es zeigt sich darüber hinaus, dass auf zentraler Ebene das Prinzip der gegenseitigen Anerkennung von Regulierungen und die Ermöglichung von Rechtswahlfreiheit Kernprinzipien zur Integration eines Wirtschaftsraumes durch Wettbewerb darstellen. Allerdings bedürfen gegenseitige Anerkennung und Rechtswahlfreiheit einer höchst differenzierten Anpassung an den jeweils zu regulierenden Gegenstand, damit der angestoßene Regulierungswettbewerb zu wünschenswerten Ergebnissen führt (*Sykes* 2000).

D. Eine Ordnung für den Wettbewerbsföderalismus – Vertikaler Regulierungswettbewerb

Nachdem deutlich geworden ist, dass Regulierungswettbewerb in eine föderale Ordnung eingebettet werden muss, die entsprechend des regulierungsbedürftigen Gegenstandes differenzierte Wettbewerbsregeln aufstellt, soll abschließend der Blick auf das Problem der Implementation einer wettbewerbsföderalen Ordnung gelenkt werden. Das heißt, Jurisdiktionen müssen Regulierungswettbewerb als positive Integrationsstrategie für einen Wirtschaftsraum nicht nur wählen, sondern auch so verankern, dass es mit der Zeit weder zu einer Zentralisierung aller Kompetenzen kommt, noch dass der Wirtschaftsraum wieder in Nationalstaaten mit vollkommen autonomen Regulierungskompetenzen zerfällt. Diese Problematik wird in der Literatur zum (Regulierungs-) Wettbewerb zwischen Jurisdiktionen meist vernachlässigt.

Ein wichtiger Beitrag zur Lösung dieses Problemkomplexes wird mit dem Konzept des „market-preserving federalism"[25] geleistet.[26] Das Konzept gehört zur sogenannten „second generation federalist theory"[27] und legt den Schwerpunkt der Betrachtung im Gegensatz zu älteren Ansätzen der Föderalismustheorie nicht auf die Ableitung eines optimalen Dezentralisierungsgrades von Regulierungskompetenzen. Ebenso ist dieser Ansatz nicht primär mit interjurisdiktionellen Lernprozessen beschäftigt, die durch Regulierungswettbewerb angestoßen werden. Der Ansatz des markterhaltenden Föderalismus fragt vielmehr danach, unter welchen Bedingungen Politiker Anreize haben, einen Binnenmarkt für Güter zu schaffen und ein kompetitives Angebot von öffentlichen Leistungen und Regulierungen zuzulassen.

Weingast und andere arbeiten vier wesentliche Bedingungen heraus, die auf konstitutioneller Ebene erfüllt sein müssen, damit ein föderales Mehr-Ebenen-System markterhaltend und dauerhaft stabil ist (*Figueiredo/Weingast* 2002):

---

[25] Vgl. *Weingast* (1993, 1995, 2005); *McKinnon* (1997).

[26] Für eine Kritik des Konzepts des „market preserving federalism" siehe *Rodden/Rose-Ackerman* (1997); *Thun* (2004).

[27] Vgl. *Qian/Weingast* (1997); *Aoki* (2001, S. 166); *Oates* (1999).

1. Untere Gebietskörperschaften haben substantielle wirtschaftspolitische Kompetenzen. Nur wenn diese Bedingung erfüllt ist, können Gebietskörperschaften mit tatsächlich unterschiedlichen Angeboten an öffentlichen Gütern, Regulierungen und Steuern in Wettbewerb miteinander treten.
2. Die oberste Gebietskörperschaftsebene kann einen gemeinsamen Markt für Güter und Dienstleistungen durchsetzen. Nur wenn diese Bedingung erfüllt ist, können die Vorteile des Handels zwischen Jurisdiktionen dauerhaft realisiert werden, da ansonsten einzelne Jurisdiktionen durch Protektion Sonderinteressen verfolgen würden.
3. Auf allen Gebietskörperschaftsebenen gibt es eine harte Budgetbeschränkung. Insbesondere für untere Gebietskörperschaftsebenen darf ein „bail out" durch die zentrale Ebene nicht möglich sein. Müssen Jurisdiktionen nicht selbst für ihre Schulden aufkommen, werden Politiker versuchen, unpopuläre Steuerlasten auf andere Jurisdiktionen überzuwälzen.
4. Das föderale Kompetenzgefüge muss institutionell dauerhaft stabil sein. Weder die zentrale noch die dezentralen Ebenen dürfen das Kompetenzgefüge einseitig zu ihren Gunsten verändern und Sondervorteile auf Kosten der anderen Jurisdiktionsebene erzielen können.

Die wichtigsten Erkenntnisse, die der „market preserving federalism" zur Schaffung eines gemeinsamen Gütermarktes und zur Durchsetzung von Regulierungswettbewerb beisteuert, resultieren aus der vierten Bedingung, der institutionellen Stabilität des Kompetenzgefüges zwischen Jurisdiktionen in einem Wirtschaftsraum. Denn die Umsetzung der vierten Bedingung erfordert, dass das wettbewerbsföderale System selbstdurchsetzend ist. Dass ein wettbewerbsföderal organisierter Wirtschaftsraum letztlich selbstdurchsetzend sein muss und nicht durch Delegation an eine mit Autorität und Kompetenz-Kompetenz ausgestattete zentrale Instanz dauerhaft aufrechterhalten werden kann, wird mit folgendem Zitat von Weingast besonders deutlich: „[A] Government strong enough to protect property rights is also strong enough to confiscate the wealth of its citizens" (*Weingast* 1993, S. 287).

Daraus folgt, dass mit Hilfe des Mechanismus' von „checks and balances" zwischen den Gebietskörperschaftsebenen ein Machtgleichgewicht geschaffen werden muss, das die wettbewerbsföderale Ordnung ohne Bezug auf eine dritte Instanz durchsetzt.[28] Die Notwendigkeit von „checks and balances" zur Aufrechterhaltung einer föderalen Ordnung ist bereits in den dreißiger Jahren des letzten Jahrhunderts von Hayek beschrieben worden, der damit zentrale Argumentationen des markterhaltenden Föderalismus vorwegnimmt:

---

[28] Vgl. *Röpke/Heine* (2005); *Heine/Gröteke* (2005); *Heine* (2006).

„Wenn man bedenkt, wie erfinderisch sich die Gesetzgeber in dieser Hinsicht [Beschränkung des Wettbewerbs durch untere Gebietskörperschaftsebenen, der Verf.] erwiesen haben, scheint es klar zu sein, daß keine speziellen Verbote in der Bundesverfassung hinreichen würden, um solche Entwicklungen zu verhindern; der Bundesregierung müßte zu diesem Zweck wahrscheinlich ein allgemeines Einspruchsrecht gegeben werden. Das heißt, daß der Bund die negative Macht haben müßte, die Einzelstaaten zu verhindern, in bestimmter Weise in die Wirtschaftstätigkeit einzugreifen, während er aber selbst nicht die Macht hätte, das an ihrer Stelle zu tun" (Hayek [1939] 1976, S. 338).

Die von *Hayek* und *Weingast* angestellten Überlegungen zur Selbstdurchsetzung einer wettbewerbsföderalen Ordnung lassen sich zum Prinzip der Offenhaltung des Wettbewerbs verdichten (*Röpke/Heine* 2005). Es besagt, dass untere Jurisdiktionsebenen eigene Regulierungskompetenzen haben müssen sowie die Kompetenz zur Regulierung neuer Probleme und zur Rückholung von Regulierungsgegenständen auf zentraler Ebene. Mit anderen Worten, das Prinzip der Offenhaltung des Wettbewerbs fordert, dass nicht nur horizontal zwischen Jurisdiktionen gleicher Ebene Regulierungswettbewerb herrschen soll, sondern auch vertikal zwischen verschiedenen Jurisdiktionsebenen (*Trachtman* 1993). Das impliziert, dass es prinzipiell möglich ist, dass die Regulierung eines bestimmten Problems gleichzeitig dezentral und zentral angeboten wird und damit Regulierungsnachfrager ihrer Präferenz Ausdruck darüber verleihen können, auf welcher Jurisdiktionsebene eine Regulierungskompetenz angesiedelt sein sollte. Es wird zudem verhindert, dass Regulierungskompetenzen systematisch von der zentralen oder den dezentralen Jurisdiktionsebenen angezogen werden und ein „lock-in" von Regulierungskompetenzen auf einer Jurisdiktionsebene stattfindet (*Weingast* 1995, 2005).

Ein vertikaler Regulierungswettbewerb, der „checks and balances" zwischen der zentralen und den dezentralen Jurisdiktionsebenen schafft, funktioniert freilich nicht ohne einer institutionellen Einbettung. So darf es beispielsweise nicht zu externen Effekten zwischen zentraler Ebene und den dezentralen Ebenen kommen, wenn eine Jurisdiktionsebene regulierend tätig wird. Weingast weist auf dieses Problem mit der Notwendigkeit harter Budgetbeschränkungen deutlich hin, um die makroökonomische Stabilität eines wettbewerbsföderalen Staatenbundes zu gewährleisten (*Weingast* 1995, 2005). Ebenso kann es aufgrund der Heterogenität der Regulierungsgegenstände, unterschiedlicher Bedingungen und Präferenzen in Jurisdiktionen zu Konflikten kommen, wenn es um das Ausmaß an Regulierungskompetenz geht, das Jurisdiktionen für sich reklamieren. Für solche Streitfälle wäre ein Kompetenzgerichtshof vorzusehen, wie er beispielsweise von der European Constitutional Group für die Europäische Union vorgeschlagen wird (*Schneider/Bernholz/Vaubel/Vibert* 2004).

Dass ein sich selbst durchsetzender Wettbewerbsföderalismus, in dem ein vertikaler Regulierungswettbewerb für „checks and balances" zwischen zentraler und dezentralen Jurisdiktionsebenen sorgt, kein rein hypothetisches Konstrukt ist, lässt sich am Beispiel des Gesellschaftsrechts in Kanada, den Vereinigten Staaten und der EU festmachen.

In Kanada bieten seit jeher die Provinzen Gesellschaftsrecht an und seit 1975 ebenfalls die Föderation. Das zusätzliche Angebot der Föderation hat zu einer deutlichen Belebung des gesellschaftsrechtlichen Wettbewerbs geführt. War das kanadische Gesellschaftsrecht bis dahin als wenig reformfreudig bekannt, haben sich durch den Markteintritt der Föderation die gesellschaftsrechtlichen Reformprozesse auf Ebene der Provinzen erheblich beschleunigt.[29]

In den Vereinigten Staaten gibt es zwar bislang kein Gesellschaftsrecht, das von der föderalen Ebene angeboten wird, aber das einflussreiche American Law Institute unterbreitet regelmäßig Modellgesetze im Bereich des Gesellschaftsrechts, die als Fortentwicklung oder Alternativen zum Recht der Bundesstaaten zu sehen sind. Häufig dienen die Vorschläge des American Law Institutes den Bundesstaaten als Vorlage für die eigene Gesetzgebung. Insofern stehen die einzelnen Bundesstaaten in einem gewissen vertikalen Wettbewerbsverhältnis mit dem American Law Institute. Gefördert wird diese Wettbewerbsbeziehung durch die immer wieder aufflammende Diskussion über ein föderales einundfünfzigstes Gesellschaftsrecht, das wie in Kanada in direkten vertikalen Wettbewerb treten solle (*Bebchuk/Hamdami* 2002, 2006).

Schließlich gibt es in der EU seit 2004 mit der Europäischen Aktiengesellschaft (SE) ein supranationales Rechtsangebot für europäische Kapitalgesellschaften.[30] Dieses supranationale Rechtsangebot ist als Umsetzung der vom AEUV geforderten Niederlassungsfreiheit für juristische Personen zu verstehen (Art. 49), es kann aber auch als wettbewerbliche Reaktion der EU-Ebene auf den sich entfaltenden horizontalen Wettbewerb zwischen Gesellschaftsrechten in Folge des Centros-Urteils des EuGH verstanden werden. Allerdings ist noch offen, inwiefern die SE wirklich ein attraktives alternatives gesellschaftsrechtliches Angebot darstellt. Das wird sich im Leistungsvergleich zu den nationalen Gesellschaftsrechten auf den Feldern „Unternehmensmitbestimmung", „Kapitalschutz" oder „Führungsverfassung" erst noch herausstellen müssen.

Während das Konzept des „market preserving federalism" überzeugend herausarbeitet, dass die Realisierung der Vorteile eines integrierten Binnenmarktes und ein dezentrales, wettbewerbliches Angebot von Regulierungen keinen Widerspruch darstellen, sondern es von bestimmten Rah-

---

[29] Vgl. *Daniels* (1991) sowie differenziert *Kieninger* (2002).

[30] Vgl. *Röpke/Heine* (2005) mit weiterer Literatur.

menbedingungen abhängt, ob ein wettbewerbsföderales System funktionsfähig ist, liefert das Konzept jedoch bislang keine gesicherten Erkenntnisse darüber, wie man von einem gegebenen Status Quo der Integration zu einem wettbewerbsföderalen Mehr-Ebenen-System kommt, das die oben genannten vier Bedingungen erfüllt. Es bleibt abzuwarten, ob die breit angelegten und vergleichenden historischen Studien von *Weingast* und anderen über die Entwicklung von Föderationen[31] in Zukunft genaueren Aufschluss über die Bedingungen geben, die erfüllt sein müssen, damit es zur Implementation von Wettbewerb der Regulierungen als Integrationsstrategie kommt.

E. Schlussbemerkung

In diesem Beitrag wurde der Frage nachgegangen, ob Wettbewerb der Regulierungen eine Integrationsstrategie für Jurisdiktionen ist. Genauer gesagt lautete die Frage, ob ein Wettbewerb der Regulierungen eine bessere Integrationsstrategie darstellt als Rechtsvereinheitlichung oder Harmonisierung. Dabei wurde eine Reihe an Argumenten für und wider Regulierungswettbewerb diskutiert. Zwei Ergebnisse sind dabei besonders festzuhalten: 1) Ein funktionsfähiger Regulierungswettbewerb bedarf der Ordnung, das heißt, der Einbettung in einen Ordnungsrahmen, der die freie Rechtswahl erlaubt, sie aber auch wenn nötig einschränkt (externe Effekte!). 2) Die Heterogenität der zu regulierenden Gegenstände erfordert eine problemadäquate Übertragung des Wettbewerbsprinzips auf den Bereich von Regulierungen. Das bedeutet keine Beliebigkeit hinsichtlich der Integrationsstrategie, sondern die Suche nach geeigneten institutionellen Lösungen zur Ermöglichung eines Maximums an Regulierungswettbewerb hinsichtlich des jeweiligen Gegenstandsbereichs.

Mit den Erkenntnissen des Konzepts des „market preserving federalism" lassen sich die Ordnungsbedingungen angeben, unter denen vermutet werden darf, dass ein Wettbewerb der Regulierungen als Integrationsstrategie dauerhaft aufrechterhalten werden kann. Dem vertikalen Regulierungswettbewerb als ein Mechanismus, der systematisch „checks and balances" zwischen den Jurisdiktionsebenen setzt, kommt dabei besondere Bedeutung zu.

Offen ist hingegen die Frage, wie die vom „market preserving federalism" genannten Bedingungen verwirklicht werden können, wenn man vom Status Quo eines Wirtschaftsraums ausgeht. Hier zeigt sich bislang ein Bild, das eher auf historische Zufälligkeiten hindeutet als auf systema-

---

[31] Siehe insbesondere die Studien von *Montinola/Qian/Weingast* (1995); *Qian/Weingast* (1997) und *Figueiredo/Weingast* (2002).

tische politische Prozesse. Zukünftig wird es daher besonders wichtig und auch lohnend sein, in historischer und vergleichender Perspektive zu untersuchen, wie sich wettbewerbsföderale Wirtschaftsräume gebildet und stabilisiert haben und wie ein Wettbewerb der Regulierungen als Integrationsstrategie verwirklicht wurde.

Literatur

Aoki, Masahiko (2001): Toward a Comparative Institutional Analysis, Cambridge/MA.

Balassa, Bela (1962): The Theory of Economic Integration, London.

Bebchuk, Lucian Arye: Federalism and the Corporation: The Desirable Limits on State Competition in Corporate Law, in: Harvard Law Review 1992, Vol. 105, S. 1435−1510.

Bebchuk, Lucian Arye/Hamdani, Assaf (2002): Vigorous Race or Leisurely Walk: Reconsidering the Competition over Corporate Charters, in: Yale Law Journal 2002, Vol. 112, S. 563−585.

− (2006): Federal Corporate Law: Lessons from History, in: Columbia Law Review 2006, Vol. 106, S. 1793−1839.

Behrens, Peter (1986): Die ökonomischen Grundlagen des Rechts, Tübingen.

Bewley, Truman F. (1981): A Critique of Tiebout's Theory of Local Public Expenditures, in: Econometrica 1981, Vol. 49, S. 713−740.

Blank, Jürgen E./Clausen, Hartmut/Wacker, Holger (1998): Internationale ökonomische Integration, München.

Brusis, Martin (2003): Zwischen europäischer und nationaler Identität – Zum Diskurs über die Osterweiterung der EU, in: Klein, Ansgar/Koopmans, Ruud/Trenz, Hans J./ Klein, Ludger/Lahusen, Christian/ Rucht, Dieter (Hrsg.), Bürgerschaft, Öffentlichkeit und Demokratie in Europa. Opladen 2003, S. 257−274.

Buchanan, James M./Tullock, Gordon (1962): The Calculus of Consent, Michigan/MI.

Buchanan, James M. (1971): Das Verhältnis der Wirtschaftswissenschaft zu ihren Nachbardisziplinen, in: Jochimsen/Knobel (Hrsg.), Gegenstand und Methoden der Nationalökonomie, Köln, 1971, S. 88−105.

− (1987): The Constitution of Economic Policy, in: American Economic Review 1987, Vol. 77, S. 243−250.

Bundesnetzagentur: Entwurf des Berichtes der Bundesnetzagentur zur Anreizregulierung vom 2.5.2006. Bonn, 2006.

Cary, William L. (1974): Federalism and Corporate Law: Reflections upon Delaware, in: Yale Law Journal 1974, Vol. 83, S. 663−705.

Cecchini, Paolo (1988): The cost of non Europe, in: Cecchini/Catinat/Jacquemin (Hrsg.), The European challenge 1992: the benefits of a single market, Aldershot, S. 113−125.

Daines, Robert (2001): Does Delaware Improve Firm Value?, Journal of Financial Economics 2001, Vol. 62, S. 525−558.

Daniels, Ronald J. (1991): Should Provinces Compete? The Case for a Competitive Corporate Law Market, in: McGill Law Journal 1991, Vol. 36, S. 130−190.

Demougin, Dominique/Witt, Peter (2002): Harmonisierung und Systemwettbewerb – Wettbewerb der Systeme versus Wettbewerb der Ideen, in: Ott/Schäfer (Hrsg.), Vereinheitlichung und Diversität des Zivilrechts in transnationalen Wirtschaftsräumen, Tübingen, S. 40−63.

Easterbrook, Frank H. (1994): Federalism and European Business Law, in: International Review of Law and Economics 1994, Vol. 14, S. 125–132.

Easterbrook, Frank H./Fischel, Daniel R. (1996): The Economic Structure of Corporate Law, Cambridge/MA.

Eidenmüller, Horst (1995): Effizienz als Rechtsprinzip, Tübingen.

Eucken, Walter (1975): Grundsätze der Wirtschaftspolitik, 5. Aufl., Tübingen, [1. Aufl. 1952].

Figueiredo, Rui J.P. de/Weingast, Barry R. (2002): Pathologies of Federalism, Russian Style: Political Institutions and Economic Transition, Mimeo.

Gandolfo, Giancarlo (1994): International Economics I, Berlin.

Grundmann, Stefan/Hoerning, Andreas (2007): Leistungsstörungsmodelle in Europa im Lichte der ökonomischen Theorie – nationales, europäisches und internationales Recht, in: Eger/Schäfer (Hrsg.), Ökonomische Analyse der europäischen Zivilrechtsentwicklung, Tübingen, S. 420–470.

Haucap, Justus/Wey, Christian/Barmbold, Jens (1997): Location Choice as a Signal of Product Quality: The Economics of ‚Made in Germany‘, in: Journal of Institutional and Theoretical Economics 1997, Vol. 153, S. 510–531.

Hayek, Friedrich A. von (1968): Der Wettbewerb als Entdeckungsverfahren, Kiel.

– (1976): Die wirtschaftlichen Voraussetzungen föderativer Zusammenschlüsse [erstmals erschienen 1939], in: Hayek, Individualismus und wirtschaftliche Ordnung. 2. Aufl., Salzburg, S. 324–344.

Heine, Klaus (2003a): Regulierungswettbewerb im Gesellschaftsrecht. Zur Funktionsfähigkeit eines Wettbewerbs der Rechtsordnungen im europäischen Gesellschaftsrecht, Berlin.

– (2003b): Regulatory Competition between Company Laws in the European Union: the Überseering Case, in: Intereconomics 2003, Vol. 38, S. 102–108.

– (2003c): Kompetitiver Föderalismus auch für das öffentliche Gut „Recht"?, in: Vierteljahreshefte zur Wirtschaftsforschung 2003, 72. Jg., S. 472–484.

– (2006): Interjurisdictional Competition and the Allocation of Constitutional Rights: a Research Note, in: International Review of Law and Economics 2006, Vol. 26, S. 33–41.

– (2007): Governance-Probleme bei der erfolgreichen unternehmensinternen Umsetzung der Anreizregulierung, in: Säcker/Busse von Colbe (Hrsg.): Grundlagen der Anreizregulierung – Zum Anreizregulierungsrecht der Bundesnetzagentur, Frankfurt, S. 11–36.

Heine, Klaus/Gröteke, Friedrich (2005): Beihilfenkontrolle und europäische Verfassung am Beispiel der Daseinsvorsorge, in: Außenwirtschaft 2005, Vol. 60, S. 463–484.

Heine, Klaus/Janal, Ruth (2008): Suretyships and Consumer Protection in the European Union through the Glasses of Law and Economics, in: Ciachi/Weatherill (Hrsg.), Unfair Suretyships in the Enlarged European Union, erscheint 2009.

Heine, Klaus/Kerber, Wolfgang (2002): European Corporate Laws, Regulatory Competition and Path Dependence, in: European Journal of Law and Economics 2002, Vol. 13, S. 47–71.

– (2003): Integrationstheorie und Wettbewerbsföderalismus, in: Cassel/Welfens (Hrsg.), Regionale Integration und Osterweiterung der europäischen Union, Stuttgart, S. 107–128.

Heine, Klaus/Röpke, Katharina (2007): Zentralität und Dezentralität im europäischen Zivilrecht, in: Heine/Kerber (Hrsg.), Zentralität und Dezentralität von Regulierung in Europa. Stuttgart, S. 155–182.

Kerber, Wolfgang (1998): Zum Problem einer Wettbewerbsordnung für den Systemwettbewerb, in: Jahrbuch für Neue Politische Ökonomie 1998, Bd. 17, S. 199–230.

Kerber, Wolfgang/Heine, Klaus (2002): Zur Gestaltung von Mehr-Ebenen-Rechtssystemen, in: Ott/Schäfer (Hrsg.): Vereinheitlichung und Diversität des Zivilrechts in transnationalen Wirtschaftsräumen, Tübingen, S. 167–194.

Kerber, Wolfgang/Van den Bergh, Roger (2008): Mutual Recognition Revisited: Misunderstandings, Inconsistencies, and a Suggested Reinterpretation, in: Kyklos 2008, Vol. 61, S. 447–465.

Kieninger, Eva-M. (2002): Wettbewerb der Privatrechtsordnungen im Europäischen Binnenmarkt, Tübingen.

Kirchner, Christian (1997): Ökonomische Theorie des Rechts, Schriftenreihe der Juristischen Gesellschaft zu Berlin, Heft 151, Berlin u.a..

– (1998): A "European Civil Code": Potential, Conceptual, and Methodological Implications, in: U.C. Davis Law Review 1998, Vol. 31, S. 671–692.

– (2000): Ein Regelungsrahmen für Rechtseinheitlichkeit und Rechtsvielfalt in der Gemeinschaft, in: Grundmann (Hrsg.), Systembildung und Systemlücken in Kerngebieten des Europäischen Vertragsrechts, Tübingen, S. 99–113.

– (2002): Kommentar zu: Demougin und Witt, in: Ott./Schäfer (Hrsg.), Vereinheitlichung und Diversität des Zivilrechts in transnationalen Wirtschaftsräumen, Tübingen, S. 64–69.

Korobkin, Russell B./Ulen, Thomas S. (2000): Law and Behavioral Sciences: Removing the Rationality Assumption from Law and Economics, in: California Law Review 2000, Vol. 88, S. 1053–1148.

Maloney, Michael T./McCormick, Robert E./Tollison, Robert D. (1984): Economic Regulation, Competitive Governments, and Specialized Resources, in: Journal of Law and Economics 1984, Vol. 27, S. 329–338.

McKinnon, Ronald I. (1997): The Logic of Market-Preserving Federalism, in: Virginia Law Review 1997, Vol. 83, S. 1573–1580.

Montinola, Gabriela/Qian, Yingyi/Weingast, Barry R. (1995): Federalism, Chinese Style: The Political Basis for Economic Success, in: World Politics 1995, Vol. 48, S. 50–81.

Mueller, Dennis Carry (2003): Public Choice III, Cambridge/MA.

Mussler, Werner (1999): Systemwettbewerb als Integrationsstrategie der Europäischen Union, in: Streit/Wohlgemuth. (Hrsg.), Systemwettbewerb als Herausforderung an Politik und Theorie, Baden-Baden, S. 71–102.

Oates, Wallace E. (1999): An Essay on Fiscal Federalism, in: Journal of Economic Literature 1999, Vol. 37, S. 1120–1149.

Ogus, Anthony (1995): Rethinking Self-Regulation, in: Oxford Journal of Legal Studies 1995, Vol. 15, S. 97–108.

Olson, Mancur (1969): The Principle of „Fiscal Equivalence", in: American Economic Review 1969, Vol. 59, S. 479–487.

Pelkmans, Jacques (2001): European Integration, 2. Aufl., Harlow.

Polinsky, A. Mitchell (1974): Economic analysis as a potentially defective product: A buyer's guide to Posner's Economic Analysis of Law, in: Harvard Law Review 1974, Vol. 87, S. 1655–1681.

Posner, Richard (1998): Economic Analysis of Law, 5. Aufl., New York.

Qian, Yingyi/Weingast, Barry R. (1997): Federalism as a Commitment to Preserving Market Incentives, in: Journal of Economic Perspectives 1997, Vol. 11, S. 83–92.

Rodden, Jonathan/Rose-Ackerman, Susan (1997): Does Federalism Preserve Markets?, in: Virginia Law Review 1997, Vol. 83, S. 1521–1572.

Romano, Roberta (1993): The Genius of American Corporate Law, Washington.

– (1999): Corporate Law and Corporate Governance, in: Carrol, G.R./Teece, D.J. (Hrsg.), Firms, Markets and Hierarchies. New York, 1999, S. 365–427.

Röpke, Katharina/Heine, Klaus (2005): Vertikaler Regulierungswettbewerb und europäischer Binnenmarkt – die Europäische Aktiengesellschaft als supranationales Rechtsangebot, in: Ordo 2005, Bd. 56, S. 157–185.

Schmidt-Trenz, Hans-Jörg (1990): Außenhandel und Territorialität des Rechts, Baden-Baden.

Schmidt-Trenz, Hans-Jörg/Schmidtchen, Dieter (1994): Theorie optimaler Rechtsräume. Die Regulierung sozialer Beziehungen durch die Kontrolle von Territorium, in: Jahrbuch für Neue Politische Ökonomie 1994, Bd. 13, S. 7–29.

Schneider, Friedrich/Bernholz, Peter/Vaubel, Roland/Vibert, Frank (2004): An Alternative Constitutional Treaty for the European Union, in: Public Choice 2004, Vol. 118, S. 451–468.

Schwartzstein, Linda (1994): An Austrian Economic View of Legal Process, in: Ohio State Law Journal 1994, Vol. 55, S. 1049–1078.

Sinn, Hans Werner (1995): Das Selektionsprinzip und der Systemwettbewerb, in: Oberhauser. (Hrsg.), Fiskalföderalismus in Europa, Berlin.

– (1997): The Selection Principle and Market Failure in Systems Competition, in: Journal of Public Economics 1997, Vol. 88, S. 247–274.

Subramanian, Guhan (2004): The Disappearing Delaware Effect, in: Journal of Law, Economics and Organization 2004, Vol. 20, S. 32–59.

Sykes, Alan O. (2000): Regulatory Competition or Regulatory Harmonization? A Silly Question?, in: Journal of International Economic Law 2000, Vol. 3, S. 257–264.

Thun, Eric (2004): Keeping Up with the Jones': Decentralization, Policy Imitation, and Industrial Development in China, in: World Development 2004, Vol. 32, S. 1289–1308.

Tinbergen, Jan (1965): International Economic Integration, 2. Aufl., Amsterdam.

Trachtman, Joel P. (1993): International Regulatory Competition, Externalization, and Jurisdiction, in: Harvard International Law Journal 1993, Vol. 34, S. 47–103.

– (1997): The Theory of the Firm and the Theory of the International Economic Organization, in: Northwestern Journal of International Law and Business 1997, Vol. 17, S. 470–555.

– (2000): Regulatory Competition and regulatory Jurisdiction, in: Journal of International Economic Law, Vol. 3, 2000, S. 331–348.

Trebilcock, Michael/Howse, Robert (1998): Trade Liberalization and Regulatory Diversity: Reconciling Competitive Markets with Competitive Politics, in: European Journal of Law and Economics 1998, Vol. 6, S. 5–37.

Ulen, Thomas S. (2001): Information in the Market Economy – Cognitive Errors and Legal Correctives, in: Grundmann/Kerber/Weatherill. (Hrsg.), Party Autonomy and the Role of Information in the Internal Market, Berlin, S. 98–130.

Vanberg, Viktor (1994): Rules and Choice in Economics. London, New York.

Vanberg, Viktor/Kerber, Wolfgang (1994): Institutional Competition among Jurisdictions: An Evolutionary Approach, in: Constitutional Political Economy 1994, Vol. 5, S. 193–219.

Van den Bergh, Roger (2000): Towards an Institutional Legal Framework for Regulatory Competition in Europe, in: Kyklos 2000, Vol. 53, S. 435–466.

Vaubel, Roland (1992): Die politische Ökonomie der wirtschaftspolitischen Zentralisierung in der Europäischen Gemeinschaft, in: Jahrbuch für Neue Politische Ökonomie 1992, Bd. 11, S. 30–65.

– (2000): Internationaler politischer Wettbewerb: Eine europäische Wettbewerbsaufsicht für Regierungen und die empirische Evidenz, in: Jahrbuch für Neue Politische Ökonomie 2000, Bd. 19, S. 280–335.

– (2007): A History of Thought on Institutional Competition. Mimeo.

Virgo, John M./Virgo, Kathy S. (1990): The challenge of 1992 Europe, in: Atlantic Economic Journal 1990, Vol. 18, S. 1–8.

Weingast, Barry R. (1993): Constitutions as Governance Structures – The Political Foundations of Secure Markets, in: Journal of Institutional and Theoretical Economics 1993, Vol. 149, S. 286–311.

– (1995): The Economic Role of Political Institutions: Market Preserving Federalism and Economic Growth, in: Journal of Law, Economics and Organization 1995, Vol. 11, S. 1–31.

– (2005): Self-Enforcing Federalism, Journal of Law, Economics and Organization 2005, Vol. 21, S. 103–135.

Winter, Ralph K. (1977): State Law, Shareholder Protection, and the Theory of the Corporation, in: Journal of Legal Studies 1977, Vol. 6, S. 251–292.

Wooders, Myrna H. (1999): Multijurisdictional economies, the Tiebout Hypothesis, and sorting, in: Proceedings of the National Academy of Science (USA) 1999, Vol. 96, S. 10585–10587.

Wettbewerb im Spannungsfeld zwischen Größenvorteilen, Vielfalt und Innovation

Günter Knieps

A. Ordnungspolitische Rahmenbedingungen

Der klassische Liberalismus bildet den Ausgangspunkt für alle in der Folgezeit entwickelten Leitideen des Wettbewerbs für grundsätzlich marktwirtschaftlich organisierte Volkswirtschaften. Die klassische Lehre entstand in der Auseinandersetzung mit dem Absolutismus des 18. Jahrhunderts und seiner Wirtschaftspolitik des Merkantilismus. Während es im Merkantilismus dem Souverän oblag, als zentrale Planungsinstanz zu entscheiden, was, wie und für wen zu produzieren sei, sollte fortan die Handlungs- und Wahlfreiheit von privaten Unternehmen und privaten Haushalten über Produktions- und Konsumentscheidungen gewährleistet werden. Bereits *Adam Smith* (1776) hat den Wettbewerb zwischen den am Markt beteiligten Wirtschaftssubjekten als den entscheidenden Selbststeuerungsmechanismus erkannt. Er betonte gleichzeitig die Bedeutung offener Märkte und trat für die Abschaffung von Monopolprivilegien (zum Beispiel der Zünfte) ein.

In der ordoliberalen Freiburger Schule (Walter Eucken, Franz Böhm u. a.) werden Wettbewerbsfragen eng verbunden mit der Wirtschaftsordnung behandelt. Die wettbewerbliche Marktordnung entwickelt und erklärt sich dennoch nicht von selbst. Privateigentum und Vertragsfreiheit sind nicht hinreichend für die Spezifikation der Spielregeln, innerhalb derer die ökonomischen Aktivitäten stattfinden. Erforderlich ist zusätzlich die Ausgestaltung eines konkreten Ordnungsrahmens (*Vanberg*, 1998). Der Inhalt dieser Wettbewerbsordnung besteht sowohl aus ökonomischen Forderungen wie auch aus rechtlichen Prinzipien. Nach *Eucken* (1952, S. 254–304) sollte die Herstellung eines funktionsfähigen Preissystems zum Grundprinzip jeder wirtschaftspolitischen Maßnahme gemacht werden. Dieses Grundprinzip verlange nicht nur, dass staatliche Subventionen, staatliche Zwangsmonopole etc. vermieden und Kartelle verboten werden, vielmehr sei auch eine aktive Wirtschaftsverfassungspolitik notwendig. Zu den konstituierenden Prinzipien der Wettbewerbsordnung zählen Privateigentum, Vertragsfreiheit, Haftung, eine stabile Währungspolitik und eine konstante Wirtschaftspolitik sowie offene Märkte. Daneben werden „regulierende" Prinzipien als erforderlich angesehen, um die Wettbewerbsordnung funktionsfähig zu erhalten, unter anderem eine Antimonopolpolitik.

Zentrales Anliegen ist die Erhaltung und Förderung von Wettbewerbsprozessen auf Märkten. Dabei wird zwischen den folgenden Wettbewerbszielen bzw. Wettbewerbsfunktionen unterschieden (*Herdzina*, 1999, S. 11 ff.):

(1) Wirtschaftliche Freiheit: Sicherung von Handlungs- und Wahlfreiheit (Freiheitsfunktion).

(2) Verteilungsgerechtigkeit: Verhinderung des Entstehens und des Abbaus nicht leistungsgerechter Einkommen (Verteilungsfunktion).

(3) Optimale Allokation: Anpassung von Angebotsstruktur und Faktoreinsatz an Änderungen der Nachfrage (Allokationsfunktion).

(4) Realisierung von technischem Fortschritt (Entdeckungs- bzw. Fortschrittsfunktion).

Wettbewerb, der die ihm zugeordneten Funktionen im Sinne der Durchsetzung bestimmter Ziele erfüllen kann, heißt funktionsfähig (*von Weizsäcker*, 1981, S. 355).

B. Theoretische Wettbewerbskonzepte

I. Vollkommene Konkurrenz

Die Klassiker hatten offen gelassen, unter welchen Bedingungen im Einzelnen der Wettbewerb totale Übereinstimmung von Einzel- und Gesamtinteresse hervorbringt. Der Versuch, die exakten Voraussetzungen eines „vollkommenen", also maximalen Wohlstand hervorbringenden Wettbewerbs abzuleiten, führte zur Entwicklung des Wettbewerbskonzepts der vollkommenen Konkurrenz (*Walras*, 1874/1877).

Vollkommene Konkurrenz auf einem Markt ist durch folgende Merkmale gekennzeichnet:

(1) Reine Mengenanpassung seitens aller Marktteilnehmer (Konsumenten wie Produzenten) an die Marktpreise, die ein einzelner Anbieter oder Nachfrager durch sein Verhalten nicht beeinflussen kann (sowohl Inputpreise als auch Outputpreise sind gegeben).

(2) Freier Marktzugang beschreibt die Abwesenheit künstlicher Zugangsschranken zu einem Wirtschaftszweig bzw. einem Beruf.

Es ist von Bedeutung, den Begriff der vollkommenen Konkurrenz nicht von vornherein mit dem Gleichgewichtsbegriff zu vermengen (*Sohmen*,

1976, S. 70 f.). Ein allgemeines Gleichgewicht bei vollkommener Konkurrenz (Konkurrenzgleichgewicht) erfordert darüber hinaus die Erfüllung der folgenden zusätzlichen Bedingungen:

(3) Alle Konsumenten verwirklichen ihr Nutzenmaximum bezüglich ihrer Budgetbeschränkung (Einkommen).

(4) Alle Unternehmen verwirklichen ihr Gewinnmaximum (bei gegebener Produktionstechnologie bzw. Produktionsfunktion).

(5) Auf allen Märkten stimmen die angebotenen Mengen mit den nachgefragten Mengen überein.

Jedes Wirtschaftssubjekt trifft seine Entscheidungen auf der Basis der Preise (Outputpreise, Inputpreise). Der Selbststeuerungsmechanismus des Marktes bedingt, dass bei den individuellen, dezentral getroffenen Kauf- und Produktionsentscheidungen der Markt insgesamt geräumt wird. Die aggregierte Nachfrage stimmt also mit dem aggregierten Angebot auf jedem Markt der Volkswirtschaft überein.

Üblicherweise wird bei der Darlegung des allgemeinen Gleichgewichtskonzepts von gleich bleibenden Umweltbedingungen ausgegangen (stationäre Ökonomie), einschließlich der Konstanz der individuellen Präferenzen, des Stands der Technik (Produktionsfunktion) sowie der Verfügbarkeit von wirtschaftlichen Ressourcen. Diese Annahmen sind nicht zwangsläufig erforderlich. Es ist auch möglich, dynamische Entwicklungsprozesse zu untersuchen (so genannte Zeitpfade), wobei sich die Unternehmen an ständig im Wandel begriffene Datenkonstellationen ihrer Umwelt anpassen. Auch in solchen Fällen kann von vollkommener Konkurrenz gesprochen werden, solange reine Mengenanpassung aller Marktteilnehmer an die Marktpreise vorherrscht und jederzeit freier Marktzugang gesichert ist (*Sohmen*, 1976, S. 72 sowie S. 205 ff.). Allerdings gilt es zu beachten, dass die Modelldynamik typischerweise mit Hilfe von Differenzialgleichungen vorgegeben wird, d. h. es findet keine echte evolutorische Entwicklung statt.

Das Wettbewerbskonzept der vollkommenen Konkurrenz, in dem eine große Anzahl von Unternehmen angenommen wird, die keinen signifikanten Einfluss auf die Preise und andere Wettbewerbsparameter besitzen, ist grundlegend zum Verständnis der Funktionsfähigkeit einer dezentralen Marktwirtschaft. Es kann jedoch die Potenziale des Wettbewerbs bei Vorliegen von Größenvorteilen, die Präferenzen für Produktdifferenzierung und die Rolle des Wettbewerbs als Entdeckungsverfahren nicht erfassen. Hierzu sind in der wettbewerbsökonomischen Theorie grundlegende Wettbewerbsmodelle entwickelt worden, die im Folgenden kurz beleuchtet werden sollen.

Es ist ein wesentliches Charakteristikum des funktionsfähigen Wettbewerbs, dass Größenvorteile in der Produktion eine wichtige Rolle spielen und dass Unternehmensstrategien wie Produktdifferenzierung, Preisdifferenzierung, Aufbau von Goodwill, Suche nach neuen Produkten und innovativen Produktionsprozessen auch strategisch genutzt werden. Wettbewerb hat folglich gleichzeitig die Verbesserung der statischen als auch der dynamischen Effizienz zum Ziel (*Clark*, 1940; *Mason*, 1939, 1949). Auch bei der Verfolgung des Ziels der Realisierung von technischem Fortschritt ist der Wettbewerb von zentraler Bedeutung. Es handelt sich dabei um die Rolle des Wettbewerbs als Entdeckungsverfahren (*von Hayek*, 1968).

II. Theorie angreifbarer Märkte

Die Theorie der angreifbaren Märkte wurde in einer Zeit entwickelt, als auch in den USA der Marktöffnungsprozess in wettbewerblichen Ausnahmebereichen in der Anfangsphase stand. Die wirtschaftspolitische Fragestellung ist, ob der Wettbewerb auch bei Vorliegen von Größenvorteilen funktionieren kann (z.B. *Willig*, 1980). Die wettbewerbspolitische Aussage der Theorie der angreifbaren Märkte besteht darin, dass bei Vorliegen von Größenvorteilen[1] der Wettbewerb in Form potenziellen Marktzutritts durchaus funktionsfähig sein kann. Das Drohpotenzial des Marktzutritts wurde bereits sehr früh erkannt. So verwies schon *Chadwick* (1859) auf den Unterschied zwischen „competition for the field" und „competition within the field of service".

Die Theorie der angreifbaren Märkte stellt einen Modellrahmen auf, in dem potenzielle Konkurrenz die bei Vorliegen von Größenvorteilen mangelnde aktuelle Konkurrenz aktiver Marktteilnehmer perfekt zu ersetzen vermag. Das aktive Unternehmen muss dann effizient produzieren, auch ökonomische Gewinne sind nicht realisierbar (*Knieps*, 2008 S. 28 ff.). Folgende Annahmen werden hierbei zu Grunde gelegt:

(1) freier Marktzutritt; es existiert eine große Anzahl potenzieller Wettbewerber, die ohne Zeitverlust unbeschränkten Zugang zur gleichen kostengünstigsten Technologie haben.

(2) Abwesenheit von irreversiblen Kosten;[2] die für einen Markteintritt notwendigen Investitionen lassen sich beim Marktaustritt vollständig wieder verwenden. Marktaustritt ist ohne Kosten und ohne Zeitverlust möglich.

---

[1] Die Theorie untersucht allgemein die Angreifbarkeit natürlicher Monopole, bei der ein Unternehmen den relevanten Markt kostengünstiger bedienen kann als mehrere. Im Einproduktfall sind Größenvorteile hinreichend für das Vorliegen eines natürlichen Monopols.

[2] Irreversible Kosten sind für das etablierte Unternehmen nicht mehr entscheidungsrelevant, wohl dagegen für die potenziellen Wettbewerber, da diese vor der Entscheidung stehen, ob sie diese unwiederbringlichen Kosten in einem Markt einsetzen sollen oder nicht. Das eingesessene Unternehmen hat somit niedrigere entscheidungsrelevante Kosten als die potenziellen Wettbewerber.

(3) Bertrand-Nash-Verhalten; die potenziellen Wettbewerber berechnen ihre Marktchancen, indem sie den aktuellen Preis des eingesessenen Unternehmens als gegeben annehmen und diesen unterbieten. Vollständige Information seitens der Marktteilnehmer wird vorausgesetzt, d. h. es gibt keine Suchkosten, so dass schon kleine Änderungen der Preise eine unmittelbare Wanderung der gesamten Nachfrage zum günstigsten Anbieter zur Folge haben. Die Kunden fühlen sich also nicht an ein bestimmtes Unternehmen gebunden; sie können ohne nennenswerten Aufwand wechseln, wenn ein neuer Anbieter auf den Plan tritt.

Solange die Inputs zu gleichen Bedingungen sowohl den aktiven als auch den potenziellen Marktteilnehmern zur Verfügung stehen, bewirken sie nach *Stigler* keine Marktzutrittsschranken.[3] So bedingen Größenvorteile also keine Marktzutrittsschranke, solange auch die Marktneulinge Zugang zu derselben Kostenfunktion besitzen. Das Konzept von *Stigler* impliziert ferner, dass klassische Wettbewerbsparameter wie Produktdifferenzierung und damit einhergehender Aufbau von Reputation und Goodwill oder das erforderliche Kapital keine Marktzutrittsschranken darstellen, da diese ebenfalls alle aktiven und potenziellen Unternehmen gleichermaßen betreffen. Es handelt sich um Situationen, in denen die Kostenfunktionen nur von Faktoren abhängen, die für alle Unternehmen symmetrisch zugänglich sind.

Die Theorie der angreifbaren Märkte richtet sich ausschließlich auf die Disziplinierungswirkung des potenziellen Wettbewerbs. Die Tatsache, dass die Modellwelt der Theorie der angreifbaren Märkte die vielfältigen Potenziale des aktiven Wettbewerbs nicht umfassend charakterisiert, darf jedoch nicht zu dem Umkehrschluss verleiten, dass lediglich der potenzielle Wettbewerb auf den Märkten relevant ist.

III. Monopolistischer Wettbewerb

Wesentliche Merkmale des funktionsfähigen Wettbewerbs auf offenen Märkten sind Unternehmensstrategien wie Produktdifferenzierung und damit einhergehende Marketingaktivitäten sowie Anstrengungen zum Aufbau von Goodwill. Die Ausgestaltung der angebotenen Produkte ist neben dem Preis und den Verkaufsbedingungen ein bedeutender Parameter, mit dem Unternehmen um Kunden konkurrieren. Um unterschiedliche Produktqualitäten zu berücksichtigen, wird eine zentrale Annahme des Modells der vollkommenen Konkurrenz, nämlich die Homogenität der Güter,

---

[3] *Stigler* definiert Marktzutrittsschranken als: "A barrier to entry may be defined as a cost of producing (at some or every rate of output) which must be borne by a firm which seeks to enter an industry but is not borne by firms already in the industry" (*Stigler*, 1968, S. 67).

aufgehoben. Es wird aber weiterhin davon ausgegangen, dass die einzelnen Unternehmen ihre Entscheidungen bezüglich Preise, Outputmengen und anderer Verhaltensparameter unkoordiniert treffen.

Ausgangspunkt der Theorie der Produktdifferenzierung sind die Untersuchungen von *Chamberlin* (1933) sowie *Robinson* (1933) zum monopolistischen Wettbewerb. Beide Autoren übten Kritik an der Vorstellung der von *Walras* (1874/1877) formulierten allgemeinen Gleichgewichtstheorie, nach der eine große Anzahl exogen bestimmter homogener Produkte vorausgesetzt wird. Diese Annahme steht im Widerspruch zur Realität, in der es sowohl unterschiedliche Produktqualitäten als auch verschiedene Produktarten gibt.

Der Fokus der Theorie des monopolistischen Wettbewerbs richtet sich auf die Untersuchung des Trade-offs zwischen Produktvielfalt und Größenvorteilen bei freiem Marktzutritt. *Chamberlin* (1933) ging davon aus, dass die Gleichgewichtslösung bei monopolistischem Wettbewerb im Gegensatz zum Modell der vollständigen Konkurrenz zu Überkapazitäten in dem Sinne führt, dass jedes Unternehmen eine geringere Menge als diejenige im Kostenminimum produziert. Die hieraus resultierenden höheren Durchschnittskosten bedingen höhere Preise. Daneben befinden sich mehr Unternehmen im Markt, als dies bei vollständiger Konkurrenz der Fall wäre. Er argumentierte, dass angesichts der Präferenz der Konsumenten für Produktvielfalt dieses Ergebnis dennoch eine Art Ideal darstellt. Es ist folglich nicht optimal, den Output jedes Unternehmens auszudehnen bis sämtliche Größenvorteile ausgeschöpft sind (*Dixit, Stiglitz*, 1977, S. 301). Obwohl der Preis über den Grenzkosten liegt, erzielen die Unternehmen keine ökonomischen Gewinne, da die verbleibenden Erlöse zur Deckung der Fixkosten benötigt werden.

IV. Wettbewerb als Entdeckungsverfahren

Sowohl die Theorie der angreifbaren Märkte als auch die Theorie des monopolistischen Wettbewerbs sind trotz Marktzutrittsargumentation statische Theorien. Sie sind daher nicht in der Lage die dynamischen Vorteile des Wettbewerbs aufzuzeigen. Eine echt dynamische Entwicklung, wie sie zum Beispiel *Schumpeter* (1946), *von Hayek* (1968) oder *Kirzner* (1973) untersucht haben, findet in einem offenen Zustandsraum statt. In einer dynamischen Welt ist die Menge der möglichen Technologien und Produkte offen. Sie lässt sich ex ante nicht bestimmen, weil die Techniken erst gesucht und gefunden werden müssen, bevor sie angewendet werden können. So war es unmöglich, in den 60er Jahren vorauszusagen, welche Computergenerationen in den 70er und 80er Jahren aufkommen würde, und es ist noch immer unmöglich, die Computergenerationen der nächsten Jahrzehnte abzuschätzen. Optimieren ist hier nicht mehr möglich, da die Anzahl der möglichen

Optionen und Situationen per definitionem unbekannt ist. Innovation und Neuerungen werden damit zu einem evolutorischen Prozess (*Witt*, 1993).

Evolutorische Ansätze legen dagegen nicht mehr die Auswahl eines Elements aus einer wohldefinierten Menge (z. B. die Menge der Technologien) in einem geschlossenen Zustandsraum zugrunde; vielmehr spielt der Wettbewerb als Entdeckungsverfahren (*von Hayek*, 1968) die zentrale Rolle. Der Wettbewerb wird dabei als ein Verfahren zur Entdeckung von Tatsachen betrachtet, die ohne sein Bestehen entweder unbekannt blieben oder doch zumindest nicht genutzt würden. Die Menge aller Möglichkeiten des Handelns ist für den Einzelnen hier gar nicht mehr erfassbar. Der Suchaufwand ist erheblich, die Suchverfahren sind nicht nur systematisch, sondern stark intuitiv und heuristisch; die Risiken des Scheiterns sind groß.

Evolutorische Ansätze sind weniger in stationären Industrien, sondern vor allem in progressiven Industrien („learning industries") von Bedeutung (*von Weizsäcker*, 1981, S. 358 ff.). Stationäre Industrien sind informationsmäßig gesättigt. Forschung und Entwicklung sind eher Routinearbeit, man weiß, dass man eine bestimmte Neuerung findet, nur der Zeitpunkt ist noch unbekannt. Progressive Industrien haben demgegenüber besonders hohe Prozess- und Produktinnovationsraten und besonders hohe Aufwendungen für Forschung und Entwicklung. Zu diesen Industrien gehören beispielsweise die auf der modernen Elektronik aufbauenden Sektoren, wie die Datenverarbeitungs- und Telekommunikationsindustrie.

C. Wettbewerb in Netzen

I. *Märkte für Netzdienstleistungen und für Netzinfrastrukturkapazitäten*

Um die vielfältigen Potenziale des Wettbewerbs und seiner Grenzen in den liberalisierten Netzsektoren zu analysieren, erweist es sich als zweckmäßig, zwischen Netzdienstleistungen (z.B. Flugverkehr, Telefonie, Transport von Gas und Strom) und Netzinfrastrukturen (z.B. Schienenwege, Flughäfen, Telekommunikationsnetze) zu unterscheiden. Obwohl Netzdienstleistungen und Infrastrukturkapazitäten zueinander komplementär sind, stellen sie unterschiedliche Netzebenen dar, die (abgesehen von den erforderlichen Kompatibilitäts- und Sicherheitsstandards) unabhängig voneinander aufgebaut und betrieben werden können (*Knieps*, 2007, S. 2 f.).

Die Suche nach einem optimalen Netzaufbau ist sowohl auf der Ebene der Netzinfrastruktur als auch auf der Ebene der Netzdienstleistungen eine komplexe unternehmerische Aufgabe, gilt es doch verschiedene Entscheidungsparameter simultan zu berücksichtigen. Hierzu zählen u. a. Strategien der Netzbetreiber zur Produktdifferenzierung, zur Netzkapazität und zur Netzqualität. Hiermit verbunden sind effiziente Netzausbauentscheidungen unter Einbeziehung der Pfadabhängigkeit. Prognosefehler bezüglich der Netzauslastung stellen unternehmerische Risiken dar und sind nicht automatisch mit Ineffizienzen gleichzusetzen.

Die vielfältigen Potenziale der Produktdifferenzierung bei der Bereitstellung von Netzdienstleistungen führen dazu, dass sich unterschiedliche Arten von Anbietern im Wettbewerbsprozess herauskristallisieren. Beispielsweise existieren im Flugverkehr große Fluggesellschaften, deren komparativer Vorteil die Netzbildung und die Ausschöpfung horizontaler Verbundvorteile darstellt, parallel zu spezialisierten Anbietern, etwa zur Bedienung von Shuttleverkehren. Marktzutrittsstrategien basieren folglich nicht nur auf Preiswettbewerb, sondern auch auf Servicewettbewerb.

Größen- und Verbundvorteile auf der Infrastrukturebene können bewirken, dass ein einziger Infrastrukturnetzbetreiber den relevanten Markt kostengünstiger bedienen kann, als mehrere Infrastrukturnetzbetreiber. Es handelt sich um den Fall eines natürlichen Monopols. Damit sich diese Kostenvorteile herauskristallisieren können, sollten sowohl eine regulatorisch bedingte Fragmentierung durch Entbündelung von Netzelementen als auch ein gesetzlicher globaler Schutz vor Marktzutritt von konkurrierenden Infrastrukturnetzbetreibern unterbleiben. Auch wenn Wettbewerb auf der Ebene der Netzinfrastrukturen geringere Chancen besitzt als auf der Ebene der Servicenetze, so ist Infrastrukturwettbewerb in einzelnen Netzsektoren inzwischen realisiert. Ein wichtiges Beispiel ist der Telekommunikationssektor, wo inzwischen auf der Fernnetzebene Infrastrukturwettbewerb vorherrscht, aber auch vermehrt in lokalen Netzen Wettbewerb an Bedeutung gewinnt (*Blankart, Knieps, Zenhäusern*, 2007).

II. Unternehmerische Suche nach wettbewerblichen Preisstrukturen

Preisdifferenzierung ist sowohl auf den Märkten für Netzdienstleistungen als auch auf den Märkten für Netzinfrastrukturkapazitäten von Bedeutung (*Knieps*, 2007, S. 81 ff.). Aufgrund von Größenvorteilen sind Grenzkostenpreise nicht in der Lage, die Gesamtkosten zu decken. Insoweit Preisdifferenzierungsstrategien im Vergleich zu linearen Tarifen mit Anreizen für eine Vergrößerung des Marktvolumens einhergehen, können sie sowohl die Nachfrager als auch die Anbieter von Netzdienstleistungen bzw. von Netzinfrastrukturkapazitäten besser stellen. Anreize, wohlfahrtsverbessernde Preisstrategien zu entwickeln, entstehen folglich sowohl im Monopol als auch im Wettbewerb. Die Suche nach der geeigneten Form einer Preisdifferenzierung stellt dabei eine unternehmerische Aufgabe dar, da nur die Unternehmen selbst in der Lage sind anhand ihrer Marktinformationen die adäquaten Preisdifferenzierungen vorzunehmen. Es existiert nicht ein einziges optimales Tarifschema. Vielmehr müssen die Grenzen einer zusätzlichen Preisdifferenzierung im Sinne eines Suchprozesses ausgelotet werden.

Preisdifferenzierung setzt unterscheidbare und stabile Differenzierungskriterien voraus. Für die Tarifierung von Netzzugangsentgelten sind insbesondere folgende Kriterien von Bedeutung:

– Mengenrabatte (mehrteilige Tarife);
– Zeitliche Differenzierung (Spitzenlasttarife);
– Vertragsdauer (Laufzeitdifferenzierung);
– Geographische Differenzierung (Bevölkerungsdichte: Stadt/Land etc.);
– Qualitätsdifferenzierung (z.B. unterschiedliche Trassenqualitäten).

Die Grenzen einer zusätzlichen Preisdifferenzierung müssen im Sinne eines Suchprozesses ausgelotet werden. Die Grenze einer weiter gehenden Differenzierung wird dann erreicht, wenn die Transaktionskosten für das Preisschema zu hoch werden, d.h. wenn die Kosten der Arbitragevermeidung die Vorteile einer Tarifverfeinerung überschreiten. Diese Grenze lässt sich jedoch nicht uniform bestimmen, sondern hängt von den jeweiligen Nachfrageverhältnissen ab. Die Ausgestaltung der Preisstrukturen für den Netzzugang stellt eine genuin unternehmerische Aufgabe dar und darf nicht durch behördliche Preisstrukturvorgaben ersetzt werden.

IV. Marktmacht in Netzen

I. Die Theorie monopolistischer Bottlenecks

Seit dem umfassenden Abbau der gesetzlichen Marktzutrittsschranken in den Netzsektoren hat sich inzwischen ein Paradigmawechsel vollzogen. Während vor der Marktöffnung die Frage diskutiert wurde, ob und inwieweit der Wettbewerb in Netzen überhaupt funktionsfähig sei, ist inzwischen die Aufgabenteilung zwischen sektorspezifischer Regulierung und allgemeinem Wettbewerbsrecht Gegenstand zentraler Kontroversen in der Netzökonomie.

Die Anwendung von Regulierungseingriffen stellt aus ordnungs- und wettbewerbspolitischer Sicht einen massiven Eingriff in den Marktprozess dar und bedarf daher immer einer besonders fundierten Rechtfertigung. Unbestritten ist, dass die Missbrauchsaufsicht des allgemeinen Wettbewerbsrechts auch in den geöffneten Netzsektoren anzuwenden ist. Demgegenüber sind sektorspezifische Regulierungseingriffe mit wettbewerbspolitischer Zielsetzung nur bei Vorliegen netzspezifischer Marktmacht gerechtfertigt.

Die Theorie der monopolistischen Bottlenecks basiert auf einer konsequenten Umsetzung des Stigler'schen Marktzutrittsschrankenkonzepts zur Aufdeckung netzspezifischer Marktmacht. Sie versteht sich als ein zentrales Modul innerhalb des disaggregierten Regulierungsansatzes (*Knieps*, 2006, S. 53 ff.). Ziel ist es, eine für sämtliche Netzsektoren konsistente netzökonomisch fundierte minimale Regulierungsbasis herzuleiten, die ungeachtet historischer oder institutioneller Zufälligkeiten sektorspezifische Regulierungseingriffe rechtfertigt. Die übrigen Netzbereiche unterliegen dem allgemeinen Wettbewerbsrecht. Der regulatorische Handlungsbedarf liegt dabei insbesondere in der Ausgestaltung einer symmetrischen Regulierung des Zugangs zu den Bereichen netzspezifischer Marktmacht in Verbindung mit einer Regulierung der Zugangspreise.

Die Bedingungen für eine monopolistische Bottleneck-Einrichtung sind erfüllt, wenn:

(1) eine Einrichtung unabdingbar ist, um Kunden zu erreichen, wenn es also keine zweite oder dritte alternative Einrichtung gibt, d.h. kein aktives Substitut verfügbar ist. Dies ist dann der Fall, wenn aufgrund von Bündelungsvorteilen eine natürliche Monopolsituation vorliegt, so dass ein einziger Anbieter diese Einrichtung kostengünstiger bereitstellen kann, als mehrere Anbieter;

(2) gleichzeitig die Einrichtung mit angemessenen Mitteln nicht dupliziert werden kann, um den aktiven Anbieter zu disziplinieren, d. h. wenn kein potenzielles Substitut verfügbar ist. Dies ist dann der Fall, wenn die Kosten der Einrichtung irreversibel sind.

Die gesamte Wertschöpfungskette eines Netzsektors gilt es disaggregiert zu untersuchen; d. h. Netzbereiche mit Bottleneck-Charakter und solche ohne Bottleneck-Charakter zu unterscheiden. Netzbereiche außerhalb des Bottlenecks sind durch funktionsfähigen Wettbewerb gekennzeichnet. Dieser muss keineswegs durch potenziellen Wettbewerb erschöpfend charakterisiert sein. Sowohl aktiver als auch potenzieller Wettbewerb mit Technologiedifferenzierung, Produktdifferenzierung und Innovationen (Produkt- und Prozessinnovationen) stellen mögliche Parameter eines funktionsfähigen Wettbewerbs in Netzsektoren dar. Entscheidend für den Nachweis eines monopolistischen Bottlenecks ist, sich auf diejenigen Netzbereiche zu konzentrieren, auf denen sowohl potenzieller als auch aktiver Wettbewerb fehlt und folglich auf den nachgelagerten Märkten ökonomisch sinnvolle Netzzugangsalternativen nicht gegeben sind. Kann etwa ein Servicenetzanbieter zwischen alternativen Netzinfrastrukturanbietern wählen, liegt kein monopolistischer Bottleneck vor, auch wenn diese nicht identisch, sondern im Sinne des monopolistischen Wettbewerbs durch Produkt-/Technologiedifferenzierung charakterisiert sind.

II. Sektorspezifische Regulierung als Voraussetzung für Wettbewerb

Monopolistische Bottlenecks treten typischerweise bei erdgebundenen Netzen und Netzteilen auf, z. B. bei Wegeinfrastrukturen (Schienenwegen, Bahnhöfen, Flughäfen etc.), aber auch bei Ortsnetzen von Gas, Wasser, Abwasser und Elektrizität. Die Regulierung der Marktmacht dieser monopolistischen Bottleneck-Bereiche bleibt auch nach einer umfassenden Marktöffnung eine wichtige Voraussetzung für Wettbewerb. Insbesondere muss vermieden werden, dass Marktmacht in diesen Bereichen missbraucht wird, um den aktiven und potenziellen Wettbewerb in komplementären Netzteilen zu verhindern, bzw. zu verzerren. Es gilt zu unterscheiden zwischen solchen Netzsektoren, bei denen sich die monopolistischen Bottleneck-Eigenschaften im Zeitablauf als relativ stabil erweisen (z. B. Elektrizitätsnetze oder Schienennetze) und solchen Netzsektoren, bei denen aufgrund der technologischen Entwicklung die Netzbereiche mit monopolistischen Bottleneck-Eigenschaften ein transitorisches Phänomen darstellen (z.B. Telekommunikation).

Es zeigt sich, dass nicht alle Netzsektoren in gleichem Umfang regulierungsbedürftig sind. In den meisten Netzsektoren stellt allerdings die Regulierung netzspezifischer Marktmacht eine langfristige Regulierungsaufgabe dar. Es gilt hier sicherzustellen, dass die Regulierung auf diejenigen Netzbereiche mit monopolistischen Bottleneck-Eigenschaften beschränkt bleibt und dass geeignete Regulierungsinstrumente im Sinne einer Anreizregulierung eingesetzt werden. Im Telekommunikationssektor ist aufgrund der dynamischen technischen Entwicklung ein Schrumpfen der monopolistischen Bottleneck-Bereiche zu beobachten. Hier ist periodisch zu überprüfen, ob eine Regulierung noch gerechtfertigt ist. Ist ein monopolistischer Bottleneck-Bereich weggefallen, ist der Wettbewerb funktionsfähig.

Literatur

Blankart, Charles B./Knieps, Günter/Zenhäusern, Patrick (2007): Regulation of New Markets in Telecommunications: Market Dynamics and Shrinking Monopolistic Bottlenecks, European Business Organization Law Review, 8, 413–428.

Chadwick, Edwin (1859): Results of Different Principles of Legislation and Administration in Europe; of Competition For the Fields as Compared with Competition Within the Field of Service, Journal of the Royal Statistical Society, 22, 381–420.

Chamberlin, Edward H. (1933): The Theory of Monopolistic Competition, Cambridge, MA.

Clark, John M. (1940): Toward a Concept of Workable Competition, American Economic Review, 30, 241–256.

Dixit, Avinash K./Stiglitz, Joseph E. (1977): Monopolistic Competition and Optimal Product Diversity, American Economic Review, 67, 297–308.

Eucken, Walter (1952): Grundsätze der Wirtschaftspolitik, 6. Auflage, 1990, Tübingen.

Hayek, Friedrich August von (1968): Der Wettbewerb als Entdeckungsverfahren, in: E. Schneider (Hrsg.), Kieler Vorträge, N.F. 56, Kiel, 3–20.

Herdzina, Klaus (1999): Wettbewerbspolitik, 5. Auflage, Stuttgart.

Kirzner, Israel M. (1973): Competition and Entrepreneurship, Chicago.

Knieps, Günter (2006): Sector-specific market power regulation versus general competition law: Criteria for judging competitive versus regulated markets, in: F.P Sioshansi, W. Pfaffenberger (eds.), Electricity Market Reform: An International Perspective, Elsevier, Amsterdam et al., 49–74.

– (2007): Netzökonomie – Grundlagen, Strategien, Wettbewerbspolitik, Wiesbaden.

– (2008): Wettbewerbsökonomie, Regulierungstheorie, Industrieökonomie, Wettbewerbspolitik, 3. Aufl., Berlin u.a.

Mason, Edward S. (1939): Price and Product Policies of Large-Scale Enterprise, American Economic Review, 29, 61–74.

– (1949): The Current State of the Monopoly Problem in the United States, Harvard Law Review, 62/8, 1265–1285.

Robinson, Joan (1933): Economics of Imperfect Competition, Macmillan, London.

Schumpeter, Joseph A. (1946): Kapitalismus, Sozialismus und Demokratie, 7. Auflage, 1993, Tübingen und Basel.

Smith, Adam (1776): An Inquiry into The Nature and Causes of The Wealth of Nations, London.

Sohmen, Egon (1976): Allokationstheorie und Wirtschaftspolitik, Tübingen.

Stigler, George J. (1968): Barriers to Entry, Economies of Scale, and Firm Size, in: G.J. Stigler, The Organization of Industry, Irwin, Homewood, Ill., 67–70.

Vanberg, Viktor J. (1998): Freiburg school of law and economics, in: P. Newman (ed.), The New Palgrave Dictionary of Economics and the Law, Vol. 2, London, 172–179.

Walras, Léon (1874/1877): Eléments d'économie politique pure ou Théorie de la richesse sociale, Lausanne.

Weizsäcker, Carl Christian von (1981): Rechte und Verhältnisse in der modernen Wirtschaftslehre, Eugen von Böhm-Bawerk-Vorlesung, Kyklos, 34/3, 345–376.

Willig, Robert D. (1980): What Can Markets Control?, in: R. Sherman (Hrsg.), Perspectives on Postal Service Issues, American Enterprise Institute for Public Policy Research Washington, 137–159.

Witt, Ulrich (ed.) (1993): Evolutionary Economics, Aldershot.

Wettbewerb der Regulierungen als Integrationsstrategie in der Europäischen Union?

Jörg Philipp Terhechte *

A. Einleitung

I. Wettbewerb der Regulierungen – eine Annäherung

Das Phänomen des Wettbewerbs der Regulierungen bzw. des Systemwettbewerbs wird seit einigen Jahren intensiv diskutiert.[1] Theoretisch besteht ein solcher Wettbewerb dort, wo verschiedene Regulierungen aufeinander treffen und die jeweiligen „Marktteilnehmer" frei zwischen verschiedenen

---

* Für kritische Anmerkungen zu diesem Text danke ich *Ino Augsberg*, *Armin Hatje* und *Anne Peters*. Der Text befindet sich auf dem Stand vom Januar 2010. Die Änderungen, die der Vertrag von Lissabon (konsolidierte Fassung in ABl. EU 2008 Nr. C 115/1 vom 9. Mai 2008) mit sich gebracht hat, sind durchgängig berücksichtigt worden.

[1] S. dazu etwa *R. Van den Bergh*, Towards an Institutional Framework for Regulatory Competition in Europe, KYKLOS 53 (2000), S. 435 ff.; *D. C. Esty/D. Geradin* (Hrsg.), Regulatory Competition and Economic Integration: Comparative Perspectives, Oxford 2001; *D.D. Murphy*, The Structure of Regulatory Competition, Oxford 2004: *W. Schön*, Playing Different Games? Regulatory Competition in Tax and Company Law Compared. CMLRev. 42 (2005), S. 331 ff.; *H. Søndergaard Birkmose*, Regulatory Competition and the Harmonisation Process, European Business Law Review 2006, 1075 ff.; *T. Apolte*, Regulierungswettbewerb in föderalen Strukturen: Königsweg zwischen Staatsversagen und Marktversagen?, in: Heine/Kerber (Hrsg.), Zentralität und Dezentralität von Regulierungen in Europa, Stuttgart 2007, S. 55 ff.; *I. Schwartz*, Rechtsangleichung und Rechtswettbewerb im Binnenmarkt – Zum europäischen Modell –, EuR 2007, S. 194 ff.; *L. Michael*, Wettbewerb von Rechtsordnungen, DVBl. 2009, S. 1062 ff.; S. 194 ff.; *A. Peters*, Der Wettbewerb der Rechtsordnungen, VVDStRL 69 (2010), im Erscheinen; kritisch etwa *P. Kirchhof*, Freiheitlicher Wettbewerb und staatliche Autonomie, ORDO 56 (2005), S. 39 ff.; *H.-W. Sinn*, The Selection Principle and Market Failure in Systems Competition, Journal of Public Economics 66 (1997), S. 247 ff. Zur begrifflichen Präzisierung etwa *E.-M. Kieninger*, Rechtsentwicklungen im Wettbewerb der Rechtsordnungen, in: Ott/Schäfer (Hrsg.), Vereinheitlichung und Diversität des Zivilrechts in transnationalen Wirtschaftsräumen, Tübingen 2002, S. 72 ff. (73 ff.). Aus historischer Perspektive *G. Ambrosius*, Regulierungswettbewerb im Deutschen Reich (1871-1914): Welche Erfahrungen sind für die Europäische Union relevant?, Perspektiven der Wirtschaftspolitik 2004, 5 (1), S. 39 ff.

Regulierungsangeboten wählen können. Die jeweiligen Präferenzen der Marktteilnehmer für ein Regelungsmodell können dann helfen, die optimalen Regeln für einen Sachverhalt herauszufiltern.[2] Hier ist oft von einem „Systemwettbewerb" (oder „institutionellem Wettbewerb") die Rede, der in bewusster Analogie zu dem Wettbewerb auf den Gütermärkten konzipiert wird.[3] Die Überlegung ist hierbei, dass durch den Wettbewerb die Rechtsordnungen aufgrund der Präferenzen der Beteiligten unter einen Anpassungsdruck geraten, auf den sie reagieren müssen (etwa indem sie bestehende Regelungen modifizieren oder außer Kraft setzen bzw. neue Regelungen erlassen), wenn sie nicht langfristig im Rahmen des grenzüberschreitenden Wirtschaftsverkehrs benachteiligt oder gar ganz von ihm ausgeschlossen werden wollen.[4] Daneben wird der Begriff des „Wettbewerbs der Regulierungen" (oder meist synonym des „Systemwettbewerbs") aber auch für Phänomene verwendet, die den erforderlichen Wettbewerbskreislauf, an dessen Ende eine fortlaufende Anpassungsleistung steht, gar nicht oder nur vermindert aufweisen, so etwa für den Fall, dass zwar eine gewisse Wahlfreiheit der Beteiligten statuiert wird, von der aber kein Anpassungsdruck ausgeht. Schließlich wird der Begriff auch verwendet, wenn es bei Licht besehen nur um einen „Wettbewerb der Ideen" geht. Hier stehen sich dann verschiedene Regulierungskonzepte gegenüber, ohne dass es überhaupt zu einer Abwanderung oder einem vergleichbaren Wettbewerbsergebnis kommen kann.[5]

In letzter Konsequenz weisen diese recht unterschiedlichen Phänomene jedoch beträchtliche Gemeinsamkeiten auf, denn immer treten Regulierungen in gewisser Weise in Konkurrenz zueinander – nur dass das Ergebnis

---

[2] S. etwa *H. Søndergaard Birkmose*, Regulatory Competition and the Harmonisation Process, European Business Law Review 2006, S. 1075 ff. (1076): „Regulatory competition can be defined as the process whereby regulators deliberately set out to provide a more favourable regulatory environment in order to promote the competitiveness of domestic industries or to attract more business activity from abroad. In this situation, legislation becomes a competitive parameter which a state can use to create competitive advantages for itself in competing for inward investment and other economic benefits"; vgl. auch *I. Schwartz*, Rechtsangleichung und Rechtswettbewerb im Binnenmarkt – Zum europäischen Modell –, EuR 2007, S. 194 ff. (195 f.); *K. Heine*, Wettbewerb der Regulierungen als Integrationsstrategie, in diesem Band, S. 235 ff.

[3] S. nur *M. E. Streit*, Systemwettbewerb im europäischen Integrationsprozess, FS Mestmäcker, Baden-Baden 1996, S. 521 ff.

[4] *Ibid*; vgl. dazu auch *W. Kerber/K. Heine*, Zur Gestaltung von Mehr-Ebenen-Rechtssystemen aus ökonomischer Sicht, in: Ott/Schäfer (Hrsg.), Vereinheitlichung und Diversität des Zivilrechts in transnationalen Wirtschaftsräumen, Tübingen 2002, S. 167 ff. (172 ff.).

[5] *E.-M. Kieninger*, Rechtsentwicklungen im Wettbewerb der Rechtsordnungen, in: Ott/Schäfer (Hrsg.), Vereinheitlichung und Diversität des Zivilrechts in transnationalen Wirtschaftsräumen, Tübingen 2002, S. 72 ff. (73 ff.).

unterschiedlich ausfällt. Führt nämlich der „echte" Regulierungswettbewerb letztlich zu Änderungen einer Rechtsordnung, dienen die anderen Wettbewerbsformen zunächst nur als Ideengeber oder Vergleichsraster. Vor diesem Hintergrund scheint es deshalb auch möglich zu sein, die unterschiedlichen Phänomene zusammen unter der Überschrift „Wettbewerb der Regulierungen" zu behandeln.[6]

II. Zur Fragestellung: Einheitsbildung durch Wettbewerb?

Eine wichtige Frage im Zusammenhang mit dem so definierten Wettbewerb der Regulierungen ist, inwiefern durch diesen Wettbewerb auch eine Integrationsleistung bewirkt werden kann. Der stetige Anpassungsdruck, der insbesondere vom Systemwettbewerb, in abgemilderter Form aber auch von Konstellationen der Wahlfreiheit oder des Ideenwettbewerbs ausgeht, kann letztlich zu einer Einheitsbildung führen, wenn nämlich das beste Produkt, sprich die beste Regulierung für einen Sachverhalt, zumindest vorläufig gefunden ist und die involvierten Staaten diese „optimale" Regelung übernommen haben. Lässt sich also dieser Wettbewerb auch als Integrationsstrategie, das heißt als gezielte Methode der Einheitsbildung, interpretieren?[7]

Dieser Fragestellung wollen die folgenden Ausführungen aus der juristischen Perspektive und bezogen auf die Europäische Union nachgehen. Präzisiert lauten die Grundfragen des Beitrags damit: Setzt das europäische Unionsrecht den Wettbewerb der Rechtsordnungen bewusst als Integrationsstrategie ein? Welche Erscheinungsformen eines solchen Wettbewerbs lassen sich beobachten? Und welche Grenzen sind dem Phänomen durch das Unionsrecht gezogen?

Daneben soll der Wettbewerb der Regulierungen von anderen Integrationsstrategien im Unionsrecht abgegrenzt werden, wie z. B. der Integration durch Konstitutionalisierung, der Rechtsangleichung sowie der

---

[6] So etwa auch der Ansatz bei *I. Schwartz*, Rechtsangleichung und Rechtswettbewerb im Binnenmarkt – Zum europäischen Modell –, EuR 2007, S. 194 ff. (196): „Gleichwohl sprechen viele rechtswissenschaftliche Autoren schon dann von einem Wettbewerb der Systeme, der Rechtsordnungen, der Regulierungen, wenn auf der Seite der ihre Regulierungen anbietenden Gesetzgeber lediglich Möglichkeiten und Anreize entstehen zur Wahrnehmung von „Abwanderung" und zur Suche nach Verbesserungen des rechtlichen Angebots, wenn also eine gesetzesändernde Reaktion nicht erfolgt, nicht festzustellen ist oder nicht ohne Weiteres plausibel erscheint. Ich werde in diesen Fällen ebenfalls von Systemwettbewerb sprechen, in den „*eigentlichen*" dagegen von Systemwettbewerb im Sinne eines Wettbewerbskreislaufs."

[7] Der Begriff der Integrationsstrategie stammt ursprünglich aus den Wirtschaftswissenschaften und meint eine Strategie, bei der eine Unternehmung (oder ein Teil hiervon) ihre Aktivitäten mit Aktivitäten vorgelagerter, nachgelagerter oder gleichgestellter Unternehmungen im Wirtschaftssektor vereint.

Rechtsvereinheitlichung. Hiermit ist zugleich schon angedeutet, dass der Wettbewerb der Regulierungen gerade im europäischen Kontext nur *eine* von vielen Integrationsstrategien darstellen kann und – so die These der folgenden Ausführungen – im Vergleich zu anderen Strategien im Kontext der europäischen Integration zwar eine nachweisbare, im Kern aber untergeordnete Rolle spielt.

Die Betrachtungen konzentrieren sich schließlich in erster Linie auf das Innenleben der Union und somit auf das Verhältnis der unionalen Ebene zu den Mitgliedstaaten sowie auf das Verhältnis der verschiedenen europäischen Verträge zueinander. Selbstredend steht aber das Unionsrecht in Zeiten des internationalen Wirtschaftsverkehrs selbst in einem globalen Wettbewerb der Rechtsordnungen, dem hier aber nicht weiter nachgegangen werden soll.[8]

B. Die föderale Verfasstheit der Union als Grundlage des Wettbewerbs der Regulierungen

I. Zentralismus, Föderalismus und der Wettbewerb der Regulierungen

Es steht zu vermuten, dass die organisationsrechtliche Anlage eines Gemeinwesens ein guter Indikator für die Integrationsstrategien ist, die nach innen eingesetzt werden. So kann es etwa in einem Zentralstaat schon deshalb keinen Wettbewerb der Regulierungen geben, weil nur ein Gesetzgeber existiert. Anders muss sich die Situation in einem föderalen Gebilde darstellen, in dem die verschiedenen gliedstaatlichen Gesetzgeber zumindest potentiell miteinander (horizontal) oder im Verhältnis zur Zentralgewalt (vertikal) in einen Wettbewerb der Regulierungen treten können.[9] Diese Dimension des Föderalismus wurde insbesondere in der deutschen Staatsrechtslehre lange nicht gesehen oder bewusst verdrängt. Vielmehr gab es hier Ende der 1960er Jahre das Bestreben, die Bundesrepublik Deutschland auf das Paradigma des „unitarischen Bundesstaates"[10] festzulegen, in dem ein Wettbewerb der Regulierungen, wenn überhaupt, nur

---

[8] S. dazu etwa *V. Mehde*, Wettbewerb zwischen Staaten, Baden-Baden 2005; *A. Hatje*, Die Europäische Gemeinschaft und ihr Recht im Zeichen der Globalisierung, in: Schwarze (Hrsg.), Globalisierung und Entstaatlichung des Rechts, Band 1, Tübingen 2008, S. 106 (117 ff.).

[9] S. *W. Kerber*, Regulierung in föderalen Mehr-Ebenen-Systemen, in: Heine/Kerber (Hrsg.), Zentralität und Dezentralität von Regulierungen in Europa, Stuttgart 2007, S. 1 ff.; *K. Heine*, Kompetitiver Föderalismus auch für das öffentliche Gut „Recht"?, Vierteljahreshefte zur Wirtschaftsforschung 72 (2003), Nr. 3, S. 1 ff. (4 ff.) mit jeweils weiteren Nachweisen.

[10] *K. Hesse*, Der unitarische Bundesstaat, Karlsruhe 1962.

eine sehr untergeordnete Rolle spielen konnte – und auch wohl sollte.[11] Der unitarische Bundesstaat ist von seiner Idee her auf zentral gesteuerte Einheitsbildung ausgerichtet und nicht auf Wettbewerb. Erst nach und nach haben sich andere Leitbilder des Föderalismus in Deutschland herausbilden können, wie etwa das des kooperativen Föderalismus[12] und schließlich auch das des kompetitiven Föderalismus[13], der wiederum viel Raum für einen Wettbewerb der Regulierungen lässt. Dies kann aktuell im Zuge der Föderalismusreform etwa an der Kompetenz der Länder zur sog. Abweichungsgesetzgebung gem. Art. 72 Abs. 3 GG festgemacht werden.[14]

Der Stellenwert des Systemwettbewerbs in der Europäischen Union hängt vor dem Hintergrund dieser Überlegungen also in einem hohen Maße von ihrer internen Organisation ab. Das Konzept eines Wettbewerbs der Regulierungen kann für sie überhaupt nur dann einen Erklärungswert haben, wenn es im Verhältnis der Union zu den Mitgliedstaaten bzw. im Verhältnis der Mitgliedstaaten zueinander Bereiche gibt, die diesen Wettbewerb zulassen. Damit ist zugleich die grundsätzliche Frage nach der gegenwärtigen Verfasstheit der Union aufgeworfen. Soweit die Union das Moment der *Einheit* besonders betont, muss der Systemwettbewerb zwangsläufig in den Hintergrund treten, soweit die *Vielheit* erwünscht ist, muss dem Systemwettbewerb eine gehobene Bedeutung zukommen.[15]

Ein näherer Blick auf die gegenwärtige Verfasstheit der Union zeigt jedoch, dass nach wie vor eine gewisse Unsicherheit hinsichtlich ihrer organisationsrechtlichen Klassifizierung besteht (dazu nachfolgend B. II.). Soweit aber der Stellenwert des Systemwettbewerbs für die Union näher beleuchtet werden soll, steht zu vermuten, dass insbesondere das Modell des Föderalismus hier eine besondere Rolle spielen könnte (dazu B. III.). Schließlich gilt es, die besonderen Verbundstrukturen der Union näher zu würdigen, die den europäischen Föderalismus in ein bestimmtes Licht rü-

---

[11] Ausführlich dazu *S. Oeter*, Integration und Subsidiarität im deutschen Bundesstaatsrecht. Untersuchungen zur Bundesstaatstheorie unter dem Grundgesetz, Tübingen 1998, S. 249 ff.

[12] *Ibid.*, S. 259 ff.

[13] Vgl. dazu etwa *V. Mehde*, Wettbewerb zwischen Staaten, Baden-Baden 2005, S. 112 ff.; *K. Heine*, Kompetitiver Föderalismus auch für das öffentliche Gut „Recht"?, Vierteljahreshefte zur Wirtschaftsforschung 72 (2003), Nr. 3, S. 1 ff.

[14] S. dazu *C. Franzius*, Die Abweichungsgesetzgebung, NVwZ 2008, S. 492 ff.; *L. Beck*, Die Abweichungsgesetzgebung der Länder aus staatsrechtlicher, rechtsvergleichender und dogmatischer Sicht, Baden-Baden 2008.

[15] Zur Bedeutung der Topoi „Einheit" und „Vielheit" bei der Beschreibung der Verfasstheit der EU s. etwa *A. von Bogdandy*, The Legal Case for Unity, CMLRev. 36 (1999), S. 887 ff.; kritisch zum Einheitspostulat etwa *N. Krisch*, Die Vielheit der europäischen Verfassung, in: J. P. Terhechte et al (Hrsg.), Die europäische Verfassung – Verfassungen in Europa, Baden-Baden 2005, S. 61 ff.; *K.-H. Ladeur*, 'We the people'... Relâche?, ELJ 2008, S. 147 ff.

cken und letztlich der Idee eines Systemwettbewerbs in vielen Fällen diametral gegenüber stehen können (B. IV. und V.).

II. Europäischer Bundesstaat, funktionale Integration und Binnenmarkt

Die organisationsrechtliche Qualifizierung der Europäischen Union bereitet seit jeher Schwierigkeiten. Wissenschaft und Rechtsprechung haben hier im Laufe der Zeit verschiedene Modelle entwickelt: So wurde bereits in der Frühphase der Europäischen Gemeinschaft für Kohle und Stahl (EGKS) und der damaligen Europäischen Wirtschaftsgemeinschaft (EWG) eine Einordnung der Gemeinschaft als „bundesstaatsähnliches Gebilde" versucht (so etwa von *C. F. Ophüls*[16]), was sich etwa in einem bewusst an einer staatsrechtlichen Terminologie ausgerichteten Sprachgebrauch zeigt („verfassungsähnlichen Normen der Gemeinschaftsverträge", „in ihrer praktischen Wirksamkeit einer Verfassungsordnung gleichkommen"[17]).

Auch *H. P. Ipsen* widmete in seinem grundlegenden Werk „Europäisches Gemeinschaftsrecht" immerhin das Schlusskapitel unter der Überschrift „Verfassungspolitik" und damit gut 80 Seiten der organisationsrechtlichen Qualifizierung der (damals) Gemeinschaften, wobei er allerdings Abstand von der Idee eines europäischen Konstitutionalismus nimmt: „Die in der konstitutionalistischen Integrationstheorie angelegte, verfassungsrechtlich als Prinzip der strukturellen Homogenität oder Kongruenz vertretene Perspektive einer Gemeinschafts-Verfassungspolitik ist daher ebenso verfehlt wie die vertragsimmanent gedachte Automatik zur bundesstaatlichen Metamorphose der Gemeinschaften".[18]

Diese offensichtliche Verabschiedung der „Konstitutionalisierungsidee" hatte für die Europarechtswissenschaft schwere Folgen: Lange Zeit konnte der „Zweckverband funktionaler Integration" als „offene Gestaltform ohne Staatlichkeits-Präjudiz" die Diskussion nachhaltig beeinflussen. Dieser Ansatz sorgte insbesondere dafür, dass die Gemeinschaften lange Zeit aus dem Blick der Staatslehre fielen und Fragen der gemeinschaftlichen Verfasstheit nur selten behandelt wurden.[19] Vielmehr lenkte diese Betrachtungsweise den Fokus auf das „Wirtschaftsrecht des Binnenmarktes", das fortan für viele Jahre den Beschäftigungsschwerpunkt der Europarechtswissenschaft bildete.

---

[16] *C. F. Ophüls*, Das Wirtschaftsrecht des Schuman-Plans, NJW 1951, S. 381 ff.; *ders.*, Die Europäischen Gemeinschaftsverträge als Planverfassungen, in: J. H. Kaiser (Hrsg.), Planung I. Recht und Politik der Planung in Wirtschaft und Gesellschaft, Baden-Baden 1965, S. 229 ff.

[17] *C. F. Ophüls*, Die Europäischen Gemeinschaftsverträge als Planverfassungen (Anm. 16), S. 229 f.

[18] *H. P. Ipsen*, Europäisches Gemeinschaftsrecht, Tübingen 1972, § 54 Rn. 124.

[19] *C. Möllers*, Der vermisste Leviathan. Staatstheorie in der Bundesrepublik, Frankfurt a.M. 2008, S. 56 ff.

Freilich waren und sind mit dieser Akzentuierung Folgen verbunden: Wie Integration bewirkt wird, was letztlich ihr Ziel ist und welche Ansätze unterschieden werden können bzw. in Einklang zu bringen sind, war lange Zeit nicht Thema der wissenschaftlichen Debatte.[20] Die Frage nach dem Stellenwert eines Systemwettbewerbs konnte sich so nicht stellen. Vielmehr war das Ziel der Vollendung des Binnenmarktes als dem überragenden Großprojekt der europäischen Integration bewusst an Integrationsstrategien ausgerichtet, die einen solchen Wettbewerb erst gar nicht aufkommen ließen. Im Zentrum standen hier die Wirkungen der Grundfreiheiten einerseits und die Rechtsangleichung auf Grundlage der Art. 94 und 95 EGV (heute Art. 114 und 115 AEUV) andererseits. Dieser Aspekt ist deshalb von besonderem Interesse, weil aufgrund der historischen Entwicklung durchaus die These plausibel erscheint, dass zunächst andere Integrationsstrategien als der Systemwettbewerb zum Zuge kamen, um ein festes und letztlich gemeinschaftszentriertes Fundament zu errichten, auf dessen Grundlage nunmehr weitere Strategien erprobt werden können, wie z. B. der Wettbewerb der Regulierungen.

Die Gemeinschaft hat durch die Aufbruchstimmung, die vom Weißbuch zur Vollendung des Binnenmarktes[21] ausging, über die Verträge von Maastricht und Amsterdam schließlich eine außerordentlich verfestigte Organisationsstruktur erhalten, die zusammen mit der stetigen Extension ihrer Aufgabenbereiche sowie der Gründung der Europäischen Union mit ihren stark politischen Gehalten schließlich eine Renaissance des „Verfassungstopos" einzuläuten vermochte. Ende der 1990er Jahre des letzten Jahrhunderts war erstmals wieder von „Europäischer Verfassungslehre"[22] bzw. „Europäischem Verfassungsrecht" die Rede.[23] Dies setzte einen annähernd ruhenden Kern des gesamten Integrationsprozesses voraus, der dann mitunter auch Grundlage eines Wettbewerbs der Regulierungen werden konnte.

---

[20] S. dazu jetzt *G. Nicolaysen*, Das Integrationskonzept der Gründungsverträge, in: Schäfer/Graf Waas von Czege (Hrsg.), Das Gemeinsame Europa – viele Wege, kein Ziel?, Baden-Baden 2007, S. 33 ff.

[21] S. Weißbuch der Kommission über die Vollendung des Binnenmarktes, KOM (85) 310 endg.; s. dazu *A. Hatje*, in: J. Schwarze (Hrsg.), EU-Kommentar, 2. Aufl., Baden-Baden 2009, Art. 14 EGV Rn. 2.

[22] *P. Häberle*, Europäische Verfassungslehre, 5. Aufl., Baden-Baden 2007.

[23] S. etwa *K. Lenaerts/P. van Nuffel*, Constitutional Law of the European Union, London 2005; *A. von Bogdandy/J. Bast* (Hrsg.), Europäisches Verfassungsrecht, 2. Aufl., Berlin/Heidelberg 2009; *I. Pernice*, Europäisches und nationales Verfassungsrecht, VVDStRL 60 (2001), S. 148 ff.

III. Das Modell des supranationalen Föderalismus als Anknüpfungspunkt

Die theoretische Einhegung dieses ruhenden Kerns ist sicherlich noch
nicht abgeschlossen. Die Debatten kreisen hier um verschiedene Ansätze.[24]
Sicher ist, dass der Topos des „einfachen" Bundesstaates als Beschrei-
bungsformel für die Europäische Union keine Rolle mehr spielt.[25] Vielmehr ist von einem „Staatenverbund"[26] ebenso die Rede wie von einer Organisationsform *sui generis*.[27] Letzteres unterstreicht nur die Kalamitäten,
in die man beim Versuch einer organisationsrechtlichen Einordnung kommen kann.

In Bezug auf die aktuelle Debatte scheint es aber so zu sein, dass der
Topos des „supranationalen Föderalismus" eine besondere Deutungskraft
entfalten kann.[28] Sein Erfolg ist zu einem guten Teil darauf zurückzuführen, dass er wie kein anderer Begriff zweierlei betont: Erstens bezeichnet
der Begriff das komplizierte, durch den Terminus „supranational" treffend
umschriebene Verhältnis der unionalen Rechtsordnung zu den nationalen
Rechtsordnungen, das durch viele Besonderheiten gekennzeichnet ist und
sich so von „normalen" föderalen Konstruktionen deutlich abhebt.[29] Und

---

[24] Dazu etwa *A. Peters*, Elemente einer Theorie der Verfassung Europas, Berlin 2001,
S. 178 ff.; *R. Bieber/A. Epiney/M. Haag*, Die Europäische Union, 7. Aufl., Baden-Baden
2006, § 1 Rn. 39 ff.; *A. Bleckmann*, Europarecht, 6. Aufl., Köln/Berlin u.a. 1997, § 4.

[25] Vgl. aus der älteren Literatur etwa *W. Hallstein*, Der unvollendete Bundesstaat,
Düsseldorf 1969.

[26] BVerfGE 89, 155 – Maastricht; s. dazu auch *P. Kirchhof*, Der europäische Staatenverbund, in: von Bogdandy/Bast (Hrsg.), Europäisches Verfassungsrecht, 2. Aufl., Ber-
lin/Heidelberg 2009, S. 1009 ff.; s. auch *R. van Ooyen*, Die Staatstheorie des BVerfG und
Europa: von Solange über Maastricht zum EU-Haftbefehl, 2. Aufl., Baden-Baden 2008;
kritisch zum Begriff etwa *J. Abr. Frowein*, Das Maastricht-Urteil und die Grenzen der
Verfassungsgerichtsbarkeit, ZaöRV 54 (1994), S. 6 ff.; *J. Schwarze*, Europapolitik unter
deutschem Verfassungsvorbehalt, NJ 1994, S. 1 ff. (3).

[27] S. dazu etwa *W. Knelagen*, Regierungssystem sui generis? Die institutionelle Ordnung der EU in vergleichender Sicht, ZSE 2005, S. 7 ff.; s. auch *M. Jachtenfuchs*, Die
Europäische Union – ein Gebilde sui generis?, in: Wolf (Hrsg.), Projekt Europa im Übergang?, Baden-Baden 1997, S. 15 ff. Freilich ist dieser Ansatz nicht überzeugend und
kommt einer „begrifflichen Bankrotterklärung" gleich, s. *C. Möllers*, Der vermisste Leviathan (Anm. 19), S. 88.

[28] *A. von Bogdandy*, Supranationaler Föderalismus als Idee und Wirklichkeit einer
neuen Herrschaftsform. Zur Gestalt der Europäischen Union nach Amsterdam, Baden-
Baden 1999; *ders.*, Grundprinzipien, in: ders./Bast (Hrsg.), Europäisches Verfassungsrecht, 2. Aufl., Berlin/Heidelberg 2009, S. 13 ff. (41 f.).

[29] Soweit es überhaupt so etwas wie „normale föderale Strukturen" geben kann, was
angesichts der sehr unterschiedlichen geschichtlichen Hintergründe der verschiedenen
Staaten, die föderal organisiert sind, sehr zweifelhaft erscheint, s. etwa zur Entwick-
lungsgeschichte der föderalen Strukturen in der Bundesrepublik *H. Bauer*, in: Dreier
(Hrsg.), GG Kommentar, Band II, 2. Aufl., Tübingen 2007, Art. 20 GG Rn. 23 ff.

zweitens kennzeichnet der Begriff „Föderalismus" als Organisationsprinzip das Verhältnis der Mitgliedstaaten zur Union recht treffend. Zudem kann das Prinzip des Föderalismus im Zusammenhang mit dem Wettbewerb der. Regulierungen eine besondere Deutungskraft entfalten, erlaubt doch ein föderales System diesen Wettbewerb in einem besonderen Maße und ist zugleich in der Lage, aufgrund der Zentralinstanz der Union diesen Wettbewerb bestimmten Spielregeln zu unterwerfen.[30]

Freilich begegnet die Qualifizierung der Union als föderales (bzw. prä-föderales) Gebilde seit jeher erheblicher Kritik, was in erster Linie mit der mitunter ausgeprägten Machtfülle der Zentralgewalt in einem föderalen System zusammenhängen dürfte. Die Kritiker möchten eine solche Zentralgewalt nicht in Brüssel verortet wissen.[31] Im Rahmen dieser Diskussion kommt es aber wohl nicht auf diesen Punkt an, ist doch der europäische Föderalismus ein eigenes Prinzip, ein „supranationaler Föderalismus", der sich in einigen Punkten stark von staatlichen föderalen Gebilden unterscheidet. Hier ist etwa auf die spezifischen Verbundstrukturen zwischen der Union und den Mitgliedstaaten hinzuweisen, die in einem staatlichen föderalen Gebilde in dieser Form gerade nicht anzutreffen wären.[32]

IV. Der föderal organisierte europäische Verfassungs- und Verwaltungsverbund als Leitbild

Eine Besonderheit des supranationalen Föderalismus europäischer Prägung ist die besondere Vernetzung der zentralen Ebene (Union) mit den zusammengeschlossenen Mitgliedstaaten, die mit dem oft gebrauchten Topos des „Verwaltungs- bzw. Verfassungsverbundes" besonders prononciert auf den Punkt gebracht werden kann. Diese maßgeblich durch *I. Pernice* („Verfassungsverbund") und *E. Schmidt-Aßmann* („Verwaltungsverbund") geprägten Begrifflichkeiten verkörpern sicher keinen Antipol zum Begriff des supranationalen Föderalismus, sondern präzisieren vielmehr seine interne Organisationsausgestaltung. Durch den Begriff des Verbundes lassen sich die vielfältigen rechtlichen Beziehungen der Ebenen „Union" und „Mitgliedstaaten" treffend charakterisieren. So beschreibt *Schmidt-Aßmann* diese rechtlichen Beziehungen innerhalb des Verwaltungsverbundes folgendermaßen: „Er (der europäische Verwaltungsverbund, Verf.) zeigt sich

---

[30] Dazu *S. Oeter*, Föderalismus, in: A. von Bogdandy (Hrsg.), Europäisches Verfassungsrecht, 1. Aufl., Berlin/Heidelberg 2003, S. 59 (68 ff.).

[31] *Ibid*, S. 60 mit weiteren Nachweisen.

[32] S. dazu auch *W. Kahl*, in: Calliess/Ruffert (Hrsg.), EUV/EGV-Kommentar, 3. Aufl., München 2007, Art. 10 EGV Rn. 6: „‚Föderativ' meint nicht bundesstaatlich, sondern weist lediglich auf das Vorhandensein mehrerer Ebenen in einem vertikal gegliederten Gemeinwesen mit der Notwendigkeit einer, insbesondere kompetentiellen, Abstimmung dieser Ebenen durch ein komplexes System der Trennung und Verzahnung bzw. der Hierarchie und Kooperation (Verbund) hin."

in einer wachsenden Zahl von Verwaltungsinstanzen der Union, in dezentral oder zentral organisierten Netzwerken, in einem vielgestaltigen europäischen Ausschusswesen und in der praktischen *Zusammenarbeit* nationaler und unionaler Verwaltungsstellen. Die Verwaltung des Unionsraums vollzieht sich in einem *Informations-, Entscheidungs- und Kontrollverbund* zwischen mitgliedstaatlichen und unionseigenen Exekutiven".[33] Hieraus folgt für den europäischen Föderalismus, dass das Verhältnis der Zentralgewalt der Union zu den Mitgliedstaaten nicht einfach als „vertikal" charakterisiert werden kann, sondern dass es hier wechselseitige Einflussstrukturen gibt.

V. Verbundstrukturen und Systemwettbewerb

Für das Phänomen des Wettbewerbs der Regulierungen folgt hieraus zweierlei: Zum einen entscheidet im Rahmen der Union nicht allein die zentrale Ebene darüber, ob es zu einem Wettbewerb kommt oder nicht. Vielmehr liegt es zumeist in der Hand der Mitgliedstaaten, ob sie sich auf einen solchen Wettbewerb einlassen. Seitens der Union können zunächst nur Spielregeln aufgestellt werden, soweit die entsprechenden Kompetenzen vorliegen (dazu C.). Zudem kann der Wettbewerb nicht nur zwischen den Mitgliedstaaten, sondern vertikal organisiert auch zwischen den Mitgliedstaaten und der Union stattfinden (dazu D. II.), was letztlich ein europäisches Spezifikum darstellen dürfte.

C. Das unionale Kompetenzgefüge als Anknüpfungspunkt des Systemwettbewerbs

I. Allgemeines

Regulierungswettbewerb kann immer dann entstehen, wenn verschiedene Ebenen rechtsetzend tätig werden. Er ist damit immer auch Ausdruck eines ausdifferenzierten Kompetenzgefüges, z. B. innerhalb von föderalen Strukturen.[34] Für die Ebene der Europäische Union ergeben sich hieraus verschiedene Konsequenzen: So steht zu vermuten, dass in den Bereichen, in denen ihr eine ausschließliche Kompetenz zukommt und damit eine zentral gesteuerte Rechtsetzung möglich ist, der Wettbewerb der Regulierungen keine große Rolle spielen kann. Dagegen könnte der Wettbewerb der Regu-

---

[33] *E. Schmidt-Aßmann*, Verfassungsprinzipien für den Europäischen Verwaltungsverbund, in: Hoffmann-Riem/Schmidt-Aßmann/Voßkuhle (Hrsg.), Grundlagen des Verwaltungsrechts, Band I, München 2006, § 5 Rn. 17.
[34] *U. Becker*, Nationale Sozialleistungssysteme im europäischen Systemwettbewerb, in: Becker/Schön (Hrsg.), Steuer- und Sozialstaat im europäischen Systemwettbewerb, Tübingen 2006, S. 1 (9).

lierungen als Integrationsstrategie insbesondere in den Bereichen von Bedeutung sein, in denen ihr lediglich Rahmenkompetenzen oder ergänzende Kompetenzen zukommen, so etwa im Sozial- und Steuerrecht. Erschwert werden eindeutige Befunde sicher dadurch, dass das Kompetenzgefüge der Union auch nach dem Inkrafttreten des Lissabonner Reformvertrags ein recht unübersichtliches Bild abgibt. Zwar hat der Vertrag den unionalen Kompetenzstrukturen ein wenig mehr Transparenz beschert; wirklich überzeugend sind die Abgrenzungen im Detail aber immer noch nicht. Deshalb soll im Folgenden zunächst auf die Kompetenzlage bis zum Inkrafttreten des Lissabonner Vertrags eingegangen werden (C. II.), um vor diesem Hintergrund die Neuerungen aus der Perspektive des Wettbewerbs der Regulierungen würdigen zu können (C. III.).

II. Das althergebrachte System der unionalen Kompetenzzuweisung

Im Rahmen der föderalen Kompetenzordnung der Union ließen sich bis zum 1. Dezember 2009 im Wesentlichen drei Kompetenztypen unterscheiden: Ausschließliche, konkurrierende und ergänzende Kompetenzen.[35] Schon ein erster Blick verdeutlicht hierbei den Zusammenhang zwischen dem Phänomen des Wettbewerbs der Regulierungen und der Technik der Kompetenzzuweisung an die Union, denn je mehr Gestaltungsaufgaben der Union zugewiesen sind, desto weniger kann ein Wettbewerb der Rechtsordnungen ausgemacht werden.

1. Ausschließliche Kompetenzen und Regulierungswettbewerb

So verfügt die Union beispielsweise im Bereich des *Zollwesens* seit jeher über eine ausschließliche Kompetenz, was sich auch durch den Lissabonner Reformvertrag nicht ändert.[36] Dies folgte in der Vergangenheit insbesondere aus Art. 3 Abs. 1 lit. a) sowie aus Art. 23 Abs. 1 EGV, nach dem die Zollunion *die Grundlage* der Union bildete. Der Lissabonner Vertrag enthält eine ähnliche Formulierung in Art. 28 Abs. 1 AEUV. Unter einer Zollunion ist ein Zusammenschluss bis dahin selbstständiger Zollgebiete zu einem Zollgebiet zu verstehen. Dieser Zusammenschluss wird gewöhn-

---

[35] S. zur vertikalen Kompetenzordnung etwa *M. Schweitzer/W. Hummer/W. Obwexer*, Europarecht, Wien 2007, Rn. 643 ff.; *A. von Bogdandy/J. Bast*, Die vertikale Kompetenzordnung der Europäischen Union, EuGRZ 2001, S. 441 ff.; *M. Nettesheim*, Kompetenzen, in: von Bogdandy/Bast (Hrsg.), Europäisches Verfassungsrecht, 2. Aufl., Berlin/Heidelberg 2009, S. 389 ff.; ausführlich auch *C. Trüe*, Das System der Rechtsetzungskompetenzen der Europäischen Gemeinschaft und der Europäischen Union, Baden-Baden 2002.

[36] S. *J. Schwarze*, Europäisches Wirtschaftsrecht, Baden-Baden 2007, Rn. 377; *J. P. Terhechte*, in: Schwarze (Hrsg.), EU-Kommentar, 2. Aufl., Baden-Baden 2009, Art. 23 EGV Rn. 4.

lich durch die Abschaffung der Zölle zwischen den Mitgliedstaaten der Zollunion, die weitgehende Harmonisierung ihres Zollrechts, die Regelung der Aufteilung der Zolleinnahmen sowie die Festlegung eines gemeinsamen Zolltarifs bewerkstelligt.[37] Das Konzept der Zollunion ist damit schon von seiner Anlage her ungeeignet, einen Wettbewerb der Regulierungen zu fördern. Vielmehr zielt es gerade darauf ab, einen solchen Wettbewerb auf allen Ebenen auszuschalten. Dementsprechend sind etwa in Deutschland die meisten zollrechtlichen Regelungen in Folge der Verwirklichung der Zollunion außer Kraft gesetzt worden. Nationale Regelungen für diesen Bereich betreffen zumeist nur noch Detailfragen des Zollverwaltungsverfahrens.[38]

Ein ähnlicher Befund lässt sich auch für den Bereich der *gemeinsamen Handelspolitik* gem. Art. 207 AEUV (ex-Art. 133 EGV) ausmachen, wo die Union z. B. in Bezug auf die handelspolitischen Schutzinstrumente etc. inzwischen allein agieren und die Mitgliedstaaten wiederum nur noch in Detailbereichen tätig werden können.[39] Dies gilt in einem besonderen Maße auch für die Kompetenz der Union nach außen. War vor einigen Jahren noch umstritten, ob die Union (bzw. die Gemeinschaft) über eine Kompetenz im Bereich des Dienstleistungshandels und des geistigen Eigentums (insbesondere in Bezug auf das GATS und das TRIPS) verfügt[40], so ist mit dem Vertrag von Nizza Art. 133 EGV um die entsprechenden Kompetenzen ergänzt worden.[41] Art. 207 AEUV enthält eine nochmalige Erweiterung der unionalen Kompetenzen in diesem Bereich für das Gebiet der ausländischen Direktinvestitionen. Auf diesen Feldern wird ein Wettbewerb der Rechtsordnungen künftig wenig Raum haben.

Dies gilt auch für den Bereich der *Wettbewerbspolitik* (Art. 101 ff. AEUV [ex-Art. 81 ff. EGV]), der inzwischen ebenfalls durch umfangreiche Prozesse der spontanen Harmonisierung weitgehend europarechtlich determiniert ist. Zwar wurde die Wettbewerbspolitik in den vergangenen Jahren zumeist als ein Fall der „parallelen" Kompetenz eingeordnet, d. h., dass sowohl die Mitgliedstaaten als auch die Union hier Kompetenzen besitzen. Tatsächlich überschneiden sich diese Kompetenzen aber nicht und können auch nicht, wie z. B. im Falle einer konkurrierenden Kompetenz, durch die Wahrnehmung der Kompetenz durch eine Ebene vertikal verlagert werden. Vielmehr umschreibt der Topos der parallelen Kompetenz

---

[37] *T. Lyons*, EC Customs Law, 2. Aufl., Oxford 2008, S. 54 ff.; *J. P. Terhechte*, in: Schwarze (Hrsg.), EU-Kommentar, 2. Aufl., Baden-Baden 2009, Art. 23 EGV Rn. 5.

[38] *J. P. Terhechte*, in: Schwarze (Hrsg.), EU-Kommentar, 2. Aufl., Baden-Baden 2009, Art. 23 EGV Rn. 8.

[39] S. dazu *C. Vedder/S. Lorenzmeier*, in: Grabitz/Hilf (Hrsg.), Das Recht der Europäischen Union, Kommentar, Band II, Art. 133 EGV Rn. 11 ff.

[40] S. dazu EuGH Gutachten 1/94, Slg. 1994, I-5267 – WTO.

[41] Vgl. *K. Osteneck*, in: Schwarze (Hrsg.), EU-Kommentar, Art. 133 EGV Rn. 6 ff.

lediglich die Situation des Ineinandergreifens zweier ausschließlicher Kompetenzen, wobei es letztlich auf die Frage der Abgrenzung ankommt. Diese Frage beantwortet das europäische Wettbewerbsrecht insoweit, als dass es sich nur für anwendbar erklärt, soweit der Handel zwischen den Mitgliedstaaten betroffen ist (vgl. Art. 3 Abs. 1 lit. b AEUV sowie Art. 101 Abs. 1 und Art. 102 AEUV). Außerhalb des Anwendungsbereichs dieser sog. Zwischenstaatlichkeitsklausel sind eigentlich die Mitgliedstaaten zuständig. Insofern könnte man hier einen Raum für den Wettbewerb der Regulierungen vermuten, der vertikal durch die Zwischenstaatlichkeitsklausel eingehegt wird. Tatsächlich findet aber auch hier so gut wie kein Wettbewerb der Rechtsordnungen statt. Die Mitgliedstaaten haben inzwischen in nahezu allen Punkten ihre Wettbewerbs- und Kartellgesetze an die europäischen Standards angepasst, obwohl in diesem Bereich noch nie Richtlinien eingesetzt wurden.[42] Dies ist zunächst auf die verhältnismäßig geringe Erfahrung einiger Mitgliedstaaten auf dem Gebiet der Wettbewerbspolitik zurück zu führen. Die europäische Wettbewerbspolitik ist damit ein gutes Beispiel für das Phänomen der spontanen Rechtsangleichung (bzw. der spontanen Rechtsvereinheitlichung!) in Gebieten, auf denen die Gemeinschaft ein Benchmarking betreiben konnte. Der Angleichungsprozess wird zudem durch das komplexe Ineinandergreifen der mitgliedstaatlichen und unionalen Verwaltungsinstanzen im Bereich des Wettbewerbsrechts angefeuert, was zeigt, dass die Verbundstrukturen auf europäischer Ebene einen erheblichen Einfluss auf den Wettbewerb der Regulierungen nehmen können.

2. Konkurrierende Kompetenzen und Regulierungswettbewerb

Anders könnte sich die Situation aber in Bereichen des Unionsrechts darstellen, innerhalb derer der Union eine konkurrierende Kompetenz zukommt. In diesem Falle können die Mitgliedstaaten solange rechtsetzend tätig werden, wie die Union entscheidet, keine Regelungen zu erlassen (vgl. nunmehr Art. 2 Abs. 2 AEUV). Soweit sie aber tätig wird, verlieren die Mitgliedstaaten die Kompetenz, Regelungen zu erlassen. Damit ist auch ein Systemwettbewerb in Bereichen der konkurrierenden Kompetenz theoretisch so lange möglich, wie die Union nicht aktiv wird, so z. B. im Bereich des *Umweltschutzes* (Art. 191 ff. AEUV [ex-Art. 174 ff. EGV])

---

[42] S. dazu etwa *J. Schwarze*, Europäisches Verwaltungsrecht, 2. Aufl., Baden-Baden 2005, S. CXLI; *J. P. Terhechte*, Die Ausstrahlung des Europäischen Gemeinschaftsrechts auf die Rechtsordnungen der Beitrittskandidaten am Beispiel des Wettbewerbsrechts, EWS 2002, S. 560 ff. Dies könnte sich ändern, wenn die Kommission ihre Überlegungen zum Erlass einer Richtlinie zur privaten Anwendung des Kartellrechts in die Tat umsetzt, s. dazu *J. Basedow/J. P. Terhechte/L. Tichy* (Hrsg.), Private Enforcement of Competition Law, Baden-Baden 2010.

oder der _Rechtsangleichung_ (Art. 114 AEUV [ex-Art. 94 f. EGV]). Freilich ist aber auch im Bereich der konkurrierenden Kompetenzen ein Wettbewerb der Regulierungen nur (noch) selten anzutreffen, was in erster Linie damit zusammenhängen dürfte, dass die Union in den letzten Jahren offensichtlich darum bemüht gewesen ist, die ihr zustehenden Kompetenzen auszuschöpfen. Damit geht letztlich eine Zentralisierung der Rechtsetzungsaktivitäten einher, die automatisch zu einer Ausschaltung des Wettbewerbs der Regulierungen führt.

III. Der Vertrag von Lissabon: Reformen des Kompetenzgefüges und ihr Einfluss auf den Wettbewerb der Regulierungen

Das System der unionalen Rechtsetzungskompetenzen wurde durch den Vertrag von Lissabon zumindest begrifflich erheblich modifiziert:[43] Seit dem 1. Dezember 2009 ist nicht mehr von Kompetenzen die Rede, sondern von unionalen „Zuständigkeiten", wenngleich dies in der Sache zu keinen Unterschieden führen dürfte. Zu nennen sind hier Bereiche der _ausschließlichen Unionszuständigkeit_ (Art. 3 AEUV für die Bereiche der Zoll-, Wettbewerbs- und Handelspolitik), Bereiche der _geteilten Zuständigkeit_ (Art. 4 AEUV etwa für die Sozial- und Umweltpolitik) sowie Bereiche, in denen der Union allgemeine _Unterstützungs-, Koordinierungs- und Ergänzungszuständigkeiten_ zukommen (s. Art. 6 AEUV, z. B. für die Bereiche Industrie und Kultur). Damit ist zugleich vertraglich fixiert, in welchen Feldern die unionale Rechtsordnung auch zukünftig keinen Wettbewerb der Rechtsordnungen zulassen wird und wo dieser Wettbewerb zumindest eine denkbare Integrationsstrategie darstellen könnte. Zu beobachten ist auch, dass die Kompetenzen der Union mit jeder Vertragsrevision ausgebaut wurden und zudem die Entscheidungsfindung im Bereich der bestehenden Kompetenzen zumeist vereinfacht wurde. Zwar stellt dies sicher keine allgemeine Entwicklung in Richtung einer „Unitarisierung" dar. Trotzdem rundet die Union ihr Profil in vielen Bereichen ab, was einem Wettbewerb der Regulierungen eher entgegenstehen dürfte.

---

[43] Zum Vertrag von Lissabon etwa _A. Hatje/A. Kindt_, Der Vertrag von Lissabon: Europa endlich in guter Verfassung?, NJW 2008, S. 1761 ff.; _J. P. Terhechte_, Der Vertrag von Lissabon: Grundlegende Verfassungsurkunde der europäischen Rechtsgemeinschaft oder technischer Änderungsvertrag?, EuR 2008, S. 143 ff.; speziell zu den Rechtsetzungskompetenzen s. etwa _M. Ruffert_, Institutionen, Organe und Kompetenzen – der Abschluss eines Reformprozesses als Gegenstand der Europarechtswissenschaft, in: Schwarze/Hatje (Hrsg.), Der Reformvertrag von Lissabon, EuR-Beiheft 1/2009, S. 31 ff. (36 f.).

D. Die Rolle der Grundfreiheiten im Kontext des Regulierungswettbewerbs

Ein Wettbewerb der Regulierungen auf der Ebene der Union ist ohne die freiheitseröffnende und freiheitssichernde Funktion der europäischen Grundfreiheiten undenkbar.[44] Wie bereits angedeutet, setzt insbesondere ein institutioneller Systemwettbewerb eine solche Freiheit voraus. Ohne sie ist eine „Abstimmung mit den Füßen" nicht möglich. Insofern hat es die konsequente und weit reichende Rechtsprechung des Gerichtshofs der Europäischen Union hinsichtlich der europäischen Grundfreiheiten in vielen Fällen überhaupt erst ermöglicht, über das Modell eines Wettbewerbs der Regulierungen nachzudenken.

Plastisch wird dies etwa anhand der Figur des „Beschränkungsverbots".[45] Indem der Gerichtshof der Europäischen Union nicht nur diskriminierende Maßnahmen der Mitgliedstaaten an den Grundfreiheiten misst, sondern auch „lediglich" beschränkende Maßnahmen, hat er den Spielraum staatlicher Intervention entscheidend eingeschränkt und so die Mobilität der Arbeitnehmer, Gesellschaften, Waren, Dienstleistungen und des Kapitals deutlich erweitert. Die Folgen dieser Rechtsprechung lassen sich jedoch nur in einzelnen Referenzgebieten wie dem Gesellschafts- oder Sozialrecht festmachen (dazu nachfolgend E. II.).

Die Wirkung der Grundfreiheiten ist hier aber keineswegs eindimensional. Zwar schafft ihre extensive Handhabung auf der einen Seite einen Raum der Freiheit, der für einen Wettbewerb der Regulierungen konstitutiv ist, auf der anderen Seite werden staatliche Regulierungen von vornherein

---

[44] Zu den Grundfreiheiten etwa *T. Kingreen*, Grundfreiheiten, in: von Bogdandy/Bast (Hrsg.), Europäisches Verfassungsrecht, 2. Aufl., Berlin/Heidelberg 2009, S. 705 ff.; *ders.*, Die Struktur der Grundfreiheiten des Europäischen Gemeinschaftsrechts, Berlin 1999; *A. Arnull/A. Dashwood/M. Dougan/M. Ross/E. Spaventa/D. Wyatt* (Hrsg.), Wyatt & Dashwood's European Union Law, 5. Aufl., London 2006, S. 571 ff.; *W. Frenz*, Handbuch Europarecht, Band 1 Europäische Grundfreiheiten, Berlin/Heidelberg 2004; *D. Ehlers* (Hrsg.), Europäische Grundrechte und Grundfreiheiten, 3. Aufl., Berlin 2010; *P. Behrens*, Die Konvergenz der wirtschaftlichen Freiheiten im europäischen Gemeinschaftsrecht, EuR 1992, S. 145 ff.; *H.-D. Jarass*, Elemente einer Dogmatik der Grundfreiheiten, EuR 1995, S. 202 ff. und EuR 2000, S. 705 ff.

[45] Grundlage der Interpretation der Grundfreiheiten als Beschränkungsverbote bildete die Rechtsprechung des EuGH zum Begriff der „Maßnahmen gleicher Wirkung" im Sinne des Art. 28 EGV (nunmehr Art. 34 AEUV). In seinem Urteil Dassonville hielt der EuGH fest, dass hierunter „jede Handelsregelung fällt, die geeignet ist, den innergemeinschaftlichen Handel unmittelbar oder mittelbar, tatsächlich oder potentiell zu behindern" zu verstehen ist (EuGH Rs. 8/74, Slg. 1974, 837 Rn. 5 – Dassonville); s. dazu auch *T. Kingreen*, in: Calliess/Ruffert (Hrsg.), EUV/EGV-Kommentar, Art. 28 EGV Rn. 37 ff.

unterbunden, weil die Schwelle der „Beschränkung" im Sinne der Grundfreiheiten recht schnell überschritten ist.[46]

E. Erscheinungsformen des Regulierungswettbewerbs in der Europäischen Union

Der Regulierungswettbewerb ist dem europäischen Unionsrecht nicht
grundsätzlich fremd. Es lassen sich in einigen Bereichen durchaus Erscheinungsformen eines Regulierungswettbewerbs ausmachen, wobei damit noch keine Aussagen über die Ursachen und die Wirkungsmächtigkeit
dieses Phänomens gemacht werden können. Zuvor soll jedoch der Frage
nachgegangen werden, ob die unterschiedlichen Verträge unter dem Dach
des europäischen Primärrechts selbst in einem Wettbewerb der Regulierungen stehen.

I. Wettbewerb der Gründungsverträge?

Kann das Verhältnis der verschiedenen Gründungsverträge (ehemals
EGKSV, EGV, EAGV und EUV und heute EUV, AEUV und EAGV) auf
europäischer Ebene als *Wettbewerbs*verhältnis charakterisiert werden? Stehen etwa die supranationale Bauform des ehemaligen EGV (heute des
AEUV) und die intergouvernementale Bauform des EUV im Bereich der
GASP in einem Wettbewerbsverhältnis? Hat sich etwa der supranationale
Ansatz als weiter führend erwiesen, so dass der gescheiterte Verfassungsvertrag und der Vertrag von Lissabon insbesondere auch danach strebten,
Bereiche, die in der Nizza-Fassung des EUV noch intergouvernemental
ausgestaltet sind, zu „supranationalisieren"? Charakterisiert die Wettbe-
werbsmetapher also treffend das Verhältnis der Verträge zueinander?

Bei einer solchen Betrachtungsweise scheint aber einige Zurückhaltung
angebracht zu sein: Das Verhältnis des EUV zum ehemaligen EGV wurde
etwa durch Art. 3 Abs. 1 EUV a. F. in gewisser Weise zu Gunsten des EGV
bestimmt. Nach dieser Vorschrift hatte die Union ihre Ziele unter gleichzeitiger Wahrung und Weiterentwicklung des gemeinschaftlichen Besitz-
stands zu erreichen. Eine gewisse Verstärkung dieses Ansatzes ging darüber hinaus von Art. 2, 5. Spiegelstrich EUV a. F. aus, der die *volle* Wahrung des *acquis communautaire* für verpflichtend erklärte. Beide
Bestimmungen richteten damit die Union auf das Ziel der „Einheit" aus.[47]
Die intergouvernementale Zusammenarbeit im Bereich der damaligen

---

[46] S. dazu unten G. I. 2.

[47] *C. Stumpf*, in: Schwarze (Hrsg.), EU-Kommentar, 2. Aufl., Baden-Baden 2009, Art.
2 EUV Rn. 16.

zweiten und dritten Säule des Unionsrechts sollte nicht auf das Gemeinschaftsrecht ausgedehnt werden, Art. 2 und 3 EUV a. F. statuierten so gewissermaßen ein „Infektionsverbot". Dieser Ansatz wurde durch den Lissabonner Vertrag zumindest für den Bereich der GASP (Art. 21 ff. EUV) übernommen (s. Art. 40 EUV). Die Rolle des Art. 40 EUV lässt sich in diesem Zusammenhang durchaus als die eines umfassenden Wettbewerbsverbots zwischen supranationalen und intergouvernementalen Bauformen des Unionsrechts interpretieren.[48]

Diese Entwicklungen legen den Schluss nahe, dass die europäische Integration primär auf das supranationale Moment fokussierte, dessen spezifische Charakteristika dem Unionsrecht nach altem Verständnis zwar fehlten, es jedoch nicht ausgeschlossen werden konnte, dass sie eines Tages übernommen werden würden. Ein Beispiel für diesen Befund liefert etwa der Vertrag von Lissabon, der den Bereich der dritten Säule – wenn auch zeitlich gestaffelt – der supranationalen Methode unterworfen hat.[49]

Das Verhältnis des Unionsrechts und des Gemeinschaftsrechts (oder von supranationalen und intergouvernementalen Ansatz) war jedoch schon in der Vergangenheit komplexer ausgestaltet, als ein erster Blick auf die Verträge vermuten ließ. Es handelte sich hier nicht etwa um ein „stilles Nebeneinander". Vielmehr strahlte insbesondere das europäische Gemeinschaftsrecht auf die unionale Rechtsordnung aus. Das Ziel, das auch durch die Entwicklungen im Rahmen des Vertrages von Lissabon deutlich geworden ist, war stets eine Angleichung des Unionsrechts an das Gemeinschaftsrecht bis hin zur Unterwerfung unter die gemeinschaftliche Methode. Das diesem Ansatz zugrunde liegende Programm ist die Einheitsbildung.

Dies erklärt auch, warum die durch den EUV angestrebte Trennung der supranationalen und intergouvernementalen Materien nicht konsequent durchgehalten wurde. Ein Beispiel für diesen Befund ist etwa die gemeinschaftliche Kompetenz zur Verhängung von Wirtschaftssanktionen gem. Art. 275 AEUV (ex-Art. 301 EGV). Ein Handeln der Union nach supranationalen Maßstäben ist hier nur möglich, sofern ein vorgeschalteter GASP-Beschluss vorliegt, der den intergouvernementalen Spielregeln zu folgen hat. Schon dies demonstriert die komplexe Verwobenheit der supranationlen und intergouvernementalen Elemente in der europäischen Rechtsordnung.

---

[48] S. dazu nun auch das Urteil des EuGH zur Vorratsdatenspeicherungsrichtlinie, EuGH Rs. C-301/06, Urt. v. 10. 2. 2009, noch nicht in Slg.; dazu auch *J. P. Terhechte*, Rechtsangleichung zwischen Gemeinschafts- und Unionsrecht – die Richtlinie über die Vorratsdatenspeicherung vor dem EuGH, EuZW 2009, S. 199 ff.

[49] Ausführlich dazu *P.-C. Müller-Graff*, Der Raum der Freiheit, der Sicherheit und des Rechts im Lissabonner Reformvertrag, in: Schwarze/Hatje (Hrsg.), Der Reformvertrag von Lissabon, EuR-Beiheft 1/2009, S. 105 ff. (117).

Ein Wettbewerb lässt sich hier aber nur bedingt feststellen, denn es geht nicht darum, optimale Lösungen bzw. Regeln herauszufiltern („Wettbewerb als Entdeckungsverfahren"). Vielmehr liegt in der supranationalen Ausgestaltung des Unionsrechts zugleich ein Vorbild für seine intergouvernementalen Bereiche. Das „Wettbewerbsergebnis" war letztlich schon immer vorgegeben, das „bessere" Modell somit gefunden. Eines Wettbewerbs bedurfte es hier nicht mehr oder doch nur in einer sehr untergeordneten Rolle.

Ähnlich ist das Verhältnis bis heute zwischen dem EUV/AEUV und dem EAGV ausgestaltet, das nunmehr durch das Protokoll Nr. 2 zum Vertrag von Lissabon (im Wesentlichen ex-Art. 305 Abs. 2 EGV) bestimmt wird. Es gilt seit jeher, dass das Unionsrecht (bzw. das EG-Recht) die Vorschriften des EAGV nicht beeinträchtigen darf. Dies steht zwar auch mit Inkrafttreten des Lissabonner Vertrags einer subsidiären Geltung des Unionsrechts im Bereich der EAG nicht entgegen. Das kann aber nur soweit gelten, als dass das EAG-Recht keine ausdrücklichen Regelungen für eine Frage zur Verfügung stellt.[50] Aufgrund des spezifischen Gegenstandes des EAGV wird es auch zukünftig kaum zu einer nennenswerten Wettbewerbssituation kommen, da der supranationale Ansatz und seine Ausgestaltung in den Verträgen identisch ist und damit keine Alternativregelungen zur Verfügung stehen, in deren Lichte ein Wettbewerb entstehen könnte.

II. Horizontaler Regulierungswettbewerb

Von horizontalem Regulierungswettbewerb kann gesprochen werden, wenn gleichstufige Rechtsordnungen miteinander in Konkurrenz treten.[51] Dies lässt sich in der Europäischen Union zumindest an einigen Beispielen festmachen, wobei der berühmt-berüchtigte Steuerwettbewerb inzwischen das Paradebeispiel für einen solchen Wettbewerb verkörpert. Hierbei geht es im Wesentlichen um die Auswirkungen verschieden hoher Steuersätze in den mitgliedstaatlichen Steuerrechtsordnungen. Der Wettbewerb der Regulierungen wird hier insbesondere deshalb als „horizontal" charakterisiert, weil der Union selbst keine Kompetenz zur Steuererhebung zukommt. Weitere Bereiche des horizontalen Regulierungswettbewerbs sind etwa das Verbraucherschutz-, Umwelt- und Sozialrecht.

---

[50] *J. P. Terhechte*, in: Schwarze (Hrsg.), EU-Kommentar, 2. Aufl., Baden-Baden 2009, Art. 305 EGV Rn. 8.

[51] Dazu etwa *W. Kerber*, Europäisches Vertragsrecht, Rechtsföderalismus und Ordnungsökonomik, in: Leipold/Wenzel (Hrsg.), Ordnungsökonomik als aktuelle Herausforderung, Stuttgart 2005, S. 372 ff. (380); s. auch die Beiträge in *U. Becker/W. Schön* (Hrsg.), Steuer- und Sozialstaat im europäischen Systemwettbewerb, Tübingen 2006.

1. Steuerrecht

Das Phänomen des Wettbewerbs der Steuerrechtsordnungen hat in den letzten Jahren erhebliche Aufmerksamkeit auf sich gelenkt.[52] Insbesondere im Bereich der Ertrags- und Unternehmensbesteuerung (also Bereichen der direkten Steuern) stehen die europäischen Staaten mitunter in einem Wettbewerb zueinander.[53] Dies gilt aufgrund einer ausdrücklichen Harmonisierungskompetenz der Union für den Bereich der indirekten Steuern nur in abgeschwächter Form (s. Art. 113 AEUV). Für die Unternehmensbesteuerung ist zudem eine starke Internationalisierung des Steuerwettbewerbs zu verzeichnen, sodass die Union auf diesem Gebiet selbst über kurz oder lang in Wettbewerb zu Regulierungsangeboten von Staaten und regionalen Wirtschaftsintegrationsprojekten treten könnte. Das Phänomen des Steuerwettbewerbs stellt sich damit aus der Perspektive der unionalen Rechtsordnung durchaus als mehrdimensional dar. Dass es auf der Unionsebene überhaupt diskutiert wird, hängt aber auch hier zunächst mit der Kompetenzlage zusammen.

Nach Art. 113 AEUV hat die Union die Kompetenz zur Harmonisierung der Rechtsvorschriften über Umsatzsteuern, Verbrauchsabgaben und sonstige indirekte Steuern. Schwierigkeiten bereitet in diesem Bereich der Umstand, dass harmonisierende Maßnahmen nach wie vor einem Einstimmigkeitserfordernis unterliegen. Trotz der damit verbundenen Möglichkeit der Mitgliedstaaten, zu „mauern" und so einen Wettbewerb zuzulassen, ist für die indirekten Steuern festzuhalten, dass der AEUV einen solchen Wettbewerb gerade nicht wünscht. Dahinter verbirgt sich die Erkenntnis, dass indirekte Steuern erheblichen Einfluss auf die Mobilität von Waren und Dienstleistungen in Europa haben können. Insofern soll Art. 113 AEUV (bzw. die Vorgängervorschrift, Art. 93 EGV) eine „steuerliche Wettbe-

---

[52] Ausführlich dazu *E. Reimer*, Wettbewerb der Steuerrechtsordnungen, in diesem Band, S. 369 ff. und *C. Seiler*, „Wettbewerb" der Steuerrechtsordnungen, in diesem Band, S. 393 ff.; *R. S. Avi-Yonah*, Globalisation, Tax Competition and the Fiscal Crisis of the Welfare State, Harvard Law Review 113 (2000), S. 1573 ff.; *J. Wieland*, Steuerwettbewerb in Europa, EuR 2001, 119; *W. Schön*, Playing Different Games? Regulatory Competition in Tax and Company Law Compared. CMLRev. 42 (2005), S. 331 ff.; zur Situation im europäischen Steuerrecht auch *A. Hatje/J. P. Terhechte* (Hrsg.), Unternehmen und Steuern in Europa, EuR-Beiheft 2/2006.

[53] Zum „Wettbewerb der Steuersysteme" vgl. auch *J. Lang*, Besteuerung in Europa zwischen Harmonisierung und Differenzierung, in: FS für Hans Flick, Köln 1997, S. 873 ff. (885 f.); *A. Schmehl*, Nationales Steuerrecht im internationalen Steuerwettbewerb, in: Schön/Beck (Hrsg.), Zukunftsfragen des deutschen Steuerrechts, Berlin/Heidelberg 2009, S. 99 ff.

werbsgleichheit" sicherstellen und damit den Grundfreiheiten sekundie-
ren.[54]

Anders stellt sich die Situation hinsichtlich der Harmonisierung der direkten Steuern dar. Für diesen Bereich fehlt es an einer ausdrücklichen
vertraglichen Ermächtigung, so dass Harmonisierungsmaßnahmen lediglich auf die allgemeine Kompetenz des Art. 115 AEUV gestützt werden
können.[55] Schon aufgrund dieser Tatsache sind nur wenige Aktivitäten der
Union hinsichtlich der Harmonisierung der direkten Steuern zu verzeichnen. Dagegen hat der Europäische Gerichtshof in den letzten Jahren in diesem Bereich eine ungeheure Aktivität entfaltet[56]: Gegenstand der Verfahren
waren insbesondere Fragen der Wegzugsbesteuerung und des grenzüberschreitenden Verlustausgleichs.[57] Insofern kann für diesen Bereich festgestellt werden, dass der Europäische Gerichtshof zumindest punktuell versucht, eine Wettbewerbsgleichheit herbeizuführen.

Inwiefern darüber hinaus für den Bereich der Unternehmensbesteuerung
ein Wettbewerb der Steuerrechtsordnungen besteht, der auch tatsächliche
Wirkungen zeitigt (etwa in Form von Sitzverlegungen der Unternehmen),
ist bislang nur schwer auszumachen. Zumindest lässt sich wohl ein „race to
the bottom" in Form einer Abwärtsspirale bei den Steuersätzen nicht
nachweisen; das Phänomen ist letztlich theoretischer Natur.[58]

Insgesamt lässt sich daher festhalten, dass es zwar Anhaltspunkte für einen Steuerwettbewerb in Europa gibt, das Unionsrecht aber bemüht ist,
diesen Wettbewerb soweit wie möglich zu verhindern. Vielmehr wird auch
in diesem Bereich die Integrationsstrategie der Rechtsangleichung verfolgt,
die im Bereich der indirekten Steuern bislang recht erfolgreich war.

2. Umweltrecht

Auch im Bereich des Umweltrechts ist eine umfangreiche Diskussion über
die Rolle des Systemwettbewerbs im Gange.[59] Insofern könnte für den Bereich des Unionsrechts der Frage nachzugehen sein, inwiefern unterschiedliche Umweltstandards wiederum einen Wettbewerb – entweder als „race

---

[54] *C. Waldhoff*, in: Calliess/Ruffert (Hrsg.), EUV/EGV-Kommentar, Art. 93 EGV
Rn. 1.

[55] Siehe auch: *H. G. Fischer*, in: Lenz/Borchardt (Hrsg.), EUV/EGV, 4. Aufl., Köln
2006, Art. 94 EGV Rn. 1 und 13.

[56] Ausführlich dazu *K. Lenaerts*, Die direkte Besteuerung in der EU, Baden-Baden
2007; *C. Stumpf*, in: Schwarze (Hrsg.), EU-Kommentar, Art. 93 EGV Rn. 33.

[57] *Ibid*; *dies.*, in: Schwarze (Hrsg.), EU-Kommentar, Art. 90 EGV Rn. 33 m.w. N.

[58] Unentschieden auch *T. M. J. Möllers*, Gesellschafts- und Unternehmensrecht, in:
Schulze/Zuleeg (Hrsg.), Europarecht. Handbuch für die deutsche Rechtspraxis, Baden-
Baden 2006, § 18 Rn. 15.

[59] *M. Faure*, Harmonization of Environmental Law and Market Integration: Harmo-
nizing for the Wrong Reasons?, European Environmental Law Review 1998, S. 169 ff.

to the top" oder als „race to the bottom" – verursachen können.[60] Angeheizt wird diese Diskussion auf der Ebene des europäischen Umweltrechts insbesondere durch Art. 193 AEUV, der es den Mitgliedstaaten erlaubt, „verstärkte Schutzmaßnahmen" für den Bereich der Umwelt beizubehalten oder zu ergreifen.[61] Insoweit scheint das Unionsrecht zumindest für den Bereich des Umweltrechts für ein stetiges „race to the top" zu optieren.

Doch auch hier zeigt eine genauere Analyse, dass das Unionsrecht eindeutige Grenzen für einen Wettbewerb der Regulierungen im Bereich des Umweltrechts formuliert hat: Zunächst kommen der Union hier recht umfassende Kompetenzen zu (vgl. Art. 192 i.V.m. Art. 191 AEUV), sodass der Spielraum der Mitgliedstaaten hier von vornherein begrenzter ist als z. B. im Bereich des Steuerrechts. Dazu kommt, dass Art. 193 AEUV einseitige Maßnahmen der Mitgliedstaaten rechtlich deutlich einhegt: Zunächst müssen alle Maßnahmen der Mitgliedstaaten nach Art. 193 S. 2 AEUV „mit den Verträgen vereinbar sein". Der AEUV lässt also nicht etwa einen Wettbewerb der Ideen zu, sondern verlangt von den Mitgliedstaaten bei allen Maßnahmen ein Mindestmaß an Kohärenz mit dem Unionsrecht.

Zudem sind die Mitgliedstaaten nach Art. 193 S. 3 AEUV verpflichtet, „Verstärkungsmaßnahmen" der Kommission zu notifizieren. Insofern ist im Bereich des Umweltrechts zwar in gewisser Weise der Raum für einen Wettbewerb eröffnet, er ist aber aus der Perspektive der Union immer so auszugestalten, dass er auf dem Boden der unionalen Vorgaben stattfindet und letztlich dazu dient, den unionalen Zielen durch Vorreiter zu besserer Verwirklichung zu verhelfen. Dies impliziert zwar auch, dass eine vertiefte Integration im Bereich der Umwelt durch Art. 193 AEUV erreicht wird, indes ist die praktische Relevanz der Vorschrift nicht besonders hoch. Dies dürfte wiederum mit der speziellen „Verbundkonstruktion" der Vorschrift zusammenhängen und auch mit der generellen Bedeutung des Wettbewerbs als Integrationsstrategie in der Europäischen Union. Auch andere Bereiche im Unionsrecht, die eine verstärkte Zusammenarbeit bzw. ein vorgreifliches Handeln der Mitgliedstaaten ermöglichen, wie z.B. Art. 20 EUV, Art. 326 ff. AEUV, vermochten bislang keinerlei praktische Relevanz zu entfalten.

3. Gesellschaftsrecht

Das europäische Gesellschaftsrecht, das maßgeblich durch die Niederlassungsfreiheit gem. Art. 49 i.V. m. Art. 54 AEUV sowie durch eine Reihe

---

[60] Dazu auch *V. Mehde*, Wettbewerb zwischen Staaten, Baden-Baden 2005, S. 307 ff.

[61] *H. D. Jarass*, Verstärkter Umweltschutz der Mitgliedstaaten nach Art. 176 EG, NVwZ 2000, S. 529 ff.; *C. Calliess*, Die Umweltkompetenzen der EG nach dem Vertrag von Nizza – Zum Handlungsrahmen der europäischen Umweltgesetzgebung, ZUR Sonderheft 2003, S. 129 ff.

sekundärrechtlicher Regelungen geformt wird, ist ein weiteres bedeutsames Feld des Unionsrechts, in dem die potentielle Rolle eines Wettbewerbs der Regulierungen breitflächig diskutiert wird.[62] Dies mag in erster Linie damit zusammenhängen, dass der Gerichtshof in diesem Feld durch Aufsehen erregende Urteile die Mobilität der Gesellschaften innerhalb der Europäischen Union wesentlich erhöht hat und deshalb eine „Abstimmung mit den Füßen" zumindest potentiell möglich ist.[63] Gerade das Gesellschaftsrecht hat in den letzten Jahren als dasjenige Rechtsgebiet gegolten, an dem sich das Phänomen des Wettbewerbs der Rechtsordnungen besonders plastisch festmachen ließ. So sehr aber Aspekte des Wettbewerbs der Regulierungen hier diskutiert werden, so darf nicht übersehen werden, dass die Union in diesem Bereich zunächst nur auf der Grundlage der sog. Vertragsabrundungskompetenz des Art. 352 AEUV tätig wird – und tätig werden darf. Der AEUV enthält im Gegensatz zum Steuer- und Umweltrecht keine eigene Rechtsgrundlage zur Harmonisierung der nationalen Gesellschaftsrechtsordnungen. Ebenso wenig enthält er eine ausdrückliche Ermächtigung zur Schaffung supranationaler Gesellschaftsformen.

Nach Art. 352 AEUV kann die Union im Rahmen der in den Verträgen festgelegten Politikbereiche zur Verwirklichung ihrer Ziele nach Vorschlag der Kommission und nach Zustimmung des Parlaments im Rat einstimmig die Vorschriften erlassen, die jeweils geeignet sind, die in den Blick genommenen Ziel zu verwirklichen. Aufgrund des Einstimmigkeitserfordernisses und der nebulösen Formulierung des Art. 352 AEUV („erscheint ein Tätigwerden erforderlich") ist eine vollständige Harmonisierung des Gesellschaftsrechts nach allgemeiner Ansicht zwar ausgeschlossen. Dennoch hat der Gerichtshof durch seine wegweisenden Urteile hier Breschen ins Unterholz der nationalen Gesellschaftsrechtsordnungen geschlagen. Es kann hier aber schwerlich von einer den Gründungsverträgen immanenten Integrationsstrategie gesprochen werden, was letztlich an den wenig ausgeformten normativen Grundlagen und dem punktuellen Wirkungsansatz der Grundfreiheiten (hier insbesondere der Niederlassungsfreiheit der Gesellschaften) festzumachen ist.

---

[62] Dazu etwa *E.-M. Kieninger*, Wettbewerb der Rechtsordnungen im europäischen Binnenmarkt, Tübingen 2002; *K. Heine*, Regulierungswettbewerb im Gesellschaftsrecht, Berlin 2003; *H. Merkt*, Das europäische Gesellschaftsrecht und die Idee des „Wettbewerbs der Gesetzgeber", RabelsZ 59 (1995) , S. 545 ff.; *S. Grundmann*, Wettbewerb der Regelgeber im Europäischen Gesellschaftsrecht – jedes Marktsegment hat seine Struktur, ZGR 2001, S. 783 ff.; *T. M. J. Möllers*, Gesellschafts- und Unternehmensrecht, in: Schulze/Zuleeg (Hrsg.), Europarecht. Handbuch für die deutsche Rechtspraxis, Baden-Baden 2006, § 18 Rn. 14 f.

[63] S. EuGH Rs. 81/87, Slg. 1988, 5483 – Daily Mail; EuGH Rs. C-212/97, Slg. 1999, I-1459 – Centros; EuGH Rs. C-208/00, Slg. 2002, I-9919 – Überseering; EuGH Rs. C-167/01, Slg. 2003, I-10155 – Inspire Art.

Interessant ist zudem, dass die Union auf dem Gebiet des Gesellschaftsrechts selbst aktiv geworden ist, indem sie inzwischen eigene Gesellschaftsformen anbietet. Die Folgen dieses „vertikalen Regulierungswettbewerbs" lassen sich zwar noch nicht vollständig ausmachen; es steht aber der Verdacht im Raume, dass die Union hier langfristig den Wettbewerb eher ausschalten möchte und die supranationalen Handlungsformen dominieren sollen.[64]

4. Sozialrecht

In kaum einem Rechtsgebiet wird der Regulierungswettbewerb derzeit so intensiv diskutiert wie im Sozialrecht. Hierbei geht es in der Regel aber nicht um den Wettbewerb als solchen, sondern um die Folgen, die er mitunter zeitigt. Den Anlass bildet hier eine Reihe von Urteilen des Gerichtshofs der Europäischen Union, die sich mit verschiedenen Aspekten der mitgliedstaatlichen Rechtsordnungen, insbesondere mit dem kollektiven Arbeitsrecht (Streikrecht)[65] und dem Vergaberecht (Tariftreueerklärungen)[66], auseinandersetzten. Allgemein formuliert ging es um die Frage, ob die Mitgliedstaaten (bzw. private Organisationen wie z. B. Gewerkschaften) bestimmte Folgen eines Wettbewerbs der Sozialsysteme einseitig unterbinden können, oder ob sich Maßnahmen, die hierauf zielen, an den unionsrechtlichen Vorgaben, in erster Linie an den Grundfreiheiten, zu orientieren haben. Dass es sich in diesen Fällen meist um den Versuch der unilateralen Beseitigung von Wettbewerbsvorteilen handelt, wird etwa in der Rechtssache *Rüffert* deutlich angesprochen. So formulierte der Gerichtshof der Europäischen Union das Anliegen des vorlegenden Gerichts wie folgt: „Für die ausländischen Arbeitnehmer bewirke die Tariftreueverpflichtung gerade nicht ihre faktische Gleichstellung mit den deutschen Arbeitnehmern, sondern sie verhindere die Beschäftigung von Arbeitnehmern aus einem anderen Mitgliedstaat als der Bundesrepublik Deutschland im deutschen Hoheitsgebiet, da ihr Arbeitgeber seinen Kostenvorteil nicht in den Wettbewerb einbringen könne."[67]

Es gibt nur wenige Passagen in Urteilen des Gerichtshofs der Europäischen Union, in denen der Wettbewerb der Regulierungen derart deutlich angesprochen wird wie an dieser Stelle. Aufgrund der spezifischen Interessenlage – es geht hier um das Gefälle der unterschiedlichen sozialen Systeme in Europa und der damit korrespondierenden Lebensstandards – ist verständlich, warum die Rechtsprechung des Gerichtshofs der Europäi-

---

[64] Zum vertikalen Wettbewerb der Regulierungen unten E. III.

[65] EuGH Rs. C-438/05, Slg. 2007, I-10779 – Viking; s. auch EuGH Rs. C-341/05, Slg. 2007, I-11767 – Laval.

[66] EuGH Rs. C-346/06, Slg. 2008, I-1989 – Rüffert.

[67] EuGH Rs. C-346/06, Slg. 2008, I-1989 Rn. 15 – Rüffert.

schen Union auf scharfe Kritik gestoßen ist, insbesondere weil er die Grundfreiheiten in diesem Fall relativ extensiv angewendet hat und Streikmaßnahmen von Gewerkschaften ebenso am Maßstab der Niederlassungsfreiheit gemessen hat wie Tariftreueerklärungen an der Dienstleistungsfreiheit.[68] In kaum einem anderen Rechtsgebiet wurden damit die Befürchtungen laut, dass das Unionsrecht zu einem „race to the bottom" führen könnte wie im Sozialrecht – ganz so als führe die Gewährleistung von Freiheit nach innen automatisch zu Sozialdumping.

Das Sozialrecht als Referenzgebiet eines Wettbewerbs der Regulierungen verdeutlicht recht plastisch die Risiken der Freiheitsgewährung im europäischen Verfassungsverbund für den Fall, dass sie nicht mit Ausgleichsmaßnahmen oder Puffern abgefedert werden. Tatsächlich handelt es sich aber weniger um einen echten Wettbewerb der Regulierungen als zunächst um das reine Ausnutzen unterschiedlicher Wirtschaftspotenz zwischen alten und neuen Mitgliedstaaten.[69] Die Union hat zudem, und hier scheint das eigentliche Problem zu liegen, im Bereich des Sozialrechts nur eingeschränkt die Möglichkeit zur Korrektur, weil ihr die entsprechenden Kompetenzen fehlen. So war die Sozialpolitik lange Zeit in der alleinigen Verantwortung der Mitgliedstaaten bzw., nachdem sie verstärkt Eingang in das europäische Primärrecht gefunden hatte, überwiegend an das Wettbewerbsrecht gekoppelt. Diese Kopplung ist dann nach und nach gelöst worden, sodass die Union heute zumindest über eine genuin sozialpolitische Kompetenz verfügt.[70] Hierbei handelt es sich aber „nur" um eine geteilte Kompetenz, die zudem durch Art. 153 Abs. 5 AEUV stark eingehegt ist. Nach dieser Vorschrift sind die Bereiche des Arbeitsentgelts, des Koalitionsrechts, des Streikrechts sowie des Aussperrungsrechts nicht von den Kompetenzen der Union im Bereich der Sozialpolitik umfasst. Schon hieraus folgt, dass die verschiedenen mitgliedstaatlichen Regulierungen in einen Wettbewerb treten können, der mitunter zu erheblichen Problemen führen kann.

---

[68] Zur Kritik etwa _E. Kocher_, Kollektivverhandlungen und Tarifautonomie – welche Rolle spielt das europäische Recht?, Arbeit und Recht 1-2/2008, S. 13 ff.; _dies._, Die Tariftreueerklärung vor dem EuGH, DB 2008, S. 1042 ff.; _C. Joerges/F. Rödl_, Das soziale Defizit des europäischen Integrationsprojekts, KJ 2008, S. 149 ff.

[69] _F. C. Mayer_, Der EuGH und das soziale Europa, Internationale Politikanalyse der FES, Berlin 2009.

[70] S. dazu _R. Rebhan/M. Reiner_, in: Schwarze (Hrsg.), EU-Kommentar, 2. Aufl. 2009, Art. 136 EGV Rn. 3 ff. Zur Entwicklung der Sozialpolitik s. auch _P. Watson_, EU Social and Employment Law: Policy and Practice in an Enlarged Europe, Oxford 2008; _M. Fuchs_, Europäisches Sozialrecht, Baden-Baden 2005; _T. Kingreen_, Das Sozialstaatsprinzip im europäischen Verfassungsverbund, Tübingen 2003, S. 285 ff.; zum Ganzen auch _A. Hatje/P. M. Huber_ (Hrsg.), Unionsbürgerschaft und soziale Rechte, EuR-Beiheft 1/2007.

Interessant ist jedoch, dass der AEUV im Bereich der Sozialpolitik auch ein „race to the top" ausdrücklich ermöglicht, sieht Art. 153 Abs. 4 AEUV doch vor, dass die Mitgliedstaaten im Bereich der Sozialpolitik jederzeit strengere Schutzmaßnahmen beibehalten oder treffen können. Die oft bemängelten sozialpolitischen Defizite sind zudem durch den Vertrag von Lissabon zumindest teilweise abgemildert worden. So ist seit dem Inkrafttreten des Lissabonner Vertrags von einer „sozialen Marktwirtschaft" die Rede (Art. 3 Abs. 3 EUV n. F.) und damit die soziale Komponente der Wirtschaft deutlicher in den Vordergrund gerückt, als dies bislang der Fall war. Auch enthält die Charta der Grundrechte eine Reihe sozialer Grundrechte (Art. 27–38 GRCh), die nunmehr durch den Lissabonner Vertrag Rechtsverbindlichkeit erlangt haben (s. Art. 6 Abs. 1 EUV). Besonders bedeutsam dürften aber die konkreten Änderungen im Bereich der Sozialpolitik sein (s. Art. 151 ff. AEUV). Durch eine neue horizontale – stark erweiterte und systematisch prominent platzierte – Sozialklausel (Art. 3 Abs. 3 UAbs. 2 EUV n. F.) sowie die Anerkennung der Bedeutung der Sozialpartner (Art. 154 AEUV) wird das soziale Europa ein Stück mehr Realität.[71] Freilich hat auch der Vertrag von Lissabon keine endgültige Lösung für die hier angesprochenen Probleme des Systemwettbewerbs geliefert, sodass der „ewige Konflikt" zwischen dem Anspruch autonomer staatlicher Sozialgestaltung und dem Anliegen des europäischen Binnenmarkts auch weiterhin eine große Rolle im Rahmen der weiteren Integration spielen wird.[72]

III. Vertikaler Regulierungswettbewerb

Potentiell – diese Relativierung ist von einiger Bedeutung – kann neben dem horizontal angelegten Wettbewerb der Rechtsordnungen in der Europäischen Union ein vertikaler Regulierungswettbewerb treten. Dies ist der Fall, wenn das Unionsrecht neben die nationalen Rechtsordnungen tritt und gleichberechtigte Regulierungsangebote unterbreitet, bei denen die „Marktteilnehmer" frei entscheiden können, welches Angebot für sie das optimale ist, das mitgliedstaatliche oder das unionale. Beispiele eines solchen vertikalen Regulierungswettbewerbs lassen sich etwa im Gesell-

---

[71] *J. P. Terhechte*, Der Vertrag von Lissabon: Technischer Änderungsvertrag oder grundlegende Verfassungsurkunde der europäischen Rechtsgemeinschaft?, EuR 2008, S. 143 ff. (173). Insbesondere die horizontale Sozialklausel hat eine Berücksichtigung sozialer Belange im Bereich der Grundfreiheiten insgesamt erleichtert.

[72] S. dazu auch *P.-C. Müller-Graff*, Die Verdichtung des Binnenmarktrechts zwischen Handlungsfreiheit und Sozialgestaltung, in: Hatje (Hrsg.), Das Binnenmarktrecht als Daueraufgabe, Europarecht Beiheft 1/2002, S. 7 ff.; *K. Ziegler*, Grundfreiheiten und soziale Dimensionen des Binnenmarktes – die Verfassung als Impuls?, in: Hatje/Terhechte (Hrsg.), Das Binnenmarktziel in der europäischen Verfassung, EuR-Beiheft 3/2004. S. 13 ff.

schaftsrecht ausmachen, in dem die Union mit der Europäischen Aktiengesellschaft (SE) ein gesellschaftsrechtliches Formangebot etabliert hat, das
neben die Formangebote der nationalen Rechtsordnungen tritt.[73] Empirisch
– so scheint es zumindest – hatte dies bislang allerdings eher mäßigen Erfolg, auch wenn hier mitunter Zukunftspotentiale ausgemacht werden.[74]

IV. Fazit

Insgesamt lässt sich festhalten, dass es sich beim Wettbewerb der Regulierungen nicht nur um eine theoretische Fragestellung handelt, sondern dass
dieser Wettbewerb auf der Ebene der Union tatsächlich existiert. Freilich
scheint bisher die Bedeutung dieses Wettbewerbs für die weitere Integration der Union von untergeordneter Bedeutung zu sein. Dieser Befund könnte mit dem „speziellen" Kompetenzgefüge der Union und der überragenden
Bedeutung weiterer Integrationsstrategien zusammenhängen, von denen
hier zuweilen gar eine Verdrängungswirkung ausgeht (dazu nachfolgend
F.).

F. Weitere Integrationsstrategien

Die (Europa-)Wissenschaften sind seit jeher daran interessiert, Modelle zu
entwickeln, die wirtschaftliche und politische Integrationsprozesse im Allgemeinen und die Integration innerhalb der Europäischen Union im Besonderen angemessen beschreiben können.[75] Tatsächlich hat man es ob der
Singularität des europäischen Einigungsprozesses bis heute mit einem
Wettbewerb der Ideen zu tun. Es gibt derzeit kein Modell, das die zunehmende Verflechtung auf europäischer Ebene, ihre Leistungen und zukünftige Entwicklungen vollständig beschreiben kann – und vieles spricht dafür, dass es ein solches Modell für sich genommen auch zukünftig nicht
geben wird.

Die Idee des „Wettbewerbs der Regulierungen" stellt demnach nur einen
möglichen Erklärungsansatz dar, der seinerseits in einem Wettbewerb mit

---

[73] S. dazu *K. Röpke/K. Heine*, Vertikaler Regulierungswettbewerb und europäischer
Binnenmarkt – die Europäische Aktiengesellschaft als supranationales Rechtsangebot,
ORDO 56 (2005), S. 157 ff.; zu den weiteren Formangeboten des Unionsrechts *J.
Schwarze*, Europäisches Wirtschaftsrecht, Baden-Baden 2007, Rn. 123 ff.

[74] Dazu *B. Grunewald*, Wettbewerb der Normsetzer im Gesellschaftsrecht, in diesem
Band S. 409 ff.

[75] Zur Situation der Europarechtswissenschaft siehe etwa *A. von Bogdandy*, Beobachtungen zur Wissenschaft vom Europarecht. Strukturen, Debatten und Entwicklungsper-
spektiven der Grundlagenforschung zum Recht der Europäischen Union, Der Staat 2001,
S. 3 ff.; *G. F. Schuppert/I. Pernice/U. Haltern* (Hrsg.), Europawissenschaft, Baden-
Baden 2005.

anderen Integrationsstrategien steht. Zu nennen sind hier etwa Harmonisierungs- und Angleichungsstrategien oder etwa die Integrationsleistung, die vom europäischen Konstitutionalisierungsprozess ausgeht. Daneben lassen sich sektorspezifische Integrationsstrategien ausmachen, die nicht in das Bild eines Wettbewerbs der Regulierungen passen, wie etwa „planerische" Ansätze oder deregulatorische Tendenzen. Nur aus der Summe dieser Integrationsstrategien lässt sich ein Gesamtbild zeichnen, das die Integrationsentwicklungen der Union einigermaßen treffend abbildet. Denn der Wettbewerb der Rechtsordnungen allein vermag schon auf der Ebene des europäischen Primärrechts in den Bereichen der Gemeinsamen Außen- und Sicherheitspolitik (GASP) keinerlei Erklärungsmodell anzubieten.[76]

I. Die europäische Integrationsverfassung

1. Allgemeines

Es ist ein zentrales Anliegen weiter Teile der Europarechtswissenschaft, die Verfassungsqualität der europäischen Verträge als Grundordnung eines föderalen europäischen Gemeinwesens zu begründen.[77] Diese Deutung der Verträge als „Europäische Verfassung" ist erstaunlicherweise auf verhältnismäßig wenig Widerstand gestoßen, auch wenn das Scheitern des Verfassungsvertrages und die Schwierigkeiten rund um das Inkrafttreten des Vertrages von Lissabon den Skeptikern einiges Argumentationsarsenal an die Hand gegeben haben, um eine solche Verfassungsqualität der Verträge in Abrede zu stellen.[78] Geht man aber wie hier von der Verfassungsqualität

---

[76] Zum Verhältnis von EU-Vertrag und EG-Vertrag im Bereich der GASP siehe nur *J. P. Terhechte*, in: Schwarze (Hrsg.), EU-Kommentar, Art. 11 EUV Rn. 11 ff.

[77] S. etwa *I. Pernice*, Multilevel Constitutionalism and the Treaty of Amsterdam: European Constitution-Making Revisted, CMLRev. 36 (1999), S. 703 ff.; *ders.*, Das Verhältnis europäischer zu nationalen Gerichten im europäischen Verfassungsverbund, Berlin 2006, S. 13 ff.; *ders.*, Europäisches und nationales Verfassungsrecht, VVDStRL 60 (2001), S. 148 ff.; *P. Häberle*, Europäische Verfassungslehre, 5. Aufl., Baden-Baden 2007, S. 187 ff.; *A. Hatje*, Entwicklungen zu einer europäischen Verfassung – zur aktuellen Debatte aus deutscher Perspektive, in: Holoch (Hrsg.), Wege zum europäischen Recht, Baden-Baden 2002, S. 73 ff.; *J. Schwarze* (Hrsg.), Die Entstehung einer europäischen Verfassungsordnung, Baden-Baden 2000; *C. Dorau*, Die Verfassungsfrage der EU, Baden-Baden 2001; *A. Peters*, Elemente einer Theorie der Verfassung Europas, Berlin 2001; *F. C. Mayer*, Macht und Gegenmacht in der Europäischen Verfassung, ZaöRV 63 (2003), S. 59 ff. (61 ff.); *J. P. Terhechte*, Der Vertrag von Lissabon: Grundlegende Verfassungsurkunde der europäischen Rechtsgemeinschaft oder technischer Änderungsvertrag?, EuR 2008, 143 ff.

[78] S. dazu *J. P. Terhechte*, Der Vertrag von Lissabon: Grundlegende Verfassungsurkunde der europäischen Rechtsgemeinschaft oder technischer Änderungsvertrag?, EuR 2008, 143 ff. (178 ff.); kritisch etwa *D. Grimm*, Braucht Europa eine Verfassung?, JZ 1995, S. 581 ff.; *P. Kirchhof*, Der europäische Staatenverbund, in: von Bogdandy/Bast (Hrsg.), Europäisches Verfassungsrecht, 2. Aufl., Berlin/Heidelberg 2009, S. 1009 ff.

der Verträge aus, so ist mit der zunehmenden Verdichtung der (dann) europäischen Verfassung zugleich die Frage aufgeworfen, welche spezifische Integrationsstrategie mit der Konstitutionalisierung eines europäischen Verfassungsraumes verfolgt wird und in welchem Verhältnis diese Strategie zu einem Wettbewerb der Regulierungen in Europa steht.

Die Beobachtung, dass eine rechtliche Grundordnung die Aufgabe hat, für die Integration des von ihr verfassten Gemeinwesens zu sorgen, ist nicht grundlegend neu[79] und wurde und wird insbesondere in der deutschen Staatsrechtslehre außerordentlich kontrovers diskutiert. Gerade aus ihrer Perspektive muss die Vorstellung eines sich andauernd erneuernden, auf Vertiefung und stetige Einheitsoptimierung ausgerichteten Gemeinwesens ohne ruhenden Kern zuweilen befremdlich wirken.

Im Europarecht hat dagegen die Verfassungsfunktion „Integration" eine besondere Bedeutung. Sein Gegenstand ist schon ein anderer als der des Staatsrechts: Das europäische Recht ist dynamischer, wandlungsanfälliger und lückenhafter als nationale Rechtsordnungen[80] – deshalb muss die Organisation von Einheit das überragende Motiv auf europäischer Ebene sein. In diesem Lichte sichern der EUV und der AEUV ein beachtliches Maß an Einheitsbildung, das für die zwischenstaatliche Ebene einzigartig ist. Sie fassen die grundlegende Organisation der Machtverteilung zwischen Union und Mitgliedstaaten zusammen, regeln nahezu abschließend den organisatorischen Aufbau der Union und sind nicht zuletzt seit dem Vertrag von Lissabon um eine demokratische Legitimation europäischer Herrschaftsausübung bemüht („duale oder doppelte Legitimation im europäischen Verfassungsverbund"[81]). Schon aus dieser Perspektive darf das

---

(1011 ff.); *H. M. Heinig*, Europäisches Verfassungsrecht ohne Verfassungsvertrag?, JZ 2007, S. 905 ff.

[79] Grundlegend *R. Smend*, Verfassung und Verfassungsrecht (1928), Staatsrechtliche Abhandlungen, 2. Aufl., Berlin 1968, S. 136 ff.; s. auch *K. Hesse*, Verfassung und Verfassungsrecht, in: Benda/Maihofer/Vogel (Hrsg.), Handbuch des Verfassungsrechts, 2. Aufl., Berlin/New York 1995, § 1 Rn. 5 f.; zum Ganzen etwa *R. Lhotta* (Hrsg.), Die Integration des modernen Staates. Zur Aktualität der Integrationslehre von Rudolf Smend, Baden-Baden 2005; *W. Hennis*, Integration durch Verfassung?, JZ 1999, S. 485 ff.; *S. Korioth*, Integration und Bundesstaat. Ein Beitrag zur Staats- und Verfassungslehre Rudolf Smends, Berlin 1990; *S. Obermeyer*, Integrationsfunktion der Verfassung und Verfassungsnormativität. Die Verfassungstheorie Rudolf Smends im Lichte einer transdisziplinären Rechtstheorie, Berlin 2008.

[80] Vgl. *U. Everling*, Der Beitrag des europäischen Gerichtshofs zur Weiterentwicklung des Wettbewerbsrechts der Gemeinschaften, in: FIW (Hrsg.), Wettbewerbspolitik an der Schwelle zum Europäischen Binnenmarkt, Köln u.a. 1989; s. auch *J. P. Terhechte*, Die ungeschriebenen Tatbestandsmerkmale des europäischen Wettbewerbsrechts, Baden-Baden 2004, S. 30.

[81] Vgl. *P. M. Huber*, Demokratie ohne Volk oder Demokratie der Völker? Zur Demokratiefähigkeit der Europäischen Union, in: Drexl/Kreutzer/Scheuing/Siebert (Hrsg.),

Modell einer Integration durch Konstitutionalisierung als recht erfolgreich angesehen werden. Hierbei unterliegt das europäische Verfassungsrecht selbst stetiger Erneuerung und Modifizierung (z. B. in Form von Vertragsänderungen), was sich insbesondere in den letzten Jahren immer wieder gezeigt hat. Aufgrund dieser Dynamik, der stetigen Extension der Aufgaben und der Ansiedlung immer weiterer subjektiver Rechte ist verständlich, warum *G. Nicolaysen* die Verträge als die „Europäische Integrationsverfassung" charakterisiert.[82] Wegen dieses augenscheinlichen Erfolgs befindet sich das Konzept der Konstitutionalisierung weltweit auf dem Vormarsch – zu denken ist hier etwa an die Konstitutionalisierung des WTO-Rechts[83] oder die Entwicklungen im südamerikanischen Gemeinsamen Markt.[84]

Eine auf Konstitutionalisierung aufbauende Integrationsstrategie steht einem Wettbewerb der Regulierungen indes nicht a priori entgegen, sondern zielt darauf ab, ihn in berechenbare Bahnen zu lenken. Insofern vermag eine durch Verfassungsverträge konstituierte Rechtsordnung valide Kontrollmaßstäbe für einen Wettbewerb der Regulierungen bereitzustellen. Die entscheidende Frage ist daher immer, ob eine verfasste Ordnung den Wettbewerb der Regulierungen grundsätzlich zulässt oder ausschließt.

2. Integrationsverfassung und Freiheitsgewährung

Die Konstitutionalisierung der Europäischen Union in ihrer gegenwärtigen Form ist untrennbar mit dem Erfolg des europäischen Binnenmarktes ver-

---

Europäische Demokratie, 1999, S. 27 ff.; *A. von Bogdandy*, Grundprinzipien, in: ders./Bast (Hrsg.), Europäisches Verfassungsrecht, 2. Aufl., Berlin /Heidelberg 2009, S. 13 ff. (64); *ders.*, Das Leitbild der dualistischen Legitimation für die europäische Verfassungsentwicklung, KritV 2000, S. 284 ff.; *J. P. Terhechte*, Die demokratische Verfasstheit der Europäischen Union – Undurchsichtig, kompliziert und ablehnungswürdig?, Wirtschaftsdienst 2008, S. 495 ff.

[82] *G. Nicolaysen*, Europarecht I – Die europäische Integrationsverfassung, 2. Aufl., Baden-Baden 2002.

[83] S. nur *M. Krajewski*, Verfassungsperspektiven und Legitimation des Rechts der Welthandelsorganisation (WTO), Berlin 2001; *O. Diggelmann/T. Altwicker*, Is There Something Like a Constitution of International Law? – A Critical Analysis of the Debate on World Constitutionalism, ZaöRV 68 (2008), S. 623 ff.; *M. Knauff*, Konstitutionalisierung im inner- und überstaatlichen Recht – Konvergenz oder Divergenz?, ZaöRV 68 (2008), S. 453 ff.

[84] „Mercado Común del Sur" (Mercosur), s. dazu *I. Malcher*, Der Mercosur in der Weltökonomie, 2005, S. 159 ff.; *J. Samtleben,* Der Südamerikanische Gemeinsame Markt (MERCOSUR) und seine neue Verfassung, WM 1996, S. 1997 ff.; *U. Wehner*, Der MERCOSUR: Rechtsfragen und Funktionsfähigkeit eines neuartigen Integrationsobjekts und die Erfolgsaussichten der interregionalen Kooperation mit der Europäischen Union, Baden-Baden 1999; *ders.*, EU und MERCOSUR: Auf dem Weg zur Freihandelszone?, RIW 2000, S. 370 ff.

bunden.[85] Seinen Gehalt hat *H. P. Ipsen* mit der bündigen Formel „Freiheit nach innen und Einheit nach außen" auf den Punkt gebracht.[86] Die Freiheit nach innen wird hierbei insbesondere durch die Grundfreiheiten und das europäische Wettbewerbsrecht sichergestellt. Insofern wird deutlich, dass die Verfasstheit der EU in der Tat auf der Idee der Freiheit basiert, die zugleich auch einen Wettbewerb der Regulierungen zulässt.

Diese Dimension der europäischen Integration hat der Gerichtshof der Europäischen Union in seiner *Centros*-Entscheidung in Bezug auf die Niederlassungsfreiheit ausdrücklich festgehalten. Hiernach kann „es für sich allein keine missbräuchliche Ausnutzung des Niederlassungsrechts darstellen [kann], wenn ein Staatsangehöriger eines Mitgliedstaats, der eine Gesellschaft gründen möchte, diese in dem Mitgliedstaat errichtet, dessen gesellschaftsrechtliche Vorschriften ihm die größte Freiheit lassen".[87] Freilich können hier Zweifel angemeldet werden, denn der Gerichtshof der Europäischen Union stellt zunächst nur fest, dass die Ausnutzung von Freiheitsgewährungen infolge unionsrechtlicher Regelungen keinen Missbrauch darstellt. Doch auch nach diesem Urteil ist es nicht ausgeschlossen, dass die uneingeschränkte Möglichkeit mit den Füßen abzustimmen beim Hinzutreten weiterer Umstände durchaus ein Missbrauchspotential birgt. Die unional gewährte Freiheit ist also nicht grenzenlos; das Unionsrecht erkennt durchaus an, dass der Wettbewerb der Regulierungen Ergebnisse hervorbringen kann, die unerwünscht sind.

Zudem fördert ein näherer Blick auf die Situation des „Wettbewerbs der Regulierungen" in der Europäischen Union in einigen Bereichen ein recht eigentümliches Phänomen zu Tage, das als „Wettbewerb im Verbund" bezeichnet werden kann. Gemeint ist hiermit, dass selbst in den Bereichen, in denen das Unionsrecht offensichtlich wettbewerblich arrangierte Regulierungsmodelle nicht ausschließt, so gut wie nie ein „freier Wettbewerb" herrscht, sondern immer eine steuernde Einflussnahme unionaler Verbundstrukturen zu verzeichnen ist, die in vielen Fällen einen potentiellen Wettbewerb gar ganz zum Erliegen bringen können.

Dies lässt sich beispielsweise auf der Ebene des Primärrechts an der konkreten Ausgestaltung der Grundfreiheiten durch den Gerichtshof der Europäischen Union festmachen: Die Grundfreiheiten beinhalten nicht zwangsläufig Harmonisierungs- und Angleichungsaspekte, sondern könnten theoretisch auch als reine Diskriminierungsverbote interpretiert wer-

---

[85] *J. Schwarze*, Europäisches Wirtschaftsrecht, Baden-Baden 2007, Rn. 31 ff. mit weiteren Nachweisen.

[86] *H. P. Ipsen*, Europäisches Gemeinschaftsrecht, Tübingen 1972, § 12 Rn. 12; diese Wendung geht letztlich wohl auf *C. Carstens*, Die Errichtung des gemeinsamen Marktes in der Europäischen Wirtschaftsgemeinschaft, Atomgemeinschaft und Gemeinschaft für Kohle und Stahl, ZaöRV 18 (1957/58), S. 459 ff. (460) zurück.

[87] EuGH Rs. C-212/97, Slg. 1999, S. I-1459 Rn. 27 – Centros.

den. Dennoch hat sich der Gerichtshof schon früh dafür entschieden, sie zu Beschränkungsverboten auszubauen und damit die Mitgliedstaaten unter einen gehörigen Anpassungsdruck zu setzen. Er setzt damit die Grundfreiheiten gezielt ein, um die „Grenzwirkungen nationalen Rechts abzuschleifen".[88] Ein potentieller Regulierungswettbewerb in diesem Bereich (sei es ein „race to the top" oder aber ein „race to the bottom") wird so von vornherein weitgehend ausgeschlossen, verbleibt den Mitgliedstaaten doch recht wenig Spielraum für eigene Ansätze, die dann auf unionaler Ebene miteinander in Wettbewerb treten könnten. Freilich darf nicht übersehen werden, dass die konsequente Extension der Anwendungsbereiche der Grundfreiheiten auf der anderen Seite in einem erheblichen Maße erst einen Regulierungswettbewerb ermöglicht, indem den „Marktbeteiligten" Mobilität und damit die Möglichkeit zur Wahl ihres wirtschaftlichen Standortes eingeräumt wird (sog. „Abstimmung mit den Füßen"[89], dazu s.o. D.). Das Bild, das die Grundfreiheiten hier abgegeben, ist damit durchaus ambivalent.

II. Rechtsangleichung

Überragend wichtiges Integrationsinstrument der Union ist die breitflächige Angleichung des mitgliedstaatlichen Rechts im Lichte gemeineuropäischer Standards (sog. positive Integration). Diese Strategie ist in Abgrenzung zur sog. negativen Integration zu sehen, die insbesondere durch die einzelfallbezogene Interpretation der Grundfreiheiten (mit allen ihren Ambivalenzen) bewerkstelligt wird. Um es mit *R. Schmidt* zu formulieren, „erlauben die Grundfreiheiten eine Art „statischer Harmonisierung" marktrelevanter nationaler Vorschriften, die jedoch nur punktuell und korrigierend ansetzen und kaum mehr als einen Mindeststandard an Diskriminierungsschutz und Inländergleichbehandlung garantieren kann, sollen solche mitgliedstaatlichen Normen, die wegen ihrer Unterschiedlichkeit die Entwicklung oder das Funktionieren des Gemeinsamen Marktes gefährden, im Wege „aktiver" Rechtsangleichung generell und vorbeugend entschärft werden".[90]

Im Gegensatz zum Wettbewerb der Regulierungen ist die Rechtsangleichung (bzw. Harmonisierung oder Koordinierung, der AEUV verwendet die Begriffe synonym) ausdrücklich im AEUV verankert.[91] Die Tätigkeit

---

[88] So eine Formulierung in einer Rezension von *C. Ohler*, EuR 2008, S. 437 ff. (438).

[89] Dazu grundlegend *C. M. Thiebout*, A Pure Theory of Local Expenditures, The Journal of Political Economy 64 (1956), S. 416 ff.

[90] *R. Schmidt*, Öffentliches Wirtschaftsrecht, Allgemeiner Teil, Berlin/Heidelberg 1990, S. 667.

[91] Beispielsweise in Art. 52 Abs. 2 AEUV, Art. 113 AEUV sowie Art. 115, 114 AEUV.

der Union umfasst die Angleichung der innerstaatlichen Rechtsvorschriften, soweit dies für das Funktionieren des Binnenmarktes erforderlich ist (Art. 114 ff. AEUV als das allgemeine Kapitel über Rechtsangleichung). Daneben gibt es eine Reihe von Einzelermächtigungen, die über den gesamten AEUV verstreut anzutreffen sind (z.B. Art. 18 Abs. 2, 21 Abs. 2, 191 Abs. 2 AEUV).

Auch der EGV als Vorgänger des AEUV hat von Anfang an die Rechtsangleichung als Integrationsstrategie aufgefasst (vgl. Art. 3 Abs. 1 lit. h EGV), wenn auch das Verständnis von Union und Mitgliedstaaten über die Aufgabe der Rechtsangleichung bis heute sehr unterschiedlich ist: Während nämlich die Institutionen der Union immer wieder ein recht vorausgreifendes und dynamisches Verständnis dieses Instruments unterstreichen, beharren die Mitgliedstaaten mehr auf der Bewahrung des bereits Erreichten. Dies lässt sich besonders anschaulich an den Auseinandersetzungen um die sog. Tabakwerberichtlinie festmachen.[92] Trotz dieser Differenzen kann der praktische Erfolg dieser Integrationsstrategie nicht in Abrede gestellt werden, der – zumindest gefühlt – die Bedeutung des Wettbewerbs der Regulierungen weit in den Schatten stellt.

Damit ist der Frage nachzugehen, in welchem Verhältnis diese beiden Strategien zueinander stehen. Hier kommt es zunächst darauf an, welchen Grad der Rechtsangleichung man in den Blick nimmt. Sicher ist, dass, je detaillierter die Angleichung der verschiedenen Rechtsordnungen ausgestaltet wird, desto weniger Raum letztlich für den Wettbewerb der Regulierungen besteht. Dennoch sind gewisse Schnittmengen zwischen diesen beiden Phänomenen auszumachen, namentlich im Bereich der sog. Mindestharmonisierung. In diesem Fall schreibt das Unionsrecht den Mitgliedstaaten die Erreichung eines Mindeststandards vor, der vom innerstaatlichen Recht insgesamt, d.h. für inländische und grenzüberschreitende Sachverhalte gleichermaßen, zu übernehmen ist.[93] Es bleibt den Mitgliedstaaten in der Regel aber unbenommen, strengere Maßstäbe für rein inländische Sachverhalte anzulegen. Insofern hat man es hier in gewisser Weise mit einem materiell-rechtlichen Pendant zur überschießenden Richtlinienumsetzung zu tun. Die Mindestharmonisierung nimmt damit bewusst die sog. Inländerdiskriminierung in Kauf, was Maßnahmen auf diesem Feld besonders unpopulär macht.

Ist hierin zugleich die Möglichkeit eines Wettbewerbs der Regulierungen angelegt? Dies wird zumindest in der Literatur oft behauptet, scheint aber absolut gesehen nicht zuzutreffen: Zunächst wird man selten Richtlinien finden, die nur Mindestharmonisierungen zum Gegenstand haben.

---

[92] S. EuGH Rs. C-376/98, Slg. 2000, I-8418 – Tabakwerberichtlinie I.

[93] *C. Tietje*, in: Grabitz/Hilf/Nettesheim (Hrsg.), Das Recht der Europäischen Union, Loseblatt. München, Vor. Art. 94-97 EGV Rn. 41.

Vielmehr wird man bei jeder Richtlinie zwischen ihren einzelnen Artikeln unterscheiden müssen, wobei zu vermuten ist, dass vollständig zu harmonisierende Bereiche auf Bereiche, die nur einer Mindestharmonisierung unterliegen, ausstrahlen. Zudem wird man immer die allgemeine Zielsetzung und die vertraglichen Ermächtigungen im Blick behalten müssen, so dass es selbst im Zuge der Mindestharmonisierung in vielen Fällen zu einem Ausschluss des Wettbewerbs der Regulierungen kommen dürfte.

Gleichwohl definiert das Unionsrecht selbst Bereiche, in denen die Harmonisierung ausgeschlossen ist – und öffnet damit Räume für einen Wettbewerb der Regulierungen. So bestimmt etwa Art. 153 Abs. 5 AEUV ausdrücklich, dass eine Harmonisierung des Arbeitsentgelts, des Koalitionsrechts, des Streik- und Aussperrungsrechts ausgeschlossen ist (s. o.). Dies betrifft indes zunächst nur eine Harmonisierung über Art. 153 AEUV. Eine andere Frage ist, ob hier eine Angleichung über Art. 114 AEUV möglich bleibt.[94]

III. Rechtsvereinheitlichung

Von vornherein völlig ausgeschaltet ist der Wettbewerb der Regulierungen immer dann, wenn über die Rechtsangleichung – und nur diese sieht der AEUV zunächst ausdrücklich vor – hinaus eine Rechtsvereinheitlichung (Unitarisierung) ausgelöst wird. Beispiele hierfür finden sich zumeist im Bereich der ausschließlichen Unionszuständigkeiten, also im Zoll- und Wettbewerbsrecht sowie im Bereich der Gemeinsamen Handelspolitik. Hier ist es interessanterweise zu beobachten, dass selbst solche Bereiche, die nicht abschließend von der ausschließlichen Kompetenz erfasst sind, „unitarischen Ausstrahlungstendenzen" ausgesetzt sind.

Als Beispiel sei hier das Kartellrecht genannt. Die Union hat nur eine Kompetenz zur Ausgestaltung des zwischenstaatlichen Wettbewerbs, nicht dagegen zur Vereinheitlichung der nationalen Wettbewerbsgesetze. Hier wäre also theoretisch ein Wettbewerb der Wettbewerbsordnungen möglich. Er findet faktisch aber nicht statt, denn die Mitgliedstaaten haben nach und nach weitgehend die europäischen Standards übernommen.[95]

IV. „Geplante Integration" am Beispiel der europäischen Agrarpolitik

Planerische Ansätze, die aufgrund der Pilotfunktion der ehemaligen Art. 2 und 3 EGV (Stichwort: „Planverfassungen") immer eine große Rolle im Unions- bzw. Gemeinschaftsrecht gespielt haben, verkörpern bis heute einen Kontrapunkt zur Idee des Wettbewerbs der Regulierungen, obwohl das

---

[94] *R. Rebhan/M. Reiner*, in: Schwarze (Hrsg.), EU-Kommentar, 2. Aufl. 2009, Art. 137 EGV Rn. 56.

[95] Dazu ausführlich oben C. II. 1.; s. auch *J. Bätge*, Wettbewerb der Wettbewerbsordnungen?, Baden-Baden 2009.

Unionsrecht in den entsprechenden Bereichen keineswegs von vornherein eine Festlegung auf nicht-wettbewerbliche Integrationsstrategien enthält. Gleichwohl haben sich planerische Ansätze breitflächig durchsetzen können, wie etwa das Beispiel der *Gemeinsamen Agrarpolitik* (GAP) belegt. Die GAP (Art. 38 ff. AEUV) hat letztlich zu einer zentral gelenkten Agrarstruktur in der Union geführt, bei der die einzelnen Mitgliedstaaten zumindest in Bezug auf die Produktionsmengen etc. so gut wie keinen Einfluss mehr nehmen, sondern das Geschehen aus Brüssel mittels Subventionen gelenkt wird. Der Wettbewerbsgedanke ist im Europarecht wohl nirgendwo so unterrepräsentiert wie in der GAP,[96] was insbesondere auf die gemeinsame Organisation der Agrarmärkte nach Art. 40 AEUV zurückzuführen ist. Zwar sieht Art. 40 Abs. 1 lit. a) AEUV ausdrücklich die Möglichkeit vor, die gemeinsame Organisation der Agrarmärkte in der Union durch gemeinsame Wettbewerbsregeln zu realisieren und somit einen zwischenstaatlichen Wettbewerb in diesem Bereich ausdrücklich zuzulassen bzw. zu gestalten.[97] Von diesem Instrument wurde aber kein nennenswerter Gebrauch gemacht. Stattdessen optierte die Union von Anfang an für eine „Europäische Marktordnung" im Sinne des Art. 46 Abs. 1 lit. c) AEUV, die inzwischen in nahezu allen Bereichen der Landwirtschaft implementiert ist.[98] Die europäischen Marktordnungen führten sachlogisch zu einer Ersetzung der nationalen Marktordnungen und der ihnen zugrunde liegenden Vorschriften. Letztlich wurde damit ein Regulierungswettbewerb im Bereich der GAP vollständig ausgeschaltet.[99]

V. Deregulierung

Nur wenige Phänomene sind im Kontext des Unionsrechts so leidenschaftlich diskutiert worden wie das der „Deregulierung".[100] Hierunter ist, allgemein formuliert, eine Strategie zu verstehen, die zu einer Verlagerung

---

[96] S. zur GAP etwa *J. A. Usher*, EC Agricultural Law, Oxford 2002; *G. Thiele*, Das Recht der Gemeinsamen Agrarpolitik der EG dargestellt am Beispiel des Gemeinsamen Milchmarktes mit Bezügen zum Durchführungsrecht in der Bundesrepublik Deutschland, 1997; *ders*, in: Calliess/Ruffert (Hrsg.), EUV/EGV-Kommentar, Art. 32 EGV Rn. 1 ff.; *R. Bittner*, in: Schwarze (Hrsg.), EU-Kommentar, Art. 32 EGV Rn. 1 ff.

[97] Vgl. dazu *R. Priebe*, in: Grabitz/Hilf/Nettesheim (Hrsg.), Das Recht der Europäischen Union, Art. 34 EGV Rn. 4.

[98] S. *G. Thiele*, in: Calliess/Ruffert (Hrsg.), EUV/EGV-Kommentar, Art. 34 EGV Rn. 7.

[99] *Ibid*.

[100] S. dazu nur *I. Pernice*, Soll das Recht der Regulierungsverwaltung übergreifend geregelt werden? Europarechtliche Aspekte, in: Verhandlungen des 66. Deutschen Juristentages (Stuttgart 2006), München 2006, Band II/1, S. O 85 ff.

staatlicher Aktivitäten auf den privaten Sektor führt. Plastisches Beispiel hierfür ist etwa die Deregulierung der sog. Netzwirtschaften.[101]

Deregulierung kann im Kontext der Europäischen Union schon deshalb als Integrationsstrategie aufgefasst werden, weil die Verlagerung staatlicher Aktivitäten auf den privaten Sektor in vielen Fällen zu einer Pluralisierung der Akteure führt. Diese Akteure – dies zeigt eine Reihe von Beispielen – müssen hierbei nicht unbedingt aus dem Mitgliedstaat stammen, der die Deregulierungsmaßnahmen ergreift, sondern können auch aus den anderen Mitgliedstaaten der Union agieren. Die Deregulierung kann so zu einer stärkeren gegenseitigen Durchdringung der jeweiligen nationalen Volkswirtschaften führen. Auch hierin liegt letztlich ein Moment der Einheitsbildung, welches Grundlage einer Integrationsstrategie sein kann.

G. Handlungsformen: Die Richtlinie und der Wettbewerb der Regulierungen

Soweit man vom Wettbewerb der Regulierungen als Integrationsstrategie sprechen möchte, ist in einem weiteren Schritt zu fragen, welche Handlungsformen das Unionsrecht kennt, um diesen Wettbewerb von unionaler Seite anzufeuern. Hier ließe sich vorrangig die Richtlinie (Art. 288 Abs. 3 AEUV) als *das* unionale Instrument eines Regulierungswettbewerbs unter europäischer Verbundaufsicht einordnen.[102] Die Richtlinie ist bekanntlich nur hinsichtlich ihres Ziels verbindlich, nicht aber in der Form ihrer Umsetzung.[103] Zudem – und dies ist im Zusammenhang mit dem Wettbewerb der Rechtsordnungen von besonderem Interesse – erlaubt der europäische Gesetzgeber regelmäßig die sog. überschießende Umsetzung von Richtlinien, d.h., dass es dem nationalen Gesetzgeber nicht verwehrt ist, „mehr" zu regulieren, als eine Richtlinie eigentlich vorsieht (sog. „gold pla-

---

[101] Siehe zum Begriff der Deregulierung und seiner Bedeutung auf der Ebene des europäischen Wirtschaftsrechts etwa *M. Kilian*, Europäisches Wirtschaftsrecht, 3. Aufl., München 2008, Rn. 227 ff.

[102] Allgemein zu Bedeutung der Richtlinie etwa *O. Remien*, Rechtsangleichung im Binnenmarkt, in: Schulze/Zuleeg (Hrsg.), Europarecht. Handbuch für die deutsche Rechtspraxis, Baden-Baden 2006, § 14 Rn. 21 ff.; *B. Bievert*, in: Schwarze (Hrsg.), EU-Kommentar, Art. 249 EGV Rn. 22 ff.; *M. Hilf*, Die Richtlinie der EG – ohne Richtung, ohne Linie?, EuR 1993, S. 1 ff.; *M. Ruffert*, in: Calliess/M. Ruffert (Hrsg.), EUV/EGV, Art. 249 EGV Rn. 45 ff.

[103] Dazu *B. Bievert*, in: J. Schwarze (Hrsg.), EU-Kommentar, Art. 249 EGV Rn. 27; *J. Wölk*, Die Umsetzung von Richtlinien der Europäischen Gemeinschaft, Baden-Baden 2002, S. 21.

ting").[104] Hierin könnte ein taugliches Instrument für ein „race to the top" erblickt werden.

Tatsächlich spielt die Richtlinie als „Wettbewerbsmotor" aber keine nennenswerte Rolle. Die überschießende Richtlinienerfüllung ist ein Ausnahmefall und endete bislang regelmäßig in Widersprüchlichkeiten und scharfen (politischen wie rechtlichen) Auseinandersetzungen. Dies kann etwa an der Diskussion um das Allgemeine Gleichbehandlungsgesetz (AGG) festgemacht werden.[105] Zudem ist auch die Eignung der Richtlinie als solche mittlerweile eher theoretischer Natur, denn tatsächlich sind Richtlinien inzwischen oft so detailliert ausgearbeitet, dass sie dem nationalen Gesetzgeber nur in Ausnahmefällen weite Spielräume belassen, in denen es zu einem Wettbewerb kommen könnte.[106]

Schließlich ist auch die Handlungsform der Richtlinie nicht frei von unionalen Bindungen, ist sie doch immer noch hinsichtlich ihres Ziels verbindlich.[107] Damit kann ein Wettbewerb der Regulierungen ohnehin nicht auf materiell-rechtliche Standards zielen, sondern allenfalls auf die Form der Umsetzung dieser – unionsrechtlich determinierten – Standards. Und auch dieser Wettbewerb hinsichtlich der einzelnen Umsetzungsmöglichkeiten ist von vornherein aufgrund verschiedener Grundprinzipien des Unionsrechts nicht völlig frei. So ist etwa die Umsetzung durch die Mitgliedstaaten dem Effektivitätsprinzip verpflichtet, was von vornherein bestimmte Formen der Umsetzung ausschließt.[108]

---

[104] *M. Nettesheim*, in Grabitz/Hilf/Nettesheim (Hrsg.), Das Recht der Europäischen Union, Art. 249 EG Rn. 151; *J. Schwarze*, Europäisches Wirtschaftsrecht, Baden-Baden 2007, Rn. 746 ff. mit zahlreichen weiteren Nachweisen.

[105] Zur Entstehungsgeschichte des AGG siehe *B. Boemke/F.-L. Danko*, AGG im Arbeitsrecht, Berlin/Heidelberg 2007, S. 1 ff.

[106] Dazu *O. Remien*, Rechtsangleichung im Binnenmarkt, in: Schulze/Zuleeg (Hrsg.), Europarecht. Handbuch für die deutsche Rechtspraxis, Baden-Baden 2006, § 14 Rn. 22; *M. Ludwigs*, Rechtsangleichung nach Art. 94, 95 EG-Vertrag – eine kompetenzrechtliche Untersuchung unter besonderer Berücksichtigung des Privatrechts, Baden-Baden 2004, S. 93; *K. H. Prokopf*, Das gemeinschaftsrechtliche Rechtsinstrument der Richtlinie, Berlin 2007, S. 84.

[107] Hinsichtlich der daraus für die Struktur der Richtlinien erwachsenden Voraussetzungen siehe *K. H. Prokopf*, Das gemeinschaftsrechtliche Rechtsinstrument der Richtlinie, Berlin 2007, S. 56 ff.

[108] So reicht eine allgemeine Verwaltungspraxis nach der Rspr. des EuGH nicht aus, s. EuGH Rs. C-311/95, Slg. 1996, I-2433 Rn. 3 – Kommission/Griechenland; siehe dazu auch *B. Biervert*, in: Schwarze (Hrsg.), EU-Kommentar, Art. 249 EGV Rn. 27 mit weiteren Nachweisen.

H. Einheitssichernde Prinzipien und ihre prozeduralen Korrelate als Grenzen

Im Lichte der verschiedenen „Integrationsstrategien", die im Rahmen der europäischen Einigung zum Einsatz kommen, wird deutlich, dass der Wettbewerb der Regulierungen letztlich nur eine Nebenrolle zu spielen vermag. Es steht zu vermuten, dass dies kein Zufall ist, sondern auf die Gesamtanlage des Integrationsprozesses einer „Rechtsgemeinschaft" zurückzuführen ist, die dem Einheitsideal verpflichtet ist. Dieses Einheitsideal hat sich in einer Reihe von Grundsätzen und Instrumenten niedergeschlagen, die im Folgenden exemplarisch behandelt werden sollen. Sie sind selbst bei der Ausfüllung von Gestaltungsspielräumen durch die Mitgliedstaaten zu beachten.[109]

1. Der Grundsatz der Solidarität

Der Grundsatz der Solidarität wird bereits in der Präambel zum EUV erwähnt und in Art. 3 Abs. 1 und Art. 4 Abs. 3 EUV weiter konkretisiert. Seinen Inhalt hat der Gerichtshof der Europäischen Union in der bekannten *Schlachtprämien*-Entscheidung wie folgt umschrieben: „Der Vertrag erlaubt es den Mitgliedstaaten, die Vorteile der Gemeinschaft für sich zu nutzen, er erlegt ihnen aber die Verpflichtung auf, deren Rechtsvorschriften zu beachten. Stört ein Staat aufgrund der Vorstellung, die er sich von seinen nationalen Interessen macht, einseitig das mit der Zugehörigkeit zur Gemeinschaft verbundene Gleichgewicht zwischen Vorteilen und Lasten, so stellt dies die Gleichheit der Mitgliedstaaten vor dem Gemeinschaftsrecht in Frage [...] Ein solcher Verstoß gegen die Pflicht zur Solidarität, welche die Mitgliedstaaten durch ihren Beitritt zur Gemeinschaft übernommen haben, beeinträchtigt die Rechtsordnung der Gemeinschaft bis in die Grundfesten."[110]

Die Ausführungen des Gerichtshofes der Europäischen Union betonen damit die rechtliche Verpflichtung der Mitgliedstaaten, kraft ihrer Mitgliedschaft in der Union keine Maßnahmen zur Verwirklichung ihres Eigeninteresses zu Lasten der anderen Mitgliedstaaten zu ergreifen. Zwar spricht Art. 3 Abs. 3 UAbs. 3 EUV zunächst nur von der Verpflichtung der Union, das Verhältnis der Mitgliedstaaten untereinander solidarisch zu gestalten, sodass man der Auffassung sein könnte, dass dieser Grundsatz für

---

[109] So auch *A. Hatje*, Wirtschaftsverfassung im Binnenmarkt, in: von Bogdandy/Bast (Hrsg.), Europäisches Verfassungsrecht, 2. Aufl., Berlin/Heidelberg 2009, S. 801 ff. (848).

[110] EuGH Rs. 39/72, Slg. 1973, 101 Rn. 25 – Kommission/Italien; ausführlich dazu *C. Calliess*, Subsidiaritäts- und Solidaritätsprinzip in der Europäischen Union, 2. Aufl., Baden-Baden 1999, S. 187 ff.

die Mitgliedstaaten im Verhältnis untereinander und im Verhältnis zur Union gerade keine Wirkung entfalten kann.[111] Grundsätzlich sind die Mitgliedstaaten aber auch der Union nach dem Grundsatz der Solidarität verpflichtet. Dies folgt schon aus Art. 4 Abs. 3 EUV, der das Prinzip der Solidarität zusammen mit dem Grundsatz der Loyalität im Verhältnis Union – Mitgliedstaat prozedural absichert.

Insofern kann aus dem Solidaritätsprinzip eine zweidimensionale Schranke des Wettbewerbs der Regulierungen in der Union herauspräpariert werden: Zunächst hat die Union durch die Konstituierung des europäischen Verbundes ausdrücklich die Aufgabe, die Solidarität der Mitgliedstaaten untereinander zu fördern. Hieraus folgt, dass Maßnahmen wie etwa ein entfesselter Regulierungswettbewerb, bei dem es Gewinner und Verlierer wie bei jeder Form von Wettbewerb geben muss und durch den das Gleichgewicht zwischen Verpflichtung und Vorteil gestört werden könnte, von vornherein im Lichte des Solidaritätsprinzips problematisch sind und ggf. über Art. 4 Abs. 3 AEUV Gegenstand eines Vertragsverletzungsverfahrens werden können, auch wenn sie zunächst nur einzelne Mitgliedstaaten betreffen.[112] Zudem können sich solche Maßnahmen aber auch gleichzeitig gegen die Union als solche richten, weil sie die Grundlagen der Integration einseitig erodieren. Insoweit könnte sich die Union im Wege des Vertragsverletzungsverfahrens gegen mitgliedstaatliche Maßnahmen zur Wehr setzen, die zwar Ausdruck eines Wettbewerbs der Regulierungen sind, letztlich aber das Solidaritätsprinzip verletzen (dazu auch nachfolgend H. IV. 2.). Dieser Weg steht auch den Mitgliedstaaten untereinander offen.

II. Die Zielbestimmung des Art. 3 EUV

Eine weitere Grenze vermag die Zielbestimmung des Art. 3 EUV dem Wettbewerb der Regulierungen zu setzen. Nach Art. 3 Abs. 1 EUV ist es u. a. Ziel der Union, den Frieden, ihre Werte und das Wohlergehen ihrer Völker zu fördern. Dazu kommen nach Art. 3 Abs. 3 EUV etwa die Aufgabe auf, eine nachhaltige Entwicklung Europas auf der Grundlage eines ausgewogenen Wirtschaftswachstums und Preisstabilität, eine im hohen Maße wettbewerbsfähige soziale Marktwirtschaft, die auf Vollbeschäftigung und sozialen Fortschritt abzielt, sowie ein hohes Maß an Umweltschutz und Verbesserung der Umweltqualität hinzuwirken. Der Wettbewerb der Regulierungen findet seine Grenze in dieser Zielbestimmung, bei der es sich nicht etwa um einen unverbindlichen Programmsatz handelt, sondern um

---

[111] Dazu *C. Stumpf*, in: Schwarze (Hrsg.), EU-Kommentar, Art. 1 EUV Rn. 43.

[112] S. zum Vertragsverletzungsverfahren *B. C. Ortlepp*, Das Vertragsverletzungsverfahren zur Sicherung der Legalität im Europäischen Gemeinschaftsrecht, 1987, S. 63 ff.; *A. Thiele*, Europäisches Prozessrecht, München 2007, § 5 mit weiteren Nachweisen.

rechtsverbindliche Gebote, die u. U. justiziabel sind. Soweit ein Wettbewerb der Regulierungen dazu führen würde, diese Zielbestimmung zu unterlaufen, etwa indem die ausgewogene Entwicklung des Wirtschaftslebens durch einseitige Maßnahmen der Mitgliedstaaten in Gefahr gerät, kann die Zielbestimmung durchaus Grundlage eines Vertragsverletzungsverfahrens etc. sein.[113]

III. Der Grundsatz der einheitlichen Anwendung des Unionsrechts

Das Unionsrecht wird in den meisten Fällen dezentral in 27 Mitgliedstaaten vollzogen. Schon aus ihrer Verfasstheit als Rechtsgemeinschaft (vgl. Art. 2 EUV) folgt, dass die Union für ihr Fortbestehen überlebensnotwendig darauf angewiesen ist, dass ihr Recht *einheitlich* ausgelegt und angewendet wird.[114] Die Pflicht hierzu ergibt sich für die Mitgliedstaaten aus Art. 4 Abs. 3 EUV. Für die Ebene des mitgliedstaatlichen Vollzugs folgt hieraus, dass das Unionsrecht gerade nicht wünscht, dass unterschiedliche Vollzugsansätze im Ergebnis zu unterschiedlichen Interpretationen des Unionsrechts gelangen. So gilt der Grundsatz der einheitlichen Anwendung vielen als das „Herzstück" der Integration[115] und zeigt, dass die Einheitsideale des Unionsrechts einem Wettbewerb der Regulierungen geradezu diametral entgegenlaufen können. Im Laufe der Zeit hat das Unionsrecht eine Reihe von Instrumenten herausgearbeitet, die helfen sollen, eine einheitliche Anwendung sicherzustellen, z.B. einheitliche Auslegungsmethoden, Kooperationsstränge und Aufsichtsinstrumente.[116]

---

[113] Zwar vermittelt die Zielbestimmung des Art. 3 EUV dem Einzelnen keine einklagbaren Rechte. Die Feststellung einer evidenten Zielverfehlung durch die Mitgliedstaaten ist hiervon aber zu unterscheiden und im Verfahren nach Art. 258, 259 AEUV durchaus möglich; s. dazu *M. Ruffert,* in: Calliess/M. Ruffert (Hrsg.), EUV/EGV-Kommentar, Art. 2 EGV Rn. 5.

[114] S. EuGH Rs. 6/64, Slg. 1964, 1251, 1270 – Costa/ENEL; EuGH Rs. 39/72, Slg. 1973, 101 Rn. 24 – Kommission/Italien; dazu auch *A. Hatje,* Die gemeinschaftsrechtliche Steuerung der Wirtschaftsverwaltung, Baden-Baden 1998, S. 35 ff.; *ders.,* Europäische Rechtseinheit durch einheitliche Rechtsdurchsetzung, in: Schwarze/Müller-Graff (Hrsg.), Europäische Rechtseinheit durch einheitliche Rechtsdurchsetzung, EuR-Beiheft 1/1998, S. 7 ff.

[115] *T. Oppermann,* Die Dritte Gewalt in der Europäischen Union, DVBl. 1994, S. 901 ff. (906); *A. Hatje,* in: J. Schwarze (Hrsg.), EU-Kommentar, Art. 10 EGV Rn. 10.

[116] *A. Hatje,* Die gemeinschaftsrechtliche Steuerung der Wirtschaftsverwaltung, Baden-Baden 1998, S. 35 ff.

IV. Prozedurale Einheitssicherung

Das Unionsrecht kennt neben einer Reihe von Grundprinzipien, die auf eine einheitliche Anwendung jenseits eines potentiellen Wettbewerbs der Rechtsordnungen zielen, auch die jeweils korrespondierenden prozeduralen Absicherungen. Zu nennen sind in diesem Zusammenhang etwa das Vorabentscheidungsverfahren sowie das Vertragsverletzungsverfahren vor dem Gerichtshof der Europäischen Union. Beide Verfahrensarten stellen höchst effektive Instrumente dar, um einen Wettbewerb der Regulierungen zu verhindern – das Vorabentscheidungsverfahren, indem es dem Gerichtshof die Möglichkeit gibt, zentral über die Interpretation und Geltung des Unionsrechts zu befinden, und das Vertragsverletzungsverfahren, indem es insbesondere die Kommission (Art. 258 AEUV) bzw. die Mitgliedstaaten (Art. 259 AEUV) als Kontrolleure des einheitlichen und effektiven Vollzugs des Unionsrechts einsetzt.

1. Die Rolle des Vorabentscheidungsverfahrens als „Wettbewerbsbremse"

Ein (funktionierender) Wettbewerb der Regulierungen setzt das Vertrauen in dezentrale Problemlösungskompetenzen voraus. Dieses Vertrauen bringt die Ebene des Unionsrechts aber, wenn überhaupt, nur in einem sehr begrenzten Maße auf. Vielmehr verfügt das Unionsrecht über eine Reihe von Instrumenten, die letztlich zu einer Zentralisierung von Problemlösungsstrukturen führen. Plastisch festgemacht werden kann dieser Befund etwa an der Funktion des Vorabentscheidungsverfahrens gem. Art. 267 AEUV.[117]

Das Vorabentscheidungsverfahren ermöglicht es nationalen Gerichten, bei einem Zweifel hinsichtlich der Auslegung des Unionsrechts dem Europäischen Gerichtshof eine Frage vorzulegen. Hierzu wird das nationale Verfahren ausgesetzt (s. etwa § 94 VwGO). Die Vorlagefrage muss vom nationalen Gericht abstrakt formuliert werden. Vorlageverpflichtet sind bei Auslegungsfragen zunächst nur die zur Letztentscheidung befugten Gerichte der Mitgliedstaaten. Anders verhält es sich, wenn es sich um eine Frage der Gültigkeit einer Norm des sekundären Unionsrechts handelt. Der Gerichtshof der Europäischen Union reklamiert hierbei ein Normverwerfungsmonopol für sich, das zur Folge hat, dass nationale Gerichte bei Fragen, die die Gültigkeit unionsrechtlicher Regelungen betreffen, stets zur Vorlage an den Gerichtshof der Europäischen Union verpflichtet sind.[118]

---

[117] Dazu etwa *U. Everling*, Das Vorabentscheidungsverfahren vor dem Gerichtshof der Europäischen Gemeinschaften, Baden-Baden 1986, S. 13 ff.; *B. Schima*, Das Vorabentscheidungsverfahren vor dem EuGH, 2. Aufl. Wien 2004; *C. Herrmann*, Die Reichweite der Vorlagepflicht in der neueren Rechtsprechung des EuGH, EuZW 2006, S. 231 ff.; *C. Sellmann/S. Augsberg*, Entwicklungstendenzen des Vorlageverfahrens nach Art. 234 EGV, DÖV 2006, S. 533 ff.

[118] S. EuGH, Rs. C 314/85, Slg. 1987, S. 4199 – Foto-Frost.

Beide Alternativen des Vorlageverfahrens sind zugleich Ausdruck des Misstrauens der unionalen Rechtsordnung gegenüber mitgliedstaatlichen Interpretations- und Verwerfungskompetenzen. Das Unionsrecht siedelt diese Problemkreise zentral beim Gerichtshof an und verhindert so von vornherein einen „Wettbewerb der Interpretationen" durch die mitgliedstaatlichen Gerichte.[119] Insofern bildet das Vorabentscheidungsverfahren das prozedurale Korrelat zum Grundsatz der einheitlichen Anwendung des Unionsrechts.

Immerhin hat der Gerichtshof in seiner Rechtsprechung gewisse Lockerungen von den Vorlageverpflichtungen etabliert, die in erster Linie für Verfahren des einstweiligen Rechtsschutzes gelten. Doch auch hier liegt die Letztentscheidungskompetenz beim Gerichtshof; soweit es zu einem Wettbewerb kommt, kann der gewährte Rechtsschutz nur vorläufig sein. Denn selbst wenn nationale Gerichte einseitig eine Norm des Unionsrechts vorübergehend nicht anwenden wollen, so ist dies immer an eine Vorlage der betreffenden Frage im Hauptsacheverfahren gekoppelt.[120] Wirklicher Wettbewerb kann so nicht aufkommen.

2. Die Rolle des Vertragsverletzungsverfahrens

Auch das Vertragsverletzungsverfahren dient der Einheitsbildung und steht so einem möglichen Wettbewerb der Regulierungen entgegen. Das Vertragsverletzungsverfahren ermöglicht der Europäischen Kommission als „Hüterin der Verträge" (Art. 258 AEUV) bzw. den Mitgliedstaaten (Art. 259 AEUV), die Verletzung der Verträge durch den Gerichtshof feststellen zu lassen. Da sowohl die Kommission als auch die Mitgliedstaaten potentielle „Hüter" des Unionsrechts sind[121] und ein System von wechselseitiger Kontrolle geschaffen wird, hat es ein spontaner Wettbewerb der Rechtsordnungen von vornherein schwer, steht er doch von seiner Natur aus stets nahe an der Grenze zur Vertragsverletzung, soweit er auf dem Boden des Unionsrechts gedeihen soll. Dies verdeutlichen die Entwicklungen im Bereich des Steuerrechts ebenso wie die Diskussionen im Bereich des Sozial- und Umweltrechts. Insbesondere in Bereichen, in denen die Union inzwischen ein recht umfassendes Aufgabenspektrum abzudecken hat, das zudem nur noch in Randbereichen Verbindungen zur wirtschaftlichen Integration aufweist, ist die Versuchung der Mitgliedstaaten zu einseitigen Maßnahmen groß; eben hier soll das Vertragsverletzungsverfahren greifen.

---

[119] Dazu *M. A. Dauses*, Das Vorabentscheidungsverfahren nach Art. 177 EG-Vertrag, München 1994, S. 24 ff.

[120] EuGH verb. Rsen C-143/88 und C-92/89. Slg. 1991, I-415 – Zuckerfabrik Süderdithmarschen; EuGH Rs. C-465/93, Slg. 1995, I-3761 – Atlanta.

[121] So auch ausdrücklich *M. Herdegen*, Europarecht, 8. Aufl., München 2006, § 10 Rn. 4.

V. Grenzen des nationalen Rechts

Schließlich sei noch angemerkt, dass nicht nur das Unionsrecht einem Wettbewerb der Regulierungen Grenzen zu setzen vermag, sondern auch das jeweilige nationale Recht. In seinem grundlegenden Beitrag zum Steuerwettbewerb in Europa stellt *J. Wieland* hierzu etwa fest, dass ein ungezügelter Steuerwettbewerb in der Europäischen Union mit dem grundlegenden Prinzip der Steuergerechtigkeit konfligieren könne, das über Art. 23 Abs. 1 S. 1 GG zu wahren sei. Nach Art. 23 Abs. 1 S. 1 GG ist eine Mitwirkung Deutschlands an der Europäischen Union nur dann möglich, soweit die Union demokratischen, rechtsstaatlichen, sozialen und föderativen Grundsätzen verpflichtet ist.[122] Eine fundamentale Verletzung des Prinzips der Steuergerechtigkeit, das als spezielle Ausprägung des allgemeinen Gleichheitssatzes zu verstehen ist[123], kann theoretisch die Systemvorgaben hinsichtlich der rechtsstaatlichen und sozialen Verfasstheit der Union unterlaufen und so eine Mitwirkung Deutschlands an der Union aus der Perspektive des deutschen Verfassungsrechts für die Zukunft ausschließen.[124]

I. Ausgleichsmechanismen für die „Verlierer" eines Systemwettbewerbs

Das Unionsrecht verfügt über Mechanismen, die zumindest teilweise einen finanziellen Ausgleich für die „Verlierer" des Wettbewerbs der Regulierungen sichern wollen. Unter der Überschrift „Wirtschaftlicher, sozialer und territorialer Zusammenhalt" bekennt sich der AEUV in Titel XVIII zu dem Ziel, eine harmonische Entwicklung der Union als Ganzes zu fördern und die Unterschiede im Entwicklungsstand der verschiedenen Regionen sowie den Rückstand der am stärksten benachteiligten Gebiete oder Inseln, einschließlich der ländlichen Gebiete, zu verringern (Art. 174 Abs. 1 und 2 AEUV). Der wirtschaftliche und soziale Zusammenhalt in der Union, der oft schlagwortartig als „Kohäsionsziel" bezeichnet wird, ist dabei deutlich mehr als nur ein hehres Ziel. Die Union wendet jährlich ein gutes Drittel ihres Gesamthaushalts (von 2007–2013 ca. 308 Mrd. EURO) auf, um dieses Ziel zu erreichen – die Kohäsionspolitik der Union verkörpert damit zusammen mit der bereits erwähnten GAP nach wie vor das finanzielle Gravitationszentrum der gesamten Union.

---

[122] *J. Wieland*, Steuerwettbewerb in Europa, EuR 2001, 119 (128).

[123] BVerfGE 66, 214 (223).

[124] Zu den Folgen eines Verstoßes gegen Art. 23 Abs. 1 S. 1 GG siehe etwa BVerfGE 89, 155 – Maastricht; *C. Hillgruber*, in: Schmidt-Bleibtreu/Hofmann/Hopfauf (Hrsg.), Grundgesetz-Kommentar, 11. Aufl., Köln 2008, Art. 23 Rn. 26.

Die Instrumente der Kohäsionspolitik sind die Strukturfonds der Union (also gem. Art. 175 Abs. 1 S. 3 AEUV der Europäische Fonds für regionale Entwicklung [EFRE], der Europäische Sozialfonds [ESF, vgl. Art. 162–164 AEUV] und der Europäische Ausrichtungs- und Garantiefonds für die Landwirtschaft, Abteilung Ausrichtung [EAGFL – Abt. Ausr.]). Neben den Strukturfonds wurde durch den Vertrag von Maastricht noch der Kohäsionsfonds geschaffen, der vergleichbare Zielsetzungen verfolgen soll, aber einige Spezifika aufweist.[125] Bei den Strukturfonds handelt es sich im Kern um dauerhaft eingerichtete Finanzinstrumente, mit deren Hilfe Strukturpolitik auf dem Gebiet der Europäischen Union in Zusammenarbeit von Kommission und Mitgliedstaaten formuliert, durchgesetzt und finanziert wird.[126] Die weitaus größte Bedeutung kommt hierbei den EU-Beihilfen zu.

Die Kohäsionspolitik hat das Ziel, Ungleichheiten auszugleichen, und ist damit Ausdruck einer solidarischen Wertegemeinschaft.[127] Das Konzept des AEUV besteht also gerade nicht darin, einen „ungezügelten" Wettbewerb der Regulierungen loszutreten, sondern eine positive Gesamtentwicklung des wirtschaftlichen und sozialen Lebens in der Union zu ermöglichen. Diese Charakteristik der Union, und damit auch der Wirkungsweise ihres Rechts, drückt sich darüber hinaus in einer Reihe weiterer Bestimmungen aus (s. etwa Art. 27 AEUV). Dass die Union über 30% ihrer finanziellen Potenz hierfür verwendet, belegt den Stellenwert dieser Dimension des europäischen Integrationsprozesses überdeutlich und markiert zugleich die Nachrangigkeit eines potentiellen Systemwettbewerbs als Integrationsstrategie, bei dem es eo ipso Gewinner und Verlierer geben muss.

J. Eine solidarische Wertegemeinschaft und ihre Integration

Fragt man abschließend nach der Bedeutung des Wettbewerbs der Regulierungen (bzw. des Systemwettbewerbs) im Unionsrecht und seiner Rolle bei der Einheitsbildung, so muss die Antwort vor dem Hintergrund der Vielheit der Integrationsstrategien recht differenziert ausfallen:

Es hat sich gezeigt, dass andere Integrationsstrategien bislang deutlich größere Wirkungen entfalten konnten als der Wettbewerb der Regulierun-

---

[125] S. dazu Art. 177 Abs. 2 AEUV; dazu *R. Priebe*, in: Schwarze (Hrsg.), EU-Kommentar, Art. 161 EGV Rn. 44 f.; *A. Puttler*, in: Calliess/Ruffert (Hrsg.), EUV/EGV, Art. 161 EGV Rn. 19 f.

[126] So *B. Schöndorf-Haubold*, Die Strukturfonds der Europäischen Gemeinschaft. Rechtsformen und Verfahren europäischer Verbundverwaltung, München 2005, S. 9.

[127] *B. Schöndorf-Haubold* (Anm. 126), S. 4; *R. Priebe*, in: Schwarze (Hrsg.), EU-Kommentar, Art. 158 EGV Rn. 4; siehe auch *H.-J. Axt*, Solidarität und Wettbewerb – die Reform der EU-Strukturpolitik, Gütersloh 2000, insbesondere S. 31 ff.

gen. Seien es das Konzept der Integration durch Verfassung, die Rechtsangleichung oder planerische Ansätze, sie alle haben in der Vergangenheit eine wesentlich prominentere Rolle gespielt als dies der Wettbewerb der Regulierungen vermochte. Dies hängt nicht zuletzt mit der Ausgestaltung der Europäischen Union als solidarische Wertegemeinschaft zusammen, in der die Quadratur des Kreises – nämlich die Einheit durch Vielfalt – zunächst nur zuungunsten der Vielfalt gestaltet wurde. Dominiert wird der Integrationsprozess nach wie vor von zentral gesteuerten Integrationsstrategien. Und selbst dort, wo der Wettbewerb der Regulierungen eine (wenn auch kleine) Rolle zu spielen vermag, setzen die europäischen Verbundstrukturen oftmals deutliche Grenzen.

Wird sich dieser Befund künftig ändern? Wird der Wettbewerb der Regulierungen eine größere Rolle spielen können? Ein Blick auf die künftigen Entwicklungen weist mitunter in die entgegengesetzte Richtung. So liegt der Verdacht auf der Hand, dass der „reine" Wettbewerb der Regulierungen, auch verstanden als dezentrales Problemlösungsmuster, in einigen Bereichen geradezu ein „roll-back" erleben wird. Dies lässt sich etwa an den Bestrebungen zur Kodifizierung eines europäischen Vertragsrechts[128], im Bereich des Energiebinnenmarkts[129], im europäischen Wettbewerbsrecht[130] und in gewisser Weise auch im Bereich des europäischen Verwaltungsrechts[131] nachweisen. In diesen Bereichen werden unterschiedliche Regelungen der Mitgliedstaaten eher zunehmend als Problem denn als Grundlage eines Wettbewerbs der Regulierungen betrachtet. Hier strebt die Union in nahezu allen Bereichen eine führende Rolle an, sie will bestimmende Kraft innerhalb von Verbundstrukturen sein. Vielleicht ist dies auch Ausdruck der Tatsache, dass Wettbewerb zunächst als Allokationsverfahren dienen soll, die Staaten sich selbst aber ausklammern möchten, was sich auch auf die Verbundstrukturen innerhalb der Union niederschlägt. Skeptiker eines Wettbewerbs der Regulierungen – wie etwa *P. Kirchhof* – möch-

---

[128] S. dazu die Beiträge in *S. Vogenauer/S. Weatherill* (Hrsg.), The Harmonisation of European Contract Law, Oxford 2006; s. auch *O. Remien*, Schuldrechtsmodernisierung und europäisches Vertragsrecht, Tübingen 2008.

[129] Dazu die Reformvorschläge der Europäischen Kommission unter <http://ec.europa.eu/information_society/policy/ecomm/library/proposals/index_en.htm>.

[130] Am Beispiel des deutschen Rechts *J. P. Terhechte*, in: ders. (Hrsg.), Internationales Kartell- und Fusionskontrollverfahrensrecht, Bielefeld 2008, § 12 Rn. 18; s. auch *F. Rittner*, Europäisches und deutsches Wirtschaftsrecht – eine systematische Darstellung, 3. Aufl., Heidelberg 2008, S. 337 ff.

[131] Dazu *J. Schwarze*, Europäisches Verwaltungsrecht, 2. Aufl., Baden-Baden 2005, S. CXLIX ff.; *C. Vedder*, (Teil-)Kodifikation des Verwaltungsverfahrensrechts der EG?, in: Schwarze/Starck (Hrsg.), Vereinheitlichung des Verwaltungsverfahrens in der EG, EuR-Beiheft 1/1995, S. 75 ff. mit jeweils weiteren Nachweisen.

ten die Rechtsordnungen gar ganz aus Erklärungsmodellen über Integration verbannen.[132]

Hier fragt sich aber, ob solchen Ansätzen nicht eine zu ausgeprägte Abwehrhaltung gegenüber dem Phänomen des Wettbewerbs der Regulierungen und gegenüber dem, was er zu leisten imstande ist, zu Grunde liegt. Man sollte sich hüten, sich vorschnell von diesem Konzept zu verabschieden. Erst eine konsequente Verwirklichung der Freiheit nach innen (im Sinne einer konsequenten Verwirklichung der Idee eines europäischen Binnenmarktes) wird zeigen können, ob der Regulierungswettbewerb wohlfahrtsoptimierende Potentiale freilegen kann oder nicht. In vielen Bereichen, wie etwa im Bereich der Dienstleistungsfreiheit[133], steht die europäische Integration erst am Anfang eines Entdeckungsverfahrens.[134]

Literatur

Apolte, Thomas (1999): Die ökonomische Konstitution eines föderalen Systems. Dezentrale Wirtschaftspolitik zwischen Kooperation und institutionellem Wettbewerb, Tübingen.

Bauer, Hartmut (2002): Entwicklungstendenzen und Perspektiven des Föderalismus in der Bundesrepublik Deutschland – Zugleich ein Beitrag zum Wettbewerbsföderalismus, DÖV, S. 837 ff.

Birkmose, Hanne, Søndergaard (2006): Regulatory Competition and the Harmonisation Process, European Business Law Review, S. 1075 ff.

Bogdandy, Armin von (Hrsg.) (2003): Europäisches Verfassungsrecht, 1. Aufl., Berlin/Heidelberg.

Bogdandy, Armin von/Bast, Jürgen (Hrsg.) (2009): Europäisches Verfassungsrecht, 2. Aufl., Berlin/Heidelberg.

Grabitz, Eberhard/Hilf, Meinhard/Nettesheim, Martin (Hrsg.) (2008): Kommentar zur Europäischen Union, Loseblatt, München (Stand: 2009)

Grundmann, Stefan (2001): Wettbewerb der Regelgeber im Europäischen Gesellschaftsrecht – jedes Marktsegment hat seine Struktur, ZGR, S. 783 ff.

Hatje, Armin (1998): Die gemeinschaftsrechtliche Steuerung der Wirtschaftsverwaltung. Grundlagen, Erscheinungsformen, verfassungsrechtliche Grenzen am Beispiel der Bundesrepublik Deutschland, Baden-Baden.

---

[132] *P. Kirchhof*, Freiheitlicher Wettbewerb und staatliche Autonomie – Solidarität, ORDO 56 (2005), S. 39 ff.

[133] S. dazu etwa *D. Lukesch*, Die Dienstleistungsrichtlinie aus ökonomischer Sicht, in: Wachter/Burger (Hrsg.), Die Dienstleistungsrichtlinie. Dienstleistungsfreiheit in Europa – Segen oder Fluch, Innsbruck 2008, S. 47 ff. mit ökonomischen Analysen zu den Vorteilen einer konsequenten Anwendung der Dienstleistungsfreiheit.

[134] Zum Begriff des Entdeckungsverfahrens s. *F. v. Hayek*, Der Wettbewerb als Entdeckungsverfahren, in: ders., Rechtsordnung und Handelsordnung, Tübingen 2003, S. 132 ff.

- (1998): Europäische Rechtseinheit durch einheitliche Rechtsdurchsetzung, in: Jürgen Schwarze/Peter-Christian Müller-Graff (Hrsg.), Europäische Rechtseinheit durch einheitliche Rechtsdurchsetzung, EuR-Beiheft 1/1998, S. 7 ff.
- (2002): Loyalität als Rechtsprinzip in der Europäischen Union, Baden-Baden.
- (2009): Wirtschaftsverfassung, in: Armin von Bogdandy/Jürgen Bast (Hrsg.), Europäisches Verfassungsrecht, 2. Aufl., Berlin/Heidelberg, S. 801 ff.
Heine, Klaus (2003): Regulierungswettbewerb im Gesellschaftsrecht. Zur Funktionsfähigkeit eines Wettbewerbs der Rechtsordnungen im europäischen Gesellschaftsrecht, Berlin.
- (2003): Kompetitiver Föderalismus auch für das öffentliche Gut „Recht"?, Vierteljahreshefte zur Wirtschaftsforschung 72, Nr. 3, S. 1 ff.
- (2006): Interjurisdictional Competition and the Allocation of Constitutional Rights: A Research Note, International Review of Law and Economics 26, S. 33 ff.
Heine, Klaus/Kerber, Wolfgang (2002): European Corporate Laws, Regulatory Competition and Path Dependence, European Journal of Law and Economics 13, 47 ff.
Hesse, Konrad (1962): Der unitarische Bundesstaat, Karlsruhe.
Ipsen, Hans Peter (1972): Europäisches Gemeinschaftsrecht, Tübingen.
Kieninger, Eva-Maria (2002): Wettbewerb der Privatrechtsordnungen im Europäischen Binnenmarkt – Studien zur Privatrechtskoordinierung in der Europäischen Union auf den Gebieten des Gesellschafts- und Vertragsrechts, Tübingen.
Kirchhof, Paul (2005): Freiheitlicher Wettbewerb und staatliche Autonomie – Solidarität, ORDO 56, S. 39 ff.
Kirchner, Christian (2004): Zur Ökonomik des legislatorischen Wettbewerbs im europäischen Gesellschaftsrecht, in: FS Immenga, München, S. 607 ff.
Mehde, Veith (2005): Wettbewerb zwischen Staaten?, Baden-Baden.
Merkt, Hanno (1995): Das europäische Gesellschaftsrecht und die Idee des „Wettbewerbs der Gesetzgeber", RabelsZ 59, S. 545 ff.
Murphy, Dale D. (2004): The Structure of Regulatory Competition, Oxford.
Nicolaysen, Gert (2002): Europarecht I – Die europäische Integrationsverfassung, 2. Aufl., Baden-Baden.
- (2007): Das Integrationskonzept der Gründungsverträge, in: W. Schäfer/A. Graf Waas von Czege (Hrsg.), Das Gemeinsame Europa – viele Wege, kein Ziel?, Baden-Baden, S. 33 ff.
Oeter, Stefan (1998): Integration und Subsidiarität im deutschen Bundesstaatsrecht. Untersuchungen zur Bundesstaatstheorie unter dem Grundgesetz, Tübingen.
Peters, Anne (2010): Der Wettbewerb der Rechtsordnungen, VVDStRL 69 (im Erscheinen).
Schöndorf-Haubold, Bettina (2005): Die Strukturfonds der Europäischen Gemeinschaft: Rechtsformen und Verfahren europäischer Verbundverwaltung, München.
Schön, Wolfgang (2005): Playing Different Games? Regulatory Competition in Tax and Company Law Compared. CMLRev. 42, S. 331 ff.
Schwartz, Ivo E. (2007): Rechtsangleichung und Rechtswettbewerb im Binnenmarkt – Zum europäischen Modell –, EuR, S. 194 ff.
Schwarze, Jürgen (2005): Europäisches Verwaltungsrecht, 2. Aufl., Baden-Baden.
- (Hrsg.) (2009): EU-Kommentar, 2. Aufl., Baden-Baden.
Sinn, Hans-Werner (1997): The Selection Principle and Market Failure in Systems Competition, Journal of Public Economics 66, S. 247 ff.
- (2003): The New Systems Competition, Oxford.
Streit, Manfred E./Wohlgemuth, Michael (Hrsg.) (1999): Systemwettbewerb als Herausforderung an Politik und Theorie, Baden-Baden.

Streit, Manfred E. (1996): Systemwettbewerb im europäischen Integrationsprozess, FS Mestmäcker, Baden-Baden, S. 521 ff.

Terhechte, Jörg Philipp (2004): Die ungeschriebenen Tatbestandsmerkmale des europäischen Wettbewerbsrechts, Baden-Baden.

– (2007): Verfassung ohne Rhetorik? – Zur neuen Gestalt der Europäischen Union, EuZW, S. 521 (Gastkommentar).

– (2008): Der Vertrag von Lissabon: Grundlegende Verfassungsurkunde der europäischen Rechtsgemeinschaft oder technischer Änderungsvertrag?, EuR, S. 143 ff.

– (2008): Die demokratische Verfasstheit der Europäischen Union – Undurchsichtig, kompliziert und ablehnungswürdig?, Wirtschaftsdienst 88, S. 495 ff.

– (2009): Souveränität, Dynamik und Integration – making up the rules as we go along? – Anmerkungen zum Lissabon-Urteil des Bundesverfassungsgerichts, EuZW, S. 724 ff.

– (2009): Wandlungen der europäischen Wettbewerbsverfassung durch den Vertrag von Lissabon, in: U. Fastenrath/C. Nowak (Hrsg.), Die Europäische Union nach dem Vertrag von Lissabon, Berlin, S. 187 ff.

– (2010): Konstitutionalisierung und Normativität der europäischen Grundrechte, Tübingen

– (Hrsg.) (2010): Verwaltungsrecht der Europäischen Union. Zur Ausdifferenzierung und Globalisierung der europäischen Verwaltungsrechtsordnung, Baden-Baden (im Erscheinen).

Thiebout, Charles M. (1956): A Pure Theory of Local Expenditures, The Journal of Political Economy 64, S. 416 ff.

Van den Bergh, Roger (2000): Towards an Institutional Legal Framework for Regulatory Competition in Europe, KYKLOS 51, S. 435 ff.

4. Abschnitt:
Die Marktfreiheiten als Herzstück
der europäischen Wettbewerbsidee

Die Marktfreiheiten als Herzstück der europäischen Wettbewerbsidee: Funktion und Wirkungen

Peter-Christian Müller-Graff

Die Marktfreiheiten als Herzstück der europäischen Wettbewerbsidee, ihre Funktion und Wirkungen für den Wettbewerb in Europa ist eine Frage, deren Beantwortung zunächst mit einer Eingangsthese versehen werden soll (A), ehe sodann der Leistungsfähigkeit der primärrechtlichen Gewährleistungen des AEUV für den Wettbewerb (B) und schließlich der sekundärrechtlichen Wettbewerbsförderung der Marktfreiheiten durch Rechtsangleichung der EU unter besonderer Betrachtung der Dienstleistungsrichtlinie nachzugehen ist (C).

A. Die konstitutive Funktion der subjektiv-rechtlichen Marktfreiheiten des AEUV für die rechtliche Gewährleistung des Wettbewerbs in Europa

Die im einzelnen zu begründende Eingangsthese lautet: Die subjektiv-rechtlichen binnenmarktlichen Grundfreiheiten des AEUV sind schlechthin konstitutiv für die rechtliche Gewährleistung des grenzüberschreitenden Wettbewerbs in Europa – ähnlich wie im innerstaatlichen Bereich die Grundrechte für eine wettbewerbsverfasste Marktwirtschaft in der Bundesrepublik Deutschland.[1] Beide ankern in der Idee der Privatautonomie[2] und gewähren im Grundsatz jedermann Freiheiten, darin eingeschlossen die Freiheit, mit anderen in wirtschaftlichen Austausch und Wettbewerb zu

---

[1] Zur Diskussion um die wirtschaftsverfassungsrechtliche Dimension der Grundrechte des Grundgesetzes namentlich *H. C. Nipperdey,* Die soziale Marktwirtschaft in der Verfassung der Bundesrepublik, Karlsruhe 1954; *ders.,* Soziale Marktwirtschaft und Grundgesetz, 2.Aufl., Köln/Berlin/München Bonn, 1961; *E. R. Huber,* Der Streit um das Wirtschaftsverfassungsrecht, DÖV 1956, 97 ff., 135 ff., 172 ff., 200 ff.; *R. Scholz,* Entflechtung und Verfassung, Baden-Baden 1981, S. 87 ff.; *P.-Chr. Müller-Graff,* Unternehmensinvestitionen und Investitionssteuerung, Tübingen 1984, S. 314

[2] Zur Herkunft der Idee der Privatautonomie *P.-Chr. Müller-Graff,* Die Europäische Privatrechtsgesellschaft in der Verfassung der Europäischen Union, Heidelberg 2000, S. 280 ff., 287 ff.

treten. Speziell die Marktgrundfreiheiten des AEUV (Art. 28–66 AEUV, Art. 75 AEUV) garantieren den Berechtigten ohne Diskriminierung nach ihrer Staatsangehörigkeit grenzüberschreitende wirtschaftliche Handlungs- freiheiten, ohne das diese im Vertragstext ausdrücklich wettbewerbliche Freiheiten hießen. Demgegenüber dienen die explizit so genannten Wett- bewerbsregeln des AEUV (Art. 101–109 AEUV) speziell der Sicherung eines Wettbewerbs gegen dessen Beschränkungen durch die Marktakteure selbst oder gegen dessen Verfälschung durch bestimmte staatliche Maß- nahmen, insbesondere durch die Vergabe von Beihilfen. Diese speziellen Wettbewerbsregeln des AEUV treten mithin nur in Funktion, soweit sich grenzüberschreitende Marktfreiheiten entfalten können. Ohne deren Ge- währleistung durch den AEUV gäbe es keine Garantie der grenzüberschrei- tenden wirtschaftlichen und darin auch wettbewerblichen Initiative: weder erstens durch vertraglich (mithin sog. primärrechtlich) gesicherte subjekti- ve Rechte (I) noch zweitens mittels marktöffnender und wettbewerbsent- zerrender (sog. sekundärrechtlicher) Gestaltungsmaßnahmen der Europäi- schen Union (II).

I. Garantie der wettbewerblichen Initiative durch subjektive Rechte

Die Bedeutung des subjektiv-rechtlichen Charakters der als Kehrseite von Verbotstatbeständen von Beschränkungen formulierten Gewährleistungs- normen für die Garantie der grenzüberschreitenden wettbewerblichen Initi- ative ergibt sich aus mehreren Überlegungen. *Zwar* würde die faktische Entstehung von Wettbewerb innerhalb der Union im Rahmen des geltenden Rechts nicht notwendig ausgeschlossen, würden die primärrechtlichen Verbote der Diskriminierung und Beschränkung des grenzüberschreitenden Marktzugangs *nicht* als subjektive Rechte mit unmittelbarer Gewährleis- tungspflicht durch die mitgliedstaatlichen Gerichte verstanden. Denn auch dann wären die Mitgliedstaaten durch den Vertrag zur Öffnung der nationa- len Märkte verpflichtet. Dies war seinerzeit die Argumentationslinie der niederländischen Regierung vor dem EuGH im Verfahren *van Gend & Loos*.[3] Und überdies sind im Gefolge der Verpflichtungen der europäischen Staaten, die Mitglieder der WTO sind, diese namentlich aus GATT und GATS auch untereinander zu der von diesen Abkommen vorgesehenen konditionierten Marktöffnung verpflichtet, ohne dass dies aber von indivi- duellen Freiheiten unterlegt ist.[4] *Aber* zweifelsohne ist die Qualifizierung der Marktzugangsbehinderungsverbote des AEUV durch den Gerichtshof der Europäischen Union als einklagbare subjektive Rechte vor nationalen

---

[3] EuGH -Rs. 26/62- Slg. 1963, 1 (*van Gend & Loos*).
[4] Vgl. dazu *P.-T. Stoll/F. Schorkopf*, WTO – Welthandelsordnung und Welthandels- recht, Köln/Berlin/Bonn/München 2002, S. 30 ff.; 79 ff., 185 ff.

Gerichten[5] verlässliches Rückgrat des grenzüberschreitenden Aktionspotentials der mobilen Handlungsmöglichkeiten jedweder privatautonomer Wirtschaftsinitiative.

II. Legitimation und Orientierung wettbewerbsfördernder Rechtsangleichung durch die Europäische Union

Gleichermaßen fördert der subjektiv-rechtliche Charakter der Marktfreiheiten die mittels Marktöffnung und Überwindung rechtlich bedingter Wettbewerbsverzerrungen wettbewerbsfördernde Rechtsangleichung durch die Europäische Union. *Zwar* wären die grenzüberschreitend wettbewerbsöffnenden oder wettbewerbsstärkenden Angleichungskompetenzen der Europäischen Union (namentlich Art. 50, 53, 62, 115, 114 AEUV) durch ein Verständnis der Marktfreiheiten als Diskriminierungs- und Beschränkungsverbote ohne subjektive Rechtsqualität normativ nicht berührt. Ermächtigungsgrundlagen und Marktfreiheiten stehen zunächst unabhängig voneinander. *Jedoch* wirken gerade Streitfragen über die Reichweite der Marktfreiheiten vor nationalen Gerichten immer wieder als Entdeckungsverfahren. Sie führen nicht selten zu Auslegungsvorlagen an den Gerichtshof der Europäischen Union (Art. 267 AEUV) und dessen Entscheidungen erweisen sich sodann oftmals als Katalysator für die Generierung unionspolitischer Angleichungsmaßnahmen zur mitgliedstaatlichen Marktöffnung und zur Entzerrung des binnenmarktlichen Wettbewerbs aus unterschiedlichen mitgliedstaatlichen Vorschriften. Besondere Aufmerksamkeit unter dem Gesichtspunkt der Förderung einer Marktfreiheit hat in jüngster Zeit die Dienstleistungsrichtlinie[6] erlangt.[7] Angesichts der vertraglichen Gewährleistung der Dienstleistungsfreiheit als subjektives Recht interessiert, inwieweit die Richtlinie einen Mehrwert für den Wettbewerb in Europa beinhaltet. Ob und inwieweit dies der Fall ist,[8] erschließt sich erst vor dem Hintergrund einer Analyse der Leistungsfähigkeit der primärrechtlichen Gewährleistung der Dienstleistungsfreiheit für den Wettbewerb.

---

[5] A.a.O. (Fn. 3).
[6] Richtlinie 2006/123/EG v. 12.12.2006, ABlEU 2006 L 376/36.
[7] Vgl. jüngst *H. F. Koeck/M. M. Karollus* (eds.) The New Services Directive of the European Union, FIDE XXIII Congress Linz 2008, Wien 2008.
[8] Vgl. unten C.

B. Die Leistungsfähigkeit der primärrechtlichen Gewährleistungen für den Wettbewerb

Die Leistungsfähigkeit der primärrechtlichen Gewährleistung der Markt-freiheiten für den Wettbewerb ergibt sich aus deren Konzept (I) und dessen Folgen in der Wirtschaftspraxis (II).

I. Das Konzept der Marktfreiheiten

Konzeptionell betrachtet basieren die binnenmarktlichen Grundfreiheiten auf einer spezifischen Wettbewerbstheorie. Dies ergibt sich aus dem Normzweck der Schlüsselnorm des Art. 26 Abs.2 AEUV.[9] Danach ist der Binnenmarkt bekanntlich gekennzeichnet durch einen Raum ohne Binnen-grenzen, in dem der freie Verkehr von Waren, Personen, Dienstleistungen und Kapital gemäß den Bestimmungen der Verträge gewährleistet ist. Die-se Norm blieb im Reformvertrag von Lissabon unverändert.[10] Ihr sind *drei* Funktionen zuschreibbar.

1. Wirtschaftspolitische Effizienzfunktion

Erstens soll Art. 26 Abs.2 AEUV mit seinen Einzelausfaltungen im AEUV eine *wirtschaftspolitische Effizienz*funktion erfüllen. Denn der damit recht-lich gewährleistete transnationale Freiverkehr von Produktionsfaktoren (Personen, Kapital) und Produkten (Waren, Dienstleistungen) -mit der dar-in zugleich liegenden rechtlichen Absicherung unionsweiten Wettbewer-bens- führt seinen konzeptionellen ökonomischen Sinn auf die außenhan-delstheoretische Lehre vom komparativen Kostenvorteil zurück. Sie besagt in ihrer von *David Ricardo* entwickelten Urform,[11] dass es zur optimalen Nutzung knapper Ressourcen in den beteiligten Ländern gesamtwirtschaft-lich am vorteilhaftesten ist, wenn ungehinderter zwischenstaatlicher Wa-renaustausch stattfinden kann.[12] Erweitert und modernisiert zu einer allge-meinen transnationalen Wettbewerbstheorie, die alle Produkte und die Pro-duktionsfaktoren umfasst, erwartet sie die gesamtwirtschaftlich besten Ergebnisse im Sinne von Antrieb, Innovation, Entdeckung und Wirtschaft-

---

[9] Zum Begriff des Binnenmarktes, der von der Einheitlichen Europäischen Akte, in den seinerzeitigen EWG-Vertrag u.a. als seinerzeitiger Art. 8a eingeführt wurde vgl. *P.-Chr. Müller-Graff*, Binnenmarktziel und Rechtsordnung – Binnenmarktrecht, Bergisch Gladbach/Köln 1989, S. 8 ff.

[10] Vgl. Art. 26 AEUV.

[11] Vgl. *Chr. Hermann*, in: Wolfgang Weiß/Christoph Hermann, Welthandelsrecht, München 2003, S. 10 f.

[12] Ebda.

lichkeit,[13] wenn eine ungehinderte Ressourcenallokation und Produktzirkulation in einem definierten Raum und damit ungehinderter Wettbewerb stattfinden kann.

2. Gesellschaftspolitische Legitimationsfunktion

Zum zweiten lässt sich der binnenmarktrechtlichen Grundnorm zugleich eine gesellschaftspolitische *Legitimations*dimension zuschreiben. *Denn* ein derartiges System von Kostenvergleich aus Wettbewerbs- und Wahlfreiheit erschöpft sich nicht in wirtschaftlichen Effizienzleistungen. Es eröffnet zugleich gesellschaftspolitische Legitimationsleistungen, indem es zum einen privatautonome Präferenzentscheidungen ermöglicht[14] (und darin System politischer Präferenzentscheidungen Einzelner in einer demokratischen Wahl korrespondiert) und es unterwirft zum anderen private wirtschaftliche Positionen der stetigen Kontrolle durch Wahlentscheidungen der Marktgegenseite und legitimiert damit deren Innehabung und Behauptung gesamtgesellschaftlich durch deren laufende Herausforderung im Wettbewerb.[15]

3. Integrationspolitische Vernetzungsfunktion

Schließlich beinhaltet das wettbewerbliche Vergleichs- und Wahlfreiheitskonzept im Kontext der europäischen Integration als dafür elementare *dritte* Ebene die grenzüberschreitende *integrationspolitische Vernetzungs*funktion. Denn Wettbewerb bringt die Marktakteure auf Grund ihrer Vergleichs-, Präferenz- und Handlungsautonomie, ihrer Vigilanz und letztlich ihrer Privatinitiative transnational geschäftlich zusammen und schafft damit die Chance zur Gesellschaftsbildung in Gestalt einer transnationalen Privatrechtsgesellschaft.[16] Tatsächlich beinhalten die Marktgrundfreiheiten eine grenzüberschreitende Erweiterung der Privatautonomie.[17]

---

[13] Zu den ökonomisch-wohlfahrtstheoretischen Funktionen von Wettbewerb klassifikatorisch *W. Möschel*, Das Wirtschaftsrecht der Banken, Frankfurt am Main 1974, S. 338.

[14] Zu der gesellschaftspolitischen Zielsetzung von Wettbewerb vgl. *Möschel*, ebda., S. 338 f.

[15] Vgl. grundlegend *F. Böhm*, Wettbewerb und Monopolkampf, Berlin 1933.

[16] Vgl. *P.-Chr. Müller-Graff*, Privatrecht und Europäisches Gemeinschaftsrecht – Gemeinschaftsprivatrecht, Baden-Baden 1989 (2. Aufl. 1991), S. 17.

[17] Vgl. *Müller-Graff*; ebda., S. 17; *ders.*, Basic Freedoms – Extending Party Autonomy across Borders, in: Stefan Grundmann/Wolfgang Kerber/Stephen Weatherill (eds.), Party Autonomy and the Role of Information in the Internal Market, Berlin/New York 2001, S. 133 ff.

II. Folgen der wettbewerbsorientierten Marktfreiheiten in der Wirtschaftspraxis

In den Folgen für die Wirtschaftspraxis werden der wettbewerbsorientierte Ansatz und dessen Grenzen besonders deutlich in der judikativen Auslegung und in der legislativen Förderung.

1. Judikative Klärung durch Initiative von Wettbewerbern

Die *gerichtliche* Klärung des Inhalts einer Marktfreiheit erfolgt in vielen Fällen auf *Initiative* eines Wettbewerbers, der sich in seiner grenzüberschreitenden Tätigkeit gegenüber Wettbewerbern in einem anderen Mitgliedstaat benachteiligt sieht: sei es mittels Einschaltung der Kommission, die nach Prüfung der Beschwerde gegebenenfalls eine Vertragsverletzungsklage gegen den betreffenden Mitgliedstaat vor dem Gerichtshof der Europäischen Union erhebt (Art. 258 AEUV); sei es mittels Vorbringens in einem Rechtsstreit vor einem nationalen Gericht, das entweder selbst entscheidet oder gegebenenfalls eine Auslegungsvorlage zum Gerichtshof der Europäischen Union in Gestalt des Vorabentscheidungsverfahrens initiiert (Art. 267 Abs. 2 AEUV) oder initiieren muss (Art. 267 Abs. 3 AEUV).

2. Das wettbewerbsorientierte Grundverständnis der Rechtsprechung

Inhaltlich weisen die Begründungen des Gerichtshofs der Europäischen Union zur Bestimmung der Reichweite der Marktfreiheiten durchgängig auf deren Grundverständnis als Marktzugangsfreiheiten und damit als transnational wettbewerbseröffnende Freiheiten. Die *Beispiele* der judikativen Praxis sind reichhaltig.[18] Immer geht es um die Ermöglichung oder Stärkung grenzüberschreitenden Wettbewerbs sowie die Anforderungen an eine ausnahmsweise gerechtfertigte Beschränkung.

a. Die Marktfreiheiten sind tatbestandlich, unbeschadet von vorrangigen Sonderregeln des Wettbewerbsrechts, immer dann *betroffen,* wenn eine staatliche, eine staatlich zurechenbare, eine privatkollektive (ausnahmsweise auch eine individuelle) Maßnahme oder eine solche der Union[19] grenzüberschreitenden Wettbewerb verhindert oder erschwert: so als bekannte Beispiele etwa das deutsche Mindestalkoholerfordernis für Fruchtsaftliköre,[20] das italienische Vertriebsverbot für Nudeln aus Weichweizen-

---

[18] Vgl. dazu im Einzelnen die einschlägigen Kommentierungen namentlich zu den Art. 34 ff., 45 ff., 49 ff., 56 ff., 63 ff. AEUV (bzw. Art. 28 ff., 39 ff., 43 ff., 49 ff., 56 ff. EGV).

[19] Zum Adressatenkreis vgl. *P.-Chr. Müller-Graff*, Die Verdichtung des Binnenmarktrechts zwischen Handlungsfreiheiten und Sozialgestaltung, in: EuR Beiheft 1/2002, 7, 41 ff. m.z.N.

[20] EuGH, Rs. 120/78, Slg. 1979, 649, 652 (Cassis de Dijon).

grieß,[21] die irische Werbekampagne für den Kauf irischer Waren,[22] die spanische Beschränkung der Erbringung von Fremdenführungsleistungen auf eigene Staatsangehörige,[23] das französische Zweitpraxenverbot für Anwälte,[24] die kapitalverkehrsbehindernde Kombination aus Höchststimmrecht und erforderlicher Beschlussmehrheit des VW-Gesetzes, die Transfersummenregelung der UEFA für Fußballspieler im Vereinswettbewerb der Vereine um die besten Beine,[25] die Transfersummenregelung der UEFA für den Vereinswechsel von Fußballspielern[26] u.s.f. Der oft betriebene argumentative Aufwand gegen die Qualifikation einer Maßnahme als Beschränkung im Sinne der Gewährleistungstatbestände lohnt regelmäßig nicht, da regelmäßig allein die objektive Eignung einer Maßnahme zur Behinderung einer grenzüberschreitenden Aktivität im Sinne einer Absenkung deren Attraktivität („weniger attraktiv machen") für die Annahme einer Beschränkung genügt.[27]

Die Gewährleistung grenzüberschreitenden Wettbewerbs muss aber ausscheiden und wird auf der Grundlage des Primärrechts und dessen judikativer Auslegung unter bestimmten Voraussetzungen auch verweigert, wenn ansonsten (bei fehlender abschließender unionsrechtlicher Regelung) öffentliche Güter oder sog. zwingende Interessen eines Mitgliedstaats im hemmungslosen Gewinnstreben der Wettbewerber zerrieben würden: beispielsweise der Schutz vor Spielsucht und Betrug durch den Wettbewerb von Glücksspielanbietern,[28] der Schutz der menschlichen Gesundheit vor preisgünstigen, aber verdorbenen Lebensmitteln oder unsicheren Arzneimitteln,[29] der Schutz der Umwelt vor bestimmten Schadstoffemissionen.[30]

b. Ein konzeptionell besonders klares, in der Literatur weitgehend unbemerktes Beispiel des judikativen Verständnisses des *wettbewerberöffnenden* Charakters der Grundfreiheiten ist die Entwicklung der Auslegung des Verbots diskriminierender oder protektiver indirekter Besteuerung des Art. 110 AEUV. Die Vorschrift verbietet die Erhebung höherer inländischer Abgaben auf Waren aus anderen Mitgliedstaaten als auf gleichartige inländische Waren. Es flankiert die Warenverkehrsfreiheit. Hier tat sich ein *eta-*

---

[21] EuGH, Rs. 407/85, Slg. 1988, 4233, 4279 Tz.11. (Drei Glocken).

[22] EuGH, Rs. 249/81, Slg. 1982, 4005 (Kommission/Irland).

[23] EuGH, Rs. C-375/92, Slg. 1994, I-923 Tz.10 (Kommission/Spanien).

[24] EuGH, Rs. 197/83, Slg. 1984, 2971 (Klopp).

[25] EuGH, Rs. C-112/05 – Urteil v.23.10.2007 (Kommission/Deutschland).

[26] EuGH, Rs. C-415/93, Slg. 1995, I-4921 (Bosman).

[27] Vgl. z.B. EuGH, Rs. C-439/99, Slg. 2002, I-305 Tz.22 (Kommission/Italien).

[28] EuGH, Rs. C-275/92, Slg. 1994, I-1039 Tz.22 (Schindler).

[29] Vgl. Art. 36 AEUV.

[30] Zum Umweltschutz als zwingendes Interesse im Sinne der Cassis-Rechtsprechung vgl. etwa EuGH, Rs. 302/86, Slg. 1988, 4607, 4630 Tz.8 f. (Kommission/Dänemark; Pfandflaschen).

tistisches Verständnis der Norm anfänglich schwer mit dem Begriff der „gleichartigen" Ware. So bestand etwa die französische Regierung auf ihrer Definitionshoheit für die Unterschiedlichkeit von Produkten zu Zwecken der Besteuerungsdifferenzierung zwischen Armagnac und Whisky[31] oder die britische Regierung zwischen Wein und Bier.[32] Ein gänzlich *anderer* Blick tut sich hingegen auf, wenn man Art. 110 AEUV als Teil eines transnational *wettbewerbseröffnenden* Rechts versteht. Dann geht es mit der „Gleichartigkeit" nicht um eine hoheitliche (staatlich selbstherrliche) „ex cathedra"-Festlegung, sondern um die funktionelle Austauschbarkeit oder funktionale Äquivalenz eines Produkts aus der Sicht der Nachfrage (in den Beispielen: Armagnac und Whisky; Billigwein und Bier). Dies aber ist exakt das kartellrechtliche Kriterium bei der Bestimmung des sachlich relevanten Marktes.[33] Tatsächlich hat sich der Gerichtshof der Europäischen Union diese Sichtweise zu Eigen gemacht.[34]

3. Das wettbewerbsfördernde Angleichungsrecht der EU

Die grenzüberschreitend wettbewerbsöffnende Funktion der Grundfreiheiten ist freilich immer dann *beeinträchtigt*, wenn behindernde Maßnahmen unbeanstandet gehandhabt werden oder soweit sie zum Schutz unionsrechtlich anerkannter öffentlicher Güter oder zwingender Interessen gerechtfertigt sind. Hier kommen zur Verbesserung der Funktionsbedingungen des unionsweiten Wettbewerbs die Möglichkeiten des marktzugangs- und wettbewerbsöffnenden oder wettbewerbsstärkenden Angleichungsrechts der Europäischen Union ins Spiel. Dies führt zur Frage nach der Förderung der Marktfreiheiten und damit des Wettbewerbs durch Rechtsangleichung.

C. Wettbewerbsförderung durch Rechtsangleichung: Das Verhältnis von Marktfreiheiten und Richtlinienrecht im Fall der Dienstleistungsrichtlinie

Möglichkeiten und Probleme der Förderung der Marktfreiheiten und damit des Wettbewerbs durch Rechtsangleichung in der Europäischen Union er-

---

[31] EuGH, Rs. 168/78, Slg. 1980, 347 (Kommission/Frankreich).

[32] EuGH, Rs. 170/78, Slg. 1983, 2265 (Kommission/Vereinigtes Königreich).

[33] Vgl. z.B. EuGH, Rs. 31/80, Slg. 1980, 3775 Tz.25 (L'Oréal); EuGH, Rs. 322/81, Slg. 1983, 3461 Tz.37 (Michelin); *H. Schröter*, in: von der Groeben/Schwarze (Hrsg.), Vertrag über die Europäische Union und Vertrag zur Gründung der Europäischen Gemeinschaft, 6. Aufl., Baden-Baden 2003, Art. 82 Rn. 131; *P.-Chr. Müller-Graff*, in: Vedder/Heintschel von Heinegg (Hrsg.), Europäischer Verfassungsvertrag. Kommentar, Baden-Baden 2007, Art. III-162 Rn. 8.

[34] EuGH, Rs. 168/78, Slg. 1980, 347 (Kommission/Frankreich) Rn.40.

schließen sich im Allgemeinen aus dessen Grundlagen im AEUV (I) und zeigen sich im besonderen in einzelnen Angleichungsrichtlinien wie beispielsweise in der derzeit umfänglich und kontrovers diskutierten Richtlinie zum freien Dienstleistungsverkehr (II).

I. Grundlagen der marktfreiheitsfördernden Rechtsangleichung im AEUV

Zentrale *Ermächtigungsgrundlage* der Europäischen Union zur grundfreiheitenförderlichen Rechtsangleichung ist Art. 114 AEUV.[35] Daneben bestehen spezielle Ermächtigungsgrundlagen für die Niederlassungs- und Dienstleistungsfreiheit (Art. 53 und 62 AEUV). Nach Art. 114 AEUV erlassen das Europäische Parlament und der Rat gemäß dem ordentlichen Gesetzgebungsverfahren Maßnahmen zur Angleichung der Rechts- und Verwaltungsvorschriften der Mitgliedstaaten, welche die Errichtung und das Funktionieren des Binnenmarktes zum Gegenstand haben.

Art. 114 AEUV und -mutatis mutandis Art. 53, 62 AEUV- sind in *drei* verschiedenen Konstellationen einsetzbar, die allesamt den grenzüberschreitenden *Wettbewerb fördern*: erstens zur Beseitigung von rechtfertigbaren oder nicht-rechtfertigbaren Marktzugangshindernissen (beispielsweise von unterschiedlichen einzelstaatlichen Schutzstandards gegen Stromschläge bei Küchengeräten) mittels Festlegung eines gemeinsamen Standards; zweitens zur Beseitigung von spürbaren Wettbewerbsverzerrungen aus unterschiedlichen mitgliedstaatlichen Rechtsvorschriften (beispielsweise von unterschiedlichen einzelstaatlichen Grenzwerten für CO_2-Emissionen aus Industrieanlagen) mittels Festlegung eines einheitlichen Standards; drittens zur Überwindung von Vorschriften, die Marktteilnehmer entmutigen, ihre Grundfreiheiten in einem Raum unterschiedlicher nationaler Rechtsordnungen wahrzunehmen (beispielsweise von unterschiedlichem einzelstaatlichem Gewährleistungsrecht beim Verbrauchsgüterkauf) mittels Festlegung einheitlicher Regeln.

Auf dieser Ermächtigungsgrundlage kommt es daher mittels zahlreicher Angleichungsrichtlinien zur breitflächigen Förderung der Grundfreiheiten. Dies vollzieht sich jeweils mittels der *unionspolitischen Festlegung* eines sachgegenständlichen Voll-, Höchst- oder Mindestschutzstandards (z.B. im Gesundheits-, Umwelt-, Verbraucherschutz) zwecks Beseitigung einer Vielzahl unterschiedlicher mitgliedstaatlicher Standards.[36] Hierbei stellt sich allerdings jeweils die Frage nach der erforderlichen uniformen *Regulierungsdichte* im Widerspiel zur Modelloption der (allerdings in der Pra-

---

[35] Vgl. zu dessen Grundstruktur bei der Entstehung als Art. 100a EWGV *P.-Chr. Müller-Graff*, Die Rechtsangleichung zur Verwirklichung des Binnenmarktes, EuR 1989, 107, 121 ff.

[36] Vgl. zu den einzelnen Methoden z.B. *C. Taschner*, in: Hans von der Groeben/Jürgen Schwarze (Hrsg.) a.a.O. (Fn. 33), Art. 94 EG Rn. 45 ff.

xis des ehemaligen Art. 100b EWGV blass gebliebenen) *Gleichwertig-keitsanerkennung* unterschiedlicher mitgliedstaatlicher Regelungen.[37]

II. Der Fall der Dienstleistungsrichtlinie.

Ein anschauliches Beispiel für Funktion und Problematik der Rechtsangleichung bietet die derzeit aktuelle Dienstleistungsrichtlinie 2006/123/EG v. 12.12.2006,[38] die bis spätestens ab 28.12.2009 im mitgliedstaatlichen Recht umgesetzt sein muss.

1. Funktion

In ihrer Funktion betrifft sie die erstgenannte Konstellation: die Beseitigung von Marktzugangshindernissen.

a. Konzeptionell wiederholt Art. 16 der Richtlinie für die aktive Dienstleistungsfreiheit im Grunde nur deren primärrechtliche Gewährleistung in Art. 56 AEUV.[39] Während diese Norm Beschränkungen des freien Dienstleistungsverkehrs verbietet,[40] sagt Art. 16 der Richtlinie, dass die Mitgliedstaaten das Recht der Dienstleistungserbringer achten, Dienstleistungen in einem anderen Mitgliedstaat als demjenigen ihrer Niederlassung zu erbringen. Art. 19 der Richtlinie bestätigt die Rechtsprechung des Gerichtshofs der Europäischen Union zur passiven Dienstleistungsfreiheit, also derjenigen des Dienstleistungsempfängers.

b. In der Frage nach dem wettbewerbsförderlichen Beitrag der Richtlinie ist nach der Behandlung von Beschränkungtatbestand und Rechtfertigung zu unterscheiden.

aa. Die in Art. 16 Abs. 2 und 19 der Richtlinie ausdrücklich aufgeführten *Beschränkungen* sind schon auf Grund des Art. 56 AEUV verboten, sofern sie nicht gerechtfertigt sind. Sie sind durch Aktivierung nationaler Gerichte überwindbar. Indes bedeutet dies nicht, dass sie auch faktisch nicht bestehen. Im Gegenteil werden immer wieder Behinderungen berichtet und gerichtskundig. Soweit aber Hindernisse bestehen, wird dies insbesondere auch der auslegungs- und verfahrensbedingten *Durchsetzungsschwäche* der Grundfreiheiten zugeschrieben.[41] Sie wurzelt zum einen in der auslegungsabhängigen Ungewissheit der Berechtigten über den genauen Inhalt und die Grenzen ihrer im Primärrecht nur sehr abstrakt subjektiven Rechte, zum anderen in der potentiell demotivierenden Dauer von Vor-

---

[37] Vgl. dazu z.B. *Taschner*, a.a.O. (Fn. 36) Art. 94 Rn. 16.

[38] A.a.O. (Fn. 6).

[39] Unklar insoweit *Chr. Calliess*, in: Heribert Franz Koeck/Margit Maria Karollus (eds.), a.a.O. (Fn. 7), S. 128.

[40] Vgl. dazu im einzelnen *P.-Chr. Müller-Graff*, in: Rudolf Streinz (Hrsg.), EUV/EGV. Kommentar, München 2003, Art. 49 (Dienstleistungsfreiheit) Rn. 70 ff.

[41] Ebda, S. 126.

lageverfahren. Die faktische Verwirklichung der Dienstleistungsfreiheit zu stärken, ist daher ein Hauptanliegen der Richtlinie.[42] Die rechtstechnische *Umsetzung* wirft in einer vielgliedrigen mitgliedstaatlichen Rechtsordnung freilich zahlreiche Probleme auf[43], die es nichtsdestotrotz zu lösen gilt. Empfehlenswert wäre in Deutschland eine Kombination aus (soweit möglich) Einzelbereinigung[44] und subsidiärer generalklauselartiger Querschnittslegislation auf Bundes- und Länderebene.

bb. Eine letztlich unüberwindbare Schwierigkeit für die Rechtssicherheit bleibt jedoch die schon aus Art. 56 AEUV bekannte einzelfallabhängige Frage, ob eine Maßnahme *gerechtfertigt* ist oder nicht. Es ist zweifelhaft, dass die Richtlinie hier einen Klarstellungsgewinn schafft oder dass diese von einem Legislativakt wie einer Richtlinie überhaupt erreicht werden kann. Denn wenn eine Kodifikation nach dem historischen Fallsammlungs-Modell des Sachsenspiegels vernünftigerweise ausscheidet, kann dieser Komplex sachbedingt nur kombinativ geregelt werden: einerseits abstrakt-generalklauselartig und auslegungsoffen, andererseits mit Beispielen von grundsätzlich unzulässigen Beschränkungen. Eben dies tut die Richtlinie. Sie weicht aber von dem judikativ und rechtswissenschaftlich erarbeiteten Acquis von System und Begrifflichkeit eigenwillig ab und weist daher auch deshalb eine undisziplinierte Länge auf und beinhaltet zusätzlich auch noch begrifflich[45] und systematisch[46] unnötig irritierende Elemente. Dies hätte unschwer vermieden werden können, hätte sich die Ausformulierung der Richtlinie im Sinne guter Rechtsetzung[47] bei der Behauptung im Gemenge des Gemenges verschiedener vektoraler Kräfte sektoraler Interessengruppen als bloßer sekundärrechtspolitischer Akt zuallererst daran orientiert, die Rechtsprechung des Gerichtshofs der Europäischen Union, wie sie konzeptionell und dogmatisch begleitet und aufgearbeitet ist[48]

---

[42] Ebda., S. 128 f.

[43] Für die Situation in der Bundesrepublik Deutschland vgl. *Callies*, a.a.O. (Fn. 39), S. 129.

[44] Z.B. § 55 Abs. 2 GewO (Erfordernis der Innehabung einer Reisegewerbekarte für umherziehende Unternehmer) im Licht von Art. 16 Abs. 2 lit. b der Richtlinie.

[45] Aufteilung der Kriterien der Geeignetheit, Erforderlichkeit und Verhältnismäßigkeit in die richtlinienspezifischen Prinzipien der „Erforderlichkeit" (Rechtfertigung aus bestimmten Gründen) und der „Verhältnismäßigkeit" (Eignung und Erforderlichkeit).

[46] Auseinanderziehen der bisherigen zwingenden Allgemeininteressen in „Rechtfertigungsgründe" (Art. 16 Abs. 1 lit.b der Richtlinie) und Nicht-Anwendbarkeit der Richtlinie (u.a. Art. 17, 18, Art. 1, 2, 3 der Richtlinie).

[47] Zu dem Dauerthema einer professionell adäquaten Sekundärrechtssetzung vgl. z.B. schon die einschlägigen Beiträge in: Alfred E. Kellermann/Giuseppe Ciavarini Azzi/Scott H. Jacobs/Rex Deighton-Smith (eds.), Improving the Quality of Legislation in Europe, Den Haag/Boston/London 1998.

[48] Vgl. nur die einschlägigen systemorientierten Kommentierungen der deutschsprachigen Literatur zu Art. 56 ff. AEUV (ehemals Art. 49 ff. EGV).

und auch trotz dieser Richtlinie weiterhin als Ausdruck der primärrechtlichen Systemrationalität der Dienstleistungsfreiheit maßgeblich sein wird, übersichtlich zu kodifizieren und fortzuentwickeln.

Nunmehr schafft die Richtlinie aber bereits Unklarheit, ob der *Kreis rechtfertigender Beschränkungsgründe* im Verhältnis zur Rechtsprechung zur Dienstleistungsfreiheit eingeschränkt ist[49] oder nicht. Blickt man allein auf Art. 16 Abs. 1 lit.a und b der Richtlinie, könnte der Eindruck entstehen, dass eine Beschränkung künftig nur noch aus Gründen der öffentlichen Ordnung, der öffentlichen Sicherheit, der öffentlichen Gesundheit und des Schutzes der Umwelt rechtfertigbar ist und dies auch nur noch ohne Diskriminierung aus Gründen der Staatsangehörigkeit zulässig ist. Ob damit die nach dem AEUV festgelegte Zulässigkeit gerechtfertigter Sonderregelungen für Ausländer (Art. 62, 52 Abs. 1 AEUV) sekundärrechtlich überhaupt rundweg beseitigt werden kann, ist zweifelhaft. Auch ist es eine offene Frage, ob der Gerichtshof der Europäischen Union, der nach dem Primärrecht das Recht zu wahren hat (Art. 19 EUV), in seiner Anerkennung ungeschriebener zwingender Beschränkungsgründe durch einen Sekundärrechtsakt rundweg beschnitten werden kann. Es mag hier auch dahinstehen, welche der vom Gerichtshof der Europäischen Union breitflächig anerkannten rechtfertigenden zwingenden Allgemeininteressen von Art. 16 der Richtlinie erfasst oder ausgeschlossen werden. Denn dieses Problem wird dadurch entspannt, dass eine unübersichtlich verstreute Vielzahl von Beschränkungen vom Anwendungsbereich der Richtlinie überhaupt *nicht erfasst* wird: die Liberalisierung von Dienstleistungen von allgemeinem wirtschaftlichen Interesse,[50] die Privatisierung öffentlicher Einrichtungen,[51] die Abschaffung von Dienstleistungsmonopolen,[52] mitgliedstaatliche Beihilfen, die Art. 107 AEUV unterfallen,[53] Maßnahmen zum Schutz und zur Förderung der kulturellen und sprachlichen Vielfalt oder des Medienpluralismus,[54] das Strafrecht,[55] das Arbeitsrecht und das Recht der sozialen Sicherheit,[56] die Ausübung von Grundrechten sowie der Tarif- und Ar-

---

[49] So sieht *Callies*, a.a.O. (Fn. 39), S. 128, in Art. 16 Abs. 3 der Richtlinie eine abschließende Aufzählung der zulässigen Rechtfertigungsgründe für mitgliedstaatliche Beeinträchtigungen, weist dann aber zu Recht auf die zusätzlichen Beschränkungsmöglichkeiten und den nicht abschließenden Katalog zwingender Gründe im Sinne der Rechtsprechung hin (S. 133 f.).

[50] Art. 1 Abs. 2, Art. 17 Abs. 1 der Richtlinie mit fünf Beispielbereichen (Post, Elektrizität, Gas, Wasserverteilung und -versorgung sowie Abwasserbewirtschaftung, Abfallbewirtschaftung).

[51] Art. 1 Abs. 2 der Richtlinie.

[52] Art. 1 Abs. 3 der Richtlinie.

[53] Art. 1 Abs. 3 der Richtlinie.

[54] Art. 1 Abs. 4 der Richtlinie.

[55] Art. 1 Abs. 5 der Richtlinie.

[56] Art. 1 Abs. 6 der Richtlinie.

beitskampfautonomie,[57] das Steuerrecht,[58] Regeln des Internationalen Privatrechts einschließlich des internationalen Verbraucherschutzrechts,[59] die Sicherheit von Dienstleistungen im Einzelfall,[60] eine Liste von zwölf bestimmten Tätigkeitsbereichen[61] sowie schließlich Angelegenheiten, die unter spezifische Unionsrechtsakte fallen,[62] und weitere spezielle definierte Tätigkeiten.[63] Das Verhältnis dieser ausgenommenen Bereiche zu den Rechtfertigungsgründen der bisherigen Rechtsprechung des Gerichtshofs der Europäischen Union im Einzelnen wird zu überprüfen sein. *Konsequenterweise* gilt in all den vom Anwendungsbereich der Richtlinie ausgenommenen Bereichen die primäre Dienstleistungsfreiheit in ihrer Auslegung durch den *Gerichtshof der Europäischen Union* fort: sowohl zum Inhalt wie zu den Rechtfertigungsgründen. Insgesamt darf daher begründet bezweifelt werden, dass die Richtlinie einen Gewinn an Übersichtlichkeit für den Berechtigten, aber auch für den nationalen Gesetzgeber, die Rechtsberater und die Gerichte bewirken wird. Das Gegenteil dürfte der Fall sein. Die jetzige Form der Richtlinie lehrt auch, dass Rechtsetzung, die meint, auf die bereits erbrachten Rationalisierungs- und Systemleistungen der Rechtswissenschaft verzichten zu können, sich nicht wundern darf, wenn es zu unnötigen Komplikationen, Ungereimtheiten, Erklärungsnöten und gerade auch in der Öffentlichkeit zu Befremden über die legistische Unprofessionalität der dafür politisch verantwortlichen Einrichtungen und darüber hinaus zu weiterreichenden (oft diffusen allgemeinen) Akzeptanzvorbehalten gegenüber Richtlinien der EU kommt.

Daneben entziehen sich die regelmäßig entscheidenden Fragen der *Eignung, Erforderlichkeit* und *Verhältnismäßigkeit* bei der Rechtfertigung einer beschränkenden Einzelmaßnahme ohnehin einer generalisierenden Lösung und werden mit ihrem vielfältigen Klärungsbedarf die Wirtschaftspraxis und Rechtsprechung auch nach Umsetzung dieser Richtlinie vielfältig beschäftigen.

2. Problematik

Abgesehen von dem nicht überzeugenden, weil nicht am Acquis des Primärrechts ansetzenden Systematisierungsansatz verdeutlicht die Richtlinie überdies das Problem der erforderlichen Regulierungsdichte innerhalb der Union. Der jetzt vorliegende Text enthält drei üppig und teils hochabstrakt

---

[57] Art. 1 Abs. 7 der Richtlinie.
[58] Art. 2 Abs. 3 der Richtlinie.
[59] Art. 3 Abs. 2 der Richtlinie.
[60] Art. 17 der Richtlinie.
[61] Art. 2 Abs. 2 der Richtlinie.
[62] Art. 3 Abs. 1, 17 Abs. 2–4, Abs. 6–8, Abs. 10–11, Abs. 13 der Richtlinie.
[63] Art. 17 Abs. 5, 6, 9, 12, 14–15 der Richtlinie.

geratene Kapitel zur Qualität der Dienstleistungen (Art. 22–27), zur Verwaltungszusammenarbeit (Art. 28–36) und zum Konvergenzprogramm (Art. 37–43). Deren Erforderlichkeit im Einzelnen bedarf näherer Überprüfung, die nicht Gegenstand dieses Beitrags ist. Dies hat auch unter dem Gesichtspunkt zu geschehen, ob dadurch grenzüberschreitender Wettbewerb antinomisch in unangemessenem Verhältnis durch gesetzliche Wettbewerbsbeschränkungen gefördert wird oder nicht. Dies mündet in die beiden Fragen, ob erstens tatsächlich alle Regelungen der Richtlinie das Funktionieren des Binnenmarktes verbessern und daher von der Ermächtigungsgrundlage überhaupt getragen werden oder nicht und ob zweitens alle Richtlinienbestimmungen mit dem unionsrechtlichen Grundrechtsschutz vereinbar sind oder nicht.

D. Ergebnis

Im Ergebnis dieser Betrachtungen lassen sich für die Ausgangsfrage *drei* Schlussfolgerungen ziehen. Erstens sind die Grundfreiheiten konstitutiv für den unionsweiten Wettbewerb. Zweitens beinhaltet deren Einschränkung zugleich eine Wettbewerbseinschränkung, so dass dieser Gesichtspunkt daher in der Frage der Rechtfertigbarkeit stets als gegenläufiger Topos einzubeziehen ist und tatsächlich in der judikativ und wissenschaftlich ausgeformten primärrechtlichen Kriterientrias von Geeignetheit, Erforderlichkeit, Verhältnismäßigkeit[64] präsent ist. Drittens steht die binnenmarktliche Rechtsangleichung vor der Daueraufgabe, in der Antinomie von grenzüberschreitender Wettbewerbsförderung durch wettbewerbsbeschränkende Regulierung der EU das rechte Maß zu wahren: dies im Interesse der ökonomischen, gesellschaftlichen und integrativen Leistungen eines rechtsgutumrahmten Systems freien und unverfälschten Wettbewerbs in der Union.

Literatur

Böhm, Franz (1933): Wettbewerb und Monopolkampf, Berlin.
Hermann, Christoph (2003): in: Wolfgang Weiß/Christoph Hermann, Welthandelsrecht, München, S. 10 ff.
Huber, Ernst Rudolf (1956): Der Streit um das Wirtschaftsverfassungsrecht, DÖV 1956, 97 ff.

---

[64] Vgl. zur marktrechtlichen Ausprägung dieser Kriterien *Müller-Graff* (Fn. 1), S. 280 ff., 328 ff.

Kellermann, Alfred E./Ciavarini Azzi, Guiseppe/Jacobs, Scott H./Deighton-Smith, Rex (eds.) (1998): Improving the Quality of Legislation in Europe, Den Haag/Boston/London.

Koeck, Heribert Franz/Karollus, Margit Maria (eds.) (2008): The New Services Directive of the European Union, FIDE XXIII Congress Linz 2008, Wien.

Möschel, Wernhard (1974): Das Wirtschaftsrecht der Banken, Frankfurt am Main.

Müller-Graff, Peter-Christian (2007): Art. III-162, in: Vedder/Heintschel von Heinegg (Hrsg.), Europäischer Verfassungsvertrag. Kommentar, Baden-Baden.

– (2003): Art. 49 (Dienstleistungsfreiheit), in: Rudolf Streinz (Hrsg.), EUV/EGV. Kommentar, München.

– (2002): Die Verdichtung des Binnenmarktrechts zwischen Handlungsfreiheiten und Sozialgestaltung, in: EuR Beiheft 1/2002, S. 7–73.

– (2001): Basic Freedoms – Extending Party Autonomy across Borders, in: Grundmann/Kerber/Weatherill (eds.), Party Autonomy and the Role of Information in the Internal Market, Berlin/New York, S. 133 ff.

– (2000): Die Europäische Privatrechtsgesellschaft in der Verfassung der Europäischen Union, Heidelberg.

– (1989): Die Rechtsangleichung zur Verwirklichung des Binnenmarktes, EuR 1989, S. 107–151.

– (1989): Binnenmarktziel und Rechtsordnung – Binnenmarktrecht, Bergisch Gladbach/Köln.

– (1989): Privatrecht und Europäisches Gemeinschaftsrecht – Gemeinschaftsprivatrecht, Baden-Baden (2. Aufl. 1991).

– (1984): Unternehmensinvestitionen und Investitionssteuerung, Tübingen.

Nipperdey, Hans Carl (1954): Die soziale Marktwirtschaft in der Verfassung der Bundesrepublik, Karlsruhe.

– (1961): Soziale Marktwirtschaft und Grundgesetz, 2.Aufl., Köln/Berlin/München Bonn.

Scholz, Rupert (1981): Entflechtung und Verfassung, Baden-Baden.

Schröter, Helmuth (2003): Art. 82, in: von der Groeben/ Schwarze (Hrsg.), Vertrag über die Europäische Union und Vertrag zur Gründung der Europäischen Gemeinschaft, 6. Aufl., Baden-Baden.

Stoll, Peter-Tobias / Schorkopf, Frank (2002): WTO – Welthandelsordnung und Welthandelsrecht, Köln/Berlin/Bonn/München.

Taschner, Claudius (2003): Art. 94 EG, in: Hans von der Groeben/Jürgen Schwarze (Hrsg.), Vertrag über die Europäische Union und Vertrag zur Gründung der Europäischen Gemeinschaft, 6. Aufl., Baden-Baden.

Die Dienstleistungsfreiheit – Paradigma eines horizontalen Wettbewerbs in der Europäischen Union

Hermann-Josef Blanke

A. Wettbewerbsverfassung und Privatrechtsgesellschaft

I. Das wettbewerbspolitische Konzept der Union

Alle wettbewerbspolitischen Konzepte weisen dem Prinzip Wettbewerb eine zentrale Rolle für die Funktionsfähigkeit der Privatwirtschaft zu. Es ist der archimedische Punkt einer marktwirtschaftlichen Gesellschaftsordnung, deren Wirtschaftsleben sich grundsätzlich auf Märkten und im Wettbewerb vollzieht. Märkte sind „die Orte, wo die rationalen Konsumenten und die gewinnmaximierenden Unternehmen miteinander in Kontakt treten"[1] – und dies allein aufgrund der Knappheit des gehandelten Gutes.

Eine Politik des Wettbewerbs wird in der wirtschaftswissenschaftlichen Lehre mit den Zielen einer leistungsgerechten Einkommensverteilung und eines ausreichenden Maßes an technischem Fortschritt verbunden.[2] Damit tritt die Innovationsfunktion von „Wettbewerb als Entdeckungsverfahren" (*F. A. v. Hayek*) in den Blickpunkt. Innovation ist notwendig, da Rechtsregeln fehlbar sind und die wirtschaftlichen und sozialen Rahmenbedingungen, unter denen sie gelten, sich in einem ständigen Veränderungsprozess befinden. Der ideengenerierende Charakter von Wettbewerb wird in den Formeln der Ökonomie mit dem Begriff der „dynamischen Effizienz"[3] belegt, womit ein Prozess der Aktion und Interaktion gemeint ist. Die Dynamik des Wettbewerbs äußert sich darin, dass er auf die Beteiligten einen von ihnen nicht zu kontrollierenden Kosten- und Preisdruck ausübt, der die

---

[1] Vgl. *F. Rittner*, Drei Grundfragen des Wettbewerbs, in: Hörn/Konzen/Kreutz (Hrsg.), Fs. für Alfons Kraft zum 70. Geburtstag, 1998, S. 519 (522, 531).

[2] Vgl. *E. Kantzenbach*, Die Funktionsfähigkeit des Wettbewerbs, 1967, S. 16 ff.

[3] Vgl. *H. Weck-Hannemann*, Globalisierung: Herausforderung oder Anwendungsfall der Neuen Politischen Ökonomie?, in: Schenk/Schmidtchen/Streit/Vanberg (Hrsg.), Jahrbuch für Neue Politische Ökonomie, 17. Bd. 1998, S. 84 (96).

erstrebten Gewinne zu minimieren droht.[4] Dadurch werden die Wettbewerber zu einem ökonomisch rationalen Verhalten gezwungen, also zu einer
optimalen Faktorenallokation. Nach einem institutionenökonomischen Ansatz dient der Ideenwettbewerb der Innovation durch paralleles Experimen-
tieren mit verschiedenen Rechtsregeln und den Austausch der Ergebnisse.[5]
Erst in einem institutionellen Wettbewerb, der den Anbietern von Institutionen einen Anreiz gibt, ihr Angebot so auszugestalten, dass es von möglichst viel Nachfragern gewählt wird, ist indes eine aktive Suche der Anbieter nach solchen Lösungen zu erwarten, die den Bedürfnissen der Nachfrager am besten angepasst sind; erst hier wird der Ideenwettbewerb „verbindlich". Hiervon kann in der künftigen Praxis auch die Richtlinie
2006/23/EG des Europäischen Parlaments und des Rates vom 12. Dezember 2006 über Dienstleistungen im Binnenmarkt[6] (Dienstleistungsrichtlinie) zeugen, die in den Kapiteln VI und VII die Konzepte der Verwaltungsvereinfachung – mit dem Herzstück des Einheitlichen Ansprechpartners – sowie der Zusammenarbeit der nationalen Verwaltungen miteinander kombiniert und damit Wettbewerb nicht nur zwischen den
Dienstleistungserbringern in Europa, sondern auch außerhalb der Privatrechtsgesellschaft – im öffentlichen Sektor - zu entfachen versucht (III.).

Auch für diejenigen, die Wettbewerb nicht an die Erreichung derartig
konkreter Ziele binden, stellen Wettbewerbsfreiheit einerseits sowie die
über den Markt realisierte Effizienz, erhöhte Produktivität und die hiermit
verfolgte allgemeine Wohlfahrt andererseits zwei Aspekte desselben wettbewerblichen Prozesses dar, zwei Seiten derselben Medaille.[7] Allein der
Wettbewerb ist also wegen der ihm eigenen Abwesenheit einer Monopol-
macht innerhalb eines Marktes[8] im Regelfall in der Lage, ökonomische
Vorteile für alle zu bewirken. So anerkennt die Chicago School als einziges
Ziel von Wettbewerbspolitik die Maximierung der Konsumentenwohlfahrt.
Nach dieser freilich umstrittenen Auffassung vermögen es der Markt und

---

[4] Vgl. *J. M. Clark*, Competition as a dynamic process, 1961, S. 11; *C. Kaysen/D.
Turner*, Antitrust Policy, 1965, S. 14, 48; *W. Zohlnhöfer*, Wettbewerbspolitik im Oligopol, 1968, S. 7 f.

[5] Vgl. *W. Kerber*, Rechtseinheitlichkeit und Rechtsvielfalt aus ökonomischer Sicht,
in: Grundmann (Hrsg.), Systembildung und Systemlücken in Kerngebieten des Europäischen Privatrechts, 2000, S. 67 (75).

[6] Vgl. ABl. 2006 L 376/36.

[7] Vgl. *V. Mehde*, Wettbewerb zwischen Staaten, 2005, S. 34 f., wonach es sich beim
Wettbewerb unter Knappheitsbedingungen „ausschließlich um ein Vehikel (handelt), mit
dem andere, eigens zu definierende Ziele (schlagwortartig Effizienz und erhöhte Produktivität) erreicht werden sollen."

[8] Vgl. *G.J. Stigler*, Perfect Competition, Historically Contemplated, The Journal of
Political Economy 65 (1957), S. 1 (14).

der in ihm herrschende Wettbewerb sogar, ohne jede Beeinflussung die Konsumentenwohlfahrt herzustellen.[9] Die Europäische Union folgt dieser Theorie eines ungebändigten Wettbewerbssystems nicht, sondern errichtet in ihrer Wirtschaftsverfassung das Leitbild der „stetigen Besserung der Lebens- und Beschäftigungsbedingungen ihrer Völker" (3. Erwägung der Präambel AEUV), vor allem mittels der Errichtung eines Binnenmarkts und eines „Systems, das den Wettbewerb innerhalb des Binnenmarkts vor Verfälschungen stützt" (so bis zum 1.12.2009 Art. 3 Abs. 1 lit. g EGV) sowie durch die Verpflichtung auf den „Grundsatz einer offenen Marktwirtschaft mit freiem Wettbewerb" (Art. 119 Abs. 1 und 2, 120, 127 Abs. 1 AEUV) bzw. auf ein „System offener und wettbewerbsorientierter Märkte" (Art. 173 Abs. 1 UAbs. 2 AEUV). Diese Ausrichtung der Union korrespondiert zu dem bekundeten Willen der Vertragsstaaten, „eine beständige Wirtschaftsausweitung, einen ausgewogenen Handel und einen rechtlichen Wettbewerb zu gewährleisten" (4. Erwägung Präambel AEUV). Insoweit hat der Gerichtshof der Europäischen Union entschieden, dass die Anwendung des Grundsatzes einer offenen Marktwirtschaft mit freiem Wettbewerb komplexe wirtschaftliche Beurteilungen erfordere, die in die Zuständigkeit des Gesetzgebers oder der nationalen Verwaltung fielen.[10] Zu berücksichtigen sind dabei auch die vielfachen Zuständigkeiten der Union zu interventionistischen Maßnahmen.[11] Nach dieser Judikatur geben die marktwirtschaftlichen Zielsetzungen und Bekenntnisse des Vertrages den Mitgliedstaaten keine klaren und unbedingten Verpflichtungen vor, auf die sich die Einzelnen vor den nationalen Gerichten berufen könnten.[12]

In der Charta der Grundrechte bekennt sich die Europäische Union zur Berufsfreiheit und unternehmerischen Freiheit sowie zum Eigentumsrecht (Art. 15 bis 17 EUGrCh), mithin zu Kernelementen der marktwirtschaftlichen Ordnung. Doch auch hieraus formt sich nicht das Bild eines weitergreifenden kohärenten wirtschaftspolitischen Systems, dessen Bewahrung der Einzelne über die Abwehr konkreter Eingriffe in die individuellen Grundrechte hinaus gerichtlich durchsetzen könnte.[13] Vor allem gibt es

---

[9] *I. Schmidt*, Wettbewerbspolitik und Kartellrecht: eine interdisziplinäre Einführung, 2005, S. 21.

[10] EuGH, Rs. C-9/99 (Échirolles Distribution), Slg. 2000, I-8207 Rn. 25 – mit Blick auf die gesetzliche Buchpreisbindung in Frankreich.

[11] Kritisch dazu *E.-J. Mestmäcker*, Die Wirtschaftsverfassung der EG zwischen Wettbewerb und Intervention, in: Bruha/Hesse/Nowak, Welche Verfassung für Europa?, 2001, S. 163.

[12] EuGH, Rs. C-9/99 (Échirolles Distribution), Slg. 2000, I-8207 Rn. 25.

[13] Vgl. *G. Nicolaysen*, Die gemeinschaftsrechtliche Begründung von Grundrechten, EuR 2003, S. 719 (741); zur Wirtschafts- und Wettbewerbsfreiheit im deutschen Verfas-

unionsrechtlich kein Grundrecht allgemeiner „Wirtschaftsfreiheit" oder „Wettbewerbsfreiheit", das als objektives Prinzip wirtschaftswissenschaftliche Modellvorstellungen für die Union rechtlich verbindlich und gerichtlich durchsetzbar macht.[14]

II. Der Wettbewerb als Element der nationalen und supranationalen Wirtschaftsverfassung

Gleichwohl wird der Wettbewerb häufig als Attribut der nationalen und supranationalen „Wirtschaftsverfassung" begriffen. Indes ist auch dieser Begriff „unscharf, mehrdeutig und umstritten".[15] Aus wirtschaftswissenschaftlicher Sicht bezeichnet er den Teil der Rechtsordnung, der die politische und die wirtschaftliche Sphäre sowohl funktional gegeneinander abgrenzt als auch nach justiziablen Kriterien miteinander kompatibel macht.[16] Die juristische Debatte wird hingegen von der Frage nach dem Verhältnis der Rechtsnomen zu einem solchen wirtschaftswissenschaftlichen und wirtschaftspolitischen Modell bestimmt. Die Wirtschaftsverfassung kann in dieser Diktion als die „Summe der verfassungsrechtlichen

---

sungsrecht vgl. grundlegend *dens.*, Wirtschaftsfreiheit, Gs. Chr. Sasse, 1981, Bd. 2, S. 651 ff.

[14] Strittig: wie hier *U. Everling*, Wirtschaftsverfassung und Richterrecht in der EG, Fs. J. Mestmäcker, 1996, S. 365 (375); *I. Pernice/F. C. Mayer*, in: Grabitz/Hilf, Das Recht der Europäischen Union, 20. Erg. 2002, nach Art. 6 EUV Rn. 141; a.A. *K. Scorl*, Begriff, System und Grenzen deutscher und europäischer Wirtschaftsverfassung, in: Gornig/Kramer/Volkmann (Hrsg.), Staat – Wirtschaft – Gemeinde, Festschrift W. Frotscher, 2007, S. 335 (355 f.); teilweise wird der Grundsatz einer „offenen Marktwirtschaft mit freiem Wettbewerb" als eine "Systementscheidung" angesehen, welche einen hinreichend präzisen Maßstab für die Kontrolle durch den EuGH und nationale Gerichte bereitstellen... Der normative Gehalt der Wirtschaftsverfassung der EU (ergebe) sich erst in der Zusammenschau der marktwirtschaftlichen Garantien einerseits und den wirtschaftspolitischen Befugnissen gemeinschaftlicher und staatlicher Akteure andererseits": vgl. *A. Hatje*, Wirtschaftsverfassung im Binnenmarkt, in: v. Bogdandy/Bast (Hrsg.), Europäisches Verfassungsrecht, 2. Aufl. 2009, S. 801 (809); *H. Sodan*, Vorrang der Privatheit als Prinzip der Wirtschaftsverfassung, DÖV 2000, S. 361 (367); noch weitergehend im Sinne einer Rechtfertigungs- und Begründungslast bei abweichendem Handeln der Union und der Mitgliedstaaten *P.-Chr. Müller-Graff*, Die Verdichtung des Binnenmarktes zwischen Handlungsfreiheiten und Sozialgestaltung, EuR-Beih. 1/2002, S. 7 (22).

[15] Vgl. *Nicolaysen* (Fn. 13), S. 719 (740); *A. Hatje* (Fn. 14), S. 801 (803 f.); *M. Ruffert*, Die Wirtschaftsverfassung im Vertrag über eine Verfassung für Europa, hrsg. v. Zentrum für Europäisches Wirtschaftsrecht, Nr. 144, 2004, S. 3 ff.; *C. Semmelmann*, Die Wirtschaftsverfassung der EG zwischen Markt und Recht – Eine institutionelle und prozedurale Perspektive, in: E. V. Towfigh u.a. (Hrsg.), Recht und Markt, Baden-Baden 2009, S. 227 (230 ff.).

[16] Vgl. *P. Behrens*, Die Wirtschaftsverfassung der Europäischen Gemeinschaft, in: Brüggemeier (Hrsg.), Verfassungen für ein ziviles Europa, Baden-Baden 1994, S. 73 (76 f.).

Gestaltungselemente der Ordnung der Wirtschaft" verstanden werden,[17] die indes nicht den Anspruch erheben, ein Teilverfassungsrecht der Wirtschaft zu bilden. Andererseits ist bereits die Untauglichkeit des Versuchs deutlich geworden, aus den Rechtsnormen einer nationalen oder supranationalen Verfassung auf ein konsistentes wirtschaftspolitisches Modell zu schließen (sub I). Unbestritten ist die Privatrechtsgesellschaft im Sinne einer Bindung der Rechtssubjekte an Rechtsregeln nur dann gewährleistet, wenn die Privatrechtssubjekte in der Ausübung ihrer wirtschaftlichen Planungskompetenz der wechselseitigen Kontrolle durch Wettbewerb ausgesetzt sind.[18] Hierin zeigt sich der „konstitutive Zusammenhang" (*P. Behrens*) zwischen der Eigengesetzlichkeit des Ökonomischen und der rechtlichen Umhegung des Wettbewerbssystems. Sie wiederum ist Konsequenz der funktionalen Differenzierung von Ökonomie und Politik, von Markt und Intervention.[19]

III. Die Wettbewerbsfähigkeit der Union nach dem Vertrag von Lissabon – ein Paradigmenwechsel?

Der Unionsvertrag von Lissabon formuliert das „Wohlergehen ihrer Völker", ein „ausgewogenes Wirtschaftswachstum" sowie „eine in hohem Maße wettbewerbsfähige soziale Marktwirtschaft" als Ziele der Europäischen Union (Art. 3 Abs. 1 und 3 EUV). Bot Art. I-3 des Verfassungsvertrags für Europa den „Bürgerinnen und Bürgern einen Raum der Freiheit, der Sicherheit und des Rechts ohne Binnengrenzen und einen Binnenmarkt mit freiem und unverfälschten Wettbewerb", so sollte sich auf französischen Druck und mit deutschem Einverständnis das Ziel des freien und unverfälschten Wettwebers nicht mehr in der Formulierung des Vertrags von Lissabon finden. In dem auch auf britische Initiative hin verabschiedeten „Protokoll über den Binnenmarkt und den Wettbewerb" bestätigen die Vertragsparteien, dass „der Binnenmarkt, wie er in Artikel 3 des Vertrags über die Europäische Union beschrieben wird, ein System umfasst, das den Wettbewerb vor Verfälschungen schützt" und kommen überein, „dass für diese Zwecke die Union erforderlichenfalls nach den Bestimmungen der Verträge, einschließlich des Artikels 352 des Vertrags über die Arbeitsweise der Europäischen Union [scil.: der sog. Vertragsabrundungsklausel], tätig wird." Damit werden mittelbar – und nahezu verschämt - die Umsetzung der Wettbewerbsregeln (Art. 101 ff. AEUV) und die Beihilfepolitik (Art. 107 ff. AEUV) als Tätigkeitsfelder der Union bestätigt.

---

[17] Vgl. *R. Schmidt*, Staatliche Verantwortung für die Wirtschaft, in: J. Isensee/P. Kirchhof (Hrsg.), Handbuch des Staatsrechts der Bundesrepublik Deutschland, Bd. III, 2. Aufl. 1986, § 83 Rn. 17 f.
[18] Vgl. *Behrens* (Fn. 16), S. 73 (76 f.).
[19] Vgl. *Behrens* (Fn. 16), S. 73 (77 ff., 84).

Die Wettbewerbsfähigkeit ist nach kritischen Stimmen indes nur noch ein Attribut der sozialen Marktwirtschaft, was als Akzentverschiebung,[20] ja sogar als „Herabstufung" (*B. Heitzer*) angesehen worden ist. Die – ungeachtet der Eigenschaft des Protokolls über den Binnenmarkt als Bestandteil der Verträge – schwächere Wettbewerbsorientierung berge die Gefahr, der Staatswirtschaft und protektionistischen Tendenzen Vorschub zu leisten.[21] Ohne Zweifel ist das Ziel der „wettbewerbsfähigen sozialen Marktwirtschaft" durch eine Reihe weiterer Ziele der Wirtschafts- und Sozialpolitik überformt worden, was den Wandel der Union von einer Wirtschaftsgemeinschaft zu einer Politischen Union mit „umfassenderen" Zielen verdeutlicht. So kündet die neunte Erwägung der Präambel des Unions-Vertrags von dem „festen Willen" der Vertragsstaaten, „im Rahmen der Verwirklichung des Binnenmarktes … Politiken zu verfolgen, die gewährleisten, dass Fortschritte bei der wirtschaftlichen Integration mit parallelen Fortschritten auf anderen Gebieten einhergehen". Kohäsion, Umweltschutz, wirtschaftlicher und sozialer Fortschritt sowie Nachhaltigkeit werden in diesem Zusammenhang hervorgehoben. Gleichwohl ist nicht zu übersehen, dass in Art. 119 Abs. 1 und 2, 120 und 127 Abs. 1 AEUV die Ausrichtung der Union auf eine *offene* Marktwirtschaft mit dem Grundsatz des „freien Wettbewerbs" auch weiterhin verbunden ist.[22]

IV. Wettbewerbsfreiheit auf den Dienstleistungsmärkten

Eine stärkere Orientierung am Prinzip der „Integration durch Wettbewerb"[23] verfolgt die Union nunmehr auch auf dem Gebiet der bisher stark fragmentierten, weil erheblich überregulierten Dienstleistungsmärkte der Mitgliedstaaten. Der europäische Dienstleistungssektor – ein Schlüsselsektor insbesondere für die Beschäftigung von Frauen – besitzt nach seinem

---

[20] Vgl. *St. Wernicke*, Der Vertrag von Lissabon und das Wettbewerbsprinzip – Status quo ante, Neugewichtung oder Unwucht?, in: I. Pernice (Hrsg.), Der Vertrag von Lissabon: Reform der EU ohne Verfassung?, 2008, S. 190 ff.; *P. Behrens*, Der Wettbewerb im Vertrag von Lissabon, EuZW 2008, S. 193, stellt fest, dass „der Binnenmarkt in Art. 2 EUV noch stärker als bisher … von anderen Vertragszielen (umzingelt ist), die potenziell eine Grundlage für wettbewerbswidrige Regulierungen darstellen."

[21] Vgl. *M. Kotzur*, Die soziale Marktwirtschaft nach dem Reformvertrag, in: I. Pernice (Hrsg.), Der Vertrag von Lissabon: Reform der EU ohne Verfassung?, 2008, S. 197 (198).

[22] Im Ergebnis ebenso *C. Nowak*, Binnenmarktziel und Wirtschaftsverfassung der Europäischen Union vor und nach dem Reformvertrag von Lissabon, EuR Beiheft 1/2009, S. 129 (182 ff.); *J. Drexl*, Wettbewerbsverfassung, in: in: v. Bogdandy/Bast (Hrsg.), Europäisches Verfassungsrecht, 2. Aufl. 2009, S. 905 (918), sieht durch „die Verschiebung der Systemgarantie der offenen Marktwirtschaft mit freiem Wettbewerb (in eine Protokollerklärung) das korrekte juristische Verständnis (als) erschwert" an.

[23] Vgl. *W. Mussler/ M. E. Streit*, Integrationspolitische Strategien in der EU, in: R. Ohr (Hrsg.), Europäische Integration, 1996, S. 265 (269 ff.).

Anteil an der Bruttowertschöpfung der *einzelnen* Mitgliedstaaten der Union (der Beitrag zum BIP liegt innerhalb der meisten Mitgliedstaaten bei 70%) eine signifikante gesamtwirtschaftliche Bedeutung und „birgt ein großes Potential für Wachstum, Wettbewerb und Beschäftigung".[24] Da das Internet und andere Elemente der Informationsgesellschaft dem Dienstleistungssektor eine neue Dynamik verleihen, weil sie die Kosten für die Beschaffung und Übermittlung von Informationen gesenkt und die Verbreitung von Innovationen über nationale Grenzen hinweg beschleunigt haben, erscheint ein solcher wertschöpfender Effekt durch grenzüberschreitende Nachfrage und Erbringung von Dienstleistungen nunmehr auch im Binnenmarkt realisierbar.

Während Dienstleistungen in den Mitgliedstaaten den Motor des Wirtschaftswachstums bilden,[25] bestimmen sie den Handel innerhalb der Union bislang nur zu rund 20 Prozent; am deutschen Gesamtexport liegt der Anteil der Dienstleistungsexporte sogar nur zwischen 14 und 15 Prozent und damit 6 Prozent unter dem EU-Durchschnittswert. Vor allem bei höherwertigen Dienstleistungen wie Patenten, Forschungs- und Entwicklungsarbeiten auf den Gebieten der Informations- und Kommunikationstechnik (FuE), Ingenieur- und EDV-Leistungen spielt Deutschland im Außenhandel nur eine untergeordnete Rolle.[26] Dies ist maßgeblich zurückzuführen auf die mangelnde Harmonisierung der Rechtsvorschriften zur Gewährleistung eines gleichwertigen Schutzes des Allgemeininteresses in wesentlichen Fragen, wie etwa solchen des Verbraucherschutzes, namentlich der Vereinheitlichung der Vorschriften über die Informationspflichten des Dienstleistungserbringers, der Beilegung von Streitigkeiten und des Austauschs von Informationen über die Qualität des Dienstleistungserbringers sowie auf zahlreiche restriktive Maßnahmen der Mitgliedstaaten gegenüber ihren eigenen Staatsangehörigen, Dienstleistungen aus anderen Mitgliedstaaten in Anspruch zu nehmen.[27] Der Abbau solcher handelshemmenden Barrieren beim Dienstleistungshandel, die infolge der Komplexität, Langwierig-

---

[24] Vgl. *E. Pache*, Dienstleistungsfreiheit, in: D. Ehlers (Hrsg.), Europäische Grundrechte und Grundfreiheiten, 3. Aufl. 2009, § 11 Rn. 2; *Streinz/Leible*, in: Schlachter/Ohler, Europäische Dienstleistungsrichtlinie, Kommentar, 2008, Einleitung Rn. 20.

[25] So lag etwa in Deutschland der Anteil des Dienstleistungssektors an der Gesamterwerbstätigkeit 2006 bei über 72 Prozent. Dieser Anteil hat sich damit seit 1970 mehr als verdoppelt; vgl. Bundesministerium für Wirtschaft und Technologie, Monatsbereicht 02/2007, Ziff. 4 (S. 32).

[26] Vgl. Bundesministerium für Wirtschaft und Technologie, Monatsbericht 02/2007, Ziff. 4 (S. 32 f.); *M. V. Gornig* (DIW), Stellungnahme vom 11.10.2006 bei der Öffentlichen Anhörung des Deutschen Bundestages, Ausschuss für Wirtschaft und Technologie, zur EU-Richtlinie „Dienstleistungen im Binnenmarkt" am 16.10.2006, S. 5.

[27] Vgl. *Kommission der Europäischen Gemeinschaften*, Der Stand des Binnenmarkts für Dienstleistungen, KOM (2002) 441 endg. v. 30.07.2002.

keit und der mangelnden Rechtssicherheit der unterschiedlichen nationalen Verwaltungsverfahren insbesondere kleine und mittlere Unternehmen (KMU) treffen, soll wie zuvor der Zollabbau im internationalen Warenverkehr die wirtschaftliche Prosperität der Mitgliedstaaten stärken. Letztendlich sollen damit die Konsumenten von differenzierten und teilweise preisgünstigeren Dienstleistungen profitieren. Auf Seiten der Dienstleistungserbringer sind insoweit aber umfangreiche Strukturanpassungen erforderlich.

Damit wird der Dienstleistungssektor nicht nur rechtlich sondern auch faktisch zu einem Grundpfeiler der Öffnung der nationalen Märkte. Im Ergebnis bestätigt sich folglich auch für diese Grundfreiheit eine Feststellung, die *P.-Chr. Müller-Graff* in seinem literarischen Werk immer wieder formuliert hat: „... Die Grundfreiheiten und deren gerichtliche Verwirklichbarkeit (dienen) der Absicherung der grenzüberschreitenden Freiheiten der Marktteilnehmer und der daraus entstehenden wettbewerblichen Wirtschaftsverfassung gegenüber normabweichendem Verhalten aller öffentlichen Hände der Mitgliedstaaten und grundsätzlich auch der Organe der Gemeinschaft selbst.... In sozioökonomischer Hinsicht ... eröffnen (sie) ... zugleich die Chance für die allmähliche Heranbildung einer transnationalen Privatrechtsgesellschaft"[28] und erfüllen so eine integrationspolitische Vernetzungsfunktion.[29]

B. Die rechtlichen Rahmenbedingungen der Dienstleistungsfreiheit nach der Dienstleistungsrichtlinie

Zu den rechtlich-institutionellen Rahmenbedingungen, unter denen die Dienstleistungsfreiheit im Binnenmarkt ausgeübt werden kann, gehören im Bereich der supranational gewährleisteten Dienstleistungsfreiheit die Regelungen der Dienstleistungsrichtlinie, die – u.a. gestützt auf Art. 47 Abs. 2 Satz 1 und 3 EGV sowie Art. 55 EGV (jetzt: Art. 53 Abs. 2 Satz 1 und 3 AEUV sowie Art. 62 AEUV) – die primärrechtlichen Regelungen der Art. 56 bis 62 AEUV sekundärrechtlich ausgestalten, soweit sie diese nicht nur wiederholen (Art. 16 der Richtlinie). Sie sind Bestandteil einer Strategie, die das Funktionieren des Binnenmarktes verbessern und zugleich sicher-

---

[28] Vgl. *P.-Chr. Müller-Graff*, Die konstitutionelle Bedeutung der binnenmarktlichen Grundfreiheiten im neuen Europäischen Verfassungsvertrag, in: Köck/Lengauer/Ress, Europarecht im Zeitalter der Globalisierung, Fs. P. Fischer, 2004, S. 363 (373); mit Blick auf die Warenverkehrsfreiheit vgl. *dens.*, in: von der Groeben/Schwarze, Kommentar zum Vertrag über die Europäische Union und zur Gründung der Europäischen Gemeinschaft, 6. Aufl. 2003, Art. 28 Rn. 7 f.
[29] Vgl. den Beitrag von *P.-Chr. Müller-Graff* in diesem Band, sub B. I. 3.

stellen soll, dass Dienstleistungserbringer wenn schon nicht nach den rechtlichen Bedingungen ihres Herkunftslandes, so doch möglichst genauso „einfach" tätig werden können wie innerhalb ihres eigenen Mitgliedstaates. Die Richtlinie beruft sich dabei auf das vom Europäischen Rat in Lissabon im Jahre 1999 vorgegebene Ziel, „die Beschäftigungslage und den sozialen Zusammenhalt zu verbessern und zu einem nachhaltigen Wirtschaftswachstum zu gelangen, um die Europäische Union bis zum Jahr 2010 zum wettbewerbsfähigsten und dynamischsten wissensbasierten sowie beschäftigungsstarken Wirtschaftsraum der Welt zu machen... Die Beseitigung dieser Hindernisse bei gleichzeitiger Gewährleistung eines fortschrittlichen europäischen Gesellschaftsmodells ist also" – so der Richtliniengeber – „eine unverzichtbare Voraussetzung für die Überwindung der Schwierigkeiten bei der Umsetzung der Lissabon-Strategie und für die wirtschaftliche Erholung in Europa, insbesondere für Investitionen und Beschäftigung".[30]

Nachdem die Union ihre hochgesetzten Lissabon-Ziele weitgehend verfehlt hat, formulierte die Europäische Kommission in ihrer Mitteilung „Europa 2020" eine neue Strategie vor dem Hintergrund der soeben durchlebten Finanz- und Wirtschaftskrise. Hier sieht sie im „Aufkommen neuer Dienstleistungen (Inhalts- und Medienbranche, Gesundheitswesen, intelligente Energieverbrauchsmessung) ... ein großes Potenzial, das Europa aber nur dann (werde) nutzen können, wenn es die Fragmentierung (überwinde), die den freien Fluss von Online-Inhalten und den Zugang für Verbraucher und Unternehmen derzeit (blockiere)".[31] Von einer vollständigen Umsetzung der Dienstleistungsrichtlinie erwartet sie eine Steigerung des Handels mit privaten Dienstleistungen um 45% und ausländischen Direktinvestitionen um 25%, was eine Zunahme des BIP zwischen 0,5 und 1,5% zur Folge hätte.[32]

I. Die Ausgestaltung der Dienstleistungsfreiheit in der Rechtsprechung des Gerichtshofs der Europäischen Union

Um die Neuerungen zu erkennen, die die Dienstleistungsrichtlinie bringt, ist es erforderlich, schlagwortartig den Entwicklungsstand der Dienstleistungsfreiheit bis zum Erlass der Richtlinie zu beleuchten:[33]

---

[30] Vgl. Erwägung 4 RL.

[31] Vgl. *Europäische Kommission*, Europa 2020, Eine Strategie für intelligentes, nachhaltiges und integratives Wachstum, KOM(2010) 2020 v. 3.3.2010, S. 24 f.

[32] Ebda., S. 25.

[33] Vgl. eingehend hierzu *Chr. Calliess*, Europäischer Binnenmarkt und europäische Demokratie: Von der Dienstleistungsfreiheit zur Dienstleistungsrichtlinie – und wieder Retour?, DVBl. 2007, S. 336 (338 f.).

1. Der Gerichtshof der Europäischen Union hat auch diese Grundfreiheit in Parallele zur Warenverkehrsfreiheit schon frühzeitig nicht nur als ein die Inländergleichbehandlung garantierendes Diskriminierungsverbot, sondern – in Parallele zur Cassis de Dijon-Rechtsprechung – als umfassendes Beschränkungsverbot interpretiert.[34] Eine Beschränkung ist grundfreiheitswidrig, wenn sie die Ausübung der Freiheit unterbindet, behindert, oder weniger attraktiv macht.[35] Vor allem Doppelkontrollen,[36] Bedürfnisprüfungen, Zulassungsbedingungen, Zulassungsmodalitäten sowie steuerrechtliche Benachteiligungen wurden vom Gerichtshof der Europäischen Union auch am Maßstab der Dienstleistungsfreiheit überprüft und hielten dieser Kontrolle häufig nicht stand oder mussten zumindest modifiziert werden.[37] In diesem Beschränkungsverbot ist die richterliche Anerkennung des Herkunftslandsprinzips in dem Sinne gesehen worden, dass nicht nur Waren, sondern auch Dienstleistungen, die in einem Mitgliedstaat rechtmäßig erbracht werden, grundsätzlich in vergleichbarer Form auch in anderen Staaten der Union angeboten werden dürfen.[38]

2. Diskriminierende oder beschränkende Regelungen können nach Art. 62, 52 AEUV auf EU-Ausländer angewendet werden, wenn sie aus Gründen der öffentlichen Ordnung, Sicherheit oder Gesundheit gerechtfertigt sind. Für unterschiedslos geltende Regelungen und Beschränkungen sind nach der Rechtsprechung des Gerichtshofs der Europäischen Union überdies *ungeschriebene* Rechtfertigungsgründe anzuerkennen. Danach müssen mitgliedstaatliche Vorschriften, auch wenn sie unterschiedslos auf Inländer und EU-Ausländer angewendet werden, durch „zwingende Gründe des Allgemeinwohls"[39] (etwa lauterer Wettbewerb, Arbeitnehmerschutz, Kohärenz des Steuersystems, das Recht auf Arbeitskampfmaßnahmen) unionsrechtlich gerechtfertigt und einer Verhältnismäßigkeitskontrolle[40] unterworfen werden.

3. Im Bereich der Dienstleistungsfreiheit wird die Prüfung der Verhältnismäßigkeit insbesondere durch das Verbot der Doppelkontrolle bestimmt: Das durch das Aufnahmeland eingerichtete Verfahren zur Erteilung ei-

---

[34] Vgl. EuGH, Rs. 33/74 (van Binsbergen), Slg. 1974, 1299.

[35] Vgl. EuGH, Rs. C-79/01 (Payroll-Data), EuZW 2003, 94 Rn. 26.

[36] Vgl. etwa EuGH, Rs. 189/03 (Kommission/Niederlande – private Sicherheitsdienste), Slg. 2004, I-9289 Rn. 18 ff.

[37] Vgl. *P.-Chr. Müller-Graff*, in: Streinz, EUV/EGV, 2003, Art. 49 EGV Rn. 82 ff.

[38] Vgl. *C. D. Classen*, in: Oppermann/Classen/Nettesheim, Europarecht, 4. Aufl. 2009, § 26 Rn. 14.

[39] Vgl. EuGH, Rs. 33/74 (van Binsbergen), Slg. 1974, 1299 Rn. 10; Rs. C-76/90 (Säger), EuZW 1991, 542 Rn. 15.

[40] EuGH, Urteil v. 10.05.1995, Rs. C-384/93 (Alpine Investments), Slg. 1995, I-1141 Rn. 33 ff.

ner Erlaubnis darf die Erbringung der Dienstleistung seitens einer in einem anderen Mitgliedstaat ansässigen Person weder verzögern noch erschweren Kann das maßgebliche Allgemeinwohlinteresse des Aufnahmestaates ebenso effektiv, für den Dienstleister aber weniger nachhaltig durch Maßnahmen gewährleistet werden, denen er in seinem Niederlassungsstaat ohnehin unterliegt, dürfen die Maßnahmen vom Aufnahmestaat nicht wiederholt werden (Vermeidung von Doppelkontrollen als Ausprägung des Prinzips der gegenseitigen Anerkennung und unter den Vorzeichen einer einzelfallbezogenen Verhältnismäßigkeitsprüfung).[41]

III. Kodifizierung und Ausbau der richterrechtlichen Standards der Dienstleistungsfreiheit in der Dienstleistungsrichtlinie

1. Regelungen der Richtlinie zum Schutz des freien Dienstleistungsverkehrs

Als zentrale Garantie der gesamten Richtlinie schützt Art. 16 die Erbringung der Dienstleistung in einem anderen Staat. Sie wiederholt für die aktive Dienstleistungsfreiheit allerdings nur deren primärrechtliche Gewährleistung nach Art. 56 AEUV.[42] Wie nach Art. 56 AEUV genügt es daher auch nach Art. 16 der Richtlinie, eine Korrespondenzdienstleistung zu erbringen, ohne dass eine Partei eine Grenze überschreiten muss. Die Mitgliedstaaten dürfen nach Art. 16 die Aufnahme oder Ausübung einer Dienstleistungtätigkeit in ihrem Hoheitsgebiet unter materiellen und formellen Anforderungen nur insoweit prüfen, als dies nach den in Art. 16 Abs. 1 und 3 benannten Voraussetzungen gerechtfertigt ist. Im Übrigen haben die Mitgliedstaaten im Rahmen ihrer fortbestehenden Kontrollkompetenzen im Dienstleistungsbereich die Anwendung eigener materieller oder formeller Anforderungen an das Handeln des Dienstleisters zu unterlassen. Art. 16 Abs. 2 lit. b der Richtlinie kodifiziert namentlich ein grundsätzliches Verbot von Genehmigungs- sowie Registrierungserfordernissen (Art. 16 Abs. 2 lit. b) hinsichtlich eines „in einem anderen Mitgliedstaat niedergelassenen Dienstleistungserbringers"; Ausnahmen hiervon müssen sich ausdrücklich aus dem Unionsrecht ergeben. Daneben enthält die „Schwarze Liste" des Art. 16 Abs. 2 zugunsten derselben Freiheitsberechtigten ein Verbot weiterer „Anforderungen", das die Richtlinie unabhängig vom Schutzgut statuiert.

Zu den Rechtfertigungstatbeständen, die einen Eingriff in die Dienstleistungsfreiheit erlauben, gehören – allerdings wohl nicht in einer als ab-

---

[41] EuGH, Rs. C 58/98 (Corsten), Slg. 2000, I-7919 Rn. 35; Rs. C-390/99 (Canal Satélite Digital), Slg. 2002, I-607 Rn. 38.

[42] Zutreffend *P.-Chr. Müller-Graff*, in diesem Band, sub C II. 1. a.

schließend zu verstehenden Aufzählung[43] – die „Gründe der öffentlichen Ordnung, der öffentlichen Sicherheit, der öffentlichen Gesundheit oder des Schutzes der Umwelt" (Art. 16 Abs. 1 lit. b – „Erforderlichkeit" – sowie Abs. 3 Satz 1).[44] Der unbestimmte Rechtsbegriff der „öffentlichen Ordnung" ist eng auszulegen; hierzu gehören schwere Gefährdungslagen eines Grundinteresses der Gesellschaft.[45] Außer dem die Rechtfertigung tragenden Schutzgut stellt Art. 16 Abs. 1 UAbs. 3 lit a bis c der Richtlinie für die Rechtmäßigkeit der Beschränkung erhebliche Anforderungen an die Modalitäten des Eingriffs in die Dienstleistungsfreiheit (Nicht-Diskriminierung und Verhältnismäßigkeit des Eingriffs).

Die Regelung des Art. 16 knüpft in allen ihren Bestimmungen technisch allein an das grundsätzliche Beschränkungsverbot an, während das Diskriminierungsverbot lediglich eine Voraussetzung der Rechtfertigung einer Beschränkung ist.[46] Als Beschränkung im Sinne des Art. 56 AEUV gilt jede Anforderung, welche geeignet ist, die Leistung für den Dienstleister weniger attraktiv zu machen oder zu erschweren. Zusammen mit den Vorschriften über die „Qualität der Dienstleistungen" (Art. 22 ff. – Informationen der Dienstleistungserbringer und über Dienstleistungen, Berufshaftpflichtversicherung) stellen sie eine *Minimalharmonisierung* zur Sicherung der unverzichtbaren Standards einer nach den Maßstäben des weitgehenden Abbaus rechtlicher und administrativer Barrieren regulierten Dienstleistungsfreiheit dar. Die Freiheit der Dienstleistungsempfänger wird hingegen nicht durch Art. 16, sondern in Art. 19 bis 21 der Richtlinie sekundärrechtlich geschützt.

2. Regelungen der Richtlinie zum Schutz der Niederlassungsfreiheit

Parallel hierzu enthalten die Vorschriften des dritten Kapitels (Art. 9 bis 15 der Richtlinie) Vorgaben für mitgliedstaatliche Maßnahmen, soweit diese die *Niederlassungsfreiheit* (Art. 49-55 AEUV) beschränken (Erwägung 36,

---

[43] Vgl. *P.-Chr. Müller-Graff*, in diesem Band, sub C II. 1 bb, der zutreffend zum einen auf die primärrechtlichen Sonderregelungen für Ausländer nach Art. 62 und 52 Abs. 1 AEUV, zum anderen auf die durch Art. 19 EUV geschützte Befugnis des Gerichtshofs der Europäischen Union verweist, ungeschriebene zwingende Beschränkungsgründe richterrechtlich zu entwickeln. A.A. ist hingegen *M. Schmidt-Kessel*, in: Schlachter/Ohler (Hrsg.), Europäische Dienstleistungsrichtlinie, 2008, Art. 16 Rn. 31, wonach die Liste der vier in Art. 16 Abs. 1 lit. b und Abs. 3 S. 1 genannten vier Gründe „abschließend (ist) und … von der unter Art. 49 EGV entwickelten signifikant (abweicht)."

[44] Kritisch zur Systematik der in Art. 16 aufgeführten Beschränkungsvoraussetzungen *Schmidt-Kessel* (Fn. 43), Art. 16 Rn. 31, der von einem „misslungenen … äußeren System" spricht.

[45] Vgl. EuGH, Rs. 3/75 (Rutili), Slg. 1975, 1219 Rn. 26, 28; Rs. C-355/98 (Kommission/Belgien), Slg. 2000, I-1221 Rn. 28.

[46] Vgl. *Schmidt-Kessel* (Fn. 43), Art. 16 Rn. 18.

Art. 1 Abs. 1). Diesem dualistischen Ansatz der Richtlinie (Kapitel III und IV) liegt die Rechtsprechung des Gerichtshofs der Europäischen Union zugrunde, wonach Einschränkungen beider Grundfreiheiten in unterschiedlichem Maße zulässig sind. Genehmigungsregelungen und sonstige mitgliedstaatliche Bedingungen einer Dienstleistungserbringung sind unter dem Aspekt der Niederlassungsfreiheit primärrechtlich deshalb eher vertretbar, weil der sich in einem anderen Mitgliedstaat niederlassende Unternehmer auf Dauer in den Geltungsbereich der Rechtsordnung des aufnehmenden Mitgliedstaates wechselt und von ihm die Beachtung der dort für alle geltenden rechtlichen Rahmen deshalb in intensiverer Weise gefordert werden kann als im Fall einer bloßen grenzüberschreitenden Dienstleistungserbringung, die nicht mit der Gründung einer Niederlassung im Zielland verbunden ist.[47] Vor diesem Hintergrund sind Genehmigungsregelungen nicht schlechthin verboten, müssen allerdings den Anforderungen und Bedingungen der Art. 9 ff. der Richtlinie entsprechen. Art. 9 Abs. 1 der Richtlinie greift die zentralen, in der Rechtsprechung des Gerichtshofs der Europäischen Union[48] entwickelten generellen Anforderungen an die Rechtfertigung von Einschränkungen der Grundfreiheiten auf (II. 1). Art. 10 errichtet in den Absätzen 1 und 2 Anforderungen an die Erteilung oder Versagung einer Genehmigung. Willkürliche Ermessensentscheidungen sind verboten (Abs. 1), womit auch ein freies Versagungsermessen der nationalen Genehmigungsbehörden unzulässig ist.[49] Als materielle Genehmigungsvoraussetzungen statuiert Abs. 2 das Diskriminierungsverbot, die Rechtfertigungsmöglichkeit „durch einen zwingenden Grund des Allgemeininteresses", die Verhältnismäßigkeit des Eingriffs in die Dienstleistungsfreiheit, Klarheit, Objektivität, Vorhersehbarkeit und Transparenz. Nach Abs. 3 können zwingende Gründe des Allgemeininteresses eine Einschränkung der Grundfreiheiten durch Regelungen eines Mitgliedstaates nur insoweit rechtfertigen, als dieses Interesse nicht bereits durch Vorschriften des Herkunftslandes des Dienstleistungserbringers geschützt ist (Verbot von Doppelprüfungen – II. 1 c). Art. 11 ergänzt diesen Grundsatz der einmaligen Genehmigung um die zeitliche Dimension: Genehmigungsregelungen der Mitgliedstaaten, denen niedergelassene Dienstleistungserbringer aus anderen Mitgliedstaaten zulässigerweise unterworfen werden, müssen die grundsätzlich unbefristete Geltung der erteilten Genehmigungen vorsehen (Abs. 1). Art. 13 formuliert mit Blick auf die Ausgestaltung des Genehmigungsverfahrens Effizienzkriterien (Abs. 1 und 2), legt ein

---

[47] EuGH, Rs. C-55/94 (Gebhard), NJW 1996, 579 Rn. 35 f.
[48] EuGH, Rs. C-55/94 (Gebhard), NJW 1996, 579 Rn. 37 („Gebhard"-Formel).
[49] Vgl. *M. Cornils*, in: Schlachter/Ohler, Europäische Dienstleistungsrichtlinie, 2008, Art. 10 Rn. 4.

Fristregime fest (Abs. 3 und 4) und zieht aus diesem Fristregime verfahrensmäßige Konsequenzen (Abs. 5 und 6).

3. Regelungen der Richtlinie zum Schutz der Niederlassungsfreiheit sowie des freien Dienstleistungsverkehrs

Art. 14 und 15 betreffen – ungeachtet ihrer Normierung im dritten Kapitel der Richtlinie – Verbote bzw. Kontrollaufträge, die – in teilweiser Wiederholung der Standards des Art. 16 – die Mitgliedstaaten sowohl hinsichtlich der Beschränkung der Niederlassungsfreiheit als auch der Dienstleistungsfreiheit zu beachten haben. Unter den Verboten des Art. 14 seien das Diskriminierungsverbot (Nr. 1), das Verbot der Errichtung von Niederlassungen oder der Registereintragung in mehr als einem Mitgliedstaat (Nr. 2) sowie das Verbot von Beschränkungen der Wahlfreiheit des Dienstleistungserbringers zwischen einer Hauptniederlassung und einer Zweitniederlassung (Nr. 3) hervorgehoben. Art. 14 Nr. 1 verbietet im Zeichen der Gleichbehandlung Anforderungen an die Dienstleistungserbringer, die – direkt oder indirekt diskriminierend – an die Staatsangehörigkeit oder – bei Unternehmen – den satzungsmäßigen Sitz anknüpfen. Ziel ist ein diskriminierungsfreies, transparentes und zeitlich vorhersehbares Genehmigungsverfahren zwecks Wahrnehmung der Niederlassungsfreiheit (Art. 13 bis 15 Abs. 1 bis 3) sowie eine grundsätzlich diskriminierungsfreie und unbeschränkte Ausübung der Dienstleistungsfreiheit in einem anderen Mitgliedstaat, die jeweils nur nach Maßgabe des Grundsatzes der Verhältnismäßigkeit beschränkt werden darf (Art. 16). Zugleich werden das Beschränkungs- und das Diskriminierungsverbot mit Blick auf die Dienstleistungsempfänger konkretisiert (Art. 19 und 20).[50]

4. Ergebnis der Richtlinie

Die Richtlinie schafft damit einen horizontalen, allgemeinen Rechtsrahmen, um die zahlreichen Beschränkungen der Niederlassungsfreiheit von Dienstleistungserbringern in den Mitgliedstaaten und des freien Dienstleistungsverkehrs zwischen den Mitgliedstaaten zu beseitigen und den Dienstleistungsempfängern und -erbringen die Rechtssicherheit zu garantieren, die für die wirksame Entfaltung dieser beiden Grundfreiheiten des AEU-Vertrags erforderlich ist.[51] Dies ist den Urhebern der Richtlinie allerdings nicht in allen Teilen gelungen, wie es das umstrittene Verhältnis zwischen der primärrechtlichen Dienstleistungsfreiheit (Art. 56 AEUV) und ihrer

---

[50] Vgl. *St. Korte*, Mitgliedstaatliche Verwaltungskooperation und private Eigenverantwortung beim Vollzug des europäischen Dienstleistungsrechts, NVwZ 2007, S. 501 (503 ff.); *F. Lemor*, Auswirkungen der Dienstleistungsrichtlinie auf ausgesuchte reglementierte Berufe, EuZW 2007, S. 135 (137 f.).

[51] Vgl. Erwägung 5 RL.

(redundanten?) Wiederholung in Art. 16 der Richtlinie, aber auch die Unklarheit des (abschließenden?) Katalogs der Rechtfertigungsgründe nach Art. 16 Abs. 1 lit. b sowie Abs. 3 Satz 1 belegen. Während Dienstleistungen im Unionsrecht bisher auf einer sektorbezogenen Grundlage behandelt wurden, die zu einer Überbetonung branchenspezifischer Details führten, geht die Richtlinie von einem umfassenden und bereichsübergreifenden – wenn auch durch zahlreiche Ausnahmetatbestände (Art. 1 Abs. 2 bis 7, Art. 2 Abs. 2 und 3, Art. 3 Abs. 1 und 2, Art. 17) gekennzeichneten[52] – Ansatz aus. Dem Bestimmungsstaat einer Dienstleistung wird die Errichtung bestimmter Schranken – namentlich durch das Verbot einer Prüfung nach den in Art. 16 geächteten „Anforderungen" an die Dienstleistungserbringung – untersagt, die Kontrolle über die Ausübung der Dienstleistung aber belassen.

C. Elemente des Systemwettbewerbs im Binnenmarkt der Dienstleistungen

I. Verwaltungsvereinfachung und Verwaltungszusammenarbeit als institutionelles Fundament der Dienstleistungsfreiheit

Nachdem die *umfassende* – also nicht nur die beschränkenden Regelungen betreffende (II. 1 a) – Geltung des Herkunftslandprinzips, wie sie zunächst in Art. 16 des Vorschlags der Kommission v. 13. Januar 2004 verankert war,[53] politisch gescheitert ist,[54] bestimmt nunmehr das „Prinzip des freien Dienstleistungsverkehrs" die sekundärrechtliche Ausgestaltung dieses Freiheitsrechtes.[55] Dabei stellen die Vorschriften zur Verwaltungsvereinfachung (Art. 5 bis 8 RL) die zentralen administrativen Bausteine dar, um

---

[52] Die Ausnahmen des Art. 17 setzen voraus, dass keine der in Art. 2 Abs. 2 genannten Dienstleistungsarten betroffen ist. In allen vom Anwendungsbereich der Richtlinie ausgenommenen Bereichen gilt die primäre Dienstleistungsfreiheit nach Art. 56 AEUV in ihrer Auslegung durch den Gerichtshof der Europäischen Union fort; vgl. *P.-Chr. Müller-Graff*, in diesem Band, sub C II. 1 bb.

[53] Art. 16 des Vorschlags besagte: „Die Mitgliedstaaten tragen dafür Sorge, dass Dienstleistungserbringer lediglich den Bestimmungen ihres Herkunftsmitgliedstaates unterfallen, die vom koordinierten Bereich erfasst sind… Unter Unterabsatz 1 fallen die nationalen Bestimmungen betreffend die Aufnahme und die Ausübung der Dienstleistung, die insbesondere das Verhalten der Dienstleistungserbringer, die Qualität oder den Inhalt der Dienstleistung, die Werbung, die Verträge und die Haftung der Dienstleistungserbringer regeln."

[54] Vgl. den gegenüber dem Bolkestein-Entwurf vom 25.2.2004 geänderten Vorschlag der Kommission vom 4. April 2006 (KOM (2006) 160 endg.); hierzu *C. D. Classen* (Fn. 38), § 26 Rn. 23 f.

[55] Vgl. *Streinz/Leible* (Fn. 24), Einleitung Rn. 33.

den Binnenmarkt im Dienstleistungssektor zu schaffen. Sie bilden damit neben der Verwaltungszusammenarbeit (Art. 28 bis 36) gleichsam das institutionelle Fundament, ohne das die Garantien der Niederlassungsfreiheit der Dienstleistungserbringer und des freien Dienstleistungsverkehrs nach Auffassung des Unionsgesetzgebers sich nicht wirksam entfalten können. Eine Verwaltungsvereinfachung soll namentlich durch die Einrichtung eines „Einheitlichen Ansprechpartners" erreicht werden, der die Dienstleister und die Dienstleistungsempfänger unterstützen soll. Ihm fällt eine wichtige Rolle bei der Vernetzung der verschiedenen Akteure (Verwaltung – Dienstleistungserbringer – Dienstleitungsnehmer) zu. Vor allem soll er die Dienstleistungserbringer hinsichtlich aller Verfahren und Formalitäten bei der Aufnahme und Durchführung ihrer Tätigkeiten unterstützen (Art. 6 RL) und die notwendigen Informationen zur Aufnahme der Dienstleistungstätigkeit geben (Art. 7). Obwohl die Richtlinie Servicevorgaben nur für den Einheitlichen Ansprechpartner, also den Bereich des Front-Office, enthält, ist von Rückwirkungen auf die Back-Offices der Verwaltung vor allem infolge der Befristung der Verfahren auszugehen.[56]

Ergänzt wird das Konzept der Verwaltungsvereinfachung und Unterstützung durch die angestrebte Vernetzung mitgliedstaatlicher Verwaltungen zum Zweck ihrer Koordination und Kooperation, die die Richtlinie unter dem Aspekt der „Verwaltungszusammenarbeit" zusammenfasst. Die wirtschaftsverwaltungsrechtliche Aufsicht über die grenzüberschreitende Dienstleistungserbringung wird von einem Behördennetzwerk geleistet, das über Verbindungsstellen in den Mitgliedstaaten miteinander verknüpft ist (28 Abs. 2). Amtshilfeverfahren, Einsichtsrechte ausländischer Behörden in nationale Register über Dienstleistungserbringer (Art. 28 Abs. 7 RL), Kontroll- und Vorwarnungsmechanismen bilden die wesentlichen Elemente dieser administrativen Verflechtung (Art. 28 ff.). Erstmals erhalten deutsche Behörden einen direkten Auskunfts- und Mitwirkungsanspruch gegenüber ihren Amtskollegen in anderen Mitgliedstaaten (Art. 28 Abs. 1, 29 Abs. 1).[57] Der deutsche Gesetzgeber hat auch diese Regelungen der Richtlinie umgesetzt, indem er in Teil I des Verwaltungsverfahrensgesetzes einen neuen Abschnitt 3 über „Europäische Verwaltungszusammenarbeit" eingefügt hat (§§ 8a-8e). Hier hat er namentlich die Grundsätze der Hilfeleistung (§ 8a VwVfG) sowie die Form und die Behandlung der Ersuchen (§ 8b VwVfG) normiert.[58]

Die Aufteilung der Vollzugskompetenz zwischen den Behörden des Ziel- und des Niederlassungsstaats, Vorwarnungsmechanismus (Art. 32),

---

[56] Vgl. *P. Schilling*, in: ders., Neuland EU-Dienstleistungsrichtlinie, S. 99.

[57] Vgl. *O. de Schutter/St. Francq*, Cahiers de Droit Européen 41 (2005), S. 603 (609 ff.); *Korte* (Fn. 50), S. 501 (506).

[58] BGBl. 2009 I 2091 (2095 f.).

Informationsaustausch über disziplinarische oder strafrechtlichen Maßnahmen wegen Konkurs oder Insolvenz mit betrügerischer Absicht (Art. 33) und Amtshilfeverfahren bei Maßnahmen gegenüber einem in einem anderen Mitgliedstaat niedergelassenen Dienstleistungserbringer (Art. 35) erweitern den Kreis der administrativ kooperierenden Mitgliedstaaten und führen zu einem „System multilateraler Überwachung". Damit wird in Ansätzen die Struktur eines europäischen Verwaltungsverbundes sichtbar, der auf die Verknüpfung der Verwaltungsaktivitäten supranationaler wie – im Fall der Dienstleistungsrichtlinie – mitgliedstaatlicher Instanzen in einem gegliederten europäischen Verwaltungsraum (*E. Schmidt-Aßmann*) gerichtet ist. Von dieser Zuständigkeitsverschränkung und -vernetzung wird erwartet, dass sie dem freien Dienstleistungsverkehr im Sinne des (nicht verwirklichten) Herkunftslandprinzips Vorschub leistet.[59]

II. Die Dienstleistungsrichtlinie als Paradigma des Systemwettbewerbs

Die Dienstleistungsrichtlinie stellt einen weiteren Mosaikstein in der Geschichte des Systemwettbewerbs[60] der Union dar. Der grenzüberschreitende Austausch von Dienstleistungen ist mit Hindernissen konfrontiert, die sich aus der Territorialität des nationalstaatlichen Rechts der Mitgliedstaaten ergeben. Integrationspolitisch geboten ist daher die Überwindung der Territorialität des Rechts mit den Mitteln des Rechts zwecks Verringerung der Beschränkungen individueller Handlungsfreiheit.[61] Dies geschah nicht durch die Aufnahme des Herkunftslandprinzips in die Richtlinie – im Sinne einer Mitnahme der Heimatrechtsordnung durch den Dienstleistungserbringer für alle Aspekte der jeweiligen Dienstleistung sowie seiner „exterritorialen Kontrolle durch seinen Heimatstaat[62] –, sondern durch das Konzept der Verwaltungsvereinfachung – mit dem Herzstück des Einheitlichen Ansprechpartners – sowie der Verwaltungszusammenarbeit. Sie bilden gemeinsam mit den überragenden Grundsätzen des Diskriminierungsverbots und der Verhältnismäßigkeit gleichsam die unionsrechtlichen Me-

---

[59] Zur „Harmonisierung der Grenzen durch Verwaltungspraxis" und zu weiteren ausgewählten Referenzgebieten des Europäischen Verwaltungsverbunds vgl. *M. Ruffert*, Von der. Europäisierung des Verwaltungsrechts zum Europäischen Verwaltungsverbund, DÖV 2007, S. 761 (762 ff.).

[60] Vgl. *W. Mussler*, Systemwettbewerb als Integrationsstrategie der Europäischen Union, in: Streit/Wohlgemuth (Hrsg.), Systemwettbewerb als Herausforderung an Politik und Theorie, 1999, S. 71 ff.; *H.-W. Sinn*, Perspektiven der Wirtschaftspolitik 3/2002, S. 391 ff.; *Europäische Kommission*, Zusammenarbeit für Wachstum und Arbeitsplätze – Ein Neubeginn für die Strategie von Lissabon, KOM (2005) 24 endg. v. 02.02.2005; *dies.*, Strategische Überlegungen zur Verbesserung der Rechtsetzung in der Europäischen Union, KOM (2006) 689 endg. v. 14.11.2006.

[61] Vgl. zum nachfolgenden Konzept *W. Mussler* (Fn. 60), S. 71 ff.

[62] Vgl. *Chr. Calliess* (Fn. 33), S. 336 (341).

taregeln, die die mitgliedstaatlichen Systeme mit dem Ziel der Koordination, Kompatibilität und Offenheit steuern und nach Maßgabe ökonomischer Zweckmäßigkeit eine Brückenfunktion zwischen den divergierenden nationalen Rechtsregimen erfüllen. Eine Harmonisierung der nationalen Regelungen für die verschieden Dienstleistungssektoren unter der Ägide der Union wird zugunsten *dezentral* unterschiedlicher institutioneller Problemlösungen und in realistischer Einschätzung des Machbaren auf supranationaler Ebene auf ein Minimum nach Maßgabe der prätorischen Vorgaben des Gerichtshofs der Europäischen Union begrenzt.

Angesichts der damit zwar unionsrechtlich überbrückten, aber im Grunde fortbestehenden Unterschiede der dienstleistungsbezogenen „Umfeldregelungen" (*P. Behrens*) der Mitgliedstaaten wird dem Dienstleistungserbringer zugleich implizit die Wahl des Rechtssystems überlassen, in dem er seine Leistung erbringen will.[63] Diese Wahl eröffnet ihm eine „exit"-Option, also die Möglichkeit, sich dem Machtbereich eines nationalen Rechtsregimes zu entziehen, insbesondere um so Produktionskosten einzusparen. In der Summe führen solche Faktoren staatlicher Steuerung unter Einschluss der Produktionskosten zu einem Wettbewerb der Standorte.

Als Musterbeispiel für die Wahl einer konkreten Rechtsform und damit für den Wettbewerb der Gesetzgeber gilt der sog. „Delaware-Effekt".[64] Dieser Standortwettbewerb lässt zwar stets die Sorge eines „race to the bottom" aufkommen, doch ist nicht zu verkennen, dass auch die Unternehmer an bestimmten rechtlichen Rahmenbedingungen, die ein investitionsförderndes und vertrauenssicherndes Klima schaffen, interessiert sind. Somit wird zugleich ein Wettbewerb zwischen den politischen Akteuren auf der Suche nach adäquaten institutionellen Arrangements angestoßen, der einen „race to the top" auslösen kann.[65] Freilich erweist sich der Regulierungswettbewerb zwischen den Mitgliedstaaten gegenüber der Einführung des Konzepts des Ursprungslandprinzips als vermindert. Denn einem direkten Druck durch die Anwendung fremden nationalen Rechts im eigenen Hoheitsbereich werden die Regierungen der Mitgliedstaaten nicht ausgesetzt.[66] Gleichwohl erscheint es mit Blick auf die Dienstleistungsrichtlinie zulässig, von einem „Integrationseffekt von unten" zu sprechen. Denn

---

[63] Diese „Rechtswahl" anerkennt namentlich für die Vorschriften des öffentlichen Rechts auch *V. Mehde* (Fn. 7), S. 69.

[64] Im Rahmen des Wettbewerbs der amerikanischen Bundesstaaten um ein Gesellschaftsrechtssystem, das bei Unternehmen auf besonderes Interesse stößt, hat sich der Bundesstaat Delaware für ein Modell entschieden, das eine den Nachfragern besonders geeignet erscheinende Struktur bereithält. Es entwickelte sich zu einem echten Exportschlager; vgl. hierzu *V. Mehde* (Fn. 7), S. 73 f.

[65] Vgl. eingehend *V. Mehde* (Fn. 7), S. 75 ff.

[66] Vgl. *W. Mussler* (Fn. 60), S. 84, der den Systemwettbewerb in Form des Regulierungswettbewerbs allein dem Ursprungslandprinzip zuweist.

die Vorgaben des europäischen Gesetzgebers werden *direkte* Auswirkungen auf das nationale Verwaltungsverfahren im Dienstleistungssektor entfalten. Die Richtlinie verpflichtet den nationalen Gesetzgeber zu einem Normscreening, in dessen Rahmen auch ihre Vorgaben zur Verfahrensvereinfachung umzusetzen sind. Im Ergebnis wird sogar eine mittelbare Harmonisierung der administrativen Verfahrensrechtsordnungen der Mitgliedstaaten erwartet, um der prozeduralen Dimension der Dienstleistungsfreiheit ausreichend Rechnung zu tragen.[67] Dabei werden sich die Mitgliedstaaten – zumindest in einer Modellannahme[68] – an den besonders erfolgreichen Partnerländern orientieren, also von diesen lernen („Verfahren der gegenseitigen Beobachtungsstruktur"). Insgesamt erhärtet dieser Vorgang des Systemwettbewerbs die eingangs formulierte Prämisse, wonach ein konstitutiver Zusammenhang zwischen der Eigengesetzlichkeit des Ökonomischen und der rechtlichen Umhegung des Wettbewerbssystems besteht. Dabei kann sich der „Regulierungswettstreit" zwischen den Mitgliedstaaten im Sinne eines „Wettbewerbs als Entdeckungsverfahren" entwickeln.[69]

D. Ökonomische Prognosen und juristische Perspektiven

Die *wirtschaftswissenschaftlichen* Prognosen über die gesamtwirtschaftlichen Effekte der Dienstleistungsrichtlinie beruhen auf der Annahme der Einführung des Herkunftslandprinzips als zentralem Wirkungsparameter.[70]

Ausgangspunkt der Schätzung der wirtschaftspolitischen Effekte der Dienstleistungsrichtlinie ist die Senkung der Transaktionskosten des Außenhandels und damit der Inputfaktorkosten („abgeleitete Wirkungen"). Im Fall Deutschlands schätzt das Wirtschaftsinstitut *Copenhagen Economics* die direkten und indirekten Beschäftigungseffekte auf rund 100.000 zusätzliche Arbeitskräfte.[71] Nach dem vom ifo Institut und vom DIW vorgelegten Analysen wird sich der Beschäftigungseffekt nach Branchen recht unterschiedlich gestalten. Die branchenmäßig unterschiedlichen Auswirkungen der EU Dienstleistungsrichtlinie hängen danach in hohem Maße davon ab,

---

[67] *Chr. Calliess* (Fn. 33), S. 336 (343).

[68] Darauf weist *V. Mehde* (Fn. 7), S. 74, zutreffend hin.

[69] Dies anerkennt auch *V. Mehde* (Fn. 7), S. 271.

[70] Vgl. *Nerb/Schmalholz/Frank/Gornig/Krämer u.a.*, Chancen und Risiken veränderter Rahmenbedingungen für die Dienstleistungsunternehmen durch die EU-Dienstleistungsrichtlinie, ifo Institut für Wirtschaftsforschung/Deutsches Institut für Wirtschaftsforschung, April 2006, S. 259 ff.

[71] *Copenhagen Economics*, Economic Assessment of the Barriers to the Internal Market of Services, 2005, http://ec.europa.eu/internal_market/services/docs/services-dir/studies /2005-01-cph-study_en.pdf.

wie wissensbasiert und damit humankapitalintensiv die einzelnen Branchen sind.[72]

Auch nach der Streichung des Herkunftslandprinzips beurteilt das DIW die Richtlinie zwar abwartend und differenziert, im Ansatz aber positiv. Während in den Bereichen, in denen es um Standardisierungen geht, hiernach vor allem die großen Unternehmen profitieren werden, haben kleine und mittelständische Unternehmen die Chance, sich über Produktspezialisierungen zu profilieren und einen „großen Markt für kleine Ideen" zu erschließen. Prognosen zu den Entwicklungen im Bereich des Arbeitsmarktes werden hingegen als „ökonomische Spekulation" abgelehnt.[73]

In einer *juristischen* Perspektive stellt sich die Frage, ob das in der Dienstleistungsrichtlinie anzutreffende *compositum mixtum*, also die Gemengelage von zentraler Regulierung in Form der Minimalharmonisierung und dezentraler Regulierung in Form eines Systemwettbewerbs der Mitgliedstaaten, sich insbesondere bei der Umsetzung der Verwaltungsvereinfachung – etwa bei der Ausgestaltung des Einheitlichen Ansprechpartners – als ein Modellfall für die künftige unionsrechtliche Regulierung auf solchen Rechtsgebieten entwickeln wird, die keine Unitarisierung auf supranationaler Ebene erfordern. Als Beispiele für solche zentral zu regulierenden Rechtsbereiche können prohibitive Regulierungen im Bereich des Gesundheits- und Umweltschutzes genannt werden. In anderen Politikbereichen könnte sich die Union hingegen – vor allem angesichts der Heterogenität der nunmehr 27 Mitgliedstaaten und ihres ökonomischen und administrativen Entwicklungsstandes – auf ein dezentrale Regulierung und damit den Wettbewerb zwischen den Mitgliedstaaten zurückziehen. Dies gilt nach Ansicht kritischer Beobachter auch für die Ausgestaltung des Binnenmarktes hinsichtlich seiner technischen Regulierung. Die Erfahrungen, auf die die Union dabei zurückblicken kann, sind indes (noch) spärlich.

Literatur

Behrens, Peter (1994): Die Wirtschaftsverfassung der Europäischen Gemeinschaft, in: Brüggemeier (Hrsg.), Verfassungen für ein ziviles Europa, Baden-Baden, S. 73.
– (2008): Der Wettbewerb im Vertrag von Lissabon, EuZW 2008, S. 193 ff.
Calliess, Christian (2007): Europäischer Binnenmarkt und europäische Demokratie: Von der Dienstleistungsfreiheit zur Dienstleistungsrichtlinie – und wieder Retour?, DVBl. 2007, 336 ff.

---

[72] Vgl. *Nerb/Schmalholz/Frank/Gornig/Krämer u.a.* (Fn. 70), S. 262 f.

[73] Vgl. *M. V. Gornig* (DIW) (Fn. 26), S. 2 ff. (3), der gegenüber dem ursprünglichen Richtlinienvorschlag – vor allem wegen der Aufnahme weiterer Ausnahmetatbestände – „tendenziell mit geringeren Kostensenkungen" rechnet.

Clark, John Maurice (1961): Competition as a dynamic process.

Cornils, Matthias (2008): Art. 10, in: Schlachter/Ohler (Hrsg.), Europäische Dienstleistungsrichtlinie, Baden-Baden.

Drexl, Josef (2009): Wettbewerbsverfassung, in: v. Bogdandy/Bast (Hrsg.), Europäisches Verfassungsrecht, 2. Aufl., Heidelberg, S. 905 ff.

Everling, Ulrich (1996): Wirtschaftsverfassung und Richterrecht in der EG, Fs. J. Mestmäcker, Baden-Baden, S. 365 ff.

Groeben, Hans von der/Schwarze, Jürgen (Hrsg.) (2003): Kommentar zum Vertrag über die Europäische Union und zur Gründung der Europäischen Gemeinschaft, 6. Aufl., Baden-Baden.

Hatje, Armin (2009): Wirtschaftsverfassung im Binnenmarkt, in: v. Bogdandy/Bast (Hrsg.), Europäisches Verfassungsrecht, 2. Aufl., Heidelberg, S. 801 ff.

Kantzenbach, Erhard (1967): Die Funktionsfähigkeit des Wettbewerbs, 3. Aufl., Göttingen, S. 16 ff.

Kaysen, Carl/Turner, Donald (1965): Antitrust Policy: An economic and legal analysis, Cambridge.

Kerber, Wolfgang (2000): Rechtseinheitlichkeit und Rechtsvielfalt aus ökonomischer Sicht, in: Grundmann (Hrsg.), Systembildung und Systemlücken in Kerngebieten des Europäischen Privatrechts, Tübingen, S. 67.

Korte, Stefan (2007): Mitgliedstaatliche Verwaltungskooperation und private Eigenverantwortung beim Vollzug des europäischen Dienstleistungsrechts, NVwZ 2007, 501 ff.

Kotzur, Markus (2008): Die soziale Marktwirtschaft nach dem Reformvertrag, in: I. Pernice (Hrsg.), Der Vertrag von Lissabon: Reform der EU ohne Verfassung?, S. 197 ff.

Lemor, Florian (2007): Auswirkungen der Dienstleistungsrichtlinie auf ausgesuchte reglementierte Berufe, EuZW 2007, S. 135 ff.

Mehde, Veit (2005): Wettbewerb zwischen Staaten: die rechtliche Bewältigung zwischenstaatlicher Konkurrenzsituationen im Mehrebenensystem.

Mestmäcker, Ernst-Joachim (2001): Die Wirtschaftsverfassung der EG zwischen Wettbewerb und Intervention, in: Bruha/Hesse/Nowak, Welche Verfassung für Europa?, S. 161 ff.

Müller-Graff, Peter-Christian (2002): Die Verdichtung des Binnenmarktes zwischen Handlungsfreiheiten und Sozialgestaltung, EuR-Beih. 1/2002, S. 7 ff.

– (2004): Die konstitutionelle Bedeutung der binnenmarktlichen Grundfreiheiten im neuen Europäischen Verfassungsvertrag, in: Köck/Lengauer/Ress, Europarecht im Zeitalter der Globalisierung, Fs. P. Fischer, S. 363 ff.

Mussler, Werner (1999): Systemwettbewerb als Integrationsstrategie der Europäischen Union, in: Streit/Wohlgemuth (Hrsg.), Systemwettbewerb als Herausforderung an Politik und Theorie, S. 71 ff.

Mussler, Werner/Streit, Manfred E. (1996): Integrationspolitische Strategien in der EU, in: R. Ohr (Hrsg.), Europäische Integration, 1996, S. 265 ff.

Nerb, Gernot/Schmalholz, Heinz/Frank, Björn/Gornig, Martin/Krämer, Hagen u.a. (2006): Chancen und Risiken veränderter Rahmenbedingungen für die Dienstleistungsunternehmen durch die EU-Dienstleistungsrichtlinie, ifo Institut für Wirtschaftsforschung/Deutsches Institut für Wirtschaftsforschung, April 2006.

Nicolaysen, Gert (2003): Die gemeinschaftsrechtliche Begründung von Grundrechten, EuR 2003, 719 ff.

– (1981): Wirtschaftsfreiheit, Gs. Chr. Sasse, 1981, Bd. 2, S. 651 ff.

Nowak, Carsten (2009): Binnenmarktziel und Wirtschaftsverfassung der Europäischen Union vor und nach dem Reformvertrag von Lissabon, EuR Beih. 1/2009, S. 129 ff.

Oppermann, Thomas/Classen, Claus Dieter/Nettesheim, Martin (2009): Europarecht, 4. Aufl., München.

Pache, Eberhard (2009): Dienstleistungsfreiheit, in: D. Ehlers (Hrsg.), Europäische Grundrechte und Grundfreiheiten, 3. Aufl., Berlin.

Pernice, Ingolf/Mayer, Franz C. (2002): nach Art. 6 EUV, in: Grabitz/Hilf, Das Recht der Europäischen Union, 20. Erg.

Rittner, Fritz (1998): Drei Grundfragen des Wettbewerbs, in: Hörn/Konzen/Kreutz (Hrsg.), Fs. für Alfons Kraft zum 70. Geburtstag, Köln, S. 519 ff.

Ruffert, Matthias (2004): Die Wirtschaftsverfassung im Vertrag über eine Verfassung für Europa, hrsg. v. Zentrum für Europäisches Wirtschaftsrecht, Nr. 144, S. 3 ff.

– (2007): Von der Europäisierung des Verwaltungsrechts zum Europäischen Verwaltungsverbund, DÖV 2007, 761 ff.

Schilling, Peter (2009), Neuland EU-Dienstleistungsrichtlinie, 1. Aufl.

Schlachter/Ohler (Hrsg.) (2008), Europäische Dienstleistungsrichtlinie, Kommentar, 2008.

Schmidt, Ingo (2005): Wettbewerbspolitik und Kartellrecht: eine interdisziplinäre Einführung, 8. Aufl.

Schmidt, Reiner (1986): Staatliche Verantwortung für die Wirtschaft, in: J. Isensee/P. Kirchhof (Hrsg.), Handbuch des Staatsrechts der Bundesrepublik Deutschland, Bd. III, 2. Aufl., § 83.

Schmidt-Kessel, Martin (2008): Art. 16, in: Schlachter/Ohler (Hrsg.), Europäische Dienstleistungsrichtlinie, Baden-Baden.

Schutter, Olivier de/ Francq, Stéphanie (2005): Cahiers de Droit Européen 41, S. 603 ff.

Scorl, Konrad (2007): Begriff, System und Grenzen deutscher und europäischer Wirtschaftsverfassung, in: Gornig/Kramer/Volkmann (Hrsg.), Staat – Wirtschaft – Gemeinde, Festschrift W. Frotscher, Berlin, S. 335 ff.

Semmelmann, Constanze (2009): Die Wirtschaftsverfassung der EG zwischen Markt und Recht – Eine institutionelle und prozedurale Perspektive, in: E. V. Towfigh u.a. (Hrsg.), Recht und Markt, Baden-Baden 2009, S. 227

Sinn, Hans-Werner (2002): in: Perspektiven der Wirtschaftspolitik 3/2002, S. 391 ff.

Sodan, Helge (2000): Vorrang der Privatheit als Prinzip der Wirtschaftsverfassung, DÖV 2000, 361 ff.

Stigler, George J. (1957): Perfect Competition, Historically Contemplated, The Journal of Political Economy 65, S. 1 ff.

Streinz, Rudolf (Hrsg.) (2003): EUV/EGV – Vertrag über die Europäische Union und Vertrag zur Gründung der Europäischen Gemeinschaft, 1. Aufl., München.

Weck-Hannemann, Hannelore (1998): Globalisierung: Herausforderung oder Anwendungsfall der Neuen Politischen Ökonomie?, in: Schenk/Schmidtchen/Streit/Vanberg (Hrsg.), Jahrbuch für Neue Politische Ökonomie, 17. Bd. 1998, S. 84 ff.

Wernicke, Stephan (2008): Der Vertrag von Lissabon und das Wettbewerbsprinzip – Status quo ante, Neugewichtung oder Unwucht?, in: I. Pernice (Hrsg.), Der Vertrag von Lissabon: Reform der EU ohne Verfassung?, S. 190 ff.

Zohlnhöfer, Werner (1968), Wettbewerbspolitik im Oligopol, Basel, Tübingen.

5. Abschnitt:
Einzelne Politikfelder

STEUERRECHT

Wettbewerb der Steuerrechtsordnungen

Ekkehart Reimer

Der Steuerpflichtige und der Fiskus verhalten sich zueinander wie Hase und Igel. Ist das das Urbild eines Steuerwettbewerbs? Tatsächlich ist das Bild des Wettlaufs von Steuerpflichtigem und Fiskus in der steuerwissenschaftlichen Literatur seit jeher häufig bemüht worden, wenn – zunächst bezogen auf das zweipolige Staat-Bürger-Verhältnis – gezeigt werden sollte, dass die Auferlegung steuerlicher Pflichten und jede Verschärfung der Belastung Ausweichreaktionen des Steuerpflichtigen auslösen.[1] Diese Reaktionen sind vielfältig, und ebenso vielfältig sind die Bemühungen von Staaten und Staatenverbindungen, den Wettlauf einzufangen und das private Wirtschaften durch positive Integration einzuhegen.

Die nachfolgenden Überlegungen nähern sich wettbewerbsartigen Phänomenen aus juristischer Perspektive, bemühen sich aber um eine Öffnung für Erkenntnisse anderer Disziplinen. Sie gehen in vier Schritten vor: Zunächst werden historische Ausweich- und Anpassungsreaktionen im Umfeld der Steuergesetzgebung nachgezeichnet (unten A.). Dem folgt eine auf das Steuerrecht bezogene Vorjustierung von Begriff und Empirie des Staatenwettbewerbs (unten B.), bevor dann – im Sinne einer Synthese – unterschiedliche Funktionen und Spielarten des Steuerwettbewerbs identifiziert (unten C.) und nach einem einheitlichen Raster übergreifender Fragen untersucht werden (unten D.).

---

[1] Statt aller *A. Hensel,* Zur Dogmatik des Begriffs „Steuerumgehung" in: Bonner Festgabe für Ernst Zitelmann (1923), S. 217–288 (265 ff.); wieder abgedruckt in: *ders.,* System des Familiensteuerrechts und andere Schriften (2000), S. 303–355 (336 ff.).

A. Historische Ausweichreaktionen im Staat-Bürger-Verhältnis

Seit den Klugheitslehren des 18. Jahrhunderts sind die steuerliche Rechtssetzung und Rechtsanwendung mit derartigen wettbewerbsähnlichen Phänomenen konfrontiert worden; und von Anfang an hat sich der Staat um
deren Bewältigung bemüht. Dies lässt sich beispielhaft an drei Ausweichreaktionen und Gegenreaktionen im Vorfeld des Europäischen Steuerwettbewerbs belegen:
- 1863 hat *Ferdinand Lassalle* in einer öffentlichen Agitationsrede den
  ökonomischen Befund aufgegriffen, dass Industrie und Handel auf
  Steuererhöhungen durch Preiserhöhungen reagieren. Lassalle hat damit
  eine als Steuerinzidenz bekannte Ausweichreaktion beschrieben. Für
  diese Beschreibung hat ihn die preußische Polizei 1863 stante pede ver-
  haftet; nach Klärung des ökonomischen Wahrheitsgehalts seiner These
  wurde das Verfahren dann aber eingestellt.[2] Heute ist das Phänomen der
  Steuerüberwälzung dem Grunde nach unstrittig; in der Umsatzsteuer hat
  der Europäische Gesetzgeber es sich sogar ausdrücklich zu Nutze gemacht (und damit zu einer positiven Integration ökonomischer Erkenntnisse in die Steuerrechtsordnung beigetragen).
- Eine zweite Ausweichreaktion ist dagegen bis heute unerwünscht: Das
  Ausweichen in die Schattenwirtschaft. Der Steuerpflichtige läuft den
  behördlichen Kontrollen davon, entzieht sich der gesamten Steuerbelastung, weil er sie als zu hoch ansieht. Damit kommt es zu einem Wettbewerb zwischen Legalität und Illegalität. Ihm begegnet der Staat durch
  Maßnahmen der Steueraufsicht; in ihm liegt aber auch der tiefere Grund
  dafür, dass der Steuergesetzgeber selbst in einer geschlossen gedachten
  Volkswirtschaft klugerweise ungleichartige Steuern nebeneinander erhebt, nicht nur eine Einkommensteuer. Auch darin liegt ein Beispiel für
  das „Einfangen" eines Wettbewerbs.
- Eine dritte Ausweichreaktion von Steuerpflichtigen ist die – legale, aber
  steuerpolitisch unerwünschte – Flucht in zivilrechtliche Gestaltungen,
  mit denen der Steuerpflichtige seine Steuerbelastung reduziert, seine
  wirtschaftlichen Ziele im Übrigen aber voll erreicht. Beispielhaft hierfür
  sind Überkreuz-Vermietungen mit dem Ziel der steuerlichen Abziehbar-
  keit der Schuldzinsen zu nennen. Während Schuldzinsen für das selbst-
  genutzte Eigenheim das zu versteuernde Einkommen des Steuerpflichtigen nicht mindern, sind Schuldzinsen für vermietete Immobilien als Be-
  triebsausgaben oder Werbungskosten steuerlich absetzbar. Hier haben
  wir es – wieder metaphorisch – mit einem Wettbewerb zwischen unterschiedlichen zivilrechtlichen Gestaltungen zu tun. Die Antwort des

---

[2] Hierzu *M. Spoerer*, The Laspeyres-Paradox: tax overshifting in nineteenth century
Prussia, in: Cliometrica 2008, S. 174.

Staates[3] sind teleologische Normanwendungstechniken zur Missbrauchsabwehr (etwa die sog. „wirtschaftliche Betrachtungsweise"), daneben aber auch der Erlass eigenständiger Normen (in Deutschland namentlich der Generalklausel des § 42 AO). Diese Maßnahmen lassen sich als (Re-)Integration von Ausbruchsversuchen in den Steuertatbestand ansehen.

Insofern sind Ausweichtendenzen des Steuerpflichtigen und Reaktionen des Staates für das Steuerrecht nicht neu. In allen drei Ausweichreaktionen haben wir es mit zweipoligen Substitutionseffekten zu tun. Die beteiligten Subjekte – Staat und Bürger – konkurrieren um die Frage, wer von ihnen die Nase vorn hat. Aber *kon*kurrieren sie wirklich? Finanziell zeigt sich vielmehr ein Gegeneinander.

B. „Staatenwettbewerb": Struktur, Begriff, Empirie

Darin liegt ein zentraler Unterschied zum interlokalen und internationalen Steuerwettbewerb, der mehrpolig strukturiert ist: Anders als in der geschlossen gedachten Volkswirtschaft beschränken sich die Ausweichreaktionen nun nicht mehr auf das Verhältnis Staat-Steuerpflichtiger. Das vertikale Staat-Bürger-Verhältnis wird vielmehr auf der Horizontalen ergänzt, weil mit der Öffnung der Märkte weitere potentielle Steuergläubiger hinzutreten, die nun ihrerseits in einen gleichgerichteten Wettbewerb um den Steuerpflichtigen und seine Ressourcen (Arbeit, Wissen, Kapital) treten. Im Bemühen um gute Laborbedingungen lassen sich die bipolaren Ausweich- und Integrationsphänomene im Verhältnis Staat-Steuerpflichtiger auch für das Verständnis des internationalen Steuerwettbewerbs fruchtbar machen. Terminologie und Empirie dieses Staatenwettbewerbs sind für das Gebiet der Besteuerung allerdings umstritten.

I. Zum Streit um das Wort

Terminologisch passt die Bezeichnung „Steuerwettbewerb" allenfalls auf die vierte, horizontale Art einer Ausweichreaktion. Aus einer spezifisch normativen, das Sollen betonenden Sicht wird aber selbst das in Frage gestellt – nicht im Sinne einer Sprachpolizei wie bei Lassalle, aber doch mit der nicht von der Hand zu weisenden Sorge um den Verlust steuerpolitischer Gestaltungsspielräume.[4] Der Souveränität des Verfassungsstaats, der

---

[3] Exemplarisch BFH, Urt. v. 14.1.2003, IX R 5/00, BFHE 201, 246 = BStBl. II 2003, 509.

[4] Hierzu s. den Disput zwischen *P. Kirchhof*, Freiheitlicher Wettbewerb und staatliche Autonomie-Solidarität, in: Ordo Bd. 56 (2005), S. 39 ff.; und *V. Vanberg*, ebd., S. 47 ff. (m. Duplik *Kirchhof* ebd., S. 55 ff.); siehe außerdem *P. Kirchhof*, Recht gibt es nicht zum

Grundentscheidung des Grundgesetzes für den Steuerstaat und selbst der Völkerrechtsfreundlichkeit kann nicht entnommen werden, dass Deutschland sich in der Gestaltung seines Steuerrechts und insbesondere bei der Festsetzung des Steuerniveaus an den Gegebenheiten ausländischer Staaten zu orientieren hätte. Im Gegenteil: Die haushaltsverfassungsrechtliche Bedarfsdeckungsfunktion der Steuern, die Wahrung des gesamtwirtschaftlichen Gleichgewichts (Art. 104b Abs. 1 Satz 1 Nr. 1, Art. 109 Abs. 2 GG, § 1 StabG) und die Verschuldungsgrenzen (Art. 109 Abs. 3, Art. 115 Abs. 2, Art. 143d GG) stehen einem *race to the bottom* der Steuereinnahmen bei gegebenen Staatsausgaben prinzipiell entgegen. Und selbst aufkommensneutrale Binnendifferenzierungen im Belastungsniveau (z.B. eine Höherbelastung immobiler gegenüber mobilen Faktoren) bedürfen der Rechtfertigung vor den Grundrechten.

Doch schon aus unionsrechtlicher Sicht ergibt sich ein anderer normativer Befund. Sieht man von der primär politischen Grundentscheidung ab, nach der die EU in der „Lissabon-Strategie" bis zum Jahr 2010 der leistungsfähigste Wirtschaftsraum der Welt werden sollte und in der der Staatenwettbewerb als erwünschtes Mittel zu diesem Zweck angesehen wurde,[5] so sind vor allem die primärrechtlichen Vorschriften zu nennen, die jede Sonderbelastung des Grenzübertritts verbieten und damit reflexartig den Anpassungsdruck auf das allgemeine Steuerniveau der Mitgliedstaaten signifikant erhöhen.[6] Für nicht der EU angehörende Staaten ergeben sich ähnliche, in ihrer Wirkung indes schwächere Effekte aus welthandelsrechtlichen Vorgaben sowie – wiederum abgeschwächt – aus bilateralen Investitionsverträgen, Handels-, Freundschafts- und Schifffahrtsverträgen.

Das entscheidende Argument für die Verwendung des Topos vom Steuerwettbewerb liegt aber in dem Erkenntnisgewinn, den die Anwendung ökonomischer Wettbewerbstheorien auf das Verhalten von Staaten und ihren Organen erbringen kann.[7] Die modernen Wettbewerbstheorien gehen von einem hohen Abstraktionsniveau aus; ihr Gegenstand ist längst nicht

---

Niedrigpreis, in: FAZ v. 1.12.2004, S. 38 („Den Gedanken des Wettbewerbs auf Staaten anzuwenden, ist völlig verfehlt"); und die Vertiefung im Beitrag von *Chr. Seiler* in diesem Band, S. 393 ff.

[5] Europäischer Rat von Lissabon, 23./24.3.2000, Schlussfolgerungen des Vorsitzes, Internet: http://www.europarl.europa.eu/summits/lis1_de.htm (31.7.2009).

[6] Hierzu statt aller *M. Lehner,* Wettbewerb der Steuersysteme im Spiele europäischer und US-amerikanischer Steuerpolitik, in: StuW 1998, S. 159 ff.; und die Überlegungen unten S. 385.

[7] *H.-W. Sinn,* The selection principle and market failure in systems competition, in: Journal of Public Economics Bd. 66 (1997), S. 247 ff.; *V. Mehde* (Fn. 7), S. 30 ff.; *Clemens Fuest,* Ist Deutschland dem internationalen Steuerwettbewerb gewachsen?, in: Lüdicke (Hrsg.), Wo steht das deutsche internationale Steuerrecht (2009), S. 1 ff. (v.a. S. 2 und S. 7).

mehr auf das Verhalten privater Subjekte auf den Güter-, Geld- und Dienstleistungsmärkten beschränkt. Es schließt menschliches Verhalten und das Agieren der Institutionen in allen Lebensbereichen ein. Dieser weite ökonomische Wettbewerbsbegriff hat andere Wissenschaften befruchtet; zu nennen sind etwa die Politikwissenschaft,[8] die Religionswissenschaft,[9] die Kulturwissenschaften[10] oder auch die Ökologie.[11] Sie alle verwenden diesen umfassenden Wettbewerbsbegriff in einer Weise, die juristisch zweifellos anschlussfähig ist. Ebenso ist aber den Wirtschaftswissenschaften – wie auch den anderen Sozialwissenschaften – das Konzept eines Staatenwettbewerbs quer durch die Sektoren geläufig, der von der Bildung über die Wirtschaftsordnung und einzelne Wirtschaftsbedingungen bis zu Kultur und Raumfahrt reicht.[12]

Natürlich bindet diese weite Begriffsverwendung die Rechtswissenschaften nicht; eine eigenständige juristische Begriffsbildung ist nicht einmal erhöht begründungsbedürftig. Sie erweist sich aber als schädlich, sobald sie Gefahr läuft, ökonomische Erfahrungen auch dort zu übersehen, wo diese Erfahrungen rechtlichen Erkenntnisgewinn ermöglichen[13] – gleich, ob dieser rechtliche Erkenntnisgewinn durch Übertragung ökonomischer Erkenntnisse oder umgekehrt durch die normative Distanzierung von Sein und Sollen gewonnen wird.

---

[8] Statt aller *G. Lehmbruch,* Parteienwettbewerb im Bundesstaat, 3. Aufl. (2000); und *J. Schmid,* Art. „Parteiensystem", in: Andersen/Woyke (Hrsg.), Handwörterbuch des politischen Systems der Bundesrepublik Deutschland, 6. Aufl. (2009), S. 525 ff.

[9] Hierzu *H. Zinser,* Der Markt der Religionen (1997); *R. A. Chesnut,* Competitive Spirits. Latin America's New Religious Economy (2003); *M. Zöller,* Religion als Wettbewerb. Zur religiösen Kultur der USA, in: Besier/Lübbe (Hrsg.), Politische Religion und Religionspolitik (2005), S. 133 ff.; *M. Nüchtern,* Christliche Religionsgemeinschaften als Anbieter von Glaubensgütern (2006); *M. Blume,* Glauben und Demografie, in: Die Politische Meinung Nr. 461 (April 2008), S. 33 ff.

[10] Zum Wettbewerb der Kulturen v.a. *S. P. Huntington,* The Clash of Civilizations and the remaking of world order (1996); auf das Individuum bezogen *H. Kiesewetter,* Das einzigartige Europa (2006), S. 42 und passim; ferner *R. Münch,* Soziologische Theorie, Bd. 3: Gesellschaftstheorie (2004), S. 415; mit anderen Perspektiven auch *D. Weiss,* Entwicklung als Wettbewerb der Kulturen. Betrachtungen zum Nahen und zum Fernen Osten (1993); und *U. Blum,* Kulturelle Grundlagen der Ökonomie, in: Wirtschaft im Wandel 2008, 78 ff., Internet: http://www.iwh-halle.de/d/publik/wiwa/2-08.pdf (1.3.2009); wieder anders *P. Häberle,* Verfassungslehre als Kulturwissenschaft, in: Blümle/Goldschmidt u.a. (Hrsg.), Perspektiven einer kulturellen Ökonomik (2004), S. 139 ff. (148). Der Topos vom „globalen Wettbewerb der Kulturen" hat sogar Eingang in europäische Rechtstexte gefunden: Stellungnahme des Ausschusses der Regionen zum Subsidiaritätsprinzip v. 11.3.1999, ABl. EG Nr. C 198 v. 14.7.1999, S. 73.

[11] Statt aller *M. Ridley,* Evolution, 3. Aufl. (2004), S. 488 f.

[12] Wiederum exemplarisch *L. Gerken,* Der Wettbewerb der Staaten (1999).

[13] Zu Beispielen unten C.

Auch in der Rechtswissenschaft kann die Verwendung des Ausdrucks „Steuerwettbewerb" also hilfreich sein.[14] Die Begriffsverwendung präjudiziert indes die „rechtstatsächliche", d.h. primär empirisch zu klärende Existenz eines Steuerwettbewerbs ebenso wenig wie seine normative Berechtigung in den Kategorien rechtlichen Dürfens oder gar Sollens; erst recht sagt sie nichts über die (rechts-)politische Wünschbarkeit des Steuerwettbewerbs.

II. Empirie des Steuerwettbewerbs im Überblick

Empirisch ist die Existenz eines Staatenwettbewerbs bis heute nicht abschließend geklärt. Vieles spricht aber dafür, dass die Rede vom „Steuerwettbewerb" als deskriptive Kategorie aber ihre Berechtigung hat. Die nationalen Fisci sind durch die stark erhöhte Substituierbarkeit der Anwendbarkeit einer Steuerrechtsordnung durch die Anwendbarkeit einer anderen einem verstärkten Anpassungsdruck ausgesetzt. Das gilt innerbundesstaatlich, v.a. aber auf der Ebene der Europäischen Union und des Europäischen Wirtschaftsraums.

1. Innerbundesstaatlich

Innerbundesstaatlich lässt sich dieser Nachweis vor allem für die Schweiz, aber in Teilbereichen (z.B. der *sales tax*) auch in den USA führen.[15] In Deutschland bietet die geltende Finanzverfassung dagegen traditionell nur wenig Spielraum für einen Steuerwettbewerb.[16] Eine Ausnahme bildet allerdings die Gewerbesteuer: Durch günstige Gewerbesteuerhebesätze haben Umlandkommunen den Großstädten seit jeher das Leben so schwer gemacht, dass sich der Bundesgesetzgeber vor einigen Jahren zur Einführung eines Mindesthebesatzes entschlossen hat.[17] Ähnliche Tendenzen, d.h.

---

[14] Mühelose Verwendung z.B. bei *Lehner* (oben Fn. 6); *Hans F. Zacher,* in: Becker/ Schön (Hrsg.), Steuer- und Sozialstaat im europäischen Systemwettbewerb (2006), S. 291 ff.; und *A. Schmehl,* Nationales Steuerrecht im internationalen Steuerwettbewerb, in: Wolfgang Schön/Karin E. M. Beck (Hrsg.), Zukunftsfragen des deutschen Steuerrechts (2009), S. 99 ff. (103).

[15] M.w.N. *W. Schön,* General Report, in: ders. (Hrsg.), Tax Competition in Europe (2003), S. 1 ff. (15).

[16] Statt aller *Chr. Waldhoff,* Verfassungsrechtliche Vorgaben für die Steuergesetzgebung im Vergleich Deutschland/Schweiz (1997), S. 97 m.w.N.; offener *J. Hey,* Steuerwettbewerb in Deutschland, in: Kirchhof/Graf Lambsdorff/ Pinkwart (Hrsg.), Perspektiven eines modernen Steuerrechts. FS Hermann Otto Solms (2005), S. 35 ff.; s. auch die Beiträge beider Autoren in VVDStRL Bd. 66 (2007), S. 216 ff., 277 ff.; und *A. Korte,* Die konkurrierende Steuergesetzgebung des Bundes im Bereich der Finanzverfassung. Steuerautonomie der Länder ohne Reform? (2008).

[17] § 16 Abs. 4 Satz 2 GewStG i.d.F. des GewStÄndG v. 23.12.2003, BGBl. I 2003, 2922 = BStBl. I 2004, 20. Vorausgegangen war eine auf das gleiche Ziel gerichtete, aber indirekt konstruierte Regelung in § 28 Abs. 2 Nr. 4 GewStG i.d.F. des Gesetzes zum

die Furcht vor einem innerbundesstaatlichen Steuerwettbewerb, haben auf dem Gebiet der Erbschaftsteuer zu dem verfassungsrechtlich zumindest nicht zwingenden Fortbestand einer bundesgesetzlichen und bundeseinheitlichen Regelung geführt: Obwohl die Erbschaftsteuer eine reine Ländersteuer ist und sich der Bundesgesetzgeber mit einer Neuregelung außerordentlich schwer getan hat, haben sich die Länder selber einer Verlagerung der Gesetzgebung vom Bund auf die Länder widersetzt, die durch einfachen Verzicht des Bundesgesetzgebers auf das ErbStG möglich gewesen wäre (Art. 105 Abs. 2 GG): Zu groß waren offenbar die Befürchtungen der Länder, dass sie dann gegeneinander in ein Rennen nach unten eintreten würden.

2. International

International hat dieses Phänomen an vielen Stellen bereits eingesetzt. Zwar gibt es auch in diesem Punkt in der Finanzwissenschaft, vor allem aber in der Politikwissenschaft durchaus unterschiedliche Stimmen. Autoren, die primär die Staatsquote betrachten oder – enger – auf das Verhältnis der Zahlungsströme, die der Staat Privaten hoheitlich auferlegt, zur volkswirtschaftlichen Gesamtleistung (BIP, BSP) abstellen, können einen Steuerwettbewerb i.S.e. race to the bottom kaum ausmachen; bisweilen meinen sie sogar, gegenläufige Tendenzen feststellen zu können.[18] Demgegenüber weisen Ökonomen, die mit höherer Auflösung einzelne Einkunftsarten, einzelne Gruppen von Steuerpflichtigen (z.B. einzelne Branchen) oder einzelne Arten von Wirtschaftsvorgängen betrachten, für diese Sektoren einen Rückgang der Steuerbelastung valide nach.[19]

Abbau von Steuervergünstigungen und Ausnahmeregelungen (StVergAbG) v. 16.5.2003, BGBl. I 2003, 660, BStBl. I 2003, 321, nach der Gemeinden geringere Hebesätze zwar festsetzen durften, diese Vergünstigung aber nicht dem Steuerpflichtigen, sondern anderen (konkurrierenden) Steuergläubigern, insbesondere anderen Gemeinden zugute kam. Zur Verfassungsmäßigkeit dieser Regelung BFH, Beschl. v. 18.8.2004, I R 87/04, BFHE 206, 453 = BStBl. II 2005, 143; *Walz/Süß*, DStR 2003, 1637; *Otting*, DB 2004, 1222; *Hofmeister*, in Blümich, EStG/KStG/GewStG, § 28 GewStG Rz. 19a.

[18] In diesem Sinne etwa *A. Boss*, Tax Competition and Tax Revenues. Institut für Weltwirtschaft: Kiel Working Paper Nr. 1256 (Juli 2005), Internet: http://www.ifw-members.ifw-kiel.de/publications/tax-competition-and-tax-revenues/kap1256.pdf (1.3.2009). Differenziert dagegen *U. Wagschal*, Steuerpolitik und Steuerreformen im internationalen Vergleich. Eine Analyse der Ursachen und Blockaden (2005), S. 137 ff.; *A. Lahrèche-Révil*, Who's Afraid of Tax Competition? Harmless Tax Competition from the New European Member States. CEPII, Working Paper No 2006/11, Internet: http://www.cepii.fr/anglaisgraph/workpap/pdf/2006/wp06-11.pdf (11.9.2009); und *Fuest* (oben Fn. 7), S. 10 ff.

[19] Für viele: *E. G. Mendoza/L. L. Tesar*, Winners and Losers of Tax Competition in the European Union, in: Siebert (Hrsg.), Macroeconomic Policies in the World Economy (2004), S. 315 ff.; und *A. Steichen*, Tax Competition in Europe or the Taming of Levia-

Es bedarf keiner vertieften Begründung, dass sich beide Strömungen nicht widersprechen. Sie treffen sich in Feststellungen wie der These von der Zunahme der Äquivalenzorientierung im Bereich der unternehmerischen Standortentscheidungen[20] oder der These von der weitgehenden Unempfindlichkeit des Lohnsteuerrechts für den internationalen Anpassungsdruck. Übereinstimmung besteht zudem darüber, dass der sichtbare Rückgang einzelner nominaler Steuersätze, die man namentlich im Bereich der Unternehmensbesteuerung und der Besteuerung privater Kapitaleinkünfte i.w.S. beobachten kann, nicht in gleichem Maße zu einer Senkung des Steuerniveaus führt, sondern durch Verbreiterungen der Bemessungsgrundlagen teilweise kompensiert wird.

Allerdings wirken diese Kompensationen asymmetrisch. So sind z.B. in Deutschland Einkünfte aus der passiven Nutzung eigenen Privatvermögens steuerlich spürbar entlastet worden. Zusätzliche Belastungen haben sich dagegen im Bereich der fremdfinanzierten privaten Kapitalanlagen, der privaten Vermögensumschichtungen, vor allem aber der Einkünfte aus dem aktiven Einsatz von Kapital, Arbeitskraft und Wissen ergeben. Stark vergröbert, aber doch nicht unberechtigt ist daher die Aussage, dass die Bezieher passiver Einkünfte zu Lasten der Bezieher aktiver Einkünfte von dem Steuerwettbewerb der letzten Jahre profitiert haben.

C. Funktionen und Spielarten des Steuerwettbewerbs

Der Steuerwettbewerb ist ein mehrdimensionales Phänomen; er hat zahlreiche Funktionen und Facetten.[21] Die bisherigen Überlegungen betrafen allein seine bekannteste Spielart, den Steuersenkungsdruck. In dieser ersten Funktion ist der Steuerwettbewerb ein Moment zur Senkung der Steuersätze, aber auch des Steuerniveaus insgesamt (unten I.). Der Steuerwettbewerb hat aber – wie jeder Sektor des Staatenwettbewerbs – weitere Funktionen und Spielarten. Er fungiert zweitens als Entdeckungsverfahren und Stimulans für neue Ideen (unten II.). Ausdruck und Folge der dem

---

than, in: *Schön* (Hrsg.) (oben Fn. 15), S. 43 ff. (51 f.). Vgl. für Deutschland bereits die Stellungnahme des *Bundesministeriums der Finanzen*, Finanzpolitik 2000 – Neue Symmetrie zwischen einem leistungsfähigen Staat und einer wettbewerbsfähigen Wirtschaft (März 1996), S. 38 ff.; und zuletzt die Bündelung bei *Schmehl* (oben Fn. 14), S. 103.

[20] Überzeugend *U. Wagschal,* Steuerpolitik und Steuerreformen im internationalen Vergleich. Eine Analyse der Ursachen und Blockaden (2005), S. 143.

[21] Grundlegend statt aller: *L. Feld,* Steuerwettbewerb und seine Auswirkungen auf Allokation und Distribution (2000); *Ph. Genschel,* Steuerharmonisierung und Steuerwettbewerb in der Europäischen Union (2002), v.a. S. 243 ff.; *Schön* (oben Fn. 15); *C. Fuest/B. Huber/J. Mintz,* Capital Mobility and Tax Competition, in: Foundations and Trends in Microeconomics Bd. 1 (2005), S. 1 ff.; *Schmehl* (oben Fn. 14), S. 102 ff.

Wettbewerb eigenen Innovationstendenz ist drittens – hier gedanklich separiert – die Diversifizierung nationaler Steuersysteme, die sich ergibt, wenn unterschiedliche Staaten sich um je eigene, von der Allgemeinheit abgrenzbare Gruppen von Steuerpflichtigen bemühen (unten III.). Alle drei Funktionen lassen sich schließlich auch auf der Zeitachse betrachten: Je heftiger der Steuerwettbewerb ist, desto größer ist die ihm zukommende Beschleunigungswirkung, desto höher ist die Frequenz, mit der die mitgliedstaatlichen Steuerrechtsordnungen ergänzt oder umgestaltet werden (unten IV.).

I. Der zwischenstaatliche Steuersenkungsdruck

Der Steuerwettbewerb löst einen Steuersenkungsdruck aus. Gegenstand und Bezugspunkt dieses Anpassungsdrucks ist zunächst das gesetzliche Steuerniveau, das sich aus der Anwendung des Steuertarifs auf die Bemessungsgrundlage ergibt. Vor allem *Christoph Spengel* hat gezeigt, dass die Steuersätze eine hohe Korrelation zu dem gesetzlichen Steuerniveau aufweisen; das Sinken des Steuerniveaus lässt sich deshalb an der Senkung der gesetzlichen Steuersätze ablesen. Auf Varianzen in der Bemessungsgrundlage ist später erst zurückzukommen.[22]

Es ist nicht Sache des Juristen, den Steuersenkungsdruck zu quantifizieren. Hingewiesen sei aber auf das qualitative Dilemma, dass frühere Abwehrmaßnahmen, die jeder einzelne Staat im Sinne eines *ring fencing* gegen die Abwanderung von Steuerpflichtigen und den Abfluss von Steuersubstrat in das Ausland treffen konnte, innerhalb der Europäischen Union und des EWR heute von Rechts wegen fast vollständig ausgeschlossen sind. Insoweit stehen dem *race to the bottom* als weiteres Ventil nur Kartellbildungen gegenüber. Auch im Steuerrecht lässt sich beobachten, dass die Mitgliedstaaten durch eine – möglicherweise übersteigerte – negative Integration in gewisser Weise zur positiven Integration gezwungen sind.[23]

Dieser Satz ist aber nur *ceteris paribus*, d.h. unter der Hypothese eines Tunnelblicks allein auf die betragsmäßige Steuerbelastung richtig. Der Druck auf die Zahllast wird aber durch eine Vielzahl anderer Standortfaktoren relativiert. Bei ihnen muss es sich keineswegs nur um außersteuerliche Faktoren – etwa die Funktionsfähigkeit der Beschaffungs- und Absatzmärkte, die Verfügbarkeit menschlicher und sachlicher Ressourcen, Sprachfragen, die eigentums- und arbeitsrechtlichen Rahmenbedingungen etc. – handeln.[24] Bedeutend sind gerade auch die dem Steuerrecht anhaf-

---

[22] Unten III.

[23] Dies betont besonders *J. Wieland,* Steuerwettbewerb in Europa, in: EuR 2001, S. 119 ff.

[24] Hierzu *R. Baldwin/P. Krugman,* Agglomeration, Integration and Tax Harmonization, HEI Working Paper Nr. 01/2001, Internet: http://graduateinstitute.ch/webdav/site

tenden, aber von dem materiellen Steuerniveau zu unterscheidenden verfahrensrechtlichen Gegebenheiten. Zu ihnen gehören zunächst die i.e.S.
rechtlichen Rahmenbedingungen, die enorme zusätzliche Belastungen in
Geld (Säumnis-, Verspätungs- oder Strafzuschläge, Verwaltungs- und Gerichtsgebühren für die Erteilung verbindlicher Auskünfte oder für das Einlegen von Rechtsbehelfen) oder in Geldes Wert (Anzeige-, Dokumentations-, Erklärungs- und Aufbewahrungspflichten), aber auch – gegenläufig –
attraktive Beteiligungsrechte und Garantien (Ansprüche auf verbindliche
Auskünfte oder zwischenstaatliche Verrechnungspreisvereinbarungen, Partizipation an hierauf gerichteten Verständigungsverfahren, Rechtsschutzgarantien, Stundungs- und Erlassmöglichkeiten) mit sich bringen können.

Darüber hinaus spielt aber auch der tatsächliche Gesetzesvollzug eine
wichtige Rolle. Aus Sicht des Steuerpflichtigen kommt hier der Minimierung des Rechtsanwendungsrisikos zentrale Bedeutung zu. Dieses Risiko
ist umso geringer (und die Qualität des Gesetzesvollzugs umso höher), je
leistungsfähiger die Finanzverwaltung ist. Diese schlichten Relationen lassen sich nun auffächern. Maßgeblich ist erstens die Rechtsanwendungspräzision (d.h. der Grad an Gesetzmäßigkeit und Vorhersehbarkeit des finanzbehördlichen Handelns), zweitens die Schnelligkeit der Prüfungen und
Veranlagungen. Kaum weniger bedeutsam ist drittens die Praxis der Ermessensausübung in allen Fragen, in denen das materielle Steuerrecht den
Finanzbehörden ein Ermessen einräumt[25] – also einerseits in Fragen der
amtlichen Nachprüfung tatsächlicher Angaben des Steuerpflichtigen (Au
ßenprüfung, Sonderprüfungen, Maßnahmen der Steuerfahndung), andererseits in der Reaktion auf Einzelfälle, für die das materielle Recht dem
staatlichen Rechtsanwender Abweichungskompetenzen zuweist (Steuerstundungen, -ermäßigungen oder -erlasse aus Billigkeitsgründen oder aus
volkswirtschaftlichen Gründen). Eine übergreifende Voraussetzung für
Gesetzmäßigkeit und Ermessensausübung ist die Unbestechlichkeit der
Finanzverwaltung, die hier besondere Erwähnung verdient.

Und noch umfassender: Für die Ortswahl unter den Bedingungen des
Steuerwettbewerbs sind im Hinblick auf alle diese Faktoren weniger die
objektiven Gegebenheiten (d.h. die tatsächliche Qualität des Gesetzesvollzugs) als vielmehr der Ruf eines Staates auf diesem Feld entscheidend.
Dieser informationelle Faktor beruht zwar – in einer funktionsfähigen
Kommunikationsordnung – auf den objektiven Gegebenheiten, entfaltet
aber ein Eigenleben. Kaum ein Bereich der Staatstätigkeit ist so anfällig
für Gerüchte wie die Steuergesetzgebung und ihr Vollzug. Das zeigt etwa

---

/international_economics/shared/international_economics/working%20papers/HEIWP01-
2001.pdf (11.9.2009).

[25] Der Kreis von Ermessensfragen ist von Staat zu Staat unterschiedlich; für Deutschland siehe die Aufzählung bei *Pahlke,* in: Pahlke/Koenig, AO, § 5 Rn. 8.

das – falsche,[26] dem Standort Deutschland nicht eben förderliche, aber schwer auszurottende – Dictum, zwei Drittel (oder mehr) der weltweiten steuerrechtlichen Literatur stamme aus Deutschland. Wichtige Kommunikationskanäle sind hier die von den Staaten selbst bereitgestellten Informationen, daneben Publikationen mit internationalen Belastungsvergleichen, Handreichungen von Außenhandelskammern, Wirtschaftsverbänden, NGOs, internationalen Kanzleien und den „big four" Wirtschaftsprüfungsgesellschaften. Die meisten dieser Informationsquellen sind gemeinfrei. Nicht zu unterschätzen sind daneben aber – v.a. im Umfeld mittelständischer Unternehmen – die Mundpropaganda und subjektive, teils zufällige Präferenzen einzelner Beraterpersönlichkeiten.

II. Der Steuerwettbewerb als Entdeckungsverfahren

Der Steuerwettbewerb ist aber auch ein Wettbewerb auf dem „marketplace of ideas",[27] ein Entdeckungsverfahren (*von Hayek*).[28] Es löst osmotische Prozesse und Erscheinungsformen eines „legal transplant" (*Watson*) aus,[29] die bereits heute zu einer spürbaren Konvergenz der Steuerrechtsordnungen innerhalb, aber auch außerhalb Europas führen.

Das gilt schon für die Steuersätze,[30] wenngleich ihnen keine strukturierten Ideen zugrunde liegen, und – mit Einschränkungen – für die steuerliche Gesamtbelastung. Entdeckt und verbreitet werden aber auch Normen und Normtechniken, dogmatische Figuren und komplette Rechtsinstitute (in

---

[26] Ansätze einer Widerlegung durch *A. Rädler sen./H. Hamaekers,* hier zit. nach *Tardler,* Schlanke deutsche Steuerliteratur, in: Financial Times Deutschland v. 7.1.2005: „10 Prozent".

[27] Dieser mit dem Sondervotum von *O. Wendell Holmes* im Fall *Abrams v. United States* (250 U.S. 616 [1919]: „free trade in ideas") in Verbindung gebrachte Ausdruck findet sich erstmals bereits in der Zeit *Thomas Jeffersons.* Zur Begriffsgeschichte *J. Blocher,* Institutions in the Marketplace of Ideas, in: Duke Law Journal Bd. 57 (2008), S. 821 ff.

[28] *F. A. von Hayek,* Wettbewerb als Entdeckungsverfahren, in: Freiburger Studien 1969, S. 249; auch abgedruckt in: M. Streit (Hrsg.), Rechtsordnung und Handelsordnung. Aufsätze zur Ordnungsökonomik (2003), S. 132; *Mehde* (Fn. 7), S. 33 ff. Speziell aus steuerrechtlicher Sicht v.a. *J. Hey,* Wettbewerb der Rechtsordnungen oder Europäisierung des Steuerrechts?, in: Reimer u.a. (Hrsg.), Europäisches Gesellschafts- und Steuerrecht. Grundlagen – Entwicklungen – Verbindungslinien (2007), S. 295.

[29] *A. Watson,* Legal Transplants and Law Reform, in: Law Quarterly Review Bd. 92 (1976), S. 79 ff.; *ders.,* Legal Origins and Legal Change (1991); *ders.,* Legal Transplants: An Approach to Comparative Law (1993); sowie – auch zur deutschsprachigen Literatur – die Nachweise bei *J. Fedtke,* Art. „Legal transplants", in: Jan M. Smits (Hrsg.), Elgar Encyclopedia of Comparative Law (2006), S. 434 ff.

[30] Eindrucksvoll die Übersicht zur Abnahme der Varianz der tariflichen Steuerbelastung von Unternehmensgewinnen in der EU 15 1982-2008 bei *Fuest* (oben Fn. 7), S. 12 Abb. 2.

Zukunft möglicherweise auch ganze Steuerarten),[31] ferner Normanwendungstechniken und sogar einzelne Auslegungsergebnisse[32] – kurz: nahezu der gesamte Rechtsstoff, der Inbegriff aller denkbaren Obersätze für den juristischen Subsumtionsvorgang.

Herausragende Bedeutung kommt dabei der Weitergabe von Rechtsinstituten zu; hier lassen sich die osmotischen Prozesse am besten nachweisen. Beispielhaft seien genannt:

– die Einführung von *dual income taxes*,
– die Einführung einer Hinzurechnungsbesteuerung,
– die Einführung von Abzugsbeschränkungen in Fällen der Gesellschafterfremdfinanzierung, einer übermäßigen externen Fremdfinanzierung oder der Überentnahme,
– anderweitige Beschränkungen des Betriebsausgabenabzugs, insbesondere bei Finanzierungsaufwendungen,
– die Einführung von Entstrickungsregelungen in Fällen betrieblicher Funktionsverlagerungen,
– die Ausgestaltung des zwischenstaatlichen Informationsaustauschs und der Amtshilfe.

An sich wirkt sich der Ideenwettbewerb bereichernd aus; er kann zur Verbesserung der Gesetzgebung beitragen und in diesem Sinne ein *race to the top* auslösen. Auf diese positive Bedeutung des Wettbewerbs hat etwa *Klaus Heine* hingewiesen.[33] Diese positive Funktion des Ideenwettbewerbs ist aber antithetisch in doppelter Weise zu ergänzen.

Erstens liegt eine Kehrseite des *legal transplant* ein einer Ausdifferenzierung der Regeln innerhalb der einzelnen Rechtsordnung. Das innerstaatliche Steuerrecht und hier vor allem das nationale Außensteuerrecht nimmt

---

[31] Statt aller *R. Avi-Yonah,* Tax Competition, Tax Arbitrage and the International Tax Regime, in: BIT 2007, S. 130 ff. (131).

[32] Hierzu beispielhaft die sog. „neue Auslegung" der Wörter „können diese Einkünfte oder dieses Vermögen nach diesem Abkommen im anderen Vertragsstaat besteuert werden" in Art. 23A Abs. 1, Abs. 2 Satz 1 und Art. 23B Abs. 1 OECD-MA: *OECD,* Ziff. 32.1 ff. des Kommentars zu Art. 23 OECD-MA; aus der Literatur erstmals *David Ward,* in: Sinclair u. a., Interpretation of Tax Treaties, Bull. for Int. Fiscal Documentation 1986, S. 75 ff. (77 f.); *J.-M. Déry/David Ward,* Canada, in: Cahiers de Droit Fiscal International, Bd. 78a (1993), S. 259 ff. (281 ff.); später auch *J. F. Avery Jones u. a.,* British Tax Review 1996, 212 ff., European Taxation 1996, 118 ff.; *K. Vogel,* in: Vogel/Lehner, Doppelbesteuerungsabkommen, 5. Aufl. (2008), Einl. Rn. 177 ff., Art. 3 Rn. 112 ff., Art. 23 Rn. 37; *ders.,* IStR 2007, 225 ff. (227); *H. Salomé/R. Danon,* Intertax 2003, 190; *U. Wolff,* IStR 2004, 542 ff. (549); jeweils m. w. N. Ausweislich der Gesetzesbegründung zu § 50d Abs. 9 lit. b EStG i. d. F. des JStG 2007 hat auch der deutsche Gesetzgeber diese Lesart für Art. 23A Abs. 1 OECD-MA indirekt anerkannt: BT-Drs. 16/2712, S. 61.

[33] *K. Heine,* Wettbewerb der Regulierungen als Integrationsstrategie (in diesem Band), S. 235 ff.

an Komplexität zu; diese Komplexität ist nicht nur in Deutschland längst zum Problem geworden.

Zweitens stehen die mobilen Ideen ausländischer Gesetzgeber keineswegs nur dem heimischen Gesetzgeber, sondern natürlich auch der Beraterschaft zur Verfügung. Damit empfängt die Gestaltungspraxis aus den besonders ausdifferenzierten ausländischen Steuerrechtsordnungen, die Missbrauchserfahrungen bereits integriert haben, eine Vielzahl von Impulsen für Gestaltungen, die bei uns – auch angesichts des strengen Vorbehalts des Gesetzes und der Zurückhaltung der Rechtsprechung bei der Anwendung der Generalklausel zur Missbrauchsabwehr[34] – noch nicht von einer Missbrauchsabwehrvorschrift erfasst werden. Hier liegt ein Beispiel für Interferenzen zwischen dem eingangs angeführten klassisch-vertikalen Wettstreit zwischen Staat und Steuerpflichtigem („Hase und Igel") und dem horizontalen Staatenwettbewerb.

III. Die Diversifikationswirkung des Steuerwettbewerbs

In der ökonomischen Finanzwissenschaft ist dem Steuerwettbewerb aber auch eine dritte Wirkung zugeordnet worden. Sie läuft der Konvergenztendenz[35] diametral entgegen: Als Ventil gegen einen allgemeinen oder zumindest großflächigen Steuersenkungsdruck hat sich in den letzten Jahren zunehmend eine Neigung der Staaten zur Gewährung selektiver Vorteile etabliert.[36] Staaten neigen dazu, ihre spezifischen Standortvorteile auszunutzen und auf diese Weise einzelne Gruppen von Steuerpflichtigen gezielt zu umwerben.

– So haben etwa die Niederlande und das Vereinigte Königreich einkommensteuerliche Vergünstigungen für sog. *expatriates* (bislang nicht im Inland ansässige natürliche Personen mit relativ hohen Einkünften, v.a. als leitende Angestellte) eingeführt, um auf diese Weise Entscheidungsträger multinationaler Unternehmen (und mit ihnen diese Unternehmen selber, aber auch zusätzliche Kaufkraft) in das Inland zu locken.

– Parallel dazu gab oder gibt es – v.a. in Sonderwirtschaftszonen – temporäre Steuerbefreiungen oder -ermäßigungen für neu angesiedelte Unternehmen.[37] Aber auch außerhalb von Sonderwirtschaftszonen gewähren viele Staaten jungen Unternehmen gezielte steuerliche Entlastungen[38].

---

[34] Für Deutschland: § 42 AO.

[35] Oben II.

[36] Instruktiv *Baldwin/Krugman* (oben Fn. 24); *C. Sandford*, Why Tax Systems Differ: A Comparative Study of the Political Economy of Taxation (2000); *A. Klemm,* Causes, Benefits, and Risks of Business Tax Incentives. IMF Working Papers 2009/21, Internet: http://www.imf.org/external/pubs/ft/wp/2009/wp0921.pdf (10.9.2009); und *Fuest* (oben Fn. 7), S. 5 ff.

[37] Hierzu allgemein *V. Arkin/A. Slastnikov/S. Arkina*, Investment Timing Problems Under Tax Allowances: The Case of Special Economic Zones, in: Kalcsics/Nickel

– Klassische Holding-Standorte wie Irland, Luxemburg oder die Niederlande gewähren Vergünstigungen für passive Einkünfte von Kapitalgesellschaften.
– Kleine Staaten wie Estland und Irland, in denen ansässige Kapitalgesellschaften bislang keinen nennenswerten Beitrag zum Steueraufkommen
  geleistet haben, können durch Senkungen der allgemeinen Körper-
  schaftsteuersätze (im Falle Estlands bis auf null für einbehaltene Gewinne) die Ansiedlung ausländisch beherrschter Kapitalgesellschaften
  fördern[39].
– Industriestaaten wie Deutschland und Frankreich versuchen demgegenüber, durch gezielte Investitionsanreize (etwa degressive oder besonders
  gestraffte Abschreibungen) zusätzliche Industrieansiedlungen zu erwir-
  ken.
– 19 der 27 EU-Staaten kennen steuerliche Privilegierungen für den Bereich von Forschung und/oder Entwicklung (z.B. Gewährung von Inves-
  titionsfreibeträgen, Gewährung lohnsteuerlicher Erleichterungen, Gewährung von Steuererleichterungen für Lizenzeinkünfte, Möglichkeit
  intertemporaler Verlustverrechnungen; nicht mitgerechnet sind dabei
  diejenigen Staaten, die lediglich auf eine Aktivierungspflicht für selbst-
  geschaffene immaterielle Wirtschaftsgüter verzichten),[40]
– Und schließlich gibt es eine Reihe von steuerlichen Anreizen für wohl-
  habende (vielfach ältere) Steuerpflichtige, die im Wesentlichen passive
  Einkünfte aus der Nutzung von Kapitalvermögen beziehen. Zu diesen
  Anreizen können niedrige oder ganz fehlende Erbschaftsteuern ebenso

---

(Hrsg.), Operations Research Proceedings 2007 (2008), S. 173 ff.; *dies.,* The Comparative Analysis of Different Types of Tax Holidays Under Uncertainty, in: Operations Research Proceedings 2008 (2009), S. 345 ff.; speziell für Polen v.a. *M. Birkenmaier,* Die
Vorgaben der Beihilfevorschriften des EG-Vertrages (2007), S. 214 ff.; und im Hinblick
auf Entwicklungsländer *J. Mintz,* Corporate Tax Holidays and Investment, in: World
Bank Economic Review Bd. 4 (1990), S. 81 ff.

[38] So namentlich Belgien, Frankreich, die Niederlande und Polen. Ähnliche Tendenzen verfolgt neuerdings der deutsche Gesetzgeber, wenn er im Bereich der Verlustvorträ-
ge steuerliche Barrieren für einen Wechsel oder eine Erweiterung des Kreises der Anteilseigner beseitigt: Gesetz zur Modernisierung der Rahmenbedingungen für Kapitalbe-
teiligungen (MoRAKG) v. 12.08.2008, BGBl. I, S. 1672.

[39] S. hierzu näher unten IV. m.w.N. in Fn. 44.

[40] Hierzu im Einzelnen *B. Braithwaite/G. Howe,* Research and Development Tax
Credits (2007); *Chr. Spengel,* Steuerliche Förderung von Forschung und Entwicklung
(FuE) in Deutschland (2009), S. 69 ff.; *W. Kessler/St. Naumann/R. Eicke/J. Ph. Otter,*
Steuerliche Anreize zur Stimulierung von Forschung und Entwicklung in Deutschland",
in: DB 2008, S. 1237 ff.; *I. Schlie/A. Stetzelberger,* Steuerliche Förderung von Forschung
und Entwicklung, in: IStR 2008, S. 269 ff. Siehe für Deutschland nunmehr §§ 248 Abs. 2
Satz 1, 255 Abs. 2a HGB i.d.F. des Gesetzes zur Modernisierung des Bilanzrechts (Bil-
MoG) v. 3. April 2009.

gehören wie bestimmte zivilrechtliche Rechtsinstitute (etwa Familienstiftungen ohne strikte Vermögensbindung), die einen steueroptimalen Vermögensübergang an die nächste Generation ermöglichen. Beispielhaft lassen sich – mutatis mutandis – Liechtenstein, Österreich und einige Schweizer Kantone nennen.

Dieses Ausnutzen spezifischer Nischenvorteile,[41] die sogar den Charakter steuerpolitischer Alleinstellungsmerkmale erreichen können, führt in der Gesamtschau tendenziell zu einer Diversifizierung der Steuersysteme, zugleich zu einer inneren Fragmentierung jeder einzelnen Steuerrechtsordnung. Auch dabei ist wiederum[42] auf die Heterogenität der Kriterien hinzuweisen: Neben einer sektoriellen Diversifizierung der Zahllasten kann es auch zu Ausdifferenzierungen im Bereich des steuerlichen Verwaltungsvollzugs kommen – etwa dadurch, dass einzelne Staaten sich durch besondere Transparenz, besondere Zügigkeit der Veranlagungs- und Außenprüfungsverfahren oder eine besonders prompte Praxis im Bereich der verbindlichen Auskünfte einschließlich der Vorabverständigungen über Verrechnungspreise auszeichnen.

IV. Die Beschleunigungswirkung des Steuerwettbewerbs

Mehrfach weisen inzwischen auch juristische Autoren auf die Beschleunigungswirkung hin, die die Öffnung der Staatlichkeit für die innerstaatliche Gesetzgebung bedeutet. Diese Beschleunigungswirkung ist dem Staatenwettbewerb inhärent;[43] sie tritt umso deutlicher hervor, je höher die Faktormobilität ist. Da sie für kleine Staaten ceteris paribus höher ist als für große Staaten, reagieren kleine Staaten tendenziell schneller und erfolgreicher auf den internationalen Anpassungsdruck als große.[44] Parallel dazu neigen Agglomerationen zur beschleunigten Selbstvergrößerung.[45] Speziell innerhalb des EU-/EWR-Raums hat sich die Faktormobilität durch steuerliche Harmonisierungen, maßgeblich aber auch durch die Rechtsprechung des Gerichtshofs der Europäischen Union im nichtharmonisierten Bereich der direkten Steuern signifikant erhöht. Damit sind die Zusatzkosten des Grenzübertritts drastisch gesunken. Wenn sich in dieser Lage die allgemeinen (d.h. nicht spezifisch grenzüberschreitende Investitionen betreffenden) steuerlichen Rahmenbedingungen in einem Staat erheblich verbessern,

---

[41] Vgl. *Fuest* (oben Fn. 7), S. 5 f. und passim.

[42] Wie schon im Hinblick auf den „race to the top": oben I. (S. 3777).

[43] *Mehde* (Fn. 7), S. 506 ff.

[44] Zur Korrelation zwischen Größe eines Landes und seiner Positionierung im Steuerwettbewerb *H. Vording,* A Level Playing Field for Business Taxation in Europe: Why Country Size Matters, in: European Taxation 1999, S. 410 ff.; *Genschel* (oben Fn. 21), S. 244 f.; und *Fuest* (oben Fn. 7), S. 7.

[45] Zu diesem Effekt *Steichen* (oben Fn. 19), S. 59 f.

müssen deshalb die anderen Staaten heute viel schneller auf den so entstehenden komparativen Nachteil reagieren als früher.

Ob sich der internationale Steuerwettbewerb in diesem (Neben-)Aspekt von den eingangs genannten drei Urformen der Ausweichreaktionen von Steuerpflichtigen im vertikalen Verhältnis unterscheidet, bedürfte einer eingehenden ökonomischen Analyse. Intuitiv wird der Jurist diese Frage eher verneinen; hier wären aber ökonomische Vergewisserungen wertvoll.

D. Übergreifende Fragen

Für ein i.e.S. juristisches Verständnis des Steuerwettbewerbs sind vor allem drei Fragen von Interesse: Erstens ist zu fragen, inwieweit der Wettbewerb durch das Recht verursacht oder zumindest durch rechtliche Verfahren eingeleitet, kanalisiert und verstärkt wird oder werden sollte. Zweitens lohnt das Nachdenken darüber, inwieweit sich der Wettbewerb im Rechtsstoff niedergeschlagen hat, inwieweit also Juristen ihn beobachten und belegen können. Und drittens stellt sich die Frage, inwieweit das Recht den jeweiligen Wettbewerbsaspekt verhindert oder erschwert, sich also – kontrafaktisch – als Gegenlager zu einem freien Spiel der Kräfte erweisen sollte.

Natürlich liegt das Erkenntnisinteresse für alle drei Fragen wiederum auf dem Staatenwettbewerb, dem internationalen Steuerwettbewerb. Auch hier ist es aber instruktiv, die Fragen auf die drei eingangs genannten Wettbewerbsaspekte zu erstrecken. Insofern hat auch die folgende Analyse Querschnittscharakter.

I. Das Steuerrecht als Wettbewerbsauslöser

Zentrale Gründe für das Entstehen des doppelten Steuerwettbewerbs innerhalb der EU sind zunächst die Öffnung der Grenzen und die Herstellung des Binnenmarkts auf anderen Teilgebieten. In dem Maße, wie nichtsteuerliche Mobilitätshindernisse entfallen oder verringert werden, wächst die relative Bedeutung von Steuerbelastungsunterschieden für Standortentscheidungen.

Mindestens genauso bedeutsam ist aber ein zweites Bündel von Gründen für den Steuerwettbewerb: der inzwischen fast vollständige Wegfall steuerlicher Sonderbelastungen anlässlich eines Grenzübertritts. Nach Abschaffung von Zöllen und zollgleichen Abgaben und nach der Harmonisierung der wichtigen Verkehr- und Verbrauchsteuern – namentlich der Umsatzsteuer[46] – lag hier der letzte Schritt im Schleifen einkommensteuerlicher Hindernisse. In vielen Mitgliedstaaten enthielten die Steuern auf Einkommen und Ertrag (für Deutschland: Einkommensteuer, Körperschaftsteuer und Gewerbesteuer) lange Zeit, verstärkt seit den 1970er Jahren, Regelungen, die im Ergebnis zu Sonderbelastungen speziell für grenzüberschreitende Aktivitäten führten. Dies gilt gleichermaßen für Investitionen im Ausland und für die Verlagerung der Ansässigkeit des Steuerpflichtigen ins Ausland. Zu nennen sind exemplarisch die erweiterte beschränkte Steuerpflicht (§ 2 AStG) und die Wegzugsbesteuerung (§ 6 AStG), diverse Entstrickungsregeln, die körperschaftsteuerliche Liquidationsbesteuerung im Wegzugsfall (§§ 11, 12 KStG a.F.), die Regelungen zur Gesellschafterfremdfinanzierung in § 8a KStG a.F. und die Versagung der grenzüberschreitenden Verlustverrechnung. Gegen alle diese Regelungen, die sich außer im deutschen Steuerrecht so oder ähnlich auch in vielen anderen mitgliedstaatlichen Rechtsordnungen gefunden haben, ist der Gerichtshof der Europäischen Union seit etwa 1995 mit bemerkenswerter Entschlossenheit vorgegangen.[47]

Unter dem Einfluss dieser Rechtsprechung ist gerade das Recht der direkten Steuern ein zentrales Referenzgebiet für Beobachtungen zu der Frage geworden, inwiefern der Europäische Gerichtshof bei Auslegung und Anwendung der Grundfreiheiten einen Anpassungsdruck auf die integrationsunwilligen, daher das Einstimmigkeitserfordernis nur höchst selten erfüllenden Mitgliedstaaten ausgeübt hat. So zeigt sich im Steuerrecht beispielhaft – wie auch im Bereich des Wirtschaftsrechts, des Allgemeinen Verwaltungsrechts und des Prozessrechts – eine integrationsstrategische Indienstnahme des Bürgers für den Integrationszweck.[48] Sie erstreckt sich neben dem materiellen Recht auch auf das Steuerverfahrensrecht[49] und das Prozessrecht.[50]

---

[46] Zum Stand der Harmonisierung s. die RL 2006/112/EG des Rates v. 28.11.2006 über das gemeinsame Mehrwertsteuersystem (Mehrwertsteuer-Systemrichtlinie, ABl. EG L 347 v. 11.12.2006, S. 1); die Darstellungen bei *F. Klenk*, in: Sölch/Ringleb, Umsatzsteuer, 60. Aufl. (2008), Vorb. Rn. 1 ff.; *W. Jakob*, Umsatzsteuer, 4. Aufl. (2009), S. 5 ff.; und die Beiträge in R. Seer (Hrsg.), Umsatzsteuer im Europäischen Binnenmarkt, DStJG Bd. 32 (2009); ferner auch *C. Fischer*, Die Rechtfertigung einer Umsatzbesteuerung und ihre Vereinbarkeit mit den Grundrechten (2007), S. 28 ff., 45 ff.

[47] Wegweisend EuGH, Urt. v. 14.2.1995, Rs. C-279/93, Slg. 1995, I-225 – *Roland Schumacker/Finanzamt Köln-Altstadt*. Zu den Rechtsprechungslinien *A. Cordewener*, Europäische Grundfreiheiten und nationales Steuerrecht (2002), passim.

[48] Hierzu *J. Masing*, Die Mobilisierung des Bürgers für die Durchsetzung des Rechts (1997), passim.

[49] Exemplarisch *A. Droscha/E. Reimer*, Verlagerung der Buchführung in andere EG-Mitgliedstaaten? in: DB 2003, 1689 ff.

[50] Etwa durch die Öffnung des Steuerrechts für die ihm bis dahin weitgehend fremden Konkurrentenklagen. Hierzu v.a. EuGH, Urt. v. 8.6.2006, Rs. C-430/04, Slg. 2006, I-

Mit dem Rückgang rechtspolitischer Optionen werden steuerpolitische Ideen zu einem knappen Gut. Die Gesetzgeber haben es schwerer als früher, Erhöhungen des Steuerniveaus zu kaschieren und das ökonomische Postulat einer Unmerklichkeit der Steuer[51] zu erfüllen. Gerade in diesem Dilemma erweist sich nun aber die Entdeckungsdimension des Steuerwettbewerbs[52] als Ausweg: Ohne es im Kern darauf angelegt zu haben, eröffnet die Union den Mitgliedstaaten und den Steuerpflichtigen neue Informationsmöglichkeiten[53] und vermittelt ihnen durch die Entscheidungen der Kommission in Vertragsverletzungsverfahren, durch im Auftrag der Kommission oder des Rates verfasste Studien und Leitlinien zu steuerlichen Fragen, vor allem aber durch die Schlussanträge der Generalanwälte und durch die Entscheidungen des Gerichtshofs der Europäischen Union einen vertieften Eindruck von einzelnen Aspekten ausländischer Steuerrechtsordnungen.

Die Europäisierung des Steuerrechts verstärkt zugleich den wissenschaftlichen Austausch: Durch das Entstehen neuer wissenschaftlicher Zeitschriften[54] und Vereinigungen,[55] zudem durch die zunehmende Befas-

---

4999 – *Feuerbestattungsverein Halle e.V.* Aus der Literatur *B. Knobbe-Keuk,* Die Konkurrentenklage im Steuerrecht, in: BB 1982, S. 385 ff.; *I. van Lishaut,* Die Konkurrentenklage im Steuerrecht. Zugleich eine Untersuchung zum subjektiven öffentlichen Recht und zum funktionalen Schutzbereich der Grundrechte (1993); *J. Englisch,* Die negative Konkurrentenklage im Unternehmenssteuerrecht, in: StuW 2008, S. 43 ff.; *U. Hufeld,* Das Recht des Konkurrenten auf Besteuerung der öffentlichen Hand, in: FS Rolf Stober (2008), S. 717 ff.; *St. Winheller/Chr. Klein,* Gleichheit im Unrecht? Über Konkurrentenklagen zur Steuerfreiheit – trotz materiell-rechtlicher Steuerpflicht? in: DStZ 2008, S. 377 ff.; sowie grundlegend – auch zu den verfassungsrechtlichen Bezügen – *P. M. Huber,* Konkurrenzschutz im Verwaltungsrecht (1991), S. 38, 134 f., 141 f., 369 ff., zur prozessualen Seite ebd. S. 397 ff.

[51] Statt aller *A. Smith,* An Inquiry into the Nature and Causes of the Wealth of Nations (1776), 5. Buch, Kap. 2 Teil 2 (= Abschn. V.2.27); *G. Schmölders,* Unmerkliche Steuern, in: Finanzarchiv Bd. 20 (1959), S. 23 ff., wieder abgedruckt in *ders.,* Sozialökonomische Verhaltensforschung (1973), S. 172 ff.; s. außerdem *dens.,* Finanzpolitik, 3. Aufl. (Reprint 2007), S. 327, 346 ff.; aus neuerer Zeit z.B. *R. Wernsmann,* Verhaltenslenkung in einem rationalen Steuersystem (2005), S. 11 f. m.w.N. in Fn. 51.

[52] Oben C.II.

[53] Exemplarisch ist die Erarbeitung eines „Inventar[s] der Steuern" der Mitgliedstaaten zu nennen, das die Kommission erstmals 1965, dann zwischen 1972 und 1981 in einem Zwei-Jahres-Turnus und zwischen 1991 und 2000 in vier weiteren Auflagen herausgegeben hat. Seither sind – soweit ersichtlich – keine Neuauflagen erschienen.

[54] Beispiele: European Taxation (seit 1961); EC Tax Review (seit 1992, Beilage der 1973 gegründeten Zeitschrift Intertax). Allgemein zur Bedeutung von Zeitschriften als Indikatoren für Rechtsentwicklungen *M. Stolleis/I. Schmitt,* Zur Entstehung der Zeitschriften des öffentlichen Rechts seit 1848, in: Quaderni Fiorentini Bd. 13 (1984), S. 747 ff.; *E. V. Heyen,* Verwaltungsrechtswissenschaft in den Fachzeitschriften des Deutschen Reichs, in: *ders.,* Profile der deutschen und französischen Verwaltungsrechts-

sung bestehender internationaler Vereinigungen[56] und Internationaler Organisationen[57] mit Fragen des Europäischen Steuerrechts entstehen auch in diesem Bereich neue Marktplätze der Ideen.[58]

Parallel dazu zwingen die negative und die positive Integration alle Mitgliedstaaten zu Umgestaltungen oder Korrekturen im steuerlichen Rechtsstoff. In der Situation des Umbruchs, der die Mitgliedstaaten meist simultan ausgesetzt sind, suchen Gesetzgeber und Regierungen Inspirationen (auch) jenseits der Staatsgrenzen. Wie immer man diese Aspekte gegeneinander gewichten mag: In ihrer Gesamtheit belegen sie die Stimulationsfunktion des Unionsrechts für den transnationalen Ideenaustausch.

II. Das Steuerrecht als Wettbewerbsnachweis

Beinahe trivial erscheint demgegenüber die umgekehrte Relation: Das Recht bringt den doppelten Steuerwettbewerb nicht nur hervor, sondern erfährt auch seinerseits durch den Steuerwettbewerb erhebliche Umgestaltungen, weil es das zentrale Medium der staatlichen Belastungsentscheidung ist. Dadurch wird der wettbewerbliche Anpassungsdruck rechtlich nachweisbar.[59] Fallende Steuersätze und spezifische steuerliche Lockangebote über die Grenze,[60] ebenso aber auch die sich verbreiternden Bemessungsgrundlagen und das steuerliche *ring fencing* sind normgebunden. Sie alle lassen sich durch einen Blick in Gesetze und Gesetzesbegründungen, also mit spezifisch juristischen Mitteln oft leichter und früher erfassen als durch betriebswirtschaftliche Belastungsvergleiche oder gar haushaltswirtschaftliche (Aufkommens-)Messungen.

Eine weitere Facette ergibt sich für die Entdeckungsdimension des Steuerwettbewerbs. Hier ist es nicht nur der Gesetzgeber, der ausländische Regelungen für sich entdeckt, sie dann in seinen Willen aufnimmt, umgestaltet und verfeinert. Vielmehr kann es durch die Angleichung und partielle Konvergenz von Rechtsfiguren und Rechtsnormen auch dazu kommen,

---

wissenschaft 1880-1914 (1989), S. 55 ff.; *M. Stolleis,* Geschichte des öffentlichen Rechts in Deutschland, Bd. II (1992), S. 284 f., 417 ff., und Bd. III (1999), S. 299 ff., 392 ff.

[55] V.a. der Conféderation Fiscal Européenne (CFE) und der European Association of Tax Law Professors (EATLP).

[56] Namentlich durch einschlägige Seminare während der jährlichen Weltkongresse der International Fiscal Association (IFA).

[57] Vgl. die Arbeiten des Committee of Fiscal Affairs der OECD zu der Frage, ob Art. 24 OECD-Musterabkommen im Lichte neuerer Entwicklungen der unionsrechtlichen Diskriminierungsverbote textlich erweitert oder zumindest erweiternd ausgelegt werden soll. Siehe hierzu Ziff. 1 ff. des amtlichen Kommentars zu Art. 24 OECD-MA i.d.F. v. 17.7.2008.

[58] Zur Begriffsgeschichte s. Fn. 27.

[59] Überzeugende Analyse bei *Schmehl* (oben Fn. 14), S. 104 ff.

[60] Siehe die Beispiele oben C.III.

dass Rechtsanwender – namentlich Gerichte – verschiedener Staaten voneinander lernen, indem sie sich an Verwaltungspraxis oder Rechtsprechung ausländischer Staaten orientieren.[61]

III. Das Steuerrecht als Wettbewerbsbegrenzer

Schließlich fungiert das Recht aber auch als Gegenlager zu dem freien (staaten-)wettbewerblichen Spiel der Kräfte. In seinen beiden Dimensionen unterliegt der Steuerwettbewerb rechtlichen Grenzen. Diese Grenzen ergeben sich aus innerstaatlichem Verfassungsrecht, dem EU-Recht einschließlich des angelagerten *soft law*, in Teilbereichen aber auch aus sonstigem regionalen Wirtschaftsrecht, v.a. auf Ebene der OECD. Diese Grenzen können und wollen den Steuerwettbewerb einhegen, ihn aber nicht unterbinden.[62]

E. Die Europäische Union als Wettbewerbssubjekt

Diese dreifache Beziehung des Steuerrechts zum Steuerwettbewerb lenkt abschließend den Blick auf die Rolle der Europäischen Union. Die EU entfacht keineswegs nur einen Wettbewerb nach innen, sondern bemüht sich zugleich auch selber – in der gemeinschaftlichen Verbundenheit ihrer Mitgliedstaaten – um eine gute Position im globalen Standortwettbewerb. Sie wird damit vom Organisator des Wettbewerbs zu dessen Subjekt. Der Staatenwettbewerb findet seine Fortsetzung auf einer höheren Ebene.[63]

Bemerkenswert ist dabei, dass es keineswegs nur den globalen Wettbewerb – etwa zwischen der EU und den USA – um die Steuerzahler gibt. Es gibt auch einen Wettbewerb der EU mit Internationalen Organisationen um Definitions- und Entscheidungskompetenzen im Bereich des Internationalen Steuerrechts. Als wichtigstes Gegenlager zur EU erweist sich dabei die OECD. Viele Aktivitäten ihres Steuerausschusses und der von ihm eingesetzten Arbeitsgruppen (*Working Parties*) und Beratergruppen (*Technical Advisory Groups*) betreffen ähnliche Fragen und Probleme wie parallele Arbeiten der EU, insbesondere des ECOFIN-Rates. Exemplarisch lassen sich die Regelungen zur zwischenstaatlichen Abgrenzung der nationalen Besteuerungsrechte und die Mechanismen zur Vermeidung der Doppelbe-

---

[61] Zu Rückgriffen deutscher Steuergerichte auf Entscheidungen ausländischer Gerichte oder Finanzbehörden s. Beispiele bei *E. Reimer,* Die sog. Entscheidungsharmonie als Maßstab für die Auslegung von Doppelbesteuerungsabkommen, in: IStR 2008, S. 551 ff. (552 f.).

[62] Überblick bei *H.-J. Selling,* Deutschland im Steuerwettbewerb der Staaten – Einige steuerpolitische Überlegungen, in: IStR 2000, S. 225 ff.

[63] Grundlegend *Schön* (oben Fn. 15), S. 40 f.

steuerung, die Kartellbildung durch Entwicklung eines *Code of Conduct* zur Austrocknung von Steueroasen und insbesondere die Verbesserung des steuerlichen Informationsaustausches über die Grenze nennen. Weniger konkret, aber atmosphärisch ebenfalls spürbar ist die Konkurrenz von EU und OECD bei der Vorbereitung zwischenstaatlicher Streitschlichtungsinstitutionen.[64] Das alles belegt den Facettenreichtum des Europäischen Steuerwettbewerbs.

F. Ausblick

Den unterschiedlichen Spielarten des Steuerwettbewerbs ist indes eines gemeinsam: In allen seinen Facetten hat der Steuerwettbewerb – wie jeder Wettbewerb – zwei Ventile, die Kartellbildung und den Innovationsschub. Weltweit sind in den Aktivitäten der OECD deutliche Tendenzen einer Kartellbildung der westlichen Industriestaaten erkennbar. Innerhalb der EU wird demgegenüber jedenfalls auf dem Gebiet der direkten Steuern jede Kartellbildung schon durch die Monopolisierung des Richtlinien-Initiativrechts bei der Kommission (Art. 115 AEUV) erschwert; durch das strikte Einstimmigkeitserfordernis (Art. 115 i.V.m. 114 Abs. 2 AEUV) wird die Kartellbildung sogar vollends ausgeschlossen.

Will man dem internationalen und dem Steuerwettbewerb innerhalb der Union positive Aspekte jenseits des Steuersenkungsdrucks abgewinnen, richtet sich der Blick deshalb auf den Wettbewerb als Entdeckungsverfahren. Hier gilt: Der Steuerwettbewerb hat dienende Funktion für die Fortentwicklung und Glättung der nationalen Steuerrechtsordnungen. Am Ende steht deshalb die Hoffnung, dass sich dieser Innovationsschub letztlich durchsetzt.

---

[64] Vorüberlegungen bei *G.Lindencrona/N. Mattson*, Study of the Feasibility of a World Tax Court. Madrid Conference of the Law of the World (1979); *F. M. Horner*, Do We Need an International Tax Organization? in: Tax Notes International 24/2001 v. 8.10.2001, S. 179 ff.; *V. Tanzi*, Is there a Need for a World Tax Organization? in: A. Razin/E. Sadka (Hrsg.), The Economics of Globalization. Policy Perspectives from Public Economics (1999), S. 173 ff.; gute Zusammenfassung bei *M. Züger*, Arbitration under Tax Treaties. Improving Legal Protection in International Tax Law (2001), S. 110 f.; weitere Überlegungen bei *A. Sawyer*, Developing a World Tax Organization: The Way Forward (2009).

Literatur

Arkin, Vadim/ Slastnikov, Alexander/ Arkina, Svetlana (2008): Investment Timing Problems Under Tax Allowances: The Case of Special Economic Zones, in: Kalcsics/ Nickel (Hrsg.), Operations Research Proceedings 2007, S. 173 ff.

*Avi-Yonah, Reuven (*2007): Tax Competition, Tax Arbitrage and the International Tax Regime, in: BIT 2007, S. 130 ff.

Cordewener, Axel (2002): Europäische Grundfreiheiten und nationales Steuerrecht , Köln.

Feld, Lars (2000): Steuerwettbewerb und seine Auswirkungen auf Allokation und Distribution, Tübingen.

Fuest, Clemens (2009): Ist Deutschland dem internationalen Steuerwettbewerb gewachsen?, in: Lüdicke (Hrsg.), Wo steht das deutsche internationale Steuerrecht, Köln, S. 1 ff.

Genschel, Philipp (2002): Steuerharmonisierung und Steuerwettbewerb in der Europäischen Union, Frankfurt/M./NY.

Gerken, Lüder (1999): Der Wettbewerb der Staaten, Tübingen.

Hensel, Albert (1923): Zur Dogmatik des Begriffs „Steuerumgehung" in: Bonner Festgabe für Ernst Zitelmann (1923), S. 217–288; wieder abgedruckt in: ders., System des Familiensteuerrechts und andere Schriften (2000), S. 303–355.

Hey, Johanna (2007): Wettbewerb der Rechtsordnungen oder Europäisierung des Steuerrechts?, in: Reimer u.a. (Hrsg.), Europäisches Gesellschafts- und Steuerrecht. Grundlagen – Entwicklungen – Verbindungslinien, S. 295 ff.

– (2005): Steuerwettbewerb in Deutschland, in: Kirchhof/Graf Lambsdorff/ Pinkwart (Hrsg.), Perspektiven eines modernen Steuerrechts. FS Hermann Otto Solms, S. 35 ff.

Huntington, Samuel P. (1996): The Clash of Civilizations and the remaking of world order.

Kiesewetter, Hubert (2006): Das einzigartige Europa. Wie ein Kontinent reich wurde, Stuttgart.

Kirchhof, Paul (2005): Freiheitlicher Wettbewerb und staatliche Autonomie-Solidarität, in: Ordo Bd. 56, S. 39.

– (2004): Recht gibt es nicht zum Niedrigpreis, in: FAZ v. 1.12.2004, S. 38.

Korte, Anja (2008): Die konkurrierende Steuergesetzgebung des Bundes im Bereich der Finanzverfassung. Steuerautonomie der Länder ohne Reform?, Berlin.

Lehmbruch, Gerhard (2000): Parteienwettbewerb im Bundesstaat, 3. Aufl., Wiesbaden.

Lehner, Moris (1998): Wettbewerb der Steuersysteme im Spiele europäischer und US-amerikanischer Steuerpolitik, in: StuW 1998, S. 159.

Masing, Johannes (1997): Die Mobilisierung des Bürgers für die Durchsetzung des Rechts, Berlin.

Mehde, Veit (2005): Wettbewerb zwischen Staaten, Baden-Baden.

Mendoza, Enrique G./Tesar, Linda L. (2004): Winners and Losers of Tax Competition in the European Union, in: Siebert (Hrsg.), Macroeconomic Policies in the World Economy, S. 315 ff.

Reimer, Ekkehart (2008): Die sog. Entscheidungsharmonie als Maßstab für die Auslegung von Doppelbesteuerungsabkommen, in: IStR 2008, S. 551 ff.

Sandford, Cedric (2000): Why Tax Systems Differ: A Comparative Study of the Political Economy of Taxation.

Schmehl, Arndt (2009): Nationales Steuerrecht im internationalen Steuerwettbewerb, in: Wolfgang Schön/Karin E. M. Beck (Hrsg.), Zukunftsfragen des deutschen Steuerrechts, S. 99 ff.

Schmid, Josef (2009): Art. „Parteiensystem", in: Andersen/Woyke (Hrsg.), Handwörterbuch des politischen Systems der Bundesrepublik Deutschland, 6. Aufl., S. 525 ff.

Seer, Roman (Hrsg.) (2009): Umsatzsteuer im Europäischen Binnenmarkt, DStJG Bd. 32.

Selling, Heinz-Jürgen (2000): Deutschland im Steuerwettbewerb der Staaten – Einige steuerpolitische Überlegungen, in: IStR 2000, S. 225 ff.

Sinn, Hans-Werner (1997): The selection principle and market failure in systems competition, in: Journal of Public Economics Bd. 66, S. 247

Spoerer, Mark (2008): The Laspeyres-Paradox: tax overshifting in nineteenth century Prussia, in: Cliometrica 2008, S. 174.

Steichen, Alain (2003): Tax Competition in Europe or the Taming of Leviathan, in: Schön (Hrsg.), Tax Competition in Europe, S. 43 ff.

Wagschal, Uwe (2005): Steuerpolitik und Steuerreformen im internationalen Vergleich. Eine Analyse der Ursachen und Blockaden, Münster.

Waldhoff, Christian (1997): Verfassungsrechtliche Vorgaben für die Steuergesetzgebung im Vergleich Deutschland/Schweiz, München.

Zacher, Hans F. (2006), in: Ulrich Becker/Wolfgang Schön (Hrsg.), Steuer- und Sozialstaat im europäischen Systemwettbewerb, S. 291 ff.

Zinser, Hartmut (1997): Der Markt der Religionen, München.

„Wettbewerb" der Steuerrechtsordnungen

Christian Seiler

Der Wettbewerbsbegriff scheint im Kontext der europäischen Integration allgegenwärtig zu sein.[1] Neben anderen Sinnzusammenhängen findet sich immer wieder auch das Schlagwort vom „europäischen Steuerwettbewerb".[2] Sein Begriff und sein genaues Wesen bleiben indes oft undeutlich und bedürfen daher zunächst – erstens – einer näheren Bestimmung, die – zweitens – in eine Analyse seines europarechtlichen Rahmens überleiten soll, bevor – drittens – eine Bewertung möglich wird, ob und inwiefern der Wettbewerbsgedanke die gegenwärtige Entwicklung des Steuerrechts angemessen erfassen kann.

A. „Steuerwettbewerb" als entsolidarisierendes Gegeneinander europäischer Staaten

I. Begriffsklärung: „Steuerwettbewerb" als Ringen um Steuersubstrat

Der Begriff eines europäischen „Steuerwettbewerbs" darf als äußerst unscharf angesehen werden. So bleibt bereits gänzlich offen, welche Konkurrenzsituation hier genau benannt werden soll, das heißt wer in einen Wettstreit mit wem tritt, wer der umworbene Kunde ist und was das marktgängige Gut sein soll. Ungeklärt ist aber auch die Frage nach der Ebenenzugehörigkeit des Begriffs, also die Zuordnung zu juristischen, ökonomischen oder politologischen Kategorien und damit seine entweder normative oder deskriptive Natur. Diese sprachliche Unbestimmtheit erschwert es schließ-

---

[1] Ausführlich zum Folgenden *Chr. Seiler*, Steuerstaat und Binnenmarkt, in: Festschrift für Josef Isensee, S. 875 ff.

[2] Hierzu eingehend *W. Schön*, DStJG 23 (2000), S. 191 ff.; ferner *N. Herzig*, DStJG 19 (1996), S. 121 ff.; *O. H. Jacobs*, Internationale Unternehmensbesteuerung, S. 284 ff.; zum Begriff des „Europäischen Staatenwettbewerbs" *A. Leisner*, Europa als Wettbewerbsgemeinschaft von Staaten, in: Festschrift für Klaus Vogel, S. 593 (605 ff.); kritisch *P. Kirchhof*, Die rechtliche Struktur der Europäischen Union als Staatenverbund, in: Armin von Bogdandy, Europäisches Verfassungsrecht, S. 893 (928).

lich, ein Urteil über die Angemessenheit der notdürftig umschriebenen Phänomene zu fällen.

Im Einzelnen sind mehrere Bedeutungsgehalte eines „Steuerwettbewerbs" denkbar, die oft vermengt werden, die aber gleichwohl grundlegend verschiedene Sachverhalte bezeichnen und daher kaum unter einen gemeinsamen Oberbegriff gefasst werden können.

Erstens bildet die Steuerbelastung unternehmerischer Gewinne ein nicht zu unterschätzendes Teilkriterium des sogenannten „Standortwettbewerbs". Staaten ringen darum, Unternehmen bei sich anzusiedeln, um so Arbeitsplätze für ihre Bevölkerung zu schaffen. Ausschlaggebend für ihre Investitionsentscheidung ist regelmäßig eine Gesamtbewertung aller Vor- und Nachteile eines Wirtschaftsstandortes, die neben der Steuerlast unmittelbar kostenwirksame Faktoren wie etwa Lohn- und Lohnnebenkosten sowie sonstige produktionserhebliche Kriterien wie zum Beispiel die vorhandene Infrastruktur, das Fachkräftepotenzial, Dauer und Zuverlässigkeit von Behördenentscheidungen, die Streikhäufigkeit und die Nähe zum Absatzmarkt einbezieht. Ein „Steuerwettbewerb" in diesem Sinne wäre also ein unselbständiges Merkmal eines weiteren Wettbewerbsbegriffs, der aus ökonomischer Perspektive zutreffend ein weltweit zu beobachtendes Phänomen umschreibt. Juristisch bliebe er indes bedeutungsarm. Auch handelte es sich nicht um eine europäische Besonderheit, weil dieser globale Wettstreit weder durch Europa veranlasst noch auf Europa beschränkt ist.

Zweitens könnte man den sogenannten „Wettbewerb" der Steuerrechtsordnungen in einem sprachnäheren Sinn auch auf das Recht beziehen, also ein sich gegenseitig anregendes und befruchtendes Ringen der Gesetzgeber um das beste Recht vermuten („benchmarking"). Die Praxis kennt indes nicht allzu viele Beispiele vorbildhafter Rechtsetzung in einem Land, die anschließend kraft besserer Argumente auch die Gesetzgeber anderer Länder überzeugt. Dies ist auch nur bedingt geboten, weil sich die Bemessungsgrundlagen der europäischen Ertragsteuern (begünstigt durch übergeordnete Maßstäbe des Doppelbesteuerungsrechts und wenige punktuelle Harmonisierungen) ohnehin in wichtigen Grundzügen ähneln und verbleibende Unterschiede zum Teil einem je anderen Verfassungsrecht geschuldet sind, also nicht zur Disposition stehen. Faktische Wechselwirkungen zwischen den Rechtsordnungen verursachen jedoch unterschiedliche Steuertarife, die vor allem mobile Steuerquellen begünstigen, auf diese Weise einen Drang der Steuerpflichtigen hin zum niedrigsten Steuersatz auslösen und so die anderen Staaten zu einer Anpassung auch ihrer Gesetze drängen. Gegenstand dieser Konkurrenz ist folglich nicht das beste Recht, sondern die billigste Hoheitsgewalt, so dass im eigentlichen Sinne nicht von einem Wettbewerb der Rechtsordnungen gesprochen werden kann.

Dies leitet drittens über zur sachnahsten Bedeutung der Rede vom „Steuerwettbewerb", zum zwischenstaatlichen Ringen um Steuersubstrat. Die konkrete Ausgestaltung des nationalen Steuerrechts setzt positive oder negative Anreize für die Steuerpflichtigen, ihre Besteuerung von einem ins andere Land umzulenken, wobei es zu nicht geringen Teilen unerheblich ist, ob die besteuerte wirtschaftliche Tätigkeit mitverlagert wird. Manche Staaten richten ihre Steuergesetze sogar bewusst an derartigen Zielsetzungen aus. Ausschlaggebend für solche Steuerverlagerungsmöglichkeiten ist jeweils ein vorhandenes Steuersatzgefälle bei bestimmten besonders mobilen Einkunftsquellen. Die Bandbreite möglicher Ausgestaltungen reicht dabei von aus anderen Gründen erlassenen Steuergesetzen, deren günstige Wirkungen von Ausländern aus Hochsteuerländern zur Vermeidung ihrer Besteuerung im Heimatland genutzt werden, bis hin zur bewussten Kombination niedriger Quellensteuern mit restriktiven Regeln zum Bankgeheimnis, die ausländisches Kapital im sicheren Wissen um die häufig gegebene Strafbarkeit im Heimatland anlocken soll. Der sogenannte „Steuerwettbewerb" ist mithin ein „Steuersatzwettbewerb", bei dem die beteiligten Staaten mobiles Steuersubstrat anziehen und die Steuerpflichtigen die Staatsfinanzierung vermeiden wollen.

II. Die grenzüberschreitende Konzernfinanzierung als Beispiel

Ein wichtiges, aber keinesfalls das einzige Beispiel für grenzüberschreitende Verlagerungen der Besteuerung auch ohne Umzug der maßgeblichen wirtschaftlichen Tätigkeit bietet die (vorliegend nur holzschnittartig darstellbare, zudem durch die aktuelle Reform der Unternehmensbesteuerung[3] partiell relativierte) Finanzierung verbundener Unternehmen. Konzernmütter verfügen über die betriebswirtschaftlich gleichwertige Alternative, ihre Konzerntöchter mit Eigen- oder Fremdkapital auszustatten. Im ersten Fall führen die Erträge aus der eigenkapitalfinanzierten wirtschaftlichen Tätigkeit zu Gewinnen des Tochterunternehmens, werden also bei ihm besteuert. Im zweiten Fall werden diese Erträge bei der Tochter durch Zinsen auf das Fremdkapital gemindert, die wiederum als Gewinn des Mutterunternehmens zu versteuern sind. Die Wahl der Finanzierungsart verlagert folglich wegen der juristischen Personenverschiedenheit beider Gesellschaften den Ort der Besteuerung. Auch wenn dieser Befund konzerninterne Finanzierungen keinesfalls generell unter Missbrauchsverdacht stellen dürfte, kann

---

[3] Die Reform der Unternehmensbesteuerung hat zum einen die deutsche Körperschaftsteuer auf nunmehr 15% gesenkt, also das Steuersatzgefälle zu anderen Staaten verkürzt, zum anderen in § 4h EStG generell (d.h. auch für Inlandssachverhalte) den Betriebsausgabenabzug von Zinsen beschränkt, wobei Zweifel an der Verfassungsmäßigkeit und Vollziehbarkeit dieser Vorschrift ihren weiteren Bestand in Frage ziehen dürften; hierzu *Christian Seiler*, in: Paul Kirchhof, EStG, § 4h, Rdnr. 1 ff.

er doch auch für kreative Gestaltungen eingesetzt werden, die unter Umständen eine andere Bewertung erfordern. Zuspitzen lässt sich er sich etwa, indem die Muttergesellschaft die Tochter mit Eigenkapital ausstattet, das diese sogleich als Darlehen an die Mutter zurückreicht. Auf diese Weise verbleibt das Geld im ökonomischen Ergebnis bei der Mutter, die konzernintern gezahlten Zinsen mindern aber ihren Gewinn und erhöhen jenen der Tochter.

Innerhalb Deutschlands sind derartige Gestaltungen steuerlich regelmäßig unerheblich, zunächst weil bereits das Rechtsinstitut der Organschaft (§§ 14 ff. KStG) beide Unternehmensebenen zusammenfassen kann, vor allem aber weil Mutter- und Tochterunternehmen als Körperschaften demselben Steuersatz unterliegen, so dass die Höhe der Besteuerung grundsätzlich unberührt bleibt. Anders verhält es sich, wenn beide Gesellschaften in verschiedenen Ländern steuerpflichtig sind. Das auch doppelbesteuerungsrechtlich[4] gebotene Auseinanderfallen der Besteuerung bei Eigen- oder Fremdfinanzierung bringt hier unterschiedliche Steuersätze zur Anwendung und entscheidet so über die Höhe der Steuerlast. Als Folge dessen werden grenzüberschreitend tätige Konzerne darauf achten, Gewinne möglichst in Niedrigsteuerländern, Aufwand wie etwa Darlehenszinsen dagegen in Hochsteuerländern anfallen zu lassen. Im praktischen Ergebnis können international verflochtene Konzerne das Land der Besteuerung ihrer im Inland erwirtschafteten Erträge relativ frei wählen.

III. Politische und soziale Folgewirkungen des „Steuerwettbewerbs"

Derartige Gestaltungsmöglichkeiten eröffnen manchen Steuerpflichtigen flexible Ausweichmöglichkeiten zur Reduzierung ihrer Steuerlast und bilden so den Hintergrund zum sogenannten „Steuerwettbewerb". Gemeint ist das Bestreben der europäischen Staaten, einander Steuerzahler abzuwerben, das nur teilweise auf eine Verlagerung auch der zu besteuernden wirtschaftlichen Tätigkeit abzielt, das stattdessen in weiten Teilen als reiner „Steuersatzwettbewerb" auf eine bloße Gewinnverschiebung ausgerichtet ist.

---

[4] Art. 7 Abs. 1 OECD-MA ordnet die Besteuerung von Unternehmensgewinnen dem Land der Geschäftstätigkeit zu. Art. 11 Abs. 1 OECD-MA regelt die Besteuerung von Zinsen im Staat des Empfängers. Konzerninterne Dividendenzahlungen werden im Empfängerland (abweichend von Art. 10 Abs. 1 OECD-MA) durch „Schachtelprivilegien" aus DBA, Art. 5 Abs. 1 Mutter-Tochter-Richtlinie oder § 8b KStG freigestellt, dürfen also vorliegend unberücksichtigt bleiben. – Vgl. auch aktuell BFH, DStR 2008, S. 659: Die doppelbesteuerungsrechtliche Unterscheidung von Zinsaufwand und Gewinn gilt auch für Zinsen auf Gesellschafterdarlehen bei Personengesellschaften, die nach deutschem Recht (§ 15 Abs. 1 S. 1 Nr. 2 EStG) als Sondervergütung zum Gewinn zählen würden (Art. 11 Abs. 1 DBA-USA in Abgrenzung zu Art. 7 Abs. 1 DBA-USA).

Als Folge entstehen erhebliche Verzerrungen im Vergleich der betroffenen Staaten. Im Vorteil sind kleinere Staaten, die ihre Steuersätze deutlich senken und dann geringe nationale Steuerausfälle durch höhere Zugewinne überkompensieren können. Benachteiligt sind dagegen größere Staaten mit ausgebauten Sozialstandards. Sie geraten unter einen erheblichen faktischen Anpassungsdruck, attraktive steuerliche Bedingungen für bestimmte Steuerpflichtige, speziell für große Wirtschaftsunternehmen, zu schaffen, um der Verlagerung von Arbeitsplätzen sowie dem Verlust von Steuereinnahmen zu begegnen. Ihr Steuergesetzgeber wird folglich (weil eine Senkung der Staatsausgaben als Bedingung einer gleichheitskonformen Entlastung aller Bürger politisch schwerer durchsetzbar ist) die mobile Leistungsfähigkeit entlasten[5] und im Gegenzug die immobilen Steuerquellen stärker belasten. Die Staatsfinanzierung wird als Folge dessen in immer größerem Umfang auf die Lohnsteuer sowie auf indirekte Steuern[6] und andere Abgaben[7] verlagert. Da erstere allein abhängig Beschäftigte trifft und letztere angesichts ihrer Anonymität einer allenfalls ungenau vermuteten Leistungsfähigkeit (indirekte Steuern)[8] oder ihrer Ausrichtung am Äquivalenzgedanken (entgeltende Abgaben) im wirtschaftlichen Ergebnis je nach individuellem Verhältnis von konsumiertem und gespartem Einkommen zu tragen sind, verschieben sich die Anteile an der Finanzierung hoheitlicher Aufgaben, die letztlich überproportional unterdurchschnittlich leistungsfähigen Bevölkerungskreisen, namentlich Arbeitnehmern und Familien, aufgebürdet wird. Der Steuerstaat wird entsolidarisiert, worunter langfristig der Legitimitätsanspruch der gesamten grundgesetzlichen Ordnung leiden dürfte. Der sogenannte „Steuerwettbewerb" ist nach alledem jedenfalls in seiner tatsächlich anzutreffenden Erscheinungsform, aber wohl auch in jeder anderen denkbaren Variante unausweichlich ein schädlicher Wettbewerb.

---

[5] Aktuelle Beispiele bieten die Unternehmenssteuerreform und die Abgeltungsteuer, die jeweils (bei fragwürdigen Gegenfinanzierungsmaßnahmen) die Steuersätze auf (unternehmerische und private) Kapitaleinkünfte senken.

[6] Vgl. die Erhöhung des Regelumsatzsteuersatzes zum 1.1.2007 von zuvor 16 auf 19 Prozent; § 12 Abs. 1 UStG in der Fassung von Art. 4 Nr. 1 Haushaltsbegleitgesetz 2006 v. 29.6.2006, BGBl 2006 I, S. 1402 (1403).

[7] Mit Recht kritisch zur schleichenden Ausweitung entgeltender Abgaben *H. Kube*, Finanzgewalt in der Kompetenzordnung, S. 347 ff.

[8] Zur vermuteten Leistungsfähigkeit als Maßstab der Steuern auf die Einkommensverwendung („indirekte Steuern") vgl. *P. Kirchhof*, Staatliche Einnahmen, in: Isensee/Kirchhof, HStR, Band IV, 2. Aufl., § 88, Rdnr. 72, 120 ff.; *K. Vogel*, Grundzüge des Finanzrechts des Grundgesetzes, in: Isensee/Kirchhof, HStR, Band IV, 2. Aufl., § 87, Rdnr. 95.

B. Das Europarecht als Katalysator des „Steuerwettbewerbs"

I. Unabgestimmtes Auseinanderfallen von Kompetenz und Kompetenzausübungsschranke

Ein auf Gerechtigkeit abzielendes Recht wird sich bemühen, das Gleichmaß der Belastung zu wahren, also der nur gestalterischen, das heißt nicht auf einer Verlagerung der maßgeblichen wirtschaftlichen Tätigkeit beruhenden Verschiebung inländischer Leistungsfähigkeit ins Ausland Einhalt zu gebieten. Die nationalen Gesetzgeber versuchen, dieses Anliegen durch entsprechende Regelungen umzusetzen, die teils folgerichtige Ausgestaltungen des Belastungsgrundes bleiben, teils aber auch eine überschießende, das heißt kritikwürdige protektionistische Tendenz aufweisen können.

Diese Grenzsituation ruft das Europarecht auf den Plan.[9] Allerdings sind bislang nahezu alle politischen Bemühungen, das Ertragsteuerrecht zu vereinheitlichen, gescheitert. So räumen die Verträge dem europäischen Staatenverbund[10] keine eigene Steuerhoheit ein. Auch die Harmonisierung des unverändert nationalen Steuerrechts beschränkt sich ganz überwiegend auf indirekte Steuern. Für die Ertragsteuern fehlt der EU dagegen jede spezielle Zuständigkeit. Ihre Harmonisierung zum Zwecke der Herstellung des Binnenmarktes ist sogar ausdrücklich von der Ermächtigung des Art. 114 AEUV ausgenommen worden (Abs. 2). In Betracht kommt höchstens ein Rückgriff auf die allgemeine Harmonisierungskompetenz aus Art. 115 AEUV. Auf ihrer Grundlage ist es, vor allem weil die notwendige Einstimmigkeit im Rat häufig nicht zu erreichen ist, daneben auch weil sich nur Einzelfragen der direkten Besteuerung unmittelbar auf die Errichtung oder das Funktionieren des Binnenmarktes auswirken, bisher nur zu einer punktuellen Harmonisierung der direkten Steuern gekommen. Beispielsweise haben die Fusionsrichtlinie,[11] die Mutter-Tochter-Richtlinie[12] und die

---

[9] Zum Folgenden *L. Albath/N. Wunderlich*, EWS 2006, S. 205 ff.; *D. Birk*, FR 2005, S. 121 ff.; *Axel Cordewener*, Europäische Grundfreiheiten und nationales Steuerrecht; *K.-D. Drüen/B. Kahler*, StuW 2005, S. 171; *M. Everett*, DStZ 2006, S. 357 ff.; *H. Hahn*, DStZ 2005, S. 433 ff., 469 ff., 507 ff.; *H. Kube*, IStR 2003, S. 326 ff.; *G. Laule*, Auswirkungen der EuGH-Rechtsprechung auf deutsche Steuervorschriften, S. 9 ff.; *M. Lehner*, DStJG 23 (2000), S. 263 ff.; *E. Reimer*, Die Auswirkungen der Grundfreiheiten auf das Ertragsteuerrecht der Bundesrepublik Deutschland, in: Lehner, Grundfreiheiten im Steuerrecht der EU-Staaten, S. 39 ff.; *Chr. Seiler*, StuW 2005, S. 25 ff.; *ders.*, Besteuerung von Einkommen, Gutachten F für den 66. Deutschen Juristentag, S. F 16 ff.; *ders.*, Steuerstaat und Binnenmarkt, in: Festschrift für Josef Isensee, S. 875 (885 ff.); *W. Schön*, IStR 2004, S. 289 ff.

[10] BVerfGE 89, 155 (181) (Maastricht).

[11] Die Richtlinie 90/434/EWG v. 23.7.1990, ABl. EG Nr. L 225/1 ff. (Fusionsrichtlinie) erleichtert steuerneutrale grenzüberschreitende Fusionen und Spaltungen von Kapitalgesellschaften sowie die grenzüberschreitende Einbringung von Betrieben und Kapi-

Zins-Lizenzgebühren-Richtlinie[13] Detailfragen der Unternehmensbesteuerung vereinheitlicht. Rechtsangleichungen ohne Bezug zum Unternehmenssteuerrecht wie etwa die Richtlinie zur Zinsbesteuerung[14] bleiben seltene Ausnahmen.[15] Ansonsten jedoch enthält sich das Europarecht einer eigenen Regelung grenzüberschreitender Steuersachverhalte. Stattdessen verwies der bisherige Art. 293 EG ausdrücklich auf die völkerrechtlichen, das heißt zwischenstaatlichen Doppelbesteuerungsabkommen.[16] Überraschenderweise fehlt nun im Vertrag über die Arbeitsweise der Europäischen Union ohne ersichtliche Gründe eine dem Art. 293 EG entsprechende Regelung. Da das sachlich unverzichtbare Doppelbesteuerungsrecht aber auch nicht vereinheitlicht wird, bleibt es kraft Kompetenz-Kompetenz der Mitgliedstaaten bei ihrer Regelungsbefugnis. Die hierauf gestützten Übereinkünfte verteilen das Steueraufkommen nach abstrakten Maßstäben zwischen den Staaten und vermeiden so drohende Doppelbesteuerungen. Ihren gemeinsamen Leitgedanken finden sie im international üblichen Territorialitätsprinzip, nach dem jeder Staat auf das seinem Hoheitsgebiet zuzuordnende Steuersubstrat zugreifen darf und das ihm insbesondere auch gestattet, Steuerausländer einer auf ihre inländischen Einkünfte beschränkten Steuerpflicht[17] zu unterwerfen. Der AEUV überlässt es somit den allein zuständigen Staaten, ihre Ertragshoheiten wechselseitig abzustimmen und Behinderungen des grenzüberschreitenden Wirtschaftens zwischenstaatlich

---

talanteilen ohne Aufdeckung stiller Reserven, indem sie die Besteuerung steuerverstrickter Gewinne bis zu ihrer Realisierung aufschiebt.

[12] Die Richtlinie 90/435/EWG v. 23.7.1990, ABl. EG Nr. L 225/6 ff. (Mutter-Tochter-Richtlinie) beseitigt Mehrbelastungen bei Dividendenausschüttungen einer Tochter an ihre ausländische Muttergesellschaft, indem einerseits die Quellensteuern auf der ausschüttenden Tochter beschränkt, anderseits die Dividenden bei der Mutter freigestellt oder die Quellensteuern angerechnet werden.

[13] Die Richtlinie 2003/49/EG v. 3.6.2003, ABl. EG Nr. L 157/49 ff. (Zins-Lizenzgebühren-Richtlinie) verhindert Doppelbelastungen grenzüberschreitend gezahlter Zinsen und Lizenzgebühren verbundener Unternehmen durch Freistellung im Quellenstaat.

[14] Richtlinie 2003/48/EG v. 3.6.2003; ABl. EG Nr. L 157/38 ff. (Zinsbesteuerung).

[15] Ergänzend sieht die Richtlinie 77/799/EWG v. 19.12.1977, ABl. EG Nr. L 336/15 ff. (Amtshilferichtlinie) einen punktuellen Austausch von Auskünften vor.

[16] Vgl. auch das ebenfalls auf Art. 293 EG gestützte Schiedsübereinkommen zwischen den EU-Staaten, auf dessen Grundlage Berichtigungen von Konzernverrechnungspreisen zwischen den Finanzbehörden der beteiligten Staaten abzustimmen sind; Übereinkommen 90/436/EWG vom 23.07.1990, ABl. EG Nr. L 225/10 ff.; verlängert durch Protokoll vom 25.05.1999, ABl. EG Nr. C 202/1 ff.

[17] Legitimierender Grund der beschränkten Steuerpflicht ist ein globaläquivalentes Verhältnis von Nutzen und Lasten der Hoheitsgewalt; vgl. *J. Hey*, Die beschränkte Steuerpflicht im Licht von Territorialitätsprinzip, Isolationstheorie und Objektsteuercharakter, in: Gassner u.a., Die beschränkte Steuerpflicht im Einkommen- und Körperschaftsteuerrecht, S. 15 (17 und 31); *M. Lehner*, Das Territorialitätsprinzip im Lichte des Europarechts, in: Festschrift für Franz Wassermeyer, S. 241 (257).

abzubauen,[18] bestätigt also die auch außerhalb Europas geltenden Grund-prinzipien des internationalen Steuerrechts.[19] Der sogenannte „Steuerwett-bewerb" wird mithin auf europäischer Ebene nicht planmäßig reguliert, sondern allein durch einen informellen Verhaltenskodex[20] zur Unterneh-mensbesteuerung gemäßigt.

Gleichzeitig hat das Europarecht aber ungewollt zur Verschärfung des Staatenwettbewerbs beigetragen. Denn der Gerichtshof der Europäischen Union handhabt die an sich auf den Wettbewerb zwischen Unternehmen zugeschnittenen Kompetenzausübungsschranken der Marktfreiheiten[21] der-art extensiv, dass sie auch nichtdiskriminierende Ausgestaltungen der nati-onalen Steuerhoheit erschweren.[22] Eine weite Tatbestandsinterpretation, die nahezu jede rechtlich oder faktisch ungleiche Wirkung als tatbestands-mäßig und damit rechtfertigungsbedürftig ansieht, und eine enge Ausle-gung an sich anerkannter Rechtfertigungsgründe, die infolge ihrer überfor-dernden Voraussetzungen häufig bedeutungslos bleiben, haben dazu ge-führt, dass zahlreiche an sich wettbewerbsneutrale Nachteile, die einem EU-Ausländer im Inland oder einem im Ausland tätigen Steuerinländer

---

[18] EuGH, Rs. C-336/96, Gilly, Slg. 1998, S. I-2793, Rn. 30; Rs. C-307/97, Saint-Gobain, Slg. 1999, S. I-6161, Rn. 57; Rs. C-376/03, D, Slg. 2005, S. I-5821, Rn. 49 ff.: Befugnis der Staaten, die Steuerhoheit zwischenstaatlich aufzuteilen und Doppelbesteue-rungen zu vermeiden. Im Einzelnen ist das Verhältnis von DBA und Europarecht unge-klärt; vgl. *A. Cordewener/A. Schnitger*, StuW 2006, S. 50 ff.; *M. Lehner*, IStR 2001, S. 329 (331 ff.); *J. Schönfeld*, StuW 2006, S. 79 ff. Jedenfalls sollten die DBA bei der An-wendung der Marktfreiheiten Berücksichtigung finden; *Chr. Seiler*, StuW 2005, S. 25 (30 f.).

[19] Vgl. auch EuGH, Rs. C-346/04, Conijin, Slg. 2006, S. I-06137, Rn. 17 (ausdrückli-che Bezugnahme auf die im OECD-Musterabkommen verankerten Anknüpfungspunkte des internationalen Steuerrechts).

[20] Entschließung des Rates und der im Rat vereinigten Regierungsvertreter v. 1.12.1997 über einen Verhaltenskodex für die Unternehmensbesteuerung, ABl. EG Nr. C 2/2 ff.

[21] Die gemäß Art. 26 Abs. 2 AEUV dem Binnenmarktziel zugeordneten (Grund- oder treffender) Marktfreiheiten schützen den grenzüberschreitenden Verkehr von Waren (Art. 34 ff. AEUV), Personen (Art. 45 ff. AEUV, Art. 49 ff. AEUV), Dienstleistungen (Art. 56 ff. AEUV) und Kapital (Art. 63 ff. AEUV) und übernehmen dabei eine dynami-sche Hebelfunktion für die weitere Integration. Siehe *Th. Kingreen*, Die Struktur der Grundfreiheiten des Europäischen Gemeinschaftsrechts; *St. Langer*, Grundlagen einer internationalen Wirtschaftsverfassung, S. 96 ff.; zum Normzweck speziell der (beispiel-gebenden) Warenverkehrsfreiheit *P.-Chr. Müller-Graff*, in: von der Groeben/Thie-sing/Ehlermann, Kommentar zum EU-/EG-Vertrag, Bd. 1, 5. Aufl., Art. 30 EG a.F., Rdnr. 1 ff.

[22] Dabei wird ungeachtet des Wortlautes von Art. 65 Abs. 1 AEUV auch der Spezial-fall der Kapitalverkehrsfreiheit unterschiedslos behandelt; EuGH, Rs. C-315/02, Lenz, Slg. 2004, S. I-07063, Rn. 26.

durch die unabgestimmte Anwendbarkeit zweier Steuerrechtsordnungen drohen, als Verstoß gegen den AEUV verworfen worden sind.

All dies gilt jedenfalls für die bis vor kurzem ergangene Rechtsprechung.[23] So hat es der EuGH beispielsweise im Fall „Marks & Spencer" für grundsätzlich geboten erachtet, ausländische Verluste, die in ihrem Entstehungsland nicht berücksichtigt werden können, inländischen Verlusten gleichzustellen und sie ebenso wie jene steuermindernd anzusetzen, obwohl das Völkerrecht die Besteuerung spiegelbildlicher ausländischer Gewinne verbieten würde.[24] Selbst mißbrauchsabwehrende Maßnahmen zur Vermeidung zielgerichteter Steuerentstrickungen wurden erschwert oder sogar verhindert.[25] Insbesondere lief der bis dato wichtigste vom EuGH entwickelte steuerrechtsspezifische Rechtfertigungsgrund, das Argument der Kohärenz,[26] durchgängig leer. Es besagt zwar, dass steuerliche Nachteile gerechtfertigt sein können, sofern sie in einem unmittelbaren Zusammenhang mit entsprechenden Vorteilen stehen, griff aber kaum jemals durch, weil der EuGH die Kohärenz nicht system-, sondern einzelfallbezogen versteht, zusätzlich einen übermäßig engen Bezug von Vor- und Nachteil fordert und grundsätzlich nur individuell[27] wirkende Kompensationen anerkennt. Auch der ungeschriebene Rechtfertigungsgrund des legitimen Ziels führte regelmäßig nicht weiter, vor allem weil der EuGH die staatliche Ertragshoheit über im Inland erwirtschaftete Gewinne nicht als rechtfertigungstaugliches Schutzgut herangezogen hat.[28] Die Abwehr von Steuermindereinnahmen als solche sei – an sich zutreffend, aber mangels Differenzierung nach dem Ort der Erwirtschaftung des Steuersubstra-

---

[23] Siehe aber sogleich zur nunmehr in den Vordergrund rückenden „Wahrung der Aufteilung der Besteuerungsbefugnis zwischen den Mitgliedstaaten".

[24] EuGH, Rs. C-446/03, Marks & Spencer, Slg. 2005, S. I-10837. Behutsamer jüngst EuGH, Rs. C-414/06, Lidl Belgium, DStR 2008, S. 1030; hierzu *Chr. Seiler/G. Axer*, IStR 2008, S. 838 ff.

[25] EuGH, Rs. C-196/04, Cadbury Schweppes, Slg. 2006, S. I-07995; verhindern lassen sich hiernach wohl nur reine Briefkastenfirmen ohne irgendeine (auch sonstige) wirtschaftliche Tätigkeit.

[26] EuGH, Rs. C-204/90, Bachmann, Slg. 1992, S. I-249, Rn. 21 ff.; Rs. C-300/90, Kommission/Belgien, Slg. 1992, S. I-305, Rn. 14 ff.; obgleich im Mittelpunkt der Diskussion stehend hat der EuGH den unmittelbaren Zusammenhang von Vor- und Nachteil in allen hierauf folgenden Urteilen verneint oder jedenfalls nicht durchgreifen lassen. Zu weiteren möglichen Rechtfertigungsgründen *H. Hahn*, DStZ 2005, S. 507 ff.

[27] EuGH, Rs. C-294/97, Eurowings, Slg. 1999, S. I-7447, Rn. 41 f.; Rs. C-168/01, Bosal, Slg. 2003, S. I-9409, Rn 30. Vorsichtig gelockert wird dieser individuelle Zusammenhang durch EuGH, Rs. C-319/02, Manninen, Slg. 2004, S. I-7477, wo Kapitalgesellschaft und Anteilseigner gemeinsam betrachtet werden (die konkrete Ausgestaltung aber als nicht erforderlich beanstandet wird). Damit ist noch immer keine Systemkohärenz gemeint.

[28] Siehe bereits EuGH, Rs. 270/83, Avoir fiscal, Slg. 1986, S. 273, Rn. 25; st. Rspr.

tes doch sehr pauschal – kein zwingender Grund des Allgemeinwohls, zumal die Besteuerung im anderen Land als gleichwertige Kompensation anzusehen sei.[29]

Insgesamt hat die gegenständlich unbeschränkte[30] Reichweite der Anwendungsvorrang beanspruchenden Marktfreiheiten eine Asymmetrie von nationaler Kompetenz und europäischer Kompetenzausübungsschranke erzeugt. Eine solche mag zwar in ähnlicher Form auch in anderen Rechtsbereichen anzutreffen sein. Im Recht der direkten Besteuerung erhält sie aber eine andere Qualität, führt sie doch nicht allein zur Konkurrenz von Rechtsmaßstäben, sondern eröffnet zusätzlich manchen Steuerpflichtigen die Wahl zwischen unterschiedlich hohen Zahlungspflichten trotz wirtschaftlich gleichwertiger Sachverhalte. Im Ergebnis hat genau dieses unabgestimmte Auseinanderfallen staatlicher Kompetenzen und andersartiger europäischer Kompetenzausübungsschranken den schädlichen „Steuerwettbewerb" entfacht und verschärft, demgegenüber der parlamentarische Gesetzgeber weite Teile seiner realen Gestaltungsfreiheit eingebüßt hat.[31]

II. Schonender Ausgleich zwischen Steuerstaatlichkeit und Marktprinzip

Hinter diesem Befund steht letztlich ein Spannungsverhältnis zweier wesensverschiedener Rechtsmaßstäbe. Auf der einen Seite verlangen der zur innerstaatlichen Solidarität verpflichtende Grundsatz der Steuerstaatlichkeit[32] und der zugehörige Belastungsmaßstab des Leistungsfähigkeitsprin-

---

[29] EuGH, Rs. C-324/00, Lankhorst-Hohorst, Slg. 2002, S. I-11779, Rn. 36 ff.; im Anschluss an EuGH, Rs. C-264/96, ICI, Slg. 1998, S. I-4695, Rn. 28.

[30] Der Gerichtshof der Europäischen Union hat die steuerrechtliche Reichweite der Marktfreiheiten schon früh vom Bestand einer europäischen Harmonisierungskompetenz gelöst; EuGH, Rs. 270/83, Avoir fiscal, Slg. 1986, S. 273, insbes. Rn. 24, seither st. Rspr. – Vgl. auch die gängige Formulierung des Gerichtshofs der Europäischen Union, zwar fielen die direkten Steuern nicht in die Zuständigkeit der Union, jedoch müssten die Mitgliedstaaten die ihnen verbliebenen Befugnisse unter Wahrung des Unionsrechts ausüben; ständige Rspr. seit EuGH, Rs. C-279/93, Schumacker, Slg. 1995, S. I-225, Rn. 21.

[31] Vgl. *J. Hey*, JZ 2006, S. 851 (852 f.): durch die Rechtsprechung des Gerichtshofs der Europäischen Union ausgelöster, vom Staat anzunehmender „Steuersubstratwettbewerb".

[32] Grundlegend zum Prinzip der Steuerstaatlichkeit *J. Isensee*, Steuerstaat als Staatsform, in: Festschrift für Hans Peter Ipsen, S. 409 ff. – Kernaussage ist die vorrangige Staatsfinanzierung durch Steuern, deren Unabhängigkeit von konkreten Gegenleistungen eine Distanz zwischen Finanzier und Finanziertem herstellt. Die so gegebene anonymisierte Globaläquivalenz (Begriff nach *H. Kube*, Finanzgewalt in der Kompetenzordnung, S. 59, Fußnote 209) von Staatslasten und -leistungen schont im Verzicht auf die Alternative einer Staatswirtschaft die Freiheit und konstituiert zugleich eine Solidargemeinschaft, innerhalb derer dank voraussetzungslos verfügbarer Finanzmittel demokratische Gestaltung und sozialstaatliche Umverteilung möglich werden. Die Regelfinanzierung des Staates durch Steuern erweist sich so als prägendes Element der Verfassungsstaatlichkeit.

zips[33] eine gleichheitskonforme Inanspruchnahme aller Zugehörigen zur Staatsfinanzierung, deren je einzelstaatliche, im Kern aber gemeineuropäische Ausgestaltung durch die europäische Kompetenzordnung anerkannt und durch den Regelungsauftrag des bisherigen Art. 293 EG[34] (deklaratorisch) bestätigt wird. Auf der anderen Seite gebieten das Binnenmarktkonzept und speziell die Marktfreiheiten, jeden Einsatz des Steuerrechts zu protektionistischen Zwecken zu unterbinden, um einen möglichst unverzerrten Wettbewerb zwischen konkurrierenden Unternehmen zu ermöglichen.

Steuerstaatlich geformter Solidarverband und marktwirtschaftliches Konkurrenzdenken können mithin in je verschiedene Richtungen weisen und bedürfen daher wechselseitiger Abstimmung. Der Befund eines schädlichen Staatenwettbewerbs und die faktische Mitursächlichkeit des Europarechts belegen indes, dass ihr Verhältnis derzeit in einer dem Kernanliegen der europäischen Einigung widersprechenden Art und Weise außer Balance geraten ist. Denn das Unionsrecht dient der engen Kooperation sich wechselseitig unterstützender Staaten, nicht aber dem nationalen Eigennutz zu Lasten des Nachbarn. Nicht zuletzt der Grundsatz der Unionstreue (Art. 4 Abs. 3 EUV) drängt deshalb auf einen schonenden Ausgleich der widerstreitenden Prinzipien. Wechselseitige Solidarität der europäischen Steuerstaaten und grenzüberschreitender Wettbewerb der Marktteilnehmer sind miteinander in Einklang zu bringen, auch um die innerstaatliche Solidarität der Steuerbürger nicht über Gebühr zu verkürzen.

Ein solcher Ausgleich könnte in ferner Zukunft im Wege einer vertraglich legitimierten Vereinheitlichung von Steuer- und Sozialstaatlichkeit gelingen.[35] Solange dies jedoch politisch unrealisierbar bleibt[36], kann nur

---

[33] Das Leistungsfähigkeitsprinzip gebietet ausgehend vom Markterfolg als Gegenstand der Einkommensbesteuerung, alle dem Erwerb sowie der Existenzsicherung des Steuerpflichtigen (Art. 1 Abs. 1 GG) und seiner Familie (Art. 6 GG) dienenden Einkommensbestandteile vom Steuerzugriff auszunehmen; innerhalb dieser äußeren Grenzen fordert der Gleichheitssatz die folgerichtige Ausgestaltung einmal getroffener Belastungsentscheidungen. Siehe BVerfGE 43, 108 (120) (Kinderfreibeträge); E 61, 319 (343 f.) (Alleinerziehende); E 66, 214 (222 f.) (zwangsläufige Unterhaltsaufwendungen); E 82, 60 (85 ff.) (Familienleistungsausgleich); E 87, 153 (169 ff.) (Existenzminimum); E 99, 216 (233 f.) (Betreuungsbedarf); *D. Birk*, Das Leistungsfähigkeitsprinzip als Maßstab der Steuernormen; *P. Kirchhof*, Staatliche Einnahmen, in: Isensee/Kirchhof, HStR, Bd. IV, 2. Aufl., § 88, Rn. 114 ff.; *J. Lang*, Konkretisierungen und Restriktionen des Leistungsfähigkeitsprinzips, in: Festschrift für Heinrich Wilhelm Kruse, S. 313 ff.; *K. Vogel*, Der Finanz- und Steuerstaat, in: Isensee/Kirchhof, HStR, Bd. II, 3. Aufl., § 87, Rn. 90 ff.

[34] Im AEUV fehlt eine ausdrückliche Nachfolgeregelung zu Art. 293 EG. Die Rechtslage dürfte sich hierdurch jedoch nicht geändert haben. Vgl. hierzu oben S. 399.

[35] Ein Zwischenschritt auf diesem Weg läge in einer Harmonisierung der (unternehmensbezogenen) Bemessungsgrundlagen, wie sie auch die Kommission anstrebt. Dies

eine behutsame Handhabung der Marktfreiheiten zur Wiederherstellung des Gleichgewichts von steuerstaatlicher Kompetenz und binnenmarktbezogener Kompetenzausübungsschranke genutzt werden.[37] Vorschläge hierzu wurden in der Literatur[38] entwickelt. Vorsichtige Schritte in diese Richtung lassen sich auch den Begründungen einiger jüngerer Urteile des EuGH[39] entnehmen, die zumeist um die Rechtsfigur einer „Wahrung der Aufteilung der Besteuerungsbefugnis zwischen den Mitgliedstaaten" kreisen, ohne deren genaue Bedeutung bereits vollständig entfaltet zu haben.[40] Im Kern wird es darum gehen, einerseits auf Tatbestandsebene bloße Zufallsfolgen des unabgestimmten Aufeinandertreffens je für sich diskriminierungsfreier Steuerrechtsordnungen herauszufiltern und andererseits auf Rechtfertigungsebene nicht protektionistische Maßnahmen zum Schutze des in einem Staat erwirtschafteten und ihm doppelbesteuerungsrechtlich zugeordneten Steuersubstrates gegen rein gestalterische Steuerentstrickungen anzuerkennen. Prüfstein der Rechtmäßigkeit einer nationalen Steuernorm sollte dabei jeweils die Frage sein, inwiefern sie darauf angelegt ist, die Gleichmäßigkeit der Belastung inländischer Leistungsfähigkeit abzusichern oder wiederherzustellen.

---

würde jedoch zunächst die Transparenz und damit Vergleichbarkeit der Rechtslagen erhöhen, also den „Steuerwettbewerb" vorerst verschärfen. Lösen ließe sich das Problem nur durch eine (auf absehbare Zeit unrealistische) parallele Vergemeinschaftung von Steuergegenstand, Bemessungsgrundlage, Steuertarif und Steuervollzug.

[36] Eines der zum irischen Referendum über den Vertrag von Lissabon vorgetragenen Hauptargumente der Vertragsgegner, lag in der (unbegründeten) Sorge, mit diesem Dokument die Einstimmigkeit des Art. 115 AEUV (und damit die irischen Niedrigsteuern) zu gefährden.

[37] Siehe auch *M. Lehner*, DStJG 23 (2000), S. 263 (280 f.).

[38] Zum Folgenden siehe *Chr. Seiler*, Steuerstaat und Binnenmarkt, in: Festschrift für Josef Isensee, S. 875 (890 ff.). Zum Themenkreis siehe auch *K.-R. Ahmann*, DStZ 2005, S. 75 (79); *L. Albath/N. Wunderlich*, DStZ 2005, S. 547 (552 ff.); *dies.*, EWS 2006, S. 205 ff.; *E. Klein*, DStJG 19 (1996), S. 7 (28 f.); *M. Lehner*, IStR 2001, S. 329 (337); *ders.*, Das Territorialitätsprinzip im Lichte des Europarechts, in: Festschrift für Franz Wassermeyer, S. 241 (257); *Joachim Wieland*, Der Europäische Gerichtshof als Steuergesetzgeber?, in: Festschrift für Manfred Zuleeg, S. 492 (503 f.).

[39] Vgl. z.B. EuGH, Rs. C-319/02, Manninen, Slg. 2004, S. I-7477; Rs. C-446/03, Marks & Spencer, Slg. 2005, S. I-10837; Rs. C-196/04, Cadbury Schweppes, Slg. 2006, S. I-07995; Rs. C-346/04, Conijin, Slg. 2006, S. I-06137; Rs. C-470/04, N, Slg. 2006, S. I-07409; Rs. C-471/04, Keller Holding, Slg. 2006, S. I-02107; Rs. C-513/04, Kerckhaert und Morses, Slg. 2006, S. I-10967; Rs. C-170/05, Denkavit, Slg. 2006, S. I-11949; Rs. C-347/04, Rewe Zentralfinanz, Slg. 2007, S. I-02647; Rs. C-231/05, Oy AA, Slg. 2007, S. I-06373; Rs. C-414/06, Lidl Belgium, DStR 2008, S. 1030; Rs. C-157/07, Krankenheim Wannsee, IStR 2008, S.769 ff.

[40] Siehe exemplarisch *Chr. Seiler/G. Axer*, IStR 2008, S. 838 ff., zur Handhabung dieses Kriteriums in der Entscheidung EuGH, Rs. C-414/06, Lidl Belgium, DStR 2008, S. 1030.

C. Irreführender Charakter des Wettbewerbsbegriffs

Der Begriff eines „Steuerwettbewerbs" beschreibt nach alledem zutreffend eine tatsächliche Fehlentwicklung, die auch rechtlich bedingt ist und juristisch gemäßigt werden könnte. Gleichwohl sollte der Begriff allgemein und vor allem im rechtswissenschaftlichen Kontext vermieden werden, weil er einander wesensfremde Kategorien vermengt und hierdurch den Blick auf die eigentlichen Fragen verstellt.

So ist der Begriff unglücklich gewählt, weil er einen der gesellschaftlichen Sphäre zugehörigen Sachverhalt unkritisch auf die Ausübung von Hoheitsgewalt überträgt. Es gibt jedoch keinen „Markt" der Staaten und damit im eigentlichen Sinne auch keinen Wettbewerb zwischen ihnen. Staaten werben sich nicht gegenseitig Kunden ab und wollen sich erst recht nicht wechselseitig aus einem Markt verdrängen, das heißt in letzter Konsequenz in die Insolvenz treiben. Ebenso fehlt das für einen freien Wettbewerb kennzeichnende Element der Privatautonomie. Der Steuerpflichtige genießt nicht die Freiheit des Nachfragers, der beliebig zum günstigsten Anbieter wechselt und dessen Leistungen dann durch ein ausgehandeltes Äquivalent entgilt. Er ist vielmehr grundrechtsberechtigt in die steuerstaatliche Solidargemeinschaft eingebunden, die aus für die Verfassungsstaatlichkeit konstituierenden Gründen keine Individual-, sondern eine anonymisierte Globaläquivalenz[41] der Steuerlast einschließlich einer sozialstaatlichen Umverteilung zu Lasten der Leistungsfähigen anstrebt. Ähnliches gilt umgekehrt und erst recht für den Staat, der sich weder sein Gegenüber, das heißt seine Bürger, aussuchen noch sich auf gewinnbringendes Staatshandeln spezialisieren dürfte.

Über diese Ungenauigkeiten hinaus erweckt eine solche Terminologie auch schädliche Missverständnisse. Denn der eher positive Assoziationen weckende und für die privatwirtschaftliche Konkurrenz angemessene Wettbewerbsbegriff verstellt mit den ihn unausgesprochen begleitenden, im Staatenstreit aber unpassenden Vorstellungen von Leistungsbereitschaft, Effizienz und Wohlstandsgewinn den Blick auf die drohenden Verluste an demokratischer Gestaltungskraft, sozialstaatlicher Verantwortung und grundrechtlicher Gleichheit, die in der literarischen Diskussion zum „Staatenwettbewerb" bezeichnenderweise kaum erörtert werden. Gleichzeitig verschiebt er die Argumentationslasten: Wer die Maßstäbe des Grundgesetzes in Erinnerung ruft, gerät in den Verdacht, sich der Konkurrenz nicht stellen zu wollen und stattdessen nationale Sonderwege zu beschreiten und eigene Besitzstände zu verteidigen.

---

[41] Siehe *Chr. Seiler*, Steuerstaat und Binnenmarkt, in: Festschrift für Josef Isensee, S. 875 (875 ff.).

Schließlich bleibt der nichtrechtliche Charakter eines solchen Wettbewerbsbegriffs hervorzuheben. Insbesondere erlangt er keine europarechtliche Bedeutung und dürfte nicht mit den unionsrechtlichen Wettbewerbsregeln für Unternehmen verwechselt werden. Zwar wird der europäische Systemwettbewerb nicht selten im Zusammenhang konkreter Interpretationen des Unionsrechts erörtert und sogar aus ihnen gefolgert[42], jedoch kann es sich dabei nur um eine Beobachtung tatsächlicher Fehlentwicklungen handeln, die als politische Folgewirkung einen faktischen Anpassungsdruck auf einzelne Staaten erzeugen, mobile Leistungsfähigkeit steuerlich zu privilegieren. Das Recht hingegen wünscht keine Konkurrenz der europäischen Staaten, sondern zielt in einer Gesamtschau seiner vielfältigen Einzelaussagen darauf ab, das wettbewerbliche Gegeneinander der Unternehmen mit einem schonenden Miteinander der Staaten zu verbinden. Gelingt dies nicht, drohen der Union und ihren Mitgliedstaaten ernsthafte politische Konflikte[43] und erhebliche Legitimitätseinbußen. Denn die durch den „Steuerwettbewerb" bereits veranlassten und noch zu befürchtenden massiven Durchbrechungen der Steuergerechtigkeit schwächen letztlich das Vertrauen der Menschen in die Berechtigung der Hoheitsgewalt.

Literatur

Ahmann, Karin-Renate (2005): Das Ertragssteuerrecht unter dem Diktat des Europäischen Gerichtshofs? Können wir uns wehren?, DStZ 2005, S. 75 ff.

Albath, Lars/Wunderlich, Nina (2005): Der Europäische Gerichtshof und die direkten Steuern, DStZ 2005, S. 547 ff.

– (2006): Wege aus der Steuersackgasse? Neue Tendenzen in der Rechtsprechung des EuGH, EWS 2006, S. 205 ff.

Becker, Ulrich/Schön, Wolfgang (Hrsg.) (2005): Steuer- und Sozialstaat im europäischen Systemwettbewerb, 2005.

Birk, Dieter (1983): Das Leistungsfähigkeitsprinzip als Maßstab der Steuernormen.

– (2005): Das sog. „Europäische Steuerrecht", FR 2005, S. 121 ff.

– (2002): Europäische Grundfreiheiten und nationales Steuerrecht, 2002.

Cordewener, Axel/Schnitger, Arne (2006): Europarechtliche Vorgaben für die Vermeidung der internationalen Doppelbesteuerung im Wege der Anrechnungsmethode, StuW 2006, S. 50 ff.

Drüen, Klaus-Dieter/Kahler, Björn (2005): Die nationale Steuerhoheit im Prozess der Europäisierung, StuW 2005, S. 171 ff.

---

[42] Vgl. die Beiträge im Tagungsband von *Ulrich Becker/Wolfgang Schön*, Steuer- und Sozialstaat im europäischen Systemwettbewerb.

[43] Derartige Konflikte drohen vor allem im Verhältnis der Mitgliedstaaten zur EU; vgl. den gegen den EuGH gerichteten Aufruf an BMF und Finanzgerichte zur „verfassungsrechtlich abverlangten Konfliktbereitschaft", geäußert von der BFH-Richterin *K.-R. Ahmann*, DStZ 2005, S. 75 (80) (S. 78 f.: „Notwehr gegen Europa").

Everett, Mary (2006): Der Einfluss der EuGH-Rechtsprechung auf die direkten Steuern, DStZ 2006, S. 357 ff.

Hahn, Hartmut (2005): Gemeinschaftsrecht und Recht der direkten Steuern, DStZ 2005, S. 433 ff., 469 ff., 507 ff.

Herzig, Norbert (1996): Besteuerung der Unternehmen in Europa – Harmonisierung im Wettbewerb der Systeme, DStJG 19, S. 121 ff.

Hey, Johanna (2004): Die beschränkte Steuerpflicht im Licht von Territorialitätsprinzip, Isolationstheorie und Objektsteuercharakter, in: Gassner u.a. (Hrsg.), Die beschränkte Steuerpflicht im Einkommen- und Körperschaftsteuerrecht, S. 15 ff.

– (2006): Besteuerung von Einkommen – Aufgaben, Wirkungen und europäische Herausforderungen, JZ 2006, S. 851.

Isensee, Josef (1977): Steuerstaat als Staatsform, in: Stödter/ Flume (Hrsg.), Hamburg Deutschland Europa, Festschrift für Hans Peter Ipsen, S. 409 ff.

Jacobs, Otto H. (2002): Internationale Unternehmensbesteuerung, 5. Auflage.

Kingreen, Thorsten (1999): Die Struktur der Grundfreiheiten des Europäischen Gemeinschaftsrechts.

Kirchhof, Paul (1999): Staatliche Einnahmen, in: Isensee/Kirchhof (Hrsg.), HStR, Bd. IV, 2. Aufl., § 88.

– (2003): Die rechtliche Struktur der Europäischen Union als Staatenverbund, in: Bogdandy (Hrsg.), Europäisches Verfassungsrecht, S. 893 ff.

Klein, Eckart (1996): Der Einfluß des Europarechts auf das deutsche Steuerrecht, DStJG 19, S. 7 ff.

Kube, Hanno (2003): Grundfreiheiten und Ertragskompetenz – die Besteuerung der grenzüberschreitenden Konzernfinanzierung nach dem Lankhorst-Urteil des EuGH, IStR 2003, S. 326 ff.

– (2004): Finanzgewalt in der Kompetenzordnung.

Lang, Joachim (2001): Konkretisierungen und Restriktionen des Leistungsfähigkeitsprinzips, in: Drenseck (Hrsg.), Festschrift für Heinrich Wilhelm Kruse, S. 313 ff.

Langer, Stefan (1995): Grundlagen einer internationalen Wirtschaftsverfassung.

Laule, Gerhard (2003): Auswirkungen der EuGH-Rechtsprechung auf deutsche Steuervorschriften, S. 9 ff.

Lehner, Moris (2000): Begrenzung der nationalen Besteuerungsgewalt durch die Grundfreiheiten und Diskriminierungsverbote des EG-Vertrages, DStJG 23, S. 263 ff.

– (2001): Der Einfluss des Europarechts auf die Doppelbesteuerungsabkommen IStR 2001, S. 329 ff.

– (2005): Das Territorialitätsprinzip im Lichte des Europarechts, in: Gocke (Hrsg.), Körperschaftsteuer, Internationales Steuerrecht, Doppelbesteuerung, Festschrift für Franz Wassermeyer, S. 241 ff.

Leisner, Anna (2000): Europa als Wettbewerbsgemeinschaft von Staaten, in: Kirchhof/Lehner/Raupach/Rodi (Hrsg.), Staaten und Steuern, Festschrift für Klaus Vogel, S. 593 ff.

Müller-Graff, Peter-Christian (1997): Art. 30 EG a.F., in: von der Groeben/Thiesing/ Ehlermann (Hrsg.), Kommentar zum EU-/EG-Vertrag, Bd. 1, 5. Aufl.

Reimer, Ekkehart (2000): Die Auswirkungen der Grundfreiheiten auf das Ertragsteuerrecht der Bundesrepublik Deutschland – Eine Bestandsaufnahme, in: Lehner (Hrsg.), Grundfreiheiten im Steuerrecht der EU-Staaten, S. 39 ff.

Schön, Wolfgang (2000): Der „Wettbewerb" der europäischen Steuerrechtsordnungen als Rechtsproblem, DStJG 23, S. 191 ff.

– (2004): Besteuerung im Binnenmarkt – die Rechtsprechung des EuGH zu den direkten Steuern, IStR 2004, S. 289 ff.

Schönfeld, Jens (2006): Doppelbesteuerung und EG-Recht, StuW 2006, S. 79 ff.

Seiler, Christian (2005): Das Steuerrecht unter dem Einfluß der Marktfreiheiten, StuW 2005, S. 25 ff.

– (2006): Besteuerung von Einkommen – Aufgaben, Wirkungen und europäische Herausforderungen, Gutachten F für den 66. Deutschen Juristentag, S. F 16 ff.

– (2007): Steuerstaat und Binnenmarkt, in: Depenheuer/Heintzen/Jestaedt/Axer (Hrsg.), Staat im Wort, Festschrift für Josef Isensee, S. 875 ff.

– (2008): § 4h EStG, in: Kirchhof (Hrsg.), Einkommensteuergesetz, 8. Aufl.

Seiler, Christian/Axer, Georg (2008): Die EuGH-Entscheidung im Fall „Lidl Belgium" als Zwischenschritt auf dem Weg zur Abstimmung von nationaler Steuerhoheit und europäischem Recht, IStR 2008, S. 838 ff.

Vogel, Klaus (1999): Grundzüge des Finanzrechts des Grundgesetzes, in: Isensee/Kirchhof (Hrsg.), HStR, Bd. IV, 2. Aufl., § 87.

– (2004): Der Finanz- und Steuerstaat, in: Isensee/Kirchhof (Hrsg.), HStR, Bd. II, 3. Aufl., § 87.

Wieland, Joachim (2005): Der Europäische Gerichtshof als Steuergesetzgeber?, in: Gaitanides u.a. (Hrsg.), Europa und seine Verfassung, Festschrift für Manfred Zuleeg, S. 492 ff.

GESELLSCHAFTSRECHT

Wettbewerb der Normsetzer im Gesellschaftsrecht

Barbara Grunewald

Aufbauend auf den Ausführungen von Herrn *Müller* gilt es nun zu überlegen, ob ein Wettbewerb der Normsetzer in Europa überhaupt wünschenswert erscheint oder ob nicht das ursprüngliche Konzept einer sukzessiven Harmonisierung der Gesellschaftsrechte der Nationalstaaten weiter verfolgt werden sollte (A). Wie reagiert der deutsche Gesetzgeber auf die neuen Herausforderungen (B), wie die Europäische Union (C)? Das Referat schließt mit einer kurzen Zusammenfassung in Thesen (D).

A. Vor- und Nachteile der Verlagerung der Regelsetzung auf die Ebene der Mitgliedstaaten

I. Vorteile

Geht man davon aus, dass die Mitgliedstaaten den Wettbewerb der Rechtsordnungen eröffnet haben, so wird Folge davon auch sein, dass zwingendes Recht auf EU-Ebene an Boden verliert. Dies kann Vorteile zur Folge haben, die über die mit jedem Wettbewerb der Rechtsordnungen verbundenen positiven Auswirkungen (insbesondere Nutzung des Ideenreichtums der Mitgliedstaaten) noch hinausgehen.

Solange nämlich die Normen auf der Ebene der Europäischen Union verfasst werden, wirken sich die spezifischen Nachteile der Regelsetzung auf dieser Ebene aus. Der EU-Gesetzgeber ist langsam, da der Abstimmungsprozess komplex ist. Eine schnelle Anpassung – wie sie gerade im Bereich des europäischen Gesellschaftsrechts erforderlich sein kann – ist damit regelmäßig nicht möglich.

Ein weiterer Nachteil europäischer Normsetzung liegt darin, dass das europäische Recht oftmals punktuelles Recht ist, das zudem vielfach wenig systematisch ist. Auch fügt sich das europäische Recht zumindest nicht in jede Rechtsordnung der Mitgliedstaaten problemlos ein. Das wiederum hat zur Folge, dass es auf der Ebene der Mitgliedstaaten an der Systemkonformität des nationalen Rechts infolge der Rechtssetzung auf der Ebene der Europäischen Union fehlt.

Zugleich hat die Umsetzung von europäischen Regeln, die zumindest in manchen Mitgliedstaaten unbekannt sind, zur Folge, dass die Rechtsanwender Kosten für die Einarbeitung in dieses neue Regelungskonzept in Rechnung stellen müssen.[1]

II. Nachteile

Neben die Nachteile, die jeder Wettbewerb der Rechtsordnungen mit sich bringen kann (insbesondere Außerachtlassung der Interessen derjenigen, die nicht die Rechtsordnung wählen),[2] treten speziell im Bereich der Verlagerung der Regelsetzung von der europäischen Ebene auf die Ebene der Mitgliedstaaten im Bereich des Gesellschaftsrechts weitere Nachteile hinzu. Hierzu gehört einmal der Verlust an Standardisierung.[3] Wer mit Vertragspartnern, die in über 100 verschiedenen Gesellschaftsformen auftreten, Geschäfte betreiben will, hat – etwa für die Feststellung der Vertretungsverhältnisse – mehr Aufwand als derjenige, dem immer dieselbe Gesellschaftsform gegenübertritt. Dieser Aspekt hat beispielsweise dazu geführt, dass in Deutschland die Rechtsform der Aktiengesellschaft weitgehend zwingend ausgestaltet ist, da Aktien als börsengehandelte Gesellschaftsanteile standardisiert sein sollen, damit der Erwerber ohne großen Informationsaufwand weiß, was er kauft.[4]

Zugleich zeigt dieses Beispiel aber auch, dass im Bereich des Gesellschaftsrechts die Nachteile einer fehlenden Vereinheitlichung nicht überschätzt werden sollten. Soweit Gesellschaften mit mehr oder weniger geschlossenem Gesellschafterkreis in Rede stehen, kann von den Gesellschaftern ein gewisser Aufwand bei der Beschäftigung mit der Struktur ihrer Gesellschaft erwartet werden. Für die Geschäftspartner ist eine Einheitlichkeit der Rechtsform ebenfalls nicht von maßgeblicher Bedeutung. So sind zwar die Vertretungsverhältnisse für den Vertragspartner wichtig. Aber dies gilt nicht nur im Bereich der sog. organschaftlichen, also auf

---

[1] *Teichmann* (2007), 329.

[2] Dazu *Armour* (2005), 32 f.

[3] *Amour* (2005), 6; *Teichmann* (2007), 328.

[4] Kritisch insoweit *Eidenmüller* (2005), 592: Die Kosten könnten die Informationsintermediäre tragen, aber diese wälzen die Kosten auf die Erwerber der Aktien ab; wie Eidenmüller aber *Kerber* (2007), 211.

Gesellschaftsrecht beruhenden Vertretung, sondern gilt generell und ist daher kein spezifisch gesellschaftsrechtliches Problem.

Auch für die Einschätzung der Zahlungsfähigkeit einer Gesellschaft – und damit für das maßgebliche Kriterium bei der Wahl des Geschäftspartners – spielt die Rechtsform nur eine untergeordnete Rolle.

Ein weiterer Nachteil der Verlagerung der Regelungskompetenz auf die Mitgliedstaaten liegt – auf den ersten Blick verblüffend – in einem Verlust an Wettbewerb unter den Mitgliedstaaten. Man darf schließlich nicht vergessen, dass der EU-Gesetzgeber nicht etwa losgelöst von den Mitgliedstaaten Recht findet. Vielmehr gibt es ein starkes Bemühen der Mitgliedstaaten, die EU-Regeln dahingehend zu beeinflussen, dass sie mit ihren jeweiligen nationalen Rechtsordnungen übereinstimmen. Der Vorteil dieses Wettbewerbs liegt darin, dass der über die Wahl des Rechtssystems Entscheidende (eben der EU-Gesetzgeber) jedenfalls im besten Fall Gemeinwohl orientiert urteilt, während die Wahl der Rechtsform bei einem Wettbewerb der Rechtsordnungen bei der Gesellschaft, also bei dem Management oder den Gesellschaftern, liegt. Diese werden im Regelfall beispielsweise die Gläubiger- bzw. Arbeitnehmerinteressen geringer veranschlagen.

III. Zwischenergebnis

Ob die Vor- oder Nachteile einer Regelsetzung auf der Ebene der Europäischen Union überwiegen, lässt sich momentan nur schwer sagen. Vorzugswürdig ist wohl eine punktuelle Regelung auf der Ebene der Europäischen Union im Bereich der börsengehandelten Mitgliedschaften, da nur so ein gewisser Standard erreicht werden kann. Dieser Aspekt führt zu Recht dazu, dass auch das Kapitalmarktrecht immer mehr von EU-Regelungen erfasst wird.

Unterhalb dieser Ebene ist ein Wettbewerb der Rechtsordnungen wünschenswert, zumal er bereits eröffnet worden ist und stattfindet, ohne dass Verwerfungen größeren Ausmaßes aufgetreten sind.[5] Es sieht vielmehr so aus, als würde tatsächlich in Reaktion auf das Auftreten der Auslandsgesellschaften ein gewisser Innovationsschub eintreten.

---

[5] Siehe *Grundmann* (2001), 806: Regulierung auf zentraler Ebene nur anzustreben, wenn Marktversagen konsentiert ist.

B. Reaktion des deutschen Gesetzgebers auf die Eröffnung des Wettbewerbs

I. Reaktionen auf das Auftreten der Limited

1. Aufstieg und Fall der Limited

Ergebnis der geschilderten Judikatur des Gerichtshofs der Europäischen Union war in mehreren Mitgliedstaaten ein Run auf die Limited. Die Gründungszahlen wuchsen an, beispielsweise in der Bundesrepublik entwickelte sich ein richtiger Markt für diese Gesellschaftsform.[6] Dieser Trend ist mittlerweile gebrochen. Nach einer internen Statistik des *Companies House* fiel die Zahl der Direktoren mit deutscher Staatsangehörigkeit vom Höhepunkt im September 2005 von 517 auf 238 im Dezember 2007, und halbierte sich somit. Vor 2003 lag die Zahl bei ca. 100. Sollte sich der Abwärtstrend fortsetzen, läge die Zahl 2009 wieder in dem Bereich vor September 2003. Für die Niederlande ergibt sich ein im Wesentlichen gleiches Bild.

Dieselbe Entwicklung zeigt sich auch bei Betrachtung der Gewerbean- und abmeldungen durch Limiteds in Deutschland. Die Anmeldungen werden immer weniger. Die Abmeldungen steigen an. Sollte die Entwicklung so weitergehen, würden ab 2009 mehr Ab- als Anmeldungen erfolgen.

Der reale Wettbewerbsdruck ist also jedenfalls momentan eher schwach. Die Gründe für diesen Rückgang der Limited sind naturgemäß nicht näher bekannt. Es wird vermutet, dass es genau die sind, die als Nachteil der Vielfalt der Rechtsordnungen genannt werden, nämlich die hohen Kosten für die Informationsbeschaffung über das einschlägige Rechtsregime sowie das Händeln ausländischer Register.[7] Auch sind wohl über die ins Auge springenden Vorteile gerade der Limited (nämlich die geringen Gründungskosten, die schnelle Erlangung der Rechtsfähigkeit) die Nachteile aus dem Blickfeld geraten. Hierzu zählen insbesondere die weitgehenden Offenlegungspflichten.[8]

2. Das MoMiG

Eigentlich hätte der deutsche Gesetzgeber sich also zurücklehnen und nichts tun können. Das ist aber nicht geschehen.[9] Grund dafür könnte neben einer Fehleinschätzung des zu erwartenden Erfolgs der Limited auch

---

[6] *Armour* (2005), 20.

[7] Siehe *Bratton, McCahery, Vermeulen* (2007), 28.

[8] *Bratton, McCahery, Vermeulen* (2007), 28.

[9] Vgl. *Kieninger* (2007), 184 ff.: GmbH-Reform in Deutschland, Französische 1 Euro „Blitz-GmbH", Spanien: Blitz-Gründung, Mindestkapital 3012 Euro.

sein, dass die Länder, die das Mindestkapital herabgesetzt haben, auf einen noch stärkeren Abwärtstrend der Limited verweisen können.[10] Der Deutsche Bundestag hat kürzlich das Gesetz zur Modernisierung des GmbH-Rechts und zur Bekämpfung von Missbräuchen (MoMiG)[11] verabschiedet. Ausweislich der Begründung dient das Gesetz auch dazu, die GmbH international wettbewerbsfähig zu machen. Daher greift das Gesetz u.a. genau die zwei Problembereiche auf, die als Vorteil der Limited gegenüber der deutschen GmbH immer wieder genannt werden, nämlich die geringen Gründungskosten und der überschaubare Zeitaufwand bis zur Eintragung der Gesellschaft.[12]

Den Gründern wird die Möglichkeit eröffnet, die Kosten einer Beurkundung des Gründungsvorgangs zu vermeiden, sofern eine als Anlage zu dem genannten Gesetz mitgelieferte Mustersatzung verwendet wird. Da die Unterschriften der Gesellschafter unter diese Mustersatzung aber immer noch beglaubigt werden müssen, ist eine reine Online-Gründung in Deutschland auch nach Inkrafttreten des MoMiG nicht möglich.

Um den Gründungsvorgang weiter zu beschleunigen, müssen evtl. für den Betrieb des Unternehmens erforderliche Genehmigungen bei der Eintragung der GmbH ins Register nicht mehr vorgelegt werden (§ 8 Abs. 1 Nr. 6 GmbH-Gesetz wird aufgehoben). Der Gesetzgeber verlässt sich also wie bei den Personengesellschaften auf eine spätere Kontrolle.

Das alles sind nicht unerhebliche Fortschritte. Gravierender ist aber, dass das verstärkte Auftreten der Limited am Markt, also gewissermaßen der gefühlte Wettbewerb, den Gesetzgeber zu einer schon längst überfälligen kompletten Revision des GmbH-Rechts veranlasst hat. So werden – obwohl mit dem empfundenen Wettbewerbsdruck nicht in unmittelbarem Zusammenhang stehend – die Regeln über das Cash-Pooling erleichtert, die Bestimmungen über die Gesellschafterdarlehen vereinfacht und die Regeln über die Kapitalaufbringung und Kapitalerhaltung schlüssiger gestaltet. Die veränderte Rechtslage auf der Ebene der Europäischen Union hat ein Zeitfenster für Reformen geöffnet, das sich allerdings wieder schließen könnte, sobald deutlicher wird, dass der Wettbewerbsdruck nicht wirklich erheblich ist. Diese kurze Zeitspanne gilt es zu nutzen.

In Frankreich und Spanien hat es ebenfalls Reformen gegeben, die auf eine Verbilligung der Gründungen gerichtet sind.[13] Auf der anderen Seite hat Italien Regeln über Gesellschafterdarlehen eingeführt,[14] was kaum als

---

[10] *Bratton, McCahery, Vermeulen* (2007), 30 unter Hinweis auf Dänemark.

[11] Gesetz zur Modernisierung des GmbH-Rechts und zur Bekämpfung von Missbräuchen (MoMiG), Bundestags-Drucksache 16/6140, abrufbar unter www.bundestag.de.

[12] *Armour* (2005), 19; *Bratton, McCahery, Vermeulen* (2007), 27.

[13] *Kieninger* (2007), 186. ff.

[14] *Kieninger* (2007), 190.

Gründungserleichterung eingestuft werden kann. Ob die Reformen in Frankreich und Spanien Reaktionen auf den Wettbewerb der Rechtsordnungen sind, ist umstritten.[15] Jedenfalls zeigt sich, dass alle Jurisdiktionen sich um Kleinunternehmen bemühen, was auch Folge eines Wettbewerbs um eben diese Unternehmen sein könnte.[16]

II. Reaktionen auf die SE

1. Entwicklung der SE

Insgesamt gibt es in der Europäischen Union 102 SE, davon 42 deutsche.[17] Die Zahl steigt langsam aber kontinuierlich an. Es gibt ca. 8 Neugründungen pro Vierteljahr.[18] Unter den Gesellschaften gibt es einige sehr Prominente wie die Allianz und MAN. Unklar ist, wie viele Mantelgesellschaften sich unter den eingetragenen Gesellschaften befinden. Schätzungen liegen bei 20%.[19]

2. Befürchtungen und Reaktionen

Es ist bekannt, dass die Entwicklung der SE auf europäischer Ebene von der Bundesrepublik blockiert wurde, da eine Flucht aus der deutschen Mitbestimmung befürchtet wurde. Bislang ist das nicht zu beobachten. Die vom Gesetz vorgesehene „Verhandlungslösung"[20] scheint praktikabel und auch sonst ist nicht bekannt, dass die verschiedentlich diskutierten Modelle zur Flucht aus der Mitbestimmung[21] in der Praxis genutzt worden wären.

Der deutsche Gesetzgeber scheint damit auch zufrieden zu sein. Änderungsbestrebungen sind nicht erkennbar, zumal gerade die SE deutscher Prägung vielfach gewählt wird.

C. Reaktionen auf der Ebene der Europäischen Union

Auf die Verlagerung der Rechtssetzungsaktivitäten auf die Mitgliedstaaten der Europäischen Union wie es im Zuge der Intensivierung des Wettbewerbs der Rechtsordnungen zu erwarten ist, kann der Gesetzgeber der Europäischen Union unterschiedlich reagieren.

---

[15] Verneinend *Kieninger* (2007), 186 ff.
[16] *Kerber* (2007), 208.
[17] *Bratton, McCahery, Vermeulen* (2007), 17.
[18] *Bratton, McCahery, Vermeulen* (2007), 16.
[19] *Bratton, McCahery, Vermeulen* (2007), 19.
[20] Siehe *Lutter* in SE-Kommentar, SE-VO Einleitung Rn. 37.
[21] *Casper* in Spindler/Stilz SE-VO Vor Art. 1 Rn. 20; *Lutter* in SE-Kommentar, SE-VO Einleitung Rn. 49.

Er kann einmal seine eigene Entmachtung beschleunigen und den Wettbewerb verschärfen. Dies könnte etwa durch die Schaffung einer Richtlinie über die Sitzverlegung geschehen. Dies ist momentan jedoch nicht zu beobachten.[22]

Der EU-Gesetzgeber kann auch versuchen, selbst an dem Wettbewerb teilzunehmen. Dies geschieht traditionell durch die Entwicklung supranationaler Rechtsformen wie etwa der SE, der Europäischen Genossenschaft und der EWIV. Hier gibt es in der Tat momentan ein neues Projekt. Es soll eine Europäische Privatgesellschaft geschaffen werden, die genau die Zielgruppe im Auge hat, für die auch die Limited infrage kommt. Ein erster Regelungsvorschlag wurde gerade veröffentlicht.[23] Ob es sinnvoll ist, die Kräfte auf EU-Ebene für dieses Vorhaben zu binden, ist naturgemäß umstritten.[24] Für ein solches Vorhaben wird ins Feld geführt, dass eine europäische Rechtsform ein gewisses Renommé hat, das einer nationalen nicht so ohne weiteres zufällt. Daher habe es Sinn, sich um eine neue Rechtsform zu kümmern. Als Gegenargument wird angeführt, dass infolge der Möglichkeit, in jeder Rechtsform europaweit tätig zu werden, kein Bedarf mehr für noch eine weitere Rechtsform bestehe.

Außerdem hat sich eine Gruppe gebildet, die Modellregeln für eine Kapitalgesellschaft, zunächst für eine Aktiengesellschaft, entwerfen will, die von den jeweiligen nationalen Gesetzgebern dann ganz oder zum Teil übernommen werden können. Entwickelt werden soll ein *„European Model Company Law Act".*[25] Die Vorteile dieses Modell-Gesetzes liegen auf der Hand. Sie beruhen im Wesentlichen in der Vermeidung der Nachteile zwingender Rechtsetzung auf EU-Ebene, also der geschilderten Schwerfälligkeit bei der Anpassung an veränderte Umstände, der Vermeidung punktueller Regelungen, sowie der Probleme bei der Anpassung des jeweiligen nationalen Rechts an das Europarecht. Denn das neue Modell-Statut muss kein Staat übernehmen. Eine Anpassung des Modellgesetzes an nationale Besonderheiten bleibt möglich, ja sie ist sogar erwünscht. Zugleich werden die Nachteile nationaler Regelsetzung verringert. Denn das Modellgesetz könnte eine gewisse Vereinheitlichung bieten. Mit etwas Glück gelingt so die Quadratur des Kreises.

---

[22] *Teichmann* (2007), 325.

[23] Abrufbar unter http://ec.europa.eu/internal_market/company/docs/epc/proposal_de. pdf.

[24] Bejahend *Eidenmüller* (2005), 591; *Galle* (2006), 255, sowie die Kurzvorträge von *Bloemarts, Drury, Lamandini, Simon* und *Teichmann* (alle 2006), 265 ff.

[25] Siehe *Baums* (2008), 1 ff.

D. Ergebnis

1. Der Wettbewerb der Rechtsordnungen der Mitgliedstaaten erschwert die Setzung zwingenden Rechts auf der Ebene der EU.
2. Die damit verbundenen Vorteile überwiegen nur dann gegenüber den Nachteilen, wenn die Standardisierung der Regeln für die Marktteilnehmer ohne größere Bedeutung ist.
3. Auch wenn der Wettbewerb nur ein gefühlter Wettbewerb sein sollte, so hat er doch jedenfalls zu einem Innovationsschub in der Bundesrepublik auf der Ebene des GmbH-Rechts geführt.
4. Bestrebungen zur Entwicklung eines europäischen Modellgesetzes im Gesellschaftsrecht sind zu unterstützen.

Literatur

Armour, John (2005): Who should make corporate law? EC legislation versus regulatory competition, Institute for Law and Finance, Johann Wolfgang Goethe-Universität Frankfurt, Working Paper Series No. 41.

Baums, Theodor (2008): Europäische Modellgesetze im Gesellschaftsrecht, Institute for Law and Finance, Johann Wolfgang Goethe-Universität Frankfurt, Working Paper Series No. 75.

Bloemarts, Joan (2006): Presentations Held at the Public Hearing Before the Committee on Legal Affairs of the European Parliament in Brussels, 22 June 2006, on the European Private Company, European Company Law, 265 f.

Bratton, William/McCahery, Joseph/Vermeulen, Erik (2007): How does Corporate Mobility affect Lawmaking?, unveröffentlichtes Manuskript.

Drury, Robert (2006): Presentations Held at the Public Hearing Before the Committee on Legal Affairs of the European Parliament in Brussels, 22 June 2006, on the European Private Company, European Company Law, 267 ff.

Eidenmüller, Horst (2005): Europäisches und deutsches Gesellschaftsrecht im europäischen Wettbewerb der Gesellschaftsrechte, FS Heldrich, 581 ff.

Galle, Ruud C.J. (2006): The Societas Cooperativa Europea (SCE) and National Cooperatives in Comparative Perspective, European Company Law, 255 ff.

Grundmann, Stefan (2001): Wettbewerb der Regelgeber im europäischen Gesellschaftsrecht – jedes Marktsegment hat seine Struktur, ZGR 2001, 783 ff.

Kerber, Wolfgang (2007): Korreferat zu Eva-Maria Kieninger, in: Eger/Schäfer (Hrsg.), Ökonomische Analyse der europäischen Zivilrechtsentwicklung, 203 ff.

Kieninger, Eva-Maria (2007): Aktuelle Entwicklung des Wettbewerbs der Gesellschaftsrechte, in: Eger/Schäfer (Hrsg.), Ökonomische Analyse der europäischen Zivilrechtsentwicklung, 170 ff.

Lamandini, Marco (2006): Presentations Held at the Public Hearing Before the Committee on Legal Affairs of the European Parliament in Brussels, 22 June 2006, on the European Private Company, European Company Law, 272 f.

Lutter, Marcus/Hommelhoff, Peter (Hrsg.) (2007): SE-Kommentar: SEVO, SEAG, SEBG, Steuerrecht.

Simon, Joëlle (2006): Presentations Held at the Public Hearing Before the Committee on Legal Affairs of the European Parliament in Brussels, 22 June 2006, on the European Private Company, European Company Law, 274.

Spindler, Gerald/Stilz, Eberhard (2007): Kommentar zum Aktiengesetz.

Teichmann, Christoph (2006): Presentations Held at the Public Hearing Before the Committee on Legal Affairs of the European Parliament in Brussels, 22 June 2006, on the European Private Company, European Company Law, 276 ff.

– (2007): Wettbewerb der Gesetzgeber im europäischen Gesellschaftsrecht, in: Reimer u.a. (Hrsg.), Europäisches Gesellschafts- und Steuerrecht, 313 ff.

Wettbewerb der Normsetzer im Gesellschaftsrecht

Hans-Friedrich Müller

A. Einleitung

Die neuere Rechtsprechung des EuGH zur Niederlassungsfreiheit[1] hat eine Vielzahl von Stellungnahmen ausgelöst, die einen Wettbewerb der Gesellschaftsrechtsordnungen vorhersagen.[2] Pessimisten befürchten dabei ein „race to the bottom" der nationalen Gesetzgeber, eine negative Deregulierungsspirale zu Lasten von Gläubigern, Minderheitsgesellschaftern und Arbeitnehmern.[3] Optimisten erhoffen sich einen Qualitätswettbewerb im Sinne eines „race to the top".[4]

Ein Wettbewerb der Gesellschaftsrechte existiert schon seit langem in den USA. Dort versuchen die einzelnen Bundesstaaten möglichst viele Kapitalgesellschaften zur Inkorporation in ihrem Gebiet zu bewegen, um damit Steuern und Gebühren einzunehmen. Sie bieten also gewissermaßen ihr Gesellschaftsrecht als Produkt auf einem Markt an, wo es von Unternehmen nachgefragt wird.[5] Die Kräfte des Marktes entscheiden dann auch darüber, welches Recht sich durchsetzt. Unangefochtene Nummer 1 in diesem Auslese- und Selektionsprozess ist der kleine Ostküstenstaat Delaware, der es bei einem Anteil an der Gesamtbevölkerung der USA von nicht einmal 0,3 %[6] geschafft hat, mehr als die Hälfte der börsennotierten Gesellschaften und etwa 60 % der 500 größten Gesellschaften zu attrahieren.

---

[1] EuGH, Slg. 1999, I-1459 = NJW 1999, 2027 ff. – *Centros*; EuGH, Slg. 2002, I-9919 = NJW 2002, 3614 ff. – *Überseering*; EuGH, Slg. 2003, I-10155 = NJW 2003, 3331 ff. – *Inspire Art*.

[2] *Bayer* (2003); *Eidenmüller* (2002); *ders.* (2005); *ders* (2007); *Freytag* (1999); *Happ* (2005); *Heine* (2003); *Mellert/Verfürth* (2005); *Sandrock/Wetzler* (2004); *Spindler/Berner* (2003); ablehnend aber etwa *Kieninger* (2002), 175 ff.; *Schwarz* (2007), 205.

[3] S. BGH Vorlagebeschluss v. 30.3.2000 – VII ZR 370/98, EuZW 2000, 412, 413; *Puszkajler* (2000), 79.

[4] Stellvertretend etwa *Eidenmüller* (2002), 2235 ff.; *Grundmann* (2001), 783 ff.; *Spindler/Berner* (2003), 955 ff.

[5] Zur Vergleichbarkeit des Systemwettbewerbs mit dem Produktwettbewerb s. *Schwartz* (2007), 195 f.

[6] 783.600 Einwohner von 281 Mio.

Ob es auch in Europa Ansätze zu einem solchen Wettbewerb der Normsetzer im Gesellschaftsrecht gibt, soll hier neun Jahre nach der ersten bahnbrechenden Entscheidung „*Centros*"[7] kritisch hinterfragt werden. Dabei geht es zunächst darum, die rechtlichen Rahmenbedingungen für die Wahl einer Gesellschaftsrechtsordnung innerhalb der Europäischen Union näher zu beleuchten (B). Des Weiteren wird zu betrachten sein, welche Anreize es für die Nachfrager gibt, sich für eine ausländische oder supranationale Gesellschaftsform zu entscheiden, und welche tatsächlichen Hindernisse im Weg stehen (C). Auf der Anbieterseite ist zu fragen, welche realen Vorteile der Gesetzgeber erwarten kann, wenn er sein Gesellschaftsrecht attraktiver macht (D). Ein kurzes Fazit soll den Beitrag abschließen (E).

B. Die rechtlichen Rahmenbedingungen

I. Wahlfreiheit im Gründungsstadium

Wettbewerb setzt die Freiheit der Nachfrager voraus, sich zwischen verschiedenen Produkten entscheiden zu können.[8] Eine solche Wahlfreiheit hinsichtlich des anwendbaren Gesellschaftsrechts hatten die Unternehmensgründer in Europa bis vor kurzem nur in sehr eingeschränktem Umfang. Denn in Deutschland, aber auch in den meisten anderen Ländern der Europäischen Union herrschte die sog. Sitztheorie vor.[9] Danach bestimmt sich das Gesellschaftsstatut nach dem Recht des Staates, in dem die Gesellschaft ihren tatsächlichen Verwaltungssitz hat. Danach konnte etwa eine zwar in England registrierte, aber hauptsächlich in Deutschland tätige Private Limited Company hier nicht als Kapitalgesellschaft anerkannt werden.[10] Diese Situation hat sich durch die bereits erwähnte Rechtsprechung des EuGH zur Niederlassungsfreiheit geändert. Danach muss ein Mitgliedstaat die Rechtspersönlichkeit einer nach dem Recht eines anderen Mitgliedstaats gegründeten Gesellschaft auch dann respektieren, wenn sich deren Verwaltungssitz in seinem Hoheitsgebiet befindet. Der Umstand, dass eine Gesellschaft im Ausland gegründet wurde, um die strengeren Bestimmungen im Inland, wo die überwiegende oder ausschließliche Geschäftstätigkeit erfolgen soll, zu umgehen, rechtfertigt keine Beschränkun-

---

[7] EuGH, Slg. 1999, I-1459 = NJW 1999, 2027 ff. – *Centros*.

[8] Allgemein zu den Voraussetzungen eines funktionsfähigen Systemwettbewerbs *Wegner* (2004), 34 ff.

[9] S. RG JW 1904, 231 f; BGHZ 25, 134, 144; 53, 181, 183; 78, 318, 334; 97, 269, 271; 134, 116, 118; 151, 204, 206; 153, 353, 355; BGH NJW 1994, 939, 940; 1999, 1871.

[10] Zur Behandlung als OHG, GbR oder – im Sonderfall der Ein-Personen-Gründung – als Einzelkaufmann bzw. Einzelunternehmer *H.F. Müller* (1997), 1050 f.

gen. Denn das Ausnutzen unterschiedlicher nationaler Rechtsvorschriften stellt sich aus Sicht des EuGH nicht als Missbrauch, sondern als legitimer Gebrauch der Niederlassungsfreiheit dar.[11] Mit dem Herkunftslandprinzip verbunden ist ein Übergang auf die im anglo-amerikanischen Rechtskreis seit jeher vorherrschende Gründungstheorie, wonach sich die gesellschaftsrechtlichen Verhältnisse einer Korporation insgesamt nach dem Recht des Gründungsstaats richten.[12] Theoretisch hat daher der Unternehmensgründer in der EU die Wahl zwischen den Rechtsordnungen der 27 Mitgliedstaaten. Hinzu kommen die Gesellschaftsformen der übrigen EWR-Staaten (Island, Liechtenstein, Norwegen), für die ebenfalls die Niederlassungsfreiheit gilt.[13] Die Gründungstheorie kann auch aufgrund völkerrechtlicher Verträge anwendbar sein, so liegt es insbesondere im Verhältnis zu den Vereinigten Staaten aufgrund des deutsch-amerikanischen Freundschafts-, Handels- und Schifffahrtsabkommens.[14] Für Gesellschaften aus anderen Drittstaaten gilt bislang immer noch die Sitztheorie.[15] Ein im Inland ansässiges Unternehmen kann sich zwar einer englischen Limited, einer liechtensteinischen Anstalt oder einer Delaware Corporation bedienen, nicht aber einer vergleichbaren jamaikanischen, senegalesischen oder koreanischen Rechtsform. Immerhin plant das Bundesjustizministerium auch auf Gesellschaften aus solchen Staaten die Gründungstheorie zu erstrecken.[16] Im Rahmen dieses Beitrags soll dies aber außen vor bleiben und nur die Lage innerhalb der Europäischen Union interessieren. Als Anbieter kommt hier neben den Nationalstaaten auch die EU selbst in Betracht. Sie hat in neuerer Zeit die Rechtsformen der Europäischen Aktiengesellschaft (SE)[17] und der Europäischen Genossenschaft (SCE)[18] geschaffen. Jüngst hat die Kommission

---

[11] EuGH, Slg. 1999, I-1459 = NJW 1999, 2027 ff. – *Centros*; EuGH, Slg. 2003, I-10155 = NJW 2003, 3331 ff. – *Inspire Art*.

[12] BGHZ 154, 185, 189 ff.; BGH NJW 2005, 1648.

[13] BGHZ 164, 148 ff.; ebenso bereits OLG Frankfurt IPrax 2004, 56 als Vorinstanz; zum Ganzen ausführlich *Weller* (2006).

[14] BGHZ 153, 353, 355 ff; BGH NJW-RR 2002, 1359, 1360; BGH NZG 2004, 1001; BGH NZG 2005, 44.

[15] BGH NJW 2009, 289; umfangreiche Nachweise bei *H.F. Müller* in Spindler/Stilz IntGesR Rn. 20.

[16] Art. 10 Abs. 1 EGBGB Referentenentwurf für ein Gesetz zum Internationalen Privatrecht der Gesellschaften, Vereine und juristischen Personen, abrufbar unter www.bmj.de.

[17] Verordnung (EG) Nr. 2157/2001 des Rates v. 8.10.2001 über das Statut der Europäischen Gesellschaft, ABlEG Nr. L 294 v. 10.11.2001, 1 ff.; Richtlinie 2001/86/EG zur Ergänzung des Statuts der Europäischen Gesellschaft hinsichtlich der Beteiligung der Arbeitnehmer, ABlEG Nr. L 294 v. 10.11.2001, 22 ff.

[18] S. Verordnung (EG) Nr. 1435/2003 des Rates v. 22.7.2003 über das Statut der Europäischen Genossenschaft (SCE), ABlEG Nr. L 207, 1 ff.; sowie die Richtlinie des Ra-

einen Vorschlag für die Europäische Privatgesellschaft (EPG)[19] als Pendant zur GmbH vorgelegt, die für mittelständische Unternehmen attraktiv sein könnte.

II. Nachträglicher Wechsel des Gesellschaftsstatuts

Während also für Unternehmensgründer weitgehende Wahlfreiheit besteht, sieht dies für bereits bestehende Gesellschaften etwas anders aus. Eine identitätswahrende Sitzverlegung bei gleichzeitigem Wechsel in eine andere Rechtsordnung ist praktisch kaum möglich.[20] Das Projekt einer 14. gesellschaftsrechtlichen Richtlinie zur Sitzverlegung hat die Kommission trotz heftiger Proteste aufgegeben.[21] Immerhin bieten die bereits erwähnten supranationalen Rechtsformen für bestehende Gesellschaften die Möglichkeit eines Statutenwechsels. Noch größere Bedeutung kommt der jüngst in Kraft getretenen Richtlinie über die grenzüberschreitende Verschmelzung von Kapitalgesellschaften aus verschiedenen Mitgliedstaaten zu.[22] Sie ermöglicht es beispielsweise einer deutschen GmbH, sich auf eine englische Limited mit Sitz in London zu verschmelzen. Denkbar ist auch, dass die Limited eigens zum Zweck einer solchen aufnehmenden Verschmelzung gegründet wird. Damit können die Unternehmen im praktischen Ergebnis eben doch in die Jurisdiktion eines anderen Mitgliedstaats überwechseln, ohne dass es dazu der Verwirklichung der Sitzverlegungsrichtlinie zwingend bedürfte.

C. Anreize für Nachfrager

I. Mögliche Vorteile

Damit Unternehmen tatsächlich von der Wahlfreiheit Gebrauch machen, bedarf es konkreter Anreize. Die Unterstellung unter eine fremde Rechtsordnung muss für die Unternehmen deutliche Vorteile mit sich bringen und

---

tes v. 22.7.2003 zur Ergänzung des Statuts der Europäischen Genossenschaft hinsichtlich der Beteiligung der Arbeitnehmer, ABlEG Nr. L 207, 25 ff.

[19] KOM (2008) 396; abrufbar unter http://ec.europa.eu/internal_market/company/docs/epc/proposal_de.pdf.

[20] *Teichmann* (2006), 366.

[21] Impact assessment on the Directive on the cross-border transfer of registered office, 12.12.2007, SEC 2007, 1707, abrufbar unter http://www.europe.org.uk/europa/view/-/id/1068/.

[22] Richtlinie 2005/56/EG des Europäischen Parlaments und des Rates vom 26.10.2005 über die Verschmelzung von Kapitalgesellschaften aus verschiedenen Mitgliedstaaten, ABlEU Nr. L 310 v. 25.11.2005, 1 ff.; zur Umsetzung in das deutsche Recht *H.F. Müller* (2007).

diese Vorteile müssen größer sein als die mit dem Statutenwechsel verbundenen Nachteile.

Dabei ist zunächst zu sehen, dass die Entscheidung über die Inkorporation in erster Linie vom Management getroffen wird. Dies birgt die Gefahr in sich, dass die Interessen von Minderheitsgesellschaftern, Gläubigern und Arbeitnehmern in den Hintergrund treten. Der Erfolg Delawares ist sicher zu einem wesentlichen Teil darauf zurückzuführen, dass es den Bedürfnissen der Geschäftsleiter sehr stark entgegen kommt. Hinzu kommt jedoch ein hohes Maß an gesetzgeberischer Fachkompetenz, eine leistungsfähige Justiz und eine hoch spezialisierte Anwaltschaft, die es für die Unternehmen attraktiv machen, sich hier zu inkorporieren.[23]

In Europa sind die Unterschiede zwischen den Rechtsordnungen noch viel größer als in den USA, so dass es hier an sich sogar noch stärkere Anreize gibt, das Regelungsgefälle auszunutzen.[24] Dies gilt insbesondere für kleine Kapitalgesellschaften, deren Recht die EU bisher nur sehr zurückhaltend durch Richtlinien angeglichen hat.

II. Hindernisse

Zugleich sind jedoch die Hindernisse für das Ausweichen in ein anderes Gesellschaftsstatut viel größer als in den Vereinigten Staaten.[25] Denn mit der Unterschiedlichkeit der Rechtsordnungen sind erhöhte Informationskosten verbunden. Es bedarf dabei nicht nur genauer Unterrichtung über das Gesellschaftsrecht des Inkorporationsstaats. Vielmehr ist auch zu sehen, dass die ausländische Gesellschaftsform in ein fremdes rechtliches Umfeld transplantiert wird, was zu Friktionen und Anpassungsproblemen führt.[26] Gerade in der Gründungsphase eines Unternehmens steht das für die gebotene rechtliche Beratung notwendige Geld nicht zur Verfügung. Aber auch für etablierte Gesellschaften sind diese Aufwendungen ein nicht zu vernachlässigender Faktor. Allein durch das Auseinanderfallen von Satzungssitz und tatsächlichem Verwaltungssitz fallen zusätzliche Kosten an, die oftmals unterschätzt werden, etwa durch den Zwang zur Eintragung einer Zweigniederlassung am Sitz der Hauptverwaltung[27] und das Erfordernis doppelter Rechnungslegung nach dem Handels- bzw. Steuerrecht verschiedener Staaten.[28] Zu den mit der Gründung einer sog. Scheinauslandsgesellschaft verbundenen Nachteilen gehört auch die doppelte Ge-

---

[23] Dazu etwa *Teichmann* (2006), 343 ff.

[24] *Eidenmüller* (2005), 582.

[25] Vgl. zum Folgenden *Enriques* (2004), 1262 ff.; *Heine* (2003), 224 ff.; *ders./Kerber* (2002), 57 ff.; *dies.* (2003), 208 ff.; *Teichmann* (2006), 378 ff.; die Unterschiede vernachlässigend *Lombardo* (2002), 103 ff., 196 ff.

[26] Zur Problematik von „legal transplants" allgemein *Fleischer* (2004).

[27] BGH NJW 2005, 1648, 1649; KG NJW-RR 2004, 331, 332.

[28] *Just/Krämer* (2006).

richtspflichtigkeit: Die Gesellschaft kann sowohl an ihrem Registrierungs-
ort als auch am Verwaltungssitz verklagt werden (Art. 60 Abs. 1 EuGV-
VO).[29] Eine weitere Barriere ist die Sprache, die ein Ausweichen nach
Lettland oder Litauen eher unwahrscheinlich macht. Aber auch nicht jeder
deutsche Mittelständler ist im Englischen so versiert, dass er als *director*
einer Handwerker-Limited problemlos mit dem zuständigen *registrar*
kommunizieren kann. Hinzu kommen Akzeptanzprobleme im heimischen
Markt, weil Kunden, Lieferanten und Kreditgeber die ausländische Rechtsform als wenig seriös und Vertrauen erweckend einschätzen. Auch eine
„Flucht aus der deutschen Mitbestimmung", obwohl rechtlich möglich,[30]
scheint vor diesem Hintergrund wenig realistisch. Ein solches Vorhaben
würde gewiss auf heftigen Widerstand in der öffentlichen Meinung stoßen.
Der damit verbundene Ansehensverlust stände außer Verhältnis zu etwai-
gen Vorteilen, die sich der Vorstand eines Unternehmens mit einer solchen
Maßnahme versprechen mag.

D. Anreize für Anbieter

I. Steuern und Gebühren

Damit es zu einem Wettbewerb der Gesetzgeber kommt, bedarf es auch auf
der Anbieterseite konkreter Anreize. Solche Anreize bestehen in den USA
in Form von *franchise taxes*, die von den Gesellschaften für die Inkorporation und fortlaufende Registrierung erhoben werden können. Delaware
erzielt auf diese Weise so bis zu 20 % seiner Staatseinnahmen.[31] In der
Europäischen Union ist eine solche Besteuerung jedoch aufgrund einer
abgabenrechtlichen Richtlinie ausgeschlossen; zulässig sind nur kostende-
ckende Eintragungsgebühren.[32] Damit haben die EU-Mitgliedstaaten keine
unmittelbaren pekuniären Vorteile durch eine Inkorporation von Briefkastengesellschaften. Es ist auch kaum zu erwarten, dass das Verbot der Erhebung von *franchise taxes* gegen den Widerstand der mächtigen Unterneh-
menslobby in Brüssel, die an der Einführung derartiger Steuertatbestände
naturgemäß kein Interesse hat, fallen wird.[33]

---

[29] *H.F. Müller/Weiß* (2007), 252.

[30] Dazu etwa *Teichmann* (2007), 96 ff.

[31] *Drury* (2005), 9; *Heine* (2003), 93.

[32] Art. 10 und 12 e) der Richtlinie 69/335/EWG des Rates v. 17.7.1969, ABlEG Nr. L
249 v. 3.10.1969, 25 ff.; dazu näher *Kieninger* (2002), 185 ff.; *Schön* (2005), 337 ff.

[33] *Armour* (2005), 29; für die Lösung des Anreizproblems durch Zulassung einer
franchise tax aber *Heine* (2003), 243 ff.

II. Mittelbare Vorteile

Schwer zu quantifizieren sind die indirekten Vorteile, die ein Staat dadurch erzielen kann, dass Anwälte und Unternehmensberater Dienstleistungen für die in seinem Hoheitsgebiet inkorporierten Gesellschaften erbringen.[34] Wirklich ins Gewicht fallende Einnahmen lassen sich aber wohl kaum durch Existenzgründer erzielen, die nicht einmal in der Lage sind, das in ihrem Heimatstaat vorgeschriebene Mindestkapital aufzubringen, sondern nur dadurch, dass es gelingt, große, finanzstarke Publikumsgesellschaften zu einer Verlegung ihres Satzungssitzes zu bewegen. Auf diese konzentriert sich denn auch der Wettbewerb in den USA.[35] Kleine, personalistische Gesellschaften sind ganz überwiegend dort inkorporiert, wo sie auch tatsächlich tätig sind. Bei Publikumsgesellschaften ist aber der Wettbewerb durch Regulierung seitens der Europäischen Union stärker eingeschränkt als bei kleinen Kapitalgesellschaften, so dass die Spielräume, sie zu gewinnen, entsprechend geringer sind.[36] Insgesamt erscheint es doch eher fraglich, ob die Aussicht, für spezialisierte Anwälte und andere Dienstleister zusätzliche Beratungsmandate zu generieren, einen Staat wirklich dazu veranlassen wird, durch legislative Maßnahmen um die Ansiedlung von reinen Briefkastengesellschaften zu werben. Der Gesetzgeber wird hier weniger den Interessen einer doch relativ kleinen Zahl von Berufsträgern folgen als vielmehr die Belange der heimischen Wirtschaft insgesamt im Auge haben.[37]

III. Abwehr von Scheinauslandsgesellschaften

Immerhin muss ein Staat bestrebt sein zu verhindern, dass allzu viele in seinem Gebiet ansässige Unternehmen in ein fremdes Gesellschaftsstatut flüchten, da dies vielfältige Probleme der Rechtsanwendung auf seinem Hoheitsgebiet mit sich bringt. Insofern kann die Reform des Gesellschaftsrechts als Abwehrmaßnahme gegen die Zunahme sog. Scheinauslandsgesellschaften zu sehen sein. Echte Innovationen sind bei einer solchen rein defensiven Strategie allerdings kaum zu erwarten.[38]

IV. Unternehmensfreundliches Gesellschaftsrecht als Standortvorteil

Der eigentliche Anreiz für den nationalen Gesellschaftsrechtsgeber dürfte auch nach „*Centros*", „*Übersering*" und „*Inspire Art*" darin liegen, dass er die rechtlichen Rahmenbedingungen für die heimischen Unternehmen möglichst attraktiv ausgestaltet, damit diese in einer globalisierten Wirt-

---

[34] Darauf abstellend etwa *Armour* (2005), 31; *Eidenmüller* (2005), 584.
[35] *Kieninger* (2002), 195 f.; *Teichmann* (2006), 370 ff.
[36] *Kieninger* (2007), 183.
[37] *Schön* (2005), 344.
[38] *Kieninger* (2007), 182.

schaft besser bestehen können.[39] Dazu gehört der Abbau unnötiger und
ökonomisch ineffizienter Regulierungen, wie er etwa jüngst in Deutschland mit der Reform des GmbHG durch das MoMiG erfolgte.[40] In diesem
Standortwettbewerb ist das Gesellschaftsrecht aber nur einer von vielen
Gesichtspunkten, der zwar keinesfalls vernachlässigt werden sollte, in seiner Bedeutung aber etwa gegenüber dem Steuer- und Abgabenrecht deutlich zurückbleibt. In Folge dieses Bündelproblems[41] sind die Auswirkungen von Reformen des Gesellschaftsrechts auf die Wettbewerbsfähigkeit
der Unternehmen nur schwer messbar. Es besteht die Gefahr, dass der Gesetzgeber hier novelliert, um der Öffentlichkeit Handlungsfähigkeit zu de-
monstrieren, ohne wirkliche Verbesserungen zu erzielen. Der Aktionismus
etwa des deutschen Aktienrechtsgesetzgebers in den letzten Jahren mag so
zu erklären sein.

Als Beitrag zu einem globalen Standortwettbewerb lassen sich auch die
durch die EU geschaffenen supranationalen Rechtsformen auffassen.[42] Sie
sind ein Element in den Bemühungen, Europa zum wettbewerbsfähigsten
und dynamischsten Wirtschaftsraum der Welt zu machen. Ihre Rechtfertigung finden sie nur dann, wenn sie den Unternehmen im gemeinsamen
Binnenmarkt zusätzliche Möglichkeiten zur Verfügung stellen, die ihnen
die nationalen Gesellschaftsrechte nicht bieten können. Vor diesem Hintergrund ist es aber wenig überzeugend, wenn die Europäische Aktiengesellschaft und die Europäische Genossenschaft aus politischen Gründen, um
ihre Einführung überhaupt durchsetzen zu können, als hybride Rechtsformen ausgestaltet wurden.[43] Der europäische Gesetzgeber hat ihnen leider
nur ein fragmentarisches Regelwerk mit auf den Weg gegeben und verweist im Übrigen auf das Aktien- bzw. Genossenschaftsrecht des jeweiligen Sitzstaats. Das macht ihr Statut zum einen unnötig kompliziert, führt
aber zum anderen auch dazu, dass sie nur begrenzt eine wirkliche Alternative zu vergleichbaren nationalen Gesellschaftsformen darstellen. Bei dem
anstehenden Projekt einer Europäischen Privatgesellschaft für kleine und
mittlere Unternehmen wird darauf zu sehen sein, dass hier wirklich eine
genuin europäische Rechtsform entsteht, die ohne umfassende Verweisun-
gen auf das nationale Gesellschaftsrecht auskommt.

---

[39] *Heine/Kerber* (2003), 215.

[40] Gesetz zur Modernisierung des GmbH-Rechts und zur Bekämpfung von Missbräuchen (MoMiG) vom 23.10.2008, BGBl. I, 2026 ff; Überblick bei *Römermann/Wachter*
(2008), 1 ff.

[41] Zu den verschiedenen Faktoren für die Standortwahl *Kieninger* (2002), 240 ff.

[42] *Mehde* (2005), 340 f.

[43] Berechtigte Kritik bei *Cahery/Vermeulen* (2005), 797 ff.; *Eidenmüller* (2005), 591;
befürwortend aber *Enriques* (2004b), 744 ff.

E. Fazit

1. Innerhalb des gemeinsamen Binnenmarkts besteht mittlerweile weitgehende Rechtswahlfreiheit, so dass die Grundvoraussetzung für einen Wettbewerb der Normsetzer im Gesellschaftsrecht erfüllt ist.
2. Die Hindernisse für ein Ausweichen in ein fremdes Gesellschaftsstatut sind jedoch für die Unternehmen als Nachfrager sehr groß. Zugleich fehlen auf der Anbieterseite unmittelbare Anreize, wie sie in den USA in Form von *franchise taxes* gegeben sind.
3. Reformen des Gesellschaftsrechts können aber die Wettbewerbsfähigkeit der in den Mitgliedstaaten ansässigen Unternehmen stärken. Als Beitrag zur Stärkung Europas im weltweiten Standortwettbewerb lassen sich auch supranationale Rechtsformen wie die Europäische Aktiengesellschaft oder die geplante Europäische Privatgesellschaft begreifen.

Literatur

Armour, John (2005): Who should make corporate law? EC legislation versus regulatory competition, Institute for Law and Finance, Johann Wolfgang Goethe-Universität Frankfurt, Working Paper Series No. 41.

Bayer, Walter (2003): Die Entscheidung Inspire Art und die deutsche GmbH im Wettbewerb der europäischen Rechtsordnungen, BB 2003, 2357 ff.

Cahery, Joseph A./Vermeulen Erik P. M. (2005): Does the European Company prevent the „Delaware Effect"?, European Law Journal 11, 785 ff.

Drury, Robert (2005): A European Look at the American Experience of the Delaware Syndrome, Journal of Corporate Law Studies 5, 1 ff.

Eidenmüller, Horst (2002): Wettbewerb der Gesellschaftsrechte in Europa, ZIP 2002, 2233 ff.

– (2005): Europäisches und deutsches Gesellschaftsrecht im europäischen Wettbewerb der Gesellschaftsrechte, FS Heldrich, 581 ff.

– (2007): Die GmbH im Wettbewerb der Rechtsformen, ZGR 2007, 168 ff.

Enriques, Luca (2004): EC Company Law and the Fears of a European Delaware, EBLR 2004, 1259 ff.

– (2004): Schweigen ist Gold: Die Europäische Aktiengesellschaft als Katalysator für regulative Arbitrage im Gesellschaftsrecht, ZGR 2004, 735 ff.

Fleischer, Holger (2004): Legal Transplants im deutschen Aktienrecht, NZG 2004, 1129 ff.

Freytag, Robert (1999): Der Wettbewerb der Rechtsordnungen im Internationalen Gesellschaftsrecht, EuZW 1999, 267 ff.

Grundmann, Stefan (2001): Wettbewerb der Regelgeber im europäischen Gesellschaftsrecht – jedes Marktsegment hat seine Struktur, ZGR 2001, 783 ff.

Happ, Wilhelm (2005): Deregulierung der GmbH im Wettbewerb der Rechtsformen, ZHR 169, 6 ff.

Heine, Klaus (2003): Regulierungswettbewerb im Gesellschaftsrecht.

Heine, Klaus/Kerber, Wolfgang (2002): European corporate laws, regulatory competition and path dependence, European Journal of Law and Economics 13, 47 ff.

– (2003): Institutional evolution, regulatory competition and path dependence, in: Pelikan/Wegner (Hrsg.), The evolutionary analysis of economic policy, 191 ff.

Just, Clemens/Krämer, Joachim (2003): Limited: Besonderheiten der Buchführung und Abschlusserstellung – im Unterschied zur Handelsbilanz, BC 2006, 29 ff.

Kieninger, Eva-Maria (2002): Wettbewerb der Privatrechtsordnungen im europäischen Binnenmarkt.

– (2007): Aktuelle Entwicklung des Wettbewerbs der Gesellschaftsrechte, in: Eger/Schäfer (Hrsg.), Ökonomische Analyse der europäischen Zivilrechtsentwicklung, 170 ff.

Lombardo, Stefano (2002): Regulatory Competition in Company Law in the European Community.

Mehde, Veith (2005): Wettbewerb zwischen Staaten.

Mellert, Christopher Rudolf/Verfürth, Ludger C. (2005): Wettbewerb der Gesellschaftsformen.

Müller, Hans-Friedrich (1997): Haftung bei ausländischen Kapitalgesellschaften mit Inlandssitz, ZIP 1997, 1049 ff.

– (2007): Internationalisierung des deutschen Umwandlungsrechts: Die Regelung der grenz-überschreitenden Verschmelzung, ZIP 2007, 1081 ff.

Müller, Hans-Friedrich/Weiß, Stephan (2007): Die „private limited company" aus Gläubigersicht, AnwBl 2007, 247 ff.

Puszkajler, Peter (2000): Luxemburg locuta, causa non finita?, IPrax 2000, 79 f.

Römermann, Volker/Wachter, Thomas (Hrsg.) (2008): GmbH-Beratung nach dem MoMiG, GmbHR Sonderheft, 1 ff.

Sandrock, Otto/Wetzler, Christoph (2004): Deutsches Gesellschaftsrecht im Wettbewerb der Rechtsordnungen.

Schön, Wolfgang (2005): Playing different games? Regulatory competition in Tax and Company Law compared, CML Rev. 42, 331 ff.

Schwartz, Ivo E. (2007): Rechtsangleichung und Rechtswettbewerb im Binnenmarkt – Zum europäischen Modell, EuR 2007, 194 ff.

Spindler, Gerald/Berner, Olaf (2003): Inspire Art – Der europäische Wettbewerb um das Gesellschaftsrecht ist endgültig eröffnet, RIW 2003, 949 ff.

Spindler, Gerald/Stilz, Eberhard (2007): Kommentar zum Aktiengesetz.

Teichmann, Christoph (2006): Binnenmarktkonformes Gesellschaftsrecht.

– (2007): Mitbestimmung und grenzüberschreitende Verschmelzung, Der Konzern 2007, 89 ff.

Wegner, Gerhard (2004): Nationalstaatliche Institutionen im Wettbewerb.

Weller, Marc-Philippe (2006): Niederlassungsfreiheit via völkerrechtliche EG-Assoziierungsabkommen, ZGR 2006, 748 ff.

FORSCHUNGS- UND TECHNOLOGIEPOLITIK

Wettbewerb, Kooperation und Koopkurrenz im europäischen Forschungsraum

Wolfgang Burr / Irina Hartmann[1]

A. Einführung

Wettbewerb und Kooperation sind typisch für die Wissenschaft und das Innovationsverhalten von Unternehmen. Im Mittelpunkt der öffentlichen Diskussion steht dabei die Vorteilhaftigkeit von Wettbewerb oder Kooperation, die meistens pauschal konstatiert und auf den Aspekt der durch Wettbewerb und Kooperation zu erwartenden, vermehrten Zahl von neuen Erkenntnissen und Produkt- bzw. Prozessinnovationen reduziert wird.

Die Problemstellung der folgenden Analyse bezieht sich auf die Frage: Welche ökonomischen Vorteile und Nachteile kann Wettbewerb bzw. Kooperation in der Wissenschaft und Forschung bringen? Wie lassen sich die beiden Reinformen vorteilhaft kombinieren, z.B. im Konzept der Koopkurrenz? Diese Frage wird exemplarisch anhand der Gestaltung des europäischen Forschungsraums exemplifiziert.

Zur Beantwortung dieser Fragen wird zuerst das der Arbeit zugrunde-liegende, wettbewerbstheoretische Leitbild und das Verständnis der Begriffe Wettbewerb, Kooperation und Koopkurrenz präzisiert. Vor diesem Hintergrund wird dann untersucht, ob die Forschungspolitik der EU, wie sie sich in der Lissabon-Strategie niederschlägt, sich all dieser Koordinationsmuster für forschende Aktivitäten in gleichem Maße bedient oder ob sie ein Prinzip präferiert.

---

[1] Prof. Dr. Wolfgang Burr, Lehrstuhl für ABWL, Forschungs-, Entwicklungs- und Innovationsmanagement, Universität Stuttgart. Dipl.-Kffr. techn. Irina Hartmann ist wissenschaftliche Mitarbeiterin am selben Lehrstuhl. Email: wolfgang.burr@bwi.uni-stuttgart.de, irina.hartmann@bwi.uni-stuttgart.de.

Im Mittelpunkt folgender Ausführungen stehen nicht die Forschung und Entwicklung privater Unternehmen, sondern öffentliche bzw. staatliche Forschungs- und Wissenschaftseinrichtungen. Aufgrund bedeutsamer Unterschiede in ihrer Zielsetzung und in ihren definitorischen Merkmalen[2] dient diese Fokussierung der klaren und kompakten Ausrichtung dieser Arbeit.

I. Zum Wettbewerbsbegriff

In der wirtschaftswissenschaftlichen Literatur hat sich noch keine einheitliche Definition des Wettbewerbsbegriffs durchgesetzt. Es finden sich zahlreiche Definitionsversuche, die jeweils andere Aspekte des Phänomens Wettbewerb beleuchten. Für *Borchardt* und *Fikentscher* ist „Wirtschaftlicher Wettbewerb ... das selbständige Streben sich gegenseitig im Wirtschaftserfolg beeinflussender Anbieter oder Nachfrager (Mitbewerber) nach Geschäftsverbindungen mit Dritten (Kunden) durch Inaussichtstellen möglichst günstiger Geschäftsbedingungen." (*Borchardt* und *Fikentscher* 1957, S. 15). *Stigler* bezeichnet als Wettbewerb „...die Rivalität zwischen Individuen (oder Gruppen oder Nationen), und er tritt immer dann auf, wenn zwei oder mehr Subjekte nach etwas streben, das nicht alle bekommen können." (*Stigler* 1987, S. 531, in Übersetzung von *Picot* 1990). *Picot, Schneider* und *Laub* charakterisieren in Anlehnung an *Kirzner* Wettbewerb als „...ständigen Versuch des rivalisierenden Ausschaltens und Übertrumpfens von Mitkonkurrenten." (*Picot, Schneider* und *Laub* 1989, S. 360 sowie *Kirzner* 1978). Die Vielfalt der Wettbewerbsdefinitionen veranlasst *Herdzina* zu der Feststellung, dass es eine einheitliche, allgemein akzeptierte Wettbewerbsdefinition nicht geben kann (vgl. *Herdzina* 1991, S. 8–11). Der Vielfalt der konkurrierenden Wettbewerbsdefinitionen entspricht auch eine Vielfalt der teilweise miteinander in Konkurrenz stehenden wettbewerbstheoretischen Ansätze. Die Wettbewerbstheorie versucht, Voraussetzungen, Abläufe und Ergebnisse wettbewerblicher Marktprozesse zu analysieren, zu diagnostizieren und zu prognostizieren (vgl. *Herdzina* 1991, S. 2 f.). Im Abschnitt B.I. werden wettbewerbstheoretische Überlegungen auf Wissenschaft und Forschung angewandt, um damit die Möglichkeiten und Grenzen von Wettbewerb in der Wissenschaft auszuloten.

---

[2] Als Zielgröße der öffentlichen Forschungseinrichtungen gilt die Reputation in der Scientific Community, während der Erfolg der industriellen Forschung und Entwicklung an ihrem Beitrag für erfolgreiche Innovationen gemessen wird (vgl. *Einsfeld* 1998, S. 37).

II. Zum Kooperationsbegriff

Beziehungen zwischen Forschungseinrichtungen können nicht nur kompetitiver, sondern auch kooperativer Natur sein. Diese kooperativen Beziehungen zwischen ansonsten im Wissenschaftswettbewerb stehenden Forschungseinrichtungen und Unternehmen haben in den letzten Jahren beständig an Bedeutung gewonnen.

Der Begriff der Kooperation lässt sich als eine gemeinschaftliche Erfüllung von Aufgaben interpretieren. Eine Kooperation kann damit als eine längerfristige, explizit vereinbarte, kündbare Zusammenarbeit zwischen Forschungsakteuren betrachtet werden (vgl. *Rotering* 1993, S. 6f.).

Kooperationen bilden eine Form der Ressourcenzusammenlegung. Dies erfordert Abstimmungs- bzw. Aushandlungsprozesse sowohl über die Art und die Menge der in eine Kooperation einzubringenden Ressourcen als auch über die Verteilung des damit erzielbaren Outputs.

Kooperationen werden freiwillig eingegangen und aus freier Entscheidung der beteiligten Forschungseinrichtungen auch wieder aufgelöst. Die Freiwilligkeit der Kooperationsbildung führt dazu, dass eine Kooperation nur zustande kommt, wenn die Partner durch eine Kooperation einen Nutzenzuwachs erwarten.

Ein weiteres wichtiges Merkmal von Kooperationen ist ihre vertragliche Vereinbarung. Häufig wird die explizite Vereinbarung einer Zusammenarbeit als definitorisches Merkmal von Kooperationen angesehen.

III. Koopkurrenz als Hybridform, eine Definition

Wettbewerb und Kooperation stellen zwei polare Beziehungsalternativen zwischen Akteuren und dementsprechend zwei Basisformationen für die Regulierung des Verhaltens von Forschungsakteuren dar. Jedoch ist das Verhältnis zwischen beiden Verhaltens- bzw. Regulationsmaximen nicht eindeutig abgrenzt (vgl. *Bernecker* 2005, S. 78). So kann auch in einer kompetitiven Umgebung eine freiwillige, harmonische und durch die meist identischen oder komplementären Ziele geprägte Zusammenarbeit einzelner Forschungseinheiten stattfinden. Umgekehrt kann innerhalb einer Forschungskooperation ein wettbewerblicher Kampf um die Ressourcen bzw. Zuordnung von Forschungsergebnissen beobachtet werden.

Auf Basis spieltheoretischer sowie netzwerktheoretischer Analysen findet sich in der Literatur eine Diskussion über eine simultane Betrachtung beider Regulationsformen. *Brandenburger* und *Nalebuff* führen den Neologismus „Coopetition" ein (vgl. *Brandenburg* und *Nalebuff* 1996, S. 17), unter dem sie ein sehr weites „Spektrum graduell und strukturell unterschiedlicher Formen der Zusammenarbeit im Wettbewerb beziehungsweise

ein Ausbalancieren von kooperativen und kompetitiven Handlungen"
(*Bernecker* 2005, S. 79) verstehen.[3]

Im Weiteren kann unter der Koopkurrenz eine adäquate Mischung der
beiden Koordinationsprinzipien Wettbewerb und Kooperation mit dem Ziel
des Zusammenfügens der Wettbewerbsfunktionen und Kooperationsvorteile unter weitgehender Ausschaltung der Wettbewerbs- und Kooperations-
nachteile verstanden werden. Zum besseren Verständnis dieser Definition
werden im folgenden Abschnitt die Wettbewerbsfunktionen und -nachteile
erläutert. Anschließend findet die Darstellung der Kooperationsvorteile
und -nachteile statt. Die weiter führenden ökonomisch-theoretischen Überlegungen über die Argumentation und Gründe der Koopkurrenz sowie über
die Formen der Koopkurrenz im Forschungsbereich werden im Abschnitt
D.I. gezeigt.

B. Wettbewerbstheoretische Grundlagen

I. Vorteile des Wettbewerbs aus ökonomischer Sicht

Wettbewerb ist als grundlegendes Koordinationsprinzip konstituierend für
marktwirtschaftliche Systeme. Wettbewerbliche Ausnahmebereiche sind
deshalb in der Marktwirtschaft begründungsbedürftig. Bestehende Wett-
bewerbsmöglichkeiten sollten ausgeschöpft und neue Wettbewerbsmög-
lichkeiten erschlossen werden, wo immer Wettbewerb möglich und ökonomisch effizient ist. Die *Monopolkommission* stellt fest, dass Wettbewerb
als Gestaltungskraft für gesellschaftliche Strukturen und Prozesse allgemein akzeptiert wird (vgl. *Monopolkommission* 1992, S. 25).

Auch wenn es sich bei öffentlichen Forschungseinrichtungen in der Regel um staatlich finanzierte Forschungseinrichtungen handelt, ist die Leis-
tungsorientierung ihr charakteristisches Merkmal. Als Performance-
Kriterium von Forschungsaktivitäten kann die Reputation in den wissenschaftlichen Kreisen, den so genannten „scientific communities", angesehen werden. Die Reputation einer Forschungseinrichtung beziehungsweise
eines Wissenschaftlers beruht auf der Anzahl der Publikationen und Beiträge auf wissenschaftlichen Konferenzen, der Häufigkeit der Zitierungen,
der Art und dem Umfang der Drittmittel, der Anzahl der Auszeichnungen
und Preise, der Teilnahme an renommierten Projekten, der Anzahl der wissenschaftlichen Assistenten und Mitarbeiter sowie der betreuten Dissertationen und Habilitationen (vgl. *Naumann* 1989, S. 43f.). Die Leistungsorien-

---

[3] In der deutschsprachigen Literatur hat sich der Begriff „Koopkurrenz" etabliert (vgl.
Beck 1998, S. 218ff., *Reiß* und *Beck* 2000).

tierung der öffentlichen Forschungseinrichtungen sowie die Existenz mehrerer Benchmarking-Kriterien begründet somit das Bestehen der kompetitiven Verhaltensmuster zwischen den einzelnen Forschungsakteuren. Da die öffentlichen Forschungseinrichtungen grundsätzlich auf die finanzielle Förderung ihrer Aktivitäten seitens des Staates, der Öffentlichkeit oder der privaten Unternehmen angewiesen sind, lässt sich der Forschungswettbewerb v. a. bei der Verformung und Einreichung der Anträge auf Forschungsförderung gut beobachten (Auftragswettbewerb). Dabei geht es entweder um die beste Ideenkonzipierung zu einem bestimmten Thema oder um eine ausformulierte Forschungsinitiative.

In den nachfolgenden Ausführungen dieses Abschnittes werden die Wettbewerbsfunktionen aus ökonomisch-theoretischer Sicht auf der Ebene der Unternehmen dargestellt. In analoger Weise findet im nächsten Abschnitt die Erläuterung der Wettbewerbsfunktionen im Forschungsbereich statt.

Die wichtigsten wettbewerbstheoretischen Modelle stellen bestimmte Wettbewerbsfunktionen heraus. Mit dem Begriff Wettbewerbsfunktionen werden die dem Wettbewerb in der Marktwirtschaft zugeschriebenen Aufgaben bzw. die gewünschten Wirkungen des Wettbewerbs bezeichnet (vgl. *Herdzina* 1991, S. 3).

Das Modell der vollkommenen Konkurrenz liegt dem statischen Wettbewerbsverständnis zugrunde und galt lange Zeit als Referenzpunkt der Wettbewerbstheorie und Leitbild der Wettbewerbspolitik. Ausgehend von bestimmten Annahmen zur Vollkommenheit des Marktes und des Wettbewerbs[4] wird ein stabiles Gleichgewicht von Angebot und Nachfrage modelliert, in dem alle Einzelpläne der Wirtschaftssubjekte vereinbar sind und der Markt geräumt wird.

Das Modell des statischen Wettbewerbs ist mit bestimmten Wettbewerbsfunktionen verknüpft. Zu den statischen Funktionen des Wettbewerbs zählt *Kantzenbach* (vgl. *Kantzenbach* 1967, S. 15 ff.):

1) Die Ausrichtung der Produktion an den Präferenzen der Nachfrager.

---

[4] *Hayek* 1976, S. 125 f. nennt als Bedingungen des vollkommenen Wettbewerbs:

„1. Ein einheitliches Gut, das von einer großen Anzahl verhältnismäßig kleiner Verkäufer oder Käufer angeboten oder nachgefragt wird, von denen keiner erwartet, durch seine Handlungen einen merklichen Einfluss auf den Preis auszuüben.

2. Freier Zutritt zum Markt und Fehlen anderer Beschränkungen der Bewegung von Preisen und Gütern.

3. Vollkommene Kenntnis der relevanten Faktoren auf Seiten aller Teilnehmer am Markte."

Darüber hinaus finden sich in der Literatur noch weitergehende Bedingungen für das Vorliegen vollkommenen Wettbewerbs, wie z. B. vollkommene Teilbarkeit der Produktionsfaktoren.

2) Die Herbeiführung einer optimalen Allokation der Ressourcen.

3) Die Generierung einer am Leistungsprinzip orientierten (Primär-) Einkommensverteilung.

Das Modell der vollkommenen Konkurrenz wurde in den letzten Jahrzehnten zunehmend kritisiert. *Hayek* stellt der statischen Wettbewerbskonzeption der Neoklassik eine dynamische Betrachtung des Wettbewerbsprozesses gegenüber. Die eigentliche Aufgabe der Wettbewerbstheorie besteht laut Hayek nicht in der Analyse des sich langfristig einstellenden Wettbewerbsgleichgewichtes, sondern in der Beschreibung und Erklärung des dynamischen Konkurrenzprozesses, der möglicherweise zu dem im Modell der vollkommenen Konkurrenz beschriebenen Wettbewerbsgleichgewicht führt. Hayek beurteilt den dynamischen Wettbewerbsprozess als überlegenes Entdeckungsverfahren, das eine überragende Bedeutung beim Suchen, Finden und Durchsetzen neuer Problemlösungen und unausgenutzter Gelegenheiten besitzt, d.h. neue Produkte und Produktionsverfahren aufspüren kann (vgl. *Hayek* 1969, S. 253 f., 260. Vgl. hierzu auch *Knieps, Müller* und *v. Weizsäcker* 1981, S. 79).

Die dynamische Funktion des Wettbewerbs wurde vor *Hayek* bereits - insbesondere bei *Schumpeter* – in den Mittelpunkt der Betrachtung gerückt. Entscheidend für die wirtschaftliche Entwicklung ist laut *Schumpeter* unternehmerisches Handeln, das sich in neuen Produkten, revolutionären Produktionsverfahren und der Implementierung bisher unbekannter Organisations- und Unternehmensformen ausdrückt (vgl. *Schumpeter* 1987, S. 100 ff.). Wettbewerb ist für *Schumpeter* ein permanenter »Prozess der schöpferischen Zerstörung« (*Schumpeter* 1980, S. 134), der bestehende Wirtschaftsstrukturen entwertet und neue Strukturen schafft. Ein solches Verständnis des Wettbewerbsprozesses steht dem statischen Gleichgewichtsmodell der vollkommenen Konkurrenz diametral gegenüber.[5]

Neben den dargestellten drei statischen Funktionen erfüllt der Wettbewerb nach *Kantzenbach* (vgl. *Kantzenbach* 1967, S. 17) somit folgende zwei dynamische Funktionen:

4) Die Förderung des technischen Fortschritts (vgl. *Herdzina* 1991, S. 25 ff.).

---

[5] *Schumpeter* 1980, S. 140 merkt hierzu an: „In der kapitalistischen Wirklichkeit jedoch, im Unterschied zu ihrem Bild in den Lehrbüchern, zählt nicht diese Art von Konkurrenz (vollkommener Wettbewerb, Anmerk. d. Verf.), sondern die Konkurrenz der neuen Ware, der neuen Technik, der neuen Versorgungsquelle, des neuen Organisationstyps."

5) Die flexible Anpassung der Produktion und der Produktionstechnologie an Änderungen der Nachfrage oder Änderungen staatlich festgesetzter Rahmendaten.[6]

Funktionsfähiger Wettbewerb und optimale Wettbewerbsintensität sind auf einem Markt gegeben, wenn alle statischen und dynamischen Wettbewerbsfunktionen bestmöglich erfüllt werden (vgl. *Kantzenbach* 1967, S. 49). Ein so verstandener funktionsfähiger Wettbewerb wird als wettbewerbspolitisches Leitbild von *Clark* und *Kantzenbach* proklamiert (vgl. hierzu *Clark* 1940 und *Kantzenbach* 1967). Das Konzept des funktionsfähigen Wettbewerbs integriert die statische und die dynamische Betrachtungsweise und zielt auf eine realisierbare, praktisch relevante Form von Wettbewerb unter der *Voraussetzung* der Existenz klarer Regeln für den Markt und Wettbewerb und hoher Anzahl von Anbietern und Nachfragern auf dem Markt ab.

Zu erörtern ist damit die Frage, welche Ergebnisse der funktionsfähige Wettbewerb im Bereich der Forschung und Wissenschaft hervorbringt, d.h. welche der oben genannten fünf Funktionen der funktionsfähige Wettbewerb in diesem Bereich erfüllen kann.[7]

II. Ökonomische Vorteile des Forschungswettbewerbs aus wettbewerbstheoretischer Sicht

Im Folgenden wird analysiert, welche Ausprägungen die beschriebenen Wettbewerbsfunktionen bei einem Wettbewerb zwischen mehreren Forschungsakteuren annehmen können. Die Ausführungen haben insofern beschreibenden und nicht normativen Charakter. Sie zeigen auf, welche einzel- und gesamtwirtschaftlichen Vorteile der Wettbewerb im Forschungsbereich generieren kann, wenn er zugelassen wird.

1) Infolge des Wettbewerbs zwischen Forschungseinrichtungen ist eine stärkere Orientierung an den Präferenzen der Nachfrager der Forschungsergebnisse und den Bedingungen des Marktes für Forschungsleistungen

---

[6] Vgl. *Kantzenbach* 1967, S. 16 f. sowie Schleth 1987, S. 68. Eine ähnliche Einteilung der Wettbewerbsfunktionen findet sich bei *Herdzina* 1991, S. 22 ff. Er unterscheidet
    1) die Freiheitsfunktion,
    2) die Anpassungs- bzw. Allokationsfunktion,
    3) die Entdeckungs- bzw. Fortschrittsfunktion und
    4) die Verteilungsfunktion des Wettbewerbs.

[7] Es bleibt anzumerken, dass die beschriebenen fünf Wettbewerbsfunktionen nicht nur von tatsächlichem, sich zwischen mehreren Marktteilnehmern akut abspielendem Wettbewerb erfüllt werden können, sondern auch von potentiellem Wettbewerb, der durch die Drohung des Markteintritts neuer Anbieter generiert wird, und von Substitutionswettbewerb, der in der Verdrängung etablierter durch neuartige Produkte besteht. Vgl. hierzu *Baumol* u. a. 1982 sowie *Burr* 1995.

durch ein vielfältigeres Angebot von Forschungsdienstleistungen, insbesondere durch vermehrte Preis-, Qualitäts- und Serviceoptionen zu erwarten.[8]

Der Forschungswettbewerb eröffnet hier die Möglichkeit, dass besonderen Benutzerbedürfnissen zu günstigen Preisen Rechnung getragen wird, was erweiterte Wahlmöglichkeiten der Nachfrager von Forschungsleistungen bedeuten würde. Die Spezialisierung der Forschungsanbieter kann sich dabei auf Parameter wie räumliche Nähe zu bestimmten Forschungsnachfragern, die Fokussierung auf bestimmte Forschungsfelder, Internationalität der Forschungszusammenarbeit, begleitendes Diensteangebot und Preis der Forschungslcistungen richten. Wettbewerb muss aber nicht immer gleichbedeutend sein mit dem Angebot höherwertiger Forschungsdienstleistungen und der Bereithaltung leistungsfähiger Forschungsgeräte durch die Forschungsanbieter. Konkurrierende Anbieter können sich insbesondere dadurch etablieren, dass sie den Kunden vermehrte Preis-Qualitäts-Optionen anbieten, die deren Bedürfnissen besser Rechnung tragen (vgl. in analoger Betrachtung *Knieps* 1987, S. 150, 180). Diese Hinweise zeigen, dass funktionierender Forschungswettbewerb ein differenziertes, an den Bedürfnissen der Kunden orientiertes Angebot von Forschungsleistungen ermöglichen kann.

2) Forschungswettbewerb kann einen positiven Einfluss auf die Ressourcenallokation haben.

Forschungswettbewerb kann die allokative Effizienz verbessern: Er zwingt Forschungseinrichtungen durch adäquate Setzung der wettbewerblichen Aktionsparameter (Preis und Qualität) schnell auf Nachfrageveränderungen (z.B. neue ausgeschriebene Forschungsschwerpunkte von Mittelgebern) zu reagieren, Ressourcen in die ertragreichsten Investitionsprojekte (z.B. Einsatz von Forschungsgeldern in Forschungsfelder mit breiten Anwendungspotenzialen) zu lenken und Ineffizienzen im Forschungsprozess zu bekämpfen, weil ansonsten der Fortbestand der Forschungseinrichtung mittel- und langfristig gefährdet ist (vgl. *Schnöring* 1992, S. 13).

3) Forschungs- und Innovationswettbewerb impliziert Ressourcenumverteilungen zwischen den Forschungseinrichtungen und den Nachfragern von Forschungsergebnissen.

Forschungswettbewerb kann zu Ressourcenumverteilungen zwischen Forschungseinrichtungen führen. Erfolgreiche Auftragsforscher erhalten mehr Ressourcen, wachsen und erzielen Gewinne, während weniger erfolgreiche Auftragsforscher Forschungsaufträge verlieren sowie Umsatz-

---

[8] Vgl. *Schnöring* 1992, S. 5.

und Gewinnrückgänge erleiden müssen. Denkbar ist auch, dass Forschungswettbewerb zu erheblichen Veränderungen in den Preisstrukturen für Forschungsleistungen führen kann, die bestehende interne Quersubventionierungsströme zwischen einzelnen Dienstangeboten reduzieren. Die Beseitigung von Quersubventionierungen in den Preisstrukturen hat insofern positive Auswirkungen, als Kosten denjenigen Kunden von Forschungsleistungen angelastet werden, die sie verursacht haben, und keine Kundengruppe für Dienste, die von anderen Kundengruppen in Anspruch genommen werden, aufkommen muss.

4) Funktionsfähiger Wettbewerb im Forschungsbereich regt den technischen Fortschritt und Innovationen an.

Sehr oft wird die Förderung von Wettbewerb zwischen Forschungseinrichtungen explizit mit dem Ziel begründet, das Forschungs- und Innovationspotenzial zu erhöhen. Gerade im Forschungsbereich ist Wettbewerb als Entdeckungsverfahren für neue Technologien und Erkenntnisse von besonderer Bedeutung.

Die Frage nach den Forschungsfeldern, d.h. den zu erforschenden Technologien bzw. zu lösenden Forschungsfragen werden in einem wettbewerblichen System letztlich durch die Präferenzen der Nachfrager nach Forschungsleistungen bzw. der Finanzierer von Forschungsleistungen beantwortet, d.h. Forschungsinhalte und Forschungsergebnisse müssen sich an der kaufkräftigen Forschungsnachfrage orientieren. Generell können sich unter dem Einfluss des Wettbewerbs mittel- und langfristige Veränderungen der Forschungslandschaft, d.h. der Forschungsinstitutionen und der Forschungsfelder, ergeben. Wettbewerb im Forschungsbereich kann neben einer Vielfalt spezialisierter Forschungseinrichtungen auch neue Organisations- und Forschungsformen bei den Forschungseinrichtungen hervorbringen, die eine neuartige und effiziente Lösung von Forschungsproblemen ermöglicht.

5) Im wettbewerblichen Umfeld führen Veränderungen der Forschungsnachfrage oder staatlich gesetzter Rahmendaten zur flexiblen Anpassung des Forschungsangebots.

Im Wettbewerb ist es für einzelne Unternehmen nur unter erschwerten Bedingungen oder überhaupt nicht möglich, das Angebot von Forschungsdienstleistungen, die von den Forschungsnachfragern bzw. Forschungsfinanziers im Markt nicht, nur sehr langsam oder nicht mehr angenommen werden, über längere Zeit aufrecht zu erhalten. Umgekehrt zwingt Wettbewerb bei Forschungsfeldern und Forschungsergebnissen, die vom Markt angenommen werden, zur beschleunigten Bereitstellung dieser Forschungsdienste, da ansonsten Wettbewerber die entstehende Forschungslücke schließen werden.

Wettbewerb zwingt die Anbieter auf dem Forschungsmarkt, sich flexibel an Änderungen der staatlichen Rahmenbedingungen anzupassen. In diesem Zusammenhang ist insbesondere an Auflagen der staatlichen Finanzierungs- und Regulierungsinstanzen zu denken, auf die die regulierten Forschungseinrichtungen mit geeigneten Anpassungsstrategien reagieren müssen. Ebenso sind hier neu aufgelegte Forschungsförderungsprogramme zu nennen, um die sich die Forschungseinrichtungen bewerben müssen. Aber auch die Vorgabe von anzustrebenden Zielen oder Zukunftsvisionen durch die Politik (z.B. das Ziel der Umstellung auf regenerative Energien) löst unter den am Markt tätigen Forschungseinrichtungen einen intensiven Wettbewerb bei der Verfolgung der proklamierten Ziele aus.

Fazit: Forschungswettbewerb vermag – dies belegen auch die Erfahrungen des Auslands – alle im Konzept des funktionsfähigen Wettbewerbs genannten fünf Wettbewerbsfunktionen und damit seine gesamtwirtschaftlichen Aufgaben weitgehend zu erfüllen.

III. Ökonomische Nachteile des Forschungswettbewerbs

Forschungswettbewerb kann auch kontraproduktiv sowohl auf die Effizienz der Forschungsprozesse als auch auf die wissenschaftlichen Ergebnisse wirken.

(1) Gegen Forschungswettbewerb kann das Argument angeführt werden, dass er allokativ ineffizient ist, weil durch die Forschung mehrerer Akteure auf demselben Forschungsfeld volkswirtschaftlich unsinnige Doppelinvestitionen oder gesamtwirtschaftlich ineffiziente Patentrennen getätigt werden. Diese Argumentation ist aber eine ausschließlich statische Betrachtung und vernachlässigt die dynamische Tatsache, dass Wettbewerb gerade das für die Forschung so wichtige Entdeckungsverfahren in Gang setzt und intensiviert.

(2) Übertriebenes Konkurrenzdenken erschwert die Ausschöpfung von Skalen- und Synergievorteilen, die ansonsten in kooperativen Forschungseinrichtungen erzielt werden könnten.

(3) Übermäßiger Wettbewerb kann zu Datenfälschung und Manipulationen von Forschungsergebnissen führen, wenn Forscher ansonsten keine Möglichkeit sehen, sich im Forschungswettbewerb zu behaupten und ihre Konkurrenten auf legalem Weg zu erreichen.

(4) Bei übermäßiger Fokussierung auf die Nachfrage nach den Forschungsergebnissen, z.B. von der Seite privater Unternehmen, besteht die Gefahr der verstärkten Kurzfristorientierung und Verlagerung der Forschungsakzente von der Grundlagenforschung zur Anwendungsforschung.

(5) Einerseits ist der Forschungswettbewerb in der Lage, die leistungsgerechte Ressourcenumverteilung zu deduzieren, andererseits könnte jedoch bei völliger Aufgabe der Quersubventionierung zwischen Forschungsleistungen bzw. zwischen einzelnen Standorten einer Forschungsinstitution die Verfolgung sozial- und regionalpolitischer Ziele mit Hilfe der Forschungspolitik (z.B. Ansiedlung von Forschungseinrichtungen aus raumwirtschaftlichen Gründen in bestimmten Regionen) erschwert, wenn nicht unmöglich gemacht werden. Die Vermischung von Raumwirtschafts- und Wirtschaftsförderungspolitik einerseits und Forschungspolitik andererseits ist in einem wettbewerblichen Umfeld schwerer aufrecht zu erhalten. Grundsätzlich lassen sich jedoch Wirtschaftsförderungs- und Regionalpolitik mit anderen wirtschaftspolitischen Instrumenten betreiben, z.B. durch direkte monetäre Zuwendungen, Subventionen oder steuerliche Entlastungen der betroffenen Kundengruppen und Regionen.

(6) Der Wettbewerb auf dem Markt für Forschungsleistungen aufgrund asymmetrischer Information zwischen Anbietern und Nachfragern von Forschungsleistungen funktioniert teilweise nur eingeschränkt (darin ist der Markt für Forschungsdienstleistungen dem Markt für Gesundheitsdienstleistungen sehr ähnlich). Ohne ergänzende Qualitätssignale (z.B. Forschungspreise) und Institutionen (z.B. Evaluationsagenturen, Zertifizierung) besteht die Möglichkeit, dass der Markt für Forschungsleistungen zunehmende Qualitätsprobleme aufweist (das klassische Argument von *Akerlof*, 1970)

C. Kooperationstheoretische Grundlagen

I. Vorteile von Kooperation aus ökonomischer Sicht

Kooperationen kann man aus Sicht verschiedener Theorien analysieren: Ressourcenorientierte Argumente (resource-based view) und Transaktionskostentheorie. Aus Sicht dieser Theorien erscheinen als Gründe für Kooperationen (vgl. *Picot* u. a., 190f.):
1) Einsparung von Produktionskosten
2) Risikoteilung
3) Abwicklung technologisch komplexer Projekte
4) Erleichterte Koordination und mehr Flexibilität

II. Entstehungsgründe für Kooperationen im Forschungsbereich

Forschungskooperationen finden in der Regel in Form der Gemeinschaftsforschung zwischen unterschiedlichen Forschungseinrichtungen auf horizontaler Ebene (mit weiteren Forschungseinrichtungen der gleichen Wertschöpfungs- bzw. Forschungsstufe), auf der vertikalen Ebene (mit den Forschungseinrichtungen oder Unternehmen verschiedener Wertschöpfungsbzw. Forschungsstufen des gleichen Forschungsfelds) oder lateral bzw. interdisziplinär statt. Sie verfolgen im Allgemeinen vier Ziele:

1) Einsparungen von Produktionskosten:
Einsparungen von Produktionskosten können aus der gemeinsamen Nutzung von Laboreinrichtungen und Geräten sowie Datenbeständen zur Kostensenkung durch Ausschöpfung von Synergievorteilen resultieren. Einsparungen von Projektkosten können auch erreicht werden, z.B. weil Skalen- und Synergieeffekte erzielt werden können oder die kooperative Zusammenlegung von Forschungslabors Rationalisierungschancen eröffnet (Ausschöpfung von Größenvorteilen). So arbeiten Weltraum-Organisationen aus Europa (ESA), den USA (NASA), Russland (Roskosmos), Kanada (CSA) und Japan (JAXA) zusammen an dem Forschungsprojekt „Die Internationale Raumstation (ISS)". Die Projektplanung wurde bereits im Jahr 1984 in den USA initiiert. Seit 1994 ist die russische Weltraum-Organisation auch an dem Projekt beteiligt, da es in Russland für die eigenständige Realisierung der geplanten Raumstation „MIR II"an finanziellen Mitteln gefehlt hat. Schätzungsweise können die Gesamtkosten für die Forschung, Entwicklung, den Aufbau und die ersten Jahre der Nutzung der Raumstation auf etwa 100 Milliarden Euro zusammengezählt werden. Davon entfallen auf die Staatshaushalte der Mitgliedstaaten der ESA 8 Milliarden Euro (vgl. *European Space Agency* 2005).

2) Risikoteilung:
Durch Kooperationen können Forschungsrisiken auf mehrere Schultern verteilt werden. Dies gilt insbesondere bei Großinvestitionen in innovative Forschungsvorhaben. Gerade technologisch oder ökonomisch sehr riskante Projekte werden oft in Kooperationen zwischen staatlichen und privaten Forschungseinrichtungen ggf. aus mehreren Ländern oder Regionen realisiert, weil die Risiken für eine einzige Forschungseinrichtung oder sogar ein Forschungssystem eines Landes zu groß sind. Ein Beispiel dafür liefert das Grundlagenforschungsprojekt ITER. Es ist ein globales Projekt zur Entwicklung eines Kernfusionsreaktors, an dem viele große Industrienationen beteiligt sind: die Europäische Union, China, Russland, Japan, USA, Indien und Süd-Korea. Für die 35-jährige Dauer des Projektes werden schätzungsweise Kosten in Höhe von 10 Milliarden Euro erwartet. Während die Europäische Union 50 Prozent der Projektkosten finanziert, teilen sich die übrigen ITER-Länder die restlichen Kosten.

3) Abwicklung technologisch komplexer Projekte:
Technologisch komplexe Aufgaben können in manchen Fällen nicht mehr von einer Forschungseinrichtung und oft auch nicht von einer Region oder

einem Land allein bewältigt werden, weil kein Land das gesamte erforderliche Wissen allein besitzt. Dies macht die Bildung von Kooperationen erforderlich. Sehr häufig ist die Zusammenarbeit von Akteuren, die unterschiedliches Wissen und unterschiedliche Kompetenzen einbringen, z.B. interdisziplinäre Forschung in universitätsübergreifenden Forschungsvorhaben oder Systemtechnologien, bei denen unterschiedliches Know-how benötigt wird, notwendig. Die beiden oben genannten Beispiele (ITER und ISS) beweisen, dass die Kompetenzen und Erfahrungen mehrerer Länder auf unterschiedlichen Forschungsgebieten zu einer effektiven Zusammenarbeit und Lösung komplexer Aufgaben beitragen.

4) Erleichterte Koordination und mehr Flexibilität:
Neben dem Argument der Einsparung von Produktionskosten und dem Argument der Risikoteilung können aber auch koordinations„technische" Überlegungen für das Eingehen von Kooperationen sprechen. Anstelle von schwerfälligen Großstrukturen werden flexible Kooperationsstrukturen geschaffen, die auch Raum für den Wechsel von Kooperationspartnern lassen. Forschungskooperationen kann man flexibel eingehen und auch wieder aufkündigen. Verglichen mit der Vergrößerung der eigenen Forschungseinrichtung erscheinen Kooperationen flexibler. Aus Transaktionskostensicht eignen sich Kooperationen und Joint Ventures vor allem für Forschungsaufgaben mittlerer Unsicherheit und Spezifität und mittlerer strategischer Bedeutung (vgl. *Burr* 2004, S. 160, 164–167).
Letztendlich besitzen Kooperationen den strategischen Zweck, verteidigungsfähige Wettbewerbsvorteile für die Kooperationspartner zu schaffen. Verteidigungsfähige Wettbewerbsvorteile sind im Forschungsbereich Erkenntnis- und Know-how Vorsprünge, die von Wettbewerbern nicht leicht dupliziert bzw. aufgeholt werden können.

III. Ökonomische Nachteile der Kooperationen im Forschungsbereich

Zu den möglichen Nachteilen einer Kooperation im Forschungsbereich zählen:

(1) Anreizschwäche bzw. Verlust der Motivation der Beteiligten aufgrund von Identifikationsproblemen und Verringerung des Überblicks über die Abläufe und Ergebnisse des Kooperationsprojektes. Dies kann zur unausgeglichenen Verschiebung der Leistungsverhältnisse und zu Konflikten zwischen den Kooperationspartnern führen.

(2) Zumindest in der Anfangsphase einer Kooperation kann es zu längeren und komplizierteren Koordinationsprozessen kommen, bis die Partner Wege der Zusammenarbeit erkannt und gefunden haben.

(3) Entstehung gegenseitiger Abhängigkeiten, die oft in der Zielbestimmungsphase nur durch Zielkompromisse zu lösen sind. Außer-

dem kann das Versagen oder der Ausstieg eines Partners zur Störung bzw. Gefährdung eines gesamten Projektes führen.

(4) Problem bei der Nutzung bzw. Aufteilung der erzielten Forschungsergebnisse zwischen den Kooperationspartnern.

D. Theoretische Grundlagen der Koopkurrenz

I. Argumente und Gründe für die Koopkurrenz aus ökonomisch-theoretischer Sicht

Ursprünge der Diskussion über die Entstehungsgründe sowie die Vorteile des vielschichtigen Phänomens Koopkurrenz liegen in der Spieltheorie (vgl. *Luce* und *Raiffa* 1957; *Holler* und *Illing* 2000). Die Begriffe Kooperation und Wettbewerb unterscheiden sich dabei nach der Art der Zielbeziehung zumindest zweier Akteure: So liegen der Wettbewerb bei der Zielkonkurrenz der Forschungsakteure und die Kooperation bei ihrem grundlegend harmonischen Agieren vor. Im Regelfall sind die Handlungen und Entscheidungen einer Forschungsorganisation jedoch auf mehrere Ziele ausgerichtet. Dies impliziert die Existenz sowohl von Zielkonkurrenz als auch von Zielkompatibilität unterschiedlicher Akteure. Demzufolge kann die Konzentration auf eine der Reinformen (entweder Kooperation oder Wettbewerb) zwar für die Verwirklichung von Zielen einer Gruppe begründet, bei der Realisierung anderer Ziele jedoch kontraproduktiv sein. „Weder in einem reinen beziehungsweise ruinösen Wettbewerb noch in einer ausschließlich kooperativen Umgebung lassen sich maximale Erträge erzielen, was Erforderlichkeit und Attraktivität der Mischform begründet." (*Bernecker* 2005, S. 80). Im wissenschaftlichen Kontext werden unter den Erträgen die Erkenntnisgewinne der wissenschaftlichen Arbeit verstanden.

Beim Übergang vom statischen Wettbewerbsverständnis zu einem globalen, dynamischen Forschungswettbewerb ändert sich die Verhaltensannahme eines losen Interaktionsmusters zwischen den Konkurrenten hin zum Streben der Forschungsakteure, ihre strategischen Positionen durch das Zusammenagieren mit anderen Mitbewerbern zu verstärken (vgl. *Porter* 1980, 26 ff., *Zahn* 2000, S. 7f., *Bernecker* 2005, S. 115). Die Evolution und Struktur der Beziehungen zwischen den Subjekten eines Systems stehen im Mittelpunkt der netzwerktheoretischen Forschung (vgl. *Wilhelm* 2000, S. 31, *Johanson* und *Mattsson* 1988). Durch die Abkehr von der Konzentration auf die Verringerung der wechselseitigen, wettbewerblichen und antagonistischen Interaktionen und die Ausdehnung von kooperativen Beziehungen zu Mitbewerbern durch die Elemente der Kooperation bildet sich ein relationales Arrangement, die interorganisationalen Forschungsnetzwerke. Je nach Problemstellung und Zweck organisieren und setzen

sich die Netzwerke eigenständig und aus eigenem Wunsch zusammen (*Wilhelm* 2000, S. 32, *Baker* 1992, S. 398). Die Vorteile dieser hybriden Organisationsform zwischen Markt und Hierarchie unter den Bedingungen des Wettbewerbs liegen in (*Wilhelm* 2000, S. 32):
– der Senkung der Transaktionskosten,
– der dementsprechenden Erhöhung der Wettbewerbsfähigkeit einzelner Regionen oder sogar Nationen,
– der Vereinfachung der Koordinationsmechanismen sowie
– der Steigerung der Effizienz.

Durch die Entstehung netzwerkorganisatorischer Gebilde wandelt sich das Verständnis der Koopkurrenz von einer paradoxen Erscheinung zu einer etablierten Hybridform der Koordination um.

II. Formen der Koopkurrenz im Forschungsbereich

Im Folgenden wird analysiert, welche koopkurrente Ausprägungsformen zwischen Forschungseinrichtungen existieren können. Die Ausführungen haben beschreibenden und nicht normativen Charakter. Sie weisen auf, welche Varianten der Koopkurrenz im Forschungsbereich generiert werden können, wenn beide Reinformen der Interaktionen (Wettbewerb und Kooperationen) zugelassen werden, und basieren auf der Kombination der kompetitiven und kooperativen Elemente.

Eine systematische Darstellung dieser hybriden Formen arbeitet Bernecker für organisatorische Netzwerke (*Bernecker* 2005, S. 84 ff. und 125) heraus:

Abbildung 1: Formen hybrider Koppelung (Bernecker 2005, S. 84)

Sequenzen   Sektoren   Ebenen   Schichten   ubiquitäre Strukturen

Sequenzielles Zusammenspiel von Wettbewerb und Kooperation findet dann statt, wenn beide Archetypen in mindestens zwei nacheinander folgenden Phasen abwechselnd dominieren. So stehen in der ersten Sequenz die Forschungseinrichtungen im Wettbewerb um die Förderungsmittel zur Durchführung eines ausgeschriebenen Wissenschaftsthemas bzw. Forschungsprojektes. In zweiter Sequenz kooperieren zwei oder mehrere Gewinner der Ausschreibung im Rahmen des Projektes.

Sektorelle Koppelung existiert beim Vorliegen von Clustern oder Bereichen mit unterschiedlichen Regelungsformen innerhalb eines Systems. Die sektorale Koopkurrenz im Forschungsbereich findet zum einen zwischen den einzelnen Stufen – der Grundlagenforschung, angewandten Forschung,

Entwicklung sowie Verbreitung und Nutzung von Wissen – des For-
schungs- und Entwicklungsprozesses statt. Grundsätzlich sind die Forschungseinrichtungen einzelner Stufen auf die Erkenntnisse vorgelagerter
und auf die bestehenden Problemfelder nachgelagerter Stufen angewiesen.
An den Forschungsschnittstellen verhalten sie sich jedoch als Konkurrenten. Ein Beispiel dafür liefert der vom Bundesministerium für Bildung und
Forschung ausgeschriebene Strategiewettbewerb „BioPharma". Der Wettbewerb ruft unternehmerisch geführte Konsortien aus Wissenschaft und
Wirtschaft auf, sich mit den besten langfristigen Konzepten für eine effiziente Gestaltung der biopharmazeutischen Wertschöpfungskette zu bewerben. Dieser Konzeptwettbewerb soll alle möglichen Lücken in unterschiedlichen Bereichen der Medikamentenforschung wertschöpfungsket-
tenübergreifend mit dem Ziel der Stärkung des deutschen Biotechnologie-
Mittelstandes abdecken: von Grundlagenforschung über Kommerzialisie-
rung von wissenschaftlichen Ideen zu Wirkstoffentwicklung und Entwicklung von innovativen Biomarkern und Kooperationen zwischen den Unternehmen und Forschungseinrichtungen. Ein international besetztes Gutach-
tergremium hatte insgesamt 37 Bewerbungen zu bewerten, von denen zehn
sich für die zweite Runde durchgesetzt haben. In der zweiten Runde arbeiten sie innerhalb von vier Monaten ihre Konzepte vollständig aus. In den
nächsten fünf Jahren werden bis zu fünf Konsortien bei der Umsetzung
ihrer Ideen vom Bundesforschungsministerium mit ca. 720 Millionen Euro
gefördert. Dabei drängen einige Grundlagenforschungsinstitute, wie z. B.
das biomedizinisch ausgerichtete Max-Planck-Institut, auf die kommerziel-
le Umsetzung ihrer Forschungsresultate und damit in die Medikamentenforschung und wandeln sich von Ideenlieferanten zu unmittelbaren Konkurrenten der Pharmaunternehmen (vgl. *Hoffmann* 2008, S. 1).

Für die Existenz der Ebenen-Koopkurrenz sind die vertikalen Mehrebe-
nen-Konstellationen im Forschungsbereich, bestehend aus mindestens einer übergeordneten Rahmenstruktur (Makroebene) und einer untergeordneten (Mikro-)Ebene, verantwortlich. Im universitären Bereich finden sich
oft mehrere Ebenen: Die forschenden Professoren als Lehrstuhl- oder Insti-
tutsinhaber und somit als einzelne Akteure sind den Fakultäten, die Fakultäten dann der Universität zugeordnet. Das Verhältnis zwischen den Zielen
einzelner Akteure, der Fakultäten und der gesamten Universität beeinflusst
erheblich das Mischverhältnis von Konkurrenz und Kooperation, so z.B.
bei der Aufteilung knapper Ressourcen, aber auch Pflichten.

Weiterhin bestehen die Mehrebenen-Architekturen auch dann, wenn eine Forschungseinrichtung, beispielsweise eine angewandte Forschungsinstitution wie ein Fraunhofer-Institut, über eine längere Zeitperiode mit unterschiedlichen Unternehmen bzw. in unterschiedlichen Forschungsagglo-
meraten, die im konkurrierenden Verhältnis zueinander stehen, zusammen-

arbeitet. Nimmt die Anzahl derartiger Forschungskollaborationen zu, so ist die Rahmenstruktur zunehmend wettbewerblich geprägt. Die untergeordnete Struktur, d.h. die Beziehung zu einzelnen Forschungspartnern dagegen ist kooperativ.

Je nach Form und Intensität von Interaktionen zwischen den Akteuren eines Systems bilden sich Mehrschichtstrukturen, mindestens jedoch zwei. Stehen die Forschungsakteure im Rahmen der Primärorganisation (z.B. zwischen den Universitäten, die in ihrer Reputation als Elite-Universitäten im Wettbewerb miteinander stehen) in einem kompetitiven Verhältnis zueinander, also im Rahmen der Sekundärorganisation (z.B. durch einen regelmäßigen Wissensaustausch in Gremien und Arbeitskreisen, eine Schaffung der gemeinsamen Portale, Foren, Bibliotheken oder Laboratorien sowie durch gemeinsame wissenschaftliche Projekte), kooperieren sie und verstärken sich gegenseitig im Wettbewerb gegenüber anderen Forschungsgruppen bzw. -akteuren. Somit liegt die Schichtkoopkurrenz vor. Ein Beispiel dafür liefert TU9. Die neun Technischen Universitäten (RWTH Aachen, TU Berlin, TU Braunschweig, TU Darmstadt, TU Dresden, Leibniz Universität Hannover, Universität Karlsruhe (TH), TU München und Universität Stuttgart) schaffen durch die gemeinsame strategische Ausrichtung und mehrere Projekte in der Gemeinschaftsforschung FuE-Investitionen und erhöhen die Attraktivität für internationale Wissenschaftler. In den Top-10 der FuE-Förderung im 6. EU-Forschungsrahmenprogramm stehen die Universität Stuttgart mit 34,6 Millionen Euro, die TU München (28,5 Millionen Euro), die RWTH Aachen (27,2 Millionen Euro) und die Universität Karlsruhe mit 22 Millionen Euro (vgl. *TU-9*, 2008).

Sind einige oder alle dieser Koppelungsformen vorhanden, liegt eine multiple Koopkurrenzkonstellation vor. Die Kombinationen von Sektoren-, Schichten- oder Ebenenkoppelung mit der Sequenzenform zeigen einen dynamischen Charakter der Koopkurrenz. Weisen die Beziehungen zwischen den Forschungsakteuren sowohl wettbewerbliche als auch kooperative Elemente ohne temporäre oder strukturelle Systematisierung auf, so wird von einer ubiquitären Koopkurrenz gesprochen.

E. Koopkurrenz am Beispiel des europäischen Forschungsraums und der Lissabon-Strategie der EU

I. Zur Bedeutung des Europäischen Forschungsraums im Rahmen der Lissabon-Strategie

Vor dem Hintergrund steigender Dynamik des Hyperwettbewerbs auf den Märkten und der Globalisierung von Forschung und Technologie beschäftigt sich die EU im Rahmen der Wachstumspolitik mit der Formulierung konkreter Ziele, Strategien und Programme zur Förderung der Wettbewerbsfähigkeit der EU, u. a. der europäischen Forschung im Vergleich zu den USA und Asien. Im März 2000 haben die damals 15 Staats- und Regierungschefs der Europäischen Union in Lissabon ein Programm beschlossen, mit dessen Hilfe die Europäische Union bis zum Jahr 2010 zum dynamischsten, wissensbasiertesten Wirtschaftsraum der Welt werden soll (sog. Lissabon-Strategie).

Wesentliche Problemfelder und Herausforderungen bei der Realisierung der Lissabon-Strategie sind:

- Relativ zu den USA und anderen Nicht-EU-Ländern erweist sich eine niedrigere Attraktivität der EU für inländische und ausländische FuE-Investitionen. Die gesamten FuE-Investitionen in der EU betragen im Jahr 2003 nur 1,8 % des Bruttoinlandsprodukts. Dies liegt weit unter den Werten der USA (2,8 %) und Japans (2,9 %) (vgl. *Kok* 2004, S. 54). Während in den USA auf 1000 Erwerbstätige in Forschung und Entwicklung 8,08 und in Japan 9,14 Forscher und Ingenieure entfallen, besteht für die Europäische Union mit der Kennzahl von 5,68 wesentlicher Nachholbedarf (vgl. *European Commission* 2003, S. 44).

- Das Gleichgewicht zwischen dem Angebot und der Nachfrage auf dem europäischen Arbeitsmarkt der Forscher und Wissenschaftler ist noch nicht erreicht. Dies ist zum Teil mit dem Problem der Fluktuation von kompetenten Wissenschaftlern aus der EU v. a. in die USA („brain drain") verbunden. Zum anderen liegt es an der im Vergleich zur Industrie geringeren finanziellen Attraktivität der wissenschaftlichen Berufe für die hoch kompetenten Absolventen der Hochschulen („High Potentials" und „Young Professionals"). Zukünftig kann diese Situation durch negative Einflüsse der demographischen Entwicklung weiter verschlechtert werden (Mangel an jungen Talenten).

- Einschränkungen der potenziellen Laufbahnentwicklungen von Forschern und Wissenschaftlern sind vor allem durch rechtliche und verwaltungstechnische Hemmnisse, wie z.B. die Inkompatibilität der nationalen Sozialversicherungssysteme, und eine mangelhafte Mobilität der Wissenschaftler gegeben.

- Durch eine starke Fragmentierung der öffentlichen Forschung nach Regionen, Ländern, Disziplinen und Stufen des Forschungsprozesses besteht die Gefahr von Redundanzen, Ressourcenzersplitterung, Informationsasymmetrien, Synergieverlusten und Barrieren bei der Ausschöpfung der Forschungs- und Innovationspotenziale.

- Bereits seit Mitte der achtziger Jahre hat es Diskussionen in der Bundespolitik gegeben, dass die über die gesetzlichen Grundlagen hinausgehenden, besonderen bürokratischen Regelungen das forschungsfreundliche Klima, die Flexibilität und Eigeninitiative an den Hochschulen und in der Grundlagenforschung stark beeinträchtigen (vgl. *Altenmüller* 1984, S. 162).

– Vermutete Innovationsschwäche der europäischen Wirtschaft: Ergebnisse der Grundlagenforschung werden nicht bzw. nicht schnell genug in neue Sachgüter, Dienstleistungen und Unternehmensgründungen umgesetzt.

Als primäre Zielsetzungen zur Realisierung der Lissabonstrategie wurden die Schaffung eines Europäischen Forschungsraums (EFR), die Sicherstellung der Attraktivität Europas für kompetente Forscher und Wissenschaftler sowie die Förderung neuer Technologien festgelegt. Mit Rücksicht auf das Subsidiaritätsprinzip wurde die Methode der offenenoffenen Koordinierung gewählt. Dabei findet einvernehmlich die Abstimmung der gemeinsamen Ziele von EU-Mitgliedstaaten (vgl. *Wissenschaftliche Dienste des Deutschen Bundestages* 2005) statt.

Im Jahr 2004 erarbeitete eine Kommission unter der Leitung des ehemaligen niederländischen Ministerpräsidenten *Wim Kok* einen Bericht zum Stand der Umsetzung der Lissabon-Strategie. Der *Kok*-Bericht konstatierte zur Halbzeit der Lissabon-Strategie noch erhebliche Umsetzungsdefizite und prognostizierte, dass die EU wichtige Teilziele verfehlen werde (vgl. *Kok* 2004, S. 9, 12 f.). Die komplette Realisierung der EFR-Vision wird zum Jahr 2020 erwartet.

II. Analyse des Konzeptes des Europäischen Forschungsraums

Im Folgenden wird analysiert, welche grundsätzlichen, kompetitiven und kooperativen Elemente sowie ihre Kombination in unterschiedlichen Ausprägungsformen der Koopkurrenz am Beispiel des EFR-Konzeptes identifiziert werden können. Abschließend werden die möglichen Problemstellungen identifiziert. Die Ausführungen im Abschnitt F. dienen der Anregung zur weiteren Diskussion über die weiteren Forschungsprogramme der EU zur Umsetzung der Lissabon-Strategie, vor allem aber über die Gestaltungsprinzipien und -maßnahmen des EFR.

Die im Jahr 2000 im Konsens vereinbarten Leitgrundsätze konkretisieren den Gestaltungsrahmen des EFR. Die Gestaltung des EFR orientiert sich an der Idee der Vernetzung der europäischen Spitzenforschung mit dem Ziel des Aufbaus von Macht- bzw. Gegenmachtposition, Image und Reputation im Vergleich zu Nicht-EU-Forschungslandschaften. „In der ganzen EU sollten unterschiedliche Forschungseinrichtungen in das gesellschaftliche und wirtschaftliche Leben vor Ort eingebettet sein, aber gleichzeitig in Europa und darüber hinaus miteinander konkurrieren und kooperieren." (*Europäische Kommission* 2007, S. 9). Eine explizite Darstellung und Konkretisierung der kompetitiven und kooperativen Elemente der europäischen Forschungspolitik kommt jedoch in den erläuterten Ausführungen nicht vor.

Bei der Gestaltung des EFR beruht die europäische Forschungspolitik auf dem Prinzip der Subsidiarität („bottom-up"). Dies bedeutet, dass die Notwendigkeit einer Verlagerung von Entscheidungskompetenzen von den Einzelstaaten und Regionen auf die EU-Ebene von der EU-Gemeinschaft zu begründen ist (vgl. *Rollwagen* 2005, S. 20). Der Einsatz der offenen Koordinierungsmethode und ihrer Instrumente wie Benchmarking und Best-Practice-Verfahren (*Wettbewerbselemente*) leistet durch das gegenseitige Lernen der Länder einen wesentlichen Beitrag zur Identifikation der Verbesserungspotenziale bei den Rahmenbedingungen für Forschung und Entwicklung. Sie fördert die Anstrengungen im Forschungsbereich einzelner Staaten und hat bereits die Effizienz der forschungs- und innovationspolitischen Aktivitäten der einzelnen Länder und der EU verbessert (vgl. *Rollwagen* 2005, S. 20). Im Weiteren bleibt jedoch unklar, inwieweit die EU die Gestaltung des EFR im Detail bestimmt und in wieweit sie durch die offene Koordinationsmethode den Ausbau des EFR durch Eigeninitiative der europäischen Forschungsakteure stimuliert.

Einer der wichtigsten Aspekte bei der Gestaltung der EFR ist das Schaffen eines einheitlichen Arbeitsmarktes und attraktiver Arbeitsbedingungen ohne bürokratische und finanzielle Barrieren für die europaweite Mobilität kompetenter Wissenschaftler (*Wettbewerbselement*). Die Verbesserung der Laufbahnmodelle für Forscher erhöht die Attraktivität für die jungen Talente allgemein, insbesondere für Frauen. Dies vergrößert die gesamte Anzahl der Stellennachfrager bzw. potenziellen Arbeitgeber in der Wissenschaft. Durch eine aufsteigende Bewerberzahl vermehren sich die Chancen für die Forschungseinrichtungen, die Rekrutierungsergebnisse zu verbessern. Die weitgehende Öffnung des Arbeitsmarktes im Bereich der wissenschaftlichen Stellen erlaubt den (potenziellen) Forschern, zwischen mehreren Forschungsinstitutionen die attraktivsten auszuwählen. Dies setzt die Forschungseinrichtungen unter Wettbewerbsdruck, ihre Reputation auf dem Arbeitsmarkt zu steigern. Zur Verstärkung dieses Wettbewerbselementes wurden außerdem einige Maßnahmen zur Erleichterung des Eintritts von Arbeitskräften in den Bereichen Wissenschaft und Technologie aus Nicht-EU-Staaten in die EU eingeführt (vgl. *EurActiv* vom 14. Oktober 2005). Die Mobilität der Wissenschaftler beeinflusst im Weiteren den informellen Wissensaustausch, die Entstehung personeller Verbunde, sozialer Netzwerke (vgl. *Reiß* 2000, S. 221) und den kulturellen Austausch zwischen Forschern (*Kooperationselemente*). Auf Dauer festigt sich das Vertrauen in die internationale Zusammenarbeit. Akzeptanzprobleme werden dadurch vermindert. Welche Elemente – Wettbewerb oder Kooperation – bei der Ausgestaltung des paneuropäischen Arbeitsmarktes für Forscher dominieren, lässt sich nicht eindeutig identifizieren. Daher könnte das Zusammenspiel der oben genannten Wettbewerbs- und Kooperationselemente als *ubiquitäre Koopkurrenzform* verstanden werden.

Ein weiteres Ziel zur Gestaltung des EFR sind auf der EU-Ebene gut abgestimmte Forschungsschwerpunke und -programme nach dem Prinzip der europäischen Additionalität: Die Notwendigkeit der Forschungsfinanzierung auf der EU-Ebene soll durch die höhere Nutzung von Synergien und Größeneffekten im Vergleich zu einer Allokation der Mittel im Rahmen einzelstaatlicher Fördermaßnahmen begründet werden. Im Rahmen des 7. Forschungsrahmenprogramms wurden mehrere Projektthemen ausgeschrieben (*Wettbewerbselement*), die zum einen die Zusammenarbeit unterschiedlicher Forschungseinrichtungen v. a. bei interdisziplinären Themen und zum anderen die Ausarbeitung von Konzepten zur Schaffung von Forschungsinfrastrukturen mit Weltniveau und ihrer Umsetzung (*Kooperationselemente*) fördern. Die europaweite Harmonisierung der Forschungsprogramme und Optimierung der Koordination der Forschungsfinanzierung setzen die Kombination der öffentlichen mit privaten (Stiftungen und Organisationen der Zivilgesellschaft) Forschungsfinanzierungsquellen (*Kooperationselemente*) voraus. Die Abstimmung der Forschungsprogramme liefert ein deutliches Beispiel für *eine sequenzielle Koopkurrenz*.

Das Bilden von disziplinübergreifenden Clustern und virtuellen Forschungsgemeinschaften mit einer europaübergreifenden Bündelung von Ressourcen und Tätigkeiten auf Basis von Vertrauen, Verhaltenskodizes, Solidarität und Kohäsion zwischen den Forschungsakteuren auf gesamteuropäischer Ebene (*Kooperationselemente*) gilt als nächstes Gestaltungsziel des EFR. Die Forschungsakteure vernetzen sich in Clustern (regional oder virtuell), die als Plattform für befristete Gemeinschaftsforschungsprojekte auftreten. Zwischen den Teilnehmern solcher Cluster können nicht nur kooperative, sondern auch wettbewerbliche Beziehungsformen erscheinen. Beim Erhalt eines Forschungsauftrages geschieht die Verteilung der Aufgaben und dementsprechend des Forschungsgeldes zwischen zahlreichen Teilnehmern eines Clusters (*Wettbewerbselement*). Außerdem ergibt sich der von der EU geförderte Konzeptwettbewerb zwischen den regionalen Clustern, die sich aus den Teilnehmern einer gesamten Wertschöpfungskette zusammensetzen (*Wettbewerb* zwischen den Wertschöpfungsketten), oder auch zwischen der virtuellen, auf einem Forschungsfeld fokussierten Forschungskooperation (*Wettbewerbselement*). Das Zusammenspiel dieser Wettbewerbs- und Kooperationselemente läuft in Form einer *Ebenenkoopkurrenz* ab: Im Makrokosmos der Forschungslandschaft (zwischen Clustern) herrscht der Wettbewerb und auf der Mikroebene bildet sich ein netzförmiges Gebilde mit Kooperationsmustern heraus. Auf der Mikroebene lässt sich die *Schichtform der Koopkurrenz* registrieren: Primärorganisatorisch können die Clusterpartner kooperieren, bei der Abwicklung konkreter Projekte (sekundärorganisatorisch) jedoch konkurrieren, und umgekehrt.

Die Zunahme der technologisch komplexen Gemeinschaftsforschungsprojekte wird durch den Aufbau von Forschungsinfrastrukturen verstärkt, v. a. durch die Entwicklung neuer Generationen elektronischer Informations- und Kommunikationsinfrastrukturen europaweit und sogar weltweit (*Kooperationselemente*) verstärkt gefördert. Informations- und Kommunikationskanäle, Informationssysteme und Datenbanken dienen außerdem dem Zugang zu wissenschaftlichem Wissen, öffentlichen Publikationen, Projektausschreibungen und Forschungsplänen für die breite Öffentlichkeit. Dies erhöht die Transparenz im Forschungsbereich und hilft die Ineffizienzen der Doppelarbeit zu beseitigen bzw. zu verringern. Um die Effekte des Trittbrettfahrertums zu vermeiden, wird ein vereinfachtes, kostenwirksames und harmonisiertes System für Rechte an geistigem Eigentum (Voraussetzung eines funktionsfähigen *Wettbewerbs*) geschaffen. Die gemeinsamen, ethischen Grundsätze für den Wissensaustausch und die Zusammenarbeit zwischen den Forschungspartnern aus der Wissenschaft und der Wirtschaft sind bereits in der Europäischen Charta für Forscher und einem Verhaltenskodex für deren Einstellung festgelegt und veröffentlicht (*Kooperationselemente*). Die Charta verleiht den einzelnen Forschern die gleichen Rechte und Pflichten (Voraussetzung eines funktionsfähigen *Wettbewerb*es), wo auch immer in der EU sie arbeiten, und trägt zur Etablierung einer innovationsfreundlichen Mentalität in Gesamteuropa bei.

Trotz des vereinbarten, grundsätzlichen Bottom-Up-Prinzips, das auf der Eigeninitiative von Forschungseinrichtungen, privaten Stiftungen und forschenden Unternehmen beruht, veranlasst die EU die Einrichtung des Europäischen Instituts für Technologie (EIT), das eine Vorbildfunktion („Aushängeschild für Exzellenz") für die Zusammenarbeit zwischen Hochschulen, Forschungsinstituten und Industrie haben soll (vgl. *EU-Büro* 2008). Bis 2013 sollen 13 Wissens- und Innovationsgemeinschaften (KIC) als autonome und autarke Joint-Ventures eingerichtet werden. Ihre strategische Ausrichtung, Forschungsprioritäten sowie die Aufgabengebiete in konkreten Forschungsprojekten werden in der Abstimmung mit dem Koordinationsgremium bestehend aus 60 angesehenen Vertretern aus Wissenschaft und Industrie festgelegt. Für die Einrichtung des EIT steht ein Budget von ca. 2,4 Milliarden Euro aus privaten und öffentlichen Mitteln zur Verfügung. Für einige Forschungsakteure kann das Konzept der KIC attraktiv sein. Das Konzept des EIT dient insofern zur Verstärkung des Wettbewerbs um die Stellen im EIT (*Wettbewerbselement*) nach den Auswahlkriterien des Innovationspotentials und der Exzellenz. Kritisch an diesem Konzept ist die Gefahr der Schaffung von Doppelstrukturen und Redundanzen zu nationalen Forschungseinrichtungen. Andererseits kann die Einrichtung dieser elitären Forschungseinrichtung die Anstrengungen anderer Universitäten Europas verstärken, in Kooperationen mit anderen Universitäten eine eigene Forschungs- und Hochschulbildungsplattform aufzubauen.

Die Ausgangsfrage, ob die Forschungspolitik der EU, wie sie sich in der Lissabon-Strategie niederschlägt, v. a. im Hinblick auf die Gestaltung des EFR, sich der Koordinationsmuster – Kooperationen und Wettbewerb – für forschende Aktivitäten im gleichen Maße bedient oder ob sie ein Prinzip präferiert, lässt sich nicht eindeutig beantworten. Bei der Analyse der Leitgrundsätze zur Gestaltung des EFR lassen sich sowohl die Elemente des Wettbewerbs als auch der Kooperation identifizieren. Offensichtlich bilden sich zum größten Teil unterschiedliche Ausprägungsformen der Koopkurrenz. Aufgrund der Vielzahl der Prinzipien, hoher Vielfältigkeit der historisch gewachsenen Forschungssysteme der EU-Länder, Komplexität der Forschungsstrukturen und ihrer Größe bleibt die Frage, welche Koordinationselemente dabei überwiegen, offen.

F. Offene Fragen

Die effektive und auf dem Prinzip der offenen Koordination beruhende Integration nationaler Forschungslandschaften in den Europäischen Forschungsraum macht eine weitgehende Koordination nationaler Strukturen und Programme unerlässlich, die jedoch aufgrund abweichender, rechtlicher Rahmenbedingungen und hauptsächlich durch unterschiedliche Forschungskulturen, erschwert wird. Die nationalen Forschungssysteme in der EU weisen eine historisch gewachsene hohe Heterogenität auf (vgl. *Keller* u. a. 2004, *Triendl* 1998). Starke nationale Disparitäten lassen sich mit Hilfe quantitativer Schlüsselindikatoren zum Forschungsbereich zeigen (vgl. *Center for Science and Technology Studies* 2004, S. 1, 5, 24, 25): Während der relative Anteil Deutschlands an wissenschaftlichen Publikationen in international renommierten Fachzeitschriften durchschnittlich bei 6,1 % liegt, relativ ähnlich wie bei Großbritannien (6,9%), Frankreich (6,4%) und Italien (4,5 %), haben die kleineren Staaten deutlich geringere Werte: Portugal (0,3%), Griechenland (0,4%), Österreich (0,7%), Dänemark (0,8%) sowie Finnland und Belgien (0,9%). Schweden mit 1,6%, die Niederlande mit 2,1% und Spanien mit 2,2% zeigen die mittleren Werte. Die Frage, ob solche Werte in ihrer Summe die Ergebnisse der USA – 31,4% überholen können, bleibt offen. Unter Berücksichtigung der Anzahl der Bevölkerung, zeigt der Indikator der wissenschaftlichen Produktivität eine gewisse Änderung in der Länderrangfolge: Schweden, Finnland, Dänemark, die Nie-

derlande, Großbritannien, Frankreich, Italien und Deutschland arbeiten im
wissenschaftlichen Bereich am produktivsten, während Spanien, Griechenland und Portugal eine deutlich geringere Leistungen aufweisen.

Interessant ist hier auch der große Unterschied bezüglich der Anzahl der
Wissenschaftler (*European Commission* 2003, S. 43): Während in Deutschland über 250 Tausend (26,3 % davon im Hochschulsektor), in Frankreich
172 Tausend (35,8 % im Hochschulsektor) und in Großbritannien knappe
160 Tausend (31,1 % im Hochschulsektor) Wissenschaftler arbeiten, zeigen Griechenland (14 Tausend), Portugal (18 Tausend), die Tschechische
Republik und Ungarn (jeweils 15 Tausend) deutlich geringere Werte. Weniger als 10 Tausend Wissenschaftler weisen Irland, Estland, Litauen und
Lettland auf. Starke Differenzen sind außerdem anhand der durchschnittli-
chen FuE-Budgets in 1000 Euro pro Wissenschaftler zu beobachten: Österreich (168), Italien (150), die Niederlande (148) und Schweden (128) zeigen im Vergleich zu Portugal (41), Spanien (41) und Griechenland (38)
sowie Litauen (5), Lettland (7), und der Slowakei (3) deutlich höhere Werte.

Offen bleiben dabei einige kritische Fragen: Welchen Herausforderungen stehen die nationalen Forschungssysteme und -kulturen dem europäischen Integrationsprozess gegenüber? Geht mit einer Vernetzung nicht eine
steigende Hierarchisierung und dementsprechend zusätzliche Bürokratisie-
rung der Forschung einher? Findet dabei nicht die Durchsetzung einer neu-
en europäischen Forschungskultur durch die Assimilation oder gar Dekul-
turation der nationalen Forschungskulturen anstelle der Integration mehrerer heterogener Kulturen statt?

Die Wissenschaftler benötigen eine solide Forschungsfinanzierung, um
eigenständig die Forschungsthemen kompetent und rechtzeitig bewerkstel-
ligen zu können. Dabei sind Forschungsinstitutionen maßgeblich auf die
Drittmittelfinanzierung aus privaten und öffentlichen Mitteln, oft im Rahmen eines Auftrags- oder Konzeptwettbewerbs, angewiesen. Im Hinblick
darauf, welche Bedeutung der Forschung in der EU zugemessen wird und
welche Forschungsergebnisse die EU und die Mitgliedstaaten erwarten,
sind die Forschungseinrichtungen mit direkten Forschungssubventionen
eher schlecht ausgestattet. Die Ökonomisierung der Forschung und die
zunehmende Anwendungsorientierung der Wissenschaftler können als Fol-
geerscheinungen in der Entwicklung der europäischen Wissenschaft auftreten. Dabei setzt die Forschungsfreiheit grundsätzlich die finanzielle Unabhängigkeit voraus (vgl. *Reichholf* 2008, S. 20). Wie viel Unabhängigkeit
der Forschung ist erwünscht und nötig?

Literatur

Akerlof, George A. (1970): The market for Lemons. Qualitative uncertainty and the market mechanism, in: Quarterly Journal of Economics, 84, 1970, S. 488–500.

Altenmüller, Hartwig (1984): Forschungsförderung als Staatspflicht, in: Naturwissenschaften, 71, 1984, S. 162.

Baumol, William; Panzar, John C.; Wilig, Robert (1982): Contestable Markets and the Theory of Industry Structure, 1. Auflage, New York.

Beck, Thilo C. (1998): Kosteneffiziente Netzwerkkooperation, Wiesbaden.

Bernecker, Tobias (2005): Entwicklungsdynamik organisatorischer Netzwerke. Konzeption, Muster und Gestaltung, 1. Auflage, Wiesbaden.

Borchardt, Knut; Fikentscher, Wolfgang (1957): Wettbewerb, Wettbewerbsbeschränkung, Marktbeherrschung, 1. Auflage, Stuttgart.

Brandenburger, Adam; Nalebuff, Barry (1996): Co-opetition, New York.

Burr, Wolfgang (1995): Netzwettbewerb in der Telekommunikation. Chancen und Risiken aus Sicht der ökonomischen Theorie, Gabler, Wiesbaden.

Clark, John M. (1940): Toward a Concept of Workable Competition, in: American Economic Review, 30, 1940, S. 241–256.

Einsfeld, Ulrike (1998): Forschungskooperationen zwischen Universitäten und Unternehmungen, Wiesbaden.

European Commission (2003): Key Figures 2003–2004. Towards a European Research Area. Science, Technology and Innovation, Luxembourg.

European Space Agency (2005): How much does it cost?, auf den Seiten von European Space Agency, http://www.esa.int/esaHS/ESAQHA0VMOC_iss_0.html, Zugriff am 08.09.2009.

EU-Büro des BMBF für das Forschungsrahmenprogramm (2008): Europäisches Innovations- und Technologieinstitut (EIT), auf den Seiten von EU-Büro des BMBF für das Forschungsrahmenprogramm, http://www.forschungsrahmenprogramm.de/eit.htm, Zugriff am 08.09.2009.

Hayek, Friedrich A. (1976): Individualismus und wirtschaftliche Ordnung, 2. Auflage, Salzburg.

– (1969): Freiburger Studien, 1. Auflage, Tübingen.

Herdzina, Klaus (1991): Wettbewerbspolitik, 3. Auflage, Stuttgart.

Hoffmann, Siegfried (2008): Neuer Schub für Biotechforschung, in: Handelsblatt, 16.06.2008, 114, S. 1.

Kantzenbach, Erhard (1967): Die Funktionsfähigkeit des Wettbewerbs, 2. Auflage, Göttingen.

Keller, Dietmar; Niebuhr, Annekatrin; Stiller, Silvia (2004): Die deutsche Forschungslandschaft – starke regionale Disparitäten, in: Wirtschaftsdienst, 2, 2004, S. 121–125.

Kirzner, Israel M. (1978): Unternehmertum und Wettbewerb, 1. Auflage, Tübingen, 1978.

Knieps, Günter; Müller, Jürgen; von Weizsäcker Carl C. (1981): Die Rolle des Wettbewerbs im Fernmeldebereich, 1. Auflage, Baden-Baden.

Knieps, Günter (1987): Entstaatlichung und Wettbewerb im nationalen Telekommunikationsbereich, in: Privatisierung natürlicher Monopole im Bereich von Bahn, Post und Telekommunikation, hrsg. v. Windisch, R, 1. Auflage, Tübingen, S. 147–203.

Monopolkommission (1992): Wettbewerbspolitik oder Industriepolitik. Hauptgutachten IX 1990/1991, 1. Auflage, Baden-Baden.

Naumann, Jens (1989): Qualitätsabstufungen und Leistungswettbewerb zwischen Fachbereichen, Objektive Gegebenheiten und subjektive Bewertungen, in: Helberger, C. (Hrsg.), Ökonomie der Hochschule I, Berlin, S. 23–50.

Noam, Eli (1992): Beyond the Golden Age of the public network, in: Sapolsky, H.; Crane, R.; Neuman, R.; Noam, E. (Hrsg.), The Telecommunications Revolution, Past, Present and Future, 1. Auflage, London, S. 6–10.

Picot, Arnold (1990): Strukturwandel und Wettbewerbsdruck, in: Zeitschrift für betriebswirtschaftliche Forschung, 42, H. 2, S. 119–134.

Picot, Arnold; Schneider, Dietram; Laub, Ulf (1989): Transaktionskosten und innovative Unternehmensgründung, in: Zeitschrift für betriebswirtschaftliche Forschung, Jg. 41, H. 5, S. 358–387.

Reiß, Michael (2000): Koordinatoren in Unternehmensnetzwerken, in: Kaluza, B.; Blecker, T. (Hrsg.), Produktions- und Logistikmanagement in Virtuellen Unternehmen und Unternehmensnetzwerken, Berlin u.a., S. 217–248.

Reiß, Michael; Beck, Thilo C. (2000): Netzwerkorganisation im Zeichen der Koopkurrenz, in: Forschiani, S.; Habenicht, W.; Schmid, U.; Wäscher, G. (Hrsg.), Strategisches Management im Zeichen von Umbruch und Wandel, Stuttgart, S. 315–340.

Rollwagen, Ingo (2005): Fortschritt in Europa durch integrierte Forschungspolitik: Entwicklungen und Herausforderungen, in: EU-Monitor von Deutsche Bank Research, 7. April 2005, S. 18–25.

Rotering, Joachim (1993): Zwischenbetriebliche Kooperation als alternative Organisationsform: ein transaktionskostentheoretischer Erklärungsansatz, 1. Auflage, Stuttgart.

Schleth, Jan Philip (1987): Theorie des natürlichen Monopols. Eine preis- und wettbewerbstheoretische Analyse und ihre Bedeutung für den Telekommunikationssektor der Bundesrepublik Deutschland, Dissertation Universität Gießen.

Schnöring, Thomas (1992): Entwicklungstrends auf den europäischen Telekommunikationsmärkten, 1. Auflage, Bad Honnef.

Schumpeter, Joseph A. (1980): Kapitalismus, Sozialismus und Demokratie, 5. Auflage, München.

– (1987): Theorie der wirtschaftlichen Entwicklung, 7. Auflage, Berlin.

Stigler, George (1987): Competition, in: Eatwell, J.; Millgate, M.; Newmann, P. (Hrsg.), The New Palgrave – A Dictionary of Economics, Band 1, S. 531–536.

Triendl, Robert (1998): Integration und Isolation, in: heureka!, 4, 1998. (ONLINE: http://www.falter.at/heureka/archiv/98_4.php).

TU9 (2008): Exzellente Forschung an TU9 Universitäten, auf den Seiten von TU9, URL: http://www.tu9.de/forschung/1505.php, Zugriff am 08.09.2009.

Die EU-Innovationspolitik im Rahmen der Lissabon-Strategie

Arno Scherzberg

A. Normative Grundlagen und wirtschaftspolitische Prämissen der Innovationspolitik

Die Förderung von Forschung, Entwicklung und Innovation gehört nach Art. 179 Abs. 1 AEUV zu den Zielen der Union. Es soll ein europäischer Raum der Forschung geschaffen, ihre wissenschaftlichen und technologischen Grundlagen gestärkt, die Wettbewerbsfähigkeit ihrer Industrie gefördert und Forschungsmaßnahmen unterstützt werden. Daneben gibt Art. 173 Abs. 1 UAbs. 2 4. Spiegelstrich AEUV der Union die Stärkung des industriellen Potentials der Politik in den Bereichen Innovation, Forschung und technologische Entwicklung auf.

In einer durch weltweite Marktinterdependenz gekennzeichneten globalisierten Wirtschaft steht die europäische Innovations- und Industriepolitik vor einer besonderen Herausforderung. Die Aho-Gruppe, eine von der Europäischen Kommission im Jahre 2005 eingesetzte Sachverständigenkommission, hat diese wie folgt definiert:

„Achieving the goal of an Innovative Europe requires a new paradigm of mobility, flexibility and adaptability to allow R&D and innovation to create the value that can then support our quality of life. The paradigm shift cannot be confined to the narrow domain of R&D and innovation policy, important though that is …. Europe must break out of structures and expectations established in the post-WW2 era which leave it today living a moderately comfortable life on slowly declining capital. This society, averse to risk and reluctant to change, is in itself alarming but it is also unsustainable in the face of rising competition from other parts of the world."[1]

---

[1] *Aho (Chairman)*, Creating an innovative Europe – Report of the Independent Expert Group on R&D and Innovation appointed following the Hampton Court Summit. Publikation der Europäischen Kommission, http://ec.europa.eu/invest-in-research/pdf/download_en/aho_report.pdf, 2006, S. 1.

Eine ganz ähnliche Einschätzung vertritt die ökonomische Beraterin von Kommissionspräsident Barroso, die Vorsitzende der Lisbon-Agenda Group, Maria Juao Rodrigues. Sie sieht Europa vor der folgenden Wahl:

„We can choose either downgrading our Welfare States ... or investing in knowledge and innovation for growth ... The only way to combine a high level of competitiveness and sustainable growth with more and better jobs is by speeding up the transition to a knowledge intensive economy, redeploying investment and economic growth to new activity areas, equipping people for new skills. When many other countries are trying to do the same, what should make the difference and the comparative advantage of the European way is the quality of life, a concern with social cohesion and environment and the respect for cultural diversity."[2]

Aus der Verbindung von Wettbewerbsfähigkeit, Solidarität und Nachhaltigkeit wird damit ein Europäisches Entwicklungsmodell konzipiert, zu dessen Erfolg die Forschungs- und Innovationspolitik entscheidend beitragen soll.

Die grundlegende Weichenstellung für die europäische Innovationspolitik nimmt die vom Rat im Jahre 2000 verabschiedete und im Jahre 2005 neu justierte Lissabon-Strategie für Wachstum und Beschäftigung vor, in der sich die Union das Ziel setzt, „die Union zum wettbewerbsfähigsten und dynamischsten wissensbasierten Wirtschaftsraum in der Welt zu machen – einem Wirtschaftsraum, der fähig ist, ein dauerhaftes Wirtschaftswachstum mit mehr und besseren Arbeitsplätzen und einem größeren sozialen Zusammenhalt zu erzielen."[3] Der folgende Beitrag gibt einen Überblick darüber, welche Ziele die Innovationspolitik der Union danach verfolgt, welche Instrumente sie dabei vorzüglich einsetzt und mit welchen Problemen sie zu rechnen hat. Ein besonderes Augenmerk liegt dabei auf der „lead market initiative" als einem der anspruchsvollsten neueren Vorhaben der europäischen Innovationspolitik.

B. Die wirtschaftspolitischen Ausgangsbedingungen im Streit

I. Die Sicht der Kommission

Ausgangspunkt der aktuellen Innovationspolitik der Union ist die Feststellung der Kommission, dass die EU „im Vergleich zu ihren Wettbewerbern außerordentlich schlecht ab(schneidet), was die Zahl der Patentanmeldun-

---

[2] *Rodrigues*, The EU in a globalized world – the Lisbon strategy for growth and jobs, http://www.mariajoaorodrigues.eu/lisbon-agenda/, 30.06.2008.

[3] *Europäischer Rat*, Schlussfolgerungen des Vorsitzes. Lissabon 23./24. März 2000, http://www.europarl.europa.eu/summits/lis1_de.htm, 09.09.2009.

gen und die Aufwendungen der Unternehmen für Forschung und Entwicklung angeht."[4] Die Ursache hierfür wird in Schwächen bei der Kooperation zwischen Forschung und Industrie, in der fehlenden Verfügbarkeit von Anschubfinanzierungen, in Defiziten bei der Bildung und in innovationshemmenden rechtlichen und politischen Rahmenbedingungen gesehen.[5] In einer detaillierten Analyse der Innovationskraft der Industrie der Union stellte die Aho-Gruppe u. a. fest:[6]

– Wachstumsraten und Produktivität fallen seit etwa 10 Jahren hinter denen der USA zurück,
– vor allem im Bereich der von Informations- und Kommunikationstechnologie gestützten Dienstleistungen werden die Wachstumsraten der USA bei Weitem verfehlt,
– der Anteil der Ausgaben für Forschung und Entwicklung am Bruttoinlandsprodukt der EU von 1, 93 % im Jahre 2003 ist deutlich geringer als in den USA mit 2, 59% und in Japan mit 3, 15%,
– die Schere zwischen den Investitionen europäischer Firmen in den USA und US-amerikanischer Firmen in Europa geht weiter auseinander und
– Investitionen in Europa haben ein Übergewicht in traditionellen Wirtschaftssektoren und sind schwächer im Bereich von Hochtechnologie und der IuK-bezogenen Sektoren. Im Dienstleistungsbereich sind bezogen auf das BIP die privaten Investitionen um 2/3 geringer als in den USA.

Der neueste Innovations-Fortschrittsbericht der Kommission aus dem Jahre 2006 bestätigt diese Befunde: bei 16 Indikatoren für die innovative Performance wie betriebliche Forschungs- und Entwicklungsausgaben, Beschäftigtenzahlen im High-Tech-Servicebereich, High-Tech-Exporte, Patente etc. lagen die USA und Japan in jeweils 11 Indikatoren gegenüber der EU vorn.[7]

Aus diesen Daten leitet die Union die Notwendigkeit eines grundsätzlichen politischen und sozialen Paradigmenwechsels zugunsten von Forschung und Innovation ab. Gefordert werden u. a.

– die Erhöhung der Ausgaben für Wissenschaft, industrielle Forschung und die Kooperation von Wissenschaft und Industrie,

---

[4] *Europäische Kommission*, Wachstum und Beschäftigung. Mehr Forschung, Entwicklung und Innovation, http://ec.europa.eu/growthandjobs/priority-actions/more-RD-and-innovation/index_de.htm, 09.09.2009.

[5] *Europäische Kommission* (Fn. 4).

[6] *Aho (Chairman)* (Fn. 1), S. 12 ff.

[7] *Europäische Kommission*, European Innovation Progress Report, http://www.proinno-europe.eu/ docs/Reports/Documents/EIPR2006-final.pdf, 2006, S. 23 f.

- strategische Maßnahmen angebotsbezogener und Nachfrage fördernder Art zur Schaffung und zum Ausbau spezieller Märkte für innovative Produkte und Dienstleistungen und
- eine Verbesserung der strukturellen Mobilität. Dazu zählen auch „more positive European attitudes and culture towards entrepreneurship and risk taking".[8] Eine der wesentlichen Hindernisse für ein innovatives Europa liege in einer unzureichenden Mobilität seiner Bevölkerung.[9]

II. Die Sicht von Kommissionskritikern

Aus Sicht kritischer Beobachter der Unionspolitik beruhen die skizzierten Zweifel an der Wettbewerbsfähigkeit der europäischen Unternehmen allerdings auf einer einseitigen Bewertung der wirtschaftlichen Ausgangsdaten und einer Überzeichnung des Problems. So wird darauf hingewiesen, dass die Unterschiede im Wachstum des realen BIP zwischen Europa und den USA relativ gering seien und ihre Grundlage weniger im Fehlen der Innovationskraft der europäischen Industrie als vielmehr in schlechteren makroökonomischen Rahmenbedingungen fänden, etwa in einem gegenüber den USA höheren Zinsniveau.[10] Trotz dieser Ausgangslage sei die EU aber nach wie vor exportstärker als die USA. Auch folge das geringere BIP pro Kopf vorwiegend aus der Aufnahme von 10 neuen Mitgliedsstaaten, die nur 51 % des BIP der EU-15 erreichten.[11] Schließlich resultiere die geringere Produktivität pro Beschäftigtem im Vergleich zu den USA hauptsächlich aus dem Umstand, dass die Jahresarbeitszeit in den USA weit über der der reichen EU-Länder liegt. Vergleicht man die Arbeitsproduktivität pro geleisteter Stunde, seien die Unterschiede gering.[12] Das gelte auch für die Gewinnentwicklung der Unternehmen.[13] Im Übrigen sei bei der Einordnung der verbleibenden Differenzen zu berücksichtigen, dass die Exporte aus den jeweiligen Wirtschaftsräumen nur rund 10 % des jeweiligen BIP ausmachen, der Wettbewerb zwischen den Wirtschaftsblöcken also für ihre

---

[8] *Aho (Chairman)* (Fn. 1), S. 1.

[9] *Aho (Chairman)* (Fn. 1), S. 19.

[10] Vgl. *Dräger*, Alternativen zur Lissabon-Strategie der EU, in: Widerspruch – Europa Sozial 48/2005, S. 20 ff.

[11] *Dräger* (Fn. 10), S. 21; *Europäische Kommission,* Eurostat. Volkswirtschaftliche Gesamtrechnungen,
http://epp.eurostat.ec.europa.eu/tgm/mapToolClosed.do?tab=map&init=1&plugin=1&language=de&pcode=tec00001&toolbox=legend, 09.09.2009.

[12] *Dräger* (Fn. 10), S. 20; *Breuss*, Die Zukunft der Lissabon-Strategie, http://www.wifo.ac.at/wwa/servlet/wwa.upload.DownloadServlet/bdoc/WP_2005_244$.PDF, 2005, S. 34.

[13] *Dräger* (Fn. 10), S. 22 f.

gesamtwirtschaftliche Entwicklung auf vielen Märkten nur eine unterge-ordnete Rolle spiele.[14]

Die letztere Feststellung verweist auf ein in der Begrifflichkeit der EU liegendes Problem. Die Rede von der *Wettbewerbsfähigkeit der Union* oder des europäischen Wirtschaftsraums konnotiert eine Konkurrenz zwischen den Wirtschaftsblöcken, wie sie zwischen Unternehmen besteht.[15] Deren Wettbewerbsfähigkeit auf dem jeweiligen Markt wirkt sich in vollem Um-fang auf ihre Gewinnerzielungschancen aus. Die Konkurrenz zwischen den Wirtschaftsblöcken spielt aber für die Entwicklung ihrer jeweiligen Wohl-fahrt nur eine insgesamt untergeordnete Rolle; nicht allein, aber doch im Wesentlichen gekennzeichnet durch ihren jeweiligen Exportanteil. Wichti-ger für den Erfolg der europäischen Unternehmen ist vielfach die *binnen-marktbezogene* Konkurrenz. Zwar ist insoweit nach Branchen zu differen-zieren, in der Gesamtschau aber gilt: Internationaler Wettbewerb ist noch immer primär Standortwettbewerb zwischen den Mitgliedstaaten.[16] Des-halb ist begrifflich und sachlich zu unterscheiden zwischen der Wettbe-werbsfähigkeit von Unternehmen mit Sitz im Unionsgebiet und der Leis-tungskraft der EU selbst als supranationalem Akteur, der die makro- und innovationspolitischen Rahmenbedingungen für die Unternehmensent-wicklung setzt.

Von mangelnder Leistungskraft der EU als supranationalem Akteur muss vor allem in den Marktsegmenten die Rede sein, in denen die Her-stellung eines einheitlichen Wirtschaftsraums in Europa nicht gelingt, die Union den Unternehmen also die Kostenvorteile einer economies of scale nicht bietet. Naturgemäß lassen sich im Kontext von 27 Mitgliedstaaten mit unterschiedlichen Sprachen, Kulturen und rechtlichen Regelwerken nicht in gleicher Weise Mengenvorteile erzielen wie bei einem vollständig homogenen Binnenmarkt. Zur Kernaufgabe der Europäischen Union gehört es gem. Art. 3 EUV aber, durch die Errichtung des Binnenmarktes und die Wirtschafts- und Währungsunion einen weitmöglichst durchlässigen Wirt-schaftsraum zu etablieren. Nur soweit hier Defizite bestehen und dies in der betreffenden Branche einen Wettbewerbsnachteil gegenüber der außer-europäischen Konkurrenz begründet, stellt sich die Frage nach der Konkur-renzfähigkeit der unionalen Strukturen und nach einem notwendigen Aus-gleich bestehender Defizite durch besondere industriepolitische Förderung von Forschung und Innovation.

---

[14] *Dräger* (Fn. 10), S. 21.

[15] Krit. insoweit auch *Fuhrmann*, Lissabon-Prozess: Institutionelle Innovationen, Be-schäftigungsdynamik und Erhöhung der Wettbewerbsfähigkeit – Illusionen für 2010 oder Aufschwungchance?, in: Welfens (Hrsg.), Das neue Europa, 2006, S. 159, 162 ff.

[16] *Streit/Kiwit*, Zur Theorie des Systemwettbewerbs, in: Streit/Wohlgemuth (Hrsg.), Systemwettbewerb als Herausforderung an Politik und Theorie, 1999, S. 13 ff.

C. Die aktuelle Innovationsstrategie der Union
im Überblick

Bereits im Jahre 1993 hatte die Kommission unter Vorsitz von Jacques Delors ein Weißbuch mit dem Titel „Wachstum, Wettbewerbsfähigkeit, Beschäftigung: Herausforderungen der Gegenwart und Wege ins 21. Jahrhundert"[17] mit dem Ziel vorgelegt, Forschung und technologische Entwicklung zu fördern und damit die Wettbewerbsfähigkeit der EU zu stärken.[18] Mittlerweile ist die Förderung von Innovationen, worunter die Kommission den Prozess versteht, „in Wirtschaft und Gesellschaft Neuerungen hervorbringen, adoptieren und erfolgreich (zu) nutzen",[19] ein zentraler Bestandteil der Lissabon-Strategie.[20]

Nachdem der *Kok*-Bericht im Jahr 2004[21] sowie der Frühjahrsbericht[22] des Europäischen Rates im Jahr 2005 festgestellt hatten, dass die ergriffenen Reformschritte nicht ausreichen, um die Lissabon-Ziele bis 2010 zu erreichen, kam es zu einer Neujustierung der Lissabon-Strategie mit dem Focus auf die Ziele Wachstum und Beschäftigung. Vier Handlungsschwerpunkte sollten nach den Beschlüssen des Europäischen Rates im Frühjahr 2006 die weiteren Aktivitäten der Union bestimmen: an erster Stelle „mehr Investitionen in Wissen und Innovation", ferner die bessere Erschließung des Unternehmenspotentials, die Schaffung von mehr Beschäftigungsmöglichkeiten für prioritäre Bevölkerungsgruppen sowie die europäische Energiepolitik.[23]

Die EU sieht sich nach Auffassung der Kommission folgenden Hauptproblemen in der Innovationsförderung gegenüber:
– einer unzureichende Innovationstätigkeit insgesamt, wozu Risikoaversion, eine verbreitete Unterschätzung des gesellschaftlichen Wertes von

---

[17] Siehe dazu *Europäische Kommission*, Wachstum, Wettbewerbsfähigkeit, Beschäftigung – Herausforderungen der Gegenwart und Wege ins 21. Jahrhundert – Weißbuch, KOM(93) 700; dazu *Standke*, Die Schaffung eines Europäischen Forschungsraums – Hoffnungen und Illusionen, in: Welfens (Hrsg.), Das neue Europa, 2006, S. 62.

[18] Vgl. *Standke* (Fn. 17), S. 62.

[19] *Europäische Kommission*, Innovationspolitik: Anpassung des Ansatzes der Union im Rahmen der Lissabon-Strategie, KOM(2003) 112 endg., S. 6.

[20] Vgl. *Europäischer Rat* (Fn. 3).

[21] Siehe dazu *Kok*, Facing the challenge – The Lisbon strategy for growth and employment. Report from the High Level Group chaired by Wim Kok. Publikation der Europäischen Kommission, http://ec.europa.eu/growthandjobs/pdf/2004-1866-EN-complet.pdf, 2004.

[22] Vgl. *Europäischer Rat*, Schlussfolgerungen des Vorsitzes. Brüssel 22./23. März 2005, 7619/1/05, S. 2 ff.

[23] Vgl. *Europäischer Rat*, Schlussfolgerungen des Vorsitzes. Brüssel 23./24. März 2006, 7775/1/06, S. 5 ff.

Innovation und Mängel in der Zusammenarbeit zwischen Forschung und Industrie beitragen,

– hohe Kosten für den Schutz von Innovationen und die Durchsetzung der Schutzrechte, nationale Struktur der Verbreitungsrechte,

– besondere, strukturelle Defiziten der Beitrittsländer mit ihrer überwiegend planwirtschaftlichen Tradition sowie

– das Fehlen fachlich qualifizierten Personals in Branchen der Kommunikations- und Informationstechnologie oder bei der Risikokapitalvergabe.[24]

Die Kommission verfolgt deshalb eine „breit angelegte Innovationsstrategie der EU", die das Angebot von und die Nachfrage nach Innovation stimulieren soll.[25] Diese richtet sich nach einem Strategiepapier aus dem Jahre 2006 und seiner Weiterentwicklung im Folgejahr[26] u. a. auf die Gründung einer neuen Generation von Forschungseinrichtungen von Weltrang, die Erstellung eines wirksamen Rahmens für den Schutz des geistigen Eigentums (Unionspatent) und die Zusammenlegung der FuE-Ressourcen der EU und der Mitgliedstaaten durch Vereinbarung gemeinsamer Programme und Ausschreibungen.

Ferner wurde die Aufstockung der Finanzmittel der Union für Forschung und Innovation beschlossen: für die Jahre 2007 – 2013 werden in den neuen Kohäsionsprogrammen mehr als 85 Mrd. € für Investitionen in Wissen und Innovation zur Verfügung gestellt.[27] Das 7. Forschungsrahmenprogramm enthält Ausgaben von mehr als 50 Mrd. €, das Rahmenprogramm für Wettbewerbsfähigkeit und Innovation (CIP) 3, 6 Mrd. €. Weitere Finanzierungsinstrumente enthält der vom Strukturfonds und der EIB unterstützte Aktionsplan der Kommission für Umwelttechnologien.[28] Die Lissabon-Strategie setzt sich insoweit in einer deutlichen Bündelung und Steigerung der Aktivitäten der Union zur Innovationsförderung um.

---

[24] *Europäische Kommission* (Fn. 19), S. 11 f.; *Europäische Kommission*, Strategiebericht zur erneuerten Lissabon-Strategie für Wachstum und Beschäftigung. Eintritt in den neuen Programmzyklus (2008-2010), KOM(2007) 803 endg., S. 15.

[25] Vgl. *Europäische Kommission*, Kenntnisse in die Praxis umsetzen: Eine breit angelegte Innovationsstrategie für die EU, KOM(2006) 502 endg., S. 19.

[26] *Europäische Kommission* (Fn. 24), S. 15 f.

[27] *Europäische Kommission* (Fn. 24), S. 15.

[28] *Europäische Kommission*, Zusammenfassung der Gesetzgebung – Aktionsplan für Umwelttechnologie. Mitteilung der Kommission an den Rat und das Europäische Parlament vom 28.01.2004, http://europa.eu/legislation_summaries/enterprise/interaction_with_other_policies/l28143_de.htm, 09.09.2009.

D. Die Lead-Market-Strategie[29]

Ein zentrales Instrument der Innovationsförderung bildet die sog. Lead Market-Strategie. Das Konzept der Förderung von lead markets wurde nach Vorarbeiten der „Aho-Gruppe" auf Bitten des Europäischen Rates in die Initiative der Kommission zu Leitmärkten vom 21.12.2007 aufgenommen.[30] Als Leitmarkt bezeichnet die Kommission „the market of a product or service in a given geographical area, where the diffusion process of an internationally successful innovation (technological or non-technological) first took off and is sustained and expanded through a wide range of different services."[31] „These markets are highly innovative, respond to customers' needs, have a strong technological and industrial base in Europe and depend more than other markets on the creation of favourable conditions through public policy measures".[32] Die Leitmarktinitiative soll die Transformation von Ideen in neue Produkte und Dienstleistungen in Europa fördern, um damit international erfolgreiche Innovationen zu etablieren. „This approach aims at facilitating demand-side potential of promising new innovative technologies or business models resulting in the early adoption of new business solutions in Europe. It is intended to create a virtuous circle of growing demand, reducing costs by ecomonomies of scale, rapid product and production improvements and a new cycle of innovation that will fuel further demand and a spinout into the global market."[33]

Benannt als potentielle Leitmärkte wurden in einem ersten Schritt die Bereiche elektronische Gesundheitsdienste („eHealth"), Schutzbekleidung und -ausrüstung, nachhaltiges Bauen, Recycling, biobasierte Produkte und erneuerbare Energie.[34] Diese Geschäftsfelder erzielen derzeit einen Jahresumsatz von mehr als 120 Mrd. Euro und bieten in der EU Arbeitsplätze für

---

[29] Dazu auch *Beise*, Die Lead-Markt-Strategie: Das Geheimnis weltweit erfolgreicher Innovationen, 2006; ferner *EurActiv.com PLC*, Dossier: Leitmärkte – Schlüssel zum Wachstum, http://www.euractiv.com/de/innovation/leitmrkte-schlssel-wachstum/article-167979, 09.09.2009.

[30] *Europäischer Rat*, Press Release. 2769th council meeting. Competitiveness (Internal Market, Industry and Research), 15717/06 (Presse 337).

[31] *Europäische Kommission*, Commission Staff Working Document. Annex II to the Communication from the Commission to the Council, the European Parliament, the European Economic and Social Committee and the Committee of the Regions. A lead market initiative for Europe Explanatory Paper on the European Lead Market Approach: Methodology and Rationale, SEC(2007) 1730, S. 12.

[32] *Europäische Kommission*, Lead Market Initiative for Europe, http://ec.europa.eu/enterprise/policies/innovation/policy/lead-market-initiative/index_en.htm, 09.09.2009.

[33] *Europäische Kommission* (Fn. 31), S. 6.

[34] *Europäische Kommission*, Eine Leitmarktinitiative für Europa, KOM(2007) 860 endg., S. 5.

1,9 Mio. Menschen. Durch eine angebots- und nachfrageseitigen Förderung der Marktentwicklung wird bis 2020 eine Steigerung auf über 300 Mrd. Euro Umsatz und mehr als 3 Mio. Arbeitsplätze erwartet.[35] Zu jedem der als Leitmarkt definierten Felder enthält die Initiative einen Aktionsplan, der eine genauere Definition und Analyse des Marktes enthält, seine Entwicklungsmöglichkeiten beschreibt und die einer erfolgreichen Entwicklung entgegenstehenden Umstände kennzeichnet. So heißt es etwa für den Bereich der elektronischen Gesundheitsdienste:

„Substantial research investments in eHealth have been made over the past decade. Nevertheless, the ICT investments in this area have stayed behind that of other service sectors. The take-up of technical and organisational solutions is often hindered by a strong fragmentation of the market, in particular due to different social security systems and a lack of interoperability. This prevents economies of scale. The situation is aggravated by a lack of legal certainty as regards reimbursement, liability and a lack of awareness on the correct application of the legal provisions on the protection of personal data. This not only hampers the product take-up, but also business investments."[36]

Ausgehend von einer solchen Ist-Analyse identifiziert die Kommission für jeden Leitmarkt ein Bündel spezifischer Maßnahmen, mit denen die EU-Organe, die Mitgliedstaaten, die Industrie, Standardisierungsgremien und private Interessenträger die Marktentwicklung fördern können. Hierzu gehört eine harmonisierte, innovationsfreundliche rechtliche Regulierung. Etwa soll der Einsatz biobasierter Produkte oder recycelter Produkte und neuer Technologien bei ihrem Herstellungsprozess durch eine Änderung der einschlägigen Vorschriften des Umweltrechts begünstigt werden. Ferner soll das öffentliche Auftragswesen dazu genutzt werden, Nachfrage für innovative Güter anzuregen. Die Kommission weist darauf hin, dass öffentliche Aufträge 16 % des BIP der EU betreffen, 40 % der Bauvorhaben finanzieren und nahezu 100 % der Ausgaben für Verteidigung, Zivilschutz- und Rettungseinsätze enthalten.[37] Die mitgliedstaatlichen Behörden sollten hier vermehrt zu Erstkunden für innovative Produkte werden und damit die Nachfrage anregen. Dazu gehört, dass sie sich im Vergabeverfahren über neue technische Lösungen, Dienstleistungen und Produkte informieren und

---

[35] *Europäische Kommission*, Press Release. Lead Market Initiative to unlock innovative Markets, http://europa.eu/rapid/pressReleasesAction.do?reference=IP/08/12&format =HTML&aged=0&language=EN&guiLanguage=en, 09.09.2009.

[36] *Europäische Kommission*, Commission Staff Working Document. Annex I to the Communication from the Commission to the Council, the European Parliament, the European Economic and Social Committee and the Committee of the Regions. A Lead Market Initiative for Europe, SEC(2007) 1729, S. 2.

[37] *Europäische Kommission* (Fn. 34), S. 8.

den Zuschlag an das angesichts der Lebenszykluskosten „nachhaltig günstigste" Angebot erteilen.

Ferner soll das Entstehen von Leitmärkten durch die Entwicklung einheitlicher oder interoperabler Standards und durch Sammelbestellungen anstatt einzelner kleiner Ankäufe begünstigt werden. Weitere Erleichterungen für Innovationen strebt die Kommission durch eine kohärente und technologieneutrale Normung möglichst auf EU-Ebene an. Ferner sollen Zertifizierungskonzepte und Kennzeichnungen auf Innovationsfreundlichkeit hin ausgerichtet werden. Gedacht ist etwa an eine Ergänzung des EU-Umweltkennzeichensystems um den Hinweis „EU-biobasiertes Produkt" oder „Produkt remade in Europe" für den Bereich des Recycling. Mit solchen Informationen und geeigneten weiteren Hinweisen, auf etwa umweltrelevante Merkmale, die über die gesetzlichen Mindestanforderungen hinausgehen, könnten potenzielle Kunden – wie heute schon im Bereich von Haushaltsgeräten – dazu bewogen werden, sich für ein bestimmtes Produkt zu entscheiden. Gleichzeitig sollen Benchmarks zu spezifischen Produkten für die Industrie Berechenbarkeit und Dynamik gewährleisten. Neben dem Energy Star-Gütezeichen und anderen Umweltkennzeichen für die aus ökologischer Sicht besten Produkte sollen weitere Kennzeichen und Top-Runner-Programme entwickelt werden.

Schließlich plant die Kommission die direkte und indirekte finanzielle Förderung von Innovation, Weiterbildung und Kommunikation. Hierfür stehen Mittel aus den Strukturfonds und dem neuen Rahmenprogramm für Wettbewerbsfähigkeit und Innovation zur Verfügung. Dabei geht es neben der Förderung von Beratungsdiensten, Netzwerkprojekten und Kommunikationsplattformen auch um die Unterstützung von Demonstrationsanlagen und eine Anschubfinanzierung für neue industrielle Produktionen durch die Europäische Investitionsbank. Insbesondere wird der Zugang der KMU zu Finanzierungsmöglichkeiten wie Mikrokrediten, Darlehen und Garantien verbessert. Schließlich wird die Innovationsförderung durch die Mitgliedstaaten im Rahmen des neuen Gemeinschaftsrahmens für staatliche Beihilfen erleichtert.

E. Die Neuordnung der Genehmigungspraxis staatlicher Beihilfen

Der im Jahre 2007 in Kraft getretene neue Gemeinschaftsrahmen für staatliche Beihilfen definiert, unter welchen Bedingungen die Mitgliedstaaten Forschungs- und Entwicklungsvorhaben und Innovationsprojekte durch öffentliche Mittel fördern können, ohne gegen die Beihilferegeln des EG-Vertrags zu verstoßen.[38] Rechtlich ist er als ermessenskonkretisierende Verwaltungsvorschrift zu behandeln. Bezeichnet werden Situationen, in denen die Märkte allein kein optimales Forschungs-, Entwicklungs- oder Innovations-Niveau gewährleisten können und deshalb staatliche Beihilfen erforderlich erscheinen. Die Genehmigung einer FuEuI-Beihilfemaßnahme durch die Kommission setzt eine Abwägungsprüfung voraus, die in drei Schritten vorgenommen wird:

1. Die Beihilfe muss ein konkretes Marktversagen beheben.
2. Die Beihilfe muss zielgerichtet sein, d.h. sie muss ein geeignetes Instrument darstellen, einen Anreizeffekt enthalten und gemessen am anzugehenden Problem verhältnismäßig sein.
3. Die wettbewerbs- und handelsverzerrenden Folgen der Beihilfemaßnahme müssen begrenzt sein, sodass in der Gesamtbetrachtung die positiven Folgen überwiegen.[39]

Als Fälle von Marktversagen, die Innovationen beeinträchtigen, benennt die Kommission:

- Fälle von positiven externen Effekten, in denen die unintendierte Verbreitung von Wissen mit Nutzen für die gesamte Gesellschaft verbunden ist, der Investition aber entgegenstehen kann, weil sich daraus kein kommerzialisierbarer Nutzen für das Unternehmen ergibt,
- Fälle von öffentlichen Gütern, vornehmlich der Erzeugung allgemeinen Wissens durch Grundlagenforschung, das nicht umfassend geschützt werden kann und auch den Wettbewerbern zur Verfügung steht,
- Vorhaben auf unzureichender und asymmetrischer Informationsbasis, in denen Risiko und Ungewissheit der Investition entgegensteht und
- Fälle, in denen die Zusammenarbeit von Firmen wegen der Komplexität der Materie oder der Schwierigkeit in der Gewinnung geeigneter Partner in Frage steht (Koordinations- und Netzwerkversagen).[40]

Die Prüfungsdichte der Kommission bei der Abwägung von Vor- und Nachteilen einer Beihilfegewährung wird nach Art und Marktnähe der begünstigten Tätigkeit und der Höhe des Beihilfebetrags abgestuft. Unter erleichterten Voraussetzungen stehen danach Projektbeihilfen und Beihilfen für Durchführbarkeitsstudien von kleineren und mittleren Unternehmen (KMU) im Umfang von weniger als 7,5 Mill. €, Beihilfen für die von KMU zu tragenden Kosten von gewerblichen Schutzrechten, Beihilfen für junge innovative Unternehmen, Beihilfen für Innovationsberatung und

---

[38] Siehe dazu *Europäische Kommission*, Gemeinschaftsrahmen für staatliche Beihilfen für Forschung, Entwicklung und Innovation, ABl. 2006/C 323/01.
[39] Vgl. *Europäische Kommission* (Fn. 38), S. 5.
[40] Vgl. *Europäische Kommission* (Fn. 38), S. 6.

Beihilfen zur Ausleihe hochqualifizierten Personals,[41] wenn „sie eindeutig
der Behebung eines innovationshemmenden Marktversagens dienen, so
dass die positiven Wirkungen staatlicher Beihilfen voraussichtlich die
möglichen Schäden für Wettbewerb und Handel überwiegen."[42] Einer weitergehenden Prüfung auch des Anreizeffekts und der Notwendigkeit der
Beihilfe unterliegen Projektbeihilfen bis zu 20 Mill. € für die Grundlagen-,
10 Mill. € für die industrielle Forschung und bis zu 5 Mill. € für Prozess-
oder Betriebsinnovationen.[43] Höhere Beihilfen unterliegen einer ausführli-
chen Prüfung, deren positive und negative Kriterien im Gemeinschaftsrahmen sehr ausdifferenziert aufgeführt werden, um die Überwachungstä-
tigkeit der Kommission zielgenau und vorhersehbar vorzuprägen.

F. Grenzen und Probleme der neueren Innovationspolitik

I. Normative Grenzen

Als Kompetenzschranke der Innovationspolitik der Union bestimmt Art.
173 Abs. 3 UAbs. 2 AEUV, dass die Wettbewerbsfähigkeit der Industrie
nicht durch Maßnahmen gefördert werden dürfe, die zu einer Wettbe-
werbsverzerrung führen. Art. 173 Abs. 3 UAbs. 2 wie auch Art. 119 Abs. 1
und Art. 120 AEUV verpflichten die Union auf eine offene Marktwirtschaft
mit freiem Wettbewerb. Damit kann allerdings kein Verbot jeglicher Wett-
bewerbsbeeinträchtigung gemeint sein. Denn industriepolitische Maßnahmen, vor allem sektoraler Natur, bringen notwendigerweise die Begünstigung von Branchen oder Einzelunternehmen mit sich.[44] Die Kompetenzschranke wird heute so interpretiert, dass sie eingreift, wenn die unionsrechtliche Innovationsförderung auf den Markt *wesentlich* einwirkt,[45] d.h.
aber auch: industriepolitisch tatsächlich wirksam wird.

Auch die Forschungsförderung ist auf die vorwettbewerbliche Forschung und die industrierelevante Grundlagenforschung beschränkt. Die
Forschungsförderung der Union darf nach dem Subsidiaritätsprinzip überdies nicht in Konkurrenz zu der nationalen Forschungsförderung treten,
sondern muss sich auf Bereiche beschränken, die von den einzelnen Mitgliedstaaten nicht oder nicht effizient abgedeckt werden können und deshalb besser auf Unionsebene zu bewältigen sind. Das gilt naturgemäß bei
der grenzüberschreitenden Vernetzung und bei sonstigen grenzüberschrei-

---

[41] Vgl. *Europäische Kommission* (Fn. 38), S. 7.
[42] *Europäische Kommission* (Fn. 38), S. 4.
[43] *Europäische Kommission* (Fn. 38), S. 20.
[44] *Kallmayer*, in: Callies/Ruffert, EUV/EGV, 3. Aufl. 2007, Art. 157 Rn. 23.
[45] *Kallmayer* (Fn. 44), Art. 157 Rn. 24.

tenden Aufgaben etwa in den Bereichen Energie, Umwelt, Gesundheit oder Verkehr. Auch mag sehr ressourcenintensive Forschung von einzelnen Mitgliedstaaten allein nicht oder nur mit Einschränkungen zu finanzieren sein – genannt werden Entwicklungen auf dem Gebiet der Luftfahrt, in der Genomforschung oder bei der kontrollierten Kernfusion. Zuständig ist die Union ferner für wissenschaftliche Tätigkeiten, die auf eine gemeinschaftliche Normierung, Standardisierung und Vereinheitlichung abzielen.[46]

II. Faktische Grenzen

Im Einklang mit den skizzierten Kompetenzgrenzen ist der tatsächliche Einfluss der Innovationsförderung der EU gegenüber derjenigen der Mitgliedstaaten relativ gering. Der Haushalt der EU für Forschung, Technologie und Innovation entsprach in der jüngeren Vergangenheit lediglich etwa 4–5 % der kumulierten öffentlichen Ausgaben ihrer Mitgliedstaaten, von denen etwa drei Viertel auf Deutschland, Frankreich, Großbritannien und Italien entfallen.[47] Die begrenzten Mittel der EU sind damit vor allem für kleinere Mitgliedstaaten bedeutsam und beeinflussen die Innovationssysteme der führenden Länder nur marginal. In neuerer Zeit hat sich dies nur leicht verändert. Die Finanzmittel, die aus dem EU-Haushalt in die deutsche Forschung fließen, betragen nach dem letzten Bericht des BMBF rund 5,5 % der FuE Ausgaben von Bund und Ländern. Bezogen auf die reine Projektförderung des BMBF können sie dabei aber immerhin Größenordnungen von rund 50 % der Fördermittel erreichen.[48]

III. Konzeptionelle Schwächen

Abgesehen von der relativ geringen Tragweite der unionsrechtlichen Innovationsförderung bestehen aus innovationsökonomischer Sicht in mehrerer Hinsicht Zweifel an der Angemessenheit einer Strategie, die Förderung der Innovationskraft der Unternehmen in der Union wesentlich aus einer Perspektive zu entwickeln, in der das Ziel der Steigerung der Wettbewerbsfähigkeit gegenüber anderen Wirtschaftsräumen dominiert.

1. Die kleinräumige Struktur von Innovationsnetzwerken

Einzuwenden ist hiergegen zunächst der Umstand, dass Innovationsnetzwerke überwiegend in räumlichen Verbünden wurzeln. Ein gängiges

---

[46] Zum ganzen Abschnitt *BMBF* (Hrsg.), Bundesbericht Forschung, http://www.bmbf. de/pub/bufo2006.pdf, 2006, S. 526.

[47] *BMBF* (Hrsg.), Faktenbericht Forschung 2002, www.bmbf.de/pub/faktenbericht_ forschung_2002.pdf, 2002.

[48] *BMBF* (Fn. 46), S. 526.

Stichwort hierfür ist das der „innovativen Milieus"[49]. Forschungen zu den Erfolgen der kleinbetrieblich geprägten industriellen Distrikte Italiens[50] haben gezeigt, dass es neben der räumlichen Nähe auch auf eine funktionierende institutionelle Infrastruktur und die gemeinsame „Sozialisation" der Akteure ankommt, die zu geteilten Werten, Codes und Wahrnehmungsmustern führt und den Aufbau gegenseitigen Vertrauens erleichtert. Ausschlaggebend für ökonomische Entwicklung kann also auch das Bewusstsein der Zugehörigkeit zu einem gemeinsamen Wertschöpfungsverbund werden.[51] Auch für die Wettbewerbsstärke von Großunternehmen ist die Unterstützung durch ein adäquates Netz von Zulieferungs- und Dienstleistungsunternehmen vor Ort mitentscheidend.[52] Die Pflege, Modernisierung und Restrukturierung solcher regional geprägter Vernetzungen und Innovationsräume ist aber primär Aufgabe nationaler und regionaler Politik.[53] Dabei befinden sich die führenden Staaten vor dem Hintergrund einer zunehmenden internationalen Konkurrenz der Standorte und Innovationsräume in einer scharfen Rivalität um Standortvorteile und Technologieführerschaft und versuchen durch kompetitiv ausgerichtete technologie- und innovationspolitische Strategien die Innovationskraft des eigenen Wirtschaftsraumes gegenüber der von anderen Mitgliedstaaten zu erhöhen.[54] Darin spiegelt sich nicht zuletzt der eingangs erhobene Befund, dass sich der Wettbewerb für Unternehmen im Unionsraum wesentlich als binneneuropäischer Wettbewerb darstellt.

2. Die internationale Wissensvernetzung

Ferner erscheint es durchaus fraglich, ob die vorgesehene Steigerung der Forschungs- und Entwicklungsausgaben überhaupt dazu geeignet ist, die konstatierten Rückstände der Produktivität in Europa gegenüber anderen

---

[49] *Maillait/Lecoq*, New Technologies and Transformation of Regional Stuctures in Europe: The Role of the Milieu, in: Entrepreneurship & Regional Development, 1992, S. 1 f., 15 ff.

[50] *Sforzi*, The quantitative importance of Marshallian industrial districts in the Italian economy, in: *Pyke/Becattini/Sengenberger* (Hrsg.), Industrial Districts and Inter-firm Cooperation in Italy, 1992, S. 75 ff.; dazu *Trigilia*, Italian Industrial Districts: Neither Myth Nor Interlude, in: *Pyke/Sengenberger* (Hrsg.), Industrial districts and local economic regeneration, 1992, S. 33.

[51] *Becattini*, From the industrial „sector" to the industrial „district": some remarks on the conceptual foundations of industrial economics, in: ders. (Hrsg.), Industrial Districts. A New Approach to Industrial Change, 2004, S. 10, 14 ff.

[52] *Porter*, The Competitive Advantage of Nations, 1998, S. 19, 147 f.

[53] *Dolata*, Unfassbare Technologien, internationale Innovationsverläufe und ausdifferenzierte Politikregime – Perspektiven nationaler Technologie- und Innovationspolitiken, 2004, S. 21.

[54] *Fuhrmann* (Fn. 15), S. 166; *Dolata* (Fn. 53), S. 22.

Wirtschaftsräumen auszugleichen. So profitieren von Europäischen Forschungsprogrammen auch Einrichtungen aus den so genannten „international cooperation partner countries" (ICPC), zu denen etwa Russland, China, Indien und Brasilien gehören, aber auch „weitere außereuropäische Projektpartner, die für die erfolgreiche Projektdurchführung essentiell sind."[55] Ferner kommen die Vorteile von Wissensinvestitionen über einen höheren Forschungs- und Entwicklungsgehalt der Exporte mittelbar auch allen anderen Wirtschaftsräumen zugute.[56] Deshalb schlägt sich die Steigerung von Forschungs- und Entwicklungsausgaben nicht in gleichem Maße in Produktivitätsvorteilen gegenüber konkurrierenden Wirtschaftsräumen nieder. „The expected effects are relatively small compared to the size of existing productivity gaps facing European industries."[57] Auch die zunehmende internationale Wissensvernetzung steht dem Versuch einer Gewinnung von Standortvorteilen tendenziell entgegen.[58]

Eine auf Abschottung von Wissen gerichtete Strategie würde im Übrigen den globalen Charakter vieler auf Innovation angewiesene Problemfelder des Gesundheits- und Umweltschutzes, der Sicherheit und der Energieeinsparung verkennen, in denen die Europäische Wohlfahrt nicht von europäischen, sondern von globalen Lösungen abhängt. Dem Innovationskonzept der Kommission wird daher wohl mit Recht ein überholter Eurozentrismus vorgeworfen:

„In a growing number of research fields, European welfare will in the long term be directly influenced not so much by the development of local knowledge, its international commercial exploitation and intellectual appropriation, but by global access to such knowledge, the development of joint global standards and the rapid world-wide diffusion of such new technologies to other, non-EU countries."[59]

3. Probleme einer nachfrageorientierten Innovationspolitik

Weitere konzeptionelle Einwände betreffen die Ausgestaltung der Innovationsförderung als zugleich angebots- *und* nachfrageorientiert. In neuen technologischen Schlüsselsektoren entfaltet sich die innovative Dynamik nach allgemeiner Einschätzung am besten im Umfeld intensiver Wettbe-

---

[55] *Deutsches Zentrum für Luft- und Raumfahrt*, Die Grundsätze der Beteiligung am 7. FRP, http://www.forschungsrahmenprogramm.de/beteiligung.htm, 09.09.2009.

[56] *Meister/Verspagen*, European Productivity Gaps: Is R&D the Solution?, http://www.druid.dk/wp/pdf_files/05-06.pdf, S. 3 f.

[57] *Lisbon Agenda Group*, Workshop on „Developing the Lisbon Agenda at European Level", http://www.mariajoaorodrigues.eu/files/LAGII_Final_Report_070306.doc, 2007, S. 18 f.

[58] *Lisbon Agenda Group* (Fn. 57), S. 19.

[59] *Lisbon Agenda Group* (Fn. 57), S. 23.

werbs- und Konkurrenzkonstellationen.[60] Die finanzielle Förderung und politisch-rechtliche Protektion nationaler oder europäischer Champions hat sich dagegen in der Vergangenheit häufig als innovationshemmend und als industriepolitisch kontraproduktiv erwiesen. „Successful national industries tend to be ones where intensely competitive domestic rivalries push each other to excel".[61] Für die von der Kommission propagierte nachfrageorientierte Innovationspolitik ist hingegen das Eingreifen des Staates in den Markt essentiell. Die Öffentliche Hand soll dazu beitragen, eine spezifisch innovationsorientierte Nachfrage zu erzeugen, und damit die Funktion des „lead customer" übernehmen.[62] In diesem Sinne fordert die Kommission die mitgliedstaatlichen Verwaltungen dazu auf, öffentliche Aufträge anhand der selbst eingeschätzten innovativen Qualität des Produkts oder der Dienstleistung zu vergeben.[63]

Je nach Ausmaß der staatlichen Nachfragemacht trüge ein solche Einmischung im Ergebnis indes deutlich planwirtschaftliche Züge: die öffentliche Hand würde selbst Marktentwicklungen antizipieren und die innovative Ausrichtung von Unternehmen durch finanzielle Anreize bei der Forschung und durch Bedingungen bei der Auftragsvergabe dirigieren. Demgegenüber ist es nach dem Leitmarkt-Konzept doch gerade der Markt selbst, der das ökonomisch nützlichste Design identifiziert.[64] Geht es bei Leitmärkten darum, im Wettbewerb zwischen verschiedenen Technologien schnell das die weltweite Nachfrage überzeugende Produkt zu entwickeln und dabei internationale Trends früh zu antizipieren,[65] bedarf es dazu funktionsfähiger offener Märkte mit hoher Reputation und hinreichenden Experimentierräumen für die Produktentwicklung, nicht aber einer frühen Bevorzugung oder gar Auswahl eines bestimmten Innovationspfades durch den Staat. Ein politisch gestalteter Markt könnte die Verhältnisse in anderen Märkten gerade nicht nachbilden und für diese keine Vorreiterfunktion erfüllen. Ein politisch determinierter Leitmarkt erschiene deshalb als Widerspruch in sich.[66] Zu denken wäre insoweit allenfalls an Maßnahmen zur Erhaltung der Innovationskraft bereits funktionsfähiger Leitmärkte oder an Maßnahmen zur Förderung der abstrakten Lead-Market-Eigenschaften ei-

---

[60] *Beise* (Fn. 29), S. 223.

[61] *Lawton*, The Construction and Consequences of EC Industrial Policy: Lessons from the Electronic Sector, http://aei.pitt.edu/6957/01/lawton_thomas_c.pdf, 1995, S. 5.

[62] Dazu *Boehme-Neßler/Hildebrandt/Semlinger*, Von der innovativen Wertschöpfungskette zum Lead Market – Die öffentliche Hand als Innovationsnachfrager. Weiterführende Ansätze für die Berliner Innovationsstrategie, 2005, S. 36.

[63] *Europäische Kommission* (Fn. 19), S. 24.

[64] *Beise* (Fn. 29), S. 217.

[65] *Beise* (Fn. 29), S. 214 f.

[66] *Beise* (Fn. 29), S. 217.

nes Landes, etwa im Sinne einer finanziellen Unterstützung von Versuchs-
anlagen und Demonstrationsprojekten und einer derartige Vorhaben be-
günstigenden rechtlichen Regulierung.[67]

4. Fehlendes Wissen als Grund mangelnder innovationspolitischer
Kompetenz

Die weitergehenden Vorstellungen der Lissabon-Strategie, die die staatliche und supranationale Ebene zum zentralen Akteur bei der Bewältigung
der erkannten oder angenommenen ökonomischen und sozialen Anpassungsprobleme der Globalisierung bestimmt, würde eine erhebliche innovationspolitische Kompetenz der öffentlichen Verwaltungen und ihrer politischen Führung voraussetzen. Diese müssten nicht nur über wirtschaftspolitisches Grundlagenwissen, sondern auch über die Fähigkeit zur Antizipa-
tion der Marktentwicklung verfügen. „The immense push-pull function of
what is after all a state-based socio-economic development programme ...
ask for ... a highly competent, long-term oriented, dedicated and enabled
civil service to implement it".[68]

Welch hohe Unsicherheiten dagegen bei der politischen Auswahl von
lead markets tatsächlich bestehen, zeigt schon die Gegenüberstellung der
innerhalb weniger Monaten von der Aho-Gruppe vorgeschlagenen, vom
Rat zur Prüfung gestellten[69] und von der Kommission beschlossenen Auswahl von „lead markets": Die Rate der Übereinstimmungen beträgt zwischen 20 und 50%.

---

[67] In diesem Sinne auch *Beise* (Fn. 29), S. 222 ff.
[68] *Drechsler*, Lisbon Agenda and public administration, Manuskript, 2008, S. 8.
[69] *Europäischer Rat* (Fn. 30), S. 12.

Tabelle 1

Aho (Empfehlung)	Rat (als zu prüfende Felder benannt)	Kommission (Beschluss)
e-health	e-health	e-health
Transport and Logistics	intelligent transport systems	–
Environment technologies	eco-innovation	–
Energy	energy efficiency	renewable energies
Security	security	–
Digital Content Industry	digital content	–
Pharmaceuticals	–	–
–	bioenergy/biotechnology	bio-based products
–	nano-technology	–
–	satellite navigation and earth observation	–
–	marine technologies, including mineral resources	–
–	ICT	–
–	low carbon technologies	–
–	–	recycling
–	–	sustainable construction
–	–	protective textiles

Die Kommission zeigt selbst die Probleme einer richtigen Justierung innovationspolitischer Steuerungsinstrumente auf:[70]

– „If government intervention ... is premature, the lead market potential is weakened as the selection of a particular innovation design or a technology by the government or other non-competitive agencies is normally a poor replacement for a competitive market solution.

– The same risk applies if public procurement or public support programs support an idiosyncratic innovation design that is not able to counter the competitive strength of the competing innovation design in the lead market, but keeps the domestic market away from the coming global standard, since domestic and foreign suppliers would respond to the specified design, even though it stands no chances on the world market.

---

[70] *Europäische Kommission* (Fn. 31), S. 23 f.

– Public procurement as an instrument to generate early demand for innovations often also focuses too much on achieving quality criteria for new technologies (e.g. for military, space or health missions) that can lead to quality characteristics above the market and socially optimal levels, i.e. restricting cost-effectiveness and thus acceptance by private customers, effectively preventing the innovations to constitute a lead market.

– Strong support by a national government to promote the adoption of technologies can restrict exportability of innovations if national legislation and regulation tend to focus only on domestic needs and the local environmental context."[71]

Hinzu kommt: die Akteure müssen die erforderliche Marktübersicht durch Kooperation gewinnen. Die Kommission weist in der Begründung zu ihrer lead-market-Strategie ausdrücklich auf Konsultationen mit den über 30 Europäischen Technologieplattformen, der acht „Europe Innova Panels" sowie weiteren Gremien mit Vertretern von Industrie, Ministerien und Verbrauchergruppen hin. Damit wird die neujustierte Technologie- und Innovationspolitik zum Anwendungsfall des Neokorporatismus.[72] Die forschungs- und innovationspolitische Grundsatzentscheidungen, wirtschafts- oder innovationspolitische Initiativen und rechtliche Steuerungsinstrumente werden mit einem exklusiven Kreis aus Vertretern von Industrie, Mittelstand und Wissenschaft aushandelt. Andere zivilgesellschaftliche Akteure spielen dabei weder zahlenmäßig noch als Einflussgröße eine nennenswerte Rolle.[73] Nicht nur wird die Risikoseite der Technik in solchen Strukturen schnell unterbelichtet, auch lassen sich in ihnen die Wissensvorherrschaft und die wirtschaftliche Überlegenheit der Großunternehmen gegenüber Politik und KMU nur schwer bewältigen. Die öffentliche Hand läuft deshalb in die Gefahr eines „agency capture", der Vereinnahme durch die im Beratungsnetzwerk der zuständigen Organe vorherrschenden Partikularinteressen.

Angesichts dieser Bedenken erscheint eine Rückbesinnung auf die in Art. 173 Abs. 3 UAbs. 2 AEUV enthaltenen Kompetenzgrenzen der Union geboten und eine Konkretisierung der Voraussetzungen erforderlich, unter

---

[71] *Europäische Kommission* (Fn. 31), S. 24.

[72] Dazu *Giesen*, Europäische Großforschungsorganisationen und transnationale Wissenschaftsinteressenvermittlung, in: Eichener/Voelzkow (Hrsg.), Europäische Integration und verbandliche Interessenvermittlung, 1994, S. 419; *Nollert*, Verbändelobbying in der Europäischen Union – Europäische Dachverbände im Vergleich, in: Alemann/Weßels (Hrsg.), Verbände in vergleichender Perspektive. Beiträge zu einem vernachlässigten Feld, 1997, S. 113; *Rodemer/Dicke*, Globalisierung, Europäische Integration und internationaler Standortwettbewerb, 2000, S. 42 Rn. 52.

[73] *Dolata* (Fn. 53), S. 29.

denen das Ziel der Innovationsförderung die damit durchweg verbundenen Wettbewerbsverzerrungen rechtfertigt. Eine ökonomisch fundierte Aufarbeitung des Verbots wettbewerbsverzerrender Industriepolitik ist derzeit noch ein rechtwissenschaftliches Desiderat.[74]

IV. Zur Notwendigkeit der Abstimmung mit anderen Politikzielen

Überdies besteht die Notwendigkeit der Abstimmung der Innovationsförderung mit anderen Politikzielen der Union. Zielkonflikte werden insbesondere mit dem Kohäsionsgedanken und dem Vorsorgeprinzip erkennbar. Wettbewerb ist auch Wettbewerb der Regionen. Regelmäßig kann es deshalb auch für die EU als Ganzes sinnvoll sein, wenn sich ein Land oder eine bestimmte Region in bestimmten Bereichen schneller entwickelt und Schritt hält mit den führenden Innovationsstandorten.[75] Insbesondere wirtschaftlich bedeutende Innovationen erfolgen typischerweise nicht regional gleich verteilt.[76] Die Regional- und Kohäsionspolitik folgt mit ihren Programmen zur Innovationsförderung aber dem Ziel einer „politisch zu initiierenden und zu koordinierenden Vereinheitlichung."[77] Die regionalpolitisch determinierte Verteilung von finanziellen Vorteilen führt deshalb zu einer Korrektur der wettbewerblich erzeugten Verhältnisse und konterkariert deshalb tendenziell die von der Lissabon-Strategie erwünschte wettbewerbsfähige Struktur.

Sehr deutlich ergeben sich Zielkonflikte auch zwischen Innovationsförderung und Querschnittsaufgaben wie dem Gesundheits- und Umweltschutz. Ein Beispiel hierfür bietet die Nanotechnologie. „Nanotechnologies", so der Parlamentsausschuss für Industrie, Forschung und Energie „could go a long way towards helping the EU to achieve the objectives set by the Lisbon European Council".[78] Dabei läuft die Praxis der Union allerdings Gefahr einer einseitigen Förderung neuer Produkte und Herstellungsweisen ohne hinreichendes Sicherheitswissen. Nanotechnologie ist wegen der Ungewissheit der besonderen Eigenschaften nanoskaliger Produkte mit Risiken für Arbeitnehmer, Verbraucher und die Umwelt verbunden. Die Folgen einer Inhalation von Nanopulver, seine Aufnahme durch die Verdauungsorgane und sein Eindringen in die Haut sind überwiegend

---

[74] Zum derzeitigen Diskussionsstand ausführlich *Kallmayer* (Fn. 44), Art. 157 Rn 23 f.

[75] *Fuhrmann* (Fn. 15), S. 173.

[76] *Fuhrmann* (Fn. 15), S. 168 f.

[77] Vgl. *Fuhrmann* (Fn. 15), S. 168.

[78] *Europäisches Parlament*, Report on Nanosciences and nanotechnologies: an action plan for Europe 2005-2009 (2006/2004 (INI)), A6-0216/2006 final, S. 3.

noch unerforscht.[79] Das Vorsorgeprinzip gebietet hier eine breite Risikobegleitforschung. Im 6. Rahmenprogramm der Union für Forschung und technologische Entwicklung waren etwa 1,3 Mrd. € für Projekte zur Nanotechnologie vorgesehen,[80] im 7. Rahmenprogramm sind es schon 3,5 Mrd. €. Der in diesen Summen enthaltene Anteil für Risikoforschung ist aber verschwindend gering: im Jahre 2005 wurden nur etwas mehr als 1% der EU-Forschungsförderung der Nanotechnologie für die Risikoforschung aufgebracht: von 450 Mill. € gingen 5 Mill. an die Risikoanalyse.[81] Mittlerweile gibt die EU jährlich ca. 600 Mill. € für die Förderung der Nanotechnologie aus, davon werden lediglich 14 Projekte zur Risikoforschung von meist mehrjähriger Laufzeit mit insgesamt 32 Mill. € gefördert.[82] Trotz einiger vielversprechender Einzelprojekte scheinen die derzeitigen Vorkehrungen für die Sammlung von Risikowissen mithin defizitär. So sieht die Allianz Versicherung in ihrer Risikostudie „das eigentliche Risiko der Nanotechnologie (in der) … Lücke, die zwischen ihrer dynamischen Entwicklung und dem Wissen um mögliche Gefahren und den gültigen Sicherheitsstandards zur Vermeidung negativer Auswirkungen besteht."[83]

V. Innovationsförderung durch Wertebildung?

Problematisch ist supranationale Innovationspolitik schließlich, soweit sie neben finanzieller Förderung auch Werte- und Bewusstseinsbildung erfasst. Nicht nur im Bericht der Aho-Gruppe, auch in den Strategieberichten der Kommission ist von der Notwendigkeit die Rede, eine kulturelle Veränderung zu mehr Risikofreude in Europa herbeizuführen und über das Erziehungssystem der Mitgliedstaaten bestimmte, von der Kommission definierte „key competences necessary for living and working in a modern innovation-oriented society"[84] zu entwickeln. Auch als Anhänger einer edukatorischen und informationellen Funktion des Staates[85] muss man auf

---

[79] Näher die Beiträge von *Krug* und *Butz*, in: Scherzberg/Wendorff (Hrsg.), Nanotechnologie, 2008.

[80] *Europäische Kommission*, The sixth Framework Programme, http://ec.europa.eu/ research/fp6/pdf/fp6-in-brief_en.pdf, 2002, S. 22.

[81] *Europäische Kommission*, Some Figures about Nanotechnology R&D in Europe and Beyond, ftp://ftp.cordis.europa.eu/pub/nanotechnology/docs/nano_funding_data_ 08122005.pdf, 2005, S. 13.

[82] *Aguar/Nicolás*, EU nanotechnology R&D in the field of health and environmental impact of nanoparticles. Publikation der Europäischen Kommission, ftp://ftp.cordis. europa.eu/pub/nanotechnology/docs/final-version.pdf, 2008, S. 3.

[83] *Allianz AG*, New Report on Risks and Rewards of Nanotechnology, https://www. allianz.com/en/press/news/business_news/insurance/news56.html, 09.09.2009.

[84] *Europäische Kommission* (Fn. 25), S. 4.

[85] Dazu *Scherzberg*, Wozu und wie überhaupt noch öffentliches Recht?, 2003, S. 43.

die Intensität hinweisen, die eine derartige Einwirkung auf die Identität der europäischen Gesellschaft(en) annehmen kann, und die Frage stellen, ob der ökonomische Nutzen den geeigneten Maßstab für soziokulturelle Eingriffe bilden darf. Weder das Ziel der Hebung der Innovationskraft noch das Argument der Kostenvorteile der „economies of scale" können ohne weiteres den Abbau kultureller Vielfalt, ein Übergehen soziokulturell verankerter Sicherheitsbedürfnisse oder die Einebnung regionalspezifischer Identitäten rechtfertigen. Betrachtet man die Überlegungen zum „Konkurrenzförderalismus", ergibt am Ende die Erhaltung der Vielfalt europäischer Entwicklungsmodelle und Lebensformen vielleicht sogar auch aus ökonomischer Sicht einen Sinn.[86] Jedenfalls gerät die Europäische Innovationspolitik hier in Kollision mit einer wichtigen Errungenschaft der modernen Gesellschaft: der Staatsferne und Freiheitlichkeit ihrer kulturellen Selbstfindung und der nicht zuletzt dafür ausgeprägten Autonomie ihrer sozialen Systeme Forschung, Erziehung und öffentliche Kommunikation.

Literatur

Aguar, Pilar/Nicolás, José Juan Murcia (2008): EU nanotechnology R&D in the field of health and environmental impact of nanoparticles. Publikation der Europäischen Kommission, ftp://ftp.cordis.europa.eu/pub/nanotechnology/docs/final-version.pdf.

Aho, Esko (Chairman) (2006): Creating an innovative Europe – Report of the Independent Expert Group on R&D and Innovation appointed following the Hampton Court Summit. Publikation der Europäischen Kommission, http://ec.europa.eu/invest-in-research/pdf/download_en/aho_report.pdf.

Allianz AG: New Report on Risks and Rewards of Nanotechnology, https://www.allianz.com/en/press/news/business_news/insurance/news56.html, Zugriff: 09.09.2009.

Becattini, Giacomo (2004): From the industrial „sector" to the industrial „district": some remarks on the conceptual foundations of industrial economics, in: ders. (Hrsg.), Industrial Districts. A New Approach to Industrial Change, Cheltenham, S. 7–17.

Beise, Marian (2006): Die Lead-Markt-Strategie: Das Geheimnis weltweit erfolgreicher Innovationen, Berlin/Heidelberg und New York.

BMBF (Hrsg.): Bundesbericht Forschung, http://www.bmbf.de/pub/bufo2006.pdf, Berlin 2006.

–: Faktenbericht Forschung 2002, www.bmbf.de/pub/faktenbericht_forschung_2002.pdf, Bonn 2002.

Boehme-Neßler, Volker/Hildebrandt, Sandra/Semlinger, Klaus (2005): Von der innovativen Wertschöpfungskette zum Lead Market – Die öffentliche Hand als Innovationsnachfrager. Weiterführende Ansätze für die Berliner Innovationsstrategie, Berlin.

Breuss, Fritz (2005): Die Zukunft der Lissabon-Strategie, www.wifo.ac.at/wwa/servlet/wwa.upload.DownloadServlet/bdoc/WP_2005_244$.PDF, Wien.

---

[86] *Oates*, An Essay on Fiscal Federalism, Journal of Economic Literature, Vol. 37, 1999, S. 1140 ff.

Butz, Tilman (2008): Aufnahme und Speicherung von Nanopartikeln durch die Haut, in: Arno Scherzberg/Joachim H. Wendorff (Hrsg.), Nanotechnologie, Berlin, S. 81-86.

Callies, Christian/Ruffert, Matthias (Hrsg.) (2007): EUV/EGV: das Verfassungsrecht der Europäischen Union mit Europäischer Grundrechtecharta, Kommentar, 3. Aufl., München.

Deutsches Zentrum für Luft- und Raumfahrt: Die Grundsätze der Beteiligung am 7. FRP, Köln 23.07.2008, http://www.forschungsrahmenprogramm.de/beteiligung.htm, Zugriff: 09.09.2009.

Dolata, Ulrich (2004): Unfassbare Technologien, internationale Innovationsverläufe und ausdifferenzierte Politikregime – Perspektiven nationaler Technologie- und Innovationspolitiken, Bremen.

Dräger, Klaus (2005): Alternativen zur Lissabon-Strategie der EU, in: Widerspruch – Europa sozial, Bd. 48, Zürich, S. 17–29.

Drechsler, Wolfgang (2008): Lisbon Agenda and public administration, unveröff. Manuskript.

EurActiv.com PLC: Dossier: Leitmärkte – Schlüssel zum Wachstum, Brüssel 01.07.2008, http://www.euractiv.com/de/innovation/leitmrkte-schlssel-wachstum/article-167979, Zugriff: 09.09.2009.

Europäische Kommission (2008): Eurostat. Volkswirtschaftliche Gesamtrechungen, http://epp.eurostat.ec.europa.eu/tgm/mapToolClosed.do?tab=map&init=1&plugin=1& language=de&pcode=tec00001&toolbox=legend, 09.09.2009.

– (2008): Press Release. Lead Market Initiative to unlock innovative Markets, 07.01.2008, http://europa.eu/rapid/pressReleasesAction.do?reference=IP/08/12& format%20=HTML&aged=0&language=EN&guiLanguage=en, Zugriff: 09.09.2009

– (2008): Lead Market Initiative for Europe, Brüssel 15.08.2008, http://ec.europa.eu /enterprise/leadmarket/leadmarket.htm,Zugriff: 09.09.2009

– (2008): Wachstum und Beschäftigung. Mehr Forschung, Entwicklung und Innovation, http://ec.europa.eu/growthandjobs/priority-actions/more-RD-and-innovation/index_ de.htm, Zugriff: 09.09.2009.

– (2008): Zusammenfassung der Gesetzgebung – Aktionsplan für Umwelttechnologie. Mitteilung der Kommission an den Rat und das Europäische Parlament vom 28.01.2004, http://europa.eu/legislation_summaries/enterprise/interaction_with_other _policies/l28143_de.htm, Zugriff: 09.09.2009.

– (2007): Commission Staff Working Document. Annex II to the Communication from the Commission to the Council, the European Parliament, the European Economic and Social Committee and the Committee of the Regions. A lead market initiative for Europe Explanatory Paper on the European Lead Market Approach: Methodology and Rationale, SEC(2007) 1730.

– (2007): Commission Staff Working Document. Annex I to the Communication from the Commission to the Council, the European Parliament, the European Economic and Social Committee and the Committee of the Regions. A Lead Market Initiative for Europe, SEC(2007) 1729.

– (2007): Eine Leitmarktinitiative für Europa, KOM(2007) 860 endg.

– (2007): Strategiebericht zur erneuerten Lissabon-Strategie für Wachstum und Beschäftigung. Eintritt in den neuen Programmzyklus (2008-2010), KOM(2007) 803 endg.

– (2006): European Innovation Progress Report, http://www.proinno-europe.eu/docs/ Reports/Documents/EIPR2006-final.pdf, 2006.

– (2006): Gemeinschaftsrahmen für staatliche Beihilfen für Forschung, Entwicklung und Innovation, ABl. 2006/C 323/01.

- (2006): Kenntnisse in die Praxis umsetzen: Eine breit angelegte Innovationsstrategie für die EU, KOM(2006) 502 endg.
- (2005): Some Figures about Nanotechnology R&D in Europe and Beyond, ftp://ftp. cordis.europa.eu/pub/nanotechnology/docs/nano_funding_data_08122005.pdf.
- (2003): Innovationspolitik: Anpassung des Ansatzes der Union im Rahmen der Lissabon-Strategie, KOM(2003) 112 endg.
- (2002): The sixth Framework Programme, http://ec.europa.eu/research/fp6/pdf/fp6-inbrief_en.pdf, 2002.
–: Wachstum, Wettbewerbsfähigkeit, Beschäftigung – Herausforderungen der Gegenwart und Wege ins 21. Jahrhundert – Weißbuch, KOM(93) 700.
Europäischer Rat: Press Release. 2769th council meeting. Competitiveness (Internal Market, Industry and Research), 15717/06 (Presse 337).
–: Schlussfolgerungen des Vorsitzes. Brüssel 22./23. März 2005, 7619/1/05.
–: Schlussfolgerungen des Vorsitzes. Brüssel 23./24. März 2006, 7775/1/06.
–: Schlussfolgerungen des Vorsitzes. Lissabon 23./24. März 2000, http://www.europarl. europa.eu/summits/lis1_de.htm, Zugriff: 09.09.2009.
Europäisches Parlament: Report on Nanosciences and nanotechnologies: an action plan for Europe 2005–2009 (2006/2004 (INI)), A6-0216/2006 final.
Fuhrmann, Wilfried (2006): Lissabon-Prozess: Institutionelle Innovationen, Beschäftigungsdynamik und Erhöhung der Wettbewerbsfähigkeit – Illusionen für 2010 oder Aufschwungchance?, in: Paul J. J. Welfens (Hrsg.), Das neue Europa, Köln.
Giesen, Klaus-Gerd (1994): Europäische Großforschungsorganisationen und transnationale Wissenschaftsinteressenvermittlung, in: Eichener/Voelzkow (Hrsg.), Europäische Integration und verbandliche Interessenvermittlung, Marburg, S. 419–452.
Kok, Wim (2004): Facing the Challenge – The Lisbon Strategy for growth and employment. Report from the High Level Group chaired by Wim Kok. Publikation der Europäischen Kommission, http://ec.europa.eu/growthandjobs/pdf/2004-1866-ENcomplet.pdf.
Krug, Harald F. (2008): Sicherheit von Nanomaterialien – Umwelt und Gesundheit, in: Arno Scherzberg/Joachim H. Wendorff (Hrsg.), Nanotechnologie, Berlin, S. 59–79.
Lawton, Thomas C. (1995): The Construction and Consequences of EC Industrial Policy: Lessons from the Electronic Sector, Charleston, http://aei.pitt.edu/6957/01/lawton_thomas_c.pdf.
Lisbon Agenda Group: Workshop on „Developing the Lisbon Agenda at European Level", http://www.mariajoaorodrigues.eu/files/LAGII_Final_Report_070306.doc, Brüssel 2007.
Maillait, Denis/Lecoq, Bruno (1992): New Technologies and Transformation of Regional Structures in Europe: The Role of the Milieu, in: Entrepreneurship & Regional Development, Vol. 4. S. 1–20.
Meister, Christoph/Verspagen, Bart: European Productivity Gaps: Is R&D the Solution?, http://www.druid.dk/wp/pdf_files/05-06.pdf.
Nollert, Michael (1997): Verbändelobbying in der Europäischen Union – Europäische Dachverbände im Vergleich, in: Ulrich von Alemann/Bernhard Weßels (Hrsg.), Verbände in vergleichender Perspektive. Beiträge zu einem vernachlässigten Feld, Berlin, S. 107–136.
Oates, Wallace, E. (1999): An Essay on Fiscal Federalism, Journal of Economic Literature, Vol. 37, S. 1120–1149.
Porter, Micheal E. (1998): The Competitive Advantage of Nations, 10. Aufl., London.
Rodemer, Horst/Dicke, Hartmut (2000): Globalisierung, Europäische Integration und internationaler Standortwettbewerb, Baden-Baden.

Rodrigues, Maria Joao: The EU in a globalized world – the Lisbon strategy for growth and jobs, http://www.mariajoaorodrigues.eu/lisbon-agenda/, Zugriff: 09.09.2009.

Scherzberg, Arno (2003): Wozu und wie überhaupt noch öffentliches Recht?, Berlin.

Sforzi, Fabio (1992): The quantitative importance of Marshallian industrial districts in the Italian economy, in: Frank Pyke/Giacomo Becattini/Werner Sengenberger (Hrsg.), Industrial Districts and Inter-firm Cooperation in Italy, Genf, S. 75–107.

Standke, Klaus-Heinrich (2006): Die Schaffung eines europäischen Forschungsraumes – Hoffnungen und Illusionen, in: Paul J.J. Welfens (Hrsg.), Das neue Europa, Köln, S. 61–96.

Streit, Manfred E./Kiwit, Daniel (1999): Zur Theorie des Systemwettbewerbs, in: Manfred E. Streit/Michael Wohlgemuth (Hrsg.), Systemwettbewerb als Herausforderung an Politik und Theorie, Baden-Baden, S. 13–48.

Trigilia, Carlo (1992): Italian Industrial Districts: Neither Myth Nor Interlude, in: Frank Pyke/Werner Sengenberger (Hrsg.), Industrial districts and local economic regeneration, Genf, S. 33–47.

BILDUNG

Wettbewerb und Hochschulen im Bologna-Raum: Transformationen der europäischen höheren Bildungsinstitute?

Alexander Thumfart

Die Umstellung der Semantik ist nie unschuldig, und sie ist auch nicht folgenlos. Das wissen wir spätestens seit Niklas Luhmann.[1]

Nach der „nach-industriellen Gesellschaft" Daniel Bells, nach der Beck'schen „Risiko-Gesellschaft", der Netzwerk- und Mediengesellschaft und parallel zur emblematisch gewordenen „Globalisierung" leben wir nun – so Manuel Castells – in der „Wissensgesellschaft".[2] Neben prominenten Autorinnen und Autoren, wie etwa Nico Stehr, Jürgen Habermas und Richard Münch[3] konstatiert das auch das Bologna-Zentrum der Hochschulrektorenkonferenz.

Verwoben in diese Feststellung über die Signatur der Gegenwart ist zugleich die Formulierung der Aufgabe des Bologna-Zentrums im Rahmen des europäischen Bologna-Prozesses: „Hierzu gehört die Förderung der Veränderungsbereitschaft an den Hochschulen, damit sie ihren Bildungsauftrag in der sich rasch wandelnden Wissensgesellschaft entsprechend wahrnehmen können."[4] Unter den Bedingungen eines mehr oder weniger

---

[1] Siehe *N. Luhmann*, Gesellschaftsstruktur und Semantik. Studien zur Wissenssoziologie der modernen Gesellschaft, 4 Bde., Frankfurt/M. 1993ff.

[2] Siehe *M. Castells*, Der Aufstieg der Netzwerkgesellschaft, 3. Bde., Opladen 2001 ff.; *A. S. Duff*, Daniel Bell's Theory of Informational Society, in: Journal of Information Science, 24/1998, S. 373–393.

[3] *N. Stehr*, Arbeit, Eigentum und Wissen. Zur Theorie von Wissensgesellschaften, Frankfurt/M. 1994; *R. Münch*, Die akademische Elite, Frankfurt/M. 2007; *J. Habermas*, Ach, Europa, Frankfurt/M. 2008, S. 138–191.

[4] Zu finden unter „Selbstverständnis und Ziele des Bologna-Zentrums" der HRK; www.hrk-bologna.de

raschen, vor allem aber permanenten Wandels sind auch die Hochschulen jeglicher Provenienz gezwungen, sich – mit externer Hilfestellung – ständig zu verändern und zu wandeln. Diese auf Dauer gestellte Fähigkeit der hochschulischen Selbsttransformation geschieht unter der doppelten Maßgabe, einerseits den dynamischen Umwelten und ihren Bedingungen wie Anforderungen gewachsen zu sein (Adaptation), andererseits aber auch selber in diesen neuen Konstellationen und Kontexten sinnvoll und erfolgversprechend gestaltend handeln zu können (Zielerreichung). Induziert somit die Typik und Prozessgestalt einer (globalen) „Wissensgesellschaft" Wandlungsnötigung in den (bisher traditionellen) Institutionen von Wissensgewinnung, -verwaltung, -vermittlung und -wissensvermehrung, setzt sie zugleich eben jene Institutionen unter Legitimationsdruck. Wenn die Gesellschaft nämlich selber zu einer, ja vielleicht sogar zu der gewichtigsten Stätte von Wissensgewinnung, Wissenszirkulation und Wissensvermittlung (werden) wird, erscheint die Existenznotwendigkeit spezieller Wissensinstitute zunehmend fragwürdiger. Wer braucht denn, zugespitzt gefragt, im Zeitalter eines demokratischen „wikipedia" im world.wide.web noch ein von (lange ausgebildeten) an Hochschulen beschäftigten SpezialistInnen verfasstes und in einem renommierten Verlag gedrucktes Lexikon?

A. Wissensgesellschaft, Wissensorganisation, Wettbewerb

In der Wissensgesellschaft ist Wissen die zentrale Ressource, Produktivkraft und Distributionsform. Nicht mehr die Arbeit strukturiert Gesellschaft, sondern die Erzeugung, Zirkulation und Verwendung von Wissen. Schlagwortartig kommt das im Begriff des „life-long-learning" zum Ausdruck.[5] Es gibt keinen Wissensbestand mehr, den man erreichen könnte und in dem die erforderlichen handlungsleitenden Gehalte zur Ruhe kommen. Vielmehr gibt es nur noch medial basierte Wissensprozesse, die sich ständig überholen und dementieren, die neue Verwendungsformen hervorbringen und zugleich durch neue Verwendungsformen provoziert werden.[6] Diese Ressource Wissen ist aber nun nicht schlechthin vorhanden. Stattdessen muss sie gefördert werden. Gefördert in des Wortes doppelter Bedeutung. Wissen muss hervorgebracht, aus Licht gebracht, erzeugt und zugleich kultiviert, verbreitet, verteilt und unterstützt werden. Und Wissen

---

[5] Siehe dazu exemplarisch den Sammelband von *F. Gützkow/G. Quaißer* (Hrsg.), Jahrbuch Hochschule gestalten 2006, Denkanstösse zum lebenslangen Lernen, Bielefeld 2007.

[6] Siehe *M. Castells*, Der Aufstieg der Netzwerkgesellschaft, Opladen 2001, S. 270–319.

muss dann auch angewandt, umgesetzt, getestet, implementiert werden, nicht zuletzt und ganz zentral auch in und bei der Produktion und Distribution neuen Wissens.

Auch wenn es reizvoll wäre, die Semantiken des Förderns in Wissenschaft und Industrie zu vergleichen gerade mit Blick auf die Bezugsgröße der „Rohstoffe",[7] ist mit der Feststellung, dass wir in einer Wissensgesellschaft leben, noch nichts über die Häufigkeit und Qualität des Wissens ausgesagt. Wissen könnte in ausreichender Menge überall und in hoher Qualität vorhanden sein.

Wir alle wissen, dass es das nicht ist. Vielleicht sollten wir besser und zutreffender sagen: Wissen gibt es in der Tat überall. Aber ein spezifisch nach wissenschaftlichen Verfahren gewonnenen und raffiniertes Wissen, das intersubjektiv überprüft werden und in verschiedenen Arenen zur vernünftigeren (d.h. falsifizierbaren) Anleitung kollektiven Handelns verwandt werden kann (die neuzeitlich-westeuropäische, stark globalisierte episteme), gibt es nicht überall und ist nicht überall in entsprechender Qualität vorzufinden bzw. zu erzeugen.[8]

---

[7] Der gerade fertig gestellte, mehr als 500 Seiten dicke Schlussbericht der Enquete-Kommission des Deutschen Bundestages „Kultur in Deutschland" vermerkt – allerdings nationalstaatlich limitiert – in ähnlichem Duktus: „Denn unser Land darf sich nicht nur der Kreativität als seines einzigen Rohstoffes und damit seiner Zukunftsfähigkeit begeben." Deutscher Bundestag (Hrsg.), Schlussbericht der Enquete-Kommission „Kultur in Deutschland", Berlin 2008, S. 8. Diese – ja eo ipso nicht negative – Annäherung und Verbindung von Markt, Kultur und Kreativität schlägt sich auch terminologisch nieder, wird im Weiteren doch konsequent von der „Kulturwirtschaft" und „Kreativwirtschaft" in Deutschland gesprochen (ebda., S. 333–372). Ob das allerdings nicht schon Fusion statt Verbindung ist, lasse ich offen.

[8] Das hält etwa die in Bologna unterzeichnete Magna Charta Universitatum, das Dokument zur Selbstverständigung der Universitäten weltweit, vom 18. September 1988 fest, indem sie im ersten Anstrich der Präambel von den „Universitäten als den wahren Zentren der Kultur, Wissenschaft und Forschung" spricht; abgedruckt in Blanke (Hrsg.), Bildung und Wissenschaft als Standortfaktoren, Tübingen 2007, S. 221–223, hier 221. Ich übergehe allerdings die Tatsache, dass erstens in der Wissensgesellschaft natürlich auch der Alleinvertretungsanspruch einer spezifischen Sorte von Wissen in Zweifel gezogen wird. Ein Beispiel dafür ist die Konfrontation moderner westlicher Medizin mit alternativen bzw. traditionellen Heilungswissen; paradigmatisch nachzulesen etwa in der Autobiographie von *T. Terzani*, Noch eine Runde auf dem Karussell. Vom Leben und Sterben, 4. Aufl. Hamburg 2007. Und ich übergehe ebenfalls, dass die europäische episteme der Neuzeit selber eine historisch-politische Erfindung ist, die sich polemisch ihre Legitimation selber verschafft (hat), siehe etwa *B. Latour*, Wir sind nie modern gewesen, Frankfurt/M. 2008. Siehe zu dieser Problematik auch *M. Gibbons et. al.*, The New Production of Knowledge: The Dynamics of Science and Research in Contemporary Societies, London 1994; *St. Böschen*, Wissenschaft in der Wissensgesellschaft, Wiesbaden 2003.

Auch das ist nicht neu. Unter den Bedingungen der Wissensgesellschaft aber, die ihre Reproduktion und Organisation über die Produktion von wissenschaftlich belastbarem und zugleich verwertbarem Wissen leistet und steuert, wird Wissen sowohl zum knappen als auch zum umkämpften als auch zum lebensnotwendigen Gut. Universitäres Wissen tritt nun so automatisch wie umstandslos ein in die Semantik des gesellschaftlichen Wettbewerbs.[9] Die Rede von der Wissensgesellschaft zieht also die vom Wissenswettbewerb unweigerlich nach sich.

So heißt es im Londoner Kommuniqué vom 18. Mai 2007: „Auf den Fundamenten des reichen und vielgestaltigen kulturellen Erbes Europas entwickeln wir (die Unterzeichnerstaaten, A.T.) auf der Grundlage institutioneller Autonomie, akademischer Freiheit, der Chancengleichheit und demokratischer Grundsätze einen EHR (Europäischen Hochschulraum, A.T.), der die Mobilität und Beschäftigungsfähigkeit verbessert sowie die Attraktivität und Wettbewerbsfähigkeit Europas steigert. Mit Blick auf die Zukunft erkennen wir an, dass es in einer sich verändernden Welt stets die Notwendigkeit geben wird, unsere Hochschulsysteme weiterzuentwickeln, um dafür Sorge zu tragen, dass der EHR wettbewerbsfähig bleibt und wirksam auf die Herausforderungen der Globalisierung reagieren kann."[10]

Auch wenn es natürlich überzogen ist, die Attraktivität Europas gänzlich im Wissen aufgehen zu lassen, so kommt dem Bologna-Prozess doch auch ganz zentral die Aufgabe zu, die Wettbewerbsfähigkeit Europas global zu steigern, das heißt im weltweiten, marktförmig organisierten Konkurrenzkampf so weit als möglich zu sichern und auszuweiten. Der zukünftige Bestand, die zukünftige Stellung Europas hängen zu einem ganz maßgeblichen Teil vom Wissen und seiner Förderung ab. Wie nun Selbsterhaltung unter den Konkurrenzbedingungen der Moderne generell Selbststeigerung bedeutet, so bedeutet Wissenswettbewerb im Prozess der Globalisierung konsequent Wissenssteigerung.[11]

---

[9] „The growing attention given to diversifying universities' revenue streams, promotion competition, encouraging mobility and creating organizations that are far more responsive to theirs consumers' needs reflect a societal shift in what universities are for and how they are expected to function". C. Salerno, A Service Enterprise: The Market Vision, in: Maassen/Olsen (eds.), University Dynamics and European Integration, Dordrecht 2007, S. 119–131, hier 119.

[10] Londoner Kommuniqué vom 18. Mai 2007, 1.3.

[11] Auch wenn es keine allgemein geteilte Definition von Wettbewerb gibt, scheint gleichwohl und bezeichnender Weise Steigerung oder – in den Worten von Picot und anderen – „das Übertrumpfen von Wettbewerbern" ein essentielles Element zu sein; A. Picot/D. Schneider/U. Laub, Transaktionskosten und innovative Unternehmensgründung, in: Zeitschrift für betriebswirtschaftliche Forschung, Jg. 41, H. 5, 1989, S. 358–387, hier 360; siehe auch den Beitrag von *Burr/Hartmann* in diesem Band.

So gelesen erfolgt der Übergang von Bologna zur Exzellenz-Initiative der Bundesregierung und der Länder, von der Europa- zur Einzelstaatenebene so bruchlos wie zwanglos: „Die Bundesregierung und die Regierungen (der Länder, A.T.) beschließen (…) ihre gemeinsamen Anstrengungen in der Forschungsförderung fortzusetzen, um den Wissensstandort Deutschland nachhaltig zu stärken, seine internationale Wettbewerbsfähigkeit zu verbessern und Spitzen im Universitäts- und Wissenschaftsbereich sichtbarer zu machen. Damit wollen Bund und Länder eine *Leistungsspirale* in Gang setzen, die die Ausbildung von Spitzen und die Anhebung der Qualität des Hochschul- und Wissenschaftsstandortes Deutschland (…) zum Ziel hat. Dazu sollen in einem einheitlichen, projektbezogenen, wettbewerblichen Gesamtverfahren zusätzliche Mittel" zur Verfügung gestellt werden.[12]

Diese nationale Exzellenzinitiative verlängert sich ihrerseits bruchlos in das Thüringer Landesprogramm „ProExzellenz". Dort und in der entsprechenden Presseerklärung wird nicht nur in bekannter Diktion festgehalten, dass „Wissen und Innovationskraft (…) die Grundlagen für Wohlstand und Zukunftsfähigkeit eines Landes (sind)", sondern ebenfalls mit Blick nach vorne und oben konstatiert: „Dieses Landesprogramm dient somit vor allem der *noch besseren* Positionierung in Forschung und Wissenschaft."[13] Mit dem Modell der exzellenten Wissenssteigerung ist konsequent und unweigerlich dann auch der (sonst eher terminologisch vermiedene) Topos des Wettbewerbs verbunden und nolens volens aufgerufen. Unter der Rubrik der „Stärkung der Hochschulautonomie" wird dann aber doch und in enger Anlehnung an nationale wie internationale Erklärungen ganz klar vom Thüringer Hochschulgesetz formuliert: „Um die nationale wie internationale Wettbewerbsfähigkeit der Thüringer Hochschulen, ihre Attraktivität in Forschung, Lehre, Studium, Weiterbildung und Technologietransfer sowie die Leistungs- und Innovationsfähigkeit ihrer Wissenschafts- und Forschungssysteme weiter zu erhöhen, wird die Hochschulautonomie gestärkt."[14]

So spricht viel dafür, dass unter der Semantik einer Wissensgesellschaft wissenschaftspolitisch strukturhomologe und argumentativ ganz ähnlich abgesicherte universitäre Mehrebenensysteme geschaffen werden, die – und man verzeihe mir die leichte Übertreibung – um die vertikale Mit-

---

[12] Bund-Länder-Vereinbarung gemäß Artikel 91b des Grundgesetzes über die Exzellenzinitiative, Präambel. Hervorhebung von mir. Zur politischen Semantik und Konstruktion von Exzellenz siehe generell *Münch* 2007, S. 47–204.

[13] Pressemitteilung Freistaat Thüringen, Kultusministerium, „Exzellentes Thüringen" für Hochschulen, Forschung und Innovation 2008 bis 2011; 10. Juli 2007. Hervorhebung von mir.

[14] Thüringer Hochschulgesetz, Novelle.

telachse des Wettbewerbsbegriffes rotieren.[15] Man kann es auch anders
formulieren: die in der (politischen) Bologna-Erklärung supra-national und
rechtlich unverbindlich formulierten generellen Leitideen von europäischem Wissenswettbewerb in der globalen Wissensgesellschaft werden auf
der darunter liegenden zweiten und dann nationalstaatlichen Ebene in verbindliche wettbewerbsbasierte Bestimmungen transformiert, die auf der
tieferen regionalen Ebene schließlich konkret implementiert (und kontrolliert) werden.[16]

Im und vor allem durch den Bologna-Hochschulraum sollen die Voraussetzungen geschaffen werden, um als Gesamt-Europa im globalen Wettbewerb konkurrenz- und wettbewerbsfähig zu sein und zu bleiben; national
werden auf der Basis der Wissensgesellschaftsmetapher Initiativen gestar-
tet, die den Wettbewerb zwischen den Hochschulen um die beste Produktion, Vermittlung und Anwendung von Wissen initiieren, und auch auf regionaler Ebene werden die institutionalisierten Wissensproduzenten untereinander in Konkurrenz und wechselseitigen Wettbewerb gestellt (und
dauerhaft evaluiert).

Das heißt: institutionalisiertes, an Hochschulen lokalisiertes Wissen
wird politisch unter Wettbewerbsdruck gesetzt, regional, national und global – und zwar weil es die in der „Wissensgesellschaft" terminologisch
aufgehobene Überzeugung ist, dass es (nur und einzig) dem Wettbewerb
zwischen den Wissensinstitutionen geschuldet und zu verdanken ist, der
die gesellschaftlich unumgänglich notwendigen Qualitätssteigerungen von
Wissen (und damit Lebenschancen) zeitigt.[17]

Wettbewerb wird damit – pace Gangolf Braband – zu einem der zentralen, wenn nicht gar dem zentralen Begriff der Steuerung wie Verfassung
von Wissensorganisationen. Es geht – zugespitzt formuliert – nicht mehr
vorrangig um Wahrheit, um Aufklärung, um Gewissheit, um Bildung, um
Klarheit, um Kommunikation (so *Habermas*)[18] – sondern um Wettbewerbs-
tauglichkeit (des Wissens und seiner ProduzentInnen bzw. AnwenderIn-

---

[15] Ganz ähnlich: *R. Hendler*, Die Universität im Zeichen von Ökonomisierung und Internationalisierung, in: Veröffentlichungen der Vereinigung Deutscher Staatsrechtslehrer,
Berlin 2006, S. 238–273. *U. Mager*, Die Universität im Zeichen von Ökonomisierung
und Internationalisierung, ebda., S. 274–315.

[16] Siehe dazu auch: *Th. Walter*, Der Bologna-Prozess im Kontext der europäischen
Hochschulpolitik, in: die Hochschule, 16. Jg., 2/2007, S. 10–36. *S. Warning* hat deshalb
und folgerichtig jüngst für die Bundesrepublik Deutschland „A Model of Competition:
Positioning in the University Sector" entwickelt; *S. Warning*, The Economic Analysis of
Universities, Cheltenham-Northhampton/MA 2007.

[17] Siehe *E. Stölting*, Permanenz und Veränderung von Strukturkrisen: Institutionelle
Darstellungsprobleme, in: ders./Schimank (Hrsg.) Die Krise der Universitäten, Wiesbaden 2001, S. 28–43.

[18] *J. Habermas*, Die Idee der Universität – Lernprozesse, in: ders., Zeitdiagnosen,
Frankfurt/M. 2003, S. 78–104. (Original 1987).

nen). In diesem Sinne heißt es in den Leitlinien für die Hochschul- und Wissenschaftsentwicklung in Thüringen im letzten, summierenden Punkt der Einleitung so schlagend wie konsequent: „Wettbewerb zwischen den Hochschulen und innerhalb der Hochschulen muss zu einem wesentlichen Steuerungsmechanismus ausgebaut werden."[19]

Nebenbei: das zeigt sehr deutlich und unumwunden, dass der insgesamt ja positiv besetzte Begriff der „Autonomie" oder „Autonomisierung" nicht bedeutet, aus fremd-induzierten (heteronomen) Vorschriften nun zu entkommen oder gar entlassen zu werden. Vielmehr werden (geradezu im Gegenteil) die bisheriger ministerialen Unterstellungsverhältnisse lediglich durch anders strukturierte Steuerungssysteme (einen Markt oder Quasi-Markt) ersetzt.[20]

Hieß es zuvor, dass die Rede von der Wissensgesellschaft die (traditionellen) Wissensinstitutionen immer auch unter Legitimationsdruck setzt, liefert das Modell des Wettbewerbs darauf eine eindeutige, klassisch binär kodierte Antwort bzw. Lösung. Der (globale) Wissensmarkt bietet nämlich die Chance, erfolgreich zu sein, wie die, gänzlich zu scheitern. Die Codierung von Erfolg/Misserfolg auf dem (Wissens-)Markt wird folglich zum dominierenden Legitimationsgrund wie -maßstab hochschulischer Fortexistenz. Klar, deutlich und folgerichtig konstatiert *Michael Daxner*, ehemaliger Rektor der Universität Oldenburg und ehemaliges Mitglied der Europäischen Rektorenkonferenz: „Die Produktionsbedingungen von Wissenschaft, die die Grundlage von Innovation, Kreativität, aber auch Kritik und Widerständigkeit bilden, müssen respektiert werden, nur dann bekommt man gute Hochschulen. Wenn sie nicht gut sind und auch nicht für den Markt funktionieren, brauchen wir sie nicht."[21]

---

[19] Ebda. Einleitung, S. 8. In der Rahmenvereinbarung II zwischen dem Land Thüringen und den Thüringer Hochschulen vom Dezember 2007 sind sich die Vertragspartner auch einig: „Schärfung der jeweiligen Profile der Hochschulen durch wettbewerbsfähige und wirtschaftliche Strukturen in Lehre, Studium und wissenschaftlicher Weiterbildung, in Forschung und Entwicklung, bei der Förderung des wissenschaftlichen und künstlerischen Nachwuchses" (Präambel). Weiter heißt es: „Partnerschaftliche Verabredungen, Hochschulautonomie und Wettbewerb sind weiterhin Leitideen des Steuerungsmodells im Verhältnis Staat-Hochschule".

[20] Siehe dazu *D. Kimmich, Dorothee/A. Thumfart*, Universität und Wissensgesellschaft: Was heißt Autonomie für die moderne Hochschule?, in: dies. (Hrsg.), Universität ohne Zukunft?, Frankfurt/M. 2004, S. 7–35.

[21] *M. Daxner*, Die blockierte Universität, Frankfurt/M. 1999, S. 181. Die Umstellung der Leitdifferenz von Wahrheit auf Konkurrenztauglichkeit findet sich in der Äußerung von Bundesbildungsministerin Schavan wieder. Auf die Klage der Geisteswissenschaften, in der Exzellenzinitiative des Bundes marginalisiert zu werden, antwortete sie: „Wer sich als Opfer sieht, wird auch als Opfer behandelt" (zitiert nach Frankfurter Allgemeine Zeitung, 21. Juli 2008, S. 8). Die Opfersemantik macht nur Sinn, wenn man

Nun soll im Gegenlicht nicht gefolgert werden, schlechte Hochschulen
(was immer das sein mag) sollen oder dürfen so bleiben, wie sie eben nun
einmal sind. Der Punkt besteht vielmehr darin, dass die Bezeichnung
„schlecht" oder „nicht gut" für Universitäten hier im Entscheidenden heißt:
im Wettbewerb erfolgreich bzw. nicht erfolgreich sein gegenüber der Konkurrenz auf dem (globalen) Wissensmarkt. Dabei sind die Beurteilungskri-
terien recht klar: mehr von allem, und besser als alle. Mehr Studierende,
mehr Regelzeitabschlüsse, mehr DoktorandInnen, mehr Drittmittel, mehr
Patente, bessere Vermittlung in den Arbeitsmarkt, bessere Erfolgschancen
und höherer Status für Absolventen, bessere Werte auf Ranking-Skalen.

Vor diesem Hintergrund scheint es mir dann mehr als folgerichtig, dass
und wenn Universitäten mit politischer Unterstützung auf diese generellen
Unsicherheitsbedingungen auch mit Monopol- oder Kartellbildung antworten. Droht nämlich jeder einzelnen Wissenschaftsinstitution wenn nicht
jetzt so doch morgen das mögliche Aus, wenn sie den Wettbewerbsbedingungen dann nicht mehr genügen kann, reduziert gerade der Zusammenschluss bzw. die Absprache mit anderen Marktteilnehmern diese Unsicherheit. Kartellartige Kooperation verringert das Risiko des Scheiterns, indem
sie den Wettbewerb sektoral weitgehend außer Kraft setzt und die Ungleichheit der Marktteilnehmer installiert. Größere Akteure haben größere
Chancen Größeres zu akquirieren, um noch größer zu werden: deshalb
cluster-Bildung und politisch gewollte Leuchtturmförderung. „Deshalb
sollen im nationalen Wettbewerb die Starken gestärkt und die Schwachen
aus dem Ring genommen werden. Diese Wettbewerbsrhetorik klingt vordergründig durchaus plausibel, weil weder von den Sprechern noch von
den Hörern wahrgenommen wird, dass sich hinter der Rhetorik von Exzellenz und Wettbewerb ein Aufbau von Monopolstrukturen vollzieht, der den
Wettbewerb gerade einschränkt".[22] Wenn Semantiken als Leitdifferenzen
aus einem Feld (oder System) in ein anderes Feld übertragen werden: Warum sollten sich dann nicht all die Handlungsoptionen mit übertragen, die
diese Leitdifferenz ermöglicht?

Opfer werden kann, und das wird man offensichtlich im nicht akzeptierten Wettbewerb
der Wissensinstitutionen.

[22] *Münch* 2007, S. 303. Anders als Richard Münch bin ich jedoch der Auffassung,
dass sich empirisch erst zeigen muss – also noch offen ist –, ob Monopolbildung der
zentrale Mechanismus ist, wie Münch meint, oder nur einer unter mehreren Reaktions-
weisen auf Wettbewerbsdruck. Ebenfalls halte ich es für empirisch offen, ob die nationale Monopolbildung „langfristig die internationale Wettbewerbsfähigkeit von Wissenschaft und Forschung in Deutschland verringert"; ebda., 303.

B. Organisation, Governance, Wettbewerb

Es ist also diese neue Situation, die Wissensinstitutionen organisatorisch und institutionell bewältigen müssen. Oder anders formuliert: gerade Hochschulen jeglicher Provenienz müssen Wettbewerb in der konkurrenzlichen Wissensgesellschaft organisatorisch verarbeiten und im Innen- wie im Außenverhältnis institutionalisieren.[23]

Vor diesem Hintergrund scheint es mir – eher nebenbei vermerkt – nur noch sehr eingeschränkt möglich und wahrscheinlich, dass einzelne Forscherpersönlichkeiten als Träger von Wissen agieren. Die Korporation, die Institution oder – um mit Max Weber zu reden – die „Anstalt" des Wissens, der Wissensgenerierung wie -anwendung wird in der Wissensgesellschaft der relevante Akteur. So gesehen scheint mir die Zeit von „Einsamkeit und Freiheit", Humboldt, Marx, Jaspers und Schelsky eindeutig vorbei zu sein.[24]

Aber, zeigt nicht gerade der Blick auf Jaspers und Schelsky, dass die Zukunft der Universität immer in deren organisatorischer Veränderung gesehen wurde? Man kann es auch weniger emphatisch und mit Luhmann aus dem letzten Jahrtausend formulieren: „Gerade dort, wo den Universitäten Selbstverwaltung, also angeblich Autonomie konzediert wird, treibt die Bürokratie ihre Blüten (…) Das große hochschulpolitische Experiment, das unter Titeln wie Emanzipation und Partizipation (und nun Autonomisierung, A.T.) durchgeführt worden ist, bestätigt diese Analyse. Das einzig greifbare Ergebnis war: mehr Organisation".[25] Angesichts von Hochschulräten, Berufungsbeauftragten, Kuratoria, unterschiedlichen task forces, Programmbeauftragten, Akkreditierungsbeiräten und Bologna-clearing-Stellen an den angeblich autonomisierten Hochschulen beeindruckt diese Weitsicht durchaus.[26]

Wie dem im Einzelnen auch sei, die institutionelle Organisierung des Wettbewerbs ist das Ziel wie die Aufgabe der Hochschulen. Dazu steht ihnen das Modell des New Public Management (NPM) zur Verfügung. Dieses Steuerungsmodell ist (folgerichtig und sachangemessen) grundsätzlich output-orientiert und fokussiert auf die Produkte institutionellen Han-

---

[23] Siehe etwa *St. Hornbostel*, Die Hochschulen auf dem Weg in die Audit Society. Über Forschung, Drittmittel, Wettbewerb und Transparenz, in: Stölting/Schimank (Hrsg.), Krise der Universität, op. cit., S. 139–158.

[24] Mit anderer Auffassung *Münch* 2007: 312 ff.

[25] *N. Luhmann*, Zwischen Gesellschaft und Organisation. Zur Situation der Universitäten, in: ders., Soziologische Aufklärung 4, Opladen 1987, S. 202–211, hier 203.

[26] All diese Gremien nennt etwa das Thüringer Hochschulgesetz von 2006, bzw. die Grundordnung der Universität Erfurt.

delns unter der Maßgabe von Qualität, Menge und Kosten.[27] Übertragen auf den Hochschulbereich bedeutet dies in den Worten von *Stefan Lange* und *Uwe Schimank*: „Es geht genauer formuliert darum, in den Hochschulen durch Konkurrenzdruck Effizienz- und Leistungssteigerungspotentiale zu entfesseln (…) NPM präsentiert sich somit als (…) integrales Governance-Modell für den Hochschulbereich.“[28]

Dessen fünf Charakteristika seien nur genannt: 1. staatliche Regulierung im Sinne von Konditionalprogrammierung; 2. externe Steuerung im Sinne einer Zweckprogrammierung (Zielvereinbarungen etwa); 3. akademische Selbstorganisation; 4. starke hierarchische Selbststeuerung, die angesichts von Dauerstreit durch interne Verteilungskämpfe auf die kollektive Handlungsfähigkeit der Gesamtorganisation setzt; 5. Konkurrenzdruck in und eben zwischen Hochschulen.

New Public Management soll als Programm helfen, den Wettbewerb der Wissensagenten so zu organisieren, dass er die Handlungsspielräume ermöglicht, die im Konkurrenzkampf nötig sind und die gewünschten Resultate (Adaptation, Markterfolg und Wettbewerbsfähigkeit) zeitigt. Sie alle kennen die Instrumente, die dazu eingesetzt werden. Das sind – um nur wenige Beispiele zu nennen – Zielvereinbarungen zwischen Universitäten und Ministerien sowie innerhalb von Universitäten, leistungsbezogene Mittelzuweisungen für Professuren, die Reorganisation von Selbstverwaltungsstrukturen, die Schaffung von Innovationszentren, Alumni-Betreuungen und Marketing-Stellen, die Änderung bzw. Flexibilisierung von Berufungen, die Bildung von strategischen Allianzen mit der Wirtschaft und Kooperationsstrukturen mit anderen Hochschulen, die Evaluierung von Forschung und Lehre, die Modularisierung von Studiengängen, etc. etc.[29]

---

[27] Siehe *D. Osborne /T. Gaebler*, Reinventing Government. How the entrepreneurical spirit is transforming the public sector, New York 1992.

[28] *St. Lange/U. Schimank*, Zwischen Konvergenz und Pfadabhängigkeit: New Public Management in den Hochschulsystemen fünf ausgewählter OECD-Länder, in: *Holzinger et al.* (Hrsg.), Transfer, Diffusion und Konvergenz von Politiken, Wiesbaden 2007, S. 222–248, hier 525. Siehe dazu auch *St. Kracht*, Das neue Steuerungsmodell im Hochschulbereich, Baden-Baden 2006.

[29] Siehe etwa *Jaeger et al.*; Formelgebundene Mittelvergabe und Zielvereinbarungen als Instrumente der Budgetierung an deutschen Universitäten, Hannover 2005; *S. Nickel*, Partizipatives Management von Universitäten. Zielvereinbarungen, Leitungsstrukturen, Staatliche Steuerung, München/Mehring 2007. *G. Rudinger et al.* (Hrsg.), Evaluation und Qualitätssicherung von Forschung und Lehre im Bologna-Prozess, Bonn 2008. Das Institut für Hochschulforschung Wittenberg (HoF) hat eine sehr beachtliche Kollektion von Zielvereinbarungen deutscher Universitäten auf seiner Homepage gespeichert bzw. verlinkt (www.hof.uni-halle.de). In der Präambel der Zielvereinbarung zwischen der Friedrich-Alexander-Universität Erlangen-Nürnberg und dem Bayerischen Staatsministerium für Wissenschaft, Forschung und Kunst wird nicht nur „mit starken und international

Man hat es also mit einem hochgradig organisierten, verregelten, strukturierten Wettbewerb zwischen unterschiedlich starken, Kompetenzkompetenten Akteuren zu tun, die sich und andere permanent beobachten und einer (nicht zuletzt auch politisch induzierten) beurteilenden Prüfung unterziehen.[30]

C. Wettbewerb als Leitidee vor Ort: Folgerungen zur Forschung

In diesem Geflecht kommt es zu mindestens zwei, in sich paradoxen Effekten. Hochschulen werden erstens zur Fremdbeobachtung gezwungen. Regelungen der Hochschule A können nicht mehr ohne Blick auf die Hochschulen B, C, D, E, und F getroffen werden, Berufungen beziehen sich auf Studiengänge, die entworfen wurden, um sich von den „Konkurrenten" B, C, D, E und F abzusetzen, Marketing-Abteilungen entwerfen Strategien, um Studierende zu attrahieren mit Vorteilen, die sie woanders nicht mehr finden, und BA- und MA-Programme werden entworfen unter den Maßgaben der Alleinstellungsmerkmale. Geradezu paradigmatisch war die Werbung der Universität Leipzig an der Fassade des Hauptgebäudes der LMU in München: „WG 130 qm, Stuckdecke, 3 Euro/qm, Altstadtlage: studieren in Leipzig".

Zweitens integriert diese Fremdbeobachtung die Hochschulen. Streit, so hat es *Georg Simmel* schon formuliert, ist ein Integrationsmedium. Der Wissensraum driftet also nicht auseinander und die einzelnen, sich selbst steuernden Akteure beginnen chaotisch oder anarchisch zu handeln. Ganz im Gegenteil organisiert sich der konkurrenzierende Wissensmarkt paradoxerweise selbstständig kooperativ. Wir brauchen keine „Zentrale" mehr. Die Marktteilnehmer schaffen sich ihre Produkte, Ordnungen, Aktions- und Interaktionsmuster und Hierarchien selber.[31] Der Preis, der für diese Selbstkoordination einer Vielzahl von „Spielern" gezahlt werden muss, ist die für alle gestiegene Prognoseunsicherheit. Main-stream-Verhalten und (neben Kartellbildung) wechselseitige Anpassung zur Risikominimierung

---

wettbewerbsfähigen Kompetenzfeldern in den Naturwissenschaften sowie der Medizin" geworben, sondern auch versprochen: „Dieser Verantwortung folgend steht die Universität in einem stetigen Optimierungsprozess."

[30] Siehe dazu etwa *P. Pasternack*, Politik als Besuch, Bielefeld 2005.

[31] Dieses Phänomen trägt den Namen „Netzwerkbildung", die mittlerweile für „Hochschulen unerlässlich" geworden ist; *J. Lange*, Netzwerkbildung und Wissenstransfer – Herausforderungen für die Hochschulen, in: Blanke (Hrsg.), Bildung, op. cit., S. 35–48, hier 40.

sind die Folgen, die (wiederum paradox) das Ziel einer qualitätssteigern-den Differenzierung geradezu torpedieren (können).[32]

In dieser Architektur kommt sehr gut jene kommunikativ organisierte governance-Struktur zum Ausdruck, wie sie von *Gunnar F. Schuppert* ver-treten wird.[33] Sie haben erstens die Elemente der Dezentralisierung, d.h. die Verteilung auf verschiedene Hochschulen mit je eigenem Globalhaus-halt und Profilbildung, sie haben zweitens die natürlich wissens-basierte Selbstorganisation, die bench-marking, rating and ranking und Evaluation mit sich bringt. Hinzu kommen drittens die multilateralen Überwachungs-strukturen zwischen all den Ebenen durch Zielvereinbarungen, Berichter-stattung, peer-pressure und public pressure, und schließlich die Steuerung by reputation, mit dem CHE als Zeremonienmeister.[34]

Dieses im Effekt paradoxale Modell trifft aber nun auf bereits bestehen-de Institutionen, (Rechts-)Ordnungen und Usancen vor Ort und findet in einem Raum bereits geregelter, formeller und informeller, vermachteter Interaktionsbeziehungen statt, seien diese im Binnen- oder im Außenver-hältnis der Hochschule. Es gibt eben eingespielte Forschungsverbünde, es gibt eine Themenagenda, es gibt Netzwerke und Institute, es gibt Zitati-onskartelle, es gibt Hierarchien und Selektionsprozeduren, es gibt „die üblichen Verdächtigen" in München, Berlin, Freiburg, Paris, etc. etc.

Die Frage ist nun: was passiert mit dem Wettbewerb wenn er a) solchen hochkomplexen Regelungen, Vereinbarungen, Normierungen wie im NPM unterworfen wird, und b) wie sieht dies dann konkret vor Ort aus? Es ist diese Frage, die *Maassen* und *Olsen* als die wichtige, spannende und weiterführende bezeichnet haben: „Rather than purifying each model and pitting them against each other; rather than assuming that University dy-namics can best be explained either with reference to changing environ-ments or to internal processes; rather than taking as given that explanatory frameworks must assume either consensus or conflict, the research chal-lenge is to improve our understanding of how such processes interact, sometimes with unexpected consequences for both participants and on-lookers."[35]

---

[32] Siehe dazu *R. Weiskopf*, Unter der Hand. Aspekte der Gouvernementalisierung der Universität im Zuge der Hochschulreform, in: Welte et al. (Hrsg.), Management von Universitäten. Zwischen Tradition und (Post)Moderne, München-Mehring 2005, S. 171–186.

[33] Siehe den Beitrag von *Schuppert* in diesem Band.

[34] Mit Blick auf Bologna, also den europäischen Hochschulraum, urteilt Walter: "Von daher kann das Bologna-Arrangement auch als seine spezifische – und vor allem neue – Governancestruktur für das Feld der europäischen Hochschulpolitik bewertet werden." *Th. Walter*, Der Bologna-Prozess, Wiesbaden 2006, 199.

[35] *J. P. Olsen/P. Maassen*, European Debates on the Knowledge Institution: The Modernization of the University at the European Level, in: Maassen/Olsen (Eds.), Uni-

Anders formuliert: was ist das für ein Wettbewerb, der hier regional, inter-regional, europa-weit organisiert wird und der durch Organisationen strukturiert wird? Ganz klar ist es ein Wettbewerb zwischen Groß- oder Kollektiv-Akteuren, nicht mehr zwischen Individuen. Aber offensichtlich ist auch: die Annahme von Marktfreiheit, vollständiger Konkurrenz oder Chancengleichheit trifft ebenfalls nicht zu. Haben wir es also mit Monopolen zu tun? Mit Kartellen? Mit Oligopolen? Mit Preisabsprachen? Und welche Folgen (Risiken und Chancen) hat das für den „Wettbewerb" als Idee und Begriff?

Wie verhält es sich dann mit Angebot und Nachfrage? Wie verhält es sich mit „Überangeboten"? Wer regelt diese dann? Der Markt oder ein Ministerium? Oder die öffentliche Meinung? Oder die Marketing-Abteilung?

Welche Sorte von Wettbewerb haben wir hier eigentlich und welchen Logiken gehorcht dieser „Wissensmarkt", der oft auch als „Quasi-Markt" beschrieben wird? Im Grunde gilt es, ein wirtschaftswissenschaftliches Sprachspiel und eine multidimensionale Heuristik in der politisch induzierten Übertragung auf die (institutionalisierte) Wissenssphäre ernst zu nehmen und zu untersuchen, wie durch diese Verwettbewerblichung die Wissenschaft und Universität als institutionalisierte, freie und grenzüberschreitende Forschung umstrukturiert und transformiert wird – und wie nicht.

Dabei sind die Ergebnisse in der „Wirklichkeit da draußen" und die Ergebnisse der Forschung ebenso offen, wie ein empirisch vergleichendes Vorgehen nötig ist. Welche Form und Gestalt europäische Universitäten unter den Bedingungen von Wettbewerb und Traditionen, Ökonomisierung und Eigensinn, europäischer Anforderung und lokaler Gebundenheit annehmen – das auf jeden Fall ist zentrales Thema wie angemessene Aufgabe zukünftiger Untersuchungen zu Hochschulen: „The tension and collisions between competing visions and legacies may have the potential for renewing the European University, but the TINA-interpretation (there is no alternative zum Bologna-Prozess, A.T.) of an inevitable transformation from a scholar-governed mode of research and governance to research governed by political and commercial actors and organizational forms, has to be scrutinized. It is important to distinguish among an observed trend, its inevitability, and its normative validity (...) and better comparative data are likely to be of great help in such an endeavor."[36] Es wird also die Frage des oder nach der Implementierung von Wettbewerb(s) sein, die zu einer

---

versity Dynamics and European Integration, Dordrecht 2007, S. 3–22, hier S. 21. Erste Ergebnisse gibt es mit Blick auf Maschinenbau und Elektrotechnik: *L. Fischer/ K.-H. Minks*, Acht Jahre nach Bologna – Professoren ziehen Bilanz, HIS: Forum Hochschule, Hannover 2008.

[36] *J. P. Olsen*, The Instituional Dynamics of the European University, in: Maassen/Olsen, University Dynamics, op. cit., S. 25–54, hier 44 u. 53.

der Leitfragen empirischer (globaler) Hochschulforschung avancieren wird.

Literatur

Blanke, Hermann-Josef (Hrsg.) (2007): Bildung und Wissenschaft als Standortfaktoren, Tübingen.

Böschen, Stefan (2003): Wissenschaft in der Wissensgesellschaft, Wiesbaden.

Castells, Manuel (2001 ff.): Der Aufstieg der Netzwerkgesellschaft, 3. Bde., Opladen.

Daxner, Michael (1999): Die blockierte Universität, Frankfurt/M.

Deutscher Bundestag (Hrsg.) (2008): Schlussbericht der Enquete-Kommission „Kultur in Deutschland", Berlin

Duff, Alistair S. (1998) Daniel Bell's Theory of Informational Society, in: Journal of Information Science, 24, S. 373–393.

Fischer, Lars/Karl-Heinz Minks (2008): Acht Jahre nach Bologna – Professoren ziehen Bilanz, HIS: Forum Hochschule, Hannover.

Gibbons, Michael et. al. (1994): The New Production of Knowledge: The Dynamics of Science and Research in Contemporary Societies, London.

Gützkow, Frauke/Gunter Quaißer (Hrsg.) (2007): Jahrbuch Hochschule gestalten 2006, Denkanstösse zum lebenslangen Lernen, Bielefeld.

Habermas, Jürgen (2003): Die Idee der Universität – Lernprozesse, in: ders., Zeitdiagnosen, Frankfurt/M., S. 78–104. (Original 1987).

– (2008): Ach, Europa, Frankfurt/M.

Hendler, Reinhard (2006): Die Universität im Zeichen von Ökonomisierung und Internationalisierung, in: Veröffentlichungen der Vereinigung Deutscher Staatsrechtslehrer, Berlin, S. 238–273.

Hornbostel, Stefan (2001): Die Hochschulen auf dem Weg in die Audit Society. Über Forschung, Drittmittel, Wettbewerb und Transparenz, in: Erhard Stölting/Uwe Schimank (Hrsg.), Krise der Universität, op. cit., S. 139–158.

Jaeger et al. (2005): Formelgebundene Mittelvergabe und Zielvereinbarungen als Instrumente der Budgetierung an deutschen Universitäten, Hannover.

Kimmich, Dorothee/Alexander Thumfart (2004): Universität und Wissensgesellschaft: Was heißt Autonomie für die moderne Hochschule?, in: dies. (Hrsg.), Universität ohne Zukunft?, Frankfurt/M., S. 7–35.

Kracht, Stefan (2006): Das neue Steuerungsmodell im Hochschulbereich, Baden-Baden.

Lange, Stefan/Schimank, Uwe (2007): Zwischen Konvergenz und Pfadabhängigkeit: New Public Management in den Hochschulsystemen fünf ausgewählter OECD-Länder, in: Katharina Holzinger et al. (Hrsg.), Transfer, Diffusion und Konvergenz von Politiken, Wiesbaden, S. 222–248.

Lange, Josef (2008): Netzwerkbildung und Wissenstransfer – Herausforderungen für die Hochschulen, in: Blanke, H.-J. (Hrsg.), Bildung und Wissenschaft als Standortfaktoren, Tübingen, S. 35–48.

Latour, Bruno (2008): Wir sind nie modern gewesen, Frankfurt/M.

Luhmann, Niklas (1987): Zwischen Gesellschaft und Organisation. Zur Situation der Universitäten, in: ders., Soziologische Aufklärung 4, Opladen, S. 202–211.

– (1993 ff.): Gesellschaftsstruktur und Semantik. Studien zur Wissenssoziologie der modernen Gesellschaft, 4 Bde., Frankfurt/M.

Mager, Ute (2006): Die Universität im Zeichen von Ökonomisierung und Internationalisierung, in: Veröffentlichungen der Vereinigung Deutscher Staatsrechtslehrer, Berlin, S. 274–315.

Münch, Richard (2007): Die akademische Elite, Frankfurt/M.

Nickel, Sigrun (2007): Partizipatives Management von Universitäten. Zielvereinbarungen, Leitungsstrukturen, Staatliche Steuerung, München/Mehring.

Olsen, Johan P./Peter Maassen (eds.) (2007): University Dynamics and European Integration, Dordrecht.

Osborne, David/Ted Gaebler (1992): Reinventing Government. How the entrepreneurical spirit is transforming the public sector, New York.

Pasternack, Peer (2005): Politik als Besuch, Bielefeld.

Picot, Arnold/Dieter, Schneider/Ulf Laub (1989): Transaktionskosten und innovative Unternehmensgründung, in: Zeitschrift für betriebswirtschaftliche Forschung, Jg. 41, H. 5, S. 358–387.

Pressemitteilung Freistaat Thüringen, Kultusministerium, „Exzellentes Thüringen" für Hochschulen, Forschung und Innovation 2008 bis 2011; 10. Juli 2007.

Rudinger, Georg et al. (Hrsg.) (2008): Evaluation und Qualitätssicherung von Forschung und Lehre im Bologna-Prozess, Bonn.

Salerno, Carlo (2007): A Service Enterprise: The Market Vision, in: Peter Maassen/Johan P. Olsen (eds.), University Dynamics and European Integration, Dordrecht, S. 119–131.

Stehr, Nico (1994): Arbeit, Eigentum und Wissen. Zur Theorie von Wissensgesellschaften, Frankfurt/M.

Stölting, Erhard (2001): Permanenz und Veränderung von Strukturkrisen: Institutionelle Darstellungsprobleme, in: ders./Uwe Schimank (Hrsg.) Die Krise der Universitäten, Wiesbaden, S. 28–43.

Terzani, Tiziano (2007): Noch eine Runde auf dem Karussell. Vom Leben und Sterben, 4. Aufl. Hamburg.

Walter, Thomas (2006): Der Bologna-Prozess, Wiesbaden.

– (2007): Der Bologna-Prozess im Kontext der europäischen Hochschulpolitik, in: die hochschule, 16. Jg., Heft 2, S. 10–36.

Warning, Susanne (2007): The Economic Analysis of Universities, Cheltenham-Nothhampton/MA.

Weiskopf, Richard (2005): Unter der Hand. Aspekte der Gouvernementalisierung der Universität im Zuge der Hochschulreform, in: Heike Welte et al. (Hrsg.), Management von Universitäten. Zwischen Tradition und (Post)Moderne, München-Mehring, S. 171–186.

Wettbewerb im Bologna Bildungsraum?
Beobachtungen aus der Praxis

Gangolf Braband

A. Hintergrund

Der Bologna-Bildungsraum ist ohne Zweifel durch ein starkes Element von Wettbewerb beeinflusst. Ein Wettbewerb, der nicht vor den Hochschulen halt macht und der, zumindest in Deutschland, die Entwicklungen im Hochschulbereich in den letzten Jahren prägend beeinflusst hat. Und doch ist die Verbindung zwischen den beiden Dimensionen ‚Bologna-Bildungsraum' und ‚Wettbewerb' bei näherer Betrachtung vielschichtig und von komplexer Natur.

Eine Frage, die sich in diesem Zusammenhang stellt, ist die nach der Dimension des Wettbewerbs. Oder anders formuliert: Ist es angemessen, den Bologna-Bildungsraum als ein primär durch Wettbewerb gekennzeichnetes Projekt zu bezeichnen? Eine Auseinandersetzung mit dieser Frage setzt voraus, dass die Bedeutung der Bezeichnung ‚Bologna-Bildungsraum' klar ist.

Durch die Kurzform ‚Bologna' wird Bezug genommen auf den so genannten Bologna-Prozess, der seine Bezeichnung aus dem Treffen europäische Bildungsminister 1999 in der italienischen Stadt und der daraus resultierenden Erklärung ableitet. Diesem Treffen folgten fünf weitere, zuletzt Ende April 2009 in Leuven (Belgien).

Das zentrale Ziel dieser Treffen, ist die Errichtung eines europäischen Hochschulraums bis 2010. Dies stellt allerdings kein neues Ziel dar, denn schon vor 1999 war diese Vorstellung Thema in politischen Verhandlungen. So hatte z.B. die Kommission der Europäischen Union (EU) Ende 1991 den Versuch unternommen, die damals zwölf Mitgliedstaaten zu mehr gemeinsamem Handeln im Hochschulbereich zu bewegen. Diese nahmen zu dem Anliegen der Kommission Stellung, verwiesen dabei aber darauf, dass Bildungspolitik primär in den Zuständigkeitsbereich der Staaten falle und damit ein gemeinsames Handeln nicht notwendig sei (*Friedrich*, 2005: 119).

Nun geht der Kreis der am Bologna-Prozess teilnehmenden Länder (mittlerweile 46 an der Zahl) weit über den Rahmen der EU hinaus und ist auch nicht im direkten Zusammenhang mit ihr zu sehen.[1] Dies trifft auch auf die sogenannte Lissabon Konvention zu, dem ‚Übereinkommen über die Anerkennung von Qualifikationen im Hochschulbereich in der europäischen Region' vom 11. April 1997, dessen Unterzeichnerstaaten sich aus den Mitgliedern des Europarates rekrutieren. Die Bedeutung von Lissabon für Bologna erschließt sich aus der Bewertung des Vertrages, als das „wichtigste rechtliche Instrument für [die] Anerkennung" von Hochschulabschlüssen, so *Sybille Reichert* und *Christian Tauch* (2003: 9) in ihrer Zusammenfassung zum ‚Trends 2003' Bericht.

Beim nächsten Schritt hin zu Bologna war die Anzahl der Teilnehmerstaaten nicht so groß. Am 25. Mai 1998 unterzeichneten die ‚Kernländer' der EU (Frankreich, Großbritannien, Italien und Deutschland) als Initiatoren die ‚Sorbonne-Erklärung', die schon einiges thematisierte, was ein Jahr später Teil der Bologna-Erklärung wurde.[2] Entsprechend werden die Ergebnisse von Sorbonne und Lissabon in der Bologna-Erklärung gewürdigt (für eine Übersicht der Stationen des Bologna-Prozesses, siehe Tabelle 1).

Tabelle 1: Stationen des Bologna-Prozesses

1997	Lissabon Konvention	50 Mitglieder des Europarates
1998	Sorbonne-Erklärung	F, GB, I und D
1999	**Bologna-Erklärung**	**29 Unterzeichnerstaaten**
2001	Prager-Kommuniqué	33 Unterzeichnerstaaten
2003	Berliner-Kommuniqué	40 Unterzeichnerstaaten
2005	Bergen-Kommuniqué	45 Unterzeichnerstaaten
2007	Londoner-Kommuniqué	46 Unterzeichnerstaaten
2009	*Leuven*	

Quelle: eigene Darstellung

Eine vollständige Darstellung der Ziele des Bologna-Prozesses unter Einbeziehung der Resultate des London Kommuniqué (aber noch ohne Leuven) würde hier zu weit gehen. Da aber im weiteren Verlauf der Argumentation noch einmal auf einige Bezug genommen wird, findet sich – auch

---

[1] Obwohl zu bedenken ist, dass die Kommission als eigene Rechtspersönlichkeit und Mitglied der Bologna-Vereinbarung sozusagen als 47. Unterzeichnerstaat bezeichnet werden kann (*Friedrich*, 2005: 118).

[2] Die Rolle der Sorbonne-Erklärung wird von der französischen Regierung dadurch betont, dass sie vom ‚Sorbonne/Bologna-Prozess' spricht (siehe z.B.: http://www.bologna-berlin2003.de/pdf/France_Report_franz.pdf).

zum besseren allgemeinen Verständnis – in Tabelle 2 eine Zusammenfassung der Ziele des Bologna-Prozesses.

Tabelle 2: Ziele des Bologna-Prozesses

- Förderung der Qualitätssicherung auf institutioneller, nationaler und europäischer Ebene
- Einführung der gestuften Studienstruktur (d.h. Bachelor/Master in Deutschland)
- Definition eines Rahmens vergleichbarer und kompatibler Hochschulabschlüsse auf nationaler und europäischer Ebene (Qualifikationsrahmen)
- Förderung der Mobilität
- Einführung eines Leistungspunktesystems (ECTS)
- Verbesserung der Anerkennung von Abschlüssen
- Beteiligung der Studierenden am Bologna-Prozess
- Förderung der europäischen Dimension im Hochschulbereich
- Steigerung der Attraktivität des Europäischen Hochschulraums im globalen Maßstab
- Einbettung in das Konzept des Lebenslangen Lernens
- Einbeziehung der Doktorandenausbildung in den Bologna-Prozess

---

Quelle: Bundesministerium für Bildung und Forschung (BMBF)[3] und eigene Darstellung

Zur Vorbereitung auf die Konferenz in Leuven im April 2009, hatten die Ministerinnen und Minister zudem vereinbart, die Beschäftigungsfähigkeit (,employability') der Absolventen stärker in den Fokus zu rücken.[4]

Wie aus den Zielen ersichtlich wird, ist das zentrale Thema des Bologna-Prozesses das Studium und weniger die Forschung. Selbst die Doktorandenausbildung bildet in der Logik der Erklärung keine Ausnahme. Sie gilt als dritter Zyklus in der Studienstruktur und lehnt sich damit enger an die angloamerikanische Vorstellung des Status der Doktorandenausbildung an, als an das entsprechende deutsche Modell. Konsequenterweise reduziert sich in diesem Verständnis die Bedeutung der Promotion als Brücke zur Forschung (*Keller*, 2005: 75).

Wenn in der folgenden Argumentation vom Wettbewerb im Bologna Bildungsraum die Rede ist, wird dies daher primär vor dem Hintergrund des Bereichs Studium geschehen. Darüber hinaus sind noch folgende Aspekte wichtig zur Eingrenzung der Diskussion:

---

[3] Siehe *BMBF*: ,Der Bologna-Prozess' unter http://www.bmbf.de/de/3336.php.

[4] Hierzu sei nur kurz angemerkt, dass ,employability' oft mit der Bezeichnung ,berufsqualifizierend' ins deutsche übersetzt wird. Dies führt zu Missverständnissen, da eine angemessene Übersetzung – Beschäftigungsfähigkeit – nicht solch ein einengendes Verständnis von der Ausrichtung auf einen Beruf impliziert.

- Erklärungen, Kommuniqués usw. haben keine rechtlich verpflichtende Wirkung für die Teilnehmerstaaten; es sind Absichtserklärungen, die keine Sanktionen bei Nichterfüllung vorsehen,
- die maßgeblichen Akteure hinter dem Bologna-Prozess sind Staaten und nicht z.B. Regionen oder gar die Hochschulen selbst,
- trotz vorheriger Erwähnung, nochmals der Hinweis: der Bologna Bildungsraum mit seinen Mitgliedsländern ist nicht deckungsgleich mit der EU.

Der letzte Punkt scheint anzudeuten, dass sich der Bologna Bildungsraum durch seine schiere Größe im Wettbewerb zu behaupten sucht. Aber natürlich geht die Wettbewerbsdimension über diesen Aspekt hinaus.

B. Elemente des Wettbewerbs

Der Wettbewerbsbezug taucht in allen auf Bologna bezogenen Dokumenten seit 1999 auf. So betonen die nationalen Bildungsminister z.B. in der ursprünglichen Bologna-Erklärung, dass sie sich „insbesondere [...] mit dem Ziel der Verbesserung der internationalen Wettbewerbsfähigkeit des europäischen Hochschulsystems befassen müssen". Die in den weiteren Dokumenten verwendeten Formulierungen sind ähnlich gewählt. Sie betonen damit aber nicht nur die Dimension des Wettbewerbs, sondern in gewisser Weise auch die Einheit des Bologna Bildungsraums, da der Fokus weniger auf einem Wettbewerb unter den Mitgliedsländern zu liegen scheint.

Ist Bologna also die „europäische Globalisierungsstrategie" wie es die Vereinigung der Bayerischen Wirtschaft in ihrem Jahresgutachten 2008 (S. 140) zu ‚Bildungsrisiken und -chancen im Globalisierungsprozess' darlegt? Eine Globalisierungsstrategie, bei der „es nicht nur um die Mobilität innerhalb Europas, sondern um die Schaffung eines Europäischen Hochschulraums" (Ibid) geht.

Das Stichwort ‚Mobilität' zeigt, dass die ökonomischen Bezüge nicht beim allgemeinen Begriff ‚Europäischer Hochschulraum' enden. Letztendlich sind durch die inhaltliche Konzentration auf das Studium, die Studierenden zentraler Bestandteil vom Bologna-Prozess. Und durch die Ziele des Prozesses soll deren Wettbewerbsfähigkeit auf der individuellen Ebene erhöht werden. Dies soll – um hier nur einige der schon erwähnten Stichpunkte zu erwähnen – durch die Erhöhung der Beschäftigungsfähigkeit (inkl. einer engeren Beziehung zur Wirtschaft, insbesondere im BA) und durch die internationale Vergleichbarkeit von Abschlüssen (zur Förderung von Mobilität und der Erhöhung der Durchlässigkeit von Hochschulsystemen) geschehen.

Es mag in diesem Zusammenhang kein Zufall sein, dass sich die Studienorganisation, insbesondere die BA/MA Struktur, an den angloamerikanischen Vorbildern orientiert. Man kann es auch überspitzt formulieren: der Bologna-Prozess ist das Ergebnis eines Wettbewerbs – eines Wettbewerbs, den die angloamerikanische Welt gewonnen hat! Oder wie es der Soziologe *Erhard Stölting* (2005: 129) formuliert hat:

> Das BA/MA-Modell lehnt sich an die Strukturen im angelsächsischen Bereich an, die durch ihre Verbreitung in den Gebieten des ehemaligen britischen Empire und in den amerikanischen Einflusszonen ohnehin maßgebend sind. Es sind keine Alternativen mehr denkbar und gerade darin zeigt sich wachsende kulturelle und wissenschaftliche Unterlegenheit des alten Europas.

Eine solche Formulierung mag zwar etwas übertrieben sein,[5] sie erfährt aber eine gewisse inhaltliche Bestärkung dadurch, dass der Aspekt ‚Mobilität‘ einige Anzeichen von einer unausgeglichenen Verteilung zwischen den einzelnen Ländern aufweist.

In Bezug auf die internationale Mobilität fällt am meisten auf, dass z.B. das Vereinigte Königreich schon seit längerer Zeit einen unausgewogenen Studierendenaustausch mit Deutschland und mit einigen anderen europäischen Ländern aufweist, d.h. das Vereinigte Königreich nimmt mehr Studierende aus den verschiedenen europäischen Ländern auf, als es selbst dorthin entsendet. Innerhalb des Erasmus Programms (welches insgesamt die Mobilität der Studierenden erhöhte) ist das Vereinigte Königreich damit ein Importland, wohingegen Deutschland ein Exportland ist (*Risser*: 2004).

Einer der Hauptgründe für diesen Zustand ist die Dominanz der englischen Sprache, bzw. eben der scheinbar in diesem Bereich (vorerst) gewonnene kulturelle Wettbewerb.

Diese strukturelle Unausgewogenheit im Studierendenaustausch wird noch ergänzt durch Meldungen in der Presse, die trotz der Versprechungen der Ziele von Bologna, von einzelnen Fällen der Nichtanerkennung von deutschen BA-Abschlüssen in den USA und Großbritannien berichten (*Keller*, 2005: 63–4).

Nun werden diese Einzelfälle herangezogen, um das Scheitern der Idee der Mobilitätserleichterung durch vereinfachte Anerkennung von Studienabschlüssen zu belegen. Diesem Gedanken liegt jedoch eine grundsätzliche falsche Annahme zu Grunde: der Glaube, dass in der neuen Studienstruktur ein BA-Abschluss den Zugang zu den MA-Programmen an allen Universitäten garantieren würde. Dies war vorher nicht der Fall und wird sich auch

---

[5] Letztendlich kann sich ein Resümee nicht nur auf einen Vergleich der groben Studienstruktur beziehen. So gibt es z.B. Stimmen in den USA, die den Bologna-Prozess in Bezug auf die Transparenz der entstandenen Studiengänge sogar als Vorbild für die USA sehen (*Novy*, 2009: 22).

durch den Bologna-Prozess nicht ändern. Vielmehr zeigt sich insbesondere hier die institutionelle Autonomie der Hochschulen (in den USA und dem Vereinigten Königreich), die sich in einem Wettbewerb um die besten Studierenden befinden: es scheitern nicht nur deutsche BA-Absolventen sondern selbst Studierende mit einem amerikanischen oder britischen BA an der Aufnahme in ein MA-Programm, z.B. in Harvard oder Oxford. Darüber hinaus gibt und gab es sogar in Deutschland keinen Automatismus der Anerkennung von Studienleistungen.

Das Beispiel der Lissabon Konvention von 1997 zeigt in Bezug auf Deutschland eine zusätzliche, politisch beeinflusste Dimension. Es wurde, wie schon oben erwähnt, bisher von 50 Mitgliedern des Europarates unterzeichnet. Mittlerweile haben fast alle dieser Länder das Übereinkommen, welches am 1. Februar 1999 in Kraft trat, ratifiziert. Deutschland, als eines der ursprünglichen Unterzeichnerländer hat dies trotz mehrmaliger Ankündigung aufgrund rechtlicher Bedenken einiger Bundesländer erst am 23. August 2007 zustande gebracht. Ein deutlicher Hinweis auf den Einfluss der institutionellen Rahmenbedingungen in diesem Prozess, auf die später noch einmal eingegangen werden wird.

Am Beispiel der Studierendenmobilität in Deutschland zeigt sich noch ein anderes, gewichtigeres Problem: das straff organisierte und teilweise verschulte BA/MA System scheint kaum Raum für einen Auslandsaufenthalt zu lassen bzw. erschwert die innerdeutsche Mobilität. So haben Studien des DAAD (2006) und der Hochschulrektorenkonferenz (HRK, 2008) in Zusammenarbeit mit dem Hochschul-Informations-System (HIS) diesbezüglich eine – gegenüber den traditionellen Studienabschlüssen – eher ernüchternde Entwicklung in Deutschland nach der Umstellung auf die gestufte Studienstruktur ausgemacht. Dabei sollte mit der Studienstrukturreform doch genau das Gegenteil erreicht werden. Für ein abschließendes Urteil ist es aber noch zu früh. So befinden wir uns nach wie vor in einer Übergangsphase, in der immer wieder Anpassungen und Korrekturen vorgenommen werden müssen um Fehlentwicklungen zu korrigieren.

Eine Konsequenz der Veränderungen lässt sich aber schon erkennen. Die Hochschulen in Deutschland sind gezwungen, sich dem verschärften innerdeutschen Wettbewerb um BA und MA Studierende – denn der Übergang vom BA zum MA ist in der Regel die einzige ,eingebaute' Möglichkeit zum Studienortwechsel – zu stellen.

Eine weitergehende Analyse in dieser Richtung müsste eine noch feinere Unterscheidung vornehmen und zwar die nach Fächern. So sind z.B. die Bedingungen im BWL-Studium anders als bei der ,monopolartigen' Lehrerausbildung – die übrigens wie die Juristen- und Ärzteausbildung belegt, dass der Bezug zur Berufswelt zumindest ansatzweise an den Universitäten schon vor dem Bologna-Prozess existierte.

Eine ausführlichere Auseinandersetzung mit dem Thema würde hier zu weit gehen und von dem eingrenzten eigentlichen Themenbereich ablenken: Wettbewerb *im* Bologna Bildungsraum.

C. Aspekte eines eingeschränkten Wettbewerbs

Die bisherigen Ausführungen haben die Wettbewerbsdimension im Bologna Bildungsraum betont, aber unter den anfangs genannten Einschränkungen, ist es möglich diese Darstellung zu hinterfragen.

Das Ziel eines Europäischen Hochschulraums ist explizit in dem Bologna-Prozess formuliert. Das impliziert die gegenwärtige Abwesenheit von eben diesem zu erreichenden Zustand. Daher überrascht es nicht, dass die Hochschulsysteme in den beteiligten Ländern sich hinsichtlich u. a. folgender Aspekte unterscheiden:
- die interne Organisation der Hochschulen („governance‘),
- die Aufteilung in verschiedene Hochschultypen innerhalb eines Landes (z.B. Universitäten – Fachhochschulen in Deutschland oder Universitäten – ‚Grandes écoles‘ in Frankreich; beides sogenannte binäre Systeme),
- die Dynamik in der Entwicklung der unterschiedlichen Systeme: statisch oder in Bewegung (z.B. in Richtung der Etablierung oder Abschaffung eines binären Systems),
- die Regelung des Zugangs zur Hochschule (hier zeigen sich große Unterschiede),
- und nicht zuletzt: der Autonomiegrad der Hochschulen.

Die Notwendigkeit von autonomen Hochschulen ist eine zentrale Forderung im Bologna-Prozess. Die zugrunde liegende Annahme ist, dass nur autonome Hochschulen einen Wettbewerb möglich machen und im Wettbewerb bestehen können. Um das zentrale Element ‚Studium‘ dabei nicht zu gefährden, soll dieser Wettbewerb durch Maßnahmen zur Absicherung der Qualität des Studiums begleitet werden (auch das findet sich als Forderung im Bologna-Prozess wieder). Aufgrund der Bedeutung der Umsetzung dieses Aspektes in der gegenwärtigen Diskussion zur Hochschulreform in Deutschland, wird im Folgenden kurz auf den Themenbereich eingegangen.

In Deutschland geschah die Realisierung der geforderten Maßnahme primär in Form der Einführung eines Akkreditierungssystems. Akkreditierung wird zwar nicht explizit als Maßnahme zur Qualitätssicherung in den Bologna-Dokumenten erwähnt, in Deutschland hat sie aber als Instrument der Qualitätssicherung zentrale Bedeutung erlangt. Potentiell autonomiesteigernd für die Hochschulen wirkt dabei die Übertragung eines Teils der

Genehmigungsprozedur vom Staat auf die Akkreditierungsagenturen. Dies bedeutet nichts weniger als ein Paradigmawechsel im Verhältnis von Hochschule und Staat (*Keller*, 2005: 70). Die Erfahrungen aus der Praxis relativieren aber die potentielle Wirkung dieses Schrittes. Es dominiert bei vielen Hochschulvertretern der Eindruck von einer zusätzlichen, überbürokratisierten Belastung, die nicht in jedem Bundesland zu einem Rückzug des Staates aus dem betroffenen Verantwortungsbereich geführt hat (*Braband*, 2008).

Ein weiteres Problem was sich darstellt, bezieht sich auf die Anzahl der Akkreditierungsagenturen. Durch sie soll ein Markt geschaffen werden, auf dem ein Wettbewerb unter den Agenturen herrscht und wo die Hochschulen als Kunden auftreten können. Dieser Wettbewerb existiert noch nicht gänzlich, da nur sechs Akkreditierungsagenturen vom Akkreditierungsrat zugelassen sind, von denen drei fachspezifisch agieren und keine von außerhalb Deutschlands kommt.[6]

Das System der Akkreditierung hat in Deutschland eine spezifische Ausprägung erlangt, die den direkten Zusammenhang zu den politischen Rahmenbedingungen erkennen lässt. Und damit lässt sich ein entscheidender Unterschied zwischen den einzelnen Bologna-Staaten ausmachen: die verschiedenen, länderspezifischen institutionellen Bedingungen.

Eine detaillierte Auseinandersetzung mit diesen Bedingungen ist hier nicht möglich, deshalb hier nur eine Auswahl von einigen der wichtigsten Aspekte:
– gesellschaftliche und kulturelle Bedingungen,
– rechtliche Grundlagen (insbesondere verfassungsrechtliche),
– Staatsform (z.B. zentralistisch oder föderal),
– Parteiensystem (z.B. vertikal oder horizontal integriert),
– Einfluss von Nicht-Regierungsakteuren (z.B. Wissenschaftsrat in Deutschland).

Diese institutionellen Bedingungen sind nicht statisch. Ihre Komplexität wird weiter erhöht durch Entwicklungen über längere Zeiträume. So spielte z.B. bei denen auf die Reform des Föderalismus abzielenden Grundgesetzänderungen in Deutschland von 1969 und 2006 das Politikfeld ‚Hochschulsystem' eine wichtige Rolle. Insbesondere vor den verfassungsrechtlichen Änderungen von 2006 war dieses Politikfeld dabei durch Probleme, (Verfassungs-)Gerichtliche Klagen und Kompetenzgerangel zwischen Bund und Länder gekennzeichnet. Dabei herrschte höchstens ein Parteien-

---

[6] Diese Situation des mangelnden Wettbewerbs wurde erkannt und es ist davon auszugehen, dass internationale Agenturen bald in Deutschland wirken werden (so wie einige der zurzeit in Deutschland zugelassenen Agenturen selbst schon international tätig sind).

wettbewerb, nicht aber wirklich ein Wettbewerb der Hochschulen (*Braband*, 2005).

Vor diesem Hintergrund mag es eigentlich nicht überraschen, dass der Bologna-Prozess in jedem Teilnehmerland eine andere Ausprägung erfährt. Ausprägungen, die manchmal nur noch entfernt an die ursprünglich dahinter stehenden Ideen erinnern. So werden in Deutschland Vorgaben für das Hochschulsystem gemacht, die mit Bologna begründet werden, aber in den grundlegenden Dokumenten des Prozesses nicht wiederzufinden sind. Dazu gehören z.B. die starre Festlegung auf 300 ECTS-Punkte nach Abschluss des Masters im konsekutiven Modell und die Vorgabe ‚3-5-8‘ (d.h. nach drei Jahren den BA, nach fünf Jahren den MA und nach weiteren drei Jahren (also nach insgesamt acht Jahren) die Promotion). Hinzu kommen national beeinflusste Interpretationen von Begriffen wie ‚empolyability‘ (siehe oben), die nur ungenau die ursprünglichen Absichten widerspiegeln.[7]

Von dieser Perspektive, die den Hochschulsektor primär als national definiert beschreibt, drängt sich die Frage auf, ob es ohne den Bologna-Prozess weniger Wettbewerb gäbe? Eine zugegebenermaßen hypothetische Frage, deren Beantwortung mit ‚nein‘ offen lässt, was den ursprünglichen Charakter dieser Reformbemühungen ausmachen könnte.

D. Mehr als nur Wettbewerb!

Einen Ansatz zum Verständnis der ursprünglichen Motivation hinter dem Bologna-Prozess, bietet die Erklärung von 1999. Darin heißt es:

> Inzwischen ist ein Europa des Wissens weitgehend anerkannt als unerlässliche Voraussetzung für gesellschaftliche und menschliche Entwicklung sowie als unverzichtbare Komponente der Festigung und Bereicherung der europäischen Bürgerschaft; dieses Europa des Wissens kann seinen Bürgern die notwendigen Kompetenzen für die Herausforderungen des neuen Jahrtausends ebenso vermitteln wie ein Bewusstsein für gemeinsame Werte und ein Gefühl der Zugehörigkeit zu einem gemeinsamen sozialen und kulturellen Raum.

Noch deutlicher formulierte es die Sorbonne-Erklärung ein Jahr früher, in der die Unterzeichner erklären, sich „darum zu bemühen, einen europäischen Raum für Hochschulbildung zu schaffen, in dem nationale Identitä-

---

[7] Zu diesem umfangreichen Themenbereich, siehe z.B. die ausführliche Darstellung von *J. Witte* (2006) ‚Change of degrees and degrees of change. Comparing adaptations of European Higher Education systems in the context of the Bologna process‘, oder aber die – wenn auch durch einige Ungenauigkeiten gekennzeichnete – Artikelserie in der ‚Neuen Zürcher Zeitung‘ zu den Folgen des Bologna-Prozesses in ausgewählten europäischen Ländern (*Güntner*, 2006; *Zitzmann*, 2007; *Schlösser*, 2007; *Jandl*, 2007; *Waser* 2007; *Haas*, 2007; *Hafner* 2007).

ten und gemeinsame Interessen interagieren und sich gegenseitig stärken können zum Wohle Europas, seiner Studenten und seiner Bürger allgemein".

Der Beauftragte der KMK für den Bologna-Prozess, *Birger Hendriks*, formuliert es 2005 (S. 83) folgendermaßen: „Die Strukturen sind in Bewegung gekommen, die europäischen Staaten öffnen sich stärker füreinander und nehmen einander intensiver wahr" – idealerweise bei gleichzeitigem Erhalt der Vielfalt der Hochschulen.

Es ist kein neuer Ansatz den Bologna-Prozess mit der Entwicklung einer europäischen kulturellen Dimension zu begründen. Und ist dies nicht letztendlich eine andere Beschreibung für das in den letzten Jahren etwas in Vergessenheit geratene ‚Projekt' der Etablierung einer europäischen Identität? In der Tradition der europäischen Integration erfolgt es in der Art eines durch eine europäische Elite initiierten Top-down-Prozesses. Von diesem Standpunkt aus betrachtet, stellt selbst die Unterzeichnung der Sorbonne-Erklärung von 1998 durch Großbritannien keinen Widerspruch dar. Schließlich kam ein Jahr zuvor der europafreundliche Tony Blair an die Macht.[8]

Diese Sichtweise scheint aber ein Problem in sich zu bergen: der inhärente Zielkonflikt in den Dokumenten zwischen ökonomischen Wettbewerb einerseits und der Schaffung einer kulturellen europäischen Identität andererseits. Dieser Zielkonflikt ist in der Entwicklung der europäischen Integration nicht neu. Der Bologna Bildungsraum spiegelt das wider, was auch schon die Geschichte der EU charakterisiert: Unterschiedliche Interessen (ökonomische und kulturelle) führen – in einer Art Wettbewerb – zu einem Gebilde, welches beide Elemente beinhaltet. Die resultierende ‚Zerrissenheit' der Akteure birgt eine Dynamik in sich, die eine ständige Neuorientierung in Richtung einer Balance zwischen den Interessen von Nöten macht.

Beide dieser Strömungen im Bologna-Prozess beinhalten Gefahren: die einer Ökonomisierung von Institutionen, die mehr darstellen als ein auf Profit-Maximierung ausgerichtetes Unternehmen und, für beide Strömungen gleichermaßen, das Risiko einer Harmonisierung und Standardisierung von Hochschullandschaften, die sich durch eine historisch gewachsene Vielfalt auszeichnen.

Um auf die ursprüngliche Fragestellung zurück zu kommen (Ist es angemessen, den Bologna-Bildungsraum als ein primär durch Wettbewerb gekennzeichnetes Projekt zu bezeichnen?), die hier aufgeführten Argumen-

---

[8] Bekanntermaßen ‚relativierte' sich aus verschiedenen Gründen die positive Unterstützung des europäischen Einigungsgedanken Blairs in den folgenden Jahren – weg von einer weiter gehenden Integration und hin zu einer mehr an einer Freihandelszone orientierten EU.

te implizieren unter den genannten Einschränkungen, dass Wettbewerb ein weniger dominantes Element im Bologna Bildungsraum darstellt, als es vielleicht zunächst erscheint. Denn nach wie vor gilt: die institutionellen Bedingungen und damit die Dimensionen des Wettbewerbs werden für die Hochschulen im Bologna Bildungsraum primär durch und in den Teilnehmerstaaten selbst bestimmt.

Literatur

Braband, Gangolf (2005): Hochschulpolitik und Föderalismus: Zum Scheitern verurteilt? Erkenntnisse aus einer vergleichenden Perspektive, in: Gützkow, Frauke und Quaißer, Gunter (Hrsg.) Jahrbuch Hochschule gestalten 2005. Denkanstöße zum Bologna-Prozess, Bielefeld, S. 117–32.

– (2008): Hochschulautonomie und Programmakkreditierung im Bologna-Prozess – ein Widerspruch? In: Hochschulrektorenkonferenz (Hrsg.) Bologna in der Praxis. Erfahrungen aus den Hochschulen, Bielefeld, S. 144–59.

DAAD (Hrsg.) (2006): Auslandsmobilität von Studierenden in Bachelor- und Masterstudiengängen, Bonn.

Friedrich, Hans R. (2005): Der Bologna- Prozess nach Bergen. Perspektiven für die deutsche Hochschulen, in: die hochschule. journal für wissenschaft und bildung, Nr. 2, S. 114–135.

Güntner, Joachim (2006): Lehren und studieren im Korsett. In Deutschland sorgt der ‚Bologna-Prozess‘ vor allem für erhöhten Konformismus, in: Neue Zürcher Zeitung, 27. Dezember 2006.

Haas, Franz (2007): Alles ändern, damit sich nichts ändert. Italiens Universitäten nach der Bologna-Reform, in: Neue Zürcher Zeitung, 15. Februar 2007.

Hafner, Urs (2007): Das leise Fluchen. In der Schweiz ist die Bologna-Reform weitgehend vollbracht, mit der Folge sind nicht alle glücklich, in: Neue Zürcher Zeitung, 28. März 2007.

Hendriks, Birger (2005): Stand und weitere Entwicklung im Bologna-Prozess – Betrachtungen aus deutscher Sicht, in: Gützkow, Frauke und Quaißer, Gunter (Hrsg.) Jahrbuch Hochschule gestalten 2005. Denkanstöße zum Bologna-Prozess, Bielefeld, S. 77–83.

Hochschulrektorenkonferenz (HRK)(Hrsg.) (2008): Mobilität im Studium. Eine Untersuchung zu Mobilität und Mobilitätshindernissen in gestuften Studiengängen innerhalb Deutschlands, Bonn.

Jandl, Paul (2007): Der Geist ist willig. Österreichs Fortschritte im europäischen ‚Bologna-Prozess‘, in: Neue Zürcher Zeitung, 5. Februar 2007.

Keller, Andreas (2005): Reise nach Bologna – Holzweg oder Königsweg? Chancen und Risiken des Europäischen Hochschulraums, in: Gützkow/Quaißer (Hrsg.) Jahrbuch Hochschule gestalten 2005. Denkanstöße zum Bologna-Prozess, Bielefeld, S. 63–75.

Novy, Leonard (2009): Europas Unireform als Exportschlager. Studie: Bologna-Prozess soll Vorbild für USA sein, in: Der Tagesspiegel, 13. Januar 2009, S. 22.

Reichert, Sybille/Tauch, Christian (2003): Trends 2003. Fortschritte auf dem Weg zum Europäischen Hochschulraum. Zusammenfassung, Brüssel.

Risser, Dominik (2004): Der unausgewogene Studierendenaustausch zwischen dem Vereinigten Königreich und Deutschland, in: die hochschule. journal für wissenschaft und bildung, Nr. 2, S. 96–107.

Schlösser, Christian (2007): Windmühlen der Hochschulpolitik. Die Niederlande profilieren sich in der Umsetzung der Bologna-Reform, in: Neue Zürcher Zeitung, 25. April 2007.

Stölting, Erhard (2005): Der Austausch einer regulativen Leitidee. Bachelor- und Masterstudiengänge als Momente einer europäischen Homogenisierung und Beschränkung, in: die hochschule. journal für wissenschaft und bildung, 2005, Nr. 1, S. 110–134.

vbw – Vereinigung der Bayerischen Wirtschaft e.V. (Hrsg.) (2008): Bildungsrisiken und -chancen im Globalisierungsprozess. Jahresgutachten 2008, Wiesbaden.

Waser, Georges (2007): Insulare Eigenheiten. Die britische Universitäten und der ‚Bologna-Prozess‘, in: Neue Zürcher Zeitung, 9. Mai 2007.

Witte, Johanna (2006): Change of degrees and degrees of change. Comparing adaptations of European Higher Education Systems in the context of the Bologna process, Enschede.

Zitzmann, Marc (2007): Schnelle Umsetzung – fehlender Tiefgang? Eine gemischte Zwischenbilanz der Bologna-Reform in Frankreich, Neue Zürcher Zeitung, 11. Januar 2007.

AGRARPOLITIK

Agrarpolitik: Wirtschaftsstile im Wettbewerb*

Jürgen Backhaus

In bester Tradition Max Webers möchte ich zunächst mein Vorverständnis klarstellen. Den größten Teil meiner Jugendzeit habe ich auf einen Bauernhof zugebracht, der Teil eines Dorfes von sechs Bauernhöfen war. Jeder Bauerhof hatte in etwa denselben Zuschnitt, 500 Morgen (d.h. gut 25 Hektar), im Wesentlichen Heideland. Der Zuschnitt war so groß, weil es sich um Heideland handelte. Einer meiner Vorfahren hatte aber die Idee, einen nahe gelegenen Fluss zu nutzen, um flach gelegenes Land zu Wiesen, so genannten Stauwiesen umzuwandeln. Dadurch hatten diese Höfe die Möglichkeit, genügend Heu für eine wesentliche Viehwirtschaft zu machen. Sie machten es zweimal pro Jahr.

Heute besteht dieses Dorf immer noch. Der gesamte Acker ist unter dem Pflug, die Weidewirtschaft ist etwas vernachlässigt, aber immer noch intakt. Es gibt aber nur noch einen Bauern am Ort, der auch noch Teile anderer nahe gelegener Ortschaften unter dem Pflug hat.

Wenn aus sechs Bauern einer wird, dann verbirgt sich dahinter vermutlich eine Tragödie: Tod. In diesem Beitrag möchte ich darauf hinweisen, dass es auch tatsächlich so etwas wie einen mörderischen Wettbewerb gibt, der aus ganz gutherzigen Gründen erzeugt wurde.

A. Einleitung

Die Gemeinsame Europäische Agrarpolitik (CAP) zählt mit Sicherheit zu den spannendsten europäischen Politikfeldern, da das System finanziell nicht haltbar ist, es sich andererseits aber kaum absehen lässt, was an seine

---

* Einer geschätzten Landrätin gewidmet.

Stelle treten könnte. Deshalb stellt die Analyse der Folgen des Umbaus der gemeinsamen Agrarpolitik den Staatswirt vor ein paradigmatisches Dilemma.

Sicco Mansholt war ein Mann, der die damalige europäische Agrargemeinschaft im Prinzip so verstand, eine Hungerkatastrophe auf immer zu verhindern. Es gab eine Hungerkatastrophe in Deutschland 1946, das Dritte Reich hatte ja Mangel verursacht, aber nicht Hunger, und es gab eine Hungerkatastrophe 1944 in Holland, als die mit Kartoffeln schwer beladenen Transporter von Partisanen umgekippt wurden, die Kartoffeln deshalb verrotteten und die Bevölkerung sich am Schluss mit Tulpenzwiebeln zu ernähren wusste. Dort spricht man von dem Tulpenwinter.

Dass Sicco Mansholt eine jedem europäischen Bürger griffige Idee nahm, um auch die europäische Idee zu festigen, ist mehr als nachzuvollziehen. Mansholt entfachte einen Wettbewerb in der Landwirtschaft, der jedwede Hungersnot ein für alle Mal unmöglich machen sollte. Dies tat er, indem er die Preise festschrieb und einen Mengenwettbewerb entfachte.

Wettbewerb kann sehr unterschiedlich organisiert werden. Im Buchhandel gibt es einen Sortimentswettbewerb bei Preisbindung. Normalerweise denkt der Ökonom an Preiswettbewerb. In einem verstaatlichten Gesundheitswesen könnte man aber auch über einen Wettbewerb nachdenken z.B. über erfolgreiche Herzoperationen. An thüringischen Universitäten sollen wir über einen Qualitätswettbewerb über erfolgreich verteidigte Dissertationen bestehen. In einer nichtmonetären Ökonomie könnte es einen Wettbewerb zum Beispiel über die schönstvorgetragenen Gedichte geben. Wettbewerb ist ein ziemlich weittragendes Konzept. Deshalb versuche ich in diesem Beitrag durch Rückgriff auf das von *Spiethoff*[1] im Anschluss an Sombart eingeführte Konzept des Wirtschaftsstils, 19 Facetten des Wettbewerbs aufzufächern mit der Absicht, ganz klar, aber nicht eindeutig darzustellen, welche Möglichkeiten der Wettbewerbserzeugung sich in den verschiedenen Bereichen der gemeinsamen europäischen Agrarpolitik als denkbar und auch durchsetzbar erweisen können.

---

[1] *Spiethoff, Arthur.* 1933. „Die Allgemeine Volkswirtschaftslehre als geschichtliche Theorie: die Wirtschaftsstile." In: Spiethoff (Hrsg.), *Festgabe für Werner Sombart zur Siebenzigsten Wiederkehr seines Geburtstages.* Neunzehnter Jänner. München: Duncker & Humblot, S. 51–84. Die Bezeichnung der ersten sechzehn auf Spiethoff zurückgehenden Speichen ist dem heutigen Sprachgebrauch angepasst. Die letzten drei Speichen habe ich in meinen Studien insbesondere im Hinblick auf Transformation hinzugefügt. Dabei wurde besonders berücksichtigt, dass es sich um lange Produktionswege handelt. Vergleiche Backhaus, Jürgen. 1997. „Wirtschaften im Umbruch: Ordnung, Unternehmer und Stil". In: Sylke Behrends (Hrsg.), *Ordnungskonforme Wirtschaftspolitik in der Marktwirtschaft, Festschrift für Prof. Dr. H.-R. Peters.* Berlin: Duncker & Humblot, S. 311–374.

Der Beitrag ist so aufgebaut, dem zunächst sich die Frage nach dem Wettbewerb stellt. Zweitens, kommt eine *Proposition*, die den Ausgangspunkt aller weiteren Überlegungen bildet, drittens kommt eine mikroökonomische Erörterung über die Leidensfähigkeit eines landwirtschaftlichen Betriebs. Das ist nämlich sehr wichtig für die Einschätzung der Art und Weise, wie ein Betrieb auf politische Vorgaben reagiert.

Exkurs:

Eine *Proposition* ist keine Hypothese, sondern eine These. *Wolff* nennt es „eine Erwegung."[2] Im vorliegenden Beispiel geht es darum, ob in der EU Agrarpolitik die Agrarwende eingeleitet wird. Entweder halten wir die Bedingungen für eine Agrarwende bereits für gekommen; dafür spricht, dass es keinen irgendwie gearteten Staat oder Staatenbund in der Welt gibt oder jemals gegeben hat, der den größten Titel seines Haushalts der Agrarpolitik auf Dauer widmet oder gewidmet hat; oder wir denken auf Vorrat für den Fall, dass die Bedingungen eintreten.

Die Erwägung ist die notwendige (nicht hinreichende) Bedingung der behaupteten Agrarwende. Nur wenn nämlich die vielfältigen Auswirkungen einer so radikalen Umkehr den Politikern bekannt sind und sie ihre politischen Optionen und Chancen daraufhin geprüft und ausgerichtet haben, kann die Agrarwende eintreten.

Eines aber ergibt sich zweifelsfrei aus den folgenden Erörterungen: während die Hauptgewinner der Agrarwende die Endverbraucher und die konkurrierenden EU Kommissare sind, öffnet die Agrarwende vor allem Landes- und Kommunalpolitikern ein weites Betätigungsfeld, das reich ist an politischen Optionen. So werden durch die Agrarwende *alle* politischen Ebenen, Kommune, Kreis, Land, Bund und Gemeinschaft notwendig erfasst. Die politische Antwort wird vielfältig ausfallen, nicht einfach wie in einem *Tinbergen* Modell.[3]

Dann gehe ich davon aus, dass die Proposition steht und dass wir auf die Frage eingehen müssen, wie ein bestimmter Wirtschaftsstil auf eine Änderung der Agrarpolitik reagieren wird, denn in der EU müssen wir da-

---

[2] *Wolff, Christian (Freiherr von).* 1754. *Grundsätze des Natur- und Völkerrechts.* Halle: Renger.

[3] *Tinbergen, Jan.* 1939. *Statistical Testing of Business-cycle Theories: Business Cycles in the United States of America 1919–1932.* Geneva: League of Nations Publications. Tinbergen hatte in dieser grundlegenden Studie dargelegt, dass immer eine Politikvariable mehr zur Verfügung stehen müsse als es Zielvariablen gibt. Dies ist eine mathematische Bedingung, sonst ist das System nicht lösbar. Daraus folgt aber keineswegs, dass jedem Problem nur eine Variable zugeordnet werden muss. Tinbergen hatte ja Minimalbedingungen für die Lösbarkeit eines mathematischen Problems postuliert, nicht aber wie in diesem Aufsatz die Komplexität und Vielschichtigkeit eines bestimmten Problems, hier die Agrarwende, daraufhin untersucht, wie es sich örtlich und auf den verschiedenen Politikebenen in Einzelfragen zerlegt und zerlegen lässt.

von ausgehen, dass jedes Land seinen eigenen Wirtschaftsstil hat; selbst in Deutschland gibt es große Unterschiede in der Landwirtschaft, etwa in Mecklenburg-Vorpommern, Hessen oder Rheinland-Pfalz. Ich stehe nicht an, sechzehn verschiedene Wirtschaftsstile für Deutschland zu behaupten, aber die Unterschiede zwischen Ländern mit sächsischem und solchen mit fränkischem Erbrecht,[4] solchen westlich oder östlich der Elbe sind doch markant.

Der Wettbewerb im Agrarwesen ist seit *Mansholt*[5] – er war der Vordenker der Agrarpolitik auf europäischem Niveau – ein funktionaler, auf bestimmte Ziele hin ausgerichteter. Ausgehend von der Hungersnot 1947 gab es nach Gründung der europäischen Wirtschaftsgemeinschaft eine ganz steile Steigerung der Produktivität des Agrarwesens in Europa. Die ging einher mit der Freisetzung von Arbeitspotential, das dringend für den Wiederaufbau benötigt wurde. Die Konstellation war wirtschaftspolitisch geradezu das Gegenteil dessen, was wir heute erleben.

Das von *Mansholt* verfolgte Ziel, eine ausreichende Versorgung der Bevölkerung mit Nahrungsmitteln nach dem zweiten Weltkrieg durch die Steigerung der landwirtschaftlichen Produktivität zu erzielen, ist erreicht. Es wurde sogar in einer verhängnisvollen Weise übererfüllt. Die erzeugten Agrarüberschüsse wurden subventioniert auf den Weltmarkt geworfen und verdrängten dort, zum Beispiel in Afrika, heimische Kapazitäten, was sich heute rächt, da Hungersnöte drohen. Da dieses Ziel erreicht ist, muss man die Subventionen absenken. Das führt zu Opposition, aber auch Wettbewerb um die freiwerdenden Mittel. Daraus folgt eine Freigabe der EU Agrarpolitik. Die EU Agrarpolitik wird zugunsten anderer Aufgaben der EU in ihrer Bedeutung zurückgedrängt werden.

Es folgt eine Bemerkung zu der Art und Weise wie der Wettbewerb im Agrarwesen eigentlich funktioniert. Die Leidensfähigkeit der Landwirtschaft in Zeiten von Umstellungen und tiefen Veränderungen ergibt sich daraus, dass kurz- und langfristige Grenzkosten sehr stark voneinander abweichen. Die kurzfristigen Grenzkosten liegen erheblich unter den langfristigen, weshalb landwirtschaftliche Betriebe oft auf eine gewisse Dauer mit Verlusten arbeiten, denen nicht unbedingt Gewinne gegenüberstehen müssen. Außerdem werden of die Kosten des Kapitals nicht mitberechnet. Deshalb sind landwirtschaftliche Betriebe im strukturellen Wandel oft

---

[4] Nach sächsischem Erbrecht wird der gesamte landwirtschaftliche Betrieb an den ältesten männlichen Erben weitergegeben. Dieser zahlt seine Geschwister aus. Nach fränkischem Erbrecht wird das gesamte Erbe, also auch der Betrieb, unter den Erben aufgeteilt.

[5] *Backhaus, Jürgen*. 2006. „The Sciences of State as a Research Paradigm". *Mansholt Lecture.* In: Meijer, G., Heijman, W.J.M., van Ophem, J.A.C., Verstegen, B.H.J., (Hrsg.), *Heterodox views on economics and the economy of the global society, Mansholt publication series,* Vol. 1, The Netherlands: Wageningen Academic Publishers, 2006, S. 39–49.

konkursgefährdet, worauf bei der Agrarwende schonend und abfedernd zu achten ist.

Zwei Beispiele mögen dies verdeutlichen. Wenn an einem Tag plötzlich kein Milchwagen vorfährt, also der Preis ab Hof praktisch Null wird, dann muss der Landwirt trotzdem die Kuh melken, denn sonst überlebt die Kuh es nicht. Wenn das Getreide auf dem Halm steht, und der Getreidepreis wird plötzlich Null, muss trotzdem gemäht und gepflügt werden, denn sonst verdirbt der Acker. Dazu kommt noch, dass die wenigsten Landwirtschaftsbetriebe mit den Kapitalkosten des Landes rechnen. Nehmen wir das Beispiel eines Eichenwaldes. Diejenigen, die an Eichen das Land besitzen, rechnen in aller Regel nicht mit den Kapitalkosten des guten Landes, und das bedeutet wiederum, dass sie bereit sind, zu Grenzkosten zu produzieren. In dem Maße, in dem andere Betriebe dominieren, ist der Effekt kleiner, aber er verschwindet nicht, denn an der Grenze zeigt sich immer noch der mit kurzfristigen Grenzkosten arbeitende Betrieb. Das bedeutet, dass Änderungen in der Agrarpolitik sehr oft in sehr klaren Reaktionszeiten rechnen müssen.

Eine besonders gelungene Darstellung des Agrarsektors, seiner Wettbewerbsformen und Kostenstrukturen findet man bei *H. Bartling* in *P. Oberender*.[6] Hier wird aber über diese mikroökonomische Darstellung hinausgegangen, indem mit dem Konzept des Wirtschaftsstils unterschiedliche Typen des Wirtschaftens im landwirtschaftlichen Bereich herausgearbeitet werden, die auch bei der Agrarwende sehr unterschiedlich auf diese zu erwartenden Veränderungen reagieren werden. Daraus ergeben sich wesentliche wirtschafts- und staatspolitische Fragestellungen und Optionen.

Zweiter Teil. Das Rad

Die auf neunzehn erweiterten Elemente des Spiethoffschen Wirtschaftstiles lassen sich in der Form des Euckenschen Rades als Speicher darstellen:

---

[6] *Bartling, Hartwig,* „Landwirtschaft". In: Oberender, Peter. 1989. *Marktökonomie, Marktstruktur und Wettbewerb in ausgewählten Branchen der Bundesrepublik Deutschland.* München: Vahlen, S. 1–51.

Abbildung: Neunzehn Elemente der Wirtschaftsstile

I. Ethische Überzeugungen

Die ethischen Überzeugungen, die der Betriebsleitung zugrunde liegen, spielen in der Landwirtschaft eine ausschlaggebende Rolle. Dies ist in der Landwirtschaft deshalb anders als z. B. im gemeinnützigen Wohnungsbau, weil sich die ethischen Überzeugungen *unmittelbar* auf die Produktionsweise auswirken. Ein gutes Beispiel dafür gibt die Landwirtschaft nach den Grundsätzen des Anthroposophen *Steiner*[7] ab. Hier wird nicht nur mit

---

[7] *Steiner, Rudolf.* 1924. *Geisteswissenschaftliche Grundlagen zum Gedeihen der Landwirtschaft.* (Landwirtschaftlicher Kurs. Koberwitz bei Breslau). Dornach/Schweiz: Rudolf Steiner Verlag 1989.

natürlichen Rohstoffen gearbeitet, moderne technische Hilfsmittel werden auch soweit wie möglich vermieden. Die Schädlingsbekämpfung etwa findet nicht mit pharmakologischen Mitteln statt, sondern durch Anpflanzung von Hecken und anderen Möglichkeiten für Brutplätze, so dass das Ungeziefer über Vögel in die Nahrungskette gelangt. In der Forstwirtschaft, die man auch nach Rudolf Steiner betreiben kann, kommt hinzu, dass Staatsforsten für andere Ziele betrieben werden als Privatforsten, z. B. ökologische Ziele verfolgen, die Naherholung im städtenahen Bereich sichern sollen, sowie das Grundwasser, weshalb bestimmte Stoffe im Dünge- und Schädlingsbekämpfungsbereich gar nicht eingesetzt werden dürfen.

Wenn die ethische Komponente im Vordergrund steht, steht das Geschäftsmodell in der Regel nicht zur Disposition. Eine geschäftsmäßige Landwirtschaft, die allein am Ergebnis orientiert ist, wird bei entsprechenden Marktveränderungen einen Geschäftsbereich, der sich nicht mehr lohnt, aufgeben. Ein Klostergut[8] wird sich anders verhalten und auf dem einmal besetzten Gebiet nach Marktlücken suchen, z. B. den Hopfenaufbau vertikal mit einer Klosterbrauerei verketten und dies gegebenenfalls mit Gastronomie oder sogar Hotelbetrieb verknüpfen. Der Wettbewerb bietet für vielfältige ethische Konzepte Möglichkeiten der Verwirklichung.

II. Persönliche Motivation

Die Frage der persönlichen Motivation hängt mit dem ersten Punkt in gewisser Weise zusammen. Ein Bauer oder ein Geschäftsmann, ein Viehzüchter oder ein Geschäftsmann, verhalten sich als Betreiber ein- und desselben Gutsbetriebes völlig anders. Sie werden deshalb auch auf eine radikale Agrarreform anders reagieren. Der Bauer oder Viehzüchter, der einer alten, nach den Steinschen Reformen nicht unbedingt adligen Familie entstammte und sein Gut oder ein vergleichbares von der Treuhand oder ihrer Nachfolgeorganisation erworben hat, versucht, dieses Gut mit seiner alten Mission wieder zu erfüllen. Nun hatten diese Gutswirtschaften östlich der Elbe auch vielfältige soziale Funktionen. *Freiherr Helmuth von Maltzahn* in Ulrichshusen bezeichnet das Konzept als moderne Gutswirtschaft und verbindet landwirtschaftliche und viehzüchterische Aktivitäten mit einem regelrechten Hotel- und Wellnessbetrieb, einschließlich des Baus von Ferienwohnungen und Eigenheimen für Ruheständler. Ganz anders dagegen der Tiefladerlandwirt, auf dessen Tieflader der Traktor mit dem Pflug steht, die Drillmaschine, der Mähdrescher oder der Traktor mit dem Rüben- und Kartoffelroder, und der nur zu den Zeiten der Bestellung, Aussaat und Ernte, erscheint und ansonsten nicht am Ort gegenwärtig ist. Er schafft keine

---

[8] Ein Beispiel ist die *Hannoversche Klosterkammer*, die bereits seit dem 18. Jahrhundert existiert. Im Sinne von Senior, und heute Demsetz und Pejovich, ist eine Organisation dann effizient, wenn sie bereits eine lange Zeit existiert.

lokalen Arbeitsplätze, während *Freiherr von Maltzahn* mehr Arbeitsplätze schuf als sein Dorf Einwohner aufweist. Der größte Betrieb, der von einem Tiefladerlandwirt betrieben wird, hat 18000 ha unter dem Pflug. Dies geschieht in der Form einer Aktiengesellschaft, deren Hauptaktionär nicht am Ort ist. Diese Aktiengesellschaft schafft am Ort keinen einzigen Arbeitsplatz und wird auf eine Senkung des Getreidepreises, des Preises für Rüben oder Kartoffeln voraussichtlich mit Zupachtung weiterer Ländereien und einer Ausweitung der Produktion reagieren und damit weitere Ländereien entvölkern. Der moderne Landwirt oder Gutswirt à la Maltzahn würde sich stattdessen bei einem Sinken des Preises für solche Erzeugnisse vermutlich aus diesem Geschäft zurückziehen, es dem Tiefladerlandwirt überlassen, und sich z. B. auf die Viehzucht oder die Saatgutveredelung konzentrieren. Der Wettbewerb erlaubt die Erprobung sowohl der modernen Gutswirtschaft als auch die extensive Wirtschaft des Tiefladerlandwirts.

Die beiden beschriebenen Landwirte sind Extreme, doch haben sie gemeinsam, dass ihre Agrarbetriebe überregional orientiert sind und dass beide mit modernen Produktionstechniken arbeiten. Eine Verknüpfung mit den lokalen Gegebenheiten, wie sie im folgenden Beispiel beschrieben wird, dürfte am ehesten vom ortsansässigen Landwirt zu erwarten sein:

> „Aus unseren Untersuchungen kennen wir Entwicklungen, in denen neuartige Verbindungen zwischen modernen und ... überregional orientierten Agrarbetrieben und lokaler Wirtschaft neu geknüpft wurden. Die Erträge der landwirtschaftlichen Unternehmen wurden in den Aufbau einer lokalen Energiewirtschaft (Holzheizungen und Rapsöl als Kfz-Kraftstoff) und in eine zunächst lokale Lebensmittelproduktion investiert. Beide Bereiche tragen sich inzwischen selbst, aktivieren lokale Ressourcen (Arbeitskräfte, Know how, nachwachsende Rohstoffe). Inzwischen sind in den komplementären Bereichen genauso viele Arbeitskräfte beschäftigt wie in den eigentlichen Agrarbetrieben...“[9]

Da sich diese beiden Typen von Landwirten bei einer wahrscheinlichen Agrarwende so unterschiedlich verhalten, kommen auf die politischen Organe in den betroffenen Ländern, insbesondere aber auf die dortigen Kommunen und Kreise, Bürgermeister und Landräte, erhebliche Gestaltungsaufgaben zu. Der ortsansässige Landwirt oder moderne Gutswirt kommt auch für das politische Ehrenamt in Frage, der Tiefladerlandwirt wird abwinken.

III. Geistige Einstellung

Es gibt das Phänomen eines intellektuellen Landwirts, das wir von *Johann Heinrich von Thünen* (1783–1850) kennen, einem frühen Vertreter der ma-

---

[9] *Land, Rainer.* 2005. „Die neue Landwirtschaft und die Dörfer.“ www.thuenen-institut.de, pdf-Version 2005.

thematischen Ökonomie und Begründer der Raumtheorie.[10] Nach *Schumpeter* ist *von Thünen* ein „praktischer Landwirt und geborener Denker", der „kaum in der Lage war, seine Arbeitskräfte, die das Land pflügten, zu beaufsichtigen, ohne die reine Theorie dieses Vorgangs auszuarbeiten."[11] *Von Thünen* hat zu einer empirisch orientierten, auf wissenschaftlicher Grundlage basierten Landwirtschaft beigetragen. Seiner „Lohnformel" wird meist wenig Bedeutung zugemessen, vermutlich zu Recht, doch weist sie auf einen anderen Schwerpunkt seiner Interessen hin. Er versuchte auf seinem Gut, den Arbeitern durch verschiedene Maßnahmen eine langfristige Perspektive zu vermitteln. Dazu gehörten Schulbildung der Kinder und Partizipation der Arbeiter an den landwirtschaftlichen Produktionserträgen. Auf seinem Gut wurde nach seinem Tod ein von ihm entworfenes Partizipationsschema eingeführt. Es ging *von Thünen* nicht nur darum, wissenschaftliche Experimente durchzuführen, sondern auch soziale Experimente zu entwerfen, zum Beispiel im Hinblick auf die Bestimmung des Lohns als Beteiligungslohn. Diese Art eines so intellektuell geführten, nach einer bestimmten Arbeitswertlehre geleiteten Unternehmens würde auf die Agrarwende ganz anders, regelrecht gegenläufig, reagieren als die börsennotierten Agrarunternehmen. Offener Wettbewerb gibt auch dem intellektuellen Landwirt seine Chance und kanalisiert seine Innovationstalente funktional zur Steigerung der Effizienz des ganzen Sektors.

IV. Bevölkerung und Bevölkerungsdichte

Die Frage der Bevölkerungsdichte ist augenfällig in einem Land wie Mecklenburg. Dort nimmt die Bevölkerungsdichte immer mehr ab, so dass es z. B. einen Betrieb gibt, der 18000 ha unter dem Pflug hat und als Aktiengesellschaft geführt wird. Ein völlig anderer Ansatz wäre denkbar. Der Schüler Schmollers und Wagners, *Franz Oppenheimer* (1864–1943),[12] setzte seine Idee der Bodensperre tatkräftig in ein politisches Programm um, das er sogleich unter Nutzung der Möglichkeiten des Wettbewerbs selbst verwirklichte. Wenn etwa eines der Güter in Anhalt, Pommern, oder Brandenburg als zahlungsunfähig durch den Landhandel gemeldet wurde, erschien bald darauf Professor Franz Oppenheimer, der inzwischen die Wechsel erworben hatte, und zwang den zahlungsunfähigen Gutsbesitzer

---

[10] *Von Thünen, Johann H.* 1826. *Der Isolirte Staat.* Hamburg: Perthes.

[11] *Schumpeter, Joseph A.* 1954. *History of Economic Analysis.* New York: Oxford University Press.

[12] Vgl. Oppenheimer, Franz. 1895. Freiland in Deutschland. Berlin: Fontana; 1896. Die Siedlungsgenossenschaft. Versuch einer positiven Überwindung des Kommunismus durch Lösung des Genossenschaftsproblems und der Agrarfrage. Berlin: Vigh, Deutsches Verlagshaus; 1898. Großgrundeigentum und soziale Frage. Berlin: Vita; 1919. Theorie der Reinen und Politischen Ökonomie. Berlin: Georg Reimer.

zur Übergabe des Gutes, das er dann nach seinem Konzept der Siedlungsgenossenschaft aufsiedelte. Dies war ein Programm der „inneren Kolonialisierung." Die Flächen der Siedlungsbauern sicherten auf jeden Fall die
Subsistenz und wurden in der Regel mit einem Handwerksbetrieb verbunden. So wurden die Dörfer mit Leben erfüllt. Schulen, Kirchen, Vereine,
und gemeindliche Demokratie konnten sich entwickeln. Die sozialen
Strukturen waren so stark, dass sich diese Betriebe nicht nur der Größe
wegen der Kollektivierung der Landwirtschaft in der DDR weitgehend
entziehen konnten; auch architektonisch völlig intakte Einheiten kann man
z. B. noch heute in Mecklenburg besichtigen. Dies steht in starkem Kon-
trast zur Politik des Landes Mecklenburg-Vorpommern mit seinen großen
Regionalkreisen, die zu einer weiteren Entvölkerung des Landes führen
müssen, und z. B. selbst für die Grundschule Schulbusfahrten von durchaus fünfzig Kilometer erfordern würden.

V. Bevölkerungsbewegung, demographischer Wandel

Der demografische Wandel, oft als Argument für die unterschiedlichsten
Reformvorhaben als Faktum eingewandt oder herangezogen, würde sich
auf politische Strukturen auswirken, wenn er so wie behauptet stattfände.
Die verfügbaren Studien sind aber in der Regel nur Trendextrapolationen
und gehen an dem erwartbaren Ergebnis vorbei, dass eine Bewegung stets
eine Gegenbewegung erzeugt und so ein neues Gleichgewicht entsteht. Das
Gleichgewicht wird sich demographisch selbst bei zurückgehenden Gebur-
tenzahlen und Auswanderungen durch Einwanderungen herstellen. Die
Kräfte des Wettbewerbs lassen gar kein Ungleichgewicht oder Vakuum zu.
Die wirksamste Steuerung der Migration, insbesondere der Immigration,
liegt in den Händen der Kommunen, die am ehesten dazu in der Lage sind,
für Familien attraktive Bedingungen zu schaffen. Dies gilt immer nur
punktuell und kann deshalb weder bei den Ländern, noch beim Bund liegen. Das Subsidiaritätsprinzip als europäisches Verfassungsprinzip greift
hier besonders augenfällig.

VI. Arbeitsteilung

Die Arbeitsteilung war im ländlichen Raum in der sozialistischen Staatswirtschaft kleingeschrieben. Die landwirtschaftliche Produktionsgenossen-
schaft (LPG) zielte darauf ab, sozial fast autark zu sein, möglichst viel
selbst zu produzieren oder zu reparieren. Eine LPG, wie übrigens auch ein
volkseigener Betrieb (VEB), verfügte über eine Vielzahl eigener Werkstät-
ten und Lager, aus denen Ersatzteile gewonnen werden konnten. Mir wurde
von der Übernahme eines Gutshofes in Mecklenburg berichtet, der als LPG
betrieben worden war. Fünfhundert Lastwagenladungen Schrott mussten
abgefahren werden, nachdem die deutsche Währungsunion hergestellt

worden war. Das Fehlen einer wettbewerblichen Ordnung hatte extensive Lagerhaltung nötig gemacht. Die moderne, z. B. soziale Marktwirtschaft, setzt natürlich auf Arbeitsteilung und würde genau das gegenteilige Ergebnis herbeiführen. Im Falle einer Reform à la Franz Oppenheimer käme es zu vielfältiger Berufstätigkeit in der Fläche, nicht nur durch die Kombination von Landwirtschaft und Hauswirtschaft wie bei Oppenheimer, sondern auch durch die Kombination von Eigenheim und Arbeitsplatz in der Fläche, der lediglich eine minimale Infrastruktur voraussetzt. Ein Feuilletonartikel, der in der Idylle des Landes geschrieben wurde, lässt sich im Druck von jenem, der im Zentrum Hamburgs geschrieben wurde, nicht unterscheiden. Ostküstenstaaten wie Vermont setzen in den USA zunehmend auf diese Form der Schaffung von Arbeitsplätzen. Diese arbeitsmarktpolitische Option steht Brandenburg und Anhalt ebenfalls offen.

VII. Intellektuelle und Handarbeit

Technologischer Wandel macht Arbeit am häuslichen Arbeitsplatz möglich. Daraus ergibt sich die Chance einer Agrarwende auf der Ebene des einzelnen Betriebes anlässlich des Generationenwechsels. Der Erbe muss den landwirtschaftlichen Betrieb nicht fortführen, bleibt im Bauernhaus wohnen, vermietet soweit möglich die Gebäude oder nutzt sie um, verpachtet die Flächen und geht seiner Berufstätigkeit vom häuslichen Arbeitsplatz aus nach. So vermeidet er lange Wege zur Arbeitsstelle und zurück, genießt den Wert des eigenen Hauses und der angestammten Umgebung. Eine wesentliche Frage dieses Szenarios ist, dass sich der ländliche Raum nicht entvölkert und die Infrastruktur dort genutzt und erhalten bleiben kann. Dies setzt aber voraus, dass die Behörden (z. B. Bauämter) den Wettbewerb nicht behindern.

VIII. Organische und anorganische Durchführung der Technik

Die Wahl zwischen einer organischen oder anorganischen Durchführung der Technik öffnet auch die Möglichkeit einer Wahl zur Agrarwende. Statt der Bewirtschaftung immer größerer Flächen mit erheblichem Kapitalaufwand gibt es auch die Option der Veredelung von Pflanzen und Tieren, einer arbeitsintensiven Tätigkeit auf hohem Niveau, die nur geringe Flächen und einen begrenzten Kapitalaufwand erfordert. Im Gegensatz dazu etwa steht die Landwirtschaft im Dienste der Biodieselgewinnung, die große Flächen, einen erheblichen Kapitaleinsatz, aber wenig Humankapital erfordert. Vermutlich kann man die Voraussage wagen, dass die zu erwartende Agrarwende einen Wettbewerb in der veredelnden Landwirtschaft entfachen wird.

IX. *Größe des wirtschaftlichen Gesellschaftskreises*

Je größer der wirtschaftliche Gesellschaftskreis, desto einförmiger, d. h. arbeitsteiliger, kann die Produktion ausfallen. Eine Agrarwende lässt sich besonders dann erwarten, wenn kleine wirtschaftliche Gesellschaftskreise gefördert werden, die eine komplexe, vielfältige landwirtschaftliche Produktion fordern, z. B. wenn statt Menge bestimmte Qualitätsmerkmale im Vordergrund stehen wie etwa biologischer Anbau bzw. Aufzucht, Frische oder Reinheit. Der Wettbewerb kann sich nach all diesen Merkmalen (und anderen) ausrichten.

Dies hat auch, worauf *Röpke* hinwies, eine politische Dimension.[13] Kleine Wirtschaft- und Gesellschaftskreise gestatten eine lebendige lokale Demokratie und kommunale Selbstbestimmung.

X. *Gesellschaftliche Verbundenheit: Familie, Zwang, und Vertrag*

Da unter heutigen Bedingungen von Fronarbeit, Konskription, oder vertraglich begründeter Zwangsarbeit abgesehen werden kann, reduziert sich die alternative, auf landwirtschaftliche Produktion im Familienbetrieb oder für den Markt auf Vertragsbasis. Dagegen kann der Familienbetrieb die Fähigkeiten seiner Mitglieder vertiefen und Nischenlösungen anstreben, die mit der Agrarwende verträglich sind. Hundezucht lässt sich mit Dressur vereinbaren, die Hunde können aber auch z. B. zum Hüten (der Herden) oder der Bewachung dressiert werden. Ein solcher Familienbetrieb steht besser da als manche Anwalts- oder Arztpraxis und ist mit einer tiefen Agrarwende vereinbar. Wiederum erfordert dies aber die Offenheit der Märkte, um Wettbewerb zuzulassen. Die Landratsämter dürfen z. B. im Beispiel keine sachfremden Anforderungen an die Hundezucht stellen oder einen Hochschulabschluss als Hundedresseur verlangen ohne ein einschlägiges Studium anzubieten.

XI. *Gesellschaftliche Arbeitsteilung*

Die Ausprägungsformen der gesellschaftlichen Aufgabenteilung bilden ein schönes Beispiel für ein mögliches Szenario der Agrarwende.

Freiherr (Herbert) von Maltzahn macht in Ulrichshusen (Mecklenburg) vor, was er als moderne Gutswirtschaft konzipiert hat. Die Flächen werden extensiv genutzt, aber der eigentliche Gutshof ist nicht nur ein Wellness Hotel auf höchstem Standard; daneben betreibt der ehrenamtliche Landeskonservator eine Vielzahl von Denkmal orientierten Projekten, darunter in einer ehemaligen Riesenscheune, die für moderne Wirtschaftsmethoden

---

[13] *Röpke, Wilhelm. 1950. Mass und Mitte. Erlenbach-Zürich: Eugen Rentsch* Verlag. In einem späteren Werk kommt er auf dieses Thema zurück: 1998 (3), 1960(1). *A Humane Economy. The Social Framework of the Free Market.* ISI Books, USA.

nicht mehr gebraucht wird, und zu einem Konzertsaal umgestaltet wurde, viel beachtete klassische Konzerte, die ausverkauft sind.[14]

In unmittelbarer Nähe hat er altersgerecht konzipierte Bungalows errichtet – und verkauft – so dass ein Projekt des ideenreichen Unternehmers jeweils das nächste finanzieren hilft. Er lebt den Wettbewerb in der Agrarwende gleichsam vor.

XII. Eigentumsverfassung

Grob unterschieden gilt im alten Sachsen einschließlich Niedersachsen und aller Gebiete östlich der Elbe das sächsische Erbrecht, ansonsten das fränkische Erbrecht. Der wesentliche Unterschied besteht darin, dass nach sächsischem Erbrecht der erste Sohn oder die älteste Tochter den landwirtschaftlichen Betrieb allein übernimmt und die übrigen Erbberechtigten nach Leistungskraft des Betriebs zu gleichen Teilen ausgezahlt werden. So bleibt die Substanz des Betriebes ungeteilt. Nach fränkischem Erbrecht wird sogleich bei der Erbfolge real geteilt, so dass die Betriebsgrößen immer kleiner werden.

Für die Agrarwende scheint die fränkische Variante günstiger zu sein, weil die Betriebe als Nebenerwerbsbetriebe weiter bestehen oder, wenn nicht, Gebäude und Grundstücke als Wohnungen oder Bauplätze genutzt können. So erledigt sich die Agrarwende von selbst, um den Preis der Landschaftszersiedelung.

Das sächsische Modell ist in seinen Entfaltungsformen komplexer. Wegen der Auszahlungen kommen die Banken als Mittler ins Spiel und wirken im günstigen Fall innovationsfordernd; wenn nicht, erfolgt der Konkurs und eine andere Form der Innovation nimmt ihren Lauf, oft mit tragischen Ergebnissen. Das fränkische Erbrecht zwingt die gemindert aus dem Erbgang kommende Betriebe in den Wettbewerb und zur Innovation.

Wo die Innovation gelingt, werden die Flächen oft (durch Zukauf und Pacht) drastisch vergrößert und die Agrarwende findet durch Übergang zur extensiven Landwirtschaft statt. Im Gegensatz zu den Tiefladerlandwirten bleibt der Landwirt aber am Ort und macht in der Regel seinen Einfluss im politischen und gesellschaftlichen Leben der Gemeinde geltend.

Manchmal aber entschließt sich der Landwirt zu einer Mischform. Die großen Flächen werden extensiv genutzt, der Gutshof intensiv, wie unter XI beschrieben. In einem Beispiel waren die großen Flächen völlig abgesperrt, weil eine wertvolle Rinderherde dort zu Hause war, die auf keinen Fall durch einen unachtsamen Kontakt mit Besuchern einer Infektionsgefahr ausgesetzt werden durfte. Derartige Sicherheitsvorkehrungen gehören

---

[14] Ich glaubte nicht, dass er den Konzertsaal akustisch neutral beheizen könnte und stellte ihn auf die Probe. Er nahm die Herausforderung an und überzeugte mich; die leistungsstarke Heizung war kaum hörbar.

auch nicht zu dem, was ein landwirtschaftlicher Meister üblicherweise lernt. Ein solcher Betrieb kann ebenfalls als Innovator gelten, der sich der Agrarwende auf ungewöhnliche Weise gestellt hat.

XIII. Verfassung der Erzeugung von Gütern und Dienstleistungen

Wo großflächige Betriebsstrukturen mit wenigen Kulturen, z. B. Fruchtwechsel zwischen Getreide, Kartoffeln und Rüben vorherrschen, ist der Aufbau ländlicher Kredit- und Absatzgenossenschaften schwierig. Hinzukommt, dass im Wege der Abwicklung des SED Beamtenapparates viele der einschlägig Ausgebildeten ihr Auskommen im Kreditwesen und der Finanzverwaltung gefunden haben. Beides hilft für den Aufbau eines ländlichen Genossenschaftswesens kaum.[15] Neue Betriebe sehen sich einer regelrechten Kreditsperre und einer feindseligen Haltung der Finanzbehörden gegenüber.

Die kollektivierten Großflächen werden aber gar nicht vollumfänglich genutzt, wo die Landschaft dies nicht zulässt. Teiche, Auen, Weiher, auch Trockengebiete sind z. B. in der Endmoränenlandschaft Norddeutschlands typisch, Weinbau kann kaum großflächig stattfinden, um ein süddeutsches Beispiel zu nennen.

So bleiben viele Nischen für Veredelungsbetriebe mit kleinen, speziellen Flächen, die den Großbetrieben nicht schaden. Von ihnen erst geduldet, werden sie später begrüßt, da sie auch ihnen viele Vorteile bieten. Die Genossenschaftsbindung muss man sich nicht nur örtlich, sondern auch nach Sparten vorstellen, wer sich auf Fachgebiete konzentriert, für die sich Direktoren der umgewandelten LPG's nicht interessieren, bringt doch noch Methoden in die örtliche Landwirtschaft, in der Produktion und auch im Absatz, von denen auch die Großbetriebe nur profitieren können. Wettbewerb ist also selbst dort möglich, wo Großbetriebe vorherrschen und man deshalb eher Wettbewerbsbeschränkungen vermuten würde.

Wer z. B. pünktlich seine Lebendfrösche auf dem Pariser Großmarkt haben muss, erfordert eine Infrastruktur, von der auch der Großproduzent von z. B. Erdbeeren oder Spargel noch profitieren kann.

XIV. Verteilungsverfassung

Die Alterssicherung für Landwirte gehört zu den bedeutendsten die Agrarwende erleichternden Maßnahmen früherer Bundesregierungen. Sie greift als *allgemeine* Maßnahme so, dass jeder Betrieb beim Generationenwechsel die für den Betrieb feste Entscheidung treffen kann, ohne das Wohlergehen im Alter der vorherigen Generation berücksichtigen zu müssen;

---

[15] *Backhaus, Jürgen.* 1979. *Ökonomik der partizipativen Unternehmung.* Tübingen: Mohr (Siebeck), Kapitel 7.

denn dies hätte die Agrarwende, die deshalb längst im Gange ist, nicht nur zum Nachteil der lebenden Generation *nicht nur der Landwirte* nur verlangsamt. Die Folgen für die Rentenversicherung müssen aber aus Agrarmitteln bezahlt werden, da die Generation der Beitragszahler schrumpft und die Rentenkasse nicht gefährdet werden darf. Der die Agrarwende begleitende sich intensivierende Wettbewerb bedarf aus sozialen Gründen der Abfederung. Diese Abfederung beschleunigt dann ihrerseits die Agrarwende.

XV. Arbeitsverfassung

Für eine dauerhafte Agrarwende kann auch die Arbeitsverfassung sinnvoll angepackt werden. Nur kleine Flächen werden z. B. für den Spargel- oder den Erdbeeranbau benötigt, ähnlich wie beim Weinbau. Nur für kurze Zeit wird ungelernte Handarbeit in großem Maße benötigt; während des Restes des Jahres lässt sich die Arbeit in oft kapitalintensiven Familienbetrieben erledigen. Diese Betriebe bestehen den Wettbewerb oft auf internationalen Märkten ohne Weiteres mit Erfolg. Allerdings muss die Arbeitsverwaltung, die oft schon seit vielen Jahren dem Betrieb verbundenen Saisonarbeiter aus Polen oder dem Kosovo (*Amselfeld*) auch problemlos zulassen, denn sie wünschen ja keine Bleibe, sondern nur zur Ernte kommen zu können, um dann ihren Lohn, oft in Deutschland, z. B. für Traktoren oder Automobile auszugeben, und dann nach Hause fahren zu dürfen. Diese manchmal über Generationen fortbestehenden Wanderarbeitsbeziehungen sind für eine nachhaltige Agrarwende erforderlich.

XVI. Wirtschaftslauf

Der landwirtschaftliche Zyklus betrifft vor allem die auf wenige Produkte spezialisierten Großbetriebe. Die diversifizierten Betriebe, selbst wenn sie an Fläche klein, aber an Umsatz groß sind, unterliegen den Zyklen kaum. Deshalb muss das Augenmerk der Politik auch auf den diversifizierten Intensivbetrieben liegen, die Risiken durch die Betriebsgestaltung besser abfedern. Je lebhafter der Wettbewerb, desto geringer ist die Konjunkturanfälligkeit.

XVII. Sozialverfassung

Die Agrarwende bietet auf der einzelbetrieblichen Ebene zahlreiche Risiken und Unwägbarkeiten. Wo neue Betriebsfelder entstehen, entstehen auch neue Gefahrenlagen. Da die neuen landwirtschaftlichen Betriebe viele Tätigkeiten erfordern, die allein ausgeführt werden müssen, ist der Arbeitsschutz gar nicht einfach. Man denke etwa an die Arbeit mit Zuchttieren, die manchmal sehr reizbar sind. Die Berufsgenossenschaften sind hier besonders stark bei der Agrarwende gefordert und von der Politik auch einzubinden. Die Agrarwende wird durch eine sozial abgefederte Wettbewerbserfassung eher beschleunigt.

XVIII. Steuerverfassung

Die Agrarwende fordert vom einzelnen Betrieb erhebliche Investitionen, die nur kalkulierbar sind, wenn verlässliche Vorab-Bescheide der Finanzämter vorliegen. Die Oberfinanzdirektionen sind deshalb in die Planungen zur Agrarwende frühzeitig einzubeziehen, damit sie für diese Bereiche die nötigen Schulungen für ihre Mitarbeiter durchführen und Steuerbescheide erarbeiten können, die mit den Landwirtschaftskammern zusammen auszuarbeiten sind. Insofern kommt den Finanzbehörden auch eine wettbewerbspflegende Rolle zu.

XIX. Internationale Verankerung in Bündnissen und Vertragswerken

Die Agrarwende findet im Rahmen der notwendigen Reform der CAP statt, Deutschland muss darauf achten, dass in dem Maße, in dem seine Betriebe nicht mehr auf Agrarsubventionen angewiesen sind, Umstrukturierungshilfen seiner Landwirtschaft auch gezielt zugute kommen, um Wettbewerbsverzerrungen vorzubeugen.

Schlussfolgerung

Dem Bürokratieforscher William Spangar „Bill" Peirce verdanke ich den Hinweis, dass kein Staat der Welt, Staatenbund oder Föderation, dieses Phänomen aufweist – ein derart umfangreiches Agrarprogramm. Da das Mansfeld Programm erfüllt ist, halte ich es für ausgeschlossen, dass die Agrarwende nicht kommt, dass wir so weitermachen. Deshalb ist aber die Überlegung wichtig, was man tun muss, wenn die Wende kommt.

Was sollte man tun? Man sollte das Programm einstellen. Der Zweck ist erfüllt. Ehe man es einstellt, sollte man wissen, welche Folgen sich daraus ergeben. Einige habe ich abgeleitet und zugleich dargelegt, wer eigentlich mit diesen Folgen zu rechnen hat. Meines Erachtens muss bei der Umsetzung der Agrarwende als politisches Programm sehr genau darauf geachtet werden, in welchem Umfeld die Wende stattfindet – in Mecklenburg oder in Baden – und wer für die Landwirte der geeignete Ansprechpartner ist: Kommunen, Kreise, die Länder, der Bund oder EU Organe; Berufsgenossenschaften oder Genossenschaftsverbände. Die Agrarwende wird aus vielen kleinen Mosaiksteinen bestehen, um ein gelungenes politisches Kunstwerk zu werden.

Literaturverzeichnis

Alchian, Armen and Demsetz, Harold (1972): „Production, Information Costs and Economic Organization." In: *American Economic Review*, Bd. 62, S. 777–795.

Backhaus, Jürgen (1979): *Ökonomik der partizipativen Unternehmung*. Tübingen: Mohr (Siebeck).

– (1997): „Wirtschaften im Umbruch: Ordnung, Unternehmer und Stil". In: Behrends, Sylke (Hrsg.), *Ordnungskonforme Wirtschaftspolitik in der Marktwirtschaft, Festschrift für Prof. Dr. H.-R. Peters*. Berlin: Duncker & Humblot, S. 311–374.

– (2006): „The Sciences of State as a Research Paradigm". *Mansholt Lecture*. In: Meijer, G., Heijman, W.J.M., van Ophem, J.A.C., Verstegen, B.H.J., (Hrsg.), *Heterodox views on economics and the economy of the global society, Mansholt publication series*, Vol. 1, The Netherlands: Wageningen Academic Publishers, 2006, S. 39–49.

Bartling, Hartwig, „Landwirtschaft". In: Oberender, Peter (1989): *Marktökonomie, Marktstruktur und Wettbewerb in ausgewählten Branchen der Bundesrepublik Deutschland*. München: Vahlen, S. 1–51.

Coase, Ronald H. (1960): „The Problem of Social Cost". *Journal of Law and Economics*, 3, 1–44.

– (1937): „The Nature of the Firm." In: Economica, Bd. 4, S. 386–405

Land, Rainer (2005): „Die neue Landwirtschaft und die Dörfer." www.thuenen-institut.de, pdf-Version 2005.

Oppenheimer, Franz (1895): *Freiland in Deutschland*. Berlin: Fontana.

– (1896): *Die Siedlungsgenossenschaft. Versuch einer positiven Überwindung des Kommunismus durch Lösung des Genossenschaftsproblems und der Agrarfrage*. Berlin: Vigh, Deutsches Verlagshaus.

– (1898): *Grossgrundeigentum und soziale Frage*. Berlin: Vita.

– (1919): *Theorie der Reinen und Politischen Ökonomie*. Berlin: Georg Reimer.

Röpke, Wilhelm (1950): *Mass und Mitte*. Erlenbach-Zürich: Eugen Rentsch Verlag.

– (1998) (3), 1960(1): *A Humane Economy. The Social Framework of the Free Market*. ISI Books, USA.

Schumpeter, Joseph A. (1954): *History of Economic Analysis*. New York: Oxford University Press.

Spiethoff, Arthur (1933): „Die Allgemeine Volkswirtschaftslehre als geschichtliche Theorie: die Wirtschaftsstile." In: Spiethoff, Arthur. (Hrsg.), *Festgabe für Werner Sombart zur Siebenzigsten Wiederkehr seines Geburtstages*. Neunzehnter Jänner. München: Duncker & Humblot, S. 51–84.

Steiner, Rudolf (1924): *Geisteswissenschaftliche Grundlagen zum Gedeihen der Landwirtschaft*. (Landwirtschaftlicher Kurs. Koberwitz bei Breslau). Dornach/Schweiz: Rudolf Steiner Verlag 1989.

Von Thünen, Johann H. (1826): *Der Isolirte Staat*. Hamburg: Perthes.

Tinbergen, Jan (1939): *Statistical Testing of Business-cycle Theories: Business Cycles in the United States of America 1919–1932*. Geneva: League of Nations Publications.

Wagner, Richard E. (1977): „Economic Manipulation for Political Profit: Macro-Economic Consequences and Constitutional Implications." In: *Kyklos*, Bd. 30, Nr. 3, S. 395–410.

Wolff, Christian (Freiherr von) (1754): *Grundsätze des Natur- und Völkerrechts*. Halle: Renger.

Verzeichnis der Herausgeber und Autoren

Backhaus, Jürgen, Prof. Dr.
Krupp-Stiftungsprofessur für Finanzwissenschaft und Finanzsoziologie
Universität Erfurt, Nordhäuser Str. 63, 99089 Erfurt
E-Mail: juergen.backhaus@uni-erfurt.de

Blanke, Hermann-Josef, Prof. Dr.
Lehrstuhl für Öffentliches Recht, Völkerrecht und Europäische Integration
Universität Erfurt, Nordhäuser Str. 63, 99089 Erfurt
E-Mail: LS_Staatsrecht@uni-erfurt.de

Braband, Gangolf, Dr.
Akkreditierungsbeauftragter und Bologna-Koordinator,
Universität Erfurt, Nordhäuser Str. 63, 99089 Erfurt
E-Mail: gangolf.braband@uni-erfurt.de

Burr, Wolfgang, Prof. Dr.
Betriebswirtschaftliches Institut, Abteilung I – Forschungs-, Entwicklungs-
und Innovationsmanagement
Universität Stuttgart, Keplerstr. 17, 70174 Stuttgart
E-Mail: wolfgang.burr@bwi.uni-stuttgart.de

Dettmer, Bianka
am Lehrstuhl für Wirtschaftspolitik
Friedrich-Schiller-Universität Jena, Carl-Zeiss-Str. 3, 07743 Jena
E-Mail: bianka.dettmer@uni-jena.de

Freytag, Andreas, Prof. Dr.
Lehrstuhl für Wirtschaftspolitik
Friedrich-Schiller-Universität Jena, Carl-Zeiss-Str. 3, 07743 Jena
E-Mail: a.freytag@wiwi.uni-jena.de

Grunewald, Barbara, Prof. Dr.
Lehrstuhl für Bürgerliches Recht und Wirtschaftsrecht
Universität zu Köln, Albertus-Magnus-Platz, 50923 Köln
E-Mail: barbara.grunewald@uni-koeln.de

Hartmann, Irina
am Betriebswirtschaftliches Institut, Abteilung I – Forschungs-, Ent-
wicklungs- und Innovationsmanagement
Universität Stuttgart, Keplerstr. 17, 70174 Stuttgart
E-Mail: irina.hartmann@bwi.uni-stuttgart.de

Heine, Klaus, Prof. Dr.
Erasmus University Rotterdam
Faculty of Law, Department of Law and Economics
Burgemeester Oudlaan 50, P.O. Box 1738, 3000 DR Rotterdam,
The Netherlands
E-Mail: kla.heine@googlemail.com

Knieps, Günter, Prof. Dr.
Institut für Verkehrswissenschaft und Regionalpolitik
Albert-Ludwigs-Universität Freiburg im Breisgau, Platz der Alten Synago-
ge, 79085 Freiburg
E-Mail: guenter.knieps@vwl.uni-freiburg.de

Mehde, Veit, Prof. Dr.
Lehrstuhl für Öffentliches Recht, insbesondere Verwaltungsrecht
Leibniz Universität Hannover, Königsworther Platz 1, 30167 Hannover
E-Mail: mehde@jura.uni-hannover.de

Müller, Hans-Friedrich, Prof. Dr.
Lehrstuhl für deutsches und internationales Zivil- und Wirtschaftsrecht
Universität Erfurt, Nordhäuser Str. 63, 99089 Erfurt
E-Mail: hans-friedrich.mueller@uni-erfurt.de

Müller-Graff, Peter-Christian, Prof. Dr. Dr. h.c. mult.
Lehrstuhl für Bürgerliches Recht, Handels-, Gesellschafts- und Wirt-
schaftsrecht, Europarecht und Rechtsvergleichung
Ruprecht-Karls-Universität Heidelberg, Friedrich-Ebert-Platz 2,
69117 Heidelberg
E-Mail: p.mueller-graff@igw.uni-heidelberg.de

Münch, Richard, Prof. Dr.
Lehrstuhl Soziologie II
Universität Bamberg, Lichtenhaidestr. 11, 96045 Bamberg,
E-Mail: richard.muench@uni-bamberg.de

Peukert, Helge, apl. Prof. Dr. Dr.
am Lehrstuhl für Finanzwissenschaft und Finanzsoziologie
Universität Erfurt, Nordhäuser Str. 63, 99089 Erfurt
E-Mail: helge.peukert@uni-erfurt.de

Reimer, Ekkehart, Prof. Dr.
Lehrstuhl für Öffentliches Recht und Prinzipien des Europäischen und Internationalen Steuerrechts
Ruprecht-Karls-Universität Heidelberg, Friedrich-Ebert-Anlage 6-10,
69117 Heidelberg
E-Mail: reimer@uni-heidelberg.de

Scherzberg, Arno, Prof. Dr.
Lehrstuhl für Öffentliches Recht und Verwaltungswissenschaften
Universität Erfurt, Nordhäuser Str. 63, 99089 Erfurt
E-Mail: arno.scherzberg@uni-erfurt.de

Schmidt, André
Lehrstuhl für Makroökonomik und Internationale Wirtschaft
Universität Witten/Herdecke, Alfred-Herrhausen-Straße 50, 58448 Witten
E-Mail: andre.schmidt@uni-wh.de

Schuppert, Gunnar Folke, Prof. Dr.
Lehrstuhl für Staats- und Verwaltungswissenschaft, insbesondere Staats-
und Verwaltungsrecht
Humboldt-Universität zu Berlin, Unter den Linden 6, D-10099 Berlin
E-Mail: schuppert@wzb.eu

Seiler, Christian, Prof. Dr.
Lehrstuhl für Staats- und Verwaltungsrecht, Finanz- und Steuerrecht
Eberhard Karls Universität Tübingen, Geschwister-Scholl-Platz,
72074 Tübingen
E-Mail: christian.seiler@jura.uni-tuebingen.de

Terhechte, Jörg Philipp, Dr.
Seminar für Öffentliches Recht und Staatslehre, Seminarabteilung für Europäisches Gemeinschaftsrecht
Universität Hamburg, Schlüterstraße 28, 20146 Hamburg
E-Mail: joerg.terhechte@uni-hamburg.de

Thumfart, Alexander, PD Dr.
Lehrstuhl für Politische Theorie
Universität Erfurt, Nordhäuser Str. 63, 99089 Erfurt
E-Mail: alexander.thumfart@uni-erfurt.de

Wegner, Gerhard, Prof. Dr.
Lehrstuhl für Institutionenökonomie und Wirtschaftspolitik
Universität Erfurt, Nordhäuser Str. 63, 99089 Erfurt
E-Mail: gerhard.wegner@uni-erfurt.de

Wobbe, Theresa, Prof. Dr.
Lehrstuhl für Soziologie der Geschlechterverhältnisse
Universität Potsdam, August-Bebel-Straße 89, 14482 Potsdam
E-Mail: twobbe@uni-potsdam.de

Wohlgemuth, Michael, PD Dr.
Walter-Eucken-Institut, Goethestrasse 10, 79100 Freiburg im Breisgau
E-Mail: wohlgemuth@walter-eucken-institut.de

Stichwortverzeichnis

Neue Staatswissenschaft

Herausgegeben von
Hermann-Josef Blanke, Werner Jann und Holger Mühlenkamp

Die frühere deutsche Staatswissenschaft ist nicht vorstellbar ohne die Überzeugung von der Funktion des Staates als „Sinnganzes". Die wissenschaftliche Reflexion darüber war auf das Erfassen der „Gesamtheit" des Wesens des Staates gerichtet. Längst ist diese Sicht von der umfassenden Rolle des Staates gewichen, ein Anspruch auf „Gesamtheit" einer Wissenschaft im Sinne einer den Staat als Ganzes erfassenden Lehre nicht mehr einlösbar.

Im Zeitalter der Globalisierung und Privatisierung stellt sich vielmehr die Frage, ob es überhaupt noch hoheitlicher Herrschaft bedarf. Der Staat hat wichtige Monopolstellungen an internationale und lokale öffentliche sowie an private Organisationen und Verbände abgetreten. Er verliert an Regelungsmacht und Schutzfunktion, an Wertsetzungs- und Durchsetzungskompetenz. Doch hat die „Entsouveränisierung" nur einen Funktionswechsel des Staates, nicht jedoch seinen Untergang zur Folge. Mit der Erklärung des Wandels der Staatlichkeit wäre eine einzige wissenschaftliche Disziplin überfordert. Nur im dialogisierenden Verbund von Ökonomen, Politologen, Rechtswissenschaftlern und Soziologen, aber auch Vertretern der Finanzwissenschaft, der Geschichtswissenschaft und der Organisationslehre läßt sich der komplexe Vorgang deuten.

Eine so geläuterte Staatswissenschaft versucht, den Staat als universelles Phänomen der Gegenwart zu verstehen.

6 Bildung und Wissenschaft als Standortfaktoren. Herausgegeben von *Hermann-Josef Blanke*. 2007. X, 245 Seiten. Fadengeheftete Broschur.

7 *Lembcke, Oliver:* Hüter der Verfassung. Eine institutionentheoretische Studie zur Autorität des Bundesverfassungsgerichts. 2007. VIII, 509 Seiten. Fadengeheftete Broschur.

8 Klugheit. Begriff – Konzepte – Anwendungen. Herausgegeben von Arno Scherzberg in Verbindung mit *Tilmann Betsch, Helge Peukert, Alexander Thumfart, Peter Walgenbach* und *Gerhard Wegner.* 2008. XIV, 237 Seiten. Fadengeheftete Broschur.

9 Regieren zu Beginn des 21. Jahrhunderts. Herausgegeben von *Werner Jann* und *Klaus König.* 2008. X, 280 Seiten. Fadengeheftete Broschur.

10 Generierung und Transfer staatlichen Wissens im System des Verwaltungsrechts. Herausgegeben von *Indra Spiecker gen. Döhmann* und Peter Collin. 2008. IX, 388 Seiten. Fadengeheftete Broschur.

11 Dimensionen des Wettbewerbs. Europäische Integration zwischen Eigendynamik und politischer Gestaltung. Herausgegeben von *Hermann-Josef Blanke, Arno Scherzberg* und *Gerhard Wegner* in Verbindung mit *Jürgen Backhaus, Hans-Friedrich Müller, Helge Peukert, Christian Seiler* und *Alexander Thumfart.* 2010. X, 536 Seiten. Fadengeheftete Broschur.

Einen Gesamtkatalog erhalten Sie gerne vom Verlag
Mohr Siebeck, Postfach 2040, D–72010 Tübingen.
Aktuelle Informationen im Internet unter www.mohr.de